BASTEI
LÜBBE

JOHN QUINTUS

RUSSISCH MONOPOLY

BASTEI LÜBBE

BASTEI-LÜBBE-TASCHENBUCH
Band 11 957

Ungekürzte Taschenbuchausgabe
Printed in Germany, Mai 1993
Einbandgestaltung: Atelier Numberger, München
Satz: Kremerdruck GmbH, Lindlar
Druck und Bindung: Ebner Ulm
ISBN 3-404-11957-6

Der Preis dieses Bandes versteht sich einschließlich
der gesetzlichen Mehrwertsteuer.

Danksagung

Mein besonderer Dank gilt meiner Mutter,
Gunther Solowjew, Christiane Landgrebe, Ari Großkopf
und Dagmar Demming, ohne deren Hilfe,
Ratschläge und Geduld dieses Buch nie entstanden wäre.
John Quintus, 13. März 1990

Handlung und Figuren dieses Romans sind frei erfunden. Jede Ähnlichkeit mit lebenden oder verstorbenen Personen – außer im zeitgeschichtlichen Bezug – ist rein zufällig und vom Autor nicht beabsichtigt.

Dramatis Personae

ULJANOW, Boris Stepanowitsch
UdSSR, Oberst a.D., seit drei Jahren aus dem KGB ausgeschieden, spielt die Keyboards in der Rockgruppe »Vaswedtschiki«

GORBATSCHOW, Michail Sergejewitsch
UdSSR, Generalsekretär der KPdSU, genannt der »Generalny«

ALADKOWA, Verena Alexandrowna
UdSSR, Frau von Aladko, Dipl.-Mathematikerin, Spionin des KGB in der Computerentwicklung bei Siemens in München.

ALADKO, Sergej Sergejewitsch
UdSSR, Handelsattaché an der Bonner Botschaft. Undercover-Agent in der Organisazija

GRANOW, Alexander Maximowitsch
UdSSR, Leiter der Sonderstaatsanwaltschaft für Wirtschafts- und Korruptionsdelikte.
Leitet eine Sonderkommission zur Aufklärung von Korruptions- und Unterschlagungsaffären in der Usbekischen SSR.

CHMYS, Bronislaw Iljitsch
UdSSR, Generalmajor, Leiter der Ersten Hauptverwaltung im KGB

BARYNIN, Anatolij Dimitrijewitsch
UdSSR, Oberst, Stellv. Leiter der Ersten Hauptverwaltung (Auslandsspionage) im KGB

KLIMENKO, Stanislaw Pawlowitsch
UdSSR, Falke im Politbüro, Stellvertreter Gorbatschows und Leiter des offiziellen Krisenstabs im ZK

TSCHEBRAKIN, Viktor Wassiljewitsch
UdSSR, KGB-Vorsitzender

SCHERSTNEW, Feliks Matwejewitsch
UdSSR, Brigadegeneral, Leiter der Neunten KGB-Verwaltung, zuständig für Personenschutz, Onkel von Boris Uljanow

MYSCHKO, Arkadij Leonowitsch
UdSSR, Generalmajor, Leiter der KGB-Verwaltung »Sonderermittlungen«

KOSZAK, Chaim
Israel, Militärattaché an der Botschaft in London und inoffizieller Mitarbeiter des Geheimdienstes Mossad

LYNN, David
Großbritannien, Ex-Major in der SAS, Mitte 40, Sicherheitsberater in der Industrie

MANNSFELD, Alexander von
Bankier

KOTSCH, Paul
Bundesrepublik Deutschland, gesuchter Anführer der neofaschistischen Terrororganisation »Vereinigte Front«

LITWAK, Juri Andrejewitsch
UdSSR, Oberst, Kommandeur des 26. Transportgeschwaders in Leninakan

NIMET, Abdul
Palästina, Anführer der palästinensischen Terrororganisation »IPLF«

MAYBACH, Harry
Bundesrepublik Deutschland, Chefredakteur des Kölner dpa-Büros

REAGAN, Ronald
USA, Präsident

BUSH, George
USA, Vizepräsident und designierter Nachfolger Reagans

SUGARMAN, Sam
USA, Privatbankier

Lord COLBOURNE
Großbritannien, Staatssekretär im britischen Außenministerium, zuständig für den Secret Service

THATCHER, Margaret
Großbritannien, Regierungschefin

MITTERRAND, François
Frankreich, Staatspräsident

MIELKE, Erich
DDR, Brigadegeneral, Minister für Staatssicherheit in der DDR

NUSKIEWICZ, Peat
USA, Direktor der CIA (DCI)

MEISSNER, Robert
Bundesrepublik Deutschland, Ministerialbeamter im Auswärtigen Amt, zuständig für Koordination

PITTSBURGH, Robert
USA, Vertragskiller der CIA

RULFF, Martin
DDR, Generalmajor, Leiter der Hauptverwaltung Aufklärung im MfS

NOURAT, Josif
Palästina, Student in Ostberlin und Verbindungsagent der palästinensischen Terrororganisation »IPLF«

CONRAD, Hans-Jochen
Bundesrepublik Deutschland, Referatsleiter im Bundesamt für Verfasungsschutz

KAYAR, Duran
UdSSR, Oberst im Militärkommando in Duschanbe

BONDARENKO, Igor
UdSSR, Oberst, in der Achten KGB-Verwaltung zuständig für die Telefonüberwachung in Moskau

ALEXINSKI, Wenjamin Janowitsch
UdSSR, Flughafenarbeiter, Brigadeführer in Wnukowo-II

WANOWSKI, Abel Jakowitsch
Österreich, Exilrusse, Import-Export-Kaufmann, Kontaktperson des israelischen Geheimdienstes Mossad in Moskau

WOLOTKIN, Dimitrij Anatoljewitsch
UdSSR, Vorsitzender der Kommunistischen Partei Usbekistans

WOLOTKINOWA, Nastasja
UdSSR, Frau des KP-Vorsitzenden, ehem. Bolschoi-Tänzerin

WOODWARD, Andrew
USA, Stellv. CIA-Direktor (DDCI)

Prolog

3. JANUAR, BEIRUT:

Die Hotelbar war kaum besucht. Der einzige Gast saß am Tresen und rührte gelangweilt mit einem Cocktailstäbchen in seinem Drink. Nach jedem Schluck perlte der Gin Tonic von den Haarspitzen seines Schnauzbartes auf die Unterlippe, bis er mit der Zunge darüberfuhr. Der Barkeeper füllte die Kühlschränke für den Abend mit holländischem Bier. Sie sprachen nicht miteinander, obwohl der Fremde die französische Sprache akzentfrei beherrschte. In seinem hellgrauen, modisch geschnittenen Leinenanzug und dem weißen Polohemd wirkte er wie ein westeuropäischer Geschäftsmann. Der schmale Aktenkoffer unterstrich diesen Eindruck. Er trug einen französischen Paß auf den Namen François Kusnezow in der Tasche, geboren in Paris im Jahr 1935. Seit der Oktoberrevolution waren französische Staatsbürger mit russischen Namen keine Seltenheit. Nur die Franzosen selbst waren in Beirut, dem Paris des Nahen Ostens, zur Seltenheit geworden.

Seit zwei Tagen hatte Kusnezow das Hotel nicht verlassen, saß meistens hier an diesem Platz in der Bar, von dem aus er den größten Teil der Hotelhalle überblicken konnte. Der libanesische Kontaktmann hielt ihn hin. Kusnezow war nicht so ruhig und gelassen, wie es den Anschein hatte. Schon auf der Fahrt vom Flughafen zum Hotel hatte er gespürt, daß er diese Stadt haßte: die zerschossenen

Hausfassaden, Ruinen und Krater; die ständige Ungewißheit, wann und wo es wieder knallte; die Gleichgültigkeit der Bevölkerung, die zwischen den Fronten des Bürgerkriegs ihren alltäglichen Geschäften nachging; die Journalisten, die noch geblieben waren und sich regelmäßig betranken, während sie auf einen Anlaß für neue Schlagzeilen warteten. Innerlich verfluchte er sich dafür, den Auftrag angenommen zu haben. Er war ein Mann der Salon-Diplomatie, geübt in der doppeldeutigen Konversation, und nicht dazu prädestiniert, mit zwei Millionen Dollar im Koffer in eines der gefährlichsten Krisengebiete der Welt zu reisen, um sich mit einem ebenso fanatischen wie unberechenbaren Terroristen zu treffen.

Kusnezow sah auf seine Uhr. Die Zeit wurde knapp. Am nächsten Morgen mußte er die Frühmaschine nach Paris erreichen. Sonst würde seine ganze Terminplanung zusammenbrechen, und das wiederum gefährdete seine komplette Legende. Resigniert griff er zum Glas. Im Libanon gingen die Uhren anders. Weder er noch die *Organisazija* hatten das berücksichtigt.

An der Rezeption stritt ein Schweizer Journalist, der aufgebracht mit seinem Presseausweis wedelte, mit dem Chefportier. Die Dusche in seinem Zimmer funktioniere nicht. Der ist auch zum ersten Mal hier, dachte sich Kusnezow. Ein Zehn-Franken-Schein hätte das Problem weitaus reibungsloser gelöst.

Kusnezow beachtete den etwa zweiundzwanzigjährigen Libanesen, der den Streit unterbrach und sich nach ihm erkundigte, erst, als der Portier mit der Hand zur Bar zeigte. Der Junge trug Jeans und Turnschuhe. Sein Hemd stand zur Hälfte offen. Kusnezow sah ihm fest in die Augen. In diesen Sekunden schossen ihm alle Ängste der letzten achtundvierzig Stunden durch den Kopf: Hatten die Christen oder der israelische Geheimdienst Mossad den echten Kontaktmann erwischt? Würde dieser harmlos wirkende Knabe im nächsten Moment eine Pistole ziehen und ungerührt abdrücken, das Geld an sich nehmen und verschwinden?

Der junge Mann setzte sich neben Kusnezow und bestellte einen arabischen Mokka. Dabei zog er ein Päckchen Zigaretten und ein dunkelgrünes Cartier-Feuerzeug aus der Brusttasche. Kusnezow erkannte die Initialen H.I. darauf. Das Zeichen – sein Mann. Der Libanese hielt ihm die geöffnete Schachtel hin.

»*Merci!*« sagte der Russe und bediente sich, obwohl er Nichtraucher war. Im selben Augenblick ließ er die Zigarette fallen, hob sie wieder auf und ließ sich Feuer geben. Sein Zeichen – er war der Mann.

»Wir können fahren!« murmelte der Libanese.

Der Barkeeper schob die kleine Tasse über den Tresen. Kusnezow zahlte für beide, während der Libanese den arabischen Kaffee in einem Zug austrank. Die Bar füllte sich mit Gästen, die vom Mittagessen kamen. Kusnezow griff nach dem Aktenkoffer zwischen seinen Füßen und folgte dem Jungen vor das Hotel.

Sie stiegen in einen alten Peugeot 404. »Ich bin Hassan«, sagte der Libanese. Er startete den Wagen und fädelte sich zügig in den wirren, dichten Verkehr ein. Sie fuhren in Richtung »Grüne Linie«, die Grenze zum moslemischen Teil der Stadt.

»Heute nacht muß ich zurück sein«, grunzte Kusnezow. Er drehte den Kopf zum Heckfenster, um festzustellen, ob ihnen jemand folgte.

»Sie brauchen nichts zu befürchten. Ich mache diesen Job schon länger, als Sie vielleicht glauben.«

Nach fünfzehn Minuten erreichten sie die Kontrollstelle zwischen dem West- und Ostteil der Stadt. Hassan sprach mit einem christlichen Milizionär und drückte ihm unbemerkt einen Geldschein in die Hand. Die Untersuchung des Kofferraumes verlief oberflächlich. Kurz darauf konnten sie weiterfahren, ohne daß die Soldaten einen Blick in Kusnezows Paß geworfen hatten. Auf der moslemischen Seite wiederholte sich das Spiel: Der Libanese diskutierte am geöffneten Kofferraum mit einem syrischen Offizier. Eine Flasche Bourbon wechselte ihren Besitzer und verschwand blitzschnell unter der Uniformjacke des Leutnants.

Hassan gehörte zu der Spezies von Schiebern und Organisationstalenten, die jeder Krieg hervorbringt. Er unterhielt beste Beziehungen zu beiden Seiten und wußte genau, was möglich war und was nicht. Dazu gehörte eine seismographische Sensibilität für die tägliche politische Lage, weshalb er sich bei jeder Gelegenheit auf beiden Seiten der Grenze ausführlich informierte. Typen wie Hassan wurden entweder irgendwann Opfer ihres andauernden Drahtseilaktes, oder sie wurden reich. Kusnezow gewann den Eindruck, daß der Junge das Zeug zu letzterem hatte.

Nachdem sie die Grenze passiert hatten, verlor der Russe schnell die Orientierung. Hassan bog von einer Straße in die andere ab, bis sie schließlich in einer schmalen Gasse neben einem Schuppen hielten.

»Wir wechseln den Wagen!« Er sprang aus dem Peugeot und schob das blecherne Lamellentor der Garage nach oben. Dahinter kam ein zwanzig Jahre alter Landrover zum Vorschein. Nach mehreren Versuchen brachte der Libanese den Geländewagen zum Laufen und fuhr ihn in die pralle Mittagssonne hinaus.

Beim Einsteigen fiel Kusnezow die Maschinenpistole zwischen den Sitzen ins Auge. In den Ablagefächern an den Türen klapperten schwarzglänzende Ersatzmagazine im Rhythmus des schüttelnden Motors.

»Meine Lebensversicherung«, bemerkte Hassan lachend und ließ die Kupplung schnalzen, daß die Reifen quietschten.

Nach ein paar Kilometern näherten sie sich dem östlichen Stadtrand Beiruts auf der Nationalstraße nach Damaskus. Hundert Meter vor ihnen versperrten Barrikaden die Durchfahrt. Hassan schlug mit der Handfläche viermal auf die Hupe. Zwei Milizionäre räumten eiligst den Weg frei. Ohne den Fuß vom Gas zu nehmen, jagte er an ihnen vorbei.

»Befreundete Drusen!« erklärte er auf Kusnezows fragenden Blick.

Eine Stunde darauf, im Grenzgebirge zu Syrien, bogen sie nach Norden auf eine schmale Schotterpiste ab. Die Heiterkeit des Libanesen hatte sich verloren. Er schwieg und suchte mit seinen Augen die Bergketten und das vor ihnen liegende Tal ab. Das hier war nicht sein Terrain, und er mußte sich vor den rivalisierenden Drusen genauso wie vor den syrischen Militärstreifen in acht nehmen.

Offensichtlich waren auch die palästinensischen Guerillas um Abdul Nimet nicht mehr vor dem Bruderkrieg der Drusen sicher. Die Umgebung des Lagers der IPLF glich einer schwerbewaffneten Festung. An der Straßenbiegung waren zwei gegenüberliegende Haubitzen auf die Schotterpiste gerichtet. Vor, über und hinter ihnen lagen Scharfschützen in Position. Hassan wußte es, auch wenn er sie nicht sah. Er trat abrupt auf die Bremse und betätigte die Lichthupe.

»Was ist los?« fragte Kusnezow. Dabei strich er nervös über seinen Bart.

»Wir warten!« antwortete Hassan gereizt.

Kurz darauf raste aus dem Lager ein alter Mercedes auf sie zu. Der Wagen zog eine gelbe Staubfahne hinter sich her und stoppte zehn Meter vor ihnen. Vier Palästinenser sprangen aus der Limousine. Ihre Maschinenpistolen auf den Landrover gerichtet, kamen sie langsam näher. Hassan schob das Seitenfenster zurück und schrie ihnen einige arabische Wörter entgegen.

Er bekam Antwort. Kusnezow sah ihn fragend an.

»Aussteigen!« übersetzte Hassan.

Kusnezow nahm seinen Koffer, öffnete die Tür und trat vorsichtig auf die staubbedeckte Straße. Schweiß stand auf seiner Stirn. Einer der Palästinenser baute sich vor ihm und schrie auf ihn ein. Er konnte ihn nicht verstehen. Der Guerilla zeigte mit dem Lauf seiner entsicherten Kalaschnikow vom Koffer auf die Motorhaube. Widerwillig legte Kusnezow den Diplomatenkoffer auf das heiße Autoblech. Der Palästinenser schob seinen Stiefel zwischen Kusnezows Füße, zwang ihn, die Beine zu spreizen, und klopfte ihn nach Waffen ab. Auf der anderen Seite des Landrovers nahm sich ein anderer Hassan vor. Dann wies der palästinensische Terrorist wieder auf den Koffer. Offenbar sollte er ihn öffnen. Als er den Kopf schüttelte, wurde er wütend angebrüllt.

»Tun Sie, was er sagt!« rief Hassan von der anderen Seite. »Unsere Freunde haben heute dünne Nerven.«

Kusnezow stellte die Zahlenkombination der Schlösser ein und ließ die Verschlüsse aufspringen. Der Palästinenser drängte ihn barsch zur Seite und riß den ledernen Deckel auf. Die drei Tage alten französischen Zeitungen warf er in den Straßengraben. Die darunter liegenden Tausend-Dollar-Bündel schienen ihn nicht im geringsten zu beeindrukken. Routiniert schob er seine Finger zwischen die Geldscheine, und als er nichts anderes fand, klappte er den Deckel befriedigt zu. Er schob den Koffer wieder Kusnezow zu. Die Männer ließen ihre Maschinenpistolen zu Boden sinken und begannen mit Hassan zu reden.

Im nächsten Augenblick wandte sich der Libanese an Kusnezow: »Wir fahren bei denen mit. Unser Wagen wird uns dann später gebracht.«

Die Guerillas trieben die beiden in den Fond des Mercedes. Der Fahrer wendete die Limousine unsanft im Schotter und fuhr im gleichen absurden Tempo wie vorher ins Lager zurück.

Zwischen ausgedienten blechernen Militärbaracken

und zahlreichen primitiven Lehmhütten stand eine ganze Reihe LKWs, die zügig beladen wurden. Das ganze Lager schien in Bewegung. Kusnezow schätzte, daß hier rund fünfzig Männer beschäftigt waren. Und im Umkreis von fünfhundert Metern hatten sie mindestens ebenso viele Wachen postiert. Der Mercedes fuhr eine Anhöhe hinauf und hielt vor einer der Hütten. Zwei der Palästinenser folgten in dem Landrover. Hassan und Kusnezow wurden in den fensterlosen Innenraum gedrängt. Eine verbeulte Petroleumlampe baumelte von der Decke und verbreitete ein diffuses, flackerndes Licht. Es stank nach Männerschweiß und Petroleum. In der Mitte des Raumes stand ein grober Holztisch mit vier alten Küchenstühlen.

Man ließ sie allein. Der Teppich vor dem Eingang wurde zurückgezogen. Hassan sah zwischen der ausgefransten Unterkante des Persers und dem Erdboden die schiefgelaufenen Absätze von Militärstiefeln. Sie wurden bewacht.

»Was haben die vor?« fragte Kusnezow. Er hatte es aufgegeben, seine Angst vor dem Libanesen zu verbergen.

»Ich weiß es nicht«, antwortete Hassan, dessen Gesicht langsam wieder Farbe annahm. »Da sie Ihnen nicht das Geld abgenommen haben, sieht alles schlimmer aus, als es ist. Wir müssen warten!« Er setzte sich auf einen der Stühle und zog einen Kaugummi aus der Hosentasche, auf dem er schmatzend zu kauen begann. Kusnezow ging auf und ab. Für einen sowjetischen Apparatschik gingen ihm ungewöhnliche Gedanken durch den Kopf: Wann hatte er zum letzten Mal gebetet? Es mußte in seiner Kindheit gewesen sein, bevor er zum wissenschaftlichen Atheismus erzogen worden war.

Unvermittelt wurde der Teppich beiseite gezogen. »Monsieur Kusnezow!« dröhnte es vom Eingang.

Der Russe drehte sich erschrocken um. Ein untersetzter, aber durchtrainierter Araber kam auf ihn zu und reichte ihm die Hand, während er in fließendem Russisch hinzufügte: »Ich heiße Sie im Namen der IPLF willkommen und möchte mich für die Unannehmlichkeiten entschuldigen. Leider müssen wir unsere Stellung noch heute aufgeben.«

Kusnezow wußte sofort, wer vor ihm stand. Vor der Abreise hatte er Abdul Nimets Dossier aufmerksam gelesen: Achtunddreißig Jahre alt, in Kafr Yasif, Palästina geboren, in Flüchtlingslagern im Libanon und Jordanien groß geworden, studierte in Kairo und Moskau Maschinenbau, gehörte ursprünglich zum harten Kern der PLO und führte seit einigen Jahren auf eigene Faust einen unerbittlichen Guerillakrieg gegen die Israelis. Nimet gehörte zu den meistgesuchten Terroristen der Welt. Sein Name stand an erster Stelle auf der Abschußliste des Mossad. Unzählige Flugzeugentführungen, Bombenattentate und Raketenangriffe trugen seine Handschrift.

»Ich bin froh, Sie endlich zu sehen!« sagte Kusnezow und schüttelte Nimet die Hand. Der Terrorist bot Kusnezow einen Stuhl an und setzte sich ihm gegenüber. Der Russe hatte einen alternden Kämpfer erwartet, verbittert über den Zwist mit Arafat, von den Jordaniern getäuscht und beinah umgebracht, gejagt von den Killern des Mossad und der CIA. Statt dessen saß ein gepflegter, Autorität ausstrahlender Soldat vor ihm, der ihn mit seinen fast schwarzen Augen fest ansah. Kusnezow fühlte sich an die Helden sowjetischer Kinofilme über den Vaterländischen Krieg erinnert.

»Ich möchte mich bei dieser Gelegenheit noch mal herzlich für den Tip Ihrer Leute bedanken«, bemerkte Nimet. »Ohne ihre Warnung hätten uns die Israelis heute nacht vermutlich erwischt!«

Hassan blickte überrascht zu Kusnezow, ließ sich aber nichts anmerken.

»Nun, das lag ja auch in unserem Interesse. Wie weit sind Sie?« Jetzt kehrte auch Kusnezows alte Selbstsicherheit zurück.

Nimet schlug die Beine übereinander und grinste. »Wir sind innerhalb des Zeitplans. Ich habe Ihren Leuten immer wieder versichert, daß sie sich auf die IPLF verlassen können!«

Kusnezow ging auf das Eigenlob des Terroristen überhaupt nicht ein. »Was ist mit den Männern?« fragte er nüchtern.

»Sie sind vorgestern in Damaskus eingetroffen. Der Transfer über die Grenze klappte reibungslos. Allah ist mit uns. Sie verfügen über eine erstaunlich gute Konstitution. Trotzdem werden sie von meinen Leuten noch etwas geschliffen ...«

»Was ist mit den Raketen?« unterbrach der Russe Nimet, verstummte aber im nächsten Moment. Einer der Araber trug ein großes Tablett herein, servierte schwarzen Tee und stellte einen Teller mit süßem Gebäck und frischen Feigen auf den Tisch. Auf ein Handzeichen von Nimet entfernte er sich genauso plötzlich, wie er erschienen war. Der Terroristenführer trank einen Schluck Tee und aß von den Süßigkeiten. Nach einer längeren Pause bemerkte er: »Wir haben sie abgeholt. Aber Sie glauben doch wohl nicht im Ernst, daß wir Kotsch und seine Adlaten mit den Dingern hier herumballern lassen? Dann könnten wir dem Mossad gleich eine Postkarte mit unserem Absender schicken!« Er lachte.

Hassan, der an der Tür stehengeblieben war, trat an den Tisch. »Willst du schon jetzt mit ihnen in den Irak?«

Nimet fixierte ihn mit einem Blick, als wollte er in die verborgensten Winkel von Hassans Hirn sehen. »Zügle deine Neugier, Bruder. Ein Mann mit großen Ohren hat meist auch eine lockere Zunge«, sagte er langsam.

Die Röte schoß Hassan ins Gesicht. Mit dieser Reaktion auf seine scheinbar arglose Frage hatte er nicht gerechnet. Er senkte den Kopf und antwortete in unterwürfigem Ton auf arabisch. Nimet machte wieder eine seiner abweisenden Handbewegungen, und ohne ein Wort des Widerspruchs verließ Hassan die Hütte.

Er setzte sich in einigen Metern Entfernung zum Eingang auf einen Felsvorsprung. Die Wache behielt ihn mißtrauisch im Auge. Von nun an war es ihm trotz seiner Bemühungen nicht mehr möglich, auch nur einen Satz zu verstehen, der drinnen gesprochen wurde.

»Die Wüste unserer irakischen Brüder ist weit«, bemerkte Nimet, »weit genug, um den Umgang mit einer Stinger zu erlernen.« Er nippte abermals an dem öligen Pfefferminztee und fügte hinzu: »Wie steht es mit *unserer* Lieferung?«

Kusnezow legte den Koffer auf den Tisch und klappte ihn auf. »Das zweite Drittel.«

Der Palästinenser machte sich nicht die Mühe, die Geldbündel nachzuzählen. Er wußte, daß es für die Russen ein schlechtes Geschäft wäre, ihn im Vorfeld der Operation übers Ohr zu hauen. Kusnezow zog einen Briefumschlag aus der Innentasche seines Leinenanzugs und reichte ihn Nimet.

»Den Rest können Sie sich am elften Januar zwischen acht und zehn Uhr unter dieser Adresse abholen. Allerdings nur, wenn wir sicher sind, daß Kotsch mit seinen Leuten in der Maschine nach Istanbul sitzt!«

Nimet schwieg wieder einige Sekunden. Lediglich seine Augen hatten ihren Ausdruck gewechselt. »Für wen halten Sie mich eigentlich?« fragte er langsam.

Ohne einen Anflug von Unsicherheit parierte Kusnezow Nimets stieren Blick. »Ideologische Exkurse sollten wir uns ersparen. Wir machen ein Geschäft miteinander. Das ist alles!«

Der zynische Ton in Kusnezows Stimme war dem Araber nicht entgangen. »Sie täuschen sich, Genosse Kusnezow!« erwiderte er. »Wir haben einen gemeinsamen Feind: *Ihren* Generalsekretär! Er hat sich mit den Speichelleckern zusammengetan, genauso wie die Ägypter und die PLO, er buhlt um die Gunst der Juden, die uns unsere Heimat genommen haben, die unsere Brüder und Schwestern in den besetzten Gebieten unterdrücken, foltern und ermorden. Das muß ein Ende finden!«

»Sechs Millionen Dollar und achtzig Stinger-Raketen sind auch ein guter Grund«, stellte Kusnezow nüchtern fest, wollte sich aber von dem Palästinenser nicht in weitere Diskussionen verwickeln lassen.

»Unser heiliger Krieg gegen Israel und die westlichen Geheimdienste ist teuer. Aber mit den Stingers werden wir ihre Kampfflugzeuge wie müde Tauben vom Himmel holen!«

»Der zypriotische Frachter *Sotira* ankert am Dreizehnten zwischen zweiundzwanzig Uhr und Mitternacht zwölf Seemeilen vor Al Qadmus«, ergänzte Kusnezow nüchtern. »Wie Sie die Ladung zur Küste und durch die syrischen Patrouillen bekommen, ist Ihre Angelegenheit.«

»Unsere Angelegenheit!« wiederholte Nimet und strich sich mit dem Zeigefinger selbstzufrieden über die Nasenwurzel. »Es gibt aber noch ein gemeinsames Problem ...«

Der Russe sah ihn überrascht an.

»Müller, Franke und Wagner haben die getrennten Fluchtwege über die ČSSR akzeptiert. Kotsch besteht darauf, sich in die entgegengesetzte Richtung abzusetzen.«

Damit hatte Kusnezow nicht gerechnet. Abermals verfluchte er die Mission, auf die er sich hier eingelassen hatte. Und es dauerte einige Sekunden, bis er sich über die Tragweite dieser Forderung im klaren war. »Ist der vollkommen verrückt geworden?« schrie er wütend. »Wir haben Monate gebraucht, um die Sache vorzubereiten. Jetzt, neun Tage vor dem Einsatz, macht dieser faschistische Bastard Sperenzchen!«

»Trinken Sie Ihren Tee und beruhigen Sie sich«, antwortete Nimet gelassen. »Wir haben das schon organisiert.«

»Sie haben was?« fragte Kusnezow.

»Kotsch braucht einen kubanischen Paß und die entsprechenden Transitvisa von Berlin-Schönefeld nach Gdansk. Am Abend des dreizehnten Januar läuft ein kubanisches Containerschiff nach Luanda aus. In Angola kümmern wir uns um den Rest.«

»Sie sind wohl vollkommen verrückt geworden!« brüllte Kusnezow.

Hassan drehte verblüfft den Kopf zur Tür. Was war in den Russen gefahren? Der Wachposten vor dem Eingang wurde unruhig, zog den Riemen seines Karabiners von der Schulter und entsicherte die Waffe.

»Hüten Sie Ihre Zunge, Kusnezow!« Der Palästinenser spuckte diese Worte förmlich aus. »Paul Kotsch muß nach dem Attentat für einige Zeit aus Europa verschwinden. Er ist ein mutiger Mann. Und wenn er sich bereit erklärt, unseren Kampf zu unterstützen, nehmen wir dieses Angebot gerne an. Auch wir haben unsere Verbindungen, Genosse. Wenn ich sage, wir haben das organisiert, dann können Sie sich darauf verlassen!« Nimet zog einen Schweizer Paß aus der Tasche und warf ihn Kusnezow zu. Er war ausgestellt auf den Namen Karl Braun. Mit diesem vom KGB gefälschten Dokument war der international gesuchte Neonazi Paul Kotsch illegal nach Syrien eingereist. »Und das hier«, setzte Nimet hinzu, »ist die Adresse von Josif Nourat. Josif ist einer unserer Kuriere.« Dabei strich er einen mit krakeligen lateinischen Buchstaben beschrifteten Zettel glatt und drückte ihn Kusnezow in die Hand. »Josif hat sein Studium in Ostberlin beendet und wird in einer Woche die DDR verlassen.«

Der Russe überflog die Adresse und legte kopfschüttelnd den Zettel in den Paß. Der palästinensische Terrorist brachte ihre gesamte Planung durcheinander. »Sie sind wahnsinnig, Nimet!«

»Nein! Ich bin nur kein Lakai der Supermächte, egal,

um welche es sich handelt. Sie haben bis zum zehnten Januar Zeit!«

Kusnezow erhob sich von seinem Stuhl und machte Anstalten zu gehen.

»Was ist mit Kotsch? Wollen Sie ihn sehen?«

»Nein! Ich möchte mit diesem Tier nichts zu tun haben!« entgegnete der Russe gallig und verließ grußlos die Hütte.

Hassan erhob sich von dem Felsvorsprung und klopfte sich den Staub von den Jeans. Er sah noch, wie der Russe, geblendet von dem gleißenden Sonnenlicht, den roten Paß mit dem goldenen Emblem der Schweiz schützend über seine Augenbrauen hielt, bevor er ihn in seiner Jacke verschwinden ließ.

»*Allez*, machen wir, daß wir hier wegkommen!« sagte Kusnezow mürrisch.

Auch Nimet erschien jetzt vor der Hütte. Er gab ein kurzes Kommando an die Wachen. Hassan und Kusnezow konnten unbehelligt in ihren Landrover steigen und davonfahren.

Auf den ersten Kilometern schwiegen sie. Erst nach einer guten halben Stunde Fahrt fragte Hassan: »Hatten Sie Ärger?«

Kusnezow schüttelte niedergeschlagen den Kopf. Die Nachmittagshitze empfand er als unerträglich. Das hier sollte ein Winter sein?

»Das ist doch alles der helle Wahnsinn – dieses Land, diese Leute!« stellte er verbittert fest und zwängte sich dabei aus seinem durchgeschwitzten Jackett.

»Allahs Wille ist unergründlich!« antwortete Hassan achselzuckend.

Während der Rückfahrt sprachen sie kein Wort mehr miteinander. Beide ahnten nicht, daß sie für dieselbe Seite arbeiteten.

In Beirut setzte Hassan den Russen wieder am Hotel ab.

Er erhielt von ihm die vereinbarten fünfhundert Dollar und verschwand mit seinem Wagen im unübersichtlichen Verkehr.

4. JANUAR, PARIS-ORLY:

Die Boeing 707 der Air-France aus Beirut hatte eine Stunde Verspätung. Kusnezow ließ sich dadurch nicht aus der Ruhe bringen. Er war froh, daß Regentropfen gegen das Kabinenfenster schlugen, als die Maschine von der Landebahn zum Flugsteig rollte. Der französische Zoll durchsuchte seinen Koffer ausführlich auf Drogen. Zehn Minuten später schob er seinen Gepäckwagen durch die Ankunftshalle. Der Kontaktmann der *Organisazija* kam ihm in der Nähe des Taxistands entgegen. Sie blieben nur einen Moment voreinander stehen. Kusnezow gab ihm seinen Paß und die Brieftasche. Im Gegenzug erhielt er den versiegelten Umschlag zurück, den er drei Tage zuvor bei ihm abgegeben hatte. Ohne ein Wort miteinander zu wechseln, trennten sie sich wieder.

Der Russe stieg in ein Taxi und ließ sich zum Flughafen Charles de Gaulle fahren. Im Fond riß er diskret das braune Kuvert mit seinen eigenen Reisedokumenten auf. Darin waren ein sowjetischer Diplomatenpaß auf den Namen Sergej Aladko, eine Brieftasche und ein Air-France-Ticket für den Flug nach Bonn. Sergej Aladko war Handelsattaché an der Bonner Sowjetbotschaft. Er hatte offiziell einige Tage bei seinem Amtskollegen in Paris verbracht, einem alten Studienfreund, um sich mit ihm auf die bevorstehende Außenhandelskonferenz der RGW-Staaten in Ostberlin vorzubereiten. Ein Alibi, das weder vom allgegenwärtigen Verfassungsschutz noch vom Botschaftspersonal in Zweifel gezogen worden war.

Es lag noch viel Arbeit vor ihm. Er mußte den gesamten

Nachrichtenapparat der *Organisazija* in Bewegung setzen, um über die entstandenen Probleme zu berichten.

6. JANUAR, MOSKAU:

Als Aladko den Diplomatenausgang in der Ankunftshalle des Flughafens Scheremetjewo hinter sich gelassen hatte, wußte er nicht, ob er sich freuen oder fürchten sollte, wieder heimatlichen Boden betreten zu haben. *Sie* hatten ihn noch in Bonn angewiesen, direkt im Anschluß an die Konferenz in Ostberlin nach Moskau zu kommen. Wollte man ihn in der *Organisazija* ausgerechnet jetzt absägen? Aladko wußte es nicht. Nach den letzten vier Tagen im Libanon, in Paris, Bonn, Ostberlin und jetzt Moskau hatte er solch einen Grad der Übermüdung erreicht, daß es ihm langsam gleichgültig wurde.

Aladko grüßte den Fahrer des Außenhandelsministeriums kaum, nickte ihm nur mit einem gläsernen Blick zu und drückte ihm, bis auf seinen Aktenkoffer, wortlos das Gepäck in die Hand. An einem Seitenausgang stiegen sie in einen schwarzen Wolga. Aladko setzte sich nach hinten und ließ die Schlösser des Samsonite aufspringen, während der Fahrer zu der rund vierzigminütigen Fahrt nach Moskau aufbrach. Er wollte nochmals die Unterlagen durchsehen, bevor er sich den Fragen der *Organisazija* stellte. Nein, er hatte sich nichts vorzuwerfen. Die Operation war von ihm perfekt eingefädelt worden. Für Nimets Alleingang war er nicht verantwortlich. Ganz in seinen Gedanken, achtete er nicht auf den Verkehr an der Leningrader Chaussee – bis er durch einen lauten Schlag erschrokken hochfuhr.

Er sah die großen Fetzen eines LKW-Reifens auf die linke Flanke ihres Wagens zufliegen, sah, wie der rostige Kiestransporter neben ihnen ins Schleudern geriet und auf sie zudriftete. Bremsen quietschten, Glas splitterte, Blech knirschte. Der Fahrer riß das Steuer nach rechts, raste in das Brückengeländer. Stille. Aladko hörte nur das leise Pfeifen des freien Falls. Sekunden der Ewigkeit. Die Regierungslimousine klatschte krachend in den Chimkinskoje-See. Die Türen klemmten. Als Aladko das eisige Wasser an seinem Körper spürte, das durch die geborstenen Scheiben rauschend in das Innere des Wagens schoß, wußte er, daß es nun endlich vorbei war. Er lächelte.

8. Januar

8. JANUAR, MOSKAU, 23.00 UHR:

Brigadegeneral Feliks Matwejewitsch Scherstnew hielt sich mit beiden Händen im Fond der Tschaika-Limousine fest. Und dennoch hüpfte er mit seinen zwei Zentnern Körpergewicht wie ein Gummiball auf der breiten Sitzbank hin und her.

»Ich sagte, Sie sollen sich beeilen, Genosse Nasarow, von Umbringen habe ich nicht gesprochen!« fluchte Scherstnew. Dabei hatte er sich nach vorne gebeugt und wäre um ein Haar quer durch den großen Wagen auf die gegenüberliegenden Plätze geschleudert worden.

»*Da*!« antwortete Nasarow und ging mit dem Fuß kurz vom Gaspedal, um gleich darauf seinen halsbrecherischen Fahrstil fortzusetzen. Gemäß den Verkehrsvorschriften fuhr er innerhalb der Stadtgrenzen mit Standlicht, was auf den kaum beleuchteten Seitenstraßen der Moskauer Außenbezirke einem Selbstmordversuch gleichzusetzen war. Entsprechend spät sah er die oft quadratmetergroßen Schlaglöcher und geriet von einem Ausweichmanöver ins andere, die der butterweich gefederte Straßenkreuzer entweder mit heftigem Schlingern oder dem Krachen der auf das Chassis schlagenden Hinterachse quittierte. Dieses Jahr hatten sie einen widerlichen Winter, der ständig zwischen strengem Frost und milden Temperaturen pendelte. Die erst im Frühjahr fälligen Straßenschäden hatten sich drei Monate früher eingestellt und waren wesentlich größer als sonst.

Nach einer dreiviertelstündigen, zermürbenden Fahrt erreichten sie den Neubau des Studentenwohnheims im äußersten Norden des Bezirks Babuskin. Die Bezeichnung Neubau täuschte. Das zehnstöckige Gebäude wurde schon seit Jahren bewohnt, aber der Fassade fehlte der Putz, und für die Zufahrt hatte die zuständige Straßenbau-Brigade noch keine Zeit gefunden.

Nasarow hielt an und blendete die Scheinwerfer auf. »Da kommen wir nicht durch, Genosse Brigadegeneral!«

Scherstnew grunzte ein unverständliches Schimpfwort vor sich hin, während er die Wagentür aufstieß und mit den Füßen in der Dunkelheit nach einem festen Untergrund tastete. Auf den hundert Metern zum Hauseingang versank er bis zu den Knöcheln im Schlamm. Da er vor der Fahrt nicht an Überschuhe gedacht hatte, sogen sich seine braunen Halbschuhe binnen Sekunden mit dem eisigen Morast voll. »Scheiße!« brüllte er in die Dunkelheit. Nasarow, der ihm in einem größeren Abstand folgte, pflichtete ihm jammernd bei.

Als sie den Hausflur betraten, schlug ihnen der Gestank komprimierter menschlicher Zivilisation entgegen: verbrannte Soljanka, feuchte Wäsche, kalter Rauch, Schweiß und Desinfektionsmittel. Auf der rechten Seite lag ein Aufenthaltsraum, in dem ein rundes Dutzend junger Leute fernsah. Scherstnew stellte sich in den Türrahmen und fragte laut: »In diesem Haus sollen die *Vaswedtschiki* proben! Wo ist das?«

Allein der Name dieser Jazz-Funk-Band, wie sie der Bandleader, Scherstnews Neffe Boris Stepanowitsch Uljanow, nannte, ließ dem altgedienten KGB-General die Wut zu Kopf steigen. *Vaswedtschik* bedeutete Kundschafter und galt als ruhmreiche Umschreibung Zigtausender von Spionen, die in aller Welt für das KGB und den GRU tätig waren.

Und ausgerechnet sein Neffe nannte eine Popgruppe danach.

Einer der jungen Leute drehte sich zu Scherstnew um, öffnete mit seinem Schlüsselbund eine Bierflasche und bemerkte: »Den Flur links bis ans Ende hinunter!«

Die anderen nahmen keine Notiz von ihm, und erst als der Junge mit einem Blick auf Scherstnews durchweichte Schuhe mitleidig hinzufügte: »Übrigens, Väterchen, zehn Meter neben der schlammigen Straße gibt es einen trokkenen Trampelpfad«, begannen sie plötzlich herzhaft zu lachen.

Für den Bruchteil einer Sekunde war Brigadegeneral Scherstnew nahe daran, seinen Dienstgrad zu nennen und die Jugendlichen zusammenzustauchen. Aber vermutlich hätte das keinen großen Eindruck auf die Intelligenzija von morgen gemacht und außerdem zu unnötigen Schwierigkeiten mit Boris geführt. Mit unbewegtem Gesicht wandte Scherstnew sich ab und lief mit schmatzenden Schritten seiner Kreppsohlen den langen Korridor hinunter. Nasarow folgte ihm mit zwei Metern Abstand, bemüht, sein Grinsen zu unterdrücken. Vor der Tür zum Übungsraum dröhnte ihnen der Rhythmus eines Schlagzeugs entgegen. Scherstnew drückte die Klinke herunter und betrat mit Nasarow das Studio. Der etwa fünfzig Quadratmeter große Raum war zum Bersten voll. Junge Leute, Instrumente, Lautsprecherboxen, Verstärker, unzählige Kästen und Kisten. Nasarow hatte gerade wieder die Tür hinter ihnen zugedrückt und sich mit Scherstnew zwischen die Leute gequetscht, als eine Handvoll Violinisten zum Takt des Schlagzeugs einsetzte. Der Bassist folgte mit einer gegenläufigen Melodie. Scherstnew sah sich um. Alles, was in der westlichen Elektronikindustrie Rang und Namen hatte, war hier mit Geräten vertreten. Ein gigantischer Wirrwarr von Kabeln und Leitungen führte über den mit plattgetretenen Zigarettenkippen und leeren Bierflaschen übersäten

Fußboden. Auch hier fragte niemand, wer sie wären oder woher sie kämen.

Scherstnew hätte seinen Neffen beinahe nicht erkannt. Boris saß am anderen Ende des Raums auf einem Barhokker hinter einem Turm von Keyboards, auf der rechten Seite elektronische Drums, die er gerade auf dem gegenüberliegenden Atari-Computer abmischte, während er aufmerksam den Schlagzeuger im Auge behielt. Über seine Ohren hatte er einen großen Kopfhörer gestülpt, seine schwarzen, lockigen Haare waren weit über den Kragen hinausgewachsen, und seine Augen waren hinter einer für sowjetische Verhältnisse unmöglich extravaganten blauen Sonnenbrille verborgen. Sein Einsatz: Er schlug mit der linken Hand verschiedene Felder der elektronischen Drums an, während er mit der Rechten virtuos über die Keyboards schnellte. Scherstnew kam die Melodie irgendwie bekannt vor, obwohl er sie viel zu laut und eigentlich entsetzlich fand. Nasarow schnippte bereits mit den Fingern. Es war heiß. Sie zogen ihre Mäntel aus und legten sie über eine der Lautsprecherboxen. Neben Scherstnew saß ein junges blondes Mädchen auf einer der Kisten und reichte ihm lächelnd eine konisch gedrehte Zigarette. Er fand diese Geste ungewöhnlich, nahm den Stumpen aber an und erwiderte ihr Lächeln. Der Tabak schmeckte extrem würzig, aber auch so scharf wie eine Papyrossi. Als Nasarow sah, daß sein Vorgesetzter ahnungslos einen Joint rauchte, drehte er sich mit dem Gesicht zur Wand, um seine Lachtränen zu verbergen. In der Fahrerbrigade würde ihm das niemand glauben.

Nach wenigen Minuten spürte Scherstnew, daß seine Beine müde wurden. Er lehnte sich mit dem Rücken gegen die Wand. So schlecht fand er die Musik eigentlich nicht. Aber als er Boris da drüben in der Ecke schuften sah, wurde er melancholisch.

Das Leben seines vierunddreißigjährigen Neffen erschien dem altgedienten KGB-General wie gesprungenes Porzellan. Anmutig in seiner künstlerischen Gestaltung, von quarzener Härte, aber innerlich gebrochen. Boris war in seinen Augen unfähig, ein normales Leben zu führen. Als Sohn einer englischen Pianistin, die während des Vaterländischen Krieges in die UdSSR gekommen war und die sowjetische Staatsbürgerschaft angenommen hatte, und eines NKWD-Offiziers, der den letzten stalinistischen Säuberungsprozessen in den fünfziger Jahren zum Opfer gefallen war, wuchs Boris unter der Obhut seines Stiefvaters auf. Igor Uljanow, ein Cellist an der Staatsoper, adoptierte ihn. Von klein auf saß Boris Tag für Tag am Flügel. Nach seinem Schulabschluß und dem dreijährigen Militärdienst absolvierte er die Aufnahmeprüfung am Moskauer Konservatorium wie selbstverständlich. Seine Lehrer sagten ihm eine glanzvolle Karriere als Pianist voraus. Dort lernte er auch die Sopranistin Valeria Dratschinski kennen, seinen Morgenstern, wie er zu sagen pflegte. Sie lebten zusammen und sie arbeiteten zusammen, von ihrem Ehrgeiz getrieben und oft bis zur totalen Erschöpfung. Boris und Valeria waren ein Paar, dessen Zusammengehörigkeit ihren Freunden wie ein Naturgesetz erschien – bis zu dem Tag, an dem Jakob Schumajew, ein weltberühmter, aber zunehmend alternder Tenor von der Leningrader Oper zum Bolschoi wechselte. Schumajew, mit einem Gesicht wie eine Geröllhalde, aber dem Charme eines brünftigen Braunbären, nutzte jede Gelegenheit, der Monotonie seiner Ehe zu entfliehen. Dabei brachte er es freilich nicht fertig, sich scheiden zu lassen. Die junge Valeria weckte in ihm alle vorhandenen Jagdinstinkte. Es war nur eine Frage der Zeit – mit Blumen, Einladungen und reichhaltigen Erzählungen von seinen vergangenen Bühnentriumphen –, bis sie ihm erlag. Boris war über Wochen wie gelähmt, in denen sich Haß, Verzweiflung und Wut in ihm anstauten. Die Entladung hatte katastrophale Folgen: Er fuhr ins Bolschoi, stürzte während der Proben auf die Bühne und schlug besinnungslos auf Schumajew ein. An diesem Tag ging die künstlerische Laufbahn des Tenors zu Ende. Boris hatte ihm das Gesicht derart in Trümmer geschlagen, daß es kein Chirurg der Sowjetunion vermochte, Schumajews Kiefer wieder funktionsfähig zu machen. Noch im Theater wurde Boris von der herbeigerufenen Miliz verhaftet. Und vor Prozeßbeginn wurde er vom Konservatorium zwangsexmatrikuliert. Eine mehrjährige Gefängnisstrafe schien unabwendbar. Das war der Zeitpunkt, an dem sich sein Onkel Feliks Matwejewitsch in sein Leben mischte. Zuvor waren sie sich immer aus dem Weg gegangen. Ihre Welten paßten nicht zueinander. Und trotzdem hatte sie immer eine aufrichtige Sympathie verbunden. Scherstnew ließ ungeniert seine Beziehungen spielen und holte Boris zum KGB. Das Verfahren wurde eingestellt. Von Valeria hörte Boris nie wieder.

Seine Ausbildung begann er am Institut für KGB-Anwärter in Moskau. Von Anfang an erregte er mit vier Eigenschaften großes Aufsehen: seiner Schweigsamkeit, seinen hervorragenden sportlichen Leistungen, seinen perfekten Englischkenntnissen und seinem geradezu phänomenal exakten Erinnerungsvermögen. Scherstnew, als Leiter der 9. Abteilung zuständig für den Personenschutz, wollte seine Einflußmöglichkeiten auf die Zukunft seines Neffen nicht verlieren und schmetterte alle Abwerbungsversuche der Ersten Hauptverwaltung im Vorfeld ab. Er wollte verhindern, daß Boris im kapitalistischen Ausland verschlissen wurde. Boris diente in einer Spezialeinheit, die für die Sicherheit der Politbüro-Mitglieder in Moskau verantwortlich war. Binnen vier Jahren wurde er zum Hauptmann befördert. Dennoch blieb er ein unbequemer Offizier, der seine Vorgesetzten bis in die KGB-Spitze ständig mit Verbesserungsvorschlägen und Kritik bombardierte. Im Sommer 1980 wurden Scherstnew und Uljanow gemeinsam zum KGB-Vorsitzenden Andropow zitiert. Die Sowjetführung wurde zunehmend durch die Terroranschläge in den baltischen Republiken beunruhigt. Auch der militärische Konflikt in Afghanistan spitzte sich zu, und der nur durch einen Glücksfall vereitelte Mordanschlag auf Breschnew saß den Funktionären noch in den Knochen. Die Zeichen standen auf Sturm.

Andropow hatte jede Beurteilung und jede Eingabe Uljanows gelesen. Er befragte den jungen Offizier eineinhalb Stunden zu dessen Meinung über die Fähigkeit des KGB, mit den zunehmenden Gefahren des Terrorismus fertig zu werden.

Boris' Urteil war vernichtend, und immer wieder zitierte er als Vorbild für erfolgreiche Terrorbekämpfung den britischen *Special Air Service,* über den er sich aus der Ersten Hauptverwaltung alles Material, das er kriegen konnte, beschafft hatte. Andropow hatte sein Vorhaben geschickt eingefädelt: Noch im Verlauf des Gespräches bot er dem jungen Hauptmann an, ihn selbst in den SAS einzuschleusen. Nach dem Einsatz sollte Boris in der UdSSR eine Anti-Terror-Einheit gleichen Musters aufbauen.

Zum Entsetzen Scherstnews sagte sein Neffe spontan zu. Ein Jahr lang bereitete man ihn in der Ersten Hauptverwaltung auf den Auslandseinsatz vor. Seine Tätigkeit als Vaswedtschik erfolgte dann ganz plötzlich, fast überstürzt. KGB-Agenten hatten in Liverpool Kontakt zu einem Ex-Offizier der Royal Marines hergestellt. Lieutenant John Stonelake erfüllte alle Anforderungen, die sie für die Legende Uljanows benötigten. Er besaß eine große Ähnlichkeit mit Uljanow, war unverheiratet, ohne Familie und ohne Freunde. Seinen Dienst hatte er, trotz guter Beurteilungen, aus Frustration quittiert und kam zunehmend mit seinen Finanzen und dem Alkohol in Konflikt. Stonelake war ein naiver Narr, der tatsächlich glaubte, daß die Informationen, die er über die britische Armee lieferte, von größter Bedeutung seien. Der KGB trug ihm auf, so zu tun, als führe er in Urlaub und zöge danach von Liverpool nach London. Sie schleusten Stonelake in die UdSSR ein und brachten ihn in einer der zahlreichen KGB-Datschen in der Umgebung von Moskau unter. Gutes Essen, viel Alkohol und eine rassige Nutte genügten, um ihn wie ein altes Waschweib zum Sprechen zu bringen. Die freundlichen Vernehmungsoffiziere interessierten sich ausschließlich für Stonelakes Vorleben, seinen Umgang, seine Hobbys, seine Anekdoten und seine Umgangsformen. Boris hatten sie keine zwei Kilometer entfernt in einer Datscha untergebracht, in der er bis zur totalen Erschöpfung auswendig zu lernen hatte, was »seine neue Identität« von sich gab. Zehn Tage später – man wollte »Stonelake« in Großbritannien nicht zu lange »fehlen« lassen – endete der Rollenwechsel im Operationssaal einer Moskauer Spezialklinik. In der letzten Flasche der üblichen Tagesration von Stonelakes Krimsekt befand sich ein schweres Schlafmittel. Als der Überläufer am nächsten Morgen erwachte, fehlte ihm die Haut seiner Fingerkuppen. Eine Woche darauf, nachdem die haarfeinen Narben an Boris' Händen abgeheilt waren, machte sich der Vaswedtschik auf den Weg nach London.

Der Spion verhielt sich gänzlich unauffällig, suchte sich Arbeit und wuchs in seine britische Rolle hinein. Nach drei Monaten schickte er seine Bewerbung nach Hereford und durchlief erfolgreich die Bewerbertests des *Special Air Service*, die schwierigsten Eignungsprüfungen, die bei den Eliteeinheiten der Welt zu finden waren. Die kommenden vier Jahre wurden die härtesten seines Lebens. Das KGB verzichtete in dieser Zeit auf jeglichen Kontakt, um den Erfolg der Operation nicht zu gefährden.

Nach der Grundausbildung in Hereford stationierte man ihn in Nordirland, später in der Umgebung von London. In dieser Zeit machte »Stonelake« Furore im SAS. Er wurde bis zum Major befördert. Bei all seinen Einsätzen hatte er einen Partner, David Lynn, über den er später in Moskau kaum sprach. Nach der erfolgreichen Geiselbefreiung in der Iranischen Botschaft in London, die er mit Lynn angeführt hatte, bestand in der KGB-Führung kein Zweifel mehr an seiner Qualifikation.

Im Herbst 1985 trat das KGB erstmals mit Uljanow in Verbindung. Die Moskauer Zentrale ordnete seine Rückkehr in die UdSSR an. Boris kämpfte zwei Tage mit seinem Gewissen. Mittlerweile dachte er wie ein Engländer, lebte wie ein Engländer und fühlte wie ein Engländer. »Stonelake« war ihm in Fleisch und Blut übergegangen. Aber am Dscherschinski-Platz machte man Druck, und er hatte zu viele Familienangehörige in der UdSSR, um sich der britischen Abwehr anvertrauen zu können. Ein sowjetischer Frachter nahm ihn vor der britischen Atlantikküste auf und brachte ihn auf dem kürzesten Weg nach Kaliningrad. Er kehrte zurück in ein Land, das ihm fremd geworden war.

In den kommenden achtzehn Monaten baute der zum Oberstleutnant beförderte Uljanow in einem neuerrichteten Ausbildungslager in der sibirischen Einöde die *Sektion Budjonny* auf, benannt nach dem legendären Roten Reiter der Sowjetarmee, Marschall Semjon Budjonny. Die sowjetische Führung versorgte die streng geheime Sondereinheit mit dem besten technischen Material, das die Rüstungsbetriebe der UdSSR herzustellen in der Lage waren. Aus allen Einheiten des KGB und der Sowjetarmee wurden die besten Männer für die *Sektion Budjonny* ausgewählt. Dennoch betrug die Ausschußquote noch über siebzig Prozent. Uljanow bestand seine Feuerprobe während einer Flugzeugentführung in Riga, die unter seinem Kommando unblutig beendet werden konnte.

Die meisten Stunden seiner knappen Freizeit verbrachte Boris vor einem alten Bechstein-Flügel, den Scherstnew aus Moskau für ihn in das viertausend Kilometer entfernte Lager hatte schicken lassen. Nach eineinhalb Jahren war der Aufbau der *Sektion Budjonny* abgeschlossen. Boris reichte bei seinem Onkel, der als Leiter der 9. Abteilung sein höchster Vorgesetzter war, sein Entlassungsgesuch ein. Der stellvertretende Kommandeur, Major Rybalkin, war ausreichend für seine Aufgabe als Boris' Nachfolger vorbereitet. Es gab kein Angebot, das Boris zum Bleiben bewegen konnte. Seine umfangreichen Privilegien und die hohen Pensionsansprüche schrieb er einfach in den Wind. Widerstrebend, aber letztendlich machtlos, gab die KGB-Führung seinem Willen nach.

Entgegen Scherstnews Vermutung bewarb sich Boris nicht mehr beim Moskauer Konservatorium, obwohl er wieder Kontakt zu seinem alten Professor aufnahm. Stattdessen trieb sich sein Neffe unentwegt in der neu entstandenen Moskauer Jazz- und Pop-Szene herum, mietete sich ein einfaches Zimmer und spielte in verschiedenen Gruppen die Keyboards, wie er es nannte. Binnen weniger Monate gründete er die Band *Vaswedtschiki* und eroberte im Flug die sowjetischen Hitparaden.

Am Dscherschinski-Platz ließ er sich seither nicht mehr blicken. Aber seine Vorgesetzten brauchten nur regelmäßig das Unterhaltungsprogramm des staatlichen Fernsehens einzuschalten, um ihren »Helden« in zahlreichen Videoclips zu sehen. Scherstnew erschauerte bei dem Gedanken, welchen Reim sich die britische Abwehr beim Anblick dieser Bilder machen mußte. Drei Jahre waren seitdem vergangen. Boris war ein Star geworden.

Das Stück endete mit dem Schlag auf einen zwei Meter großen Gong. Als sich die letzten Klangwellen in dem kleinen Studio verloren hatten, johlten und pfiffen die Zuhörer begeistert. Die Musiker blieben ernst, sie nahmen ihre Umgebung überhaupt nicht wahr.

Scherstnew beugte sich zu dem Mädchen neben sich: »Was haben die eben gespielt?«

Sie strich sich ihre langen, blonden Haare aus dem Gesicht und warf ihren Kopf zurück. »Na, das hört man doch!« bemerkte sie mit einem Anflug von Empörung, und erst jetzt wurde ihr klar, daß Scherstnew nicht einer der Typen vom Fernsehen war. »Das ist ein gedopter Schostakowitsch. Eine Improvisation aus dem vierten Satz der fünften Symphonie.«

Der KGB-General erhob sich von der Tischkante und hatte das Gefühl, Blei in den Knien zu haben. Nein, das hier war nicht seine Welt.

Boris diskutierte inzwischen mit Aljoscha, dem Schlagzeuger, wie der Gong anzuschlagen sei. Dabei griff er nach einem Handtuch und wischte sich den Schweiß aus dem Gesicht. Nur zufällig streifte sein Blick Scherstnew, der zwischen den vielen Leuten auf ihn zutaumelte.

»Onkel Feliks! Was machst du denn hier?«

Für einen Moment wurde es ruhig, und die Aufmerksamkeit der jungen Leute richtete sich auf den Fremden. Sie trafen sich in der Mitte des Studios und schlossen sich in die Arme. »Na, mein Alter!« sagte Boris und strich Scherstnew über den Hinterkopf. Erst jetzt sah er die geröteten Augen seines Onkels mit den kleinen Pupillen und begriff sofort, was geschehen war. Wütend knuffte er die blonde Katja in die Schulter. »Sag mal, spinnst du? Das ist ein KGB-General!«

Katja sah ihn gleichgültig an, verständnislos und in keiner Weise beunruhigt. »Na und? Woher soll ich'n das wissen?« antwortete sie langgezogen.

Scherstnew faßte seinen Neffen am Ärmel. »Ich muß dich sprechen, Junge!«

Boris drehte sich zur Band und rief: »Zehn Minuten Pause!« Er hatte Mühe, den alten Scherstnew an den Leuten vorbei zur Tür zu bugsieren. Scherstnew winkte Nasarow heran, der nach seinem Mantel griff. Auf dem Flur wurden sie von den anderen, die pinkeln gingen oder in der Küche einen Tee trinken wollten, an die Seite gedrängt. Kurz darauf standen sie allein in dem funzeligen Neonlicht des Durchgangs. Scherstnews Stimme hallte. »Irgendwie habe ich verdammt weiche Knie!«

»Du bist total *stoned*, Onkel Feliks! Katjas Joints sind berüchtigt. Sie bestehen zu zwei Dritteln aus reinstem schwarzem Afghan!«

»Ich verstehe nicht«, murmelte der Alte verunsichert.

Nasarow, noch immer mit seiner Fassung kämpfend, erklärte: »Sie haben soeben Haschisch geraucht, Genosse Brigadegeneral!« Er brach erneut in Gelächter aus.

»Finden Sie das komisch?« herrschte ihn Boris in einem Tonfall an, der keinen Zweifel an seiner Offiziersvergangenheit ließ. Scherstnew runzelte die Stirn. Seine Mundwinkel gruben sich noch tiefer als gewöhnlich in das faltige Gesicht, und seine Augen hatten Mühe, einen festen Punkt zu fixieren. »Ich brauche einen klaren Kopf, Junge!«

Boris wandte sich an den Leutnant: »Gehen Sie in die Küche, und lassen Sie sich von Aljoscha Traubenzucker und Vitamin C geben!«

Nasarow irrte widerwillig den Gang hinunter und verschwand in einem der Seitenkorridore.

»Warum bist du gekommen, Onkel Feliks?« fragte Boris und stützte ihn vorsichtshalber ein wenig.

»Vor zwei Stunden ist die *Operation Blat* angelaufen!«

»*Damned*!« Wenn Boris die Nerven durchgingen, fluchte er auf englisch.

»Wir brauchen dich!« sagte Scherstnew flehend, aber unvermittelt glitten seine Gedanken ab.

Boris schüttelte seinen Onkel, dessen Augenlider unkoordiniert nach unten klappten. »Was ist los?«

Scherstnew reagierte nicht. Boris schlug ihm auf die Backen. »Was ist los?« wiederholte er.

»Ich habe den Auftrag, dich sofort ins ZK zu bringen«, murmelte Scherstnew. »Klimenko, Tschebrakin, Generalmajor Myschko und Sonderstaatsanwalt Granow erwarten dich zu einem Gespräch!«

Aljoscha kam mit Nasarow den Flur heruntergerannt. Der Schlagzeuger begutachtete mit fachmännischem Blick den alten KGB-General. »Scheiße! Wir bringen ihn in die Küche. Der Alte braucht Kaffee!«

Die beiden führten Scherstnew an den Armen in die Studentenküche. Boris blieb einen Moment allein zurück und folgte ihnen dann nachdenklich mit ein paar Metern Abstand.

Stanislaw Klimenko, stellvertretender Generalsekretär, der KGB-Vorsitzende Viktor Tschebrakin, Generalmajor Arkadij Myschko, Leiter der Abteilung Sonderermittlungen, und Sonderstaatsanwalt Aleksander Granow – alle vier gehörten zur höchsten »Instanz« von Staat, KGB und Justiz. *Operation Blat* war die Codebezeichnung für eine extreme Krisensituation: Lebensgefahr für den Generalsekretär der KPdSU, die Leitfigur der *Perestroika*. Von Anfang an hatte Boris, soweit es ihm möglich war, die Grabenkriege verfolgt, die seit dem Amtsantritt des Generalnys in allen staatlichen Instanzen tobten. Für viele Angehörige der Nomenklatura war dieser Mann der Inbegriff des Bösen, der Konterrevolution, so wie sie sie verstanden. Dieser Generalny drohte ihnen die über Generationen hinweg erworbenen Privilegien für ihre Sippen binnen weniger Jahre zu entreißen. Zu den Instrumentarien dieser Leute gehörten, wie in der sowjetischen Geschichte üblich, Mord, Intrige, Denunziation und Erpressung. Vor drei Jahren war Boris aus dem KGB ausgeschieden. An der exponierten Situation des Generalny hatte sich seitdem nichts geändert. Das Leben des Generalsekretärs zu schützen, war der alltägliche und reale Alptraum seiner Sicherheitsbeamten.

Als Boris aus Großbritannien zurückkehrte, hatte es zu seinen ersten Aufgaben gehört, den Personenschutz des

Generalny zu optimieren. Dadurch waren sie oft zusammengetroffen – und regelmäßig in Streit geraten. Gorbatschow war sich der Wirkung seiner öffentlichen Auftritte sehr bewußt und benutzte seine Popularität als Speerspitze seiner politischen Strategie. Aber aus Boris' Perspektive machte er sich ständig selbst zur lebenden Zielscheibe. Trotzdem verband die beiden eine vertrauensvolle Sympathie. Über drei Monate hinweg, jeden Dienstag, flog Boris an Bord eines Jagdflugzeugs aus dem sibirischen Ausbildungslager der *Sektion Budjonny* nach Moskau, um den Generalny in den Übungsräumen des KGB einem Sicherheitstraining zu unterziehen. Gorbatschow war sicher der erste Parteichef der KPdSU, der sich mit asiatischen Selbstverteidigungsübungen blaue Flecken zuzog. Er brachte auch seine weit zurückliegenden Schießkenntnisse wieder auf Vordermann. Boris verschaffte ihm eine Baby-Browning, eine kleine Taschenpistole ohne vorstehenden Abzugshahn, die er seitdem ständig bei sich trug. Nach endlosen Diskussionen erklärte sich der Generalny auch bereit, in der Öffentlichkeit unter dem Oberhemd eine schußsichere Weste aus nicht auftragender Kohlefaser zu tragen. Die meiste Zeit der Unterweisungen verwandte Boris darauf, die Wahrnehmungsfähigkeit des Generalny zu schulen; es galt, bei Gorbatschow einen siebten Sinn zu entwickeln, von dem Boris behauptete, daß ihn jeder besäße, aber nur wenige ihn benutzten.

Wie gut das Training des jungen KGB-Offiziers gewesen war, zeigte sich ein Jahr darauf. Der Generalny besichtigte im usbekischen Kaschkadar eine der größten Baumwoll-Sowchosen. Eigens für ihn hatte man auf der geplanten Route, weit draußen in den Plantagen, an einer kleinen Böschung eine Holztreppe gebaut, die er hinuntersteigen sollte. Gorbatschow zeigte sich sportlich jovial und rannte quer durchs Gelände die Anhöhe hinunter.

Wenige Sekunden darauf benutzte der Sowchose-Direktor den Weg über die Stiege. Er wurde von einer Bombenexplosion in Stücke gerissen. Die sowjetischen Abendnachrichten strahlten noch am selben Tag einen belanglosen Bericht über die Sowchose-Besichtigung aus, in dem kein Wort über das Attentat verloren wurde. Der Zwei-Minuten-Bericht wurde auch den ausländischen Fernsehanstalten überlassen, die in einer weit verbreiteten Headline-Hysterie generell alles sendeten, was ihnen über Gorbatschow angeboten wurde. Die Bilder, wie der Generalny *neben* der Treppe die Wiese hinunterlief, gingen um die Welt. Gezeigt wurden sie jedoch vor allem für die westlichen Nachrichtendienste.

Wenige Stunden nach dem Anschlag erhielt Boris ein persönliches Telegramm des Generalny, in dem er ihm dankte. Seitdem hatten die beiden nichts mehr voneinander gehört. Die Attentäter wurden nie ermittelt.

Sie setzten Scherstnew auf einen Stuhl am Küchentisch. Hinten im Studio kam es zu einem handfesten Krach zwischen einigen Bandmitgliedern und Katja. Daß der Alte zum KGB gehörte, hatte sofort die Runde gemacht. Die meisten der jungen Leute hielten es für besser, sich zu verdrücken. Jewgenij, der Bassist – und neben Katja der hartgesottenste Kiffer in diesem Kreis –, lief in seine nahe gelegene Wohnung, um einen Beutel Ascorbinsäure-Pulver zu holen, das er für den Notfall immer bereithielt. Slawa hatte bereits innerhalb des Studentenwohnheims Bohnenkaffee gesammelt und kochte ein Gebräu, das Scherstnews schlappen Blutdruck zwangsläufig hochkatapultieren mußte. Der Traubenzucker blieb das größte Problem. Die Aufnahmeleiterin von Mosfilm, Ljudmila Fedorowa, die bei den Proben der letzten Tage dabeigewesen war, um sich auf die Fernsehübertragung des bevorstehenden Konzerts im Sportpalast vorzubereiten, setzte sich in ihren Moskwitsch und jagte in Richtung Kirowa Ulica zu einer der wenigen Apotheken mit 24-Stunden-Dienst. Jeder von ihnen verfolgte nur das eine Ziel: die *Vaswedtschiki* aus einem Skandal herauszuhalten.

Boris setzte sich seinem Onkel gegenüber, nahm dessen linke Hand und tastete nach dem Puls. »Geht's dir gut, Onkel Feliks?«

Scherstnew zog unwillig seinen Arm weg. »Hakt's bei euch aus, Kinder? Ich habe schon Kartoffelkraut geraucht, als von euch noch kein Furz im Kosmos existierte! Und nun laß uns gehen.«

Er sprang auf die Beine, aber im nächsten Augenblick sackten ihm die Knie weg. Aljoscha konnte ihn gerade noch abfangen, so daß er mit seinem Hintern wieder auf dem Stuhl landete.

»Donnerwetter!« rief Scherstnew und brach in schallendes Gelächter aus. Er steckte die anderen an. Nur Boris war nicht zum Lachen zumute. Er konnte nicht vergessen, warum sein Onkel hier aufgetaucht war. Das Lachen des Generals nahm kein Ende. Plötzlich kippte die Stimmung der Leute am Tisch. Sie schwiegen betreten und starrten Scherstnew mitleidig an. Slawa füllte einen großen Becher mit seinem Gebräu und kühlte ihn im Spülstein auf eine trinkbare Temperatur ab. Nasarow trat nervös von einem Bein aufs andere und rauchte Zigarette auf Zigarette. Jedesmal wenn der Brigadegeneral erneut durch einen Tränenschleier in die Gesichter dieser, wie er fand, verschreckten Grünschnäbel sah, wurde er von einem neuen Lachkrampf geschüttelt. Boris ließ sich von Slawa den Kaffee herüberreichen und stellte ihn vor Scherstnew auf den Tisch. Unvermittelt schlug er seinem Onkel mit der flachen Hand rechts und links auf die Wangen. Den kurzen Moment von Scherstnews Fassungslosigkeit nutzte er, um ihm den Kaffeebecher an die Lippen zu bringen.

»Trink!« befahl er unnachgiebig.

Der Alte schluckte dreimal und mußte dann husten.

Wütend befreite er sich aus der Umklammerung seines Neffen. »Willst du mich umbringen?«

»Nein«, antwortete Boris ruhig, »aber wenn du in diesem Zustand im ZK erscheinst, bist du deine Offiziersklappen los!« Dabei schob er ihm wieder den Kaffeebecher zu. Scherstnew nahm widerwillig den nächsten Schluck und wischte sich mit dem Ärmel über die Lippen.

»Was macht ihr nur für einen Unsinn!« murmelte er kopfschüttelnd, wie ein Großvater, der die Welt seiner Enkel nicht mehr versteht.

Boris rang mit seinen Worten: »Tja, weißt du ...«

Unvermutet stand Jewgenij mit einem kleinen Plastikbeutel voll weißen Pulvers in der Tür und fiel Boris ins Wort: »Das ist wie Alkohol, Väterchen! Aber die Menge, die du dir als Anfänger reingezogen hast, würde jedes Pferd umschmeißen!«

Boris ballte seine Faust in der Hosentasche. Ihn machte der Zustand seines Onkels nur wütend. Jewgenij knotete inzwischen den Beutel auf und kippte zwei gehäufte Eßlöffel Ascorbinsäure in Scherstnews Kaffee.

»Pah!« stellte der Alte jovial fest, »das Pferd, das nach mir umfällt, muß erst noch geboren werden!«

Sein Neffe rührte den Kaffee um und hielt ihm erneut die Tasse an den Mund. »Los, trink!«

In der gleichen Sekunde spuckte der KGB-General das Gebräu aus und brüllte: »Seid ihr wahnsinnig? Euer Kraut bringt mich nicht um, aber dieses Zeug mit Sicherheit!«

»Reines Vitamin C!« bemerkte Jewgenij arglos.

»Denk an Klimenko!« fügte Boris eisig hinzu.

»Richtig!« dröhnte Scherstnew, machte eine Pause und fuhr in entschlossenem Tonfall fort: »Findest du nicht auch, Boris, daß Klimenko ein ungeheures Arschloch ist? Wir sollten ihm das heute einfach mal sagen!«

Jewgenij wurde blaß. Auch auf den Gesichtern der anderen zeigte sich Panik.

Klimenko, die graue Eminenz des Kreml, der stellvertretende Generalsekretär und die gefährlichste Waffe, die die alte Breschnew-Riege im Politbüro dem Reformkurs des Generalny entgegenhielt.

Der Brigadegeneral sah angewidert in die Runde. »Was seid ihr bloß für Hasenfüße?« fragte er verächtlich und setzte hinzu: »Unter Stalin wärt ihr speichelleckende Duckmäuser gewesen. Ihr braucht erst einen wie Gorbatschow, der von oben *Glasnost* proklamiert. Dann packt ihr eure Instrumente aus, macht fürchterlichen Lärm und gebt dem ganzen auch noch den ehrenwerten Namen *Vaswedtschiki*. Dazu raucht ihr dieses Kraut, von dem einem das Hirn im Schädel kocht – und das ist für euch dann *Perestroika*! Scheiße! Aber wenn so ein alter Tschekist wie ich, der es nun wirklich wissen muß, sagt, Klimenko ist ein verdammtes Arschloch, dann macht ihr euch sofort in die Hosen! Toll! Ihr selbst seid das perverseste Ergebnis stalinistischer Mutation! ... Ohne Visionen! ... Ohne Überzeugungen! ... Den Kopf voll mit irgendwelchen westlichen Rock-Idolen, allesamt wie Plastik und beliebig austauschbar. Ganze Generationen junger Leute habe ich in die GULags ziehen sehen, wie Schlachtvieh, aber ihre Überzeugungen trugen sie wie Orden ...«

Jewgenij drehte bei diesen Worten durch. Er stürzte sich auf den alten KGB-General, packte ihn am Kragen. »Ja, du alter Tschekist kannst das Maul aufreißen! Du hast immer auf der Seite des Siegers gestanden!« brüllte er und schüttelte den Alten.

Boris und Nasarow sprangen auf. Sie versuchten, Jewgenij in ihre Gewalt zu bringen. Aber der Bassist hielt Scherstnew weiter umklammert und schrie: »Vor acht Jahren habe ich in einer Gruppe gespielt. Sechs Leute waren wir. Drei habt ihr in die Psychiatrie gesteckt, zwei habt ihr nach Afghanistan geschickt. Sie haben *nur* Musik gemacht – und mußten dafür mit dem Leben bezahlen!«

Jewgenij ließ von dem Alten ab. Er begann zu heulen. Boris drückte ihn auf den benachbarten Stuhl. Scherstnew stützte seinen dumpfen Kopf mit dem rechten Arm auf den Tisch und starrte den Jungen mit seinen wäßrigen Augen an. Unvermittelt streichelte er mit der linken Hand über Jewgenijs Kopf. »Merke dir die Gesichter ihrer Mörder, und zeige mit dem Finger auf sie! *Das* ist der Keim der *Perestroika* und die einzige Chance, die diesem verdammten und geliebten Land geblieben ist!«

Sie schwiegen.

»Klimenko!« Boris schleuderte den Namen wie einen Bannstrahl über den Küchentisch. In Scherstnews Kopf hakte sich eine Notbremse ein, die ihn auch im Vollsuff zeit seines Lebens vor größeren Katastrophen bewahrt hatte.

»Bist du bereit?« fragte der Alte zynisch.

»Ich schon. Aber du?« Scherstnew schüttelte sich wie ein nasser Hund. »Also gut. Was brauche ich, um einen klaren Kopf zu bekommen?«

»Starken Kaffee, Vitamin C und Traubenzucker!« antwortete Sascha wie aus der Pistole geschossen.

»Na, dann gebt mir Kaffee, richtigen Kaffee!« Und etwas skeptisch betastete der alte General die Tüte Ascorbinsäure. »Und das schüttet ihr in einen Krug Wasser!«

In diesem Moment traf Ljudmila Federowa ein. Voller Stolz leerte sie ihre Manteltaschen über dem Küchentisch und häufte darauf einen beachtlichen Berg von Traubenzucker-Briefchen an. »Das war vielleicht ein Theater!«

Aljoscha lachte auf. »Aber hier hast du …«

»Vielen Dank, Ljudmila!« unterbrach ihn Boris streng und warf dem Musiker einen Blick zu, der ihn erstarren ließ.

Sascha stellte Scherstnew einen Becher Kaffee und einen Krug mit dem sauren Wasser hin. Der Alte sagte von nun an kein Wort mehr, griff nur abwechselnd nach rechts zum Kaffee, trank den Becher leer, riß eines der Briefchen auf und schüttete sich den Traubenzucker auf die Zunge, griff nach links und leerte den Wasserkrug. Gespannt beobachteten die jungen Leute, wie dieser Mann binnen einer Viertelstunde ungeheure Mengen Flüssigkeit zu sich nahm. Am Ende gab er einen ungeheuren Rülpser von sich, stand auf, als wäre nichts gewesen und streifte sich seinen Mantel über. Boris rannte in den Übungsraum, um seine Daunenjacke zu holen.

»Kommen Sie, Genosse Nasarow!« kommandierte Scherstnew polternd. An der Tür drehte er sich nochmals zu den Musikern um, sagte: »*Do swidanja*!«, und mit einem Augenzwinkern setzte er hinzu: »Ich bin nie hier gewesen!«

Als sie wieder unter sich waren, zog Jewgenij einen Beutel Tabak, Zigarettenpapier und ein in Silberpapier gewickeltes Stückchen Haschisch aus der Tasche. Mit zittrigen Händen versuchte er, einen Joint zu drehen. »Mann, oh, Mann! Der Typ ist ja der helle Wahnsinn!«

Sascha setzte sich jetzt ebenfalls an den Tisch, trank selbst von seinem Extrem-Kaffee und murmelte: »Der Alte ist ganz in Ordnung. Mich würde viel mehr interessieren, was unser Boris im Kreml verloren hat. Ich dachte, der wäre früher im KGB nur ein kleines Würstchen gewesen.«

»Das hat er zumindest immer behauptet«, fügte Aljoscha skeptisch hinzu.

Die Tschaika-Limousine bog vom Dscherschinski-Platz in die Serova Ulica ein, fuhr die für den üblichen Straßenverkehr gesperrte Rampe zu den ZK-Gebäuden hinauf und verschwand in einer schmalen Seitengasse. Scherstnew hatte, bis auf eine Pinkelpause am Rigaer Bahnhof, die ganze Fahrt über geschlafen. Sie stoppten an einem Gittertor, vor dem zwei bewaffnete KGB-Milizionäre Wache standen. Boris fiel auf, daß sie statt der üblichen Dienstpistolen heute mit Kalaschnikow-MPs ausgerüstet waren. Nasarow kurbelte das Fenster hinunter und reichte einem der Milizionäre ihren Passierschein. Der andere stand vor dem Kühlergrill, beide Hände an der entsicherten Waffe. Nach einer Rückfrage über das Handsprechfunkgerät gab der Wachbrigadier seinem Kameraden ein Handzeichen, das Tor zu öffnen. Nasarow fuhr an, steuerte den Tschaika von hinten um den Häuserblock und hielt vor dem grell erleuchteten Nebeneingang des im frühstalinistischen Stil erbauten Hauptgebäudes des Zentralkomitees der KPdSU. Auch hier patrouillierten bis an die Zähne bewaffnete KGB-Milizen. Hinter den Panzerglasscheiben der schweren Eingangstür erkannte Boris die sechzigjährige Polina Wjatscheskaja, erste Sekretärin des KGB-Vorsitzenden Victor Tschebrakin und der gute Geist vom Dscherschinski-Platz. Wild gestikulierend sprang die breithüftige Frau aus dem Windfang auf die Gasse heraus und riß die Fondtür auf.

»Sagt mal, wo bleibt ihr denn, Genossen?« rief sie aufgebracht. »Der Chef sitzt da oben wie auf Kohlen!«

Boris stieß Scherstnew an, der erst jetzt erwachte, und stieg aus.

»Pennt der?« fragte die Wjatscheskaja ungläubig und brüllte in den Wagen: »Setz deine versoffenen Knochen in Bewegung, Feliks Matwejewitsch!«

Scherstnew kletterte blinzelnd aus dem Fond und lachte die korpulente Sekretärin an. »Guten Morgen, Polja, meine Rosenblüte!« Er drückte ihr einen Kuß auf die Wange und verschwand im Laufschritt im ZK-Gebäude. Boris hatte Mühe, ihm zu folgen. Von hinten hörten sie noch das vergnügte Quietschen der alten Frau.

»Mit Polja«, ergänzte Scherstnew auf dem Weg zum Fahrstuhl, »habe ich Ende der Fünfziger in einer Dienststelle gesessen ... Sie hat einen tollen Bums!« Dabei grinste er Boris breit an.

Selbst auf den Korridoren hatte man Wachen aufgestellt. Sie fuhren in den dritten Stock. Vor Klimenkos Bürotrakt wurden sie abermals kontrolliert. Im Vorzimmer empfing sie ein nervöser Sekretariatsleiter. Er tänzelte um sie herum, nahm ihnen die Mäntel ab und meldete sie an. Die rote Lampe über der schallisolierten Tür erlosch. Im selben Moment schnarrte ein Türöffner. Der Sekretär führte sie in Klimenkos Arbeitszimmer. »Die Genossen Brigadegeneral Scherstnew und Oberst Uljanow!« meldete er und verließ sogleich wieder den Tempel der Macht.

Die Ausstattung des sechzig Quadratmeter großen Raumes war typisch für ein Mitglied des Politbüros. Ihre Schritte wurden von einem dicken dunkelroten Veloursteppichboden gedämpft, auf dem zwei große, wertvolle Perserteppiche lagen. Die Wände waren bis zur halben Höhe mit dunklen Edelhölzern getäfelt, zwischen deren Kassetten goldene Armleuchter mit grünen Schirmen hingen. Der riesige Kristallüster an der Decke war nicht eingeschaltet. Klimenko bevorzugte für diese Sitzung offensichtlich eine diskretere Atmosphäre. Über der Täfelung waren die Wände mit schilfgrünen Seidentapeten bespannt, passend zu den Vorhängen an der Fensterfront. Auf der rechten Seite, über der englischen Sitzgarnitur aus dunkelbraunem Connolly-Leder, hing ein großes Ölgemälde, das einen Arbeiteraufstand aus der Zeit der Revolution darstellte – sozialistischer Realismus, etwas anderes konnte man hier natürlich nicht finden, abgesehen von den Porträts des ehrenwerten Lenin und des Generalny, die an der Wand hinter Klimenkos ausladendem klassizistischen Schreibtisch angebracht waren.

Die vier Männer saßen verteilt auf den U-förmig zusammengestellten Ledersofas und tranken Tee. Auf Wodka wurde verzichtet.

»Entschuldigen Sie die Verspätung, verehrte Genossen!« bemerkte Scherstnew in einem unterwürfigen Ton, den sein Neffe an ihm gar nicht kannte, »aber es war nicht einfach, den Genossen Uljanow ausfindig zu machen!«

Der zweiundsechzigjährige KGB-Vorsitzende Viktor Wassiljewitsch Tschebrakin saß mit grauem, eingefallenem Gesicht in der Ecke. Als Boris vor ihm stand, erhellte sich sein Gesicht. Tschebrakin erhob sich aus dem Sofa und schüttelte ihm herzlich die Hand. »Mein lieber Boris Stepanowitsch, ich bin froh, daß Sie gekommen sind! Wir haben uns ja ewig nicht gesehen!«

Boris erwiderte sein Lächeln und ergänzte: »Gut drei Jahre.«

Der KGB-Vorsitzende trat einen Schritt beiseite und machte Klimenko mit Boris bekannt. »Genosse Boris Stepanowitsch Uljanow, seinerzeit jüngster Oberst im KGB und erster Kommandeur der *Sektion Budjonny*!«

»*Sdrastwujtje*!«

Klimenkos Händedruck war flüchtig. Mit abschätzigem Blick musterte er die legere Kleidung des Ex-Agenten. »Wenn ich richtig informiert bin, sind Sie jetzt *Musiker*?« Er gab dem Wort eine ironische Klangfarbe.

»*Jazz-Funk*!« antwortete Boris trocken. »Falls es Sie interessiert, am kommenden Samstag wird das *Vaswedtschiki*-Konzert aus dem Sportpalast live im Fernsehen übertragen!«

Sekundenlang starrten sie sich sprachlos an.

Tschebrakin fing die Situation auf, indem er in einer ausladenden Geste auf Generalmajor Myschko zeigte. »Sie kennen sich ja noch von früher!«

Myschko lachte Boris breit an. »Na, Genosse Stepanowitsch, du hättest wohl auch nicht gedacht, daß wir uns unter diesen Umständen wiedersehen!«

»Nein, bestimmt nicht!« erwiderte Boris, und sein Gesicht gefror zu einer freundlichen Geste.

Der fünfundvierzigjährige Arkadij Myschko bildete innerhalb des KGB das Pendant zu Sonderstaatsanwalt Granow. Vor drei Jahren hatte man ihn von einem Abteilungsleiterposten der Fünften Hauptverwaltung zum Chef der *Verwaltung Sonderermittlungen* befördert. Er war zuständig für Untersuchungen schweren Landesverrats, Korruption und Unterwanderung des KGB oder des GRU durch ausländische Nachrichtendienste. Mit spektakulären Ermittlungsergebnissen gegen korrupte Spitzenfunktionäre in den baltischen Sowjetrepubliken hatte er den größten Schmuggler-Skandal in der Geschichte der UdSSR aufgedeckt und sich unter der neuen Führung einen Namen gemacht. Damals, als einige Mitglieder der schwerbewaffneten Schmuggler-Bande eine Aeroflot-Maschine mit Regierungsfunktionären an Bord auf dem Rigaer Flughafen gekapert hatten, um damit die Flucht in den Westen zu erzwingen, und die *Sektion Budjonny* eingesetzt worden war, hatten sich Boris und Myschko kennengelernt. Seitdem redeten sie sich mit Vatersnamen an. Myschko hatte damals versucht, die Sympathie des Oberst zu gewinnen. Aber Boris bewahrte sich seine Vorbehalte gegen den erfolgreichen Generalmajor, der, wie er fand, das Gebaren einer Hyäne kultivierte. Er verfolgte zwar ehrenwerte Ziele, aber er hatte nie einen Fall abgeschlossen, bei dem nicht Blut in Strömen geflossen war.

Boris bemerkte, daß Granow, der Sonderstaatsanwalt des Justizministers, ihn die ganze Zeit über genau beobachtete. »Sie braucht man mir nicht vorzustellen, Genosse Granow!« sagte Boris. »Sie sind ja bekannt wie ein bunter Hund!« und mit diesen Worten schüttelte er ihm herzlich die Hand. Granows Händedruck war fest und warm. Sein Gesicht aber blieb reglos, und aus seinem Mund ertönte ein mechanisches »*Sdrastwujtje*!«

Der Sonderstaatsanwalt war im letzten Jahr zum Volkshelden der Sowjetunion geworden und das nicht nur in einer regierungsamtlichen Formulierung, sondern im wahrsten Sinne des Wortes. Er leitete eine Sonderkommission des Justizministeriums zur Aufklärung von Amtsmißbrauch, Unterschlagung, Korruption und Betrügereien in den Regierungen zahlreicher Republiken, in unzähligen Behörden und Staatsbetrieben. Er und seine Mitarbeiter bereisten jeden Winkel der Sowjetunion, um Licht in das in siebzig Jahren gewachsene Dickicht der Bürokratie zu schlagen. Granow hatte als einziger den Mut besessen, Breschnews Schwiegersohn und die Regierungsspitze der Usbekischen Sowjetrepublik hinter Schloß und Riegel zu bringen. Damit rückte er ins Zentrum öffentlichen Interesses. Der schmale, fast asketische Mittfünfziger gab dem sowjetischen Volk den Glauben an seine Justiz zurück. Der Preis für ihn war hoch: Einerseits riß sich die sowjetische und internationale Presse um den publicityscheuen Beamten, und andererseits wurde er mit Morddrohungen überhäuft, war das Ziel verschiedener Anschläge. In den letzten zwölf Monaten hatte man viermal seinen Dienstwagen in die Luft gesprengt.

Boris und Scherstnew nahmen auf dem freien Ledersofa Platz. Tschebrakin kam sofort zur Sache: »Mein lieber Stepanowitsch! Wie Sie vermutlich von Brigadegeneral Scherstnew erfahren haben, wurde heute mittag die *Operation Blat* ausgelöst. Vor zwei Stunden ist im großen Sitzungssaal am Dscherschinski-Platz der Krisenstab auseinandergegangen. Wir sind leider in einer Situation ...«

»Einen Moment bitte!« unterbrach Boris den KGB-Vorsitzenden freundlich, aber bestimmt. »Seit drei Jahren bin ich nicht mehr dabei! Vor Ihnen sitzt ein Amateur, verehrte Genossen. Ich bin nicht mehr auf dem Stand der Technik. Auf diesen Platz gehört mein Nachfolger, Major Rybalkin!«

»Der Kommandeur der *Sektion Budjonny* ist zur Zeit nicht abkömmlich!« erklärte Tschebrakin.

»Und ab sofort sind Sie wieder dabei, Genosse Uljanow!« fügte Klimenko kühl hinzu.

Boris sah reihum in die Gesichter der Männer. Er fühlte die bleierne Schwere, die sich auf ihn legte. Bis heute hatte er geglaubt, den Fangarmen des KGB entkommen zu sein. Aber ein Codewort – *Operation Blat* – genügte, damit die Kraken ausschwärmten, um ihre Beute wieder einzusammeln.

Scherstnew spürte, in welche Situation er seinen Neffen gebracht hatte. »Nun hör doch wenigstens mal zu!« sagte er freundschaftlich. Boris blieb stumm, nickte schließlich.

»Wir haben den begründeten Verdacht, daß auf den Generalny ein Attentat geplant ist«, fuhr Tschebrakin fort, »der Generalsekretär reist am Freitag, den 13. Januar, mit einer Regierungsdelegation zu einer geheimen Konferenz nach Ostberlin. Die Beziehungen zur DDR sind im Moment äußerst gespannt. Vermutlicher Zeitpunkt und Ort des Anschlags: bei der Landung der Regierungsmaschine in Berlin-Schönefeld.«

»Also in fünf Tagen«, stellte Boris fest, »das ist verdammt knapp!«

Sekunden blieb es still, in denen nur das Rauschen der Klimaanlage zu hören war.

»Genosse Granow, machen Sie mit Ihrem Bericht den Anfang!« sagte Tschebrakin. Der Staatsanwalt stellte seine Teetasse auf den Marmortisch und räusperte sich. Boris wunderte sich über die markige Stimme, die aus diesem dürren Körper kam.

»Am Freitag nachmittag kam der Handelsattaché der Bonner Sowjetbotschaft, Sergej Aladko, bei einem Verkehrsunfall ums Leben. Aladko hatte an einem Treffen der Minister für Außenhandel der sozialistischen Bruderstaaten in Ostberlin teilgenommen. Er wurde von einem Fahrer des Außenhandelsministeriums am Flughafen Scheremetjewo II abgeholt. Auf der Rückfahrt nach Moskau verunglückte der Wagen auf der Brücke über dem Chiminskoje-See. Das Fahrzeug durchbrach das Brückengeländer und stürzte ins Wasser. Der Fahrer und Aladko waren sofort tot. Die GAI riegelte wenige Minuten später die Unfallstelle ab und begann mit der Bergung der Leichen. Die wegen Aladkos Diplomaten-Dienstwagen herbeigerufenen KGB-Beamten verhafteten den LKW-Fahrer, der den Unfall ausgelöst hatte, und beschlagnahmten das Gepäck. Der Aktenkoffer des Verunglückten wurde, da als geheim klassifiziert, an die KGB-Abteilung Innere Sicherheit überbracht.«

»Was fand man denn in dem Koffer?« fragte Boris ungeduldig.

»Wir werden es Ihnen zeigen«, sagte der KGB-Vorsitzende und drückte auf einen der Knöpfe auf dem Beistelltisch zwischen ihm und Klimenko. In der Holztäfelung öffnete sich ein Fach, in dem ein Diaprojektor stand; auf der gegenüberliegenden Wand senkte sich eine große Leinwand über die Konterfeis des Staatspräsidenten und des Generalny. Tschebrakin zeigte das erste Dia und erläuterte: »Das hier ist ein Reisepaß der Bundesrepublik Deutschland – ausgestellt auf den Namen Karl Braun. Wie Sie sich vielleicht erinnern, hat die Erste Hauptverwaltung seit einigen Jahren Zugang zum Computersystem der westdeutschen Nachrichtendienste NADIS. Ein Karl Braun mit den angegebenen Personalien existiert nicht. Die Identität dieser Person ist unbekannt.«

»Also eine Fälschung«, stellte Boris ungerührt fest und bediente sich aus der Flasche Mineralwasser auf dem Tisch.

»Die Analyse des Reisepasses ergab«, fuhr Tschebrakin fort, »daß es sich um erstklassige Arbeit handelt. Sie stammt aus der 14. Abteilung des KGB!«

Boris sah den KGB-Vorsitzenden fragend an. Im nächsten Augenblick ergänzte Generalmajor Myschko: »Der Paß ist beim KGB nicht registriert. Papier, Siegel und Druckerfarben stammen aber eindeutig von uns. Zur Zeit werden in der 14. Abteilung sämtliche Bestände kontrolliert. Gute Fälscher gibt es in allen Sowjetrepubliken, und es wird einige Tage dauern, bis alle Personen überprüft sind, die in den letzten Jahren zu Blanko-Reisedokumenten Zugang hatten.«

Boris zeigte mit dem Finger auf das Paßbild innerhalb des Dias. »Irgendwo in der Welt läuft also ein Mann mit diesem Gesicht herum, der einen vom KGB gefälschten Paß besaß oder erhalten sollte, von dem aber der KGB allerdings nichts weiß?«

»Der Mann heißt Paul Kotsch!« stellte Tschebrakin eisig fest. »Seitdem Sie uns verlassen haben, hat sich technisch viel getan. Das Paßbild wurde mit Hilfe eines computergestützten Bildvergleichsverfahrens identifiziert. Wir hatten zwar nur ein Fahndungsfoto der bundesdeutschen Behörden von 1972. Aber es stimmt in den Gesichts- und Schädelkonturen zu 98 Prozent mit ihm überein: Paul Kotsch.«

Der mystifizierende Unterton Tschebrakins ging Boris zunehmend auf die Nerven. »Wer ist dieser Kotsch?«

»Einer der meistgesuchten Neonazis Westeuropas!« antwortete Scherstnew mit einem Haß in der Stimme, der zeigte, daß die Wunden, die der Faschismus seiner Generation beigebracht hatte, nie heilen würden. Sachlicher berichtete er weiter: »Kotsch ist Jahrgang 30. Sein Vater war SS-Obersturmbannführer und leitete zeitweise die Partisanenbekämpfung hinter der Ostfront. Er trug die Verantwortung für Hunderte von Erschießungskommandos, die die Einwohner ganzer Dörfer zur Vergeltung wie Vieh abschlachteten. Hermann Kotsch wurde 1947 in Berlin verhaftet und durch die sowjetische Militärregierung zum Tode verurteilt ...«

Boris griff nach der Schachtel Kosmos auf dem Tisch und zündete sich eine Zigarette an, deren Rauch er tief in die Lunge inhalierte. Ihm schien es, als wäre er in ein surrealistisches Zeitloch gefallen.

»Paul Kotsch«, erzählte Scherstnew weiter, »zog mit seiner Mutter nach Frankfurt am Main. Sie nahm wieder ihren Mädchennamen an. Kotsch absolvierte eine Lehre als

Werkzeugmacher. 1950 wurde er Mitglied in der Sozialistischen Reichspartei, einer Nachfolgeorganisation der NSDAP, die ein Jahr später vom Bundesverfassungsgericht der BRD verboten wurde. Kotsch wurde Aktivist in der Deutschen Reichspartei, aus der 1964 die NPD hervorging. Er heiratete 1965 Helga König, sie haben zusammen einen jetzt fünfundzwanzigjährigen Sohn. Von 1966 bis 1970 war Kotsch NPD-Abgeordneter im Hessischen Landtag. In den Dossiers ist seine zunehmende Radikalisierung deutlich sichtbar: Kotsch ist außerdem ein Waffennarr. Er machte sich im hessischen Heppenheim selbständig und wurde zum Spezialisten für die Restaurierung und den Nachbau von Handfeuerwaffen aus dem Zweiten Weltkrieg. 1974 trat er unter Protest aus der, wie er meinte, zu laschen NPD aus. Zu dieser Zeit hatte er bereits engen Kontakt zu allen Größen des rechtsextremistischen Untergrunds. Die Staatsanwaltschaft eröffnete 1975 gegen ihn ein Verfahren wegen illegalen Waffenbesitzes. Er bekam zwölf Monate auf Bewährung. Ein halbes Jahr später wurde nach ihm erneut wegen Waffenbesitzes, Volksverhetzung und Werbens für eine terroristische Vereinigung gefahndet. Zweieinhalb Jahre später ging er durch Zufall der westdeutschen Polizei bei einer Ringfahndung nach Mitgliedern der *Roten Armee Fraktion* ins Netz. Kotsch hatte gerade zwölf Monate im Libanon verbracht. Man verurteilte ihn zu drei Jahren ohne Bewährung. Nach seiner vorzeitigen Entlassung tauchte er sofort unter. Das war 1978. Er gilt als Drahtzieher zahlreicher Bombenanschläge, unter anderem auf Grenzanlagen der Deutschen Demokratischen Republik, und mehrerer Attentatsversuche auf westdeutsche Politiker und Repräsentanten jüdischer Organisationen. Auf sein Konto gehen mindestens zwei Tote.«

Tschebrakin wechselte das Dia und zeigte nun die russische Übersetzung eines westdeutschen Dossiers auf dem Projektor.

»Der Verfassungsschutz der BRD vermutet, daß Kotsch unter dem Namen *Vereinigte Front* eine straff geführte Terror-Organisation aufgebaut hat. Sie rekrutiert sich aus versprengten jugendlichen Neonazis, die sich enttäuscht von anderen Gruppen gelöst haben. Sie sind gut trainiert und perfekt ausgerüstet, über das ganze Territorium der BRD verteilt und besitzen vermutlich Verstecke im benachbarten westlichen Ausland. Der Verfassungsschutz ist seit zwei Jahren zu keinen neuen Erkenntnissen oder Spuren mehr gelangt. Das verleitete jüngst den Innenminister der BRD zu der Aussage, die rechtsradikale Szene wäre ›nicht ernstzunehmen‹. Es gibt aber auch dort umsichtigere Experten, welche die Ansicht vertreten, daß sich die *Vereinigte Front* in der letzten Zeit zurückgezogen hat, um bald zum großen Schlag auszuholen.«

Boris überflog den an die Wand projizierten Text. Die alten Männer mit ihrer Faschismus-Phobie hatten recht. Der Sprößling einer Bestie war selbst zu einer Bestie geworden.

»Zweitens«, erläuterte Tschebrakin nüchtern, »fand sich in Aladkos Aktenkoffer eine Quittung über einhundertfünfzigtausend Deutsche Mark – West. Unterzeichnet von Karl Braun. Es ist übrigens das einzige Dokument, auf dem sich noch Fingerabdrücke rekonstruieren ließen: die von Aladko, die eines KGB-Offiziers – und die von Paul Kotsch.«

Tschebrakin betätigte abermals die Fernsteuerung des Diaprojektors und zeigte einen militärischen Lageplan. »Drittens: diese Militärkarte des Flughafens Berlin-Schönefeld. Sie entspricht der militärischen Norm aller Bruderstaaten und stammt entweder aus Beständen der Sowjetarmee oder der Nationalen Volksarmee. Das Herkunftssiegel wurde herausgeschnitten. Diese Karte existiert in hundertfacher Auflage bei allen Waffengattungen. Hier bedarf die Überprüfung ebenfalls etlicher Tage oder Wochen, wenn sie überhaupt zu einem Ergebnis führt.«

Das folgende Dia zeigte Auszüge handschriftlicher Aufzeichnungen. »Wir sind im Besitz von Notizfragmenten Aladkos. Es ist seine Handschrift!« Der KGB-Vorsitzende lenkte mit einem Teleskopstab die Aufmerksamkeit auf die rot unterstrichenen Passagen. »Wie Sie sehen, bezieht er sich auf die Landebahn II des Schönefelder Flughafens, den Anflugwinkel, Kurs, Funkfrequenz des zuständigen Fluglotsen und den Transpondercode der Maschine sowie die vermutliche Landezeit.«

»Bei diesem Flugzeug«, bemerkte Scherstnew, der offensichtlich informiert war, »handelt es sich um die Delegationsmaschine des Generalsekretärs. Alle Daten, die Aladko notierte, stimmen mit der Planung überein, die zwischen der 9. Verwaltung, also meinem Stall, und den DDR-Behörden für die Ankunft in Schönefeld vereinbart wurde!«

»Oh, *fuck*!« Die Bemerkung rutschte Boris unvermittelt heraus. Aus den Augenwinkeln sah er trotz der Dunkelheit in dem Raum, wie Klimenko zusammenzuckte.

Tschebrakin schaltete das Licht wieder ein und wandte sich demonstrativ an Generalmajor Myschko: »Verehrter Arkadij Leonowitsch, berichten Sie jetzt bitte von dem Vorfall in Termez!«

Stirnrunzelnd sah Boris zu dem Leiter der Verwaltung Sonderermittlungen hinüber. Termez lag in der Usbekischen SSR, unmittelbar an der sowjetisch-afghanischen Grenze.

Myschko öffnete sein Brillenetui, setzte sich eine schmale Nickelbrille auf und zitierte in umständlicher Amtssprache aus seinen Unterlagen: »Am 2. Januar, also vor einer Woche, wurde beim 18. Luftwaffengeschwader in Termez während einer Kontrolle in den Munitionsdepots ein Fehlbestand von vierundachtzig Stinger-Raketen amerikanischer Herkunft festgestellt. Sowjetische Truppen in Afghanistan hatten die Waffen erbeutet. Erst gestern wurden die übergeordneten Dienststellen des KGB in Moskau darüber informiert.«

»Stinger-Boden-Luft-Raketen?« fragte der Ex-Agent erschrocken.

»*Da*!« antwortete Myschko knapp. »Bisher sind die näheren Umstände ungeklärt. In Termez gelten wegen des Truppenabzugs aus Afghanistan zur Zeit verschärfte Sicherheitsvorschriften. Trotzdem gibt es keinerlei Spuren, nichts! So wie es aussieht, haben wir es mit einem Fall perfektester Planung und Ausführung zu tun. Die Täter verfügen über eine ausgefeilte Logistik. Vierundachtzig Stinger-Raketen kann man schließlich nicht in einem Moskwitsch abfahren. Die diensthabenden Offiziere und Angehörigen der Wachbrigaden in Termez werden ununterbrochen verhört. Wir haben die örtliche KGB-Verwaltung zwar erheblich unter Druck gesetzt, aber die Genossen in Duschanbe sind überfordert. Heute nachmittag hat eine Sektion meiner Verwaltung die Ermittlungen in Termez übernommen.«

»Sie bringen das mit dem Fall Aladko in Zusammenhang?« fragte Boris, an Tschebrakin gewandt.

»Würden Sie das nicht tun? An einen Zufall kann ich unter diesen Bedingungen nicht glauben!«

Boris nickte nachdenklich und kratzte sich unter Mißachtung jeglicher Etikette ausgiebig am Kopf. »Vergessen Sie den Staatsbesuch des Generalny in der DDR ... Am besten schließen Sie ihn in einen Bunker ein!«

»Was soll das heißen?« brüllte Klimenko mit wutverzerrtem Gesicht.

Diese Reaktion hatte Boris nicht erwartet. Mit vorsichtigeren Worten sagte er: »Während meiner Ausbildung beim englischen *Special Air Service* habe ich so ein Ding mal in der Hand gehabt. Die Stinger ist ein sogenanntes *fire and forget*-System. Damit holt Ihnen ein Blinder die Regierungsmaschine vom Himmel! Sie ist mit einem Infrarot-

Suchkopf ausgerüstet, der sich an der Hitze der Triebwerke orientiert. Einmal abgefeuert, sucht sich das Geschoß selbständig sein Ziel. Die Sowjetarmee hat das in Afghanistan deutlich zu spüren bekommen! Sie können die Regierungsmaschine zwar mit Magnesiumfackeln ausstatten wie zuletzt die sowjetischen Transportmaschinen, die Kabul anflogen; das Risiko ist dennoch nicht zu verantworten. Die Stinger ist ein sehr schnelles Waffensystem, das unter guten Bedingungen eine Reichweite von mehr als 7000 Metern besitzt.«

Es war Boris unmöglich, länger auf dem Sofa sitzen zu bleiben. Er begann, auf und ab zu gehen – eine Marotte von ihm, wenn er einen Sachverhalt erklären oder im Kollektiv denken sollte. »Sie haben zwei Alternativen«, sagte er, »die Regierungsmaschine landet an einem anderen Ort, begleitet von einem Pulk MiG-Maschinen. Triebwerke dieser Jäger erzeugen eine stärkere Hitzefahne und sind wesentlich wendiger. Da aber der oder die Attentäter bereits jetzt über alle Einzelheiten der Flugplanung informiert waren und Sie die undichte Stelle noch nicht kennen, besitzen Sie keinerlei Garantien, daß Ihr Gegner nicht auch von der neuen Planung Kenntnis erhält. Somit ist die erste Variante inakzeptabel. Kommen wir zur Variante Nummer zwei: Sie versuchen, in einem Gebiet von zig Quadratkilometern um den Flughafen Schönefeld die vermeintlichen Täter ausfindig zu machen und vor der Landung festzunehmen.«

Boris lief in bedächtigen Schritten über den Perserteppich, in dem sich die Sohlen seiner schweren Pelzstiefel leicht abdrückten. Er kehrte vor dem großen Schreibtisch mit Blick auf die Porträts der großen kommunistischen Führer um und wandte sich wieder der Sitzgruppe zu, während er fortfuhr: »Ich will Ihnen verdeutlichen, wie aussichtslos das ist: Die Stinger wiegt rund dreißig Kilo. Die Rakete mißt etwa einen Meter fünfzig und paßt in jeden Autokofferraum – die optimale Waffe für jeden Terroristen! Unser Mann sitzt irgendwo, zehn Kilometer entfernt von der Landebahn in einem unauffälligen Wagen, er arbeitet auf einem Acker, auf dem Hof eines Betriebes oder im Vorgarten einer kleinen Datscha. Sein Partner befindet sich an einem ganz anderen Ort und hört den Sprechfunkverkehr ab. Ebenfalls über Sprechfunk, womöglich mit wechselnden Frequenzen, wird er den oder die Schützen instruieren. Unser Mann öffnet zum Beispiel seinen Kofferraum, justiert das System und feuert es mit dem durchgegebenen Kurs ab. Dafür braucht er lediglich einen Kompaß, eine Karte und einen Taschenrechner. Alles zusammen erfordert maximal drei Minuten Zeit. Das ist die Situation, verehrte Genossen. Wir haben maximal drei Minuten, um unseren Gegner auf einer Fläche von circa vierzig Quadratkilometern zu finden und auszuschalten!« Herausfordernd sah er Klimenko an. Er konnte dessen Abneigung förmlich spüren und ergänzte: »Ich wüßte nicht, wie Sie diesen sinnlosen, aber vor allem ungemein aufwendigen Einsatz den deutschen Behörden erklären wollen. Außerdem reden wir hier die ganze Zeit über unsere Leute. Wer sagt Ihnen eigentlich, daß nicht auch Elemente aus der DDR an dem Plan beteiligt sind? Gorbatschow fliegt ja nicht zum Vergnügen nach Ostberlin!«

Boris blieb mit dem Rücken gegen den Schreibtisch gelehnt stehen. Tschebrakin, Myschko, Scherstnew und Sonderstaatsanwalt Granow blickten erwartungsvoll auf Klimenko. Aus ihren Gesichtern konnte Boris lesen, daß sein Statement überzeugend war.

Klimenko saß steif in einer der Sofaecken. Er wirkte alt und grau. »Verehrte Genossen«, begann er eindringlich, »ich stehe mit dem Generalsekretär in ständigem Kontakt. Auch er ist der Meinung, daß zum jetzigen Zeitpunkt jede Veränderung seiner Terminplanung, seines Auftretens und seines öffentlichen Erscheinungsbildes große Unruhe im kapitalistischen und besonders im sozialistischen Ausland hervorrufen würde ...«

»*Druschba!*« rief Brigadegeneral Scherstnew zynisch dazwischen, im Ton eines Moskauer Schwjzars, der ostdeutschen Touristen mit dem Wort Freundschaft den Zugang in eine Valuta-Bar verwehrt.

Der stellvertretende Generalsekretär redete weiter, als hätte er die Bemerkung überhört: »Jedes Zeichen der Schwäche könnte innen- wie außenpolitisch eine Lawine lostreten. Die inoffizielle Visite in Ostberlin muß eine Demonstration unserer Entschlossenheit sein. Das Politbüro erwartet von Ihnen, jeden Zwischenfall im Vorfeld abzuwenden! Bemerkungen über die Auswirkungen eines öffentlich bekannt gewordenen Attentatsversuches auf den Generalny kann ich mir wohl ersparen!«

Die Ignoranz Klimenkos brachte Boris zur Weißglut. »Sind Sie denn so schwer von Begriff?« rief er unbeherrscht. »Was soll dieses leere Gequatsche? Ein toter Generalny nützt Ihnen gar nichts!«

Klimenko starrte ihn in einer Mischung aus Haß und Fassungslosigkeit an. Aber bevor er antworten konnte, mischte sich Tschebrakin ein und wechselte abrupt das Thema: »Verehrte Genossen, ich bin der Meinung, der Genosse Granow sollte erst seinen Bericht abschließen, bevor wir zur Diskussion übergehen!«

Tatsächlich verkniff sich Klimenko einen weiteren Kommentar. Der Staatsanwalt, der den gespannten Blickwechsel zwischen dem Parteifunktionär und Boris aufmerksam verfolgt hatte, brauchte einige Sekunden, um zu seinem Thema zurückzufinden. »Die KGB-Verwaltung Innere Sicherheit hat einige Stunden nach Aladkos tödlichem Unfall das Handelsministerium darüber informiert. Über den Fund der brisanten Unterlagen wurde nichts geäußert. Noch in derselben Nacht erschien Valentin Ruditschew, Sekretär in der BRD-Außenhandelsabteilung, und ließ sich gegen Quittung den Aktenkoffer mit den Originalunterlagen aushändigen. Ruditschew war ein Mitarbeiter aus Aladkos Stab. Bis zum Samstag mittag wartete man darauf, daß sich Ruditschew oder ein anderer Vertreter des Außenhandelsministeriums mit dem KGB in Verbindung setzte – nach Kenntnis des Kofferinhalts wäre das selbstverständlich gewesen. Nichts dergleichen geschah! Am frühen Nachmittag wurde Ruditschew verhaftet. Der Koffer fand sich in seinem Büro. In den ersten Verhören behauptete Ruditschew, den Koffer überhaupt nicht geöffnet zu haben. Wenige Stunden später wurde Ruditschews achtjähriger Sohn von einem Auto überfahren. Der Täter beging Unfallflucht. Noch am selben Tag spielte man Ruditschew im Lefortjewo-Gefängnis die Nachricht über den Tod seines jüngsten Kindes zu. Dabei handelte es sich um ein deutliches Signal der Verschwörer. Der Mann hatte sehr schnell begriffen, was man von ihm verlangte, wenn seine Familie überleben sollte; er erhängte sich in seiner Zelle.«

Jetzt schwieg Granow. Boris unterbrach die Stille, indem er sich zu dem Couchtisch hinunterbeugte und mit dem schweren Tischfeuerzeug die nächste Zigarette ansteckte. Er ließ den Rauch über seine Zunge streichen und ging mit verschränkten Armen abermals auf und ab.

»Also existiert eine organisierte Verschwörung, die Verbindungen zum KGB, zum Militär, zu den Flugsicherheitsbehörden, zum diplomatischen Dienst und zum Strafvollzug besitzt.«

»Das ist pure Spekulation, Genosse Uljanow!« bemerkte Klimenko trocken. »Bisher existiert nur der Koffer. In Termez ist eine Fracht von Geschossen abhanden gekommen. Dieser Ruditschew wurde verhaftet, und sein Kind kam bei einem Verkehrsunfall ums Leben. Es gibt keinen stichhaltigen Beweis, daß ihm eine Information über den Tod seines Kindes zugespielt wurde. Und Sie haben keinen Beweis für eine logische Verkettung dieser Umstände!«

Boris war am anderen Ende des Arbeitszimmers stehengeblieben und setzte sich wieder auf die Schreibtischkante. »Das sagen ausgerechnet Sie?« erwiderte er gereizt. »Wer hat denn angeordnet, das ZK-Gebäude mit schwerbewaffneten KGB-Milizen zu sichern?«

Klimenko schwieg. Seine Stirnadern schwollen an, als er das unterdrückte Schmunzeln der übrigen Genossen bemerkte.

»Ich vermute, Sie haben es mit einer in den höchsten Kreisen der *Nomenklatura* angesiedelten Mafia zu tun«, fuhr Boris unbeirrt fort, »die Entwicklung der letzten Jahre hat diesen Widerstand geradezu herausgefordert. Der Generalny hat ganze Jahrgänge von Betriebsleitern und Funktionären in Pension geschickt, und den feudalistischen Apparatschiks wurde der Prozeß gemacht. Daß sie den Generalny liquidieren wollen, ist durchaus folgerichtig. In der Bevölkerung ist er sehr populär. Die *Organisazija* besitzt einfach nicht die politische Macht, ihn aus dem Weg zu räumen, wie das damals noch unter Chruschtschow möglich gewesen ist …«

Der stellvertretende Generalsekretär Klimenko tauchte einen kleinen Silberlöffel in ein Schälchen Konfitüre, schob ihn in den Mund und nahm einen Schluck des schwarzen russischen Tees. »So, so!« stellte er schmatzend fest und angelte mit der Zungenspitze die Erdbeerkörner zwischen seinen Zähnen heraus. »Und Sie glauben allen Ernstes, diese vermeintliche Mafia bediene sich ausgerechnet deutscher Faschisten?«

»In Ihrer Frage liegt bereits die Antwort!« konterte Boris. »Erstens: Ein Mordanschlag auf den Generalny durch westdeutsche Neonazis würde einen internationalen Eklat auslösen, und der Verdacht auf einen innersowjetischen Hintergrund würde sich im ersten Moment überhaupt nicht stellen. Zweitens: Die eigentliche Motivation der Täter dürfte darin bestehen, das alte System zu restaurieren, die innersowjetische Liberalisierung zu stoppen und den Annäherungskurs zum Westen abzubrechen. Deutsche Neonazis ermorden den Generalsekretär der KPdSU. Können Sie sich eine bessere Rechtfertigung für einen so extremen politischen Kurswechsel vorstellen? Die Volksseele wäre so aufgewühlt, daß jeder, der der neuen Regierung widerspräche, zum Kollaborateur der Mörder erklärt würde.«

Er machte eine Pause. Klimenko hatte es aufgegeben zu widersprechen und blieb still. Aber Boris wußte, daß er nur darauf lauerte, ihm einen Denkfehler nachweisen zu können. Auf Scherstnews Gesicht hatte sich inzwischen ein Ausdruck von Zufriedenheit gelegt. Sein Neffe analysierte die Situation trotz der dreijährigen Dienstpause genauso scharfsinnig, wie er sich das erhofft hatte.

Boris bemerkte auf Klimenkos Schreibtisch eine Glaskanne und drehte das umgestülpt auf einer weißen Damastserviette stehende Wasserglas um. Er schenkte sich ein, während er weiter dozierte: »Es ist durchaus logisch, sich jener Elemente zu bedienen, die der UdSSR blinden Haß entgegenbringen und denen die jüngste politische Entwicklung den Nährboden entzieht – den Neonazis.«

Tschebrakin sah über den Brillenrand zu Boris hinüber und sagte: »Das, was Sie uns in der letzten Viertelstunde erzählt haben, lieber Genosse Stepanowitsch, deckt sich hundertprozentig mit unseren Überlegungen der letzten zwei Tage!«

Gedankenversunken griff Boris nach dem Wasserglas und nahm einen kräftigen Schluck. Purer Wodka, der wie Feuer in seiner Kehle brannte. Er rang nach Luft, während Klimenko die Röte ins Gesicht stieg. Er sah Boris flehentlich an. Boris drehte sich zur Wand, damit die anderen Genossen sein Schnaufen nicht bemerkten, und blickte auf das Porträt des Generalny, der wegen seiner Anti-Alkohol-Kampagne in der Bevölkerung den Spitznamen Limonaden-Mischa erhalten hatte. Und mit einemmal fiel es ihm wie Schuppen von den Augen: Klimenko war nichts weiter als eine leere, ausgebrannte Hülse. Der Generalny hatte ihn nur aus einem Grund zum Leiter des Krisenstabs ernannt: Er wollte den Widersacher in die Verantwortung einbinden und somit politisch kaltstellen. Die übrigen Genossen verfügten über Hunderte und Tausende von Mitarbeitern, waren ausgestattet mit allen Befugnissen und Instrumenten zur Erhaltung der Macht. Aber jetzt saß der Feind in der eigenen Maschinerie, vielleicht wenige Rädchen nur, die aber konnten den ganzen Koloß aus Regierung, Partei, Justiz, Armee und KGB ins Wanken bringen. Sie brauchten ihn, weil er sich außerhalb des Apparats befand.

»Na, was ist jetzt, Boris Stepanowitsch?« fragte Scherstnew ungeduldig und schlug ein Bein über das andere. »Willst du da drüben Wurzeln schlagen? Wir wollen deine Vorschläge hören!«

Boris kehrte zu den anderen zurück und setzte sich neben seinen Onkel auf das Sofa. »Ich hab's kapiert, Genossen ... Ich soll Paul Kotsch finden und liquidieren.« Er fuhr sich mit gespreizten Fingern durchs Haar, schüttelte entschieden den Kopf und sagte mit fester Stimme: »Meine Antwort ist nein!«

Klimenko sprang aus dem Sofa auf und brüllte mit sich überschlagender Stimme: »Sie werden gar nicht gefragt, Mann! Für wen halten Sie sich denn?«

Tschebrakin war nun ebenfalls hochgeschossen und faßte Klimenko an der Schulter. »Verehrter Arkadij Pawlowitsch, bitte beruhigen Sie sich!«

Boris hatte sich auf seinem Platz aufgerichtet und die Arme verschränkt. Äußerlich wirkte er ruhig, aber Scherstnew kannte den hitzköpfigen Zungenschlag seines Neffen und trat ihm unter dem Tisch gegen das Schienbein, während seine Blicke ganze Kaskaden von Warnungen aussendeten.

»Ich bin kein Angehöriger des KGB«, argumentierte Boris betont sachlich, »somit gibt es keine Legitimation, mich zu einem Einsatz zu zwingen. Abgesehen davon habe ich seit drei Jahren keine Waffe mehr in der Hand gehalten, geschweige denn an irgendeinem Training teilgenommen. Mein Einsatz wäre nicht nur für mich persönlich lebensgefährlich, sondern auch für die Operation unverantwortlich. Ich bin ein Amateur – und Sie brauchen einen Profi. In der *Sektion Budjonny* finden Sie einen ganzen Stall davon … Außerdem scheinen Sie zu vergessen, daß gerade am nächsten Freitag ein Live-Konzert der *Vaswedtschiki* stattfindet. Die Vorbereitungen laufen auf Hochtouren, wir proben jeden Tag acht bis zehn Stunden. Was wollen Sie nächsten Freitag hundertfünfzig- bis zweihunderttausend jugendlichen Fans und Millionen von Fernsehzuschauern erzählen? Die schlagen Ihnen den Sportpalast kurz und klein!«

»Das werden wir verhin …« Klimenko wurde das Wort von Granow, dem Sonderstaatsanwalt, abgeschnitten: »*Minutschko*, wenn ich mir erlauben darf, mich einmal einzumischen!« Dabei wandte er sich an Boris, und unvermittelt kam starke Bewegung in sein sonst so maskenhaft starres Gesicht.

»Ich bin der letzte, der Ihnen zum Vorwurf macht, daß Sie diesem Staat den Rücken gekehrt und sich eine Nische gesucht haben, in der Sie sich weitaus freier und erfolgreicher entfalten können. Während Ihres Dienstes beim KGB haben Sie hinter die Kulissen geschaut. Vermutlich haben Sie auch die Konturen dieser bürokratischen, korrupten, machthungrigen und selbstgefälligen Hydra erkannt, die einen Verwesungsgeruch verbreitet, der sich über uns und unsere Bruderländer gelegt hat.«

»Was soll das heißen?« fragte Tschebrakin fassungslos, von Granows Sätzen ebenso überrascht wie die übrigen Genossen. Keiner von ihnen hatte den schweigsamen Staatsanwalt je so erlebt.

»Letzte Woche war ich in Kuropaty«, erzählte Granow

weiter, »eine Gegend in der Nähe von Minsk. Zur Zeit wird dort ein Massengrab nach dem anderen entdeckt – und das ist erst der Anfang. Schlachthöfe stalinistischen Terrors! Sie stammen aus der gleichen Ära wie der Hitler-Stalin-Pakt, dessen geheime Zusatzprotokolle, wie Sie alle wissen, bis heute unter Verschluß sind. Auf den Schreibtischen meiner Kollegen stapeln sich die Anträge auf Wiederaufnahmeverfahren bedauernswerter Kreaturen, die vor Jahrzehnten in die sibirischen GULags verschleppt wurden. Meine eigenen Ermittlungen in jüngster Vergangenheit gegen Funktionäre, Betriebsleiter und Sowchosevorsitzende fördern unvorstellbare Fälle von Korruption, Mord, Betrug und Bestechung an den Tag. Selbst wenn ich mein Innerstes nach außen kehrte, könnte ich nicht soviel kotzen, wie mir zumute ist …«

Klimenko hielt krampfhaft seine Teetasse fest. Er verabscheute solche Reden, die alles, was er mit aufgebaut hatte, in Frage stellten. Sein Leben hatte er diesem Staat gegeben. War er denn ein Mörder, ein Betrüger, eine Bestie?

Granows melancholische Stimme wurde wieder kräftiger. »Warum, glauben Sie, scheuere ich mir auf den unzähligen Flügen und Fahrten kreuz und quer durch die Sowjetunion meinen faltigen Juristenarsch wund? Warum schlage ich mir in schlecht geheizten Büros die Nächte um die Ohren? Warum führe ich Ermittlungen durch, die das Leben meiner Familie und mein eigenes bedrohen?«

Boris winkte ab und lächelte verschmitzt. »Genosse Granow, jetzt holen Sie mit der moralischen Keule aus und wollen mich damit kleinkriegen!«

Der Staatsanwalt schüttelte den Kopf, seine Miene wurde ungeduldiger. »Was für eine blödsinnige Feststellung! Natürlich bin ich Moralist, sonst hätte ich wohl kaum Jura studiert. Aber ich will etwas anderes sagen: Wir haben keine Befreier! Deutschland hat seine Siegermächte bekommen. Wie es auch immer um die Vergangenheitsbewältigung der Deutschen bestellt sein mag, Hitler sind sie losgeworden! Unser Vaterland ist unbesiegbar. Es muß sich selbst befreien, und das ist erheblich schmerzhafter. Nur langsam wird es gehen, wie mit jungen Hunden. Immer wieder müssen wir ihnen die Scheiße zeigen, sie mit der Nase reinstubsen, daß sie sich schütteln, bis das Haus sauber ist. Jahrzehnte wird es dauern und ein bisher ungekanntes Maß an Geduld und Energie erfordern. Wir werden es in dieser Zeit immer wieder mit bösartigen Kötern zu tun kriegen.«

»Und Sie meinen, dafür brauchen Sie ausgerechnet mich?« fragte Boris. Er versuchte, seiner Stimme einen spöttischen Unterton zu geben, aber im Grunde wußte er, daß seine Verweigerung nur noch ein zaghaftes Zappeln war. Granow hatte ihn am Haken.

»Die Sowjetunion hat über zweihundertsiebzig Millionen Einwohner. Doch Sie sind im Moment der einzige, der uns helfen kann!«

Boris sah dem Staatsanwalt direkt in die Augen. Granow nagelte ihn mit seinem Blick geradezu fest.

»*Fuck*!« antwortete Boris und kicherte gequält. Er stand auf und bediente sich diesmal gezielt aus Klimenkos Wasserkanne auf dem Schreibtisch. »Donnerstag früh bin ich wieder in Moskau, um mich auf das Konzert vorzubereiten. Also lassen Sie uns anfangen!«

Scherstnew boxte Boris mit dem Ellenbogen freundschaftlich in die Seite. »Willkommen in unserem Affenstall!« Die Erleichterung der Männer war offensichtlich.

Tschebrakin kramte in dem Aktenstapel vor sich und warf schließlich den gefälschten Schweizer Paß über den marmornen Couchtisch. »Darauf können wir uns keinen Reim machen. Was wollte Aladko mit einem Paß, der sich bereits in den Händen von Paul Kotsch befunden hatte? Wir haben Kotschs Fingerabdrücke darauf gefunden. Visa oder Einreisestempel existieren nicht.«

Der Ex-Agent nahm den Reisepaß in die Hand und wedelte ihn nachdenklich hin und her. »Sie sagten, Kotsch ist seit über zehn Jahren im Untergrund. Das heißt, er ist im Umgang mit falschen Identitäten ausgesprochen erfahren und umsichtig. Wie würden Sie sich denn verhalten, wenn Sie gerade auf dem Territorium der DDR die Regierungsmaschine des sowjetischen Staatsoberhauptes abgeschossen hätten? Zum Grenzübergang nach Westberlin fahren?«

»Die Grenztruppen der DDR werden die Übergänge sofort abriegeln und strengste Kontrollen durchführen!« kommentierte Tschebrakin verblüfft.

Scherstnew nickte. »Wir befänden uns nahe einem Kriegszustand.«

»Eben!« stellte Boris selbstzufrieden fest. »Kotsch ist ein Profi, und er wird sich in entgegengesetzter Richtung vom Tatort entfernen – in ein sozialistisches Bruderland, von dem aus er gefahrloser in den Westen zurückkehren kann. Und dafür kann er keine westlichen Papiere gebrauchen. Eher polnische, tschechische oder ungarische ... Ich vermute, unsere Gegner haben Kotsch schlicht und einfach unterschätzt.«

Myschko stieß einen anerkennenden Piff aus. »Meine Hochachtung, Boris Stepanowitsch! Auf diese Variante sind wir noch nicht gekommen.« Er hielt einen Moment inne und fügte dann kritisch hinzu: »Aber was nützt uns das? Wir können bis Freitag unmöglich die Paßbehörden von einem halben Dutzend Staaten kontrollieren!«

»Brauchen wir gar nicht. Ich will alles über Kotsch wissen, was in unseren Archiven zu finden ist. Zu einem Paß gehört auch die entsprechende Fremdsprache!«

»Sie erhalten von allen Unterlagen Kopien, die Sie heute nacht in Ihrer Wohnung durcharbeiten. Am Dscherschinski-Platz möchte ich Sie nicht sehen, Genosse Uljanow!« befahl Tschebrakin und setzte hinzu: »Morgen früh um fünf Uhr dreißig bringt Ihnen ein Fahrer die Papiere und das Gepäck für Ihren Einsatz. Er wird die Unterlagen wieder mitnehmen.«

»Was für einen Einsatz?«

»Berlin-West! Wir reisen über Schönefeld ein«, begann der alte Scherstnew hastig. »Du reist wieder unter britischer Legende und erhältst Originalpapiere, Kleidung und Kreditkarten. Ich bringe dich in Westberlin mit Julius Ortmann zusammen. Er ist Jude, Journalist und genauso ein alter Kauz wie ich. Aber er ist einer der besten Kenner der westdeutschen Neonazi-Szene.«

»Vergiß es, Onkel Feliks!« kommentierte Boris lakonisch und ohne die geringste Neigung, sich auf eine weitere Diskussion einzulassen, »du bist zu alt für diese Art von Geschäft!«

»Ich kenne Ortmann noch aus meinen alten SMAD-Zeiten in Karlshorst, lange vor dem Mauerbau«, fuhr Scherstnew unbeirrt fort. »Ortmann versorgte uns mit Material über untergetauchte Nazis im sowjetischen Sektor. Er ist nicht gerade ein Kommunistenfreund, aber seine Informationen waren immer Gold wert!«

»Verschone mich mit diesen alten Knackern!«

Scherstnew sah Boris durchdringend an. »Ausnahmsweise könntest du dich mal auf mich verlassen, Boris! Der Mann ist ein kleiner Wiesenthal. Wir schicken uns seit fünfundzwanzig Jahren zwar nur noch Weihnachtspostkarten, aber ohne mich ist diese Quelle für dich verschlossen. Ich glaube nicht, daß du dir das im Moment leisten kannst!«

Boris hatte keine Lust, sich auf eine Auseinandersetzung mit seinem Onkel einzulassen. »Na gut. Ein Gespräch. Und dann verdrückst du dich wieder in den Osten!«

Tschebrakin erhob sich von seinem Platz und lief zu einer Biedermeier-Kommode neben der Tür. Er nahm einen hohen Stapel von Akten heraus und reichte ihn Boris. »Zu lesen haben Sie genug!«

Es schien, als sei die Unterredung beendet, denn auch Myschko und Granow erhoben sich von ihren Plätzen.

»Und was ist mit Aladko?« fragte Boris überrascht und schob die Akten auf den Couchtisch.

Offensichtlich hatte er einen wunden Punkt berührt. Tschebrakin ließ sich seufzend in das Sofa zurückfallen. Generalmajor Myschko hatte in einer der Vorbesprechungen eindringlich darauf bestanden, daß Uljanow aus den Ermittlungen gegen Aladko herausgehalten wurde. »Alles, was Sie über Aladko wissen müssen, finden Sie in den Akten. Die Untersuchung in diesem Fall führt der Genosse Myschko!«

»Das ist doch wohl nicht Ihr Ernst? Aladko ist die wichtigste und bisher einzige Kontaktperson zu Kotsch!« Boris bemerkte, daß Tschebrakin und Myschko Blicke austauschten.

»Na, meinetwegen!« willigte der Generalmajor säuerlich ein. In den nächsten zehn Minuten leierte Myschko in einem monotonen Singsang den Inhalt von Aladkos Dossier herunter. Boris hatte keine Überraschungen erwartet. Ihr Gegner operierte aus demselben Apparat und war nicht so töricht, sich durch die eigenen Unterlagen zu verraten.

»... er war verheiratet und hat eine zwölfjährige Tochter, die hier in Moskau ein Parteiinternat besucht. Aladkos Akte gibt absolut nichts her!« Myschko klappte das Dossier zu und bediente sich von den Zigaretten auf dem Tisch.

»Verheiratet?« insistierte Boris.

»Die Frau ist unverdächtig!« antwortete Tschebrakin schroff.

Boris hatte in seinen KGB-Zeiten das Konkurrenzverhalten der verschiedenen Dienststellen zu spüren bekommen und ein Sensorium dafür entwickelt, wenn ihm etwas verschwiegen wurde.

»Was heißt das? Ist sie Busfahrerin in Alma-Ata oder was?«

Klimenko grinste zum ersten Mal an diesem Abend und beschloß, Boris unter die Arme zu greifen: »Genossen, jetzt hören Sie endlich mit diesem albernen Katz-und-Maus-Spiel auf!«

Die Miene des Generalmajors glich der eines Mannes, der verbissen ein Stück Kernseife im Mund hält. Er griff in die Aktentasche unter seinen Knien und zog einen gelben Schnellhefter hervor, eine streng geheime Personalakte der Ersten Hauptverwaltung. Boris blickte schräg zu ihm hinüber und überflog die für ihn auf dem Kopf stehenden Buchstaben, während Myschko in dem Dossier blätterte. Eine Fähigkeit, die Boris beim SAS erworben hatte. Wie abfotografiert bohrten sich die Fakten in sein Gedächtnis: Deckname: Petra Aichinger, Einsatz: Siemens, Entwicklungsabteilung, Wohnort: München, Herzogstraße 46.

»Verena Aladkowa«, begann Myschko zögernd, »lebt seit drei Jahren unter einer deutschen Legende in München. Sie arbeitet als Kundschafterin in der westdeutschen Computerindustrie und ist Spezialistin für Großrechenanlagen. Zwischen ihr und Aladko gab es in den letzten drei Jahren keinerlei Kontakte mehr. Dennoch haben wir sie nach dem Tod ihres Mannes sofort nach Moskau zurückgeschleust. Zur Zeit befindet sich die Aladkowa auf ihrer Datscha in der Nähe von Moskau. Die Gespräche mit ihr waren ergebnislos. Die Frau ist sauber! Sie kehrt morgen im Laufe des Tages in die BRD zurück, damit ihr Einsatz nicht in Gefahr gerät.«

Granow und Scherstnew waren ebenso überrascht wie Boris. Aber der fing sich als erster: »Sag mal, spinnst du, Arkadij Leonowitsch? Die wollen den Generalny abknallen, und du sorgst dich um die Legende einer Spionin?«

»In der Mikroprozessoren-Entwicklung geht es um Millionen von Rubeln! Chmys hat uns schon das Fell über die

Ohren gezogen, weil wir die Aladkowa nach Moskau geholt haben …«

»Das ist mir scheißegal, ich will mit ihr sprechen. Jetzt!«

Der Generalmajor sah Tschebrakin hilflos an. »Es ist kurz vor Mitternacht. Draußen schneit es, und die Datscha liegt über fünfzig Kilometer entfernt in Richtung Jaroslaw. Das ist doch Wahnsinn!«

Der KGB-Chef zögerte.

»Was ist nun?« fragte Boris mit bissiger Stimme, »soll ich für Sie arbeiten oder nicht?«

Tschebrakin nickte. »Der Genosse Myschko wird Sie fahren!«

8. JANUAR, LONDON, 21.00 UHR:

Es regnete in Strömen. David Lynn war nur ungern nach Crouch End hinausgefahren. Aber wenn ihn Chaim Koszak zu einer Partie Schach zu sich nach Hause einlud, brannte dem alten Israeli etwas auf den Nägeln. Lynn bog mit seinem Zwölfzylinder-Jaguar vorsichtig in die Parkroad ein. Während der Wagen fast lautlos über den Asphalt rollte, tippte Lynn die gespeicherte Kurzwahlnummer Koszaks in das Autotelefon und griff mit der rechten Hand nach dem Hörer. Es klingelte dreimal, bis er das wohlbekannte »Hmmm« in der Leitung hatte.

»Chaim, in den nächsten sechzig Sekunden stehe ich vor deiner Haustür!«

»Ich komm' runter!« antwortete Koszak und legte auf.

David Lynn in seinem Jaguar war eine Erscheinung, die selbst den kühlen Londonerinnen ins Auge fiel. Sein fast silbergraues, auf Bürstenlänge geschnittenes Haar verbarg keinen Zentimeter seines kantigen Gesichts. Ein entschlossenes, vielleicht auch ein wenig brutales Gesicht, das hohe

Intelligenz verriet. Er trug eine Tausend-Pfund-Lederjacke und darunter einen Kaschmir-Rollkragenpullover. Seiner goldenen Schweizer Armbanduhr war der Preis nicht anzusehen. Kein Mensch hätte in diesem Mann einen ehemaligen SAS-Offizier vermutet. Dazu wirkte er zu distinguiert, und allein die Versicherungsprämien seiner Limousine hätten eine reguläre Offizierspension überstrapaziert. Lynn war seinerzeit der meist geehrte Offizier im *Special Air Service*. Lieutenant Stonelake und er hatten ein Gespann gebildet, das bei Geiselbefreiungen, Anti-Terroreinsätzen oder auch nur bei Übungswettkämpfen Regimentsgeschichte schrieb – bis zu jenem Tag, als Stonelake unentschuldigt dem Dienst fernblieb. Vierundzwanzig Stunden später stellte sich heraus, daß er dem KGB angehörte und sich in die UdSSR abgesetzt hatte. Lynn ließ sich aus der Alarmeinheit in Hereford nach Belfast versetzen. In Nordirland herrschte Krieg, zu jeder Zeit, an jedem Ort. Während seiner ersten beiden Einsätze fing er sich nur harmlose Streifschüsse. Beim dritten Mal – das SAS-Kommando hatte den Befehl, einen Unterschlupf der IRA zu stürmen – erwischte ihn ein Querschläger, das Aus für seine Karriere beim SAS. Lynn brauchte etliche Monate, um sich zurechtzufinden. Aber seine vielen Auszeichnungen zahlten sich aus. Die Eliten der Weltkonzerne, des Bankengewerbes, verschiedene Behörden und manche Regierungen der Dritten Welt nahmen seine Dienste gerne in Anspruch – und waren bereit, dafür ein kräftigen Preis zu zahlen. Auf der Visitenkarte stand unter seinem Namen *Security Manager*. Das war auch die Berufsbezeichnung, die er angab, wenn er kreuz und quer durch die westliche Hemisphäre jettete.

Koszak stand bereits am Bordstein, als Lynn das freistehende viktorianische Wohnhaus erreichte. Der Gastgeber ging um die Kühlerhaube herum und öffnete die Fahrertür.

»David! Ich freue mich, dich zu sehen!«

Lynn grinste. »Na, du alter Pferdehändler!«

Der Israeli beugte sich in den Wagen und umarmte seinen Freund. Dann zog er seinen Kopf wieder zurück und öffnete die Fondtür, während er fröhlich drauflosplauderte:

»Sarah ist mit den Kindern in Tel Aviv.« Er lachte. »Wir haben also unsere Ruhe.«

»Ich ahne Fürchterliches!«

Koszak zog den Rollstuhl aus dem Jaguar, klappte ihn auseinander und stellte ihn mit angezogenen Bremsen neben die Fahrertür. Routiniert hängte sich Lynn mit der rechten Hand an den Griff über der Tür, schwang sich nach draußen, wobei seine andere Hand zielsicher nach der linken Armlehne des Rollstuhls faßte. Beinah geräuschlos landete er auf dem schwarzen Lederpolster.

»Jetzt red schon, du hast doch was auf der Pfanne!«

Koszak grunzte unverständlich. Er versetzte der Wagentür einen leichten Stoß, worauf sie mit einem dumpfen Geräusch ins Schloß fiel. Dann schob er den Rollstuhl in Richtung Bordstein. Lynn betätigte den kleinen Infrarotsender an seinen Wagenschlüsseln, wodurch sich der Jaguar verriegelte und die Alarmanlage in Gang gesetzt wurde.

»Du willst doch wieder einen Deal mit mir machen!« fluchte Lynn.

»Wart's ab, wart's ab!«

Koszak zog den Rollstuhl rückwärts die Bordsteinkante hoch, über das Trottoir zu dem kleinen schmiedeeisernen Tor am Vorgarten der Viktorianischen Villa.

»Ach Scheiße, das ist mir zu blöd!« seufzte er mit einem Blick über die Schulter zu der sechzig Stufen hohen Sandsteintreppe, trat neben Lynn und hob ihn aus dem Rollstuhl. Immer wenn Koszak seinen Freund trug, entstand ein Moment merkwürdiger Intimität zwischen ihnen. Der Lauf von Lynns 45er Colt stach durch die Lederjacke in

Koszaks Bauch, und das Halfter von Koszaks 38er Automatik schubberte am Brustkorb des Engländers.

Lynn spürte den Bauch seines Freundes warm an seiner Seite. Noch vor wenigen Jahren, als er Oberst in einer Spezialeinheit der israelischen Armee gewesen war, die zur Terroristenbekämpfung eingesetzt wurde, hatte Koszak eine gertenschlanke Figur besessen. Mittlerweile war er in eine andere Abteilung versetzt worden. Wenn man wie Lynn mehrmals im Monat mit Koszak die Sauna im Oasis Bath besuchte, sah man den Grund für seine Versetzung auf den ersten Blick. Koszaks Kugelbauch glich einer Mondlandschaft. Ein Hohlkörpergeschoß der palästinensischen IPLF hatte seine Gedärme zerfetzt. Daß er noch am Leben war und außerdem seine Verdauung wieder normal funktionierte, verdankte er den Künsten israelischer Chirurgen. Seitdem tat er Dienst als Militärattaché an der israelischen Botschaft in London. Aber unter Insidern war der Mossad-Offizier bekannt wie die Hure einer Kleinstadt. Für die Verfolgung israelischer Feinde war er bereit, mit jedem Land einen Kuhhandel abzuschließen. Aber genauso entschlossen stand er anderen Staaten in der Terrorbekämpfung mit Rat und Tat zur Seite. Koszaks Methodik war charmant und nicht weniger dreist. Lynn konnte ein Lied davon singen. Sie kannten sich seit mehr als zehn Jahren aus den verschiedensten Krisenstäben, hatten aber in ihrer aktiven Zeit nie einen Einsatz zusammen gefahren. Fast zwangsläufig war aus ihrem gemeinsamen Schicksal eine sentimentale Männerfreundschaft gewachsen.

»Was macht Joram?« fragte Lynn.

»Du mußt es gleich wieder auf den Punkt bringen!« jammerte Koszak und stieg schnaufend Stufe für Stufe die Eingangstreppe hinauf. »Joram ist letzte Woche in Haifa auf einer Demonstration gegen die Siedlungspolitik im Gaza-Streifen festgenommen worden. Er hat einen Bullen krankenhausreif geschlagen!«

Lynn lachte laut in die Nacht hinaus.

»Ich finde das gar nicht komisch!« schnauzte ihn Koszak an. »Unsere Regierung ist zur Zeit nervös, da helfen selbst meine Verbindungen nur wenig.«

Er trug Lynn durch die offenstehende Haustür bis in den Salon und setzte ihn auf einem breiten Sessel ab.

»Aber im Grunde genommen haben Joram und seine politischen Freunde recht. Was die da in den besetzten Gebieten treiben, ist der pure Schwachsinn! Die Regierung macht sich ihre Probleme selbst, als hätte sie nichts Besseres zu tun, als die nächste Generation von palästinensischen Terroristen heranzuzüchten!«

»Vertrittst du diesen Standpunkt auch offiziell?« fragte Lynn neugierig.

»Bin ich bescheuert?«

Koszak verschwand, um den Rollstuhl von der Straße zu holen. In der Zwischenzeit sah sich Lynn im Wohnzimmer um. Vor der Regalwand, die bis an die Decke heranreichte, war ein gußeiserner Ständer mit einer Militärkarte des Irak aufgebaut. Perfekte Vorbereitungen gehörten zu Koszaks Prinzipien. Als Lynn die mit dickem Filzschreiber eingezeichneten Routen und Fähnchen bemerkte, wußte er, daß es schwierige Verhandlungen geben würde.

»Wie ich sehe, machst du dich schon mit der Karte vertraut!« stellte Koszak fest und schloß hinter sich die Zimmertür. »Scotch?«

»Zwei Finger breit ... Was habt ihr vor?«

Der Israeli öffnete den Barschrank und füllte zwei Gläser zu einem Drittel mit bestem, altem schottischem Whisky. Die Flasche stellte er auf den Tisch und reichte Lynn eines der Gläser.

»Wir sind Abdul Nimet auf den Fersen«, sagte er fast beiläufig.

Lynn kannte seinen Freund zu gut, um ihm die lässige Show abzunehmen.

Vor knapp zehn Jahren hatte sich Abdul Nimet mit einer kleinen Truppe von der PLO abgespalten und die IPLF gegründet. Ein Terrorkommando, das seitdem aus dem libanesischen Grenzgebirge zu Syrien operierte. Es gab keine Art von Massakern, vor denen die fanatischen IPLF-Terroristen zurückschreckten, ganz gleich, ob sie dabei einen Bus mit israelischen Schulkindern oder ganze Flugzeuge in die Luft jagten. Selbst die früheren Waffenbrüder aus der PLO und verschiedene Clans der libanesischen Drusen waren von der IPLF bestialisch abgeschlachtet worden.

Mittlerweile machten nicht nur der Mossad, die CIA und die übrigen westlichen Geheimdienste Jagd auf Nimet. Auch die Araber, allen voran die Syrer, und selbst die kommunistischen Staaten hatten sich erstmalig in der Geschichte in einer konzertierten Aktion zusammengeschlossen, um Nimet zur Strecke zu bringen, der nach wie vor den komplizierten Friedensprozeß im Nahen Osten torpedierte. Ein Erfolg war bisher ausgeblieben. Die IPLF-Terroristen tauchten quasi aus dem Nichts auf, schlugen blitzschnell und gnadenlos zu und verschwanden ebenso spurlos, wie sie gekommen waren. Sie kannten jeden Winkel und jedes Tal der libanesischen Berge, lebten in kleinen Gruppen in freier Wildnis. Die syrischen Aufklärungsflugzeuge konnten Nimets Terrorkommandos genausowenig von umherziehenden Nomaden unterscheiden wie die hochempfindlichen Spionagesatelliten der Vereinigten Staaten.

Koszaks geflickter Bauch verhinderte seinen aktiven Einsatz gegen die IPLF. Der Israeli war ruhiger und besonnener als in seiner Zeit als Armee-Offizier. Auf seine alten Tage entwickelte er tatsächlich noch erstaunliche diplomatische Fähigkeiten. Aber in seinen Träumen wurde der alternde Mossad-Agent nach wie vor von den grauenvollen Bildern verstümmelter Leichen verfolgt, die sich wie ein roter Faden durch Nimets Biographie zogen. Sobald die Sprache auf Nimet kam, spannte sich jeder Nerv seines Körpers. Er wollte den Kopf dieses Mannes, koste es, was es wolle.

»*Yeah*, wie habt ihr denn das fertiggebracht?« fragte Lynn anerkennend.

»Über einen Informanten in Beirut«, sagte Koszak und nippte an seinem Whisky, »Nimet ist mit ein paar Leuten in irgendeinem Wüstenlager im westlichen Irak. Die Freunde von der NSA halten bereits ihre Himmelsaugen offen.«

»Ach, Chaim«, sagte Lynn und winkte enttäuscht ab, »so weit seid ihr doch schon oft gewesen. Sieh dir die Karte an! Du kennst Nimet – wo willst du suchen?«

Ohne ein Wort zu erwidern, lief Koszak durch die breite Flügeltür in sein Arbeitszimmer und kehrte mit einem schmalen Dossier zurück. Er warf es Lynn aus kurzer Distanz zu. »Du hast es nie gelesen! Achituv schneidet mir persönlich die Kehle durch, wenn das rauskommt.«

In der Branche war die Humorlosigkeit des Mossad-Chefs bekannt. Mit routiniertem Blick überflog Lynn das Dossier. Es war an die *Special Operation Division* der CIA gerichtet. Dem Bericht zufolge trainierte Nimet in der irakischen Wüste deutsche Terroristen. Das war nichts Neues. Erst auf der letzten Seite weiteten sich Lynns Augen, als könne er nicht glauben, was er las. Nimet hatte einen Kontakt zwischen Terroristen der rechtsgerichteten *Vereinigten Front* und den Sowjets vermittelt. Dafür sollte die IPLF mit achtzig Stinger-Boden-Luft-Raketen inklusive Abschußhalterungen bezahlt werden.

»Oh, Scheiße! Verdammte Scheiße!« murmelte der Engländer und griff nach seinem Whiskyglas.

Koszak setzte sich in den Sessel ihm gegenüber. »Wenn sich diese Informationen bestätigen«, sagte er leise, »ist die gesamte Nahost-Politik der letzten Jahre gescheitert! Und die Friedensbeteuerungen der Sowjets kann die westliche Welt in der Pfeife rauchen!«

Lynn lehnte sich in seinem Ohrensessel zurück. Er dachte angestrengt nach. Um die in seinem Job lebenswichtige Objektivität beizubehalten, versuchte er, seinen Haß gegen die Russen zu unterdrücken. In seiner SAS-Laufbahn hatte er mit vielen Terrorkommandos zu tun gehabt, die direkt oder indirekt vom KGB unterstützt worden waren, die IRA eingeschlossen. Und Lynn selbst war von einem Russen an seinem empfindlichsten Punkt getroffen worden, seiner Auffassung von Freundschaft. Jene in heutigen Tagen so unpopuläre Eigenschaft gehörte zu den Grundsätzen der erfolgreichen SAS-Teams: das blinde und absolute Vertrauen in den Partner, die vollkommene Kenntnis der physischen und psychischen Konstitution des anderen, eine Verständigung auf Fingerzeig – nur so ließ sich der unmenschliche Streß bewältigen.

»Wer ist informiert?« fragte Lynn sachlich und konzentrierte sich wieder auf das Dossier.

»Unsere Regierung und die Amerikaner. Um genau zu sein, die Spitze der NSA, die CIA, das State Departement und das Oval Office samt Präsidenten. Zusammen genommen maximal hundert Leute.«

Lynn beugte sich nach vorn und füllte die Whiskygläser nach. »Das sind neunzig zuviel«, sagte er knapp, »was für einen Joker hast du im Ärmel?«

»Nimets Lager liegt irgendwo südwestlich von An Najaf. Wir kleben an einem Kontaktmann der IPLF in Ostberlin. Ein palästinensischer Student. Er verläßt die DDR in zwei Tagen, und wir werden uns an ihn dranhängen. Im Irak haben wir bereits zwanzig Mitarbeiter abgesetzt. Am nächsten Freitag startet eine größere Operation der IPLF. Wir kassieren Nimet – und wir wollen ihn lebend. Er selbst ist in diesem Fall nur Nebensache. Entscheidend ist, was die Sowjets damit zu tun haben. An dem Ergebnis werden sich die diplomatischen Beziehungen zur UdSSR für die ganze nächste Zeit orientieren.«

Koszak stand auf, nahm seinen Zeigestab aus der Brusttasche und zog das Teleskop auseinander, während er sich vor der Karte aufbaute. »Am 12. Januar, also am Donnerstag, fährt ein IPLF-Kommando nach Bagdad. In diesem Moment bewegen sie sich mit Kraftfahrzeugen in der irakischen Sahara und sind für die amerikanischen Satelliten sichtbar. Dadurch können wir auch feststellen, woher sie kommen. Das Gebiet umfaßt maximal tausend Quadratkilometer.«

Lynn nickte anerkennend. Koszaks Informationen waren erstklassig. »Wie wollt ihr's machen?« fragte er.

»Ähnlich wie bei der Operation Eagle Claw – nur *wir* werden's nicht vermasseln!«

Eagle Claw (Adlerklaue) war die Codebezeichnung der gescheiterten Befreiungsaktion der USA während des Teheraner Geiseldramas. Ein Fiasko, dessen Wiederholung jede Anti-Terror-Einheit in der Welt fürchtete.

»Wir kommen mit einem Verband von acht Sea-Stallion-Hubschraubern von Haifa«, fuhr Koszak angeregt fort, »erster Tankstopp in Zypern, zweiter in Hakkâri/Türkei. Danach geht's schnurgerade vierhundertachtzig Kilometer im Tiefflug nach Süden, bis zur Nationalstraße nach Bagdad. Über die NSA erfahren wir die Fahrroute des IPLF-Kommandos. Wir greifen nur das Lager an. Der Einsatz wird von zwei Seiten im Tiefflug durchgeführt. Im ersten Anflug werden Gasgranaten eingesetzt. Bevor die begreifen, was los ist, sind sie schon bewußtlos. Ein Stoßtrupp von sechs Leuten holt sich Nimet. Sechzig Sekunden später sind sie wieder in der Luft. Danach lassen wir den Laden hochgehen!«

»Woher weißt du, daß die Irakis deinen Männern nicht die Eier unterm Arsch wegschießen?«

»Was von der irakischen Luftwaffe übriggeblieben ist,

steht nach wie vor an der Grenze zum Iran. Außerdem kennen wir in diesem Gebiet jede Schraube der irakischen Radarüberwachung. Es ist ein Kinderspiel.«

Der Brite schüttelte verblüfft den Kopf. »*Damned*, wie kriegt ihr bloß diese Infos?«

»Betriebsgeheimnis! Leider arbeitest du ja nicht für meine Firma«, antwortete Koszak schmunzelnd und fügte, wieder ernst, hinzu: »Danach werden wir aus Nimet jede Einzelheit über diese Sache herausholen.« Lynn hatte gewisse Vorbehalte gegenüber solchen Operationen. Die Israelis setzten zuweilen Mittel ein, die den übrigen westlichen Nachrichtendiensten zunehmend durch die parlamentarischen Kontrollgremien verschlossen wurden. Doch in der jetzigen Situation war auch er davon überzeugt, daß *jedes* Mittel seine Berechtigung besaß, um Nimet zum Sprechen zu bringen. »Und was willst du von mir?« fragte er und ahnte bereits die Antwort.

Koszak tippte mit dem Zeigestab wortlos auf den zypriotischen Stützpunkt der *Royal Air Force* in Akrotiri.

Jetzt wußte David, warum er hier saß. »*Bullshit*! Soll ich mich mal wieder mit Lord Colbourne anlegen?«

Chaim Koszak kannte den verknöcherten Staatssekretär und wußte nur zu gut von den häufigen und heftigen Auseinandersetzungen zwischen ihm und David. »Wir wollen es gar nicht so offiziell haben«, sagte er diplomatisch. »Die Türken gewähren uns Landerechte, allerdings klappt das nur mit dem starken Arm von Uncle Sam. Wir fliegen den Einsatz ohne Hoheitszeichen.« Er setzte sich wieder David gegenüber. »Du kennst doch den Kommandeur des SAS-Regiments in Akrotiri. Wir wollen auf dem Hin- und Rückflug lediglich auftanken und zischen sofort wieder ab.«

Lynn schlug mit der Faust auf die Armlehne. »Du bist doch nicht ganz bei Verstand!« zischte er den Israeli an. Seine gute Laune war blitzartig verschwunden. »Wenn das rauskommt, bin ich in meinem Job untragbar. Abgesehen davon, daß mich der *Secret Service* fertigmacht. Wenn ich meinen Rüssel da reinhängen soll, will ich das Okay von oben! Colbourne wird ablehnen.«

Koszak schwieg. Sein Bauch hob und senkte sich unter seinen heftigen Atemzügen. Er stierte auf das Fähnchen in Zypern, das in der Karte steckte. Dann griff er nach seinem Glas und trank es leer.

»Sie haben dich zum Krüppel geschossen, und du spielst noch immer unbeirrt Räuber und Gendarm«, stellte er nüchtern fest und verfiel wieder in Schweigen. Gedanklich suchte er bereits nach einem anderen Lösungsweg.

»Was soll das heißen?« fragte Lynn gereizt.

»Das heißt, du bist ein erstklassiger Soldat, der genau das tut, was man ihm sagt, der sich peinlichst genau in dem Claim bewegt, den man ihm zugewiesen hat. Du funktionierst und weißt, wie weit du gehen kannst. Deshalb wirst du so gerne gemietet, wie eine Luxuslimousine … Nur dein Preis ist etwas höher!«

»Du willst mit mir streiten!« spottete Lynn.

»Nein. Du bist ein guter Freund, und ich versuche, dir deine Defizite vor Augen zu führen.«

»So, so, Defizite!«

»Herrgott, jetzt sei doch nicht so eitel!« schnauzte ihn Koszak an, »du bist ein guter Soldat, aber ein lausiger Agent. Du reagierst lediglich auf ein Problem – und bekommst dafür einen guten Hurenlohn. Die Strukturen, die dahinterstecken, interessieren dich einen Scheißdreck. Im übrigen ist das der Zustand des gesamten britischen Geheimdienstes! Würde ich einverstanden sein, daß du mit Colbourne sprichst, könnte ich auch selbst zum *Secret Service* gehen. Du weißt genau, daß morgen die Meldung am Dscherschinski-Platz einträfe, und übermorgen wüßte eventuell auch Nimet davon.«

David ärgerte sich über diese Bemerkung. Es war bekannt, daß es in den britischen und westdeutschen Nachrichtendiensten sowjetische Maulwürfe gab. Dementsprechend hysterisch verhielten sich die westlichen Bündnispartner.

»Als ich 1956 nach Israel gekommen bin, habe ich ein anderes Handwerk gelernt«, fuhr Koszak fort und sah Lynn mit seinen flinken Augen an. »Der Erfolg des Mossad erklärt sich aus seiner Fähigkeit zu agieren. Wir produzieren keine Informationen, wir beschaffen sie uns. Die Frage, die wir uns mit der Operation im Irak beantworten wollen, ist nicht nur für uns, sondern für den ganzen Westen von größter Bedeutung.«

»Eben!« ergänzte David. »Dann spiele auch mit offenen Karten!«

Koszak schüttelte den Kopf. »Du hast vorhin selbst gesagt, von den hundert Geheimnisträgern gäbe es bereits neunzig zuviel! In Akrotiri wäre die Zwischenlandung mit ein paar von euren Fluglotsen und einer Wartungsmannschaft zu erledigen. Und selbst die wüßten nur unmittelbar vor dem Einsatz Bescheid. Jetzt sind wir gezwungen, die Amerikaner zu bitten, einen Flugzeugträger ins östliche Mittelmeer zu schicken. Das heißt: Pentagon, Marineministerium und zweieinhalbtausend Mann Besatzung, die mehr oder weniger wissen, daß etwas im Gange ist; von den sowjetischen Spionagesatelliten mal ganz abgesehen.«

Lynn stemmte sich mit den Händen auf die Armlehnen des Sessels und veränderte seine Sitzposition. »Wie hast du dir meine Mitarbeit vorgestellt?«

»Ich kenne deine Lobby, David! Du brauchst nur zum Telefonhörer zu greifen und hast kurze Zeit später ein *date* in der Downing Street. Die Lady hält doch so viel von dir! Also spar dir den Quatsch mit Colbourne. Außerdem hast du unter dem jetzigen Kommandeur in Akrotiri gedient. McLean vertraut dir uneingeschränkt!«

»Eben!« stellte Lynn zynisch fest. »Wenn ihr's vermasselt, ist er genauso dran wie ich!«

Koszak grinste Lynn hintersinnig an, und kichernd bemerkte er: »Maggy wird dir schon nicht den Arsch versohlen, höchstens ein bißchen tätscheln.«

Zugegeben, Lynn hatte bei der Eisernen Lady einen großen Stein im Brett, und die resolute Politikerin hielt sich in ihrem positiven Urteil über ihn gegenüber den distinguierten Beamten des *Secret Service* nicht zurück.

Der Brite fuhr sich mit der Hand durchs Gesicht. »Du alter Scheißkerl!« schimpfte er, aber gleich darauf verzogen sich seine Mundwinkel nach oben. »*Okay*, ich bin dabei!«

Koszak nickte zufrieden, als habe er nichts anderes erwartet. Dann stand er auf und hob David aus dem Sessel. »Die Details zeige ich dir drüben im Arbeitszimmer!«

9. Januar

9. JANUAR, MOSKAU, 0.30 UHR:

Der Schnee lag einen halben Meter hoch. Boris hatte nicht erwartet, daß die fünfzig Kilometer lange Anfahrt aus Moskau so viel Zeit kosten würde. Die große hölzerne Datscha stand abgelegen am Rande eines Kiefernwalds. Keines der Fenster war erleuchtet. Sie stiegen aus und schlugen die Wagentüren hinter sich zu.

»Die schläft schon«, bemerkte Myschko und ging über den freigeschaufelten Pfad auf das Gartentörchen zu.

»Sie wird nicht überwacht?« fragte Boris erstaunt. Er konnte kein Fahrzeug des KGB oder der Miliz entdecken.

»Wozu?« Der Generalmajor schlug mit der Faust laut gegen die schwere Holztür. Sie warteten eine Weile. Nichts geschah. Mit rudernden Armen stapfte Myschko um die Hausecke durch den Schnee und zog seine Handschuhe aus. Ein schriller Pfiff auf zwei Fingern gellte durch die Nacht. Im nächstgelegenen Dorf hörte man die Hunde anschlagen.

»Bürgerin Aladkowa! Machen Sie auf!«

Als er sah, daß oben ein Licht anging, kehrte er zur Haustür zurück. Boris fiel auf, daß Myschko die Lage ihres Schlafzimmers kannte. Nach zwei Minuten erschien sie in der Tür, mit losem, langem Haar und einem viel zu großen Männerpelz, den sie über ihr Nachthemd geworfen hatte.

»Genosse Myschko!« stellte sie erschrocken fest, und

ein wenig empört setzte sie hinzu: »Was wollen Sie um diese Zeit?«

»Entschuldigen Sie die späte Störung!« Myschko trat einen Schritt zurück. »Darf ich Ihnen den Genossen Uljanow vorstellen? Ein Kollege von mir. Wir sind nochmals wegen Ihres Mannes gekommen!«

Boris musterte die Frau mit einem schnellen Blick. Sie war attraktiv, etwa Mitte Dreißig. Offensichtlich achtete sie sehr auf ihr Äußeres, denn trotz ihres dunklen Teints befand sich kein einziges Haar auf ihren Schienbeinen.

»Guten Abend, oder besser gesagt, guten Morgen!« sagte Boris und streckte ihr die Hand entgegen. Sie schlug sie aus und antwortete barsch: »Na, dann kommen Sie halt herein. Sergej bringt es tatsächlich fertig, mir über seinen Tod hinaus Ärger zu bereiten!«

Im Flur nahm Myschko Boris den Mantel ab und hängte ihn mit seinem an die Garderobe. Boris folgte der Aladkowa in die Küche. Sie machte Licht und packte ein paar Holzscheite in den Kanonenofen, nahm die Ausgabe der *Iswestija* vom Vortag und schob einige zusammengeknüllte Seiten unter das Brennholz.

»Ich habe auf der Fahrt Ihre Kaderakte gelesen«, sagte Boris und sah sich in der gut ausgestatteten Küche um. »In Chmys' Laden« – damit meinte er die Erste Hauptverwaltung des KGB – »sind Sie wohl eine große Nummer!«

Die Aladkowa zündete das Papier an und verriegelte die Ofenklappe. »Ich bin eine hochqualifizierte Kommunikations-Ingenieurin. Aber davon werden Sie nichts verstehen, Genosse!«

»Ich werde uns einen Kaffee kochen!« dröhnte Myschko, als er in die Küche kam. »Sie können sich derweil etwas anziehen!«

»Seien Sie gefälligst leiser!« fuhr ihn die Aladkowa an. »Tanja wacht sonst auf!«

Der Generalmajor zuckte mit den Achseln. Sie ließ die

Männer in der Küche allein und stieg die Treppe in den ersten Stock hinauf. Boris setzte sich an den Küchentisch. Inzwischen durchsuchte Myschko die Schränke nach Tassen. Er fand sich relativ schnell zurecht, setzte Wasser auf und richtete die Kanne her.

»Seit wann kennst du die Aladkowa?« fragte Boris. Myschko lachte kurz auf. »Leider erst seit letztem Freitag. Aber ich gebe zu, daß ich gerne bei ihr landen würde. Selbst Chmys ist bei ihr abgeblitzt. Weiß der Teufel, wer die fickt. Ausnahmsweise wissen sogar wir es nicht. Vielleicht ist sie 'ne Lesbe?«

Boris konnte sich kaum vorstellen, daß Generalmajor Chmys über den privaten Hintergrund seiner besten Pferdchen im Stall nicht Bescheid wußte.

Myschko las seine Gedanken. »Die Aladkowa verkehrt, wenn sie mal im Land ist, ausschließlich mit Chmys und Tschebrakin. Die Schwester ist eine Nummer zu groß für uns.«

»Für mich ist sie vor allem die Ehefrau Aladkos!«

»Da sind Sie auf dem Holzweg!« entgegnete die Aladkowa, die unvermittelt in die Küche kam. Sie hatte sich ein paar ausgewaschene Jeans und einen weiten Wollpullover übergezogen. Diese westliche Kleidung wirkte hier in der Sowjetunion geradezu extravagant. »Ich habe meinen Mann vor Jahren das letzte Mal gesehen. Wir leben seit langem getrennt. Diese Datscha ist das einzige, was wir noch gemeinsam hatten. Und auch die haben wir nur abwechselnd bewohnt.«

Boris sah Myschko fragend an.

»Ich habe dir gesagt, daß du dir den Weg sparen kannst!« sagte der Generalmajor und brühte den Kaffee auf. Die Aladkowa setzte sich breitbeinig auf den Holzstuhl an der Stirnseite des Küchentischs und stützte ihr Kinn in die Hände. »Was hat Sergej eigentlich ausgefressen, daß Sie so einen Wirbel machen?«

»Das tut nichts zur Sache«, bemerkte Boris. »Erzählen Sie mir von Ihrem Mann!«

Sie sah ihn prüfend von der Seite an. Boris wußte genau, was in ihr vorging. Sie war zwar selbst KGB-Angehörige, aber wie jeder Bürger dieses Staates überlegte sie genau, was sie einem Beamten sagen konnte, ohne sich selbst in Schwierigkeiten zu bringen.

»Sergej und ich haben vor zwölf Jahren geheiratet. Tatjana war unterwegs. Als ich ihn kennenlernte, hatte ich gerade mein Germanistikstudium abgeschlossen und lehrte Deutsch für sowjetische Diplomaten am MIGMO-Institut. Sergej lernte diese Sprache mit einem Ehrgeiz, der mich beeindruckte. Er war eine ungemein stattliche Erscheinung. Ich verliebte mich in ihn, obwohl zwischen uns ein Altersunterschied von fast zwanzig Jahren bestand. Seinen beruflichen Werdegang beim Handelsministerium kennen Sie vermutlich. Meine Perspektiven sahen bedeutend schlechter aus. Entweder wäre ich Reiseführerin bei *Intourist* oder Übersetzerin in irgendeinem Ministerium geworden ... Sergej besaß einen geradezu animalischen Instinkt für brauchbare Beziehungen. Schon in seiner Zeit als unbedeutender Sekretär im Handelsministerium war er im Besitz einer Zugangsberechtigung für die geschlossene Abteilung des GUM, ging in der Kantine des ZK essen und fuhr einen neuen Moskwitsch. Er besorgte uns eine schöne Wohnung. Und als ich den Wunsch äußerte, Informatik zu studieren, war es für ihn eine Kleinigkeit, mir einen Platz an der Lomonossow-Universität zu beschaffen.«

»Ungewöhnlich für einen Studenten«, kommentierte Boris. Myschko goß den Kaffee in die Tassen und setzte sich mit an den Tisch. »Nicht, wenn man einen einflußreichen ZK-Sekretär zum Vater hatte!«

»Beziehungen, Genosse ... wie war Ihr Name?«

»Uljanow!«

»Beziehungen, Genosse Uljanow, werden in diesem

Land vererbt, falls Sie das noch nicht begriffen haben!«

»Sie sind zynisch, Verena Aladkowa«, erwiderte Boris und verbrühte sich mit dem heißen Kaffee die Zunge. »Zu wem bestanden denn diese Kontakte?«

»Zu wem?« Sie lachte. »Gut, denunzieren wir doch ein bißchen! Gromyko, Andropow, Kossygin. Ich kann Ihnen aber auch ein paar Minister nennen, Direktoren von großen Staatsbetrieben und ZK-Sekretäre. Sergej war in den letzten fünf Jahren selbst Mitglied des Obersten Sowjet.«

»Wie wär's mit ein paar aktuelleren Namen?«

»Das ist alles schon erledigt«, unterbrach ihn Myschko, »seine Terminkalender der letzten drei Jahre liegen uns vor. Seine Wohnungen in Moskau und Bonn wurden durchsucht. Aladkos private Kontakte waren so vielfältig, daß wir überhaupt keinen Überblick haben. Das reicht vom Wirtschaftsminister der BRD über Mitglieder des Politbüros der SED bis in die Familie des Stanislaw Pawlowitsch Klimenko.«

Boris ignorierte Myschkos Einwand und sprach die Aladkowa wieder direkt an: »Warum haben Sie sich nicht scheiden lassen, wenn Sie von Ihrem Mann getrennt lebten?«

Sie sah ihn schweigend an und ging zum Küchenschrank, zog eine Stange Marlboro heraus und riß sie auf.

»Antworten Sie auf meine Frage!«

Die Aladkowa steckte sich eine Zigarette an und inhalierte den Rauch tief in ihre Lunge. Sie fixierte Boris mit ihren großen grünen Augen. »Irgendwie kommen Sie mir bekannt vor!«

»Zufall«, murmelte er. Ihr Blick klebte förmlich auf ihm, und plötzlich konnte sie das Gesicht einordnen. Sie hatte ihn während der letzten Tage mehrfach in Video-Clips des Moskauer Fernsehens gesehen. Tanja, ihre Tochter, war ein begeisterter Fan der *Vaswedtschiki.* »Wie ein KGB-Beamter sehen Sie eigentlich nicht aus!«

»Was tut das zur Sache?« Und im selben Moment wurde ihm bewußt, daß sie ihn erkannt hatte.

Die Aladkowa lachte zum ersten Mal. »Eigentlich nichts! Ich finde es nur kurios, daß man in diesem Land schon von Popmusikern verhört wird! Aber vielleicht haben Sie ja mehr drauf als diese Pappköpfe am Dscherschinski-Platz.«

Myschko zuckte zusammen, entschied sich aber dafür, nicht zu protestieren.

Ebenso plötzlich, wie sich die Aladkowa erheitert hatte, wurde sie wieder ernst. »Sergej war eine Ratte! Eine Ratte, wie sie nur dieser Moloch von Politapparat heranzüchten kann. Speichelleckend und arrogant, stets auf den eigenen Vorteil bedacht. Mit einer intelligenten Überlebensform hatte das nichts mehr zu tun. Das war ein Denkmuster, das sich in allen Belanglosigkeiten des Alltags widerspiegelte. Er ging als Handelsattaché nach Bonn, Tatjana kam aufs Internat. Ich wurde, von der Universität kommend, vom KGB mit offenen Armen empfangen. Nur in den Ferien verbrachte ich ab und zu ein paar Wochen mit meiner Tochter auf dieser Datscha. Sergej glaubte in den letzten vier Jahren, ich arbeite in Chabarowsk. Es wäre für ihn ein leichtes gewesen, die Wahrheit herauszufinden. Aber es interessierte ihn nicht. Unser Trauschein hatte nur noch die Funktion, ihm in seiner Stellung ein paar Privilegien zu sichern. Das war die Grundlage unseres Burgfriedens. Und mit einem Mann wie Sergej Aladko legt man sich nicht an.«

»Die Verhältnisse haben sich in den letzten Jahren entscheidend verändert«, bemerkte Boris.

»Sie kennen den Apparat, also lassen Sie diese dämlichen Sprüche!«

»Finden Sie nicht, Sie sind ungerecht?«

Die Aladkowa streckte ihren Zeigefinger nach oben. »Meinetwegen glauben Sie an den Klapperstorch. Ich habe acht Jahre an Sergejs Seite gelebt. Jetzt erfülle ich meine Aufgabe, und das mache ich gut. Alles andere interessiert mich nicht!«

Boris spürte, wie ihm die Röte ins Gesicht stieg. Diese Frau war nackter Fels. »Was werden Sie jetzt tun?«

»Wenn Sie etwas darüber wissen wollen, einigen Sie sich mit Generalmajor Chmys. Außerdem haben Sie mich jetzt lange genug von meinem Schlaf abgehalten. Morgen vormittag habe ich nur noch ein paar Stunden Zeit für meine Tochter. Dann muß ich zurück. Also gehen Sie jetzt bitte!«

Es war halb drei, als Myschko Boris in Babuskin absetzte. In der Küche des Studios brannte noch Licht. Wahrscheinlich hingen Aljoscha und Jewgenij herum und zogen sich die letzte Tüte rein. Boris mußte ihnen eine verdammt gute Story erzählen, warum er sich kurz vor dem Konzert abseilte. Die Jungs würden ihm das Fell über die Ohren ziehen. Zuvor entschloß er sich zu einem Telefonat. Er lief die Straße fünfzig Meter hinunter zur einzigen Telefonzelle dieser Gegend, und steckte zehn Kopeken in den Automaten. Es erstaunte ihn selbst, daß er Bondarenkos Privatnummer noch im Kopf hatte. Sein Trick bestand darin, jede Ziffer einem Ton zuzuordnen. Er merkte sich Melodien, die er im Gedächtnis den jeweiligen Menschen zuordnen konnte.

Bondarenko hatte während der Grundausbildung auf dem Institut für KGB-Anwärter gemeinsam mit ihm die Schulbank gedrückt. Jetzt war er als Oberst in der 8. KGB-Verwaltung verantwortlich für die Überwachung der Moskauer Telefonverbindungen ins Ausland. Boris hatte nach seiner Rückkehr mit Bondarenko kaum Kontakt gehabt, in den letzten Jahren überhaupt nicht mehr.

Es dauerte eine ganze Weile, bis jemand den Hörer abnahm. Bondarenko war schon vor Stunden ins Bett gegangen.

»*Da*!« antwortete eine verschlafene Stimme brummig und knapp, wie unter Moskauern üblich.

»Hier ist Boris, Boris Stepanowitsch!«

»Boris?« fragte er. Seine Stimme klang ungläubig, und nach einer längeren Pause wurde er ruppig: »Bist du besoffen, mich mitten in der Nacht anzurufen?«

»Nein, ich bin vollkommen nüchtern. Ich wollte dir nur einen Tip geben: Hör in den nächsten Tagen aufmerksam in die Leitungen zum kapitalistischen Ausland rein! Nimm deinen Jungs die Wodkaflaschen weg. Bring deinen Laden sofort auf Vordermann! Sofort, hörst du!«

Wieder trat eine Pause von mehreren Sekunden ein. Igor Vladimirowitsch dachte noch immer so langsam wie eh und je.

»Warum?« fragte er schließlich und setzte verwirrt hinzu: »Du machst doch jetzt Musik. Was hast du denn noch mit uns zu tun?«

»Vergiß es. Ich wollte dir einen Gefallen tun. Wenn du nicht aufpaßt, werden dir Tschebrakin und die *Instanz* gewaltig auf die Zehen treten!«

Der Schreck in Bondarenkos Stimme war unüberhörbar: »Welche Leitungen, die öffentlichen oder die dienstlichen?«

»Alle! Alle, in die ihr reinkommt!«

Spätestens jetzt war der Oberst hellwach. »Gut ... Danke für den Anruf!«

»Ich habe nicht angerufen, Igor!« sagte Boris eindringlich. »Und wenn du etwas rauskriegst, warte, bis du von oben gefragt wirst!«

»*Da*!«

»Mach's gut!« Boris legte auf. Er mußte grinsen. Die alten Methoden funktionierten immer noch.

9. JANUAR, OSTBERLIN, 9.30 UHR:

Mit preußischer Pünktlichkeit setzte Flug SU 111 der Iljuschin 86 der Aeroflot auf Bahn eins des Schönefelder Flughafens zur Landung an. Chefpilot Igor Skobejew atmete erleichtert auf, als er die schwere Passagiermaschine wohlbehalten am Ende der Piste zum Stehen brachte. Den gesamten Flug über hatte er schon mit dem Wetter gekämpft. Erst die schweren Schneeschauer über Scheretmetjewo II, später die starken Turbulenzen in den oberen Flughöhen, dann der dichte Nebel in Schönefeld. Die Sicht lag nur drei Meter über den Mindestbedingungen – im anderen Fall hätten sie nach Leipzig oder Prag ausweichen müssen. Der Vogel hatte beim Aufsetzen wie ein alter Kranich gewedelt. Offensichtlich war der Controller über das Ausmaß der Landebahnvereisung nicht informiert.

»Seid ihr blau?« brüllte Skobejew ins Mikro. »Hier draußen ist es so glatt wie im Arsch einer Kuh!«

»*Flight SU one hundred eleven*«, antwortete eine monotone Stimme aus dem Tower. »*Welcome to Berlin, capital of the German Democratic Republic. Please use taxiway zero two*!«

»*Flight SU one hundred eleven. Taxiway zero two, Roger*!« bestätigte der Pilot und faßte sich mit der Hand an die Stirn. Der Copilot grinste ihn an. Die Ostdeutschen pflegten mit den Aeroflot-Maschinen auf russisch zu korrespondieren. Nur wenn sie sich ärgerten, hielten sie sich an die internationalen Luftverkehrsbestimmungen.

Schon kurz nach dem Start war Boris in einen dämmrigen Halbschlaf gefallen. Sein Hirn begann, minuziös die Eindrücke des vergangenen Tages zu verarbeiten. Seine Umgebung nahm er kaum noch wahr, nur das Schnarchen Scherstnews neben sich. Am gestrigen Morgen hatte die Welt noch gerade im Rahmen gehangen; der vorangegangene Fick mit Nadja; Jewgenij, der in seinem hysterischen

Lampenfieber alle Bandmitglieder schon fünf Tage vor dem Konzert um acht Uhr aus den Betten klingelte. Sie waren zu Sascha in die Makarenko Ulica gefahren. Drei Typen aus Leningrad hatten bei ihm gepennt. Boris ging Brot kaufen. Als er zurückkehrte, waren Aljoscha, Katja, Piotr und Ljudmila eingetroffen – Kaffee, Marmelade, Butter, Fruchtsaft, Wurst, Käse und Sekt. Die guten Tage der *Vaswedtschiki* begannen mit einem Fest; es hatte viele Stunden bis zu dem Moment gedauert, in dem der alte Scherstnew im Studio auftauchte und Boris von seiner Vergangenheit eingeholt wurde.

Die Maschine kam in ihrer Parkposition zum Stehen. Die Triebwerke verstummten in einem abschwellenden Jaulen, und die Warnlampen erloschen über den Sitzen. Boris und Scherstnews Plätze lagen direkt hinter dem Cockpit in der mit einem Vorhang abgeteilten Sonderklasse für Funktionäre und Diplomaten. Unentdeckt von den Touristen verließen sie als erste die Maschine. Am Fuße der Gangway wartete ein rothaariger Mann von Ende Zwanzig auf sie.

»Guten Tag, ich bin Laszlo Pawlenko!«

Der Brigadegeneral wechselte seinen Aktenkoffer in die Linke und schüttelte dem jungen KGB-Offizier die Hand. Gleichzeitig wandte er sich an Boris und erklärte: »Der Junge bringt uns zum Glashaus. Können wir fahren?«

Pawlenko machte eine Kopfbewegung in Richtung eines beigefarbenen Ladas, der fünfzig Meter entfernt parkte. Der Offizier der KGB-Kommandantur in Karlshorst kannte nicht einmal ihre Namen, geschweige denn die Aufgabe der beiden Vaswedtschiki. Sein Auftrag lautete lediglich, die Männer am Flughafen abzuholen und durch die Grenzübergangsstelle auf dem Bahnhof Friedrichstraße zu schleusen.

Sie fuhren auf dem kürzesten Weg vom Flughafen Schönefeld über die Köpenicker Landstraße Richtung Innenstadt. Scherstnew lagen viele Worte auf den Lippen, aber er schwieg eisern. Zwölf Jahre war diese Stadt sein Terrain gewesen, damals als sich hier, zur Blütezeit des Kalten Krieges, der unerbittliche Schlagabtausch der Geheimdienste zugetragen hatte. Im August 1961, nach dem Mauerbau, verlagerten sich die Schlachtfelder. Und Scherstnew wurde nach Moskau versetzt.

Die Hauptstadt der DDR hatte sich verändert. Das narbige, zerschundene Gesicht des Nachkriegsberlin mit seinem spröden Charme und seinem ungebrochenen Überlebenswillen war in weiten Bereichen modernen, in Fertigbauweise errichteten Wohnblöcken gewichen, wie man sie in allen Randbezirken sozialistischer Metropolen fand. Als sie die Straße »Unter den Linden« entlangfuhren, sahen Scherstnew und Boris mit eigenen Augen, was man sich in den Moskauer KGB-Kantinen erzählte. Zum siebenhundertfünfzigsten Stadtjubiläum hatte die DDR-Regierung keinen Aufwand gescheut, um ihrer wirtschaftlichen Bedeutung innerhalb der Bruderstaaten Ausdruck zu verleihen. Sämtliche Prachtbauten, der Gendarmenmarkt und das gesamte Nikolai-Viertel waren mit Millionenaufwand restauriert worden. Die beiden brauchten nicht viel Phantasie, um sich vorzustellen, welche Auswirkungen das auf die übrigen Städte der DDR haben mußte. Sie kannten es von der Olympiade in Moskau.

Pawlenko stoppte im Halteverbot des Taxistands am gläsernen Ausreise-Pavillon neben dem Bahnhof Friedrichstraße. Sie stiegen aus und betraten das Bahnhofsgebäude. Auf der linken Seite der Halle befand sich die klinkenlose graue Stahltür, durch die alle Einreisenden den Grenzbereich verließen und vor der sich an Wochenenden, nach Mitternacht und morgens die DDR-Bürger die Füße plattstanden, während sie auf Omas, Tanten, Liebhaber und Freunde warteten, die aus dem »freien Westen« auf Stippvisite in den real existierenden Sozialismus kamen. Ihr

Schleuser ging ein paar Schritte weiter zu einem Eingang, über dem in großen Lettern geschrieben stand: DIENSTEINGANG – ZUTRITT NUR FÜR ANGEHÖRIGE DER DEUTSCHEN REICHSBAHN. Sie gelangten in einen hellgelb gestrichenen leeren Vorraum, in dem sich eine ebenfalls klinkenlose Tür mit einem Fenster befand. Die Sicht nach innen war durch einen ausgeblichenen Vorhang verwehrt. Pawlenko drückte auf den Klingelknopf neben der Tür. Es dauerte einige Sekunden, bis ein Offizier in der Uniform der Grenztruppen hinter der Scheibe erschien. In Wirklichkeit gehörte er zum Ministerium für Staatssicherheit. Der Schleuser zog drei sowjetische Militärausweise aus seiner Manteltasche und hielt sie dem DDR-Leutnant vor. Der Türsummer schnarrte. Pawlenko, Scherstnew und Boris betraten jetzt den eigentlichen Kontrollraum. Hinter ihnen fiel die Tür ins Schloß. Auch auf dieser Seite war sie ohne Klinke. Rechts führte eine Treppe hinauf zu den Dienstzimmern der Stasi. Von dort wurde der gesamte Bahnhofsbereich mit Fernsehkameras überwacht. Der MfS-Offizier nahm hinter einem braunen Tresen auf der linken Seite Platz. »Morjen!« sagte er knapp und gab seinem Gesicht einen offiziellen Ausdruck.

»*Sdrastwujtje*!« antwortete Pawlenko auf russisch und fügte in gebrochenem Deutsch hinzu: »Die Genossen haben einen Reiseauftrag nach Berlin-West!« Mit diesen Worten legte er die Militärausweise und zwei grüne Dienstanweisungen der Karlshorster KGB-Residentur auf den Schalter.

Bereits hier trugen Boris und Scherstnew Decknamen. Der Leutnant prüfte die Dokumente ausgiebig und musterte die Profile der beiden sowjetischen Genossen genau. Nach etlichen Sekunden schob er sie über den Tisch zurück und sagte: »Gute Reise!«

Scherstnew drückte Pawlenko die Papiere in die Hand. »Wir rufen bis spätestens sechs zurück und sagen Bescheid, ob Sie uns abholen sollen!«

Der Leutnant faßte nach dem Türöffner unter der Tischplatte. Scherstnew und Boris verschwanden im offenen Transitbereich des Bahnhofs Friedrichstraße.

Der Bahnhof Zoo, das Tor zum »goldenen Westen«, war kürzlich renoviert worden. Der Kinderstrich hatte sich in abgelegenere Gegenden verlagert, aber die morbide Großstadtatmosphäre ließ sich nicht wegretuschieren. Noch immer, und gerade in den Wintermonaten, bevölkerten Alkoholiker und Penner die Halle und die Gänge vor den Gepäckschließfächern, solange sie nicht durch die Polizei davongejagt wurden. Vor und in den Herrentoiletten warteten die Stricher auf Kundschaft. Dazwischen trieben Gruppen von Punkern ihren Unsinn. Von all dem unberührt, gingen die bepackten und pelzbemäntelten Touristen aus dem »Wessiland« zwischen den Schaltern der Reichsbahn und den Bahnsteigen ihrer Wege, »drückten allenfalls mal 'ne Mark ab«. Wie beim ersten Mal, als Boris vor acht Jahren über Westberlin nach Großbritannien eingeschleust wurde, schockierte ihn auch jetzt der Gegensatz zwischen totaler Armut, überquellenden Schaufensterauslagen und quadratmetergroßen Werbeplakaten. Bettler waren ihm auch aus dem Moskauer Straßenbild vertraut. Aber hier brachte er es nicht fertig, den Junkie abzuweisen, dessen nackte Füße aus den zerrissenen Turnschuhen hervorguckten. Boris griff zum ersten Mal nach der edlen Rindslederbrieftasche in seinem Tweedjackett und drückte dem Jungen einen Zehnmarkschein in die Hand. Ärgerlich zog Scherstnew seinen Neffen weiter Richtung Ausgang. Der Alte freute sich, als er mit Boris auf dem Hardenberg-Platz stand, und schlug den Kragen seines Kaschmirmantels nach oben. »Wir sollten uns erst nach zwölf bei Ortmann blicken lassen. Justus ist Nachtarbeiter, und ihn aus dem Bett zu schmeißen, wäre kein gutes Entrée. Was hältst du von einem guten Westfrühstück? Laß uns ein Taxi zum

Café Frohberg nehmen. Ich war zwanzig Jahre nicht mehr drin!«

Boris nickte zögernd. Er hatte Skrupel, in ihrer Lage die verblaßten Kaffeehaus-Erinnerungen seines Onkel aufzufrischen. Aber noch war das hier sein Turn. Sie stiegen in die erste Droschke in der Schlange und fuhren nach Kreuzberg.

Zwei Stunden später ließen sie sich an der Ecke Tauentzienstraße/Rankestraße absetzen. Der alte Scherstnew war bester Laune. Er wußte, daß er mit Ortmann eine harte Nuß zu knacken hatte, freute sich aber dennoch, den alten Freund wiederzusehen. Boris hatte die vibrierende Anspannung seit der Landung in Schönefeld nicht mehr verlassen.

Vielleicht war das auch der Grund, daß er seine Umgebung bewußter wahrnahm. Die nichtendenwollende Schlange von Autos, deren Fahrer hektisch nach Parkplätzen suchten; vollbepackte, gutgekleidete Hausfrauen, deren Gesichtern man den Umtauschstreß der Nachweihnachtszeit ablesen konnte; Geschäftsleute und Yuppies auf dem Weg zu ihren Mittags-Verabredungen.

An der Einfahrt zu dem besetzten Parkhaus am Los-Angeles-Platz standen drei Skinheads mit den typischen kahlrasierten Schädeln, Lederjacken und Armeestiefeln. Sie hatten sich vom gegenüberliegenden Imbiß ein paar Dosen Bier geholt und johlten mit dem Gehabe junger Stiere aufeinander ein. Als Boris' Blick für einen Moment den mittleren von ihnen traf, stieß der plötzlich einen schrillen Pfiff aus. Wie auf Kommando gingen die drei auf ihn und Scherstnew zu, waren nur noch wenige Meter entfernt.

»Ich glaube, wir kriegen Ärger!« zischte Boris auf russisch.

Scherstnew blickte den Jungs gelassen entgegen. »Ach, Quatsch!«

Der Pfiff war zu laut, dachte Boris. Er fuhr herum, sah zwei weitere Skins von hinten auf sie zustürzen und hechtete in einer fließenden Bewegung zwischen die parkenden Autos.

Das, was er gelernt hatte, war in ihn eingebrannt wie eine Tätowierung. Der chinesische Meister im Ausbildungsregiment der SAS hatte ihn nicht nur die körperlichen Abläufe asiatischer Kampfsportarten gelehrt, sondern ihm auch beigebracht, den Geist zu beherrschen.

Im Bruchteil einer Sekunde war Boris wieder auf den Beinen. Zuerst registrierte sein Auge den Hünen von der linken Seite. Boris schoß mit einem Kampfschrei auf ihn zu, beugte sich nach vorn und schleuderte ihn über die Schulter gegen die Autos. Ein Hagerer kam mit einem Stilett auf ihn zu. Boris bohrte ihm im Schwung seine Schuhspitze in den Solarplexus. Da wurde er von hinten von einem Arm am Hals umgriffen. Eine Handkante drosch auf seine Nieren ein. Boris konnte den Angreifer nicht sehen. Er drückte ihm die Daumen in die Hauptnerven des Ellenbogens. Sein Gegner schrie auf und ging in einer Angriffskombination von Boris zu Boden.

Die anderen drei schlugen und traten Scherstnew, der längst am Boden lag. Boris rannte mit ausgebreiteten Armen auf sie zu. Sie stürzten gemeinsam in ein Schaufenster, das prasselnd zersplitterte. Er spürte, wie ihm im Fallen ein Messer tief in seinen rechten Oberarm eindrang. Der feiste Skin grinste ihn haßverzerrt an und drückte ihn mit den Füßen wieder auf die Straße hinaus. Geschrei auf dem Gehweg und im Laden. Als der Dicke auf ihn zusprang, die blutige Klinge in der Hand, setzte Boris zum Genickschlag an. Der Skin brach sofort zusammen. Im selben Moment sah Boris den mattschwarzen Lauf einer Pistole auf den am Boden liegenden Scherstnew gerichtet. Er war zwei Schritte zu weit entfernt. Ein heller Knall. Die Skins rannten davon.

Boris kniete sich neben Scherstnew und umfaßte seinen Kopf. Blut quoll pulsierend aus der Halswunde. Der Alte sah ihn mit flatternden Augenlidern an. »Ich habe recht gehabt …« Er hustete. Blutiger Schleim rann aus seinen Mundwinkeln. »Geh zu Sergej Kunatschkin … Fruzenskaja 48! … Und sieh nach Julius!«

Scherstnews Augenlider klappten weit auf. Sein Körper zuckte in einem letzten Reflex zusammen. Boris starrte in das Gesicht seines toten Onkels. Fassungslosigkeit schnürte ihm den Hals zu. Aus seinem rechten Mantelärmel tropfte nun ebenfalls Blut auf die Gehwegplatten. Vorsichtig legte er Onkel Feliks' Kopf auf der Straße ab und schloß ihm die Augen.

Die mutigsten unter den Schaulustigen kamen langsam näher. Boris nahm sie nicht wahr. Er flennte. Martinshörner, die deutlich näher kamen, rissen ihn aus seiner Lähmung. Unvermittelt sprang er auf die Füße. Ein muskelstrotzender Gerüstbauer, der von der gegenüberliegenden Baustelle herübergekommen war, versuchte Boris aufzuhalten und wurde von ihm blitzschnell mit einem harten kurzen Faustschlag beiseite gefegt. In einem schnellen Spurt über die Straße verschwand Boris im dichten Verkehr, unerreichbar für jeden gewöhnlichen Verfolger.

Mit der linken Hand umfaßte er den klaffenden Schnitt am Oberarm. Bei jedem seiner federnden Schritte brannte die Wunde unerbittlich. Sein Mantel war bereits blutdurchtränkt. Er zwang sich, seinen Schock unter Kontrolle zu halten und einen klaren Gedanken zu fassen. Binnen Minuten würde es von Polizei nur so wimmeln. Boris erreichte ein Parkhaus. Mit konzentrierter Bauchatmung hielt er seinen Kreislauf bei der Stange und lief die Rampen bis ins oberste Parkdeck hinauf. Treffer. Hier standen nur wenige Autos. Weit und breit kein Mensch. Er schleppte sich an den Fahrzeugreihen entlang und achtete aufmerksam auf die Fensteraufkleber und Leuchtdioden der Alarmanlagen in den Armaturenbrettern. Seine Wahl fiel auf einen alten VW-Käfer. Das kleine Eckfenster gab dem Ruck seines Ellenbogens splitternd nach und zerplatzte in Tausende kleiner Bröckchen. Boris faßte nach dem inneren Türriegel und öffnete den Wagen. Der Erste-Hilfe-Kasten lag bei Autos dieses Typs gewöhnlich in der Kule unter dem Heckfenster. Wieder ein Treffer. Boris hangelte nach der blauen Kunststoffbox und warf sie auf den Beifahrersitz. Vor dem Wagen zog er Mantel und Jackett aus. Beides war unbrauchbar geworden. Den rechten Arm konnte er nur unter starken Schmerzen bewegen. Er setzte sich hinters Steuer, schloß die Tür und untersuchte die Wunde. Der Schnitt war tief und hatte seinen Bizeps übel zugerichtet. Mit einem Ruck riß er sich das Oberhemd am Wundrand auf. Diesmal konnte er den Schmerzensschrei nicht unterdrücken. Er öffnete den Deckel des Verbandskastens und riß mit den Zähnen eine der in Plastik verschweißten Wundkompressen auf. Während er den Verband anlegte, sehnte er sich nach den kleinen, aber perfekt ausgestatteten Erste-Hilfe-Boxen der SAS. Sie enthielten alles, von Nadel und Faden bis zur fertigen Kreislauf- und Morphiumspritze. Unerwartet drängte ihm seine Phantasie die Erinnerung an David Lynn auf. Boris sah das Gesicht des Engländers, entschlossen und klar. Er kniff die Augen zusammen und sperrte sie wieder weit auf. Keinesfalls durfte er jetzt schlappmachen. Während er sich mit dem übrigen Verbandsmaterial die blutigen Hände abwischte, versuchte er, das Chaos in seinem Hirn zu ordnen.

Sie waren in eine Falle geraten. Irgendwo gab es einen Maulwurf. Saß er im Krisenstab? War es Klimenko selbst? Gerade der Chefideologe der KPdSU wurde durch die Politik des Generalny zunehmend in die Ecke gedrängt. Oder waren es Tschebrakin, Granow, Myschko? Außer einigen *headlines* ihrer Laufbahn wußte Boris nichts über diese Männer und ihren Hintergrund. Wer konnte sonst noch über ihren Einsatz informiert worden sein? Die Pässe für Onkel Feliks und ihn waren echt. Der Beamte vielleicht, der die Fotos getauscht hatte? Das war unmöglich. Pawlenko, der sie in Schönefeld abgeholt hatte? Er kannte nicht einmal ihre Klarnamen.

Sein Kreislauf stabilisierte sich allmählich. Boris durchsuchte den Käfer auf brauchbare Utensilien und war erleichtert, als er den zusammengeknüllten Anorak unter dem Beifahrersitz entdeckte. Wenn er die nächsten Stunden überleben wollte, brauchte er wieder vernünftige Kleidung und einen Unterschlupf. Erst ein Kaufhaus, dann Julius Ortmann.

Boris stieg aus. Zuerst stand er etwas schwammig auf den Beinen. Er leerte die Taschen seines Mantels und seines Jacketts, steckte die Sachen ein und rollte die blutige Kleidung zu einem Bündel zusammen. Unten auf der Straße spiegelte sich das Heer der Blaulichter in den Schaufenstern zur Rankestraße wider. Unbemerkt von den Passanten, die überwiegend neugierig in Richtung Rankestraße strebten, ließ Boris das Stoffpaket in einem Abfalleimer verschwinden. Gegenüber lag das Kaufhaus C&A, durch dessen gläserne Eingangstüren Boris nach wenigen Augenblicken verschwunden war.

Die dreisprachigen Hinweisschilder ermöglichten ihm eine zügige Orientierung. Er kaufte sich einen neuen Anzug, ein Oberhemd und einen Trenchcoat. In der Herrentoilette zog er sich um. Kaum eine halbe Stunde war vergangen, als Boris das Bekleidungshaus wieder verließ. Ein mattschimmernder Schweißfilm hatte sich über seine blassen Gesichtszüge gelegt, er wirkte angestrengt, aber die Verletzung sah man ihm nicht an. Dennoch ging er ein großes Risiko ein, als er sich wieder Richtung Tatort bewegte. Vermeiden konnte er es nicht. Ortmann erwartete Scherstnew, nicht ihn. Ein Anruf wäre zwecklos gewesen. Links von der Kreuzung standen Streifenwagen quer auf der Rankestraße und riegelten den Verkehr ab. Boris wandte sich nach rechts und überquerte in Höhe der Feuerwache die Straße. Der Journalist wohnte in einem der prachtvollen Wilhelminischen Bürgerhäuser, die den Zweiten Weltkrieg überdauert hatten und mittlerweile aufwendig restauriert worden waren.

Boris sah durch die Scheiben der schmiedeeisernen Haustür in den marmornen Hausflur. Der Eingang war verschlossen. Ortmanns Namensschild lag an oberster Stelle auf der Klingelanlage, darunter die von Anwaltskanzleien und einer Arztpraxis. Er läutete dort. Kurz darauf schnarrte der Türöffner. Zu seiner Verblüffung war der altertümliche Fahrstuhl verschlossen, so daß er die Treppen mit den roten Kokosläufern benutzen mußte. Die Wohnung lag im fünften Stock auf der rechten Seite. Es war still, und er bewegte sich fast lautlos durch das Treppenhaus. Der Überfall hatte seine alten Instinkte mit einem Schlag geweckt. Die Kratzspuren am Sicherheitsschloß und die frischen Schrammen im Lack der Wohnungstür sah Boris auf den ersten Blick. Er klingelte und hörte den Gong innerhalb der Wohnung. Nichts geschah. Abermals drückte er auf den Messingknopf. Keine Reaktion.

Er zog ein kleines Schlosserbesteck aus der Tasche. Äußerlich war es von einem Pfeifenstopfer kaum zu unterscheiden. Ein Geschenk von David aus der Zeit bei der SAS, reiner Titanstahl, mit dem fast jedes Schloß zu knacken war. Das einzige Stück, das die Rückschleusung in die UdSSR überdauert hatte. Ortmanns Türschloß hatte diesen Namen nicht verdient, primitive Massenware. Binnen zwei Sekunden schnappte der Riegel auf. Boris öffnete die Tür einen Spalt, schob sich vorsichtig hindurch und schloß sie hinter sich, ebenso leise, wie er sie geöffnet hatte. Schon der Korridor verriet den gehobenen Lebensstandard des Journalisten: chinesische Brücken auf weichem grauem Veloursteppichboden, konstruktivistische Originallithographien an den Wänden, ein großer Biedermeier-Schrank mit geschliffenen Kristallspiegeln. Gegenüber lag die Küche. Boris wandte sich nach rechts zum Wohnzimmer, dessen Tür offenstand. Als er den Raum betrat, konnte er durch die zweiflügelige Schiebetür in das dahinterliegende Arbeitszimmer des Journalisten sehen. Ortmann saß vornübergebeugt an seinem Arbeitstisch. Sein Kopf lag in einer kleinen Blutlache auf der Schreibunterlage. Daneben die rechte Hand, die noch die Browning umklammerte. Boris beugte sich über die Leiche, ohne sie zu berühren. Kopfschuß in die Schläfe. Das Blut war noch feucht. Auf dem Tisch lag ungeöffnete Post. Die Stempel waren von gestern. Ortmann konnte noch nicht lange tot sein.

Boris trat einen Schritt zurück und schloß die Augen. Sein Arm pochte infernalisch im Rhythmus seines Herzschlags. Ein Dröhnen, das in seinen ganzen Körper ausstrahlte. Er drohte zu kollabieren. Vorsichtig ging er in die Knie, legte sich mit dem Rücken auf den Boden und streckte sich aus. Es dauerte einen Moment, bis er sich fing. Er war in einen Alptraum geraten, der ihn ohne Vorwarnung von einer Wirklichkeit in die andere riß. Das hier hatte nichts mehr mit seinem alten Job zu tun. Er war allein, ein einsamer Bauer auf dem Schachbrett, dazu bestimmt, geopfert zu werden von einem Spieler, den er nicht kannte. Moskau, die *Vaswedtschiki*, die Freunde, das gewöhnliche Leben waren weit fort. Und seine Chancen, lebend zurückzukehren, tendierten gegen Null. Der Regisseur dieser Partie hatte es verstanden, innerhalb weniger Stunden auf feindlichem Terrain eine tödliche Falle aufzubauen. Hinter der Mauer verfügte er im Ernstfall über ein ganzes Repertoire. Boris brauchte nicht lange darüber nachzudenken, wie gut seine Karten im Westen standen: Seine Personalien, Fotos und Fingerabdrücke waren seit seinem England-Einsatz in jedem Fahndungscomputer der westlichen Welt gespeichert. Für den Überfall auf der

Straße gab es Zeugen im ganzen Dutzend. Er hatte den Koffer verloren – mit seinen Fingerabdrücken darauf. Der Staatsschutz der Westberliner Polizei würde ihn und Scherstnew in kurzer Zeit identifizieren. Jetzt lag er auf dem Fußboden, in einem Zimmer mit der Leiche eines renommierten Journalisten, der sich mit Sicherheit nicht selbst umgebracht hatte. Welchem Staatsanwalt würde nicht das Wasser im Mund zusammenlaufen? Agententätigkeit, Totschlag – Notwehr würde man ihm wohl kaum abnehmen –, Mord. Es war nur eine Frage der Zeit, bis zur großen Jagd geblasen wurde. Hüben und drüben. Spätestens um sechs waren Scherstnew und er überfällig. Eventuell sogar früher, je nachdem, wie schnell die Medien waren. Boris wiegte stöhnend den Kopf hin und her. Es ging nicht mehr allein um die patriotische Verteidigung der *Perestroika* und ihres charismatischen Geburtshelfers. Es ging um sein nacktes Überleben. Für einen Moment huschte das Bild einer kräftigen, behaarten Hand, die ihn sicher und fest am Handgelenk packte, durch seine Phantasie. Davids Hand, die während eines Einsatzes gegen die IRA in Londonderry nach ihm gefaßt hatte, als er am Fenstersims eines achtstöckigen Hauses abgerutscht war. Heute wäre Lynn der erste, der ihn mit Genuß zur Strecke bringen würde.

Boris richtete sich auf und wischte sich mit dem gesunden Arm den kalten Schweiß von der Stirn. Irgendwie mußte es ihm gelingen, ein Muster in die Dinge zu bringen. Ortmanns Ermordung ergab nur einen Sinn: Er war im Besitz von Informationen gewesen, die nicht in seine Hände gelangen sollten. Dennoch gab es einen Bruch in der Logik. Warum hatten die Skins nicht in Ortmanns Wohnung auf sie gewartet? Unterstellten sie dem Westberliner Staatsschutz so viel Blindheit, daß er den Überfall auf der Straße nicht mit dem mysteriösen Tod des Journalisten in Zusammenhang brachte? Minutiös ließ Boris die letzten

Stunden Revue passieren. Ihr Einsatz in Westberlin konnte nur dem Personenkreis aus der gestrigen Besprechung im ZK-Gebäude bekannt gewesen sein. Man hatte mit ihrer Ankunft zwischen zehn und halb elf gerechnet. Onkel Feliks und er waren aber erst nach zwölf erschienen. Hatten die Verfolger sie bereits am Bahnhof Zoo observiert und durch Scherstnews Frühstückspause verloren? Boris konnte sich keinen Reim darauf machen.

Im Wohnzimmer schlug die alte Pendeluhr eins. Es war an der Zeit, daß er aus der Stadt kam, bevor die Polizei auf dem Flughafen nach ihm fahndete. Boris stand auf. Sein Blick blieb an Ortmanns Personal-Computer hängen. Das Gerät war ausgeschaltet. Weit und breit waren keine Disketten zu sehen. Die Disketten fehlten! Er schaltete den Rechner ein. Bisher hatte Boris nur mit Sound-Sampler-Programmen auf dem Atari-Computer im Studio gearbeitet. Vom Umgang mit IBM-kompatiblen Geräten hatte er keine Ahnung. Doch als der Rechner erst auf das leere Diskettenlaufwerk und dann auf die Festplatte zugreifen wollte und nicht hochfuhr, war ihm klar, daß Ortmanns Mörder den Rechner leergeräumt hatten. Festplattenformatierung. Gelöschte Daten konnte man mit etwas Glück *recovern*. Jewgenij war es einmal gelungen, nachdem er im Dope-Rausch auf dem Studiocomputer Mist gebaut hatte. In dieser Sekunde hatte Boris sein nächstes Ziel gefunden: München – Petra Aichinger, alias Verena Aladkowa.

Er lief in die Küche, suchte in den Schränken nach einem Schraubenzieher und einem Geschirrtuch. Damit kehrte er in Ortmanns Arbeitszimmer zurück. In wenigen Minuten hatte er die Festplatte aus dem Computer ausgebaut und in einem Samsonite verstaut, den er neben dem Schreibtisch gefunden hatte. Anschließend wischte er sorgfältig die Fingerabdrücke von jedem Gegenstand, den er in dieser Wohnung berührt hatte.

Er verließ die Wohnung ebenso unbemerkt, wie er sie

betreten hatte. Hundert Meter weiter auf der Straße waren außer den Einsatzfahrzeugen der Polizei mittlerweile Sendewagen des Fernsehens und Zivilfahrzeuge der Alliierten zu sehen. Boris entfernte sich in entgegengesetzter Richtung. An der Ecke Uhlandstraße stoppte er ein leeres Taxi und ließ sich zum Flughafen Tegel fahren. Noch war er den Westberliner Behörden einen Schritt voraus, aber mit Hilfe der Westmächte würde es nur noch kurze Zeit dauern, bis man Scherstnew identifiziert hatte. Als ehemaliger SMAD-Offizier hatte er seine Pißmarke zweifellos in jeder Datensammlung der westlichen Nachrichtendienste hinterlassen.

Die Polizeieinheiten innerhalb des kreisförmigen Flughafengebäudes waren noch nicht verstärkt worden. Boris kaufte sich am PanAm-Schalter ein Ticket und zahlte mit Kreditkarte. Unbehelligt passierte er mit seinen falschen Papieren die Sicherheitskontrollen. Er hatte Glück und erreichte noch die 14.40-Uhr-Maschine.

Niemandem war der etwa vierzigjährige Mann in dem blauen Regenmantel aufgefallen, der Boris in größerem Abstand bis zur Sicherheitskontrolle gefolgt war. Jetzt machte er kehrt und eilte auf eine der nächstgelegenen Plexiglashauben mit einem Münzfernsprecher zu. Die Bonner Nummer, die er wählte, war in keinem Telefonbuch zu finden. Der Gesprächspartner am anderen Ende der Leitung nahm ab, ohne sich zu melden.

»Wir haben Probleme mit unserem Gast!« sagte der unscheinbare Mann.

»Welche?«

»Der Besuch hat reibungslos geklappt. Das Präsent hat er, wie erwartet, entgegengenommen. Jetzt sind wir am Flughafen. Er hat sich nach München eingecheckt.«

»Nach München?« brüllte die andere Stimme. »Verdammte Scheiße! Was will er denn da? Das ist doch zum Knochenkotzen!« Es entstand eine kurze Pause, offenbar wurde der Hörer mit der Hand abgedeckt. Danach erfolgte die Antwort: »Fliegen Sie mit! Bleiben Sie unbedingt an ihm dran! Wir haben keinen Betreuer da unten! Ende.«

Zweifellos war der Mann, mit dem er gesprochen hatte, kurz vor einer Panik. Der Vierzigjährige hängte ein und lief hastig zum PanAm-Schalter. Rücksichtslos drängelte er sich vor und mischte sich in ein Gespräch zwischen einem Fluggast und der PanAm-Angestellten.

»Entschuldigen Sie bitte, aber ich muß unbedingt noch in die 14.40-Uhr-Maschine nach München!«

Die Dame vom Bodenpersonal, an die alltägliche Panik der Kunden gewöhnt, tippte ungerührt die Flugnummer PA-689 in den Computerterminal. »Tut mir leid, die Maschine ist voll. Sie können die nächste nehmen, um sechzehn Uhr vierzig.«

Der Mann war außer sich und schlug mit der Faust auf den gelben Kunststofftresen. »Ich muß in diese Maschine rein! Bitte! Setzen Sie mich auf einen Notsitz, oder denken Sie sich sonst irgend etwas aus!«

Die Stewardeß schüttelte mitleidig den Kopf. »Unmöglich! Die Maschine ist ausgebucht. Sie nimmt eine Austauschbesatzung nach München mit. Wir können Ihnen da nicht helfen. Sie müssen zwei Stunden warten!«

Jetzt war er in Panik. Sie hatten Uljanow verloren.

9. JANUAR, LONDON, 15.30 UHR:

Lord Colbourne, der schlanke weißhaarige Staatssekretär im Außenministerium, saß in dem Sessel gegenüber dem Schreibtisch der Premierministerin. Neben ihm, in seinem Rollstuhl, David Lynn, der soeben mit seinem Bericht über das Anliegen des Mossad endete.

Colbourne kochte vor Wut. Lynn hatte sich wieder einmal unter Umgehung der Hierarchie und sämtlicher

Dienstwege einen Gesprächstermin bei der »Eisernen Lady« verschafft. Sie gab ihm zwar nur dreißig Minuten, aber der Staatssekretär ärgerte sich, daß sie immer ein offenes Ohr für diesen abgehalfterten Straßenkämpfer hatte. »*What a marvellous man*!« hatte sie schon mehrfach geschwärmt, freilich nur im vertrauten Kreis und in Lynns Abwesenheit. Lynn nutzte diese Sympathie im Notfall rücksichtslos aus. Und wenn er die Regierungschefin nicht über die offiziellen Kanäle erreichte, rief er ihren Mann unter der geheimen Privatnummer an.

Sie hatte Lynn eine Viertelstunde lang aufmerksam zugehört. »Nun, Lord Colbourne, was sagen Sie dazu?«

Der Staatssekretär klopfte seine Pfeife aus und sah feindselig zu Lynn herüber. »Warum, zum Teufel, müssen wir das von Ihnen erfahren? Es wäre Koszaks Pflicht gewesen, sich mit Harold Taylor in Verbindung zu setzen!«

Dieser Schlappschwanz hat nichts als Vorschriften im Kopf, dachte Lynn und wußte, daß ihn der Staatssekretär wieder in eines dieser nutzlosen Rededuelle verwickeln wollte. »Hören Sie doch endlich auf, Ihre dämlichen rhetorischen Fragen zu stellen, Colbourne, die sich jeder von uns selbst beantworten kann! Soll ich Ihnen auf die Sprünge helfen? Koszak wendet sich an den *Secret Service*. Von Direktor Taylor geht die Angelegenheit zur Nah-Ost-Abteilung. Mindestens fünfzehn Personen. Von dort wird die Sache ans Außenministerium weitergeleitet. Die zweite Nah-Ost-Abteilung. Plus fünfundzwanzig. Jetzt erreicht die Nachricht Downing Street. Plus zehn. Das Verteidigungsministerium wird informiert. Plus zwanzig. Von dort geht die Sache weiter zum Oberkommando der SAS in Hereford. Wieder zehn. Und dann, erst dann wird General MacLean auf dem SAS-Stützpunkt in Akrotiri instruiert, daß er nun eine Handvoll seines Bodenpersonals anweisen soll, einen Verband von vier Kampfhubschraubern auftanken zu lassen. Wenn ich richtig gezählt habe, inklusive Minister und

Oberbefehlshaber, sind das achtundachtzig Personen. Nehmen Sie es Koszak nicht übel, aber dann könnte er die Sache gleich vor dem Europa-Parlament diskutieren lassen! Und unsere befreundeten Nachrichtendienste leiden immer noch an der *Hollis-Paranoia* …«

Bis zum heutigen Tag war offiziell nie aufgeklärt worden, ob der verstorbene Geheimdienst-Chef Sir Roger Hollis tatsächlich ein Spion der Russen gewesen war. Ein Skandal, der die Beziehungen zu den westlichen Nachrichtendiensten bis in die Gegenwart belastete.

Durch den Weg, den der Mossad gewählt hat, werden nur wir drei, der Verteidigungsminister und MacLean mit seinen Leuten eingeweiht. Zusammengenommen zehn Personen. Eine Verminderung des Risikos um den Faktor acht!«

Die Premierministerin hatte ihr Kinn in die Hand gestützt und machte sich wenig Mühe, ihr Schmunzeln zu verbergen. Von einer auf die andere Sekunde wurde ihr Gesichtsausdruck wieder hart und konzentriert. »Nun, Lord Colbourne?«

»Und was sagen die US-Dienste? Die Israelis mögen ja die irakische Luftabwehr täuschen können, aber die amerikanischen Spionage-Satelliten wohl kaum.«

Lynn seufzte gelangweilt. Warum hatte man einen solch wichtigen Posten mit so einer Pfeife besetzt? »Brauchen Sie wieder Nachhilfe? Die SOD ist informiert. Bis die *National Security Agency* ahnt, was dort passiert, und das Weiße Haus unterrichtet wird, ist das Einsatzteam längst wieder auf dem Heimflug. Und was glauben Sie wohl, wird die westliche Welt dazu sagen, wenn sie erfährt, daß der Mossad den berüchtigten Abdul Nimet einkassiert hat?«

»Was werden die arabischen Staaten dazu sagen?« bellte Colbourne zurück. »Angenommen, die Operation scheitert, und es wird bekannt, daß die britische Regierung ein israelisches Himmelfahrtskommando unterstützt hat?

Über den diplomatischen Flurschaden zerbrechen Sie sich wohl nicht den Kopf.«

Das Telefon klingelte. Es war die *security-line*. Die Regierungschefin nahm den Hörer ab und reichte ihn im nächsten Moment an den Staatssekretär weiter. »Es ist Taylor – für Sie!«

Colbourne hörte schweigend zu. Die Genugtuung in seinem Gesicht war nicht zu übersehen. Er bedankte sich kurz und legte auf. Triumphierend sah er Lynn an. »Sie unterschätzen den *Secret Service*! Heute mittag kam es in Westberlin auf offener Straße zu einer Schießerei. Vier Skinheads, zwei Passanten. Einer der Passanten und einer der Skinheads wurden getötet. Die anderen sind flüchtig ...«

»Warum erzählen Sie mir das?« unterbrach ihn Lynn.

»Der eine Passant wurde von unserer Dienststelle, die bestens mit den Westberliner Behörden zusammenarbeitet, als Feliks Matwejewitsch Scherstnew identifiziert, Brigadegeneral im KGB.« Colbourne machte eine genüßliche Pause. »Der andere, der einen der Skinsheads mit einem Handkantenschlag tötete, wurde anhand seiner Fingerabdrücke auf einem verlorenen Aktenkoffer erkannt: Boris Stepanowitsch Uljanow. Ihr ›Stonelake‹ ist wieder aktiv!«

Lynn starrte Colbourne wie hypnotisiert an und spürte, wie sich jedes seiner Körperhaare aufstellte.

»Uljanow ist durch eine Schnittwunde schwer verletzt worden«, fuhr Colbourne fort, »unsere Leute haben sich mit den übrigen Alliierten verständigt. Die Sektoren-Übergänge werden überwacht, alle Telefonverbindungen, die Transitstrecken, Flughäfen, etcetera etcetera. Die Stadt ist zu. Uljanow sitzt in der Falle!«

»Prestigeträchtige Kraftmeierei!« stellte Lynn verächtlich fest. »Weil Sie nichts mehr damit zu tun haben, Lynn?« fragte der Staatssekretär mit schneidender Stimme. »Sie sind aus dem Rennen, Lynn! Wir werden Uljanow vor Gericht stellen. Und Sie sind der Hauptbelastungszeuge, egal ob der Presserummel Ihnen oder Ihren Auftraggebern aus der Industrie schmeckt oder nicht!«

Lynn verstand. Colbourne wollte ihn auf die kalte Tour fertigmachen. Die Premierministerin sah nervös auf ihre Armbanduhr. »So, Gentlemen, es reicht! Das hier ist nicht der geeignete Ort und Zeitpunkt, um sich über eine alte Affäre zu streiten! Kommen wir zum Ende in der Sache Nimet.«

Der Staatssekretär schnellte von seinem Sessel und stellte sich stocksteif vor den Schreibtisch der Regierungschefin.

»Ich halte meinen Kopf für diese Wildwest-Methoden nicht hin, Madam.«

»Dann fahren Sie doch nach Lockerbie!« brüllte Lynn. »Sehen Sie sich die Stadt an, sprechen Sie mit den entstellten Brandverletzten in den Krankenhäusern, besuchen Sie die Friedhöfe und, verdammt noch mal, stecken Sie sich Ihren diplomatischen Quatsch in Ihren Samtarsch!«

Peinliche Stille. Er war zu weit gegangen. Betroffen fügte er einen Moment später ziemlich leise hinzu: »Entschuldigen Sie, Madam. Ich bin nun mal kein Gentleman.«

Sie blickte abwechselnd auf Lynn und auf Colbourne, während sie die Argumente der Männer gegeneinander abwog. »Okay, Mr. Lynn«, sagte sie schließlich, »wir sind dabei!«

Lynn schlug vor Begeisterung mit der Handfläche auf die Armlehne seines Rollstuhls. »Oh, ich wußte es. Sie sind ein Pfundsweib, Madam!«

Die Mundwinkel der Regierungschefin zuckten kurz nach oben. Aber sofort wurde sie wieder ernst. »Ich werde den Verteidigungsminister anrufen. Er wird McLean instruieren. Sie, Mr. Lynn, werden den Israelis da unten auf die Finger schauen. Wenn die Sache schiefgeht, kann Colbourne mit Ihnen machen, was er will!«

Fünf Minuten später schob ein Butler Lynn in seinem Rollstuhl auf die gegenüberliegende Straßenseite von Downing Street N°10. Er half ihm in seinen Jaguar, verabschiedete sich höflich und schlug die Tür zu. David fuhr die Parliament Street hinunter.

Die Mossad-Operation im Irak, sein bevorstehender Trip nach Zypern, all das spielte im Moment keine Rolle für ihn. In seinem Hirn hämmerte nur ein Gedanke: Er mußte Uljanow vor dem *Secret Service* finden. Colbournes Worte waren durchaus ernstzunehmen. Der britische Geheimdienst lechzte nach einer Chance, sich in der Weltöffentlichkeit zu rehabilitieren. Uljanow in Westberlin zu verhaften und in England vor Gericht zu stellen, bot ihnen eine einmalige Gelegenheit dazu. Aber seine Klienten haßten Publicity, und wenn sein Name durch die Presse ging, würden sie ihn meiden wie die Pest. Nein, es gab keine Alternative. Er würde verhindern, daß Boris Uljanow sein Leben zum zweiten Mal ruinierte.

An der Ecke Bridge Street stand Koszak am Straßenrand. Lynn brachte die Limousine für ein paar Sekunden zum Stehen. Der Israeli öffnete den Wagenschlag, stieg ein und setzte sich auf den Beifahrersitz. Hinter ihnen hupte bereits ein blauer Austin.

»Na, wie ist es gelaufen?«

Lynn fuhr wieder an und umkreiste den Parliament Square. »Ihr könnt eure Show da unten abziehen! Aber ich sitze knietief in der Scheiße …« In wenigen Sätzen schilderte er Chaim Koszak den Vorfall mit Uljanow, während er den Wagen in Richtung Victoria Station steuerte. Nichts ging mehr. Rush hour.

»Ich verlasse mich auf deine Leute, Chaim. Mir bleibt keine Zeit. Ich muß diesen russischen Bastard finden und …«

»Ha! Das sieht Colbourne, Taylor und dem ganzen Haufen ähnlich. Na ja. An diesem perversen Stolz ist schließlich das ganze britische Empire zugrunde gegangen!« Koszak wackelte argwöhnisch mit dem Kopf und zog eine Fünfzehn-Zentimeter-Havanna aus der Tasche, deren Spitze er abbiß und auf die Fußmatte spuckte. Mit der Zigarre im Mund, die er paffend ansteckte, sagte er dazwischen: »Dann ist meine Überraschung nur noch halb so groß ... das mit Uljanow habe ich auch vor einer Stunde erfahren.« Er blies den Rauch in großen Wolken gegen die Frontscheibe.

»Was für eine Überraschung?« fragte Lynn gereizt und drückte auf den Knopf der elektrischen Fensterheber. »*Damned*, ich muß diesen Typ kriegen!«

»Junge, jetzt laß doch mal deinen Affen vom Baum!« schimpfte der Israeli. Dabei beugte er sich nach vorne und sah in den linken Außenspiegel. Drei Reihen hinter ihnen bemühte sich ein Vauxhall dilettantisch auffällig, innerhalb des *stop-and-go*-Verkehrs dicht an ihnen dranzubleiben. Colbourne war schnell, aber seine waren Leute unfähig. »Ich habe, bevor ich mir ein Taxi zur Bridge Street genommen habe, ein bißchen herumtelefoniert«, erzählte er. »Das Dossier von Uljanow kennst du ja. Er quittierte seinen Dienst beim KGB vor mehr als drei Jahren, nachdem er die *Sektion Budjonny* aufgebaut hatte. Der Junge ist ein sehr erfolgreicher Musiker geworden. Er sollte mit seiner Band am nächsten Freitag im Moskauer Sportpalast auftreten. Live-Übertragung im sowjetischen Fernsehen, hunderttausend Zuschauer. Eine Riesensache. Und plötzlich taucht er mit einem alten KGB-General in Westberlin auf ...«

»Was soll das heißen?«

»Laß mich doch ausreden! Der Skinhead, den er da umgelegt hat, ist ein alter Bekannter des Berliner Verfassungsschutzes. Er heißt Rainer Lohmann, war bis vor sechs Monaten aktives Mitglied in der Sozialistischen Einheitspartei Westberlins, und er fährt nach wie vor regelmäßig nach Ostberlin. Und zwar in die Normannenstraße nach Lichtenberg!«

»Zur Stasi?« fragte Lynn ungläubig. Abrupt trat er auf die Bremse. Beinahe wäre er dem Vordermann hinten draufgefahren.

Koszak nickte. »Und jetzt habe ich den größten Knaller für dich! Der Horchposten der amerikanischen NSA im norddeutschen Schleswig hat sich letzte Nacht in eine telefonische Datenfernübertragung von Prag nach Kopenhagen eingeklinkt. Ein tierischer Primzahlencode, aber die Freaks in Maryland haben ihn auf ihren Super-Crays geknackt. Die Nachricht bestand aus einer Uhrzeit, 10 Uhr 30, und zwei ausführlichen Personenbeschreibungen. Sie treffen hundertprozentig auf Uljanow und Scherstnew zu. Unsere Kollegen im Osten glaubten wohl, sehr pfiffig zu sein, indem sie eine Direktleitung aus dem Ostblock nach Westberlin umgingen. Dieselbe Nachricht ging von Kopenhagen an eine anrufbare Telefonzelle in Westberlin. Diesmal hatte der NSA-Stützpunkt auf dem Berliner Teufelsberg mitgeschnitten. Der Code war ein anderer, aber die Nachricht dieselbe.«

David schwirrte der Kopf. »Du meinst, die wollen ihre eigenen Leute abschießen?«

Der Israeli seufzte melancholisch. »Junge, jetzt zähle doch mal eins und eins zusammen! In der UdSSR ist der Teufel los. Der verlorene Krieg in Afghanistan, die Unruhen in Aserbaidschan, das Erdbeben in Armenien, die Bürgerrechtsbewegung in den Baltischen Republiken, der erbitterte Widerstand der Apparatschiks gegen die *Perestroika*, die Auseinandersetzung mit dem Stalinismus, die Stagnation in der Industrie, der offene Kampf gegen eine riesige Wirtschaftsmafia und gegen die Korruption. Generalsekretär Gorbatschow hat nicht gerade wenig Feinde. Und dann wird, vollkommen unerwartet, mit Uljanow ein seit drei Jahren aus dem Dienst ausgeschiedener Anti-Terror-Agent aktiviert. Du hast selbst mit ihm gearbeitet. Er ist der fähigste, den die Russen haben.«

In Bruchteilen von Sekunden wurde sich Lynn der drohenden Katastrophe bewußt. Seine Gedanken reihten sich logisch aneinander. Innere Unruhen in der Sowjetunion, einer ihrer besten Anti-Terror-Agenten wurde aktiviert und dann beinahe umgebracht. Das roch einfach nach Aufruhr und Umsturz. »Oh, Gott! Die wollen Gorbatschow kippen!«

Koszak zog den Aschenbecher aus der Mittelkonsole und bemerkte zynisch: »Na, endlich denkst du nicht mehr an die Alarmanlagen deiner Manager und bringst deine weichgesoffene Birne in Bewegung.«

An der Victoria Station fuhr David auf den Parkplatz und hielt in zweiter Reihe. »Und jetzt?«

»Um Uljanow mache ich mir im Moment weniger Sorgen. Wenn er nur ein bißchen Hirn im Kopf hat, ist er aus Berlin abgetaucht, bevor Taylor seine Briefträger stationiert hatte.«

»Und wo soll er hin?«

»Wo würdest du hingehen, wenn du in der Sowjetunion in so einer beschissenen Situation wärst?«

»*Damned*!« Die Antwort lag auf der Hand. Im Zweifelsfall würde er bei ihm aufkreuzen.

»Siehst du den weißen Vauxhall?« fragte Koszak und zeigte mit dem Daumen zum Heckfenster. »Er fährt hinter uns her, seitdem du mich aufgelesen hast.«

David drehte sich um und entdeckte Colbournes Spitzel auf den ersten Blick. Er war nahe daran, den Rückwärtsgang der Automatik einzulegen und das Verfolgerauto zu Schrott zu fahren.

»Mir wird absolut übel bei dem Gedanken, daß Uljanow den Pfeifen vom *Secret Service* in die Hände fällt«, sagte der Israeli abfällig. »Bei den Yankees dauert's auch nicht mehr lange, bis der Groschen fällt.«

David Lynn war zu verwirrt, um einen klaren Gedanken zu fassen. »*Bullshit*! Und?«

Augenzwinkernd klopfte Koszak seinem Freund auf die Schulter. »Fahr in deine Wohnung und laß dir von deiner Haushälterin die Koffer packen. In drei Stunden meldest du dich an der VIP-Lounge im Terminal 4 von Heathrow. Dort steht eine Privatmaschine bereit. Sie bringt dich an einen schönen, abgelegenen Militärstützpunkt in der Negev-Wüste.«

»Aber Uljanow ...«

»Wir sammeln deinen alten Partner schon ein! Die Möglichkeiten, nach Großbritannien zu gelangen, sind nicht gerade zahlreich. Vergiß nicht, in der Sowjetunion leben mehr Juden als im Staat Israel. Das ist ein triftiger Grund, sich mit ihm zu unterhalten!« Koszak öffnete die Wagentür und stieg aus.

»Woher kriegst du nur diese phantastischen Informationen?« rief ihm Lynn hinterher.

»Wir werden seit Tausenden von Jahren verfolgt, David«, antwortete der Jude leise. »Informationsbeschaffung gehört zu unserer Überlebensstrategie!«

9. JANUAR, MÜNCHEN, 18.10 UHR:

Verena Aladkowa nahm dem Taxifahrer an der Haustür den Koffer ab und drückte ihm zwei Geldscheine in die Hand. Als sie die drei Etagen zu ihrer Wohnung hinaufstieg, spürte sie die Erschöpfung, die ihr in den Knochen saß. Ein leichter Anflug von Migräne durchzog ihre Schläfen.

Seit dem Flug von Moskau nach Wien freute sie sich auf ihre Badewanne. Die Rückschleusung nach München war für die Agentin und ihre Wiener Verbindungsoffiziere Routine. Jetzt wollte sie ins Bad, danach eine Pizza in den Mikrowellenherd schieben und dann mit dem Krimi ins Bett gehen, den sie am Flughafen gekauft hatte. Morgen früh wollte sie ausgeschlafen sein. »Petra Aichinger« durfte erstmals an der wöchentlichen Besprechung des 4-Mega-Byte-Chip-Entwicklungsteams teilnehmen. Generalmajor Chmys' Vaswedtschiken-Stern war in die Elite der Siemens-Ingenieure aufgestiegen.

Vor der Wohnungstür kontrollierte Verena zuerst den millimeterfeinen Tesafilm-Streifen, der oben links fast unsichtbar Tür und Rahmen verband. Er war unbeschädigt. Sie schloß auf, ließ den Koffer in der Diele fallen und kickte mit dem Absatz ihres rechten Pumps das Türblatt ins Schloß.

Sie hängte ihren Mantel an der Garderobe auf und ging direkt ins Bad, steckte den Wannenstöpsel in den Abfluß und drehte das warme Wasser auf. Leise vor sich hin summend lief sie in die Küche. Aus dem Tiefkühlfach suchte sie sich eine der Fertigpizzen heraus. Mit einem Teller in der einen Hand und einer Flasche Wein in der anderen kam sie ins Wohnzimmer, knipste mit abgespreiztem Zeigefinger das Licht an – und erstarrte.

»Guten Abend, Verena Aladkowa!«

Die Flasche rutschte ihr aus der Hand. Gluckernd ergoß sich der Rotwein auf den beigefarbenen Teppichboden.

»Was ... wollen Sie von mir?« Sie hatte Mühe, einen Ton herauszubringen, und musterte fassungslos das maskenhafte Gesicht Uljanows, den sie achtzehn Stunden zuvor noch als stattlichen Mann in der Küche ihrer Datscha gesehen hatte. Auf den zweiten Blick bemerkte sie auf dem Eßtisch ein Handtuch mit Verbandszeug, zwei gebogenen Nadeln und auf Ellenlänge geschnittenen Zwirnsfäden. Boris hielt eine 38er Smith & Wesson auf sie gerichtet. Es war ihre Pistole, die er in ihrem Nachttisch gefunden haben mußte.

»Können Sie nähen?« fragte Boris knapp. Keine weitere Erklärung. Sie nickte.

»Waschen Sie sich die Hände!«

Verena fand keine Worte des Widerspruchs. Sie ging ins

Bad voraus. Boris erhob sich mühsam vom Stuhl und folgte ihr taumelnd, die Pistolenmündung unbeirrt auf sie gerichtet. Eine Schweißperle rollte über seine Augenbrauen. Verena stellte zuerst den Hahn über der Wanne ab und seifte sich dann unter heißem Wasser am Waschbecken ihre Hände ein. Langsam begann sich die Spannung in ihrem Hals zu lösen. Sie sah ihn durch den Spiegelschrank an.

»Ist Ihnen klar, was Sie anrichten? Sie zerstören die Arbeit von Jahren!«

»Ich? Was spielt das für eine Rolle?« erwiderte er voller Sarkasmus. Verena fragte sich, ob sie es mit einem Wahnsinnigen zu tun hatte. Während sie ihre Hände abtrocknete, wechselte er die Pistole von einer Hand in die andere, um Mantel und Jackett auszuziehen. Die Kleidung ließ er einfach auf den Boden fallen. Der Verband war blutdurchtränkt.

Verena drehte sich zu ihm um und erschrak. »O Gott! Was ist denn mit Ihnen passiert?«

»Gehen Sie!« Er wies mit dem Kopf zum Wohnzimmer. War sie wirklich so ahnungslos, wie sie tat? Auf ihre Frage schwieg er besser.

Am Eßtisch half sie ihm aus dem Hemd. Den Gedanken, ihm auf die Wunde zu schlagen und ihn zu entwaffnen, verwarf sie wieder. Das Risiko schien ihr zu groß. Sie mußte Uljanow auf andere Weise loswerden.

Mit einer Schere schnitt sie den Verband auf. Übelkeit stieg in ihr auf, als sie die klaffende Wunde sah. Blut und Wundflüssigkeit suppten über seinen Oberarm. »Das sieht ja grauenvoll aus! Sie müssen zum Arzt!« stammelte sie.

Boris biß die Zähne aufeinander. »Kein Arzt!« antwortete er gepreßt. »Sie – Sie werden nähen!«

»Das kann ich nicht!« Verenas Augen begannen sich mit Tränen zu füllen. »Ich fahre Sie zur sowjetischen Militärmission nach Baden-Baden. In drei Stunden sind wir da!« Die Schminke lief ihr über die Wangen.

Boris begutachtete seinen Oberarm: »Dieser Schnitt ist von unseren Leuten!«

»Aber was wollen Sie von mir?« fragte sie heulend und nahm einen Tupfer in die Hand, den sie mit Alkohol tränkte.

Er bewegte sich auf einem schmalen Grat zwischen unerträglichem Schmerz und Bewußtlosigkeit. Sein Blick wanderte flirrend über das Gesicht der verzweifelten Frau.

»Nähen Sie!«

Der Alkohol brannte höllisch. Mit zittrigen Fingern fädelte sie den Zwirn in das Nadelöhr. Woher hatte er die Sachen? Gekauft? Der erste Einstich. Menschenfleisch. Muskelfasern. Verena begann zu sprechen, um sich von ihrem Brechreiz abzulenken: »Wer sind Sie? Und was haben Sie mit dem KGB zu tun?«

Keine Antwort.

»Verdammt, jetzt machen Sie endlich das Maul auf, Genosse Uljanow!« schrie sie und verknotete den ersten Faden.

»Sektion Budjonny«, murmelte er.

Sie hatte von der Anti-Terror-Einheit gehört, ohne Näheres zu wissen. »Hier sind Sie aber im Westen und nicht in einer sibirischen Kaserne, Sie Narr!« erwiderte Verena in schneidendem Ton. »Sie haben keine Ahnung vom Leben eines Vaswedtschik!«

Nächster Stich.

Boris lächelte. »Vier Jahre! England.«

Die Nadel traf einen Nerv. Boris bäumte sich kurz auf und sank im nächsten Augenblick bewußtlos in sich zusammen. Die Pistole rutschte aus seiner Hand und fiel zu Boden. Verena hielt ihn fest, rückte den Stuhl näher, schob ihren linken Oberschenkel über seine Knie und drückte den einen Ellenbogen gegen seinen Brustkorb. Verbissen nähte sie weiter. Die Narbe sah stümperhaft aus, aber die Blutung ließ nach. Während sie den Verband anlegte, gingen ihr Fragen durch den Kopf, die sie sich nicht beantworten konnte. Fragen über Fragen.

9. JANUAR, WESTBERLIN, 18.45 UHR:

Die Stadt bot Möglichkeiten zu Kontakten, auf die man in Ost und West selbst zu Zeiten des Kalten Krieges nie verzichtet hatte. Seit Mai '45 handelten in Westberlin die Nachrichtendienste aus aller Welt Vereinbarungen aus und gaben Informationen weiter, die weder dem Abhörrisiko einer Telefonverbindung noch dem Argwohn eines Grenzbeamten ausgesetzt waren. Der untersetzte Mittfünfziger stieg am Ausgang der U-Bahnstation Kochstraße in ein Taxi. Der Fahrer konnte schon am Stoff des Regenmantels und an den groben, altmodischen Halbschuhen die Herkunft seines Gastes erraten.

»Zur Philharmonie!«

Der Mann machte nicht den geringsten Versuch, seinen russischen Akzent zu verbergen. Für die hiesigen Behörden und die West-Alliierten war er unantastbar; mit einem sowjetischen Diplomatenpaß in der Tasche konnte er sich in Westberlin frei bewegen. Ignatschenko ließ sich vor dem Haupteingang absetzen. Nachdem die Taxe abgefahren war, drehte er vor den gläsernen Foyertüren der Philharmonie ab und lief quer über die Straße zum Tiergarten. Der schmale Weg in den Park lag in völliger Dunkelheit. Nur die Laternen in den großen Alleen brannten auch in der Nacht. Der Russe lief dreihundert Meter weiter, sah vor einer feuchten, in der Nacht grau schimmernden Wiese – eine große, kräftige Gestalt, die ihm nicht entgegenkam. Als Ignatschenko den Mann erreichte, machten sie sich gemeinsam auf den Weg und liefen nebeneinander her.

»Wenigstens sind Sie pünktlich«, sagte der Fremde unwirsch.

»Kennen wir uns?« fragte Ignatschenko und versuchte, in dem schwachen Licht das Gesicht zu mustern, das er keiner Personenbeschreibung zuordnen konnte.

»Keine Namen!«

»Pah!« protestierte der Russe. »Sie wissen genau, mit wem Sie es zu tun haben!«

»Jetzt lassen Sie uns mal Tacheles reden! Keiner von uns hat damit gerechnet, daß er nach München fliegt. Ihren ganzen psychologischen Quatsch können Sie abschreiben! München ist eine Millionenstadt. Wir sind am Arsche des Propheten!«

»Sie sind ein Hitzkopf«, antwortete Ignatschenko gelassen. »Vermutlich wissen wir, wo Uljanow steckt.«

Der Mann blieb stehen und wandte sich dem Russen zu: »Die Adresse!«

Ignatschenko schüttelte den Kopf. »Nein! Wir müssen erst eine Kontaktperson aus dem Verkehr ziehen. Sie hat nichts mit unserem Unternehmen zu tun.«

Unvermittelt packte ihn der Kontaktmann am Oberarm. »Hören Sie zu, Sie roter Hampelmann! Jetzt *hat* sie mit uns zu tun! Wenn ihr uns verarschen wollt, steigen wir sofort aus.«

Ignatschenko machte sich los. Die Angelegenheit wurde unangenehm. Die Partner mußten die Nerven behalten. »Uljanow ist durch Zufall an die Adresse gekommen«, antwortete er vorsichtig. »Wir wissen noch nicht, wie es passieren konnte.«

»Wessen Adresse?« insistierte sein Gesprächspartner.

»Die von Aladkos Frau. Sie lebte die letzten drei Jahre von ihm getrennt. Die Frau ist sauber. Aber Uljanows Beziehungen innerhalb des Apparats sind zu gut, als daß wir ihm diese Tatsache verschweigen konnten.«

»Das darf doch wohl nicht wahr sein! Heißt das etwa, die Aladkowa sitzt nicht in Moskau, wie ihr behauptet habt, sondern in München?«

»Die Erste Hauptverwaltung hat sie in der Industrie eingesetzt«, gestand der Russe kleinlaut. »Chmys wollte sie nicht rausziehen. Wir konnten schließlich nicht ahnen, daß sich Uljanow da in eine Idee verrennt!«

»Wir werden ihn dort holen!«

»Sie warten so lange, bis wir die Frau raus haben!« erwiderte der Russe hart. »Die Aladkowa ist ein Profi! Mit etwas Glück erfahren wir mehr über Uljanows psychischen Zustand.«

»Damit Ihre Psycho-Freaks wieder ihre Computer füttern können?« bemerkte der Mann verächtlich und fügte hinzu: »Keine Pannen mehr, Ignatschenko!«

»Ich rufe in zwei Stunden unter eurer Nummer an und gebe die Adresse durch. So lange müssen Sie warten.«

»Wenn wir ihn um Mitternacht nicht haben, ist unser Projekt gestorben!«

Der hochrangige KGB-Offizier ließ sich durch die Drohung nicht einschüchtern. »Wir haben außerdem die Flugnummer von Josif Nourat …«

Der palästinensische Stipendiat an der Ostberliner Humboldt-Universität wurde seit sechs Tagen rund um die Uhr überwacht. Er war der Bote, der den falschen Paß für Paul Kotsch im Auftrag der *Organisazija* nach Bagdad bringen sollte.

»Er nimmt die Interflug-Maschine IF-367 nach Bagdad, Zwischenlandung in Sofia um vierzehn Uhr fünfundzwanzig. Ankunft auf dem Sadam-International-Airport um acht. Sie können Nourat mit dem Geigerzähler anpeilen …«

Der Fremde nickte. Er hatte sich jedes Wort minuziös eingeprägt, bog jetzt grußlos in einen schmalen Pfad zwischen den Büschen ab und verschwand in der Dunkelheit.

9. JANUAR, MÜNCHEN, 19.30 UHR:

Boris war für einen Moment zu sich gekommen, aber sein Kreislauf blieb instabil. Er bemühte sich nicht mehr, den Helden zu spielen. Apathisch ließ er sich von Verena in ihr Schlafzimmer schleppen. Sie legte ihn auf's Bett und brachte ihm aus dem Badezimmer einen Löffel mit Kreislauftropfen. Danach blieb er allein.

Verena wunderte sich selbst darüber, daß sie ihre Angst verloren hatte. Uljanow war offensichtlich in eine lebensgefährliche Situation geraten. Wer er auch war und was immer er vorhatte, jeder unüberlegte Schritt von ihr konnte unabsehbaren Schaden anrichten. Schematisch versuchte sie, die Situation zu analysieren, wie sie es im Institut für KGB-Anwärter gelernt hatte. Es war sinnlos. Sie brauchte mehr Informationen.

Erst jetzt stieß sie unter dem Eßtisch im Wohnzimmer auf Uljanows Aktenkoffer. Sie legte ihn auf einen der Stühle und klappte ihn auf. Als sie die Festplatte entdeckte, war sie mehr als verblüfft. Die Filecard eines IBM-kompatiblen Rechners. Sonst nichts. War das der Grund für Uljanows Erscheinen? Verena nahm die Platte in die Hand und ging damit in ihr Arbeitszimmer. Binnen weniger Minuten hatte sie das Gehäuse ihres 386er Rechners aufgeschraubt und die Filecard in einen der freien Steckplätze eingebaut. Sie schaltete den Rechner ein und konfigurierte ihn auf die zusätzliche Platte. Sie wechselte auf das Laufwerk der Harddisk. Die Platte war leer. Was wollte Uljanow mit einer leeren 80-Mega-Byte-Platte? Routiniert lud sie ihr Harddisk-Recover-Programm und begann, Cluster für Cluster zu untersuchen. Die Daten waren gelöscht worden. Verena war von Ehrgeiz gepackt.

Um Punkt acht unterbrach sie ihre Arbeit und schaltete den Fernseher ein. Täglich Nachrichten zu sehen, gehörte zu ihrem Beruf. Es war die erste Meldung: Überfall einer

Gruppe von Skinheads auf zwei sowjetische Staatsbürger. Zwei Tote, Brigadegeneral Feliks Matwejewitsch Scherstnew, vermutlich ein KGB-Offizier, und Rainer Lohmann, ein polizeibekannter Skinhead, arbeitslos. Westdeutschland hatte einen neuen Geheimdienst-Skandal. Als zweiten Russen hatte man Boris Stepanowitsch Uljanow identifiziert. Sie zeigten ein altes Fahndungsbild von ihm und sendeten im Anschluß einen Bericht über seine Agententätigkeit in England. Uljanow – der Mann, der Großbritanniens Elite-Einheit SAS zum Narren hielt. Die politischen Wogen schlugen hoch. Der Außenminister der Bundesrepublik versuchte sich in diplomatischer Schadensbegrenzung. Das sowjetische Außenministerium dementierte die KGB-Zugehörigkeit Scherstnews und die Identität Uljanows, sprach von einem ungeheuerlichen Anschlag auf Angehörige der Sowjetarmee, die sich privat in Berlin-West aufgehalten hätten. Die West-Alliierten tagten in Sondersitzungen und protestierten vergeblich bei den Sowjets. Von der CIA wurde gegenüber den Medien Scherstnews falscher Paß als Beweis für die sowjetischen Lügen angeführt. Die Fahndung nach Uljanow und den übrigen noch unbekannten Skinheads lief auf Hochtouren.

Verena schaltete das Fernsehgerät aus. Der Regen trommelte dumpf gegen die Thermopenscheiben. Sie trat ans Fenster und sah mit leerem Blick auf die Lichterketten der unten vorbeifahrenden Autos. Der Westen startete eine gnadenlose Jagd auf den Mann, der zusammengeflickt und zu Tode erschöpft in ihrem Schlafzimmer lag. »Diesen Schnitt habe ich von unseren Leuten«, hatte er gesagt. Uljanow brachte sie und ihre Arbeit in Gefahr. Drei Jahre ununterbrochener Konzentration auf ihre Legende, drei Jahre emotionaler und sexueller Enthaltsamkeit. Keine Gefühle, kein Vertrauen, keine Wahrheit, keine Wärme. Diese Opfer sollten nicht umsonst gewesen sein!

Entschlossen setzte sie sich hinter ihren Rechner. Sie

gab ihm noch zwei Stunden. Dann mußte er verschwinden, um jeden Preis.

9. JANUAR, MOSKAU, 20.30 UHR:

General Chmys knallte die Tür seines Büros zu, daß der Putz im Rahmen rieselte. Was Ignatschenko, KGB-Resident in Ostberlin, von ihm verlangte, ließ ihm das Blut in den Adern kochen. Seit er die Leitung der Ersten Hauptverwaltung übernommen hatte, arbeitete er sechzehn Stunden am Tag. Damals war er in der Auslandsspionage auf einen verkrusteten Apparat alternder Vaswedtschiki gestoßen, deren Blütezeit aus den Tagen des Kalten Krieges stammte und denen der Griff zu den blutigen *Mokryje-Dela*-Methoden noch immer näher lag als der zum modernen Management eines Informations-Brokerhouse, wie Chmys sein Ziel zu bezeichnen pflegte. Rüstung, nur das hatten seine Vorgänger im Kopf gehabt. Und keiner von ihnen hatte bedacht, daß die effektive Spionage inzwischen längst nicht mehr über tote Briefkästen und auf streng bewachten Raketenbasen, sondern in den internationalen Rechnernetzen stattfand. Die UdSSR war auf dem besten Weg gewesen, ein Entwicklungsland zu werden. Der Generalny hatte diese Zeichen der Zeit erkannt und Chmys in seinen Vorhaben unterstützt. Binnen weniger Jahre war es dem Leiter der Ersten Hauptverwaltung gelungen, in allen westlichen Schlüsselindustrien seine Spezialisten zu etablieren. Die sowjetischen Ingenieure waren weit davon entfernt, die westliche Spitzentechnologie serienreif nachzubauen. Aber immerhin sorgte das KGB dafür, daß die High-Tech-Entwicklung des Westens für sowjetische Wissenschaftler nachvollziehbar blieb.

Und jetzt verlangte dieser Ignatschenko den Rückruf von Verena Aladkowa. Ein ungeheurer Verlust für die sowjetische Mikrochip-Entwicklung, der sich überhaupt nicht abschätzen ließ. Wieder würden sie in Abhängigkeit zu den arroganten Kollegen beim Ministerium für Staatssicherheit der DDR geraten. Das Verhältnis zu den Ostdeutschen war ohnehin auf einem Tiefstpunkt angelangt. Aber Chmys hatte auch die Verbindung zu den Israelis aufgebaut, er kannte wie kein anderer den Hintergrund der Ereignisse – und er mußte ihnen recht geben. Wenn Uljanows Einsatz scheiterte, brauchten sie keinen Siemens-Chip mehr.

Der General griff zum Telefon. Er rief Anatolij Barynin an, den Führungsoffizier der Aladkowa. Chmys gab ihm nur das Losungswort für den sofortigen Rückruf der Aladkowa durch. Er ging nicht auf die bestürzte Reaktion Barynins ein. Chmys gab einen Befehl, kalt und sachlich, ohne Diskussion, ganz im Stil seiner Vorgänger.

Nachdem er den Hörer auf die Gabel zurückgelegt hatte, stand er auf und ging an den wertvollen Eichenschrank an der Stirnseite seines Büros. Aladko hatte ihm vor Monaten, als er hier zum Bericht erschienen war, eine Flasche 78er Bordeaux mitgebracht. Chmys' Vorliebe für alte französische Rotweine war bekannt. Er drehte den Flaschenöffner vorsichtig in den Korken und öffnete die grüne Flasche mit einem leisen Plop. Konzentriert roch er an dem Korken. Einwandfrei. Fachmännisch betrachtete er die purpurne Farbe des Weines in dem weiten Kristallglas, roch an der Blume und nahm den ersten Schluck. Exzellent. Der stechende Schmerz setzte schlagartig ein. Das Glas fiel zu Boden. Aladko, die Ratte! Chmys brach zusammen, übergab sich. Zehn Sekunden später blieb sein Herz stehen.

9. JANUAR, TASCHKENT (USBEKISCHE SSR), 23.45 UHR:

Der KP-Vorsitzende der Usbekischen Sozialistischen Sowjetrepublik Dimitrij Anatoljewitsch Wolotkin saß mit seiner dreißig Jahre jüngeren Frau Nastasja im Speisesalon seiner im orientalischen Stil nachgebauten Villa. Das Licht der Kerzen in den silbernen Leuchtern brachte die türkisblauen Seidentapeten zum Schimmern. Zum Essen war es spät geworden. Wolotkin hatte bis vor einer Stunde mit dem engsten Kreis besonders vertrauter Funktionäre in der Parteizentrale konferiert und danach mit den Genossen in Moskau telefoniert. Generalmajor Myschko wütete mit seinem Stab in der Nachbarrepublik Tadschikistan wie ein Rudel Wölfe in einem Gänsestall. Irgendwelche Ergebnisse mußte er an die KGB-Spitze melden. Und Wolotkin konnte ihm das nicht einmal übelnehmen.

Der zweiundsechzigjährige KP-Chef warf seine Serviette beiseite. Weder der rote Fisch, der Kaviar noch die frisch eingeflogene Leberpastete konnte seinen Appetit anregen. Sein Arzt riet ihm seit Jahren vergeblich, wegen der Angina pectoris sein Gewicht von 220 Pfund zu reduzieren und das Rauchen aufzugeben.

»Dimitrij, was ist los mit dir?« fragte Nastasja. »Nichts!« antwortete Wolotkin maulfaul. »Nichts, was dich interessieren sollte!«

Seine Frau schüttelte den Kopf. Die Falten um ihre Mundwinkel gruben sich etwas tiefer in die Haut ihres zarten und verbitterten Gesichts. Sie blieb stumm und aß weiter.

Vor acht Jahren hatte sie ihren Mann in Moskau kennengelernt. Sie war Tänzerin am Bolschoi gewesen. Dimitrij, dienstlich in Moskau, sah sie in einer kleinen Nebenrolle und lud sie zum Essen ein. Keine Besonderheit im Leben einer Ballerina. Aber Nastasja lernte in ihm eine schillernd joviale Persönlichkeit kennen, einen der einflußreichsten Männer im Süden der Sowjetunion, dessen langer Arm bis ins Politbüro reichte. Er machte ihr unverhohlen den Hof. Nach der spontanen Heirat folgte Nastasja ihrem Mann in die Usbekische Provinz und stellte fest, daß Dimitrij die Republik wie ein Fürst beherrschte. Dementsprechend stattete er sie aus: mit Pelzen, Schmuck und anderen teuren Gütern, die sie sich nur zu wünschen brauchte. In ihrer Villa wurden allein sieben Angestellte auf Staatskosten beschäftigt.

»Das ist der Lohn der Verantwortung!« lautete Dimitrijs geflügeltes Wort. Seit dem Amtsantritt des neuen Generalny hatten sich die Zeiten geändert. Und Dimitrij sprach nicht mehr über seine Sorgen. Sie, Nastasja, war zur bloßen Dekoration in seiner Umgebung geworden. Ihre Gedanken galten schon lange nicht mehr ihrem Mann, sondern nur noch Georgij, ihrem vierjährigen Sohn.

Wolotkin starrte fortwährend zum Fenster. Als er die breiten Scheinwerfer einer Regierungslimousine die Auffahrt heraufkommen sah, sprang er vom Stuhl.

»Tu mir den Gefallen und zieh dich zurück!« Er lief in die Halle und öffnete persönlich die Haustür. Nastasja hatte verstanden. Das war ein Befehl gewesen.

Oberst Duran Kayar war noch nicht aus dem Wagen heraus, da rief ihm Wolotkin schon entgegen: »Wo bleiben Sie denn, zum Teufel?«

Kayar hatte für einen moslemischen Usbeken eine ungewöhnlich kräftige Statur. Der Endvierziger trat auf den KP-Chef zu und reichte ihm die Hand.

»Die Dinge brauchen ihre Zeit, Genosse Anatoljewitsch! Wann werdet ihr Russen das endlich begreifen?«

»Unsinn!«

Gemeinsam betraten sie das Haus. In der Halle nahm ein Diener Oberst Kayar den Militärmantel ab.

»Haben Sie Hunger?« fragte Wolotkin.

Der Oberst nickte schmunzelnd. »Selten keinen!«

Wolotkin wies den Diener an, noch ein Gedeck aufzulegen, und ließ Kayar in den Speisesalon vorausgehen. Hinter ihnen schloß er die Flügeltür und setzte sich auf die andere Seite der Tafel Kayar gegenüber. Wolotkin griff nach zwei Gläsern und schenkte ihnen beiden je hundert Gramm Wodka ein.

»Für mich nicht!« lehnte Kayar ab und schob das Glas beiseite.

Lächerlicher moslemischer Fanatismus, dachte der Russe und leerte sein Glas.

»Die Panne mit Aladko hat uns in Schwierigkeiten gebracht!« begann der KP-Chef und suchte nach seinen Zigaretten. »Wir haben keine Ahnung, wo Uljanow abgeblieben ist. In Berlin-West hat es einen vollkommen unerklärlichen Zwischenfall …«

»Ich bin informiert!« unterbrach ihn Kayar und registrierte mit seinen dunklen Augen jede Reaktion Wolotkins.

»Woher wissen Sie das?« fragte der KP-Chef perplex.

»Ich habe mit Schalajew gesprochen.«

Kayar nutzte seine Direktverbindung zum Verteidigungsminister. Wolotkin wurde mißtrauisch. Der Oberst war der einzige, der ihm hier den Rang als *Natschalnik* innerhalb der *Organisazija* streitig machen konnte. »Halten Sie es für geschickt, sich außerhalb der üblichen Kontaktkanäle zu bewegen?«

Der Oberst hatte den drohenden Unterton deutlich wahrgenommen. »Ich hatte dienstlich mit Schalajew zu tun!«

Er lachte Wolotkin offen an und griff mit den Fingern nach einem Filet des roten Fischs. »Kommen Sie, Dimitrij Anatoljewitsch«, fügte er kauend hinzu, »wovor fürchten Sie sich? Ich werde hier Ihren Platz einnehmen.«

Der Diener betrat mit gesenktem Kopf den Raum und deckte für Kayar den Tisch.

»In der Mitte des Flusses sollte man nicht die Pferde wechseln!« bemerkte Wolotkin zynisch und schenkte sich Wodka nach.

»Und wenn wir nicht das Ufer erreichen, saufen wir gemeinsam ab!« ergänzte der Oberst.

Wolotkin schwieg, bis sie wieder allein waren.

»Die Planung bleibt unverändert: Schalajew wird zehn Minuten nach Zeitpunkt Null den Ausnahmezustand ausrufen. Alle Nachrichtenverbindungen nach Moskau werden unterbrochen. Sondereinheiten der Armee besetzen das ZK-Gebäude und den Kreml. Bahnhöfe, Flughäfen und Ausfallstraßen werden abgeriegelt. Für die Übernahme der Miliz und des KGB brauchen wir allenfalls zwei Stunden … Klimenko wird unser Angebot akzeptieren müssen. Alle einflußreichen Genossen des anderen Flügels werden in der Regierungsmaschine umkommen oder binnen kurzer Zeit verhaftet sein … Sich zum Generalny wählen zu lassen, wird Klimenko nicht ausschlagen …«

»Als Marionette?« warf der Oberst fragend ein.

»Er ist alt!« stellte Wolotkin nüchtern fest und schnalzte nach einer kurzen Pause mit der Zunge. »Probleme wird es nur in den Baltischen Republiken geben. Schalajew wird Truppen entsenden … Und hier im Süden verlassen wir uns auf Sie, verehrter Oberst!«

»Aber was passiert bis dahin?« erwiderte Kayar kauend und biß erneut in das dick mit Ziegenkäse bestrichene Brot.

»Wie steht es um die Lieferung für Moskau und Leningrad?«

Kayar verstand nicht, warum Wolotkin abrupt das Thema wechselte. Er antwortete widerwillig: »In Duschanbe ist der Teufel los! Myschkos Leute stellen das gesamte tadschikische KGB auf den Kopf! Unter diesen Umständen ist an einen Transport überhaupt nicht zu denken.«

Seit Jahren handelte die *Organisazija* illegal im großen Stil mit afghanischem Haschisch und Marihuana. Der Export in den Westen zählte zu ihren ertragreichsten Devisenquellen.

Der KP-Chef lachte. »Säbelrasseln gehört zu Myschkos Geschäft, Genosse Kayar!« Aber dann wurde sein Gesicht wieder ernst. »Das kommt nicht in Frage! Im *Komitet* sind wir zu wesentlich intelligenteren Entscheidungen gekommen, als Haschisch im Wert von zwanzig Millionen Dollar in einer baufälligen Moschee vergammeln zu lassen …«

Der Oberst legte den Rest des Brotes beiseite und sah Wolotkin neugierig an.

»Die gesamte Fracht geht mit einem LKW-Container in die BRD. Und der westdeutsche Zoll bekommt von uns einen kleinen Tip.«

Kayars Augen blitzten. Der größte Drogenfund des deutschen Zolls in einem *sowjetischen* Lastwagen – Gorbatschows Ansehen würde darunter weltweit leiden. Was waren schon zwanzig Millionen Dollar für die Macht über die größte Staatenunion der Welt? Der Oberst wischte sich seine Finger an der Serviette ab und nickte Wolotkin anerkennend zu. »Meine Hochachtung, Genosse Wolotkin! Das ist schon die Hohe Schule der Taktik!«

Der KP-Chef wußte nicht, ob er diese Bemerkung als Kompliment oder als Beleidigung auffassen sollte. Jedenfalls hatte er seinen Clausewitz schon etliche Jahrzehnte früher studiert als dieser moslemische Hund.

»Stellen Sie eine Liste der Personen und Orte zusammen, die für den Transport zum Flughafen nach Termez benötigt werden«, antwortete Wolotkin kühl. »Ich werde Anweisung geben und Sie benachrichtigen.«

»Wie Sie wünschen, Genosse Vorsitzender!«

Der Telefonapparat auf dem Eßtisch läutete. Wolotkin nahm ab. Er wechselte nur wenige unscheinbare Floskeln mit dem Anrufer und sagte dann: »Sie werden sie nicht zurückpfeifen! Sprechen Sie mit dem *Komitet*. Prüfen Sie, welche *Mokryje-Dela*-Einheit in der Nähe ist. Wir sollten das Problem umfassend ausräumen! Haben Sie verstanden?«

Kayar konnte die Antwort des Gesprächsteilnehmers nicht hören. Als der Parteivorsitzende auflegte, brach er in heftiges Gelächter aus, ein schadenfrohes, haßerfülltes Lachen. »Uljanow ist in München bei Aladkos Frau untergetaucht. Chmys hat veranlaßt, die Aladkowa zurückzuholen.«

»Und Uljanow?«

»Na ja. Die Sache in Berlin ist schiefgegangen«, antwortete Wolotkin bedauernd. »Aber jetzt wird er den Lauf der Dinge nicht mehr aufhalten können. In spätestens einer Stunde ist die Sache erledigt!«

Wolotkin füllte sein Wodkaglas zum dritten Mal und fuhr fort: »Kommen wir zum zweiten Punkt! Der Goldhandel ist doch so gut wie abgeschlossen?«

»Tadschikistan ist bis zum Herbst erschöpft«, antwortete Kayar verunsichert, weil er von Wolotkins Themenwechsel überrascht wurde, »aber die Lieferung aus Nowosibirsk sollte über diese Verbindung gehen. Die Pakistani sind außerdem an Pelzwaren interessiert ...«

»Das spielt keine Rolle!« unterbrach Wolotkin ungeduldig, »wir brauchen für die Moskauer KGB-Führung Spielmaterial! Sie bekommen von uns soviel Futter, daß sie in den nächsten drei Tagen daran ersticken werden!« Er faßte nach der silbernen Zigarettendose auf dem Tisch und steckte sich eine der französischen Gitanes an, die er den schwarzen russischen Zigaretten vorzog. »Der Genosse Bekdemir hat bei der Beschaffung der Stinger-Raketen versagt«, sagte er langgezogen. »Als tadschikischer KGB-Chef wäre es für ihn ein leichtes gewesen, die Depotinspektion für einige Tage zu verzögern. *Nitschewo*! Er wird uns noch einen Dienst erweisen!«

Kayar durchschaute den KP-Chef. »Bekdemir ist einer der treuesten Mitarbeiter in der *Organisazija*!« Aber vor allem, das sagte der Oberst natürlich nicht, war er ein sunnitischer Glaubensbruder.

»Er hat versagt!« stellte Wolotkin fest und schnippte mit dem Finger die Asche von der Zigarettenglut. »Leute wie er sind eine Gefahr für unsere Zukunft! Bekdemir und seine drei, vier Vasallen werden sich in auswegloser Lage das Leben nehmen. In ihren Wohnungen und Häusern werden die Behörden auf Devisen in Millionenhöhe stoßen. Myschko wird Beweise über die Herkunft liefern: illegaler Goldhandel, Unterschlagungen aus Staatsbetrieben und Baumwollplantagen, Drogenhandel mit den Afghanen und so weiter. Wir sollten noch einen Goldtransport organisieren, der an der sowjetischen Grenze aufgebracht wird.«

Die Augen des Oberst zogen sich zu schmalen Schlitzen zusammen. Nie hatte er bezweifelt, daß Wolotkin ein gnaden- und gewissenlos korrupter Apparatschik war. Doch was der usbekische KP-Chef jetzt im Schilde führte, glich einem Massenmord. Hunderte von kleinen Funktionären, Arbeitern, Bauern und Soldaten, die bisher der *Organisazija* gedient hatten, würden vor einem Erschießungskommando oder im GULag enden. Er wischte sich mit der Damastserviette die Brotkrumen von den Lippen und fixierte Wolotkin mit einem durchdringenden Blick. »Ich habe schon manchen Widersacher der *Organisazija* zum Schweigen gebracht, doch ich weigere mich, ein Blutbad anzurichten! All diese tadschikischen Männer und Frauen haben hervorragende Ergebnisse erzielt. Das tun sie nicht aus Überzeugung, sie kennen ja nicht einmal den Hintergrund, sondern nur, um ihren kümmerlichen Lebensstandard auf irgendeine Art und Weise aufzubessern. Letzten Endes sind es redliche Bürger!«

Wolotkin lächelte, der heftige Protest des Oberst schien ihn zu erheitern.

»Ausgerechnet Sie sagen das, Genosse Oberst? Sie, ein Held der Sowjetunion, der in Afghanistan Hunderte von jungen Soldaten in den Tod geschickt hat? Jetzt erzählen Sie mir aber bitte nicht, daß Sie nicht wußten, was Sie taten!«

»Das war im Krieg!«

Wolotkin schlug mit der Faust auf den Tisch, und in derselben Sekunde wechselte seine Stimmung in unberechenbare Wut. »Das hier ist auch Krieg!« brüllte er. »Und was für einer!« Leiser setzte er hinzu: »Der Generalny ist dabei, ein in Generationen gewachsenes System aus Werktätigen, Partei und Planwirtschaft aus dem Gleichgewicht zu bringen. Wir haben die Macht und die Kapitalreserven, das zu verhindern. Hier geht es um die Erhaltung der Macht in einem Land von 270 Millionen Einwohnern! Und Sie erzählen mir irgendeinen Quatsch von Ihrem Gewissen. Ja, verdammt noch mal, was glauben Sie, wo wir enden, wenn sich der Generalny weiterhin durchsetzt? Als Rentner auf der Krim?«

»Nein«, antwortete Kayar nüchtern. »Die Gerichte werden uns ins Straflager schicken!« Im selben Augenblick erkannte er seine Situation. Aus der *Organisazija* gab es kein Zurück. Das war vor fünf Jahren so und hatte sich bis heute nicht geändert. Heute mußte man nur mit seinen Worten vorsichtiger sein.

Die Antwort gefiel Wolotkin, und deutlich freundlicher sagte er: »Die nächsten Tage werden dem Politbüro große Kopfschmerzen bereiten: der Drogenfund durch die Zollbehörden der BRD, die Entlarvung des tadschikischen KGB-Chefs Achmed Bekdemir als kriminelles Element, unsere Freunde in Berg Karabach, die in den nächsten fünf Tagen mehrere Bombenanschläge und Massendemonstrationen organisieren werden. In der DDR wird außerdem im *Neuen Deutschland* ein Nachdruck des die *Perestroika* kritisierenden Leserbriefs der Nina Andrejewa aus der *So-*

wjetskaja Rossija erscheinen, die Mudschahedin nehmen den Rückzug der sowjetischen Truppen am Salang-Paß unter Beschuß.« Der KP-Chef machte eine bedeutungsvolle Pause und setzte hinzu: »Und am Freitag wird die sowjetische Regierungsmaschine über dem Flughafen Berlin-Schönefeld von Neofaschisten aus der BRD abgeschossen. Niemand wird nach diesen Ereignissen seine Stimme gegen ein neues starkes und entschlossenes Politbüro unter Generalsekretär Klimenko zu erheben wagen, niemand!«

Oberst Kayar nickte schweigend. Er gehörte nicht zu den Menschen, die sich vor dem Finale der Schlacht von den vermutlichen Siegern abwenden. »Gut«, sagte er entschlossen, stand auf und nahm militärische Haltung an. »Ich werde mich der Angelegenheit Bekdemir annehmen. Morgen früh hören Sie von mir!«

Wolotkin erhob sein Glas und prostete dem moslemischen Offizier zu. »Ich habe gewußt, daß wir uns auf Sie verlassen können, verehrter Genosse Kayar!«

Auf der Fahrt in die Innenstadt von Taschkent zog der Oberst den Vorhang an den Fondfenstern des Tschaika zur Seite und starrte auf das Straßenbild der asiatischen Großstadt, die flachen orientalischen Häuser, die heruntergekommenen Prachtbauten der zaristischen Kolonialzeit und die pompösen Neubauten aus der Stalinzeit. Das schwere Erdbeben von 1966 hatte große Teile der Hauptstadt zerstört. Es regnete in Strömen. Die wenigen Passanten, die noch die Straßen bevölkerten, drängelten sich in den Eingängen der Häuser. Kayar sah zur Ostseite der Kukeldasch-Medrese. Offiziell duldete Moskau die Ausübung der islamischen Religion, wenngleich in den Schulen der Materialismus gepredigt wurde. Jedes Mitglied im Politbüro war sich der Tatsache bewußt, daß auch siebzig Jahre nicht reichten, um die ideologische Vormachtstellung des sumnitischen Islam im usbekischen Volk zu brechen. Das hatten selbst die Millionen von Russen, Tartaren, Kirgisen und Ukrainer, die man hier angesiedelt hatte, nicht ändern können.

Der Tag wird kommen, dachte Kayar, an dem die Ungläubigen wieder aus ihrem Land geprügelt werden. Ein Blick auf die sowjetische Geburtenstatistik genügte, um zu begreifen, daß die Jahre der Russen gezählt waren. Die sowjetischen Moslems brauchten keine Waffen für den Widerstand. Sie waren nur fruchtbarer – für das große islamische Weltreich.

9. JANUAR, ZELESNA RUDA (ČSSR) – BAYERISCH EISENSTEIN, 22.00 UHR:

Ein orangeroter Skoda mit Stapeln von Koffern auf dem Dachgepäckträger, sauber in Plastikfolie verpackt und damit gegen den Nieselregen geschützt, kroch im ersten Gang durch das tschechoslowakisch-deutsche Grenzgebiet auf den Übergang zu. Als der Beamte des bayerischen Zolls den Wagen mit dem ČSSR-Kennzeichen an den Kontrollpunkt heranrollen sah, winkte er das Fahrzeug auf den rechten Seitenstreifen. Sein Kollege vom Bundesgrenzschutz trat an die Fahrertür. Der Mann hinter dem Steuer kurbelte das Fenster herunter.

»Grüß Gott. Ihre Ausweispapiere bitte!«

Der Fahrer reichte ihm drei tschechische Pässe. Der Grenzschützer klappte die Papiere auf und verglich die Fotos mit den Gesichtern der drei Männer von Mitte dreißig. Nichts Auffälliges. Dennoch ging er mit den Dokumenten in den Pavillon und legte die Reisepässe nacheinander auf das Datensichtgerät. Ein Kollege im Hauptgebäude überprüfte dann die Personalien mit einer *online*-Verbindung zum BKA-Computer.

Der Zöllner rief einen Kollegen heran und zeigte mit

dem Finger auf einen am Bordstein bereitstehenden Blechtisch. Sein Instinkt sagte ihm, daß es sich lohnen könnte, die Typen zu filzen.

»Ham' S' was zu verzoll'n?« fragte er. Der Fahrer schüttelte den Kopf. »Nurr Turrist!« antwortete er unbeholfen.

»Steigt's amoi alle mitanander aus!« Und mit einer winkenden Handbewegung unterstrich er die Forderung. Nacheinander bauten sich die drei Reisenden vor dem Kleinwagen auf. Die Zollbeamten musterten die Männer routiniert. Schränke. Angst schienen sie keine zu haben. Der Kollege übernahm das Ruder: »Mach'n S' den Kofferraum auf, Koffer vom Dach, alles hier auf'n Tisch. Aufi!«

Kommentarlos machten sich die Tschechen ans Werk, zu langsam für das Empfinden der bayerischen Zollbeamten.

»Gemma, gemma! Wollt's ihr Wurzeln schlag'n?«

Die Beamten durchsuchten jeden Winkel des Skoda, kontrollierten Koffer für Koffer und holten den auf Rauschgift abgerichteten Cockerspaniel aus dem Zwinger. Ohne Erfolg. Sie fanden nichts. Nicht einmal eine Flasche Schnaps.

Frustriert standen die Beamten vor den Wäschebergen auf dem Blechtisch. »Macht's amoi eure Taschen leer!« sagte der eine in einem letzten Anflug von Ehrgeiz. Die Tschechen förderten offene Zigarettenpackungen, Streichhölzer, Schlüssel, Geldbörsen und gebrauchte Taschentücher zutage. »Wos is'n dös?« fragte der Kollege und hielt einen Wagenschlüssel in die Höhe. Ein Schlüssel, auf dessen schwarzem Kunststoffkopf das BMW-Emblem eingeprägt war. Dem einen der Tschechen schoß die Röte ins Gesicht. Aber sogleich mischte sich der Fahrer ein: »Zweitschlüssel von Frreund. Hat in Prrag verrgessen. Ist verrboten?«

Die Grenzer sahen sich ratlos an. Nein, das war nicht verboten. »Packt's z'samm' und schleicht's euch!«

Aus dem Pavillon kam der BGS-Beamte herübergelaufen und brachte die Pässe zurück. Es lag nichts gegen die Einreisenden vor. Weitaus zügiger als vorher verstauten die Tschechen ihre Sachen im Wagen. Die Grenzer wunderten sich, daß die Männer schwiegen. Nicht eine Bemerkung kam über ihre Lippen. Die Beamten waren es gewohnt, in den jeweiligen Landessprachen mit den übelsten Flüchen belegt zu werden. Fünf Minuten später verließ das Trio die Grenzanlage auf der Bundesstraße 11 in Richtung Zwiesel.

»Maih, dös wor'n ja finst're G'sölln!« sagte der eine. »Wuist'n Woagn hinte na schick'n?« fragte der andere.

Sein Kollege warf einen Blick auf den spärlichen Einreiseverkehr. »Bist narrisch? Gemma a' weng Schafskopf spiel'n!«

Der Skoda fuhr die Bundesstraße am Fuße des Großen Falkenstein entlang. Unter den Männern war eine hitzige Diskussion entbrannt. Sie sprachen Russisch. Darum hatten sie geschwiegen. Am nächsten Rastplatz hielten sie an. Ein dunkelblauer 7er BMW mit Münchner Nummer stand mit ausgeschalteten Scheinwerfern dreißig Meter vor ihnen. Sie stiegen aus.

Der Fahrer lief zu der Nobellimousine und öffnete mit einem Schlüssel die Zentralverriegelung. Der BMW war perfekt ausgestattet. Autotelefon, Radarwarner im Handschuhfach, Polizeifunk über das Autoradio. Die Kollegen sahen in den Kofferraum. Unter der Abdeckung fanden sie die bestellten Pistolen mit Schalldämpfern sowie die MP-5 mit drei Magazinen für den Notfall. Die Waffen nahmen sie mit nach vorn. Dann fuhren sie los. Der Sechszylinder war noch warm und schnurrte wie ein junges Kätzchen. Für die Fahrt nach München brauchten sie bei ihrem Tempo maximal eineinhalb Stunden und konnten den Zeitverlust an der Grenze wettmachen. Der Natschalnik der *Mokryje-Dela*-Brigade konnte im Rückspiegel noch beobachten, wie eine Gestalt ihren Skoda öffnete und ebenfalls abfuhr. Sie würden ihren Wagen um ein Uhr dreißig am Rasthof Holzkirchen wieder übernehmen. Ohne direkten Kontakt. Eine Identifizierung blieb für beide Seiten unmöglich, das lag im gegenseitigen Interesse. Die Beziehungen der *Organisazija* waren erstklassig.

9. JANUAR, GENF, 22.30 UHR:

Die vier Herren, die die schmale Gangway in den Lear-Jet hinaufstiegen, sahen aus wie Manager des gehobenen Business. Ein gewohntes Bild auf dem Genfer Flughafen. Pilot und Co-Pilot der Chartermaschine absolvierten die Startprozeduren und ließen die Triebwerke an.

Chaim, Abiram, Felix und Jitzak waren ein eingespieltes Team des israelischen Mossad und verfügten über zahlreiche Erfahrungen im Einsammeln von Zielpersonen. Aber bisher, und dadurch erklärte sich ihre hundertprozentige Erfolgsquote, hatten sie immer ausreichend Gelegenheit gehabt, sich auf ihre Einsätze vorzubereiten.

Diesmal koordinierte der *Memune*, der amtierende Mossad-Chef, die Blitzaktion binnen zwei Stunden. Der Verbindungsmann in München bemühte sich noch immer um den Hubschrauber für den Transfer nach Österreich. In Tel Aviv schrien sich Achituv und Koszak, beide am Ende ihrer Nerven, gegenseitig an. Die Männer kannten ihren eigenen Stall gut genug, um zu wissen, daß sie sich auf eine lebensgefährliche Improvisation einließen.

Der Tower gab den Taxiway frei. Die Maschine rollte aus ihrer Parkposition. Die Männer legten die Sicherheitsgurte an.

Moshe und Abirams Blicke trafen sich zufällig. Und sie sagten alles. Beide stellten sich die immer wiederkehrende Frage, warum sie sich nicht einen Job suchten, der weniger gefährlich war und besser bezahlt wurde. Sie waren irre, aber sie zögerten auch nicht, das zuzugeben.

9. JANUAR, MÜNCHEN, 23.45 UHR:

Der Kopf des Vierundzwanzig-Nadel-Druckers jagte seit einer halben Stunde sirrend über das Endlospapier. Auf dem Fußboden hatte sich bereits ein zentimeterhoher Stapel bedruckten Papiers gebildet. Die Zwei-Stunden-Frist war seit langem überschritten. Verena hatte auf der Festplatte erst belanglose Artikel in einem amerikanischen Wordstar-Format gefunden. An den Kopfzeilen erkannte sie den Urheber: Julius Ortmann. Später war sie auf verschlüsselte Daten gestoßen, mit Paßwort »gearcte« Dateien. Der Verfasser hatte seine Informationen mit einem weitverbreiteten Kompressionsprogramm kryptographiert. Die Verknüpfung aus der vorausgegangenen Festplattenformatierung und »PC-ARC« bereitete ihr erhebliche Probleme. Schließlich gelang es Verena, das Paßwort zu knacken, und sie war stolz darauf. Das Codewort lautete *Haganah*. Wie die jüdische Widerstandsbewegung zur Zeit des britischen Mandats in Palästina.

Verena sah sich File für File in ihrem Editor an. Die Texte waren in englischer Sprache geschrieben. Kein Hinweis auf den Verfasser. Sie konnte kaum glauben, was auf dem Monitor erschien: ein umfangreiches Dossier über Abdul Nimet. Ein Name, den auch sie aus den Schlagzeilen der internationalen Presse kannte. Jeder einzelne Terroranschlag der IPLF war minutiös aufgelistet. In der nächsten Datei fand sie entsprechende Aufzeichnungen über Paul Kotsch und die *Vereinigte Front*.

Sie lief ins Wohnzimmer und holte sich ihre Zigaretten. Mit zittrigen Fingern steckte sie sich eine Marlboro an und sichtete die nächsten Daten. Das ganze glich einem Horrorszenario: eine lückenlose Gliederung aller Verbindungen zwischen der IPLF und der *Vereinigten Front*. Falsche Personalien von Kotsch und dreien seiner Leute, die für eine Schleusung aus der BRD über Berlin-Schönefeld, Moskau bis nach Damaskus verwendet wurden. Details über einen Diebstahl von erbeuteten Stinger-Boden-Luftraketen aus einem sowjetischen Munitionsdepot in Termez an der afghanischen Grenze samt Herstellerangaben und Seriennummern. Funkfrequenzen. Und immer wieder tauchte der Flughafen Berlin-Schönefeld auf. Und ein Datum: der 13. Januar dieses Jahres. In vier Tagen.

Die scharfen Sicherheits- und Zollkontrollen am Flughafen München-Riem waren der *Branche* bekannt. Die Israelis hatten mit ihren französischen Pässen keine Probleme. In der Ankunftshalle wurden sie von einer alten Dame empfangen. Helene Rosenbaum und ihr Mann Franz, ein Rentnerehepaar, gehörten seit den fünfziger Jahren zur *Familie.* Sie waren das, was man als klassische Schläfer bezeichnete; sie lebten still und unauffällig, aber wenn der *Memune* sie brauchte, standen sie sofort zur Verfügung – so zuverlässig wie vor drei Jahrzehnten.

»*Welcome to Munich*!« sagte die alte Dame und schüttelte den jungen Männern reihum die Hand. Sie sprachen Englisch. Hebräisch wäre in der leeren Ankunftshalle zu auffällig gewesen.

Vor dem Flughafen parkte ein VW-Bus. Sie wurden von Franz erwartet. Während sich seine Frau hinter das Steuer setzte und die Autobahn in Richtung Mittlerer Ring hinunterfuhr, klappte der alte Herr hinten einen Tisch auf und machte das Mossad-Team anhand eines Münchner Stadtplans mit der Umgebung vertraut. Moshe faßte hinter die Rückbank und warf die Decke im Gepäckraum beiseite. Er verteilte die israelischen Armeerevolver an seine Kollegen. Sie zogen ihre Mäntel aus, um beweglich zu sein. Im nächsten Moment waren die Schußwaffen unter den Jacketts ihrer italienischen Maßanzüge verschwunden.

Der dunkelblaue 7er BMW verließ die A 9 am Frankfurter Ring und bog in die Ungerer Straße ab. Die Nervosität der Männer nahm zu. Lampenfieber, das auch Killern nicht fremd ist. Der Natschalnik hinter dem Steuer ließ sich von seinem Beifahrer dirigieren, der einen Stadtplan auf den Knien hielt. Nummer drei im Fond kontrollierte die Magazine der Pistolen und lud sie durch. In wenigen Minuten würden sie ihren Einsatzort erreichen.

Verena rieb sich die Augen. Der Drucker verstummte, die Unterlagen waren komplett. Sie riß das Papier an der Perforation ab und ging mit dem Stapel ins Schlafzimmer.

»Genosse Uljanow!«

Boris reagierte nicht. Wie ohnmächtig lag er in seiner zerknitterten Hose und dem durchgeschwitzten Unterhemd auf ihrem Bett. Verena setzte sich auf die Bettkante und streckte ihre Hand aus. Kurz bevor sie seinen Arm berührte, hielt sie inne und sah in Uljanows Gesicht, aus dem jetzt zum ersten Mal die Streßfalten um Mund und Augen verschwunden waren. Es war kein schönes Gesicht. Es wurde von einer bulligen Kinnpartie und energischen, wildwuchernden Augenbrauen beherrscht. Seine vermutlich von einem Bruch verbogene Nase war von kleinen schwarzen Mitessern übersät. Bartstoppeln stachen aus seiner Haut hervor. Ein paar graue waren darunter – bei einem Mann von Mitte dreißig. Dieses Gesicht glich nicht den unbeweglichen, toten Masken von *Mokryje-Dela*-Agenten, es lebte, es zeigte Wahrhaftigkeit, war von Anstrengung gezeichnet. Verena überkam eine unerträgliche Müdigkeit. Sie verspürte die Sehnsucht, sich neben ihn zu legen, egal, wie fremd er ihr war; einfach nur zu schlafen.

Vorsichtig legte sie ihre Hand auf seinen gesunden Arm.

Boris' Lider zuckten. In seinen Augen spiegelte sich der Kampf zwischen Schlaf und Bewußtsein. Von einer Sekunde auf die andere fuhr er hoch, desorientiert. Verena drückte ihn ins Kissen zurück. »Ich habe mir die Festplatte angesehen«, sagte sie leise.

»Und?« Seine Stimme klang noch belegt. Er beugte sich behutsam zur Seite und knipste die Nachttischlampe an. Dann nahm er ihr die Computerpapiere aus der Hand. Mit zunehmender Hektik blätterte er die Seiten durch und las selbstvergessen die Dossiers.

»Sind Sie deshalb gekommen?« fragte Verena und stand wieder auf.

Boris nickte, ohne von den Papieren aufzusehen. »Oh, *bullshit*.«

»Genosse Uljanow!«

Er reagierte nicht.

Sie schrie ihn an: »Jetzt hören Sie mir gefälligst zu!«

Boris sah auf und lächelte für den Bruchteil einer Sekunde. »Sagenhaft, was Sie geleistet haben … von selbst!«

»Was passiert am Freitag?« insistierte sie.

Mit den Füßen strampelte er die Wolldecke beiseite und schwang sich auf die Bettkante. Seinen verletzten Arm hielt er dabei angewinkelt. Er sah sie an und ihm fiel auf, was für eine schöne Frau Verena Aladkowa war. Seltsam, bisher hatte er nicht darauf geachtet. Ihr schmales Gesicht mit den hohen Wangenknochen, die leicht asiatischen Augenwinkel. »Kennen Sie die Königsdramen von Shakespeare?« fragte Boris.

»Reden Sie keinen Quatsch!«

»Am Freitag landet der Generalny zu einem inoffiziellen Besuch in der DDR auf dem Flughafen Schönefeld!«

Verena taumelte, hielt sich an der Bettkante fest. »Das darf nicht sein!«

»Es ist aber so«, erwiderte Uljanow nüchtern. »Die Dramen gleichen sich, nur die Zeiten sind andere!«

Er stand auf und stellte erleichtert fest, daß er wieder sicher auf den Beinen stand. Er nahm wieder die Papiere in die Hand und las weiter. Auf Strümpfen lief er ins Wohnzimmer und ging zwischen der Fensterfront und der Schrankwand auf und ab. Aus seiner SAS-Zeit kannte er sämtliche Fakten über die IPLF.

»Was wollen Sie tun?« fragte Verena, die ihm ins Wohnzimmer gefolgt war.

»Abhauen! Sie haben genug für mich getan. Ich hoffe nicht, daß ich Ihre Legende ruiniert habe.«

»Und was wird aus mir?«

»Verschwinden Sie von hier!«

Er suchte seine Schuhe, fand sie schließlich im Schlafzimmer.

»Wohin? Nach Hause? In dieses Land? In diese Zukunft?« rief sie ihm hinterher.

Boris kehrte ins Wohnzimmer zurück und packte die Papiere in seinen Koffer. »Ich weiß es nicht, ich kann es Ihnen wirklich nicht sagen!« Aus dem Verbandskasten holte er ein Dreieckstuch und reichte es der Frau. »Machen Sie mir bitte einen Knoten rein!« Er stellte sich vor das Fenster, während sie ihm die Enden des Tuches im Genick zusammenknüpfte. »Die Königsmörder sitzen in Moskau«, fügte er hinzu, »sitzen ganz oben und schicken Menschen in den Tod wie kleine Zinnsoldaten …«

»Scherstnew?«

»Zum Beispiel. Aber woher wissen Sie das?« fragte Boris erstaunt.

»Aus den Fernsehnachrichten. Sie sind im Moment der meistgesuchte Mann in der BRD!«

Er ließ seinen linken Arm in das Tuch sinken. Seine Armbanduhr piepte. Mitternacht. »Jetzt sind es nur noch drei Tage!«

10. Januar

10. JANUAR, MÜNCHEN, 0.00 UHR:

Der dunkelblaue BMW fuhr im Schrittempo durch die Herzogstraße. Vor der Zieladresse tippte der Natschalnik kurz auf die Bremse. Er und seine Leute warfen einen prüfenden Blick zur Haustür.

»Gegensprechanlage!« stellte Zwei fest. »Scheißgegend – sind zu viele Leute auf der Straße.«

Der Natschalnik nahm den Fuß vom Bremspedal und ließ den schweren Wagen wieder anrollen. »Da vorne!« Er zeigte mit dem Finger auf ein fünf Häuser weiter gelegenes Baustellengerüst.

»Wie auf Bestellung!« frotzelte Drei anerkennend. »Wir gehen von oben rein!«

Vor der offenstehenden Hofeinfahrt hielten sie an. Ein mit Bauschutt überladener Container blockierte das Tor. Drei reichte dem Natschalnik die Steyer-9-Millimeter. Er selbst nahm die MP-5 und ließ das Magazin in den Schaft der Maschinenpistole einrasten. Sie stiegen aus. Zwei rutschte vom Beifahrersitz hinters Steuer und setzte den BMW zur Haustür der Zieladresse zurück. Er parkte in der zweiten Reihe und stellte den Motor aus. Das Standlicht ließ er brennen.

Der Natschalnik und Drei drängelten sich zwischen Hauswand und Container durch die Einfahrt zum Hinterhof des alten Mietshauses. Durch ein paar Fenster schien

Licht. Offensichtlich wurden trotz des Umbaus einige Etagen bewohnt. Sie fürchteten nicht, bemerkt zu werden. *Mokryje-Dela*-Brigaden waren darauf trainiert, sich lautlos und flink zu bewegen. Es nieselte. Der Natschalnik faßte zuerst nach der mannshohen Gerüststange an der Hinterhausfassade und spürte den kalten, feuchten Stahl unter seinen Fingern. Er packte fester zu und zog sich mit einem Klimmzug aufwärts. Zwei folgte ihm. In Höhe des vierten Stocks schlug er beinahe mit dem Lauf seiner Maschinenpistole gegen ein Gerüstrohr, was er jedoch im letzten Moment mit einer gewagten Körperdrehung verhinderte. Binnen sechzig Sekunden erreichten sie die Dachrinne. Auf dem flachen Giebel bestaunten sie einen Moment das nächtliche Lichtermeer Münchens. Keine Stadt in den Bruderstaaten hatte eine solch sinnlose, aber ebenso wundervolle Pracht zu bieten. Dann lief Drei voraus. Der Natschalnik folgte ihm im Abstand von wenigen Metern. In weichen Sprüngen überwanden sie die mit Zinkblech beschlagenen Abschlüsse der Brandmauern zwischen den Häusern. Auf dem fünften Dach prüfte der Natschalnik nacheinander die vier vorhandenen Speicherluken und entschied sich für die letzte, deren Scharnierbolzen ohnehin fast durchgerostet waren. Er öffnete den Reißverschluß seiner Lederjacke und zog die zwei Hälften des Brecheisens aus den eigens dafür eingenähten Innentaschen. An den Seiten des gehärteten Spezialgewindes schraubte er das Werkzeug zusammen. Nummer Drei kniete sich auf die Dachpappe und legte seine Hände breitflächig auf die blecherne Klappe. Der Natschalnik setzte den Kuhfuß unter dem oberen Falz an. Das verwitterte Zinkblech knarrte nur wenig, bevor es aus der Verankerung riß.

Helene steuerte den VW-Bus von der Großen Freiheit in die Herzogstraße. Bereits aus einiger Entfernung fiel ihr der Wagen vor dem Haus auf.

»Da vorne steht ein großer BMW!« Sie hielt an und schaltete den Blinker ein.

Moshe stieg von hinten in den Durchgang zwischen die Vordersitze und griff nach dem Nachtsichtglas auf dem Armaturenbrett. Stirnrunzelnd begutachtete er die Nobellimousine aus hundertfünfzig Metern Entfernung.

»Verfassungsschutz?«

»Zu teuer für den Laden!« erwiderte Franz.

Moshe schien verunsichert. »Ihr meint, die sind nicht koscher?«

»Er steht direkt vor unserer Adresse!« antwortete Helene und fügte im ermahnenden Ton einer alten Mutter hinzu: »Wollt ihr das wirklich riskieren?«

»Was bleibt uns anderes übrig?« Moshe drehte sich zu seinen Kameraden um und gab seine Instruktionen: »Abi und Felix laufen auf dem Bürgersteig vorbei! Ich will 'ne gute Show sehen, wenn ich bitten darf! Yitzak und ich knacken die Karre. Yitzak rechts, ich links.« Er öffnete die Schiebetür. Felix und Abiram sprangen aus dem VW-Bus. Yitzak wurde von Moshe zurückgehalten. »Ich geh' zuerst rein!« sagte er und gab seinem Kameraden einen Klaps auf die Schulter.

Abi und Felix blödelten und grölten lautstark, wie es für Touristen typisch ist, die eine Maß zuviel haben. Abi lachte breit, ein langer Spuckefaden tropfte von seinen nassen Lippen. Er war seit jeher überzeugter Antialkoholiker. Dennoch beherrschte er diese Rolle bis ins kleinste Detail.

Nummer Zwei beobachtete im Rückspiegel des BMW aufmerksam die beiden Angesoffenen, die aus dem VW-Bus gestiegen waren. Der Bus fuhr an ihm vorbei und bog in die nächste Seitenstraße ab. Vermutlich die Nachhut eines Betriebsausflugs, dachte der Russe. Die Typen schwankten mit unsicheren Schritten direkt auf das Zielobjekt zu. Zwischendurch blieben sie stehen, schlugen sich lachend auf Oberschenkel und Schultern und stolperten schließlich weiter. Zwei trank zwar ganz gern, aber für diese Form von Besinnungslosigkeit empfand er nur Abscheu. Er war vollkommen in Gedanken, als die Fahrertür aufflog. Noch innerhalb seiner Schrecksekunde drückte sich eine Pistolenmündung gegen seine Schläfe.

»Nix schießen!« stammelte der Russe. Dabei klammerten sich seine Finger derart um das Lenkrad, daß seine Nägel weiß wurden. Die Pisse lief ihm die Schenkel hinunter. Yitzak sprang von der Beifahrerseite in den Wagen und packte ihn am rechten Oberarm.

Moshe tastete mit seiner freien Hand routiniert den Körper ab, zog ihm die Steyer aus dem Hosenbund und warf sie Abi zu, der mit Felix die Seite zum Bürgersteig sicherte. Dann beugte er sich wieder in den Wagen, faßte in den Hemdkragen des Russen und drückte ihm erbarmungslos den Lauf seiner Automatik zwischen die Beine. Zwei konnte sich nicht mehr rühren. Mit aufgerissenen Augen starrte er auf Moshes Zeigefinger am Abzug.

»Wie viele Leute sind oben?« brüllte Moshe und ließ keinen Zweifel daran, daß er bereit war abzudrücken.

»*Dwa*! *Dwa*!«

Moshe ließ ihn in den Rücksitz zurückfallen und überließ ihn Yitzak. Er selbst rannte zum Bürgersteig. »Klingelt! Es sind zwei Leute unterwegs!«

»Ich werde den Zug nehmen!« sagte Boris verunsichert, weil er im Grunde genommen nicht wußte, was er auf Verenas fragenden Blick antworten sollte.

»Den Zug? Wo wollen Sie denn hin?« fragte sie skeptisch.

»Nach ...« Er wurde von der Türklingel unterbrochen. Es schnarrte kurz, dann läutete es Sturm. Instinktiv sprang er zum Lichtschalter neben der Wohnzimmertür, schlug darauf. Im nächsten Augenblick war er schon im Arbeitszimmer. Weil er den Schalter nicht fand, schlug er die Stehlampe kurzerhand kaputt. Unterwegs schrie er noch: »Weg vom Eingang!«

Fast gleichzeitig krachte die Wohnungstür aus dem Rahmen. Verena wäre beinah darunter begraben worden. Sie ließ sich schnell nach hinten ins Badezimmer fallen. Auf dem Kachelboden liegend, trat sie die Tür zu. Boris bemerkte zwei Schatten in der Diele und hechtete in einer Rolle über seinen verletzten Arm neben Verenas Pistole auf den Teppichboden.

Der Angriff des Natschalniks geriet durch die Klingelei und die unerwartete Dunkelheit aus dem Konzept. Konsterniert stolperte er ins Wohnzimmer und schoß blind drauflos. Boris' erster Schuß traf ihn in den Unterhals, die nächsten drei drangen in den Brustkorb. Der andere war einen Schritt hinter dem Anführer geblieben. Die Kugel verfehlte ihn und peitschte gegen den Mauervorsprung in der Diele. Nummer Drei zielte auf das Mündungsfeuer und zog den Abzug der Maschinenpistole durch. Gips spritzte. Die Hohlkörpermunition durchschlug die schmale Wand zur Küche, als bestünde sie aus Baisertörtchen. Boris rutschte zur Seite. Der Russe sägte seine nächste Umgebung regelrecht zusammen. Die Abstände der Einschläge wurden immer knapper. Boris beugte sich blitzschnell nach vorne, feuerte in Richtung Wohnzimmertür und robbte zum Arbeitszimmer, solange Nummer Drei in Deckung bleiben mußte. Er schlug die Tür hinter sich zu und stellte sich neben den Rahmen. Er hatte seine Schüsse mitgezählt und wußte, daß die letzte Patrone im Lauf steckte. Wenn sein Kontrahent das Zimmer stürmte, hätte er ihm kaum etwas entgegenzusetzen. Drei trat die Tür auf, blieb aber in Deckung und schoß quer durch den Raum. Boris konnte nicht zielen. Einen Moment blieb es still. Dann hörte Boris ein vertrautes Geräusch: das Abziehen des Sicherungsringes einer sowjetischen Splittergranate. Aus der Diele bellten unvermittelt drei helle Schüsse auf. Der Mann fiel vornüber, mit dem Oberkörper ins Arbeitszimmer. Boris preßte sich flach auf den Teppichboden. Die Handgranate detonierte unter dem Bauch des Russen. Die Fensterscheiben zerbarsten unter der Wucht der Explosion. Der Körper des Russen hatte die tödlichen Plastiksplitter wie ein Filter zurückgehalten. Es herrschte eine eigentümliche Ruhe.

Im Wohnzimmer ging die Deckenlampe an. Die Glühbirne hatte tatsächlich den Kugelhagel überstanden. Boris hob den Kopf. Im Lichtschein sah er Mörtelstaub zu Boden tanzen. Jemand rief: »*Just friends*!«

Moshes Kopf tauchte vorsichtig im Türrahmen auf. Selbst in dem diffusen Halbschatten hoben sich die Blutspritzer auf seinem kalkweißen Gesicht ab. Boris drehte sich auf den Rücken und musterte den Israeli. Der junge Mann in dem Nadelstreifenanzug hielt eine Waffe in der Hand, zielte aber nicht auf ihn. Abi sammelte nebenan die Patronenhülsen aus ihren Waffen ein und kam mit Felix hinterher.

»Wer ihr sein?« fragte Boris in gebrochenem Deutsch.

»*Friends*!« antwortete Moshe in fast akzentfreiem Englisch. »*You got it, man*!« Es hatte den Anschein, als sage er das ebenso zu sich selbst.

»Wer seid ihr?« wiederholte Boris, nun seinerseits auf englisch, während er sich von einer Schicht aus Staub und Holzsplittern befreite. Moshe reichte ihm ein Schlosserbesteck aus Titanstahl herüber. Es glich seinem eigenen, wie ein Ei dem anderen. Nur durch die kleine Delle in der Hülle war es zu unterscheiden – ein Schuß, der sonst in Davids Oberschenkel gegangen wäre.

»Wir haben den Auftrag, dich hier abzuholen! Lynn erwartet dich auf einem alten Luftwaffenstützpunkt in der Negev-Wüste«, erklärte Moshe. »Man ist sehr daran interessiert, daß ihr zu einem Meinungsaustausch zusammenkommt.«

»Der gute, alte Mossad!« Boris mußte zwangsläufig grinsen.Der israelische Geheimdienst und der britische SAS hatten so manches Ding zusammen gedreht.

»Nenn's wie du willst. Aber jetzt müssen wir hier weg! Bist du okay?«

Boris kam auf die Füße. Dreck rieselte von seinen Hosen. »Was ist mit der Frau?«

»Welche Frau?«

Boris drängelte sich hastig an den Israelis vorbei, ließ seine Blicke über die zertrümmerte Wohnzimmereinrichtung schweifen und rannte ins Schlafzimmer. Er fand Verena weder dort noch in der Küche. Die Jungs blieben ihm auf den Fersen. Die Badezimmertür war verschlossen.

»Verena, ich bin's. Machen Sie auf!«

Moshe wurde nervös. Nach diesem Spektakel war es nur eine Frage von wenigen Minuten, bis die Polizei eintraf.

»Schnappt euch den Computer im Arbeitszimmer und den Stapel Endlospapier!« kommandierte Boris. »Das Zeug brauchen wir noch!«

Er klopfte an die Badezimmertür. Keine Reaktion. Boris benutzte Davids Schlosserbesteck. Verena saß zitternd auf dem Badewannenrand.

»Es ist vorbei!« Boris umfaßte behutsam ihre Schulter. »Es ist Hilfe gekommen.«

Verena wimmerte. Sie stand unter Schock, und eigentlich war sie reif fürs Krankenhaus. Boris versuchte, sie hochzuziehen.

»Bitte, Verena, du brauchst keine Angst mehr zu haben!« Sie starrte ihn an. Im Zeitlupentempo formte sich ihr Mund zu einem Schrei. Sein wohldosierter Handkantenschlag kam ihren Stimmbändern zuvor. Verena fiel in sich zusammen. Boris fing sie auf. Felix kam ins Bad, zog Verena aus Boris' Armen und nahm sie wie einen Seesack über die Schulter.

Durch Zufall sah Boris in den Spiegel. Sein Haar und seine Schultern waren mit Haut und Gewebefetzen des toten Russen überzogen. Schlagartig fing er an zu kotzen. Er war noch über die Wanne gebeugt, als ihn Moshe ungeduldig aus dem Bad zerrte.

Yitzak und Franz hatten Nummer Zwei, den Fahrer, in den VW-Bus befördert. Franz legte ihm Handschellen an, die eigentlich für den Fall gedacht waren, daß Boris Schwierigkeiten machte. Helene fuhr den Bus über den Bürgersteig direkt vor die Haustür.

In den Fenstern der umliegenden Häuser hingen die Nachbarn und starrten neugierig auf die Straße. Auf dem Treppenflur waren drohende Gesten mit den Pistolen erforderlich, um die Hausbewohner zu verscheuchen. Moshe ging voraus, Boris und Felix mit Verena in der Mitte und hinter ihnen Abi, der die Papiere und den Computer schleppte. Hastig stiegen sie in den Bus ein. Helene legte den ersten Gang ein und trat das Gaspedal durch. Die Reifen radierten auf den nassen Trottoirplatten. Ein Passant konnte sich gerade noch in einen Hauseingang retten, um nicht überfahren zu werden. Erst unterwegs gelang es Abiram, die Schiebetür zuzudrücken.

»Den Typ haben wir einkassiert!« sagte Moshe und wies mit dem Kopf auf den *Mokryje-Dela*-Agenten. »Wir nehmen ihn mit!«

Zwei starrte abwechselnd den Anführer des Mossad-Teams und Boris an. Sein Blick ähnelte dem eines paralysierten Kaninchens, das, von der Hundemeute eingekreist, den Tod erwartet. Beim Anblick von Boris und Moshe brauchte er nicht viel Phantasie, um sich vorzustellen, was sich in der Wohnung abgespielt hatte.

Franz reichte Moshe und Boris ein paar Papiertaschentücher, damit sie sich wenigstens Gesicht und Hände abwischen konnten. Helene fuhr zurück über die Große Freiheit in die Haihauser Straße. Unterwegs kamen ihnen in nicht enden wollenden Blaulichtketten die Streifenwagen entgegen. Verena bewegte leise den Kopf.

»Die Frau hat einen schweren Schock! Habt ihr was für sie?« fragte Boris.

»Wir haben nur Morphium dabei, aber das wird trotzdem das beste sein!« antwortete Franz. Er hatte den Spritzenkasten schon auf den Knien und reichte Yitzak kurz darauf eine Injektionsspritze nach hinten. Der Israeli war trotz des halsbrecherischen Tempos des VW-Busses überaus geschickt. Noch bevor Verena richtig zu Bewußtsein kam, versank sie in einen apathischen Halbschlaf.

In der Liebergesell Straße tauschten sie vor einer kleinen Pension die Fahrzeuge. Helene wechselte mit Abi, Felix und dem Russen in einen roten Opel Kadett GSI. Franz fuhr einen anthrazitfarbenen Golf GTI mit Moshe, Boris, Verena und Yitzak. Über den Mittleren Ring erreichten sie die Autobahn in Richtung Garmisch-Partenkirchen. Hinter den Geschwindigkeitsbegrenzungen drehte das alte Ehepaar auf und scheuchte die beiden Autos mit zweihundert Stundenkilometern über die linke Spur. Die wenigen anderen Fahrzeuge huschten an ihrer rechten Seite vorüber, als wären sie Bestandteile der Landschaft.

Boris saß zwischen Moshe und Verena eingezwängt auf der Rückbank und hatte einige Minuten schweigend seine Atemübungen durchgeführt. Langsam entspannte er sich, obwohl ihm die Schmerzen in seinem verletzten Arm ziemlich zusetzten. Er befand sich unter Profis – in dieser Situation ein ungemein beruhigender Gedanke. Bis auf den alten Franz und seine Frau Helene waren es allesamt junge Gesichter, die dennoch schon vom Leben gezeichnet waren. Boris wußte, daß jeder von ihnen eine eigene Geschichte besaß, die sie in diesen Job verschlagen hatte. Das war beim Mossad ebenso wie beim SAS oder der *Sektion Budjonny*.

Moshe bemerkte, daß Boris mit der Hand seinen verletzten Arm hielt. »In einer knappen Stunde bist du beim Arzt.«

Boris nickte. Nach einer Weile stieß er den Israeli von der Seite an. »Was habt ihr eigentlich mit David zu tun?«

Moshe zuckte mit den Achseln und grinste. Das war auch eine Antwort. Irgendwann sparte man sich überflüssige Rhetorik.

»Wußtet ihr von den *Mokryje-Dela*-Leuten?«

»Nein. War 'ne herbe Nummer!«

»Aber ihr habt geklingelt?« fragte Boris weiter.

»Wir waren gerade angekommen und befragten unseren Sportsfreund!« Moshe warf dem Russen einen hämischen Blick zu.

Boris lächelte. Glück hatte er gehabt. Einfach unglaubliches Glück. »Die Firma dankt! Wie habt ihr mich überhaupt gefunden?«

»Der Einsatz kam von oben. Keine Ahnung, was sie von dir wollen. Aber es gibt wohl niemanden, der den Briten so vor den Koffer geschissen hat wie du!«

Nach einer guten halben Stunde verließen sie die Autobahn bei Murnau. Helene fuhr voraus. Nach ein paar Kilometern bogen sie von der Bundesstraße ab. Der Weg wurde zunehmend schmaler. Katzen huschten über die Straße. Der Kuhmist auf den Betonplatten der Flurstraßen zeugte davon, daß sie weit aufs Land fuhren. Boris war irritiert. Aber Moshe kam seinen dunklen Befürchtungen zuvor: »Von hier aus geht's mit dem Hubschrauber weiter.«

Innerhalb einer Talsenke, abseits der Dörfer, hielten sie an und stellten die Motoren ab. Yitzak kurbelte die Seitenscheibe herunter und lauschte. Ihr Timing war perfekt. Den Zeitverlust hatten Helene und Franz aufgeholt. Erst war das Knattern aus weiter Entfernung kaum zu hören, wurde aber schnell lauter. Die BO-105 blendete die Landescheinwerfer auf, drehte eine Kurve über die Wiese und setzte auf dem feuchten Grasboden auf. Verena wurde von Moshe und Yitzak unter die Arme genommen. Abi und Felix rannten mit dem Russen zur geöffneten Helikopterluke. Die Kennzeichen der Zivilmaschine waren mit Kunststoffolie überklebt. Beim Einsteigen konnte Boris einen Blick ins Cockpit werfen und stellte fest, daß es mit militärischer Navigationstechnik bestückt war. Er blickte aus dem Fenster und sah, wie Franz und Helene die Türen der Autos zuwarfen und wieder abfuhren. Deutschland blieb im dunstigen Bodennebel zurück.

»In einer halben Stunde sind wir in Innsbruck!« schrie Yitzak laut, um das Turbinengeräusch zu übertönen. Erleichterung, Stolz und Triumph lag in ihren Gesichtern. Boris kannte dieses Glücksgefühl, einen Einsatz heil überstanden zu haben, nur zu gut.

Die BO-105 jagte im Tiefflug über das Karwendelgebirge. Die beiden Piloten mußten sich voll und ganz auf ihre Instrumente verlassen. Manchmal flitzte die Maschine im Abstand von nur wenigen Metern an den grauen Felswänden vorbei. Gleichzeitig sausten sie wie in einem Express-Fahrstuhl nach oben oder unten und drehten sich bis zu siebzig Grad um die eigene Querachse. Dem *Mokryje-Dela*-Agenten sah man das Vibrieren seiner Magennerven an.

»Ich fliege zum ersten Mal mit so einem Ding!« jammerte er auf russisch.

»Wie heißt du?« rief Boris.

»Georgij Litowkin, Leutnant in der Abteilung V«, stammelte er. Der Russe wußte, daß es keinen Sinn hatte zu schweigen. Beim Mossad würden sie alles aus ihm herausholen, was sie wissen wollten.

»Das ist der Stall für Exekutive Aktionen«, erklärte Boris den Israelis, dann wandte er sich wieder auf russisch an den *Mokryje-Dela*-Agenten: »Von wem kam der Auftrag?«

»Das weiß ich nicht. Nur Bachtow, unser Natschalnik,

wußte Einzelheiten. Sie haben uns zehntausend Rubel Prämie und eine baldige Beförderung versprochen …«

»Ach, laß doch!« mischte sich Moshe ein und winkte ab. »Das können nachher die Kollegen in Ruhe machen!«

Boris zuckte mit den Achseln. Eigentlich hatte Moshe recht. Jetzt sah er zu Verena hinüber. Sie nahm von alldem nichts wahr. Durch die Morphiumspritze würde sie wohl erst am nächsten Tag wieder zu sich kommen. Aber schon jetzt wurde Boris von seinem schlechten Gewissen geplagt, weil er sie in diesen Strudel mit hineingezogen hatte.

Irgendwo in dieser nächtlichen Wüste aus Schnee, Eis und Felsen überflogen sie die deutsch-österreichische Grenze, ohne von den Radarsystemen der Flugsicherung oder den Gebirgsjägern dies- und jenseits der Grenze bemerkt zu werden.

10. JANUAR, KÖLN, 1.30 UHR:

Hans-Jochen Conrad saß dumpf in seinem Fernsehsessel. Das Weinglas auf dem Tisch war leer, die zwei Flaschen Moselwein daneben ebenfalls. Über den Bildschirm flimmerte ein deutscher Revuefilm aus den fünfziger Jahren, der an Schwachsinn kaum zu überbieten war. Conrad suchte mit der Fernsteuerung die Kabelkanäle durch und schaltete das Gerät schließlich aus. Dabei glotzte er weiterhin auf die dunkel phosphorfarbene Bildröhre, während seine schwermütigen Gedanken ihren Lauf nahmen. Den »Es-ist-erreicht«-Status hatte er sich schon vor Jahren erworben. Der Bungalow gehörte ihm und nicht mehr der Bank. In der Garage stand ein neuer 230er Mercedes, ein Dienstwagen. Beruflich war er für einen achtundvierzigjährigen Beamten der höheren Laufbahn oben angekommen. Als Leiter der Abteilung IV, der Spionagebekämpfung im Bundesamt für Verfassungsschutz, stand über ihm nur noch der Präsident des Amtes. Conrad war mit einer attraktiven Frau verheiratet, mit der er sich nach zwanzig Ehejahren allerdings nicht mehr viel zu sagen hatte. Christa pflegte ein diskretes Verhältnis zu einem zwölf Jahre jüngeren Mann, dem Besitzer eines Sonnenstudios, der nach Conrads Meinung zwar jetzt noch blendend aussah, aber spätestens in seinem Alter die Haut einer Trockenpflaume besitzen würde. Beide Kinder studierten und waren aus dem Haus. Conrad machte sich nichts vor. In seinem Privatleben lebte er auf dem Abstellgleis, und beruflich saß er auf einem Schleudersitz. Wenige seiner Vorgänger hatten auf diesem Posten das Pensionsalter erreicht. Aber über die Klischees, die in den auflagenstarken Polit-Thrillern über seinen Beruf verbreitet wurden, konnte er nur verächtlich lachen. Achtundneunzig Prozent seiner Arbeit bestand aus zermürbendem Verwaltungskram: Koordination mit den Landesämtern, dem BKA und dem Innenministerium. Hinzu kamen die ständigen Differenzen mit dem Bundesbeauftragten für den Datenschutz und der Parlamentarischen G-10 Kommission, in der die Oppositionsparteien darauf aus waren, dem Innenminister Knüppel zwischen die Beine zu werfen, aber letzten Endes ihn trafen. Die Spione des Ministeriums für Staatssicherheit und des KGB wurden nicht mehr wie in den Zeiten des kalten Krieges mit Doppelagenten und wilden Verfolgungsjagden gestellt, sondern mit Hilfe endloser Programmabläufe der elektronischen Rasterfahndung überführt. Infolgedessen erstickte der Verfassungsschutz in Bergen von brisantem, aber mehr noch sinnlosem Datenmüll, der kaum noch zu bewältigen war. Im Zeitalter von Abrüstung, *Perestroika* und *Glasnost* war das Image der Bundesbehörde in weiten Teilen der Bevölkerung noch weiter gesunken, während sich die östlichen Industriespione in den Entwicklungsabteilungen der deutschen Wirtschaft wie in einem Selbstbedienungsladen versorgten.

Die Sternstunden der Abteilung IV, wenn ihnen nach Jahren mal wieder ein dicker Fisch ins Computer-Netz gegangen war, führten meist zu geharnischter Kritik von Presse und Politikern. »Warum denn erst jetzt?« Und unter dem Druck der Öffentlichkeit gingen dann wieder einige fähige Mitarbeiter in den vorzeitigen Ruhestand.

Hans-Jochen Conrad konnte sich keinen Vorwurf machen, daß er zu saufen angefangen hatte.

Das Telefon schrillte. Er hörte an der Klingel, daß es die sichere Leitung war, unter der ihn seine Behörde und die befreundeten Dienste zu Hause erreichen konnten. Mühsam kam er aus dem Fernsehsessel hoch und lief mit schwankenden Schritten zum Schreibtisch im benachbarten Arbeitszimmer. Vermutlich war es Stanley Baron, der Missionschef der CIA in Westberlin, der versprochen hatte, ihn über die Fahndung nach Uljanow auf dem laufenden zu halten.

Conrad nahm den grauen Hörer in die Hand.

»Ja!« meldete er sich.

»Mayer!« Es war der Leiter des bayerischen Verfassungsschutzes.

»Was gibt's?« fragte Conrad, um einen festen Ton bemüht und konsterniert, den Bayern um diese Zeit an der Strippe zu haben.

»In einer Münchener Wohnung hat es ein Blutbad gegeben!« berichtete Mayer aufgeregt. »Zwei Tote. Sie trugen tschechische Pässe bei sich. Die Wohnungsinhaberin, eine gewisse Petra Aichinger, ist mit mehreren bewaffneten Männern in einem VW-Bus flüchtig. Bei der Tat wurden 9mm-Pistolen und eine MP-5 mit Hohlkörpermunition benutzt. Außerdem ist eine Splitterhandgranate hochgegangen. Eine Leiche besteht nur noch aus Einzelteilen …«

»Haben die sich wieder eine Schlacht mit ihren Exilanten geliefert?«

Conrads Verdacht lag durchaus nahe. Zum Leidwesen

des Verfassungsschutzes hatten sich die Auseinandersetzungen zwischen den Geheimdiensten der Rumänen, Tschechen und Jugoslawen und den jeweiligen Exil-Organisationen in den letzten Jahren zunehmend auf bundesdeutschen Boden verlagert.

»Schön wär's!« erwiderte Mayer. »Die Aichinger ist Entwicklungsingenieurin bei Siemens. Und die ersten Vernehmungen der Hausbewohner ergaben, daß eine der Personenbeschreibungen genau mit den Fahndungsangaben von Uljanow übereinstimmt. Die Kollegen von der Spurensicherung haben bereits seine Fingerabdrücke und seine Blutgruppe identifiziert.«

»Das darf doch nicht wahr sein ...«, murmelte Conrad, wurde aber sogleich wieder von Mayer unterbrochen.

»Laut Aussagen der Zeugen haben die flüchtigen Personen im Hausflur Englisch gesprochen ...«

Conrad spürte, wie Zorn in ihm aufstieg. »Das ist doch zum Kotzen! Da wildern wieder die Amis in unserem Revier!«

Mayer schnaufte. »Vor dem Haus hat die Polizei einen blauen BMW 735 gefunden, der vor acht Wochen gestohlen wurde. Der Wagen ist mit Radarwarner, Autotelefon und Polizeifunkempfänger ausgestattet. Oben die schweren Waffen, all das stinkt nach einem verpatzten *Mokryje-Dela-*Einsatz.«

Mayer machte eine Pause und holte abermals Luft: »Mensch, Conrad, mir wächst die Sache hier über den Kopf! Wir haben eine Ringfahndung ausgelöst. Der VW-Bus ist schon leer gefunden worden. Das sind Profis. Und in der Herzogstraße treten sich die Fernsehteams gegenseitig auf die Füße. Ich nehme das nicht mehr auf meine Kappe. Rufen Sie den Präsidenten an. Das ist 'ne Sache für den Krisenstab!«

»Ich komme selbst runter!« antwortete Conrad. »Zuerst fahre ich ins Amt, Sie hören in den nächsten zwanzig Minuten von mir!« Er legte auf. Er konnte seine Wut kaum im Zaum halten. Für ihn bestand kein Zweifel daran, daß die Amis Uljanow einkassiert hatten, um selbst den Rahm abzuschöpfen. Aber diesmal waren sie zu weit gegangen. Wenn sie so die Sau rausließen, war es an der Zeit, daß sie eins auf den Sack bekamen. Jetzt, in seinem angetrunkenen Zustand, war für ihn das Faß ständiger Demütigungen und Bevormundungen durch die US-Nachrichtendienste übergelaufen. Er griff zum zivilen Telefon und klingelte Harry Marbach aus dem Bett, den Leiter des Bonner dpa-Büros. Anonym, aber durch Detailkenntnis qualifiziert, gab er dem Journalisten den Tip, daß die Amerikaner an dem Münchner Blutbad beteiligt gewesen seien. Die Bombe war plaziert. Danach ging er ins Bad, schluckte zwei Aufputschpillen und setzte sich wieder hinter seinen Schreibtisch, um die Behördenmaschinerie in Gang zu setzen. Zuerst informierte er den Präsidenten des Verfassungsschutzes, dann das BKA und zuletzt, überaus freundlich und informativ, die CIA-Mission in Bad Godesberg.

10. JANUAR, DUSCHANBE (TADSCHIKISCHE SSR), 5.30 UHR:

Achmed Bekdemir, der KGB-Chef der Tadschikischen Sowjetrepublik, kam gerade von Galina Naidenkowa zurück, einer von der gehobenen Nomenklatura frequentierten Edelnutte, bei der er in der letzten Zeit regelmäßig seine Nächte verbrachte. Seine Frau hatte ihn deswegen vor einigen Monaten verlassen und versuchte, ihm aus verletztem Stolz Ärger zu machen. Seine privaten Schwierigkeiten machten ihm allerdings weit weniger Sorgen als der Terror, den Generalmajor Myschko in seiner Behörde veranstaltete. Bekdemir konnte nicht verstehen, warum Myschko es zuließ, daß die Moskauer Kollegen aus der Verwaltung

Sonderermittlungen so viel Staub in Duschanbe aufwirbelten. Was hatten sie vor?

Bekdemir hatte gerade seinen privaten Volvo in der Garage neben seinem Bungalow abgestellt und schloß die Haustür auf. Er trat in die dunkle Diele und tastete nach dem Lichtschalter. Unvermittelt wurde er von einer kräftigen Hand gepackt und quer über den Boden geschleudert. Noch bevor Bekdemir die Situation begriff, sprang eine zweite Gestalt auf seinen Brustkorb und hielt ihn fest. Der KGB-Chef war seit Jahren nicht mehr an den aktiven Dienst gewöhnt. Er hatte keine Chance, sich gegen die Angreifer zur Wehr zu setzen. Sie preßten seinen Mund zu und schleppten ihn in den Keller. Unten drehte ihm der eine die Arme nach hinten. Der andere schob Bekdemir brutal den Lauf seiner eigenen großkalibrigen Jagdbüchse zwischen die Zähne und drückte ab. Den peitschenden Knall des Schusses hörte er nicht mehr. Die Schrotladung durchschlug seinen Kopf und sprengte die Schädeldecke.

Die nächste halbe Stunde verbrachten die Mörder damit, die Finger der Leiche auf zahlreichen Schriftstücken, Wertgegenständen und Geldbündeln abzurollen, die sie an verschiedensten Stellen im Haus deponierten. Insgesamt ein Millionenvermögen von sowjetischen Rubeln und westlichen Devisen. Bevor sie gingen, legten sie Bekdemirs Zeigefinger auf den Abzug. Lautlos und ohne eigene Spuren zu hinterlassen, unbemerkt von den Wachsoldaten der Siedlung, verschwanden sie in der regnerischen Winternacht, aus der sie gekommen waren.

Am Morgen würde ihn die Haushälterin finden. Myschkos Abteilung würde eine Untersuchungskommission einsetzen, deren Bericht wegen seiner explosiven Brisanz selbst unter den jetzigen Machtverhältnissen nicht an die Öffentlichkeit gelangen durfte. Spätestens in einer Woche würde in der Hauptstadt ein feierliches Staatsbegräbnis stattfinden, auf dem die lokale Parteiprominenz den Brigadegeneral in ihren Traueransprachen für seine Verdienste um Sozialismus und Vaterland ehrte.

10. JANUAR, INNSBRUCK, 1.30 UHR:

Die BO-105 flog in einer Rechtskurve um den kleinen Innsbrucker Flughafen zum entgegengesetzten Ende der Runway. Boris sah durch das Kunststoffenster nach draußen. Vor wenigen Minuten hatte dichter Schneefall eingesetzt. Um diese Zeit war der Flughafen längst geschlossen und die Landebefeuerung ausgeschaltet. Nur auf den Spitzen der Antennenanlage blinkten die roten Begrenzungslampen, und aus dem Tower schimmerte ein diffuses Licht. Der Helikopter hatte kaum auf dem Betonboden aufgesetzt, als Moshe schon die Seitentür aufklappte. Die noch laufenden Rotorblätter wirbelten einen eisigen Luftzug durch die Maschine. Die Israelis nahmen wieder Verena und Litowkin in ihre Mitte. Erst beim Aussteigen bemerkte Boris die BAC-one-eleven, keine fünfzig Meter entfernt auf der Startpiste. Und erst jetzt blitzten die Positionslichter der Düsenmaschine durch die Dunkelheit. Das Kreischen ihrer Triebwerke schmerzte in den Ohren. Am Heck der Maschine war die Nottreppe heruntergelassen. An der obersten Stufe wurden sie von einem untersetzten älteren Mann empfangen, der Boris mit einem warmen Händedruck begrüßte.

»Ich heiße Chaim Koszak! Mein Gott, bin ich froh, daß Sie da sind!«

»Im Moment bin ich das auch!« erwiderte Boris nüchtern.

Koszak schob ihn weiter in die Maschine. Das Innere der Kabine unterschied sich erheblich von der üblichen Serienausstattung. Hier hinten befanden sich zwei gegenüberliegende Sitzreihen, offensichtlich für die Crew, zwischen denen ein Tisch montiert war. Weiter vorne lagen rechts und links kleine Kombüsen, vermutlich Toilettenräume. Der Blick nach vorne wurde von einem dichten Vorhang versperrt. Ein Stewart betätigte über einen Schalter die Hydraulik der automatischen Gangway. Die Treppe zog sich surrend in das Heck zurück, und die Tür klappte zu.

»Nehmen Sie Platz!« sagte Koszak und wies Boris mit der Hand einen Sitz zu. »Wenn wir in der Luft sind, werden Sie von einem Arzt versorgt und können sich waschen.«

Abi und Yitzak verschwanden mit dem *Mokryje-Dela*-Agenten nach vorne. Felix und Moshe setzten Verena neben Boris und schnallten sich, ebenso wie Koszak, auf den gegenüberliegenden Sitzen an. Und dann berichtete Moshe von ihrem Einsatz. Da er Hebräisch sprach, konnte ihn Boris nicht verstehen. Ein blendend aussehender Mann mit arabischem Teint erschien hinter dem Vorhang. Er trug khakifarbene Militärkleidung ohne Abzeichen. Das Stethoskop um seinen Hals und das Blutdruck-Meßgerät in seiner Hand verrieten den Arzt. Wortlos ließ er sich neben Verena nieder, kontrollierte ihren Puls und zog mit dem Finger eines ihrer Augenlider nach unten. Ihr Zustand schien ihn nicht zu beunruhigen.

Die Turbinen drehten höher. Unter ihnen quietschten die sich lösenden Bremsen des Fahrwerks. Die BAC-one-eleven rollte an und gewann schnell an Tempo. Sekunden darauf verstummte das nasse Abrollgeräusch der Reifen. Die Maschine zog steil nach oben und neigte sich nach links.

Der Arzt löste als erster seinen Sicherheitsgurt und wandte sich Boris zu: »Was macht Ihr Arm?« fragte er.

»Ich würde nicht spüren, wenn Sie ihn jetzt abschneiden«, erwiderte Boris mit beißendem Spott.

»Ziehen Sie Ihr Jackett aus!« Er rief einen Befehl nach vorne. Kurz darauf erschien ein junger Assistent mit einem

Arztkoffer aus Aluminium. Der Sanitäter deckte die Tischplatte mit einem grünen OP-Tuch ab. Nachdem der Arzt das Hemd und den Verband mit einer Schere entfernt hatte, sparte der Mediziner nicht mit Kommentaren. Boris brauchte des Hebräischen nicht mächtig zu sein, um sie zu verstehen. Zuerst wurde sein Arm mit einer rötlichen Desinfektionstinktur eingepinselt, danach zog der Arzt die provisorischen Fäden.

Moshe hatte Koszak von der Aktion in München berichtet und zog sich in den Waschraum zurück. Koszak rückte näher zu Boris. Im Gegensatz zu der Mannschaft des jungen Einsatz-Teams machte der alte Mossad-Offizier keinen erleichterten Eindruck. Sein Gesichtsausdruck spiegelte die Suche nach den geeigneten Worten wider. »Die Zeit ist knapp, Uljanow!« sagte er schließlich. »Wir sollten uns alle Spielchen ersparen und sofort zur Sache kommen!«

Boris seufzte. Ihm war es gleichgültig geworden, welchen Verlauf dieser Alptraum nahm. »Wenn die Strömung zu stark wird, läßt man sich mit ihr treiben. Ich erzähle Ihnen alles, was Sie wollen!«

Koszak sah Boris prüfend an. Er wußte, daß der Russe im Grunde genommen für jede weitere Operation verbrannt war. Aber sie brauchten ihn, und sie brauchten ihn in voller Überzeugung. »Es geht nicht um das, was Sie wissen, sondern um das, was Sie nicht wissen!«

Der Arzt führte die gebogene Nadel durch Boris' Muskel. Die Wundränder waren durch den andauernden Schmerz taub geworden. Hinsehen konnte er dennoch nicht.

»Ihnen dürfte bekannt sein, daß sich innerhalb der letzten zwei Jahre ein reger diplomatischer Kontakt zwischen der UdSSR und unserem Land entwickelt hat«, fuhr Koszak fort.

»Ich weiß nicht mehr als das, was man in unseren Medien erfährt. Ich bin seit einigen Jahren aus dem Geschäft.«

»Für uns ist diese Klimaveränderung von größter Bedeutung. Die sowjetische Regierung hat die festgefahrenen Nahost-Verhandlungen in Bewegung gebracht, sie ist sogar das Risiko eingegangen, arabischen Staaten und den Palästinensischen Untergrundorganisationen den Waffenhahn abzudrehen. Auch das neue Kirchengesetz in der UdSSR fand bei uns erhebliche Beachtung. Danach ist die Existenz der verschiedensten Religionsgemeinschaften juristisch gesichert. Die jüdischen Gemeinden können wieder öffentlich auftreten und sind weitgehend vor Repressalien und Verfolgung geschützt. Ein ungeheurer Fortschritt für die Juden in der Sowjetunion.«

Koszak schneuzte sich und fuhr dann fort: »Erinnern Sie sich an die Flugzeugentführung der Aeroflot-Maschine nach Tel Aviv? Es war eine erfolgreiche Premiere für die Zusammenarbeit israelischer und sowjetischer Anti-Terror-Experten!«

»Ach, zum Teufel! Was sollen diese Sonntagsreden?« stieß Boris verächtlich aus. »Die *Prawda* lese ich auch!«

»Damit Sie glauben können, was ich Ihnen erzähle ...«

»Glauben? Vor vierundzwanzig Stunden haben mich Spitzenfunktionäre meines Landes mehr oder minder gezwungen, den potentiellen Mörder Gorbatschows zu suchen, vor zwölf Stunden wurde ich auf offener Straße beinahe von Skinheads abgestochen, mein Onkel ging dabei drauf, vor zwei Stunden wollten mich meine eigenen Leute in die Luft sprengen, und nun flickt mich ein Arzt des Mossad zusammen. So langsam könnt ihr mich alle am Arsch lecken!«

»Das kann ich Ihnen nicht verdenken«, erwiderte Koszak.

Der Arzt verschloß den Verband mit einem Pflasterstreifen. »Ich spritze Ihnen jetzt eine Dosis *Blaumilch*.«

Boris sah den Doktor fragend an. »Ein antibiotika- und amphetaminhaltiges Medikament. Es wurde für die Israelische Armee entwickelt. Damit halten Sie die nächsten Stunden durch. Aber wenn Sie danach nicht zwölf Stunden schlafen, klappen Sie zusammen.«

»Zwölf Stunden Schlaf, das ist der erste vernünftige Vorschlag, den ich seit langem gehört habe.«

Wortlos tastete der Arzt Boris' Ellenbeuge nach einer Vene ab und führte die Injektionsnadel ein. Trotz des unruhigen Steilfluges hatte der Arzt hervorragend gearbeitet. Nur in kleinen Gesten kam sein Haß gegen Russen zum Ausdruck. Es waren sowjetische Panzer gewesen, die in den Nahostkriegen gegen Israel angerollt waren, sowjetische Handgranaten, sowjetischer Sprengstoff und sowjetische Gewehre hatten israelische Soldaten, Zivilisten und Kinder getötet.

»Kann er duschen?« fragte Koszak. Der Arzt nickte. Er ließ sich von dem Sanitäter einen Pufferärmel aus Plastikfolie geben, dessen Enden von einem kräftigen Gummiband zusammengezogen wurden, und streifte ihn über den Verband.

»Moshe müßte schon fertig sein«, sagte Koszak und stand auf. »Kommen Sie mit, ich werde Ihnen helfen.«

Boris folgte Koszak zur Waschraumtür. Als er hineinsah, traute er kaum seinen Augen. Es war ein luxuriös ausgestattetes, geräumiges Badezimmer mit Waschbecken, Toilette und Duschkabine.

»Sieht aus wie die Kulisse eines Hollywood-Streifens, nicht wahr?« kommentierte Koszak augenzwinkernd. »Wir haben uns den Vogel in der Schweiz geliehen, da gibt's auch ein paar Verrückte.«

Moshe machte ihnen Platz und verließ mit einem Handtuch über den Schultern die Kabine. Jetzt trug er ebenfalls khakifarbene Militärkleidung, in der er jünger wirkte als in dem Nadelstreifenanzug.

Koszak schloß die Tür. Zuerst stellte sich Boris vor die Kloschüssel, klappte den Deckel hoch und pinkelte. Dann ließ er sich von Koszak aus den Kleidern helfen. Durch die warme Dusche kehrte langsam wieder Gefühl in seinen Körper zurück. Boris vermied es, zum Wannenboden zu sehen, auf dem das Seifenwasser mit den Blutresten und Hautfetzen des toten Russen ablief.

»Gehen Sie mal ein bißchen in die Knie!« kommandierte Koszak, der schon das Shampoo in den Handflächen hatte. Während er Boris den Kopf wusch, sprach er weiter: »Im letzten Herbst gelang es uns, einen libanesischen V-Mann in Beirut einzuschleusen, der zeitweise in die Nähe von Abdul Nimet gelangen konnte. Ursprünglich sollte er diesen Bastard eliminieren. Aber dann erfuhren wir von einem Geschäft zwischen sowjetischen Diplomaten und der IPLF. Nimet agierte im Auftrag dieser Leute als Strohmann für einen Kontakt zur *Vereinigten Front*. Kotsch und seine Leute werden zur Zeit in der irakischen Wüste von der IPLF auf den Terroranschlag in Berlin-Schönefeld vorbereitet. Dafür erhalten die Palästinenser zwei Millionen Dollar und achtzig Stinger-Raketen.« Koszak nahm den Duschkopf und spülte Boris die Seife aus den Haaren, bevor er sie zum zweiten Mal schamponierte.

Boris spuckte Wasser aus und fragte: »Wie hat Ihr Laden darauf reagiert?«

»Es gab einen handfesten Krach. Die Affäre mit der IPLF war nicht das einzige, was wir wußten. Von der *Drug Enforcement Administration*, der US-Rauschgiftbehörde, lagen uns stichhaltige Informationen vor, daß die Sowjets massiv in den westeuropäischen Drogenhandel eingestiegen sind. Und aus der französischen Interpol-Zentrale erreichten uns Ermittlungsergebnisse über einen syrischen Waffenhändler, der mit Hilfe einer bulgarischen Import-Export-Firma gleich hunderttonnenweise sowjetische Militärausrüstungen in den moslemisch besetzten Teil Beiruts lieferte.«

»Scheiße!«

»Das ist noch sehr milde ausgedrückt!« erwiderte Koszak. Er drehte das Wasser ab, reichte Boris ein großes Handtuch, nahm selbst ein kleineres und frottierte ihm den Kopf. »Die Glaubwürdigkeit der sowjetischen Außenpolitik wurde dadurch in Frage gestellt. Unser Verteidigungsminister wollte sofort nach Washington fliegen. Aber, Gott sei Dank, konnte sich Isser Achituv durchsetzen ...«

»Achituv? Das ist doch Ihr Mem ... wie nennt ihr euren Mossad-Chef?«

»*Memune*!« antwortete Koszak. »Er arrangierte über inoffizielle Kanäle ein Treffen mit Generalmajor Chmys.«

Boris drehte sich abrupt um und sah Koszak ungläubig an. »Der Leiter der Ersten Hauptverwaltung des KGB hat sich mit dem Mossad-Chef getroffen?« fragte er ungläubig.

»Sie trafen sich in Budapest. Chmys wurde von Achituv direkt mit unseren Beweisen konfrontiert. Schließlich hatten wir einen ganzen Koffer voll davon.« Koszak klappte den Klodeckel herunter und setzte sich darauf, während Boris versuchte, seinen Lockenkopf durchzukämmen. »Chmys ist ein kluger Mann«, fuhr der Israeli fort, »er gab ohne Umschweife zu, daß die Kremlführung mit dem Rükken an der Wand steht. In der UdSSR hat sich in den letzten Jahren eine Mafia entwickelt, die sich wie ein Spinnennetz über alle Republiken gezogen hat. Sie haben ihre Finger überall drin: Unterschlagungen, Betrug, Korruption, Erpressung, Drogenhandel, Schiebereien, Waffenhandel und so weiter und so weiter. Generalstaatsanwalt Granow kämpft mit seinen Leuten gegen eine neunköpfige Hydra. Die *Organisazija* arbeitet in kleinen, unabhängigen Gruppen. Durch Verhaftungen wurde bekannt, daß die Leute zum größten Teil nicht einmal ihre Vorgesetzten kennen. Die Befehle werden per Telefon erteilt. Wenn einer aus der Reihe tanzt, erscheint ein Schlägertrupp. Die Disziplinarmaßnahmen reichen vom Zertrümmern von Knochen bis zum Mord. Die Drahtzieher bleiben im Hintergrund. Sie gehören zur alten Garde der Stalinisten und zum Dnjepoptrowsker Clan. Sie wurden durch die *Perestroika* aus ihren Parteiämtern vertrieben. Ihre Verbindungen reichen von kleinen Straßenbanden über Betriebsdirektoren, Stadtsowjets, Ministerien, Partei, KGB, Miliz und Armee bis in die Regierungsspitze. Die Ermordung Ortmanns, die Überfälle auf Sie in Berlin und München waren eine kleine Kostprobe. Sie müssen sogar in dem kleinen Krisenstab einen ihrer Leute sitzen haben. Nur diese Personen wußten von Ihrem Einsatz in Westberlin.«

»Und all das hat Chmys in Budapest zugegeben?« fragte Boris nachdenklich.

»Was hätten Sie an seiner Stelle getan?« erwiderte Koszak. »Im Spiegelschrank finden Sie einen Rasierapparat. Ich besorge Ihnen was zum Anziehen!«

Er ließ Boris allein. Boris nahm den Apparat in die Hand und stöpselte das Spiralkabel in die Steckdose. Während er sich rasierte, musterte er sich im Spiegel. Die *Blaumilch* mochte ihn auf den Beinen halten, aber die scharfen Konturen in seinem Gesicht, die tiefen Krähenfüße um seine Augen täuschten nicht über seine Erschöpfung hinweg. Eine rhythmische Melodie ging ihm durch den Kopf, *Boloto* – der Sumpf, ein Song über Korruption, den er mit Jewgenij für die *Vaswedtschiki* geschrieben hatte. Und plötzlich hörte er sich selbst dieses Lied singen, leise und klagend ging es im Schnarren des Rasierapparats unter.

Als Koszak mit der frischen Wäsche in der Tür stand, legte er den Apparat zur Seite und wischte sich hastig die Tränen aus den Augen. Im Spiegelschrank fand er eine Flasche Aramis. Er roch daran, klopfte sich das After-shave auf die Wangen.

»Sie sind nicht wiederzuerkennen!« bemerkte der Israeli lächelnd und hielt Boris das offene Oberhemd hin. Es war die gleiche Kleidung, wie sie Moshe und die anderen trugen. Koszak knöpfte ihm das Hemd zu, während er seinen Bericht fortsetzte. Offensichtlich hatte er keine Zeit zu verlieren. »Generalmajor Chmys sagte Achituv noch weitaus mehr: In der sowjetischen Öffentlichkeit erscheint die Perestroika recht laut und aufmüpfig. Ihre Massenmedien stürzen ein Dogma nach dem anderen. Aber die Väter dieser Bewegung haben gewußt, worauf sie sich dabei einließen. Parallel dazu haben sie eine Untergrund-Armee aufgebaut. Sie besteht aus Männern und Frauen in allen Schlüsselbereichen des Staates, von der Armee bis zum kleinsten Parteikomitee in der Provinz. Vermutlich würden weder Sie noch ich diese Leute erkennen. Sie nennen sich *Monopoly-Runde* und bilden den potentiellen Widerstand für die Stunde Null.«

»Wie sind sie denn auf den Namen gekommen?« fragte Boris überrascht und stieg in die Unterhose.

»So einen Namen kann nur Ihr Onkel erfunden haben.«

»Weiß der Generalny davon?«

»Er hat sich das für die ersten Jahre seines Umbaus selber ausgedacht. Warum wird Gorbatschow immer wieder unterschätzt? Der Mann ist doch kein Kamikaze-Flieger! Die UdSSR würde nicht kampflos in die Hände eines neuen Stalin fallen. Steigen Sie in die Hosen!«

Boris tat, was ihm Koszak befahl. Der Israeli beugte sich nach unten, fädelte den Gürtel durch die Schlaufen.

»Mir ist nur nicht klar, warum Chmys ausgerechnet gegenüber dem Mossad-Chef die Karten so offen auf den Tisch legte. Sie sind ja nicht gerade Freunde.«

»Chmys ist der Kopf dieser Gruppe«, antwortete Koszak, »und er braucht Hilfe von außen. An die westeuropäischen Geheimdienste konnte er sich schlecht wenden. Jeder Verteidigungsminister innerhalb der NATO wäre unter diesen Umständen schon aus Gründen der Staatsräson gezwungen, seine Armee in Alarmbereitschaft zu versetzen. Und in diesen riesigen Nachrichtendienst-Apparaten ließe sich die Sache kaum unter Verschluß halten. Bei uns sieht das anders aus. Wir sind ein kleiner Laden und kommen dennoch an die Informationen unserer westlichen Kollegen heran. Die IPLF operiert mit Kotsch quasi vor unserer Haustür. Wir haben ein existenzielles Interesse daran, daß es in Moskau nicht zum Putsch kommt. Wir wollen endlich Ruhe im Nahen Osten. Und das geht nicht ohne die Sowjetunion.«

»Hat das Ihr Premierminister auch kapiert?« fragte Boris schneidend.

Koszak seufzte. »Ich hab' ihn nicht gewählt.« Er nahm ein schwarzes Dreieckstuch und knotete für Boris eine Armschlinge. »Kommen Sie«, sagte er, »jetzt kriegen Sie was zu essen.«

Erst jetzt bekam Boris den eigentlichen Teil der BAC-one-eleven zu sehen: einen fliegenden Salon. Ein halbes Dutzend ausladender Clubsessel, mit changierender Seide bezogen, war in zwei Halbovalen rechts und links des Mittelgangs angeordnet. In ihren Armlehnen befanden sich versenkte Telefone. Der hellgraue Samt der Kabinenwände paßte zu dem einen Ton dunkleren Veloursboden. Weiter vorn stand ein Konferenztisch und direkt an der Wand zur Bordküche ein Fernschreiber sowie ein Computerterminal. An dem Tisch saß ein Mann von Ende Vierzig. Er trug einen dunklen Zweireiher, ein weißes Hemd und eine konservative englische Seidenkrawatte. Als er Boris und Koszak kommen sah, stand er auf und ging ihnen entgegen. Die Geste, mit der er den mittleren Knopf seines Jacketts schloß, war ihm offensichtlich in Fleisch und Blut übergegangen.

»Guten Abend, Mr. Uljanow!« Sein Englisch war kultiviert, so gut wie akzentfrei und klang dennoch nicht wie das eines Briten oder Amerikaners.

»Darf ich vorstellen, Alexander von Mannsfeld!« sagte Koszak, und in seiner Stimme klang ein wenig Ehrfurcht mit, als er hinzusetzte: »Der Vorstandsvorsitzende der Deutschen Bank.«

Sie reichten sich die Hände. Mannsfeld wirkte mit seinem klaren, entschlossenen Gesicht und seinen wachen blauen Augen durchaus sympathisch. Aber der schnelle Blick, mit dem er Boris taxierte, zeigte den Manager in ihm, darauf trainiert, blitzschnell eine Situation zu erfassen und ebenso schnell Entscheidungen zu treffen, wie weitreichend sie auch sein mochten. Es bestand kein Zweifel daran, Mannsfeld war einer der mächtigsten Männer Westeuropas.

Boris sah sich demonstrativ um. »So sehen also die Spielzeuge der Kapitalisten aus!« bemerkte er mit einem ketzerischen Unterton.

Mannsfeld lachte auf. »Sie irren sich. Normalerweise benutze ich die Lufthansa. Aber zuweilen sind diese fliegenden Bonbonschachteln ganz praktisch; sie gehört einer Schweizer Leasing-Gesellschaft.«

»Bei der Ihr Haus die Aktienmehrheit hält.«

Der Bankier lachte abermals. Uljanows Scharfsinn gefiel ihm. »Bitte!« sagte er und zeigte auf einen der Clubsessel. Koszak und Boris setzten sich nebeneinander. Mannsfeld holte einen Schnellhefter vom Konferenztisch und nahm ihnen gegenüber Platz. Auf dem Deckblatt hatte er sich einige Notizen gemacht, die er nochmals überflog. Schließlich wandte er sich an Boris: »Sie sind groß in die Moskauer Musik-Szene eingestiegen!«

»Richtig. Und Sie sind der erste, der danach fragt. Auch am Freitag veranstaltet meine Gruppe ein Live-Konzert im Moskauer Sportpalast. Nicht auszudenken, was passiert, wenn ich bis dahin nicht zurück bin.« Er holte tief Luft und setzte hinzu: »Vielleicht kapieren Sie, daß ich nicht der Richtige für Ihre Probleme bin! Erstens brauchen mich meine Freunde in Moskau, und zweitens habe ich mit dem KGB nichts mehr zu tun. Ich bin ein Amateur. Von solchen Leuten sollten Sie die Finger lassen!«

Mannsfeld warf Boris einen durchdringenden Blick zu. »Bisher haben Sie uns vom Gegenteil überzeugt, Uljanow.

Ihre Reaktion in Berlin, die Voraussicht, mit der Sie Ortmanns Festplatte in Sicherheit brachten, die Art, wie Sie untertauchten – das war alles sehr professionell und hat selbst den Mossad in ziemliche Schwierigkeiten gebracht. Aber Ihrer Feststellung entnehme ich, daß Koszak Ihnen noch nicht alles erzählt hat.«

»Fast alles«, pflichtete ihm der Israeli bei. Moshe kam aus der Bordküche und betrat mit einem Tablett in der Hand die Kabine. Als er Boris in der israelischen Militärkleidung sah, mit seinem frischgewaschenen schwarzen Lockenkopf und den jetzt wachen dunklen Augen, mußte er zwangsläufig grinsen. »Mensch, Uljanow, du siehst ja aus wie ein waschechter Jude!« scherzte er, »zumindest solange du nicht die Hosen runterläßt!«

»Laß den Quatsch!« schnauzte ihn Koszak an. Moshe zog beschwichtigend die Augenbrauen hoch, drehte den Beistelltisch aus Acrylglas neben Boris' Sitz an dem Gelenk nach vorne. Der Geruch nach frischer Rinderbouillon stach Boris appetitanregend in die Nase. Erst jetzt wurde ihm bewußt, daß er seit mehr als fünfzehn Stunden nichts mehr zu sich genommen hatte.

Als Moshe wieder in der Bordküche verschwand und Boris zu essen begann, setzte der alte Mossad-Offizier seinen Bericht fort: »Generalmajor Chmys und Isser Achituv konferierten zwei Tage lang in Budapest. Und weil sie beide das gleiche Interesse hatten, beschlossen sie eine streng geheime Zusammenarbeit. Wir kümmerten uns um den Nahen Osten und Westdeutschland, Chmys um die Aktivitäten der *Organisazija* innerhalb des Ostblocks ...«

»Und warum hat man mir in Moskau nichts davon gesagt?« unterbrach ihn Boris.

»Weil nur eine Handvoll Leute davon weiß. Chmys, Generalstaatsanwalt Granow, Außenminister Schewardnadse, der Generalsekretär, Ihr Onkel, Feliks Matwejewitsch Scherstnew – und jetzt Sie!«

Boris war so fassungslos, daß er den Suppenlöffel beiseite legte. »Wollen Sie damit sagen, daß weder der KGB-Vorsitzende Tschebrakin noch das Politbüro von der Sache wußten?«

Koszak nickte. »Jawohl. Wozu auch? Das hätte die Operation nur gefährden können. Sie gehören jetzt zu den höchsten Geheimnisträgern der Sowjetunion …«

Boris schnaubte verächtlich.

»Wir haben uns eines österreichischen Verbindungsmannes bedient – Abel Wanowski. Er ist jüdischer Exilrusse und macht heute als Export-Import-Kaufmann mit den Sowjets Geschäfte. In Moskau hatte er direkten Zugang zu Chmys, und in Wien konnten wir mit ihm in Verbindung treten. Die Sache lief ganz gut an. Am 3. Januar flog Aladko nach Beirut. Er traf sich im libanesischen Hinterland mit Abdul Nimet. Dort gab es offensichtlich Ärger wegen der Pässe für Kotsch und seine Leute. Unser V-Mann gelangte an die Adresse eines IPLF-Boten in Ostberlin. Die Strategie war klar. Chmys und Ihr Onkel veranlaßten die Observierung von Aladko in Moskau. In der Planung sah alles wunderbar aus: Aladko hätte aufgrund seiner Probleme mit den Reisepapieren die Moskauer Behörden direkt zu den Hintermännern des Komplotts geführt. Chmys hätte in der Sowjetunion kurzen Prozeß gemacht und wir uns um Nimet und die Kotschgruppe im Irak gekümmert.« Koszak stieß einen tiefen Seufzer aus, und für einen Augenblick sah er älter aus, als er war. »Dann passierte dieser idiotische Unfall, bei dem Aladko ums Leben kam.«

»Und Ihr gesamtes Konzept war im Eimer!« ergänzte Boris.

»Richtig. Von Freitag an gab es zwei Tage lang hektische Kontakte zwischen Chmys und uns. Wanowski jettete permanent zwischen Wien und Moskau hin und her. Durch Aladkos Koffer waren die Unterlagen der *Organisazija* in die Hände des KGB gelangt. Die Affäre ließ sich nicht mehr unter dem Deckel halten, ohne das Mißtrauen unserer Gegner zu erwecken. Also wurde der kleine Krisenstab ins Leben gerufen – und der große. Darum bediente sich Gorbatschow des ahnungslosen Klimenko als Statisten. Es sah so aus, als wäre die Show ganz gut. Sie in die Sache hineinzuziehen, war die Idee Ihres Onkels. Wir brauchten zwei Leute, einen im Osten und einen im Westen, die ihr Handwerk verstehen und dennoch außerhalb der Nachrichtendienste operieren. Der Plan sah vor, daß Sie mit Scherstnew bei Ortmann auftauchten. Von Westberlin aus sollten Sie direkt nach Israel geschafft werden, um dort mit Lynn zusammenzutreffen. Wir hatten inzwischen David eingekauft. Achtundvierzig Stunden später sollten Sie wieder in Moskau zurück sein, um mit Generalmajor Chmys die Operation zu koordinieren.«

»Doch sie haben euch wieder vor den Koffer geschissen«, bemerkte Boris zynisch. Er schob das Tischchen mit der leeren Suppenschale beiseite.

Moshe hatte ihn aufmerksam beobachtet und brachte das Hauptgericht. Boris winkte ab. »Danke, es reicht mir, 'ne Cola wär' mir lieber!«

Moshe blickte bedauernd auf den Teller mit dem Kalbsragout. Da spielte er Kellner, weil man dem Steward verboten hatte, die Bordküche zu verlassen, und nun aß der Typ nicht einmal. Er stellte das Tablett zur Seite, warf sich eine Serviette über den Unterarm und erschien mit der Gestik eines *chef de rang* in der Kabine. »Darf ich den anderen Gentlemen auch etwas servieren?« fragte er mit spöttischer Höflichkeit.

»Einen Whisky ohne Eis«, murmelte Mannsfeld.

»Tee!« sagte Koszak und warf Moshe einen stechenden Blick zu. Insgeheim amüsierte er sich über den jungen Mossad-Agenten. Moshe spielte immer den Clown, solange er nicht im Einsatz war. Jeder hatte seine eigene Art, mit dem psychischen Streß fertig zu werden.

Moshe stelzte davon, und Koszak nahm das Gespräch wieder auf: »Unser Mann in Westberlin entdeckte Ortmanns Leiche gegen zehn Uhr. Das war die Zeit, in der er Sie ursprünglich abholen sollte. Offenbar hatte er die Mörder vertrieben. Ortmann war kurz zuvor umgebracht worden. Ihm blieb nur die Zeit, die Festplatte des Computers zu formatieren. Es waren unsere Daten über die *Vereinigte Front*, die wir dem Journalisten zur Verfügung gestellt hatten. Die Skins fingen Sie und Scherstnew unten auf der Straße ab. Unser Mann war nicht in der Lage einzuschreiten. Er telefonierte, um die Beseitigung von Ortmanns Leiche zu organisieren. Wenig später tauchten Sie in der Wohnung auf. Er wagte nicht, Sie in Ihrem Zustand anzusprechen. Aus psychologischen Gründen hielt er das für zu riskant. Er folgte Ihnen zum Flughafen. Chmys hatte zuvor ein paar Gehirnklempner auf Sie angesetzt, die behaupteten, daß Sie vermutlich von selbst David Lynn in London aufsuchen würden. Dort hätten wir Sie in Ruhe abfangen können – alles Scheiße!«

Boris schluckte trocken. Diese Leute hatten durchaus recht. Wäre er nicht im Besitz von Verenas Adresse gewesen und nicht auf die Festplatte gestoßen, hätte er mit Sicherheit Lynn aufgesucht. Der Gedanke, für einige Spezialisten derart berechenbar zu sein, beunruhigte ihn.

»In der Theorie war das durchaus richtig!« bemerkte er verärgert.

»In der Theorie!« schnaubte Koszak, »aber in der Praxis war das alles Quatsch. Dann sind Sie uns auch noch entwischt. Erst nach einer Rückfrage in Moskau erfuhren wir, wo wir Sie finden konnten. Und um ein Haar wären Sie uns dabei auch noch draufgegangen!«

»Also ist die Gegenseite verdammt schnell. Und Sie vermuten, daß einer von ihnen in Klimenkos Tafelrunde saß?«

»Wir können es sogar beweisen: Die US-amerikanische *National Security Agency* hörte letzte Nacht eine verschlüsselte Nachricht ab, die per Datenfernübertragung aus Prag nach Kopenhagen gesendet wurde. Von dort ging die Botschaft nach Westberlin. Sie enthielt die genaue Personenbeschreibung von Ihnen und Scherstnew sowie Ihre vorgesehene Ankunftszeit. Bisher haben die Amerikaner noch nicht begriffen, was sie da in den Händen haben. Ein Team von uns war inzwischen in Dänemark und hat den dortigen Telefonanschluß überprüft. Es handelt sich um ein leerstehendes Einzimmerapartment in einem anonymen Hochhaus. Das einzige, was wir fanden, war ein Personalcomputer mit Modem, der die Nachricht aufzeichnete und um zwei Uhr nachts an eine anrufbare Telefonzelle in Westberlin weiterleitete. Der Auftrag wurde kurz nach der Sitzung in Moskau erteilt ...«

»Echte Profis!« stellte Boris fest.

Moshe servierte wortreich die Drinks und stelzte wieder davon.

»Es kommt noch viel schlimmer!« sagte Koszak leise: »Die Verbindung zwischen Wanowski und Chmys ist abgebrochen. Wir wissen nicht, was mit dem Generalmajor passiert ist. Er und Scherstnew bildeten die einzige Brücke nach Moskau. Es gibt zwar noch einen KGB-Mann in Ostberlin, aber der wurde direkt von Chmys instruiert, und wir kommen nicht an ihn heran. Genauso verhält es sich mit Sonderstaatsanwalt Granow. Er wird von der Gegenseite überwacht.«

Boris griff resigniert nach dem Glas Cola und nahm einen großen Schluck. Ihm fiel der Name Kunatschkin ein, den ihm Onkel Feliks genannt hatte, bevor er starb. Unvermittelt richtete sich sein Blick auf Mannsfeld. »Und was haben Sie mit all dem zu tun?«

»Ich bin seit achtundvierzig Stunden in dieser Sache unterwegs ...«

»Sehen Sie, Uljanow«, unterbrach ihn Koszak, »wir können es nicht mehr allein abwickeln ...«

»Was soll das heißen?«

»Wir müssen uns unserer alten Verbindungen bedienen. Die Geschichte des Judentums besteht seit Jahrtausenden aus Vertreibungen, Verfolgungen und Pogromen. Weiß der Teufel warum! Die Berufsverbote im mittelalterlichen Europa machten uns Juden zu einem Volk von Kaufleuten und Bankiers. Ein christlicher Papst dachte sich aus, wofür man uns bis zum heutigen Tage weltweit haßt. Aber ein geschundener Hund spuckt den Knochen nicht aus, den man ihm einmal zugeworfen hat.«

»Jetzt reden Sie doch mal Klartext!« drängelte Boris. Er hatte jetzt keinen Nerv für Koszaks philosophischen Exkurs.

»Wenn es hart auf hart kommt, ist unser Einfluß auf die großen Banken stärker, als auf die Regierungen ihrer Länder.« Er schwieg einen kurzen Augenblick, um die Pointe zu unterstreichen. »Die Regierungen haben aber immer ein offenes Ohr für ihre Bankhäuser.«

»Sie wollen also die westlichen Regierungen einweihen?«

»So spät wie möglich«, ergänzte Mannsfeld. Er zog einen schmalen Zigarillo aus seiner Reverstasche und steckte ihn an. »Im entscheidenden Moment sind wir auf die NATO angewiesen.«

Boris rang nach Luft. Er spürte, wie ihm der Schweiß ausbrach. »Sind Sie wahnsinnig geworden? Wollen Sie Europa in die Luft sprengen?« Seine Stimme klang merkwürdig heiser, und einen Moment lang hatte er das Gefühl, den Beginn des Dritten Weltkriegs mitzuerleben.

»Genau das wollen wir verhindern!« konterte Koszak scharf. »Und dafür sind Sie hier! Sie werden mit Lynn die Vorbereitungen für ein großangelegtes Täuschungsmanöver treffen. Wir werden die Regierungsmaschine Ihres Generalny aus dem östlichen Luftraum holen. Und dazu muß die NATO stillhalten!«

»Irre, einfach vollkommen irre! Die sowjetische Luftwaffe wird nicht stillhalten!« brüllte Boris.

Mannsfeld und Koszak schwiegen. Sie warteten einfach, bis sich Boris beruhigt hatte. Dennoch begann sich der deutsche Bankier zu fragen, ob man in Moskau mit Uljanow die richtige Wahl getroffen hatte. Koszak aber ließ sich nicht aus der Ruhe bringen. Er hatte die Hände über seinem runden Bauch gefaltet und fuhr nach einer Weile fort: »Man wird es gar nicht merken. In Ostberlin wird eine Maschine vom Himmel fallen. Doch wir sollten uns nicht über technische Details streiten. Ihre wichtigste Aufgabe bleibt, als Undercover-Agent nach Moskau zurückzukehren. Dort werden Sie mit Chmys' Leuten Kontakt aufnehmen. Es ist Ihre Aufgabe, den Einsatz in Moskau zu organisieren. In dem Moment, in dem die Maschine über Schönefeld explodiert ist, werden im Kreml die Ratten aus ihren Löchern kommen. Dann ist Ihre Stunde gekommen, Uljanow! Sie haben die *Sektion Budjonny* aufgebaut, und es gibt kaum jemanden, der sich so detailliert im Sicherheitsbereich des Kreml auskennt wie Sie. Nur werden Sie im Gegensatz zu früher die Leute diesmal nicht schützen, sondern festnehmen und nötigenfalls ausschalten!«

»Das bedeutet Bürgerkrieg!« erwiderte Uljanow.

»Ja, allerdings!« antwortete Koszak. »Aber wenn Chmys in Budapest nicht übertrieben hat, stehen Ihre Chancen gar nicht so schlecht.«

»Und wenn es schiefgeht?«

»Dann haben wir Gorbatschow und den Kreis seiner engsten Vertrauten im Westen. Das ist besser als gar nichts. Die Gegenseite wird es dann verdammt schwer haben.«

»Also ebenfalls Bürgerkrieg!«

Koszak erwiderte nichts. Unter Boris' Achseln hatten sich große Schweißflecken gebildet. Er fragte sich, was seine Psyche noch zu tragen imstande war. Jahrelang hatte man ihn bei der SAS und in Moskau darauf geschult, sich unter Kontrolle zu halten. Sonst wäre er wahrscheinlich schon vor zwölf Stunden für die Psychiatrie reif gewesen. Plötzlich schob sich das Bild des Kammersängers Jacob Schumajew in sein Gedächtnis. Ein Faustschlag, der sein Leben verändert hatte – und ihn bis heute verfolgte. Boris stand auf: »Ich geh' mir noch ein Glas Cola holen!« Er schwankte, die Maschine drehte nach Westen ab. Unter seinen Füßen spürte er das leichte Vibrieren der Turbinen. Hinter einer dünnen Zwischenwand saßen Abi und Yitzak mit dem *Mokryje-Dela*-Agenten. Die Jungs waren bester Laune. Yitzak machte sich mit seinen Russischkenntnissen einen Spaß daraus, Litowkin die Verhörmethoden des Mossad in allen Einzelheiten zu schildern. Er übertrieb schamlos, längst bediente man sich auch im israelischen Geheimdienst der Giftküchen der Pharmazeuten. Das hier war mehr die persönliche Folter Yitzaks und Abis. An sich galt zwischen den östlichen und westlichen Nachrichtendiensten schon seit dem Ende des Kalten Krieges das ungeschriebene Gesetz, die gegnerischen Agenten korrekt zu behandeln. Das lag im beiderseitigen Interesse. Aber die brutalen *Mokryje-Dela*-Agenten des KGB waren weltweit verhaßt und gelangten nicht in diesen Vorzug.

Angewidert lief Boris weiter zur Bordküche. Moshe und der Steward hatten es sich auf zwei Crew-Seats bequem gemacht. Boris glaubte, seinen Geruchsnerven nicht trauen zu können und starrte auf die Zigarette zwischen Moshes Fingern.

»Bestes Gras, von israelischer Sonne verwöhnt!« feixte er und setzte lachend hinzu: »Wir haben unseren Einsatz schon hinter uns, Mr. Stonelake!«

In seiner Zeit als Kommandeur der *Sektion Budjonny* hatte Boris mehrere Rekruten gefeuert, die beim Kiffen erwischt worden waren. Bei den *Vaswedtschiki* war er der einzige, der sich das Doperauchen wieder abgewöhnte. Jetzt sehnte er sich nach einem Joint. Wortlos hielt er

Moshe das leere Glas hin. Der Israeli öffnete den Eisschrank, nahm die Flasche Cola heraus und goß Boris ein. Moshe war ziemlich verblüfft, als ihm Boris den Joint zwischen den Lippen herauszog und damit in die Kabine zurückkehrte.

Mannsfeld hielt einen Telefonhörer in der Hand. Er sprach Deutsch. Boris setzte sich wieder auf seinen alten Platz und sog kräftig an dem mitgebrachten Joint. Koszak schnupperte demonstrativ und nahm ihm sofort den Stummel ab. »Das reicht!« sagte er unwirsch und drückte die Kippe im Aschenbecher aus.

Im selben Augenblick legte Mannsfeld das Telefon in die Halterung zurück. Sein Gesichtsausdruck verhieß nichts Gutes. »In den Zwei-Uhr-Nachrichten des Deutschlandfunks wurde die erste Meldung über den Münchner Zwischenfall gebracht«, sagte er und wiederholte wortgetreu: »Laut unbestätigter Meldungen kam es heute morgen gegen null Uhr im Münchner Stadtteil Schwabing zu einer schweren Schießerei zwischen Angehörigen der Nachrichtendienste der Tschechoslowakei und der Vereinigten Staaten, bei denen zwei Personen tödlich verletzt wurden. Vermutlich steht die Schießerei in Zusammenhang mit der Berliner Geheimdienstaffäre von gestern früh, bei der ebenfalls zwei Personen getötet wurden. Das bayerische Landeskriminalamt hat die Ermittlungen übernommen.« Mannsfeld machte eine Pause und zerbiß beinah die gelbe Kunststoffspitze seines Zigarillos. »Es ist zum Knochenkotzen!«

»Die Amis werden ausflippen!« ergänzte Koszak. »Wir müssen rauskriegen, woher dieser Unsinn stammt!«

»Sugarman muß früher als geplant aufs Trapez«, sagte Mannsfeld.

Boris hatte sich in seinem Sessel zurückgelehnt und genoß die Entspannung, die sich langsam in seinem Körper breitmachte.

»Wer zum Teufel ist Sugarman?« fragte er.

Überraschenderweise lächelte Mannsfeld. »Samuel Sugarman ist sozusagen der inoffizielle Sprecher der fünf größten Bankhäuser der USA. Ich möchte diesen Mann nicht zum Gegner haben!«

Koszak griff nun seinerseits zum Telefon. Auf hebräisch gab er Anweisung nach Tel Aviv, sofort Nachforschungen anzustellen, woher die dpa ihre Informationen hatte. Es war ihm klar, daß sämtliche großen Nachrichtendienste, allen voran die CIA, irgendeinem Journalisten gewaltig auf die Zehen steigen würden.

»Ich dachte, Bankiers sind vorsichtig und meiden das Risiko? Warum mischen Sie sich in die inneren Angelegenheiten der UdSSR ein, Mr. Mannsfeld?« fragte Boris provozierend.

»Wofür halten Sie uns?« Es ärgerte Mannsfeld, daß er sich in eine Situation manövriert hatte, in der er einen heruntergekommenen Ex-Spion dazu überreden mußte, die Existenz des eigenen Landes zu retten. Mannsfeld war es gewohnt, mit seinesgleichen zu verhandeln. All die anderen konnte man kaufen oder Druck auf sie ausüben. Doch Uljanow, das spürte er, war weder bestechlich, noch fürchtete er Repressalien. Mannsfeld stand auf und ging zum Konferenztisch. »Die Manager der Großbanken sind keine Sparkassenbeamten, die über Kleinkredite entscheiden! Wir sind Strategen! Wir nehmen mehr Einfluß auf das Weltgeschehen, als Sie glauben. Die Kriegsschauplätze haben sich von den Schlachtfeldern auf die großen Börsenplätze verlagert.« Er legte sein Jackett ab, öffnete den Kragenknopf seines Oberhemds und krempelte die Ärmel hoch. »Wie stellen Sie sich unsere Lage eigentlich vor? Was ist mit Ungarn, Polen, was ist mit den baltischen Republiken? Glauben Sie, diese Völker schauen einfach zu, wie das Rad der Geschichte zurückgedreht wird?«

»Nein! Aber ich glaube auch nicht, daß Sie und Ihre

Kollegen aus purer Menschenfreundlichkeit Ihren Kopf riskieren!«

»Kommen Sie mal rüber, Uljanow. Ich werde Ihnen etwas zeigen!« Er winkte Boris zu sich heran. Und im nächsten Moment pfiff er Moshe heran und drückte ihm das leere Whiskyglas in die Hand. »Nachfüllen!« kommandierte er. Der Israeli war so konsterniert über Mannsfelds unverschämten Ton, daß er sich wortlos zurückzog. Boris kam an den Tisch. Mannsfeld nahm einen Bogen weißen Papiers und zeichnete mit seinem Kugelschreiber ein großes Faß. »So, das nenne ich jetzt mal das Volksvermögen. Egal von welchem Land, das ist in den westlichen Industrienationen überall das gleiche!« Als nächstes zeichnete er Pfeile, die von oben auf das Faß zeigten. »Dort fließt das nationale Einkommen herein: Gehälter, Unternehmergewinne, Überschüsse aus der Außenhandelsbilanz.« Er nahm ein zweites Blatt Papier, legte es unter das andere und malte einige Pfeile, die unten aus dem Faß herausführten. »Unten aus dem Faß läuft das Geld wieder heraus. Das sind die Ausgaben für Rohstoffe, Dienstleistungen, Konsumgüter und Investitionen. Ist am Ende eines Jahres unten mehr herausgekommen, als man oben hineingesteckt hat, nennen wir das Wirtschaftswachstum.«

Moshe brachte den Whisky. »Bitte!« sagte er laut und stellte das Glas hart auf den Tisch. Mannsfeld ließ sich nicht stören.

»Dieser Prozeß kann allerdings durch verschiedene Faktoren beeinträchtigt werden« – er malte zwei Pfeile rechts und links zum Faß – »durch Inflation und durch Arbeitslosigkeit.«

Boris begutachtete Mannsfelds Zeichnungen. »Sie erklären das sehr schön, aber was hat das mit der Krise in Moskau zu tun?«

»Halblang, Uljanow! Ich mache ja schon einen Crashkurs mit Ihnen, aber zaubern kann ich auch nicht!«

Mannsfeld angelte sich den nächsten Zigarillo aus dem Jackett über dem Stuhl, holte sein Dunhill-Feuerzeug aus der Hosentasche und zündete ihn umständlich an, während er darüber nachdachte, wie er fortfahren sollte. Inzwischen war auch Koszak herübergekommen, der amüsiert auf den Tisch blickte und sich vorstellte, welchen Preis ein Journalist der Regenbogenpresse für diese Blätter zahlen würde, wenn er wüßte, daß sie von Mannsfeld stammten.

»Nun stellen Sie sich mal für jedes Land auf dieser Erde diese beiden Blätter vor!« dozierte Mannsfeld weiter. »Der Fußboden dieses Flugzeuges würde nicht ausreichen. All diese Fässer sind nun mehr oder minder durch ein überaus kompliziertes Kanalsystem miteinander verbunden. Angefangen hat das mit den Karawanen und der Schiffahrt. Im internationalen Handel existierten seit jeher erfolgreiche und weniger erfolgreiche Länder. Früher wurden als Gegenwert zu den Waren lediglich Edelsteine, seltene Metalle und Gewürze akzeptiert. In einem jahrhundertelangen Prozeß entstand erst das Papiergeld und mit ihm die Devisenkurse – die erste Abstraktion; dann folgten die Aktiengesellschaften mit den Aktienkursen – die zweite Abstraktion. Seitdem wird nicht mehr ausschließlich mit real existierenden Werten, sondern auch mit Zahlen gehandelt, auf deren Gesetzmäßigkeit sich die Wirtschaftsnationen einigten. Diese Entwicklung führte zu einer enormen Beschleunigung der Wertverschiebungen, da jetzt fiktive Werte auf einem Stück Papier den Besitzer wechseln konnten. Mit der Erfindung des Telefons nahm das Tempo dieser Wertverschiebungen nochmals zu. Und heute werden Aktien und Devisen in Milliardenhöhe via Computerterminal binnen Sekunden hin und hergeschoben. Wie in der Natur kommt es in diesen Kanälen zu periodischen Wellenbewegungen. Die Staatsbanken und Regierungen haben verschiedene Möglichkeiten, Täler und Spitzen dieser Wellen durch bestimmte Schleusen national zu manipulieren. Die

Instrumentarien dafür sind die jeweiligen Leitzinsen und Direktoperationen auf den Devisen- und Wertpapiermärkten. Und deren Wirksamkeit hängt vor allem von der wirtschaftlichen Situation, der Beschäftigungslage und der Außenhandelsbilanz des einzelnen Staates ab.« Mannsfeld machte eine Pause und stellte zufrieden fest, daß ihm Boris aufmerksam zuhörte. »Kommt es vierzig Jahre nach Kriegsende trotz gleichbleibender Unternehmergewinne zu einem Investionsstau, nehmen diese Wellenbewegungen stark an Höhe und Tempo zu.«

»Und was heißt das?«

»Der Markt wird heiß! Es ist mehr Geld vorhanden, als es reale Werte gibt. Die Konjunktur verhält sich zunehmend impulsiv und nicht rational. Der Börsencrash vom Herbst '87 und Reagans SDI-Programm waren sozusagen der Anfang.« Mannsfeld schwieg einen Augenblick, fuhr aber fort, bevor Boris ein Wort der Kritik äußern konnte: »Ganz egal, was Sie von SDI halten mögen, die Amerikaner konnten gar nicht anders, um ihre marode Wirtschaftslage in den Griff zu bekommen. Und es ist ihnen auch gelungen. Jetzt können Sie die Sache getrost wieder abblasen. Wir Europäer sind da in einer weitaus komplizierteren Lage. Wir können gar nicht mehr derartige Werte in Rüstungsprojekte kanalisieren. Erstens würden die Wähler den Regierungsparteien das Fell über die Ohren ziehen, zweitens sind wir Nachbarn des Ostblocks. Es würde zwangsläufig zu einer brisanten Konfrontation in Europa führen.« Mannsfeld fuhr sich mit der Hand übers Gesicht. Seine dynamische Ausstrahlung hatte nachgelassen, er wirkte erschöpft. »Wenn Sie sich die Geschichte anschauen – es hat immer zum Krieg geführt. Ich kenne einige amerikanische Militärs und Wirtschaftsstrategen, die einen begrenzten Krieg in Europa durchaus für sinnvoll halten.«

»Verdammt noch mal, so zynisch kann doch kein Mensch sein!« fluchte Boris.

Aber er wurde sogleich von Mannsfeld heftig unterbrochen.

»Eine neue alte Regierung in der UdSSR würde solch einen Prozeß ungeheuer vorantreiben. Gorbatschow ist mit Sicherheit der schlaueste Politiker, den Ihr Land seit Lenin hervorgebracht hat. Er hat die unkalkulierbare Sensibilität des europäischen Marktes erkannt und will zwei Fliegen mit einer Klappe schlagen: Er öffnet den gigantischen sowjetischen Markt für den Westen, löst unseren Investitionsstau und überwindet damit die katastrophalen Verhältnisse in seinem eigenen Land. *Das* ist die Friedenssicherung der nächsten fünfzig Jahre!« Der Bankier trank den Rest Whisky aus seinem Glas. »Gorbatschow muß an der Macht bleiben! Das ist nicht nur in seinem Interesse, sondern auch in unserem, im Interesse von ganz Europa. Dabei ist es uns scheißegal, was uns dieses Abenteuer hier kostet! So, jetzt haben Sie hoffentlich verstanden, warum ich in diesem Flieger sitze!«

10. JANUAR, MOSKAU, 4.30 UHR:

Zwei Nachtwächter der Abteilung Innere Sicherheit hatten Generalmajor Chmys vor einer Stunde in seinem Büro gefunden. Mittlerweile war das zweite Stockwerk im granitgrauen Seitengebäude der Hauptverwaltung von KGB-Milizen abgeriegelt worden. Zutritt nur mit Sondergenehmigung. Der Mordfall lag in der internen Zuständigkeit der Verwaltung Sonderermittlungen. Wegen der weitreichenden Folgen hatte Tschebrakin, der KGB-Vorsitzende, aber darauf bestanden, Sonderstaatsanwalt Granow hinzuzuziehen. Der Staatsanwalt verfolgte aufmerksam die Spurensicherung und ging den Genossen Ermittlungsbeamten mit seinen unzähligen Fragen auf die Nerven. Chmys' Leichnam wurde in einem Zinksarg aus dem Büro transportiert.

Granow folgte ihm mit den Augen und entdeckte Tschebrakin an der Bürotür. »Vergiftet!« rief der Staatsanwalt, hob die leere Rotweinflasche, die bereits von der Spurensicherung behandelt worden war, vom Boden auf und hielt sie dem KGB-Chef hin.

»Dreckschweine!« rief Tschebrakin aus. Vorsichtig stieg er über die numerierten Blechschilder auf dem Teppich, die die Fundorte der Indizien markierten. Seit zwei Tagen und Nächten hatte er nicht mehr sein Hemd gewechselt. Ihn umgab der Dunst vom Schweiß alter Männer. »Französischer Bordeaux, Jahrgang 78. Original-Import«, stellte Tschebrakin mit einem Blick aufs Etikett fest.

»Chmys' Vorliebe für französische Rotweine war allgemein bekannt«, erklärte Granow. »Die Mitarbeiter hatten es sich zur Gewohnheit gemacht, Chmys bei ihrer Rückkehr aus dem kapitalistischen Ausland immer einige Flaschen mitzubringen. Und derjenige, für den der Chef einen guten Bordeaux oder einen frischen Beaujolais aufmachte, konnte sich was darauf einbilden ...«

»Mit mir hat er nie eine geköpft«, stellte Tschebrakin nüchtern fest.

»Nach Aussagen von Chmys' erstem Sekretär lag die Flasche schon seit Monaten im Schrank. Man hat also monatelang geduldig darauf gewartet, daß er krepiert!« Granows Stimme bebte. Zu oft war er selbst Anschlägen dieser Art entkommen. Daß die *Organisazija* es wagte, Chmys zu ermorden, zeigte, wie nah sie am Abgrund standen.

Tschebrakin drückte die leicht angestaubte Flasche einem der Beamten in die Hand, der sie in einen durchsichtigen Plastikbeutel verpackte. Der KGB-Chef zog Granow außer Hörweite. »Nachrichten aus dem Außenministerium: In der Münchner Wohnung der Aladkowa hat es eine zweite Schießerei gegeben. Sogar eine Splittergranate wurde verwendet ...«

»Was ist mit ihr?« fragte Granow hastig.

»Das ist alles nicht zu fassen!« seufzte Tschebrakin und fuhr aufgeregt fort. »Sie ist entkommen. Irgendwelche Leute haben ihr geholfen. In den Zwei-Uhr-Nachrichten des Deutschlandfunks war von einer Auseinandersetzung zwischen den amerikanischen und den tschechischen Geheimdiensten die Rede. Und stellen Sie sich vor, Uljanow war bei ihr!« Er wartete auf eine überraschte Reaktion des Sonderstaatsanwalts.

Sie blieb aus.

»Und weiter?«

»Die westdeutsche Polizei fand in dem Apartment zwei Leichen und mehrere Schußwaffen vor. Die Toten trugen tschechische Reisepässe bei sich. Die Affäre weitet sich auf Regierungsebene aus. Der bundesdeutsche Botschafter in Prag kontaktierte eine Stunde später das tschechoslowakische Außenministerium.« Tschebrakin rückte seine Brille zurecht und bemerkte: »Sie wissen ja über unsere momentanen Beziehungen zum Hradschin. Offiziell gesagt haben sie nichts. Aber es ist nur eine Frage der Zeit, bis die Deutschen uns auf die Zehen treten.« Der KGB-Vorsitzende unterbrach sich, bis einer der Ermittlungsbeamten, der an ihnen vorbeilief, wieder den Raum verlassen hatte. »Es war eine *Mokryje-Dela*-Brigade der Prager KGB-Residentur! Oberst Birjukow, der dortige Resident, ist vollkommen mit den Nerven runter. Es waren drei Offiziere. Sie hatten weder einen Auftrag, noch Waffen oder Papiere für diesen Einsatz. Die Brigade arbeitete selbstständig ...«

»*Idi k tschortu!*« fluchte Granow. »Was ist mit Uljanow?«

Tschebrakin erzählte von den spärlichen Informationen, die sie von der Flucht mit dem VW-Bus besaßen. Granows verhärmte Gesichtszüge entspannten sich.

»Sagen Sie mal, ist Ihnen klar, was es bedeutet, wenn die CIA den Genossen Uljanow in die Mangel nimmt?« fragte Tschebrakin aufgebracht. Er hatte zunehmend das Gefühl, ein Tollhaus zu befehlen. »Wir hätten seinen Rat beherzigen sollen, den Generalny so lange in einen Bunker zu setzen, bis die Sache durchgestanden ist. Jetzt muß der Besuch in der DDR sowieso abgeblasen werden!«

»Nein!« erwiderte Granow. »Diesen Attentatsplan der *Organisazija* kennen wir. Den nächsten nicht. Der Generalny kann die Reise in dem Moment absagen, in dem er sich anschickt, die Maschine zu besteigen. Das ist Freitag früh, zehn Uhr dreißig. Bis dahin haben wir Zeit! Und was die Amerikaner angeht, die werden sich melden. Und darüber sollten der Genosse Außenminister und der Generalny selbst entscheiden.«

Der Staatsanwalt drehte seinen Kopf zur Seite und dachte nach. Vieles hätte er dem KGB-Vorsitzenden jetzt sagen können. Er tat es nicht. Uljanow war am anderen Ufer angekommen, der Kontakt wenigstens auf der einen Seite hergestellt. Die Israelis würden sich um die Panne mit den Amerikanern kümmern. Und der *Organisazija* war erstmals ein schwerer Fehler unterlaufen: Chmys hatte vor seinem Tod also tatsächlich noch das Kommando gegeben, die Aladkowa zurückzurufen. Auf irgendeiner Befehlsebene mußte eine direkte Verbindung zur *Organisazija* existieren. Durch den Rückruf der Aladkowa hatten sie auf Uljanows Anwesenheit in München geschlossen. Chmys' Anweisung war vermutlich nicht verhindert, sondern lediglich verzögert worden. Gleichzeitig hatte sich die Prager *Mokryje-Dela*-Brigade in Bewegung gesetzt, um Uljanow und die Aladkowa auszuschalten. Der Rückruf wäre in jedem Fall zu spät gekommen. Und das KGB hätte an eine Schießerei mit den Deutschen geglaubt. Aber die *Organisazija* hatte nicht mit den Israelis gerechnet. Durch diese Panne hinterließ sie eine richtig saubere Spur.

»Wer ist der Moskauer Führungsagent der Aladkowa?« fragte Granow und sah den KGB-Chef wieder an.

»Major Anatolij Barynin!« antwortete Tschebrakin, nun zum dritten Mal über das Verhalten des Staatsanwalts verblüfft. »Sein Büro liegt ein Stockwerk tiefer. Er ist mit Sicherheit im Hause.«

Granow knöpfte seinen Mantel zu und wandte sich zur Tür. Er wollte gehen.

»Warten Sie!« rief Tschebrakin, lief ihm hinterher und hielt ihn, in einer lächerlichen Geste, am Ärmel fest. »Was haben Sie vor? Wir wissen nicht, wo Uljanow abgeblieben ist, ob wir schon die CIA im Nacken haben und über welche Verbindungen unsere Gegner verfügen! Da wollen Sie einfach nach Hause gehen?«

»Ich habe erfahren, was ich erfahren wollte!« erwiderte Granow trocken und befreite sich aus Tschebrakins Griff.

Tschebrakin war aufgebracht: »Unter diesen Voraussetzungen verlange ich eine Sitzung des Krisenstabes!«

»Mit wem wollen Sie sich denn beraten? Die Genossen Chmys und Scherstnew sind tot, Uljanow wurde entführt, und Myschko sitzt in Duschanbe. Sie, Klimenko und ich?« Er schüttelte den Kopf. »Das sollten Sie uns ersparen, verehrter Genosse Wassiljewitsch! Geben Sie mir einfach ein paar Stunden Zeit. *Do swidanja*!«

Ohnmächtig mußte Tschebrakin mit ansehen, wie Granow im Treppenhaus verschwand. Jeder schien hier sein eigenes Süppchen zu kochen. Granow deutete noch nicht einmal an, was er dachte. Myschko jagte Waffenschieber in Tadschikistan, obwohl hier die Fetzen flogen. Und Uljanow wurde im Zweifelsfall gerade in einem *sicheren Haus* der Amerikaner mit Drogen vollgepumpt. Den KGB-Chef beschlich das eigentümliche Gefühl, das Ende einer kurzen und bewegten Ära zu erleben. Ihm war dabei die tragische Rolle eines Statisten zugedacht, dem später in den Geschichtsbüchern die Verantwortung zugeschrieben würde. Der Wechsel würde einschneidender und brutaler erfolgen als bei Chruschtschow. Und erstmals stellte sich der KGB-Chef die Frage, ob er am kommenden Freitag vielleicht auf der falschen Seite stünde.

Granow ließ sich vom Dscherschinski-Platz über die Ringstraße zum Amtsgebäude der Generalstaatsanwaltschaft fahren. Seit dem letzten Attentatsversuch, bei dem Granows Fahrer samt Wolga in die Luft geflogen war, wurde ihm von der KGB-Verwaltung als Personenschutz eine gepanzerte Tschaika-Limousine nebst bewaffneten Begleitern gestellt. Um diese Zeit war das Gebäude der Generalstaatsanwaltschaft bis auf den Pförtner und die Nachtwächter menschenleer. Granows eilige Schritte hallten auf dem blanken Linoleum der Flure. Im Vorzimmer seines Büros schloß er den Formularschrank auf, entnahm ihm einen Haftbefehl und setzte sich, noch im Mantel, hinter eine der betagten Schreibmaschinen. Mit flinken Tastenanschlägen füllte er das Formular aus. Der Name, den er eintrug, lautete Anatolij Dimitrijewitsch Barynin, Oberst in der Ersten Hauptverwaltung des *Komitet Gosudartwennoy Besopasnosti*. Anschließend griff er zum Telefon und rief den diensthabenden Offizier der Miliz-Zentrale in der Petrowka 38 an. Granow befahl Hauptmann Lobanzew, sofort die Festnahme Barynins zu veranlassen.

»Sie, verehrter Genosse Sonderstaatsanwalt«, sagte Lobanzew langgezogen, »müßten die Polizei-Gesetze der UdSSR doch am besten kennen! KGB-Angehörige unterstehen der Militärgerichtsbarkeit und dürfen nur von der Abteilung Innere Sicherheit oder der Verwaltung Sonderermittlungen festgenommen werden.«

»Eben. Ich kenne die Gesetze!« erwiderte Granow barsch. »Bei bestehender Fluchtgefahr sind auch wir zur Festnahme von KGB-Angehörigen berechtigt. Gegen Oberst Barynin wird wegen Beihilfe zum Mordversuch, Hochverrats und Verschwörung gegen die Regierung der UdSSR ermittelt!«

Am anderen Ende der Leitung blieb es für einige Sekunden still. »Gut«, antwortete der Milizhauptmann, »wenn das so ist! Brauchen wir Sondereinheiten?«

»Nein! Sie finden Barynin an seinem Arbeitsplatz in der KGB-Hauptverwaltung am Dscherschinski-Platz!«

Der Hauptmann rang hörbar nach Luft. »Wir sollen da rein?« fragte er entsetzt. »Das gibt doch einen fürchterlichen Krach …«

Granow schnitt ihm das Wort ab. »Das ist eine dienstliche Anordnung!«

»Sie müssen ja Ihren Kopf hinhalten, Genosse Sonderstaatsanwalt!« bellte Lobanzew zurück.

»*Spasibo*!« Granow legte auf.

10. JANUAR, NEGEV-WÜSTE, 2.50 UHR:

Aus der Luft war der ausgediente britische Militärstützpunkt, als den Moshe ihn bezeichnete, inmitten der felsigen Bergwüste kaum zu erkennen. Erst in der letzten Phase des Landeanflugs flackerte die Flughafenbefeuerung links und rechts des Runway auf.

Koszak und Mannsfeld hatten während der restlichen Zeit des Fluges noch einige Details der Operation besprochen, über die sich Boris kein Bild machen konnte. Als die BAC-one-eleven zum Stehen gekommen war, betraten zwei Sanitäter die Maschine und kümmerten sich um Verena.

Der deutsche Bankier begleitete Koszak und Boris zur Gangway am Heck. »Ich denke, wir werden uns kaum wiedersehen!« sagte er an Boris gewandt und schüttelte ihm die Hand.

Boris zuckte die Achseln. »Vielleicht in Moskau? Dann erzähl' ich Ihnen mal was über die sowjetische Rock-Szene!«

Mannsfelds Lachen ging im Motorenlärm des heranrollenden Tankwagen unter. Auf dem Weg über das Flugfeld in Richtung eines halbverfallenen Towergebäudes sah sich Boris um. Der Stützpunkt wimmelte von israelischen Armee-Einheiten. Wachsoldaten nahmen sich des *Mokryje-Dela*-Agenten an und verfrachteten ihn mit Fußtritten in einen Landrover. Dreihundert Meter weiter links befand sich ein großer sandfarbener Hangar, der sich kaum von der kargen Landschaft der Umgebung abhob. Bei näherem Hinsehen erkannte Boris, daß es sich um ein gigantisches Zelt handelte, an dessen Gestänge noch Pioniere arbeiteten. Innen wurden LKWs entladen. Auf der anderen Seite des Geländes parkte, von riesigen Tarnnetzen überspannt, ein ganzer Pulk israelischer Militärmaschinen. Trotz der sommerlichen Kleidung brach Boris nach wenigen Schritten der Schweiß aus. Wüstennächte galten als kalt. Es herrschten an die zwanzig Grad. Israelischer Winter. Wahnsinn. Die Luft schien zu stehen, und der Kerosingestank war unerträglich. Bis sie den Eingang der Ruine erreichten, landeten zwei weitere Trans-All-Maschinen im Abstand von sechzig Sekunden. Koszak ging voraus in die ausgebrannte Halle. Zu Boris' Erstaunen stoppte er vor einer nagelneuen Fahrstuhltür. Auf ein Handzeichen Koszaks hin wurde sie von den Wachen geöffnet.

»Netter Spielplatz«, bemerkte Boris.

»Wir befinden uns im Herzen der Negev-Wüste«, erklärte Koszak, »auf der Raketenbasis Gerafon.« Er drückte auf den unteren Knopf der Schalttafel. Die Türen schlossen sich. Aus der Tiefe hörte man das Zischen der Hydraulik. Hoher Sicherheitsstandard, keine Seile. »Morgen früh werden Sie sehen, daß wir von Bergen umgeben sind. Vierzig Kilometer westlich liegt die ägyptische Grenze, vierzig Kilometer östlich von Jordanien. Die Tarnung stammt noch aus dem Unabhängigkeitskrieg.«

»Vierzig Kilometer?« sinnierte Boris. »Verdammt eng!«

»Wir sind ein kleines Land, Mr. Uljanow. Aber die arabischen Staaten wissen genau, was in unseren Silos steht. Unsere Raketen sind mit konventionellen und atomaren Sprengköpfen bestückt. Sie zielen direkt auf die Zentren unserer Nachbarstaaten. Und unsere Luftabwehr hat Geschichte geschrieben. Sie stehen auf dem sichersten Fleckchen Israel, das wir zu bieten haben!«

»Sie sind erstaunlich offen!«

Koszak grinste ihn mit dem vertrauenerweckenden Augenzwinkern eines Kinderarztes an. »Denken Sie, ich erzähle Ihnen etwas, das man am Dscherschinski-Platz nicht schon längst weiß?«

Nach etwa sechzig Sekunden kamen sie unten an. Boris schätzte, daß der ABC-Bunker siebzig bis achtzig Meter unter der Erde lag. Langgezogene Korridore mit weiß gekalkten Betonwänden, an denen verschiedenfarbige Farblinien und hebräische Schriftzeichen die einzelnen Sektoren voneinander unterschieden, erstreckten sich in alle Himmelsrichtungen. Der Fußboden war mit einem geräuschdämmenden Filzteppich ausgelegt. Helle Neonlampen tauchten diese Katakomben in gleißendes Licht. Die zentimeterdicken Stahltüren standen offen. Jede Schleuse wurde von einem Uzi-bewehrten Soldaten kontrolliert. Koszak bog in einen Seitengang ab und hielt nach etwa dreißig Metern vor einer der zahlreichen Türen. Als er sie öffnete, blickte Boris in ein komplett ausgestattetes Gästezimmer mit zwei Betten. Neben der Tür lag eine Naßzelle wie in großen Hotels. Es fehlte an nichts, außer an Fenstern. Das dumpfe Rauschen der Klimaanlage bildete eine beständige Geräuschkulisse.

»Hier werden Sie schlafen. Wenn Sie nichts dagegen haben, bringen wir Sie gemeinsam mit der Aladkowa unter. Wir halten es psychologisch für geschickter, wenn sie morgen früh ein bekanntes Gesicht sieht.«

Boris nickte. Soviel Entgegenkommen hatte er nicht erwartet. »Was wird aus ihr?«

»Das entscheiden wir morgen. Im Moment wird sie auf der Sanitätsstation behandelt. Sie werden ihr noch ein Schlafmittel spritzen und sie dann hierherbringen.«

Koszak schloß die Tür wieder und führte Boris in die entgegengesetzte Richtung. Die Anlage hatte wahrhaft gigantische Ausmaße. Mehrfach wechselten sie die Sektoren. Bis sie vor einer ebenso unscheinbaren Stahltür stehenblieben, zählte Boris zweihundertvierundsechzig Schritte.

»David will erst mit Ihnen allein sprechen. Diesen Wunsch konnte ich ihm kaum abschlagen. Ich stoße später dazu. Gehen Sie!«

Boris klopfte an. Schon an dem brummigen »*Come in*!« erkannte er Davids Stimme. Er öffnete die Tür einen Spaltbreit. Am Hemdkragen wurde er in den Raum gezerrt. Im nächsten Augenblick traf ihn ein Faustschlag mit der Wucht eines Vorschlaghammers am Kinn. Kleine Lichtblitze tanzten in seinem Kopf. Langsam kam er zu sich, auf dem Teppichboden. Er war quer durch das Büro geflogen. Entfernt hörte er das Brüllen eines Mannes, das zunehmend realer wurde. Koszak stand an der Tür und stauchte einen israelischen Soldaten von hünenhafter Statur zusammen.

Boris sah nach links. David saß hinter einem blechernen Schreibtisch in einem Rollstuhl.

»*Oh, damned*!« stammelte Boris. »Warum hat mir das keiner gesagt?«

Seine Worte gingen in der Auseinandersetzung zwischen Koszak und dem Engländer unter. »Laß den Mann in Frieden! Ich habe ihm den Befehl gegeben!« schrie Lynn.

»Bist du verrückt?« erwiderte Koszak zornig. »Wir flikken den Typ zusammen, und du läßt ihn breitschlagen!«

»*Quit*!« brüllte Boris und unterbrach damit ihren Streit. Er murmelte einige russische Worte und setzte dann hinzu: »Bin ich hier im Irrenhaus, oder was?«

Zum ersten Mal trafen Boris und Lynns Blicke aufeinander. »Scheiße!« zischte Lynn. Sein Gesichtsausdruck spiegelte allen Haß wider, den er Boris entgegenbrachte. »Willkommen auf der anderen Seite, Kommunistenarsch!« Er lachte zynisch. »*Sorry*, daß ich den Schlag bestellen mußte. Von Herzen gerne hätte ich dir selber eins in die Fresse gehauen!«

»Hör auf!« kommandierte Koszak.

Boris rieb sich über die linke Wangenseite und spürte, wie sich seine Haut über dem entstehenden Bluterguß zu spannen begann. Lynn wies mit der Hand zu einem Stuhl neben dem Tisch.

»Setz dich!«

Koszak verließ stumm das Büro und ging zur Sanitätsstation, um für Boris einen Eisbeutel zu bestellen. Über Lynn ärgerte er sich maßlos. Der Engländer mochte ein schlauer Kopf sein. Aber seine Allüren gingen ihm auf die Nerven.

Mühsam kam Boris auf die Beine.

»Was macht dein Arm, Kommunistenarsch?« fragte Lynn.

»Es geht. Ich heiße Boris Stepanowitsch Uljanow!«

»Schnauze!« schrie Lynn und erwiderte bissig: »Ich kannte nur einen John Stonelake!« Er musterte Uljanow mit provozierender Genauigkeit.

»Laß es sein, David! Wir haben zusammen einen Job gemacht. Und wir sind verdammt gut gewesen«, erwiderte Boris und ließ sich auf den Stuhl fallen.

»Du warst ein mieser, kleiner russischer Spion«, giftete der Engländer, »der sich klammheimlich verdrückte, ein Lügner, ein abgefuckter Bastard!«

Uljanow sah müde in das von Verbitterung gezeichnete Gesicht seines alten Freundes. »Was hätte ich tun sollen? Der Rückruf kam völlig unerwartet! Zu dir gehen und auspacken? Was hätte das geändert? Auch du hättest sofort den Security Service informiert, schon um deiner selbst willen. Ein Prozeß wäre dabei rausgekommen, vielleicht nicht einmal das.«

»Damit hättest du wenigstens Rückgrat bewiesen, aber mit diesem läppischen Wisch: Es tut mir leid, mein Freund …«

»Aber wir brauchten das Know-how!« verteidigte sich der Russe. »Glaubst du, in der Sowjetunion gibt es nicht die gleichen Terrorismusprobleme wie bei euch? Hätte das KGB vielleicht beim britischen Botschafter in Moskau vorsprechen sollen, um einen sowjetischen Offizier in der SAS ausbilden zu lassen?«

»Hätte! Hätte! *Shit and Chips*!« Aber unvermittelt mußte er über Boris' absurden Gedanken grinsen. Er nahm das Päckchen Benson & Hedges vom Schreibtisch, riß es auf und steckte sich eine Zigarette an. »So, und jetzt machst du Musik?«

»Ja«, antwortete Boris ruhig, »bis Sonntagabend war ich ganz gut dabei!« Vor dreißig Stunden. Ihm erschien es, als sei das eine Ewigkeit her. Er wollte David nicht länger wie ein Delinquent gegenübersitzen und stand auf, um sich die großen Militärkarten unter Plexiglas an der gegenüberliegenden Wand anzusehen. Das Gebiet erstreckte sich von Moskau bis zur Westgrenze der DDR, nördlich bis hoch nach Dänemark und Schweden. Mit Filzstift waren einige Notizen auf den Kunststoff gekritzelt. An der benachbarten Mauer hingen Detailkarten in größerem Maßstab. Während Boris' Augen über die Karten schweiften, erinnerte er sich an Hereford. In den meisten Kantinen der britischen Kasernen gibt es ein Klavier. Während des Offizierslehrgangs ergab es sich aus Zufall, daß er und David begannen, miteinander zu spielen. Die Soldaten der SAS hatten mit Chopin nichts am Hut. David führte den ehemaligen Konzertpianisten in die Welt des Rock'n'Roll, der Beatles, Stones und der wunderbar schmalzigen Lieder von Simon & Garfunkel. David spielte Gitarre, Boris Klavier. Sie sangen zusammen. Aber meistens blödelten sie. Daraus war eine Art musikalisches Kabarett entstanden, bei dem sie ihre Vorgesetzten mit ein paar Einlagen durch den Kakao zogen. Der Erfolg war phänomenal. Ihr Kommandeur lieh sie fortan auch für Festveranstaltungen an andere Garnisonen aus, sofern sie nicht gerade bei einem Einsatz ihren Kopf riskierten.

»Erstaunlich, daß dich die Rotfräcke vom KGB einfach haben gehen lassen!«

»Uns kann man schlecht dazu zwingen, dabeizubleiben.«

Boris studierte auf der Karte einen Eintrag oberhalb des Luftkontrollpunktes Grudziadzs. Die Israelis waren Profis.

»Nein, du hast immer alles freiwillig gemacht!«

Boris drehte sich auf dem Absatz um und sah David an. »Heute bin ich nicht freiwillig hier!«

»*Hey, man*, das glaube ich dir aufs Wort!« Er lachte. Unüberhörbare Schadenfreude.

Die Tür ging auf. Ein israelischer Sanitäter brachte Boris den Eisbeutel. Boris hielt sich den kalten Gummisack an den Unterkiefer. »Und du?« Seine Aussprache wurde undeutlich. »Was ist aus dir geworden?«

David klopfte mit den Fingern auf die Armlehnen seines Rollstuhls. »Querschläger in Londonderry. Dafür gab's n' Orden und 'ne lachhafte Pension. Seitdem reise ich in *Security Engeineering*.« Auf Boris' ratlosen Blick fügte er hinzu: »Ich bin sozusagen ein Alarmanlagen-Guru für Banken, Konzerne und ein paar Regierungen der Dritten Welt. Ist 'n einträgliches Geschäft.«

»Und deshalb bist du hier?«

»*Oh, fuck off!* Nein!« David war gleichermaßen wütend wie amüsiert über den gekonnten Bluff der Israelis. »Chaim Koszak, dieser alte Hurensohn. Er hat mich perfekt aufs Kreuz gelegt. Gestern abend bestellte er mich in seine Londoner Villa und bat mich um Hilfe bei der Mossad-Operation *Treibsand* gegen die IPLF im Irak. Ich nehme an, du kennst mittlerweile die Hintergründe. Gestern kannte ich sie noch nicht! Der Mossad braucht für sein Helikopter-Geschwader die Landeerlaubnis auf einem zypriotischen Stützpunkt der *Royal Air Force*. Heute morgen besorgte ich das Okay aus der Downing Street. Aber die Lady verlangte, daß ich meinen Kopf hinhalte, wenn's schiefgeht. Zufällig, genau in diesem Moment, erfährt Lord Colbourne – zuständiger Staatssekretär im Innenministerium und ein ungeheures Arschloch –, daß du in Westberlin rumturnst. Unsere Antipathie beruht auf Gegenseitigkeit. Es ist Colbournes größter Wunsch, mich fertigzumachen. Dich zu erwischen und vor Gericht zu stellen, ist für ihn das geeignete Instrument. In einem aufgeblasenen Sensationsprozeß würde ich als Zeuge durch die Presse gezogen werden. Für meinen Job absolut tödlich!« Er schnaubte verächtlich. »Und in der Situation legt Chaim die Karten auf den Tisch: Sie brauchen mich gar nicht für die Irak-Operation. Sie brauchen dich und mich für das größte und wahnsinnigste Geheimdienstspektakel der europäischen Nachkriegsgeschichte! Wir haben keine Wahl: Der Mossad muß im Irak nur Scheiße bauen – und ich bin dran! Oder sie setzen dich einfach in die nächste Maschine nach London. Dann gehen wir beide hoch! Also müssen wir Regie führen, ob es uns paßt oder nicht.«

Boris starrte seinen alten Freund an. »Wir? Ich, der seit drei Jahren ausschließlich auf ein E-Piano eingeschlagen hat? Und du, entschuldige bitte«, und dabei sah er den im Rollstuhl sitzenden David mitleidig an, »ein Krüppel, der paranoiden Managern mit dem Verkauf von Alarmanlagen das Geld aus der Tasche zieht?«

»Genau so ist es!« antwortete David ungerührt. »Die Rotärsche haben dein Hirn weichgekocht, Mann! Was, glaubst du, wird sich in den nächsten vierundzwanzig Stunden auf dem diplomatischen Parkett abspielen? Die NATO-Regierungen müssen vor vollendete Tatsachen gestellt werden. Wir sind beide draußen, du bist weg vom

KGB und ich von der SAS. Und unter dieser Bedingung sind wir wirklich die besten freien Mitarbeiter, die sie finden konnten.«

Die Tür ging auf. Koszak kam herein und setzte sich dazu. Grau und eingefallen sah er aus. »Chmys ist tot!« sagte er. »Unsere Verbindung nach drüben ist definitiv abgeschnitten.«

»General Chmys?« fragte Boris bestürzt.

»Wir haben's von den Amerikanern. Die *National Security Agency* hat ein Telex des KGB-Sekretariats an die Regierungen der Republiken geknackt. Giftmord.« Koszak sah David eindringlich an. »Es ist an der Zeit zur Sache zu kommen!«

Wieder ging Boris der Name Sergej Kunatschkin durch den Kopf. Wieder sagte er nichts.

»*Okay, let's start*!« bemerkte Lynn. »Im Grunde genommen handelt es sich um drei Operationen! Teil eins: die Überwachung von Nimets Leuten im Irak. Von dort starten Kotsch und seine Leute nach Ostberlin. Wir sind an einem Mittelsmann dran, der heute früh aus Ostberlin in den Nahen Osten reisen wird. Erst wenn die deutschen Terroristen unterwegs sind, wird der Mossad das IPLF-Kommando schnappen. Teil zwei: das Herausschleusen der Regierungsmaschine aus dem östlichen Luftraum. Und Teil drei ...«

»Herausschleusen aus dem östlichen Luftraum!« sagte Boris mit einem verächtlichen Unterton. »Mensch, Leute, bleibt mal auf dem Teppich!«

David griff nach der Fokuslampe auf dem Tisch und fuhr mit dem punktartigen Lichtstrahl die Karte entlang. »Die Maschine startet um zehn Uhr dreißig Ortszeit in Wnukowo II. Es ist eine Jak 42.« Lynn sprang mit dem Licht nach Westen. »Eine Stunde später erreicht sie das Funkfeuer Suwalki und wird vom Air-Traffic-Control-Center Warschau übernommen. Der Vogel geht auf Kurs Grudziadzs. Exakt dreiundvierzig Minuten zuvor hat eine sowjetische Aufklärungsmaschine des Typs Tupolew TU 126 vom 17. Geschwader in Szczecin den polnischen Luftraum über dem Kontrollpunkt Darlowa zu einem Erkundungsflug über internationalem Ostseegewässer verlassen. Hast du schon mal was von *Transponder-Switching* gehört?«

Boris schüttelte den Kopf. »Wahrscheinlich wieder so ein Wahnsinn, den sich der Mossad ausgedacht hat ...«

»Zwei Maschinen fliegen für wenige Sekunden direkt übereinander«, fiel Koszak dem Engländer ins Wort, »quasi wie ein Sandwich. Ist nur eine Frage des Timings. Am Boden scheißen sich die Fluglotsen in die Hosen, weil es sich auf dem Radarschirm wie ein Zusammenstoß darstellt. Über den Transponder-Code läßt sich jede Maschine über eine eingeblendete, kleine Nummer auf dem Monitor identifizieren. Tauschen die Maschinen ihre Codes, während sie übereinander fliegen, wird das nicht bemerkt. Ausmaße und Geschwindigkeit der beiden dürfen nicht zu auffällig auseinanderliegen. In unserem Fall wechselt die Tupolew der sowjetischen Luftwaffe ihren Transponder-Code über der Ostsee um Punkt zehn Uhr siebzehn mitteleuropäischer Zeit mit unserer präparierten Jak 42. Die sowjetische Maschine wird von ihrer eigenen Radarkontrolle nicht mehr erkannt und fliegt direkt zum NATO-Luftwaffenstützpunkt auf Bornholm. Unser Double erhält von der sowjetischen Bodenkontrolle in Warschau den Auftrag, Kurs auf den Kontrollpunkt Drezdenko zu nehmen ...«

Boris sah auf die Karte. Der Kontrollpunkt Drezdenko lag westlich von Grudziadzs, kurz vor der Grenze zur DDR. »Ihr seid irre! Wer soll denn den Vogel fliegen?«

»Niemand!« antwortete David und griente. »Am nördlichen Rand des polnischen Luftraums kreuzt eine amerikanische AWACS-Maschine. Mit ihr lassen sich Funksignale nicht nur hervorragend abhören, man kann sie auch senden. Unsere Jak wird ferngesteuert.«

In sowjetischen Geheimdienstkreisen waren die Fähigkeiten des umgebauten Jumbo-Jets mit der pilzförmigen Antennenanlage auf dem Dach berühmt und berüchtigt. Aber was der Westen hier plante, war ein absurder Vorgriff auf *Star-Wars*.

»Um zehn Uhr sechsundvierzig kreuzen sich die Flugbahnen der beiden Jaks in 30.000 Fuß Höhe«, erläuterte Koszak weiter. »Hier erfolgt dann das zweite *Transponder-Switching* ...«

»Klar, und die lächerliche MiG-Staffel blasen Sie mit ein paar Sidewinders weg!« lästerte Boris.

»Nein, das habe ich nicht gesagt, Mr. Uljanow!« bemerkte der Israeli. Er meinte es wirklich ernst. »Was glauben Sie, wozu Sie hier sind? Chmys hat behauptet, seine Leute verfügten über hervorragende Kontakte zum Territorial-Kommando der sowjetischen Luftwaffe in Polen. Es ist Ihr Job, diese Operation zu koordinieren. Wenn wir bis Donnerstag abend keine Nachricht von Ihnen haben, wird das Unternehmen abgebrochen. Vermutlich wird dann das SHAPE in Casteau den Alarmzustand für die NATO-Truppen auslösen.«

»Aber...«, begann Boris.

»Jetzt hör dir die Sache doch erst mal zu Ende an«, mischte sich David ein.

Boris sagte nichts mehr. Und Koszak fuhr fort: »Unsere Attrappe dringt in den Luftraum der DDR ein. Die Steuerung wird von einer amerikanischen AWACS an der innerdeutschen Grenze übernommen. Wir lassen die Jak planmäßig einen Kurs über Slubice mit dem Schlenker über Leipzig fliegen. Sie detoniert beim Landeanflug auf Schönefeld. Die echte Regierungsmaschine – sie wird für den Aufklärer gehalten – hält sich an die Anordnungen der Bodenkontrolle der sowjetischen Luftwaffe und verläßt den östlichen Luftraum nördlich der polnisch-ostdeutschen Grenze über Stettin. Um elf Uhr achtundzwanzig wird das

Transponder-Switching zum letzten Mal durchgeführt. Die sowjetische Tupolew startet von Bornholm und übernimmt wieder ihren ursprünglichen Transponder-Code. Die Jakowlew des sowjetischen Generalsekretärs landet mit der Kennung einer britischen Militärmaschine unbehelligt auf Bornholm.«

Es entstand eine kleine Pause. Dann warf Boris ein: »Dreimal wollt ihr diesen Wahnsinn betreiben? Für wie bescheuert haltet ihr uns Russen?«

Boris legte den Eisbeutel beiseite und bediente sich an Davids Benson & Hedges. Obwohl er jeden Knochen in seinem Leib zu spüren glaubte, stand er auf und begann auf und ab zu gehen.

»Ach, mach dir nicht ins Hemd!« erwiderte David. »Wir brauchen vier Besatzungen in den MiGs, sechs Offiziere im Warschauer Air-Traffic-Control-Center sowie die Besatzung des sowjetischen Aufklärers, den Geschwader-Kommandeur in Krasnogorsk und die Crew der Regierungsmaschine. Zwanzig bis fünfundzwanzig Personen, die zur richtigen Zeit am richtigen Ort das Richtige zu tun haben. Wie bei jeder vernünftigen Operation.«

Boris blieb vor den Karten stehen und machte kehrt. »Gut – Chmys, Granow und nicht zuletzt der Generalny sind keine Traumtänzer. Selbst wenn es so sein sollte, daß diese ominöse Untergrundarmee existiert. Wie stellt ihr euch das in Ostberlin vor? Die merken doch nach ’ner Viertelstunde, daß das ’ne Show ist!«

David grinste. Sie spielten wieder das alte Pro und Contra. Früher hatten sie auf diese Weise jeden Einsatz durchgecheckt. Boris war wieder an Bord, auch wenn er es selbst noch nicht merkte. »Sie kommen nicht dahinter«, sagte David. »Unsere Soap-Opera bekommt eine große Ausstattung! Vergiß nicht unseren finanziellen Hintergrund, Joh …« Der Name John rutschte Lynn beinah heraus. Der Bumerang der Vergangenheit drehte seine Runden. »Diesmal sind wir nicht auf die Gnade eines korinthenkackenden Beamten des Innenministeriums angewiesen. Diesmal können wir richtig aus dem vollen schöpfen!«

»Was heißt das?«

»*Cash*! Soviel wir brauchen!«

»Wir haben in Äthiopien eine gebrauchte Jak 42 gekauft«, ergänzte Koszak. »Oben wird gerade der Hangar fertig montiert. Die Maschine wird noch diese Nacht eingedockt. RGG liefert die erforderliche Technik für die Fernsteuerung. Die Ingenieure sind eingetroffen. Mannsfeld hat das eingefädelt. Der alte Vogel wird der Regierungsmaschine nach dem Umbau wie ein Ei dem anderen gleichen ...«

»Ein Wrack ohne Leichen?« widersprach Boris. »Irgend etwas bleibt übrig, auch wenn ihr den Rumpf mit Sprengstoff vollpackt.«

»*Ey, man*! Du warst drei Jahre lang bei unserem Haufen! Du müßtest am besten wissen, wie wir arbeiten: Von der Westküste der USA bis nach Irland suchen israelische Vertrauensleute medizinische Institute, Leichenschauhäuser und Bestattungsunternehmen nach Toten ab, die in etwa mit den Personen auf der Passagierliste übereinstimmen. In Tel Aviv schneidern Fachleute Anzüge aus Stoff sowjetischer Produktion. Die Fälscherwerkstätten arbeiten mit Hochdruck an sowjetischen Diplomatenpässen und Regierungspapieren. Andere stellen das Gepäck zusammen. Dieses Inferno wird so echt aussehen, so widerlich, daß die Stasi nicht eine Sekunde am Absturz der Regierungsmaschine zweifeln kann. Kriegst du's langsam in deinen Schädel, daß wir keinen Party-Gag vorbereiten?«

»Du pokerst noch immer so hoch wie früher, David!« Boris sah erst den Engländer an, dann Koszak. In ihren Gesichtern war nicht eine Spur von Unsicherheit zu finden. Wahnsinnige. Bezahlt von Steuerzahlern. Boris bezweifelte nicht, daß sie entschlossen waren, ihre Ideen in die Tat umzusetzen. Sie hatten das Know-how, das Geld und die Verbindungen. Er näherte sich wieder seinem Stuhl und ließ sich auf das Polster fallen. »Angenommen«, sagte er langsam, »angenommen, wir ziehen die Sache wirklich erfolgreich durch. Der Generalny sitzt mit einem Haufen hysterischer Funktionäre – denn das werden sie dann sein – auf Bornholm. Was steht im nächsten Kapitel eures Drehbuchs?«

»Moskau!« antwortete Koszak und strich über seinen Bauch. »Die Gegenseite wird dort die Regierungsübernahme vorbereiten, bevor sie den Tod des Generalnys bekanntgibt. Dabei kommen sie aus ihren Löchern hervor. Auf einer Sondersitzung des Rumpf-Politbüros werden sie die Mehrheit stellen. Der Staatspräsident und Klimenko werden klein beigeben müssen. Vermutlich versuchen sie sofort, das KGB und die Miliz zu übernehmen. Tschebrakin zieht mit oder wird verhaftet. Danach ist die Presse dran …«

»Das sind die ersten realistischen Sätze, die ich seit langem höre«, bemerkte Boris. »Wie wollen Sie das verhindern?«

»Ganz einfach«, fuhr Koszak fort. »*Sie* sind schneller!« Er sagte das in voller Überzeugung. »Die Attrappe explodiert um elf Uhr mitteleuropäischer Zeit. Sondereinheiten des Eliteregiments *Feliks Dzierzynski* des Ministeriums für Staatssicherheit nehmen Kotsch und seine Leute in Schönefeld hoch. Zu dieser Zeit ist es in Moskau vierzehn Uhr. Noch bevor es zu einer Sitzung im Kreml kommt, besetzen Sie mit einer Brigade der *Sektion Budjonny* die Tunnelgänge zwischen dem Metro-Netz und dem Kremlbunker. Generalstaatsanwalt Granow sorgt für die Verhaftung von Boris Jelzin. Das muß über TASS natürlich sofort veröffentlicht werden. Das gleiche gilt für den Chefredakteur der Zeitschrift *Orgonjok*, Pawel Murajew. Das Konzert der *Vaswedtschiki* am Abend im Sportpalast wird verboten …«

»Ist Ihnen klar, was Sie damit auslösen?« fragte Boris bestürzt. »Nach Angabe unserer Statistiker in der Analyseabteilung werden etwa vier- bis fünfhunderttausend Moskauer auf die Straße gehen. Die Stadt verwandelt sich in einen kochenden Sudkessel. Und genau damit rechnet die Mafia nicht. Noch bevor sie zuschlagen können, werden sie von der Krisenlage überrascht. Um vierzehn Uhr dreißig beginnen die westlichen Nachrichtensender mit einer Live-Übertragung des spontanen Arbeitstreffens zwischen der englischen Premierministerin und dem Generalsekretär auf Bornholm. Wenn es sich einrichten läßt, sollte das sowjetische Fernsehen diese Sendung kurzfristig übernehmen. Um vierzehn Uhr dreißig, Mr. Uljanow, stürmen Sie den Kreml. Inwieweit Sie mit Hilfe von außen rechnen können, werden Sie erfahren, wenn Sie in Moskau sind. Aber das ganze sollte so lautlos wie möglich über die Bühne gehen.«

»Und wie stellen Sie sich das mit der DDR vor? Für die ist es ein gefundenes Fressen, daß westdeutsche Neonazis mit amerikanischen Raketen eine sowjetische Regierungsmaschine vom Himmel holen!«

»Der Besuch in Ostberlin ist streng geheim. Sie werden nichts tun, ohne grünes Licht aus Moskau zu erhalten«, antwortete Koszak. »Wir richten für euren Generalny in Bornholm ein komplettes Krisenzentrum ein. Ab halb drei Uhr Moskauer Zeit werden er und seine Leute über Standleitungen in alle wichtigen Städte der Sowjetunion verfügen. Sobald die Lage im Kreml unter Kontrolle ist, setzen wir ihn in die Maschine nach Moskau. Die sowjetischen Medien geben bekannt, daß Gorbatschow die Verhaftungen von Jelzin und Murajew scharf verurteilt und die sofortige Freilassung veranlaßt hat. Euer Konzert wird stattfinden. Auf den Fernsehschirmen der gesamten UdSSR werden der Generalny und seine Frau als Ehrengäste zu sehen sein. Die Situation wird sich so schnell beruhigen, wie sie eskaliert ist.« Koszak machte eine kleine Pause und sagte abschließend: »Am Freitag, vierundzwanzig Uhr, ist der ganze Spuk vorüber!«

Boris fuhr sich mit der Hand seines gesunden Armes durch die schwarzen Locken. Er atmete schwer. »Scherstnew sagte einen Namen, bevor er starb«, hörte er sich sagen und konnte sich selbst nicht erklären, warum er das jetzt tat.

»Was für einen Namen?« insistierte David.

»Sergej Kunatschkin in der Fruzenskaja 48! Mit der *Sektion Budjonny* werde ich allein klarkommen. Und in der Moskauer Rock-Szene existiert eine Telefonkette. Jewgenij und Sascha können damit Himmel und Hölle in Bewegung setzen.«

Koszak wirkte erleichtert. Er faßte nach dem Telefonhörer, gab einige Befehle auf hebräisch und legte mit zufriedenem Lächeln wieder auf. »*Gentlemen*, soeben ist das *Unternehmen Kremlbeben* angelaufen!«

»... und die Geister, die ich rief!« murmelte Boris.

David lehnte sich in seinem Rollstuhl zurück und rieb sich die Hände. »*Well*, dann wollen wir mal ans Eingemachte, Boris!« Zum ersten Mal nannte er ihn bei seinem wirklichen Vornamen.

10. JANUAR, TADSCHIKISCHE SSR, 6.15 UHR:

Die Straßen und Gassen Shirabads waren noch leer und dunkel. Die Ratten und ein paar Katzen drückten sich an den Rinnsteinen entlang. Zwei Einheimische öffneten das Tor zum Vorhof einer verfallenen Moschee. Der LKW, der auf das Straßenpflaster rumpelte, war im üblichen Dunkelgrün gestrichen. Auf den Fahrerhaustüren prangte das schwarze Siegel der KGB-Grenztruppen. Der Lastwagen hatte vierzig Holzkisten mit je einem Zentner puren schwarzen Afghanen geladen. Nach einer knappen Stunde Fahrt über die asphaltierte Landstraße nach Termez erreichte der Lastwagen den zivilen Bereich des Flughafens. In der Frachtguthalle packte ein halbes Dutzend Männer die Rauschgiftblöcke zwischen die Baumwolladung eines Aeroflot-Containers. Kurz darauf schob ein schwerer Hubwagen die Fracht durch die riesige Laderaumluke einer AN-124, der größten Frachtmaschine der sowjetischen Aeroflot. Noch in der Nacht erhob sich der Koloß in die Luft. Die Ladung war auf der Reise. Nach Moskau und von dort per Bahn nach Westberlin. In zwei Tagen würde die Fracht ihr Ziel erreichen.

10. JANUAR, HAR GERAFON – NEGEV-WÜSTE, 6.15 UHR:

Zwei Stunden hatten Lynn, Koszak und Uljanow die Details der Operation besprochen. Ihre Konzentrationsfähigkeit ließ so nach, daß sie beschlossen, eine mehrstündige Pause einzulegen. Außerdem mußten sie Rücksicht auf Boris' Kondition nehmen. Koszak klemmte ihm einen kleinen Plastikausweis an die Brusttasche seines Hemds. So konnte er sich frei bewegen, unten in der Bunkeranlage und oben auf dem Flughafengelände. Mißtrauen war überflüssig. Das Lager war von Wüste umgeben. Boris fand problemlos den Weg zum Fahrstuhl und fuhr nach oben. Er wollte frische Luft atmen und sich von dem meterdicken Beton befreien. Die Wachen warfen einen kurzen Blick auf seine Kennkarte und ließen ihn anstandslos passieren. Er lief aus der Ruine hinaus ins Freie und setzte sich auf die Überbleibsel einer Mauer. Mörtel bröckelte unter seinem Hintern. Dreihundert Meter weiter wurde mit Hochdruck in dem Hangar aus lichtundurchlässigen Zeltplanen gearbeitet. Von vorne hatte er Einblick in die Halle. Mittlerweile war die betagte Jak 42 eingetroffen und vollständig eingedockt worden.

Techniker schabten mit Laugenflüssigkeit und Spachteln die Lackierung vom Rumpf. Das Kürzel ET-104 auf dem Leitwerk und der große Schriftzug *Ethiopian Airlines* waren nur noch in groben Umrissen zu erkennen. Aus dem Innern des Rumpfs jaulten Druckluftschrauber. Die Maschine wurde regelrecht zerlegt. Ein Spezialtransporter, ähnlich einem Gabelstapler, fuhr eine Turbine in die benachbarte Wellblechbaracke. Arbeiter schlugen die Planen vor den Eingang. Der Lärm wurde drastisch gedämpft. Fast herrschte Stille. Dunkelheit. Kein Vogel, keine anderen Tierlaute. Der Wind sammelte sich ab und zu in einer Böe und trieb tänzelnd vertrocknete Strauchzweige vor sich her. Boris sah in den wolkenlosen Sternenhimmel. Nun verstand selbst der Atheist in ihm, warum hier die Sage des Christussterns entstanden war. Eine der Wachen kam an ihm vorüber. Auch dieser Soldat kontrollierte zuerst den Ausweis von Boris und nahm erst danach seine Geste wahr. Zwei Finger, quer über dem Mund. Wortlos hielt er Boris ein Päckchen Zigaretten hin und gab ihm Feuer. Reden konnten sie nicht miteinander, aber rauchen, um für einen Moment über nichts nachdenken zu müssen. Der Soldat machte sich wieder auf seine Runde.

Boris blieb noch einige Minuten sitzen. Koszak näherte sich ihm, klopfte ihm leise auf die linke Schulter und sagte: »So, jetzt gehen Sie mal schlafen, Uljanow! In sechs Stunden schmeiß' ich Sie aus dem Bett.«

Boris zuckte erschrocken zusammen und fuhr herum. »Klopfen Sie keinem Russen auf die Schulter, Koszak!«

»*Sorry*!« Der Israeli zuckte mit den Achseln, aber im gleichen Moment fiel ihm ein, daß diese Geste für Russen eine Beleidigung war.

»Schleichen Sie sich immer so ran?«

»Sie haben mich nicht gehört.« Koszak setzte sich.

»Was soll aus der Aladkowa werden?« fragte Boris und starrte in die Dunkelheit.

»Was weiß sie denn?«

»Alles, was ich in München wußte.«

Koszak seufzte. »Das ist viel.«

»An den Westen ist sie gewöhnt. Wenn das in Moskau schiefgeht, hat sie eine Überlebensfrist von sechsunddreißig Stunden.«

»He, Genosse! Was willst du mir jetzt unterjubeln?« fragte Koszak.

»Sie brauchen mich. Ohne mich ist Ihre ganze Pokerpartie Schall und Rauch!« antwortete Boris in einem ernüchternden Ton. »Klar, ihr könnt mich abknallen oder zu den Tommys schicken. Aber eigentlich könnt ihr das nicht. Sie wissen es, Koszak. Und deshalb stelle ich eine Bedingung: Die Aladkowa bleibt bei Ihnen in Sicherheit, bis das Unternehmen abgeschlossen ist. Danach erhält sie von Ihnen eine neue Identität ihrer Wahl.«

Der Israeli sah Boris befremdet an. »Wollen Sie jetzt etwa einen Vertrag? Oder mein Wort? Beides kann man brechen!«

»Sie brechen Ihr Wort nicht, Koszak!«

Boris und Koszak fixierten einander, ein unsichtbares Kräftemessen. »Wie kommen Sie darauf?« fragte Koszak.

»Weil Sie wissen, daß ich dann wirklich zum KGB zurückkehre. Und daß ich dann Ihre Leute jagen werde, in allen Sowjetrepubliken …«

»Ist ja gut, Junge!« Koszak winkte ab und sah den dreißig Jahre jüngeren Russen wieder an. »Du kommst aus einer harten Mischpoche. Du hast mein Wort!« Er reichte ihm die Hand und fügte schnodderig hinzu: »Und jetzt schwirr ab!«

Boris stand auf und betrachtete den alten Mann, der auf dem Mauervorsprung kauerte. »Sagen Sie, Mr.Koszak, David kenne ich ja lange genug, wo aber haben Sie Ihr absurdes Handwerk gelernt?«

Koszak lächelte Boris mit einem väterlichen Blick an,

mit Augen, die viel gesehen hatten. »Das ist schnell erklärt, mein Sohn: Ich bin im Warschauer Ghetto großgeworden.« Er stand auf und lief mit den tippelnden Schritten eines Prostatakranken zum Hangar.

Verena lag, bekleidet mit einem Trainingsanzug der israelischen Armee, im Bett. Sie schlief auf der Seite. Die kleine Lampe neben ihr brannte. Zögernd betrat Boris das Zimmer, schloß leise die Tür und setzte sich vorsichtig auf die Kante ihres Bettes. Was machte er da? Er wußte es nicht. Sein Hirn versagte ihm den Dienst, ganz wie es der Arzt angekündigt hatte. Eine ganze Weile mochte er Verena angestarrt haben, bis sie die Anwesenheit eines Fremden bemerkte. Sie schlug die Augen auf und sah Boris verschlafen an. »Was haben die vor?«

»Sie haben mich eingekauft«, antwortete er müde. »Ich gehe nach Moskau zurück.«

Tausend Fragen hätte sie gehabt. Uljanows erschöpfter Gesichtsausdruck ließ sie verstummen.

»Mir ist kalt, unsagbar kalt!« sagte er. Dabei trat er sich die Stoffschuhe von den Füßen und schwang sich mit seinen Beinen zu ihr ins Bett. Für den Bruchteil einer Sekunde durchfuhr Verena die Idee, daß das ein Annäherungsversuch werden sollte. Auf der anderen Seite stand ein leeres Bett. Dann spürte sie seine eisigen Zehen an ihren Fersen. Sie rutschte beiseite und hob die Decke an. Schweigend schlüpfte Boris an ihre Seite und nahm seinen halbtauben Arm aus der Schlinge. Ihre Körperwärme strahlte langsam auf seinen Körper über. Seine Augen brannten. Und er genoß ihren Geruch aus nächtlichem Schweiß und Parfumresten, eine ihm fremde Intimität, in der er sich zu entspannen begann. Kurz darauf fiel sein Kopf schlaff zur Seite auf ihre rechte Brust.

10. JANUAR, MOSKAU, 6.10 UHR:

»Sie sind zu weit gegangen, Genosse Granow!« brüllte Oberst Barynin; in seiner steilen Karriere hatte er es bis zum Leitenden Offizier der 4. Geographischen Abteilung in der Ersten Hauptverwaltung gebracht. In dieser Stellung war er persönlich für den Top-Spion in der Computerindustrie der BRD verantwortlich. Barynin war der Führungsoffizier der Verena Aladkowa.

»Wir haben heute nacht einen unserer besten Vaswedtschiki in der BRD verloren«, schimpfte er weiter, »und Sie haben nichts Besseres zu tun, als mich unter fadenscheinigen Behauptungen in einer Nacht- und Nebelaktion von Zivilisten verhaften zu lassen!«

»*Poshaluista*!« sagte Granow, wies mit der Hand auf den Holzstuhl gegenüber seinem Schreibtisch und wandte sich sachlich an die Milizen: »Nehmen Sie dem Bürger Barynin die Handschellen ab!«

Der Oberst blickte den Staatsanwalt verächtlich an, während ihm die Hände frei gemacht wurden. Bürger hatte er ihn genannt, als ob sein Offiziersrang gar nicht mehr existierte. Dieser *Spak*!

Granow gab den Wachen einen Wink, den Raum zu verlassen.

»Keinen Assistenten?« fragte Barynin zynisch. »Keine Sekretärin, die mitprotokolliert? Kein Band? Mit welcher Posse wollen Sie mich von meiner Arbeit abhalten, Genosse Sonderstaatsanwalt?«

Mit einer Handbewegung drehte Granow die Schreibtischlampe beiseite, damit er Barynins Gesicht sehen konnte. »General Chmys gab Ihnen gestern abend zwischen acht und halb neun den Befehl, die Genossin Verena Aladkowa aus München zurückzurufen ...«

»Wie kommen Sie denn darauf?« unterbrach ihn Barynin echauffiert. »Die Aladkowa ist eine unserer qualifiziertesten Mitarbeiterinnen in der BRD! Woher wissen Sie überhaupt von ihr?«

»Ich führte gestern abend gegen acht Uhr ein Telefonat mit General Chmys. Daher wußte ich, daß er die Mitarbeiterin in die UdSSR zurückbeordern wollte. Laut ärztlichen Befunds trat bei Chmys gegen halb neun der Tod ein.« Granow nahm einen silbernen Kugelschreiber aus der Schreibschale und drehte ihn einen Moment lang schweigend zwischen seinen Fingern. »In diesen dreißig Minuten telefonierte er mit Ihnen und gab den Befehl für den sofortigen Rückruf der Aladkowa!« Er hatte diesen Satz leise ausgesprochen, aber so akzentuiert, als sei seine These eine beweisbare Tatsache.

»Der Genosse General hat nicht mit mir telefoniert!« widersprach Barynin. Dünne Streßfalten zogen sich um seine Mundpartie.

»So, behaupten Sie?« Granow legte den Kuli beiseite. Er zog zwischen dem Papierstapel auf seinem Schreibtisch einen schmalen Schnellhefter hervor und wedelte damit hin und her. »Das ist die KGB-Kaderakte der Aladkowa aus der Personalverwaltung. Ich erzähle Ihnen meine Version: Die Aladkowa war für die Erste Hauptverwaltung wie ein Lottogewinn. Entsprechend kurz wurden die Verbindungswege gehalten. In Wien saß ein gut plazierter, aber ahnungsloser Kontaktmann. Führungsoffizier waren immer Sie persönlich, Barynin. Und darüber gab es nur noch einen: General Chmys selbst! Drei Leute, wirklich ein kurzer Draht!«

»Das bestreite ich ja nicht!« antwortete Barynin gereizt. »Aber was für eine absurde Theorie wollen Sie hier aufstellen?«

Granow unterdrückte ein Lächeln. Barynin war schon weiter als er. »Die Aladkowa wurde nicht zurückgerufen. Statt dessen setzte sich von Prag aus illegal eine *Mokryje-Dela*-Brigade nach München in Bewegung. Merkwürdig, finden Sie nicht auch? Übrigens, falls Sie es noch nicht wissen sollten: Zwei der Männer sind tot, der dritte ist in den Händen eines kapitalistischen Nachrichtendienstes.«

Barynin schlug die Beine übereinander und lehnte sich jovial zurück. »Was wollen Sie mir anhängen?« fragte er selbstgefällig.

»Es paßt alles zusammen: Sergej Aladko, die Kenntnisse über die *Vereinigte Front* und Kotsch, der Überfall in Westberlin. Alles gesteuert über einen Mann, der die Fäden in Richtung BRD fest in der Hand hielt. Sie, Bürger Barynin! Sie wußten, daß Uljanow die Aladkowa vorletzte Nacht mit Generalmajor Myschko in Moskau verhört hatte. Als Uljanow gestern in der BRD untertauchte und Chmys die Aladkowa zurückpfeifen ließ, zog Ihre Organisation den folgerichtigen Schluß. Ursprünglich wollten Sie die Weitergabe des Befehls an den Wiener Verbindungsoffizier nur hinauszögern, bis die Agenten aus Prag ihr blutiges Geschäft erledigt hatten. Aber es gab einen Zwischenfall, mit dem Sie nicht rechneten. Die kapitalistischen Nachrichtendienste sind Ihnen in München zuvorgekommen. Und genau das ist jetzt Ihr Problem, Barynin!« Er beobachtete den Offizier. Jeden Moment ist er weich, dachte Granow und wartete auf die Antwort. Barynin schwieg. »Wer ist Uljanow?« fragte er nach einigen Sekunden, hob den Kopf und sah Granow herausfordernd an. »Sergej Aladko? Kotsch? Organisation? Kenne ich nicht. Was für einen Unsinn erzählen Sie mir, Genosse Sonderstaatsanwalt? Zeigen Sie mir einen Beweis für Ihren Quatsch!«

»Seien Sie versichert, ich werde es Ihnen und jedem Gericht beweisen. Sie können viel tun, um Ihre fatale Situation zu verbessern, Oberst Barynin!«

Barynin lachte ihn an. »Sie sehen Gespenster, Granow!«

Der Staatsanwalt machte sich keine Illusionen. Er hatte es mit Dreistigkeit versucht und die erste Runde verloren. Wortlos drückte er auf den Klingelknopf unter seiner

Tischplatte und ließ Barynin abführen. Der Oberst wandte an der Tür noch einmal den Kopf und rief dem Staatsanwalt zu: »Das KGB wird dir das Fell über die Ohren ziehen, Genosse, wie einem alten Stallhasen!«

10. JANUAR, MOSKAU, 6.15 UHR:

Jeden Morgen, Punkt sechs Uhr fünfzehn, verließ Major Igor Vladimirowitsch Bondarenko seine Vier-Raum-Wohnung, die er mit seiner Frau und seinen beiden Kindern bewohnte. Zuvor kontrollierte er im Garderobenspiegel den Sitz seiner Schirmmütze. Dann fuhr er mit dem Lift die acht Stockwerke des Offizierswohnblocks hinunter, grüßte an der Tür mit zwei Fingern den wachhabenden KGB-Milizionär und lief den Fußweg zum Parkplatz hinüber, auf dem sein neuer Wolga stand. An jedem Arbeitstag das gleiche Ritual.

Bondarenko war vor knapp zehn Jahren als Verwaltungsfachwirt von der Universität zum KGB gekommen. Auf dem Institut für KGB-Anwärter hatte er Uljanow kennengelernt. Der achtundreißigjährige Major war kein Held an der unsichtbaren Front, sondern ein freundlicher, untersetzter Mann mit fleischigen Wangen, der sich mit seiner Loyalität und Ordnungsliebe bis zum Leiter der Abteilung Telefonüberwachung in der Achten KGB-Verwaltung hochgearbeitet hatte.

Ein kräftiger Regen plätscherte auf den Asphalt. Am Mira Prospekt wurde gebaut. Der Verkehr würde sich stauen. Er hatte genug Zeit um pünktlich zum Schichtwechsel am Zentralen Telegrafenamt in der Gorkowo Ulica zu sein. Uljanows Anruf in der vorletzten Nacht hatte Bondarenko verunsichert. Seitdem versah er seinen Dienst noch pedantischer als sonst.

Der Major zog seinen Wagenschlüssel aus der Manteltasche und wollte eben die Fahrertür seines dunkelgrauen Wolgas öffnen, als er am gegenüberliegenden Straßenrand zwei Zivilisten aus einem weißen Schigulli aussteigen und auf sich zukommen sah. Der eine, breit wie ein Schrank, war offensichtlich ein Schläger. Der andere, ein schmalgesichtiger Mann mit eher vergeistigten Gesichtszügen und fettigem Haar, das unter seiner Schapka hervorschaute, sprach den Major an: »Genosse Bondarenko?«

»*Da*?«

Der Zivilist hielt ihm einen Plastikausweis des KGB vor die Nase. Er deckte mit dem Zeigefinger geschickt seinen Namen ab. »Verwaltung Sonderermittlungen. Lassen Sie uns einsteigen!«

»*Da*!« sagte Bondarenko. Der Schlüssel rutschte am Schloß ab, zerkratzte den Lack an der Autotür. Bondarenko stieg ein und zog die Riegel an den hinteren Türen nach oben. Die Typen setzten sich in den Fond.

»Fahren Sie!« befahl der Schlanke. »Sie müssen zur Arbeit.«

Bondarenko startete den Motor, legte den Rückwärtsgang ein und rangierte aus der Parklücke. Der kalte Viertakter bockte.

»Was wollen Sie?« fragte Bondarenko, als sie die schmale Stichstraße zur Irkurtskaja Ulica hinunterfuhren.

»Sie sind ein zuverlässiger Offizier!« stellte der Schlanke fest. Er saß direkt hinter Bondarenko und beugte sich zwischen den Sitzen zu ihm nach vorne. »Sind Sie mit Ihrem Aufgabenbereich zufrieden?«

»Ja. Was wollen Sie?«

»Sie könnten doch mehr Verantwortung tragen?«

Bondarenko drehte sich kurz um. »Was sollen diese Fragen? Ich diskutiere nicht mit Personen über meine Arbeit, deren Namen ich nicht einmal kenne!«

Der Schmale lachte. »Brigadegeneral Wladimir Seljutin geht nächste Woche in Pension …«

»Wladimir Gregorjewitsch?« Bondarenko war überrascht. Sein Vorgesetzter, der sechzigjährige Brigadegeneral, leitete die Achte Verwaltung seit vielen Jahren zur vollsten Zufriedenheit der KGB-Führung. Seljutin war noch fünf Jahre vom Pensionsalter entfernt.

»Und wir sind gekommen, um Sie abzuklopfen!« fuhr der Schlanke fort. Er grinste wieder.

»Wollen Sie etwa sagen, daß ...«

»Ich will sagen«, fiel ihm der Schlanke ins Wort, »daß gewisse Kreise in Erwägung ziehen, Sie, verehrter Genosse Bondarenko, zu Brigadegeneral Seljutins Nachfolger zu bestimmen.«

Bondarenko hatte Mühe, sich auf den Straßenverkehr zu konzentrieren, und starrte den Schlanken durch den Rückspiegel an. Mit der Geschwindigkeit seiner Gedanken an eine Beförderung erhellte sich sein Gesicht. »Das ist nicht möglich!«

»Doch, das ist es! Eine Beförderung. Ein eigener Bungalow für Sie und Ihre Familie. Dienstwagen mit Chauffeur. Und selbstverständlich in zwei Jahren ein Studienplatz für Ihre Tochter. Das ist der Lohn für Ihre langjährigen Verdienste ums Vaterland und den Sieg des Sozialismus!«

Bondarenko sah verlegen in den Rückspiegel. Sie erreichten den Mira-Prospekt. Der Major fuhr unkonzentriert, rammte fast einen Oberleitungsbus. »Warum ausgerechnet ich?«

»Sie gelten als zuverlässig, Major!« antwortete der Schlanke sachlich und hielt den Blickkontakt über den Rückspiegel. »Deshalb werden Sie Verständnis dafür haben, daß wir uns von Ihren Eigenschaften persönlich überzeugen wollen.«

»Ich verstehe nicht ...«

»Aber Sie werden doch verstehen, daß man sich in politisch so unruhigen Zeiten der Loyalität seiner Mitarbeiter versichern will?«

Bondarenkos Euphorie erstarb ebenso schnell, wie sie entstanden war. An der Personalpolitik des KGB hatte sich nichts geändert. Eine Hand wäscht die andere. »Was wollen Sie von mir?« fragte er ernüchtert.

Mit seinem aufmerksamen Blick registrierte der Schlanke, daß Bondarenko begriffen hatte. »Sie werden wie gewöhnlich in Ihre Dienststelle fahren. Um sieben Uhr ist Schichtwechsel. Sie werden von Ihrem Stellvertreter, Leutnant Komuschkin, die Safeschlüssel für die Computerbänder der letzten Nacht erhalten. Um sieben Uhr zehn erwarten Sie am Eingang Ihrer Abteilung zwei Mitarbeiter von uns. Sie führen die Genossen in Ihr Büro und tauschen im Safe die zwölf Protokollbänder aus dem Bereich BRD aus. Anschließend begleiten Sie unsere Mitarbeiter wieder hinaus. Es versteht sich von selbst, daß Sie über unsere kleine Vereinbarung Stillschweigen bewahren. Um sieben Uhr dreißig werden wie gewöhnlich die Beamten des Sicherheitsdienstes die Bänder in Ihrer Abteilung abholen.«

Der Major fühlte den Schweiß zwischen seinen Händen und dem schwarzen Bakelit des Lenkrades. »Das geht nicht«, stammelte er. »Sie können nicht von mir verlangen, daß ich mich strafbar mache!«

»Die Zeiten sind stürmisch bewegt, mein lieber Vladimirowitsch.«

Der Schlanke besaß die Frechheit, ihn mit seinem Vatersnamen anzusprechen. »Sie können sicher sein, daß wir sehr, sehr große Einflußmöglichkeiten im KGB besitzen. Es muß ja nicht der Stuhl des Verwaltungsleiters sein. Es können ja auch ein, zwei oder drei Inspektionen in Ihrer Abteilung werden. Glauben Sie mir, wir werden etwas finden! Danach folgt ein Disziplinarverfahren. Zufällig wird man auf Ihre Geschäftsbeziehungen zu Katja vom Fleischmarkt stoßen ...«

Bondarenko spürte, wie es ihm den Hals zuschnürte. Woher wußten diese Leute, daß er ab und zu in Zivil das

Restaurant *Nowyj Arbat*, einen Prostituiertentreffpunkt, besuchte?

»Der griechische Service dieser Nutte ist amtsbekannt«, stellte der Schlanke süffisant fest. »Ich weiß nicht, wie Ihre Frau darauf reagiert, wenn sie von Ihren Sexualpraktiken erfährt, mein lieber Vladimirowitsch? Eigentlich müßte sie sich scheiden lassen. Was will sie mit einem Mann, der aus dem KGB entlassen wird, der ein Strafverfahren wegen Förderung der Prostitution am Hals hat und sich selbstverständlich einem Parteiordnungsverfahren des zuständigen Bezirkskomitees stellen muß?« Der Schlanke seufzte und sprach in einem gemeinen Plauderton weiter: »Glauben Sie im Ernst, daß Ihre Tochter auf der Oberschule noch nie in einen kleinen Schwarzhandel verwickelt war? Nun wird es die kleine Ninotschka erwischen. Der Kampf gegen den Schwarzhandel gehört mit zu den Zielen der Perestroika. Ihre Tochter, die Tochter des perversen Majors mit dem laufenden Disziplinar- und Parteiordnungsverfahren, wird aus dem Komsomol ausgeschlossen. Jetzt frage ich Sie, mein lieber Igor Vladimirowitsch, wie soll ein junger Mensch in der Sowjetunion ohne Mitgliedschaft im Komsomol an einen Studienplatz oder an eine andere qualifizierte Ausbildung kommen?«

Der Schlanke drückte sich klar aus. Von draußen klatschte der Regen gegen die Windschutzscheibe, und Bondarenko hatte die Wischerblätter noch im Handschuhfach. Wischer und Außenspiegel wurden in Moskau gerne gestohlen. Blinzelnd schaute er durch den Wasserschleier, der noch durch den aufgewirbelten Dreck des vorausfahrenden Tatras verstärkt wurde. Bondarenko dachte angestrengt nach. Uljanow hatte ihn gewarnt, ein *Spak*, ein Zivilist, der eigentlich nichts mit der Sache zu tun haben durfte. Und nun diese Typen, von denen er nicht einmal wußte, wer sie waren. Sein Leben war mustergültig. Und mit der einzigen Extravaganz, die sein langweiliges Leben garnierte, hatten ihn diese Quallen in die Fänge genommen. Zum Teufel, war es so verwerflich, daß er an jedem ersten Montag im Monat den knackigen Arsch der jungen Katja dem aufgeschwemmten Körper seiner Frau vorzog?

»Sie vergessen die Achte Verwaltung!« bemerkte er erleichtert und glaubte, eine triftige Ausrede gefunden zu haben. »Alle Daten werden *online* an das Rechenzentrum der Zweiten Hauptverwaltung weitergeleitet.«

»Zerbrechen Sie sich nicht unseren Kopf«, antwortete der Schlanke gelassen. »Wir sind uns einig! Montag früh liegt der Beförderungsvorschlag dem KGB-Kollegium vor.«

Sie erreichten die Ecke Sadowaja/Sucharewskaja Ulica. »Hier steigen wir aus!« sagte der Schlanke.

Bondarenko trat auf die Bremse und fuhr rechts heran. Der Schlanke klopfte ihm von hinten auf die Schulter. »*Spasibo*, Genosse!«

Die Fondtüren schlugen zu. Die beiden Typen stiegen in den Schigulli um, der hinterhergefahren war. Die Ampel stand auf Rot. Der Major trommelte mit den Fingern auf das Lenkrad. Mit Drohungen und Begünstigungen wurde in diesem Land die Macht erhalten, das war zu Zeiten des Zaren so und hatte sich bis heute nicht geändert. Über die Anonymität der Männer wunderte er sich nicht. Sie gehörte zu den gewohnten Instrumentarien der Staatsorgane. Eher zufällig sah Bondarenko beim Anfahren durch den Rückspiegel auf die Autonummer des Schigulli, eine private Zulassung. Ohne feste Absicht merkte er sich die Ziffernfolge.

Um Punkt sechs Uhr fünfundfünfzig übernahm Bondarenko in der Gorkowo Ulica die Schicht von Leutnant Komuschkin. Gregor Maksimowitsch Komuschkin interessierte sich seit jeher mehr für Computer als für die Telefonüberwachung. Dennoch waren seine Versetzungsgesuche in die Computerabteilung der Zweiten Hauptverwaltung abgelehnt worden. Er vernachlässigte seine Aufgaben und spielte lieber auf den *Kisten*; seine Mitarbeiter sorgten immer dafür, daß eine frei blieb. Dafür hatten die Unteroffiziere ihre Ruhe. Vor wenigen Tagen war eine Robotron-Anlage aus der DDR eingetroffen. Solange der Rechner nicht am Netz hing, tobte sich Komuschkin darauf aus. Die ganze letzte Nacht hatte er damit verbracht, auf der Maschine einen COBOL-Compiler zum Laufen zu bringen. Er benötigte einige Assembler-Routinen, um den Siemens-Compiler von B 52000 auf die Ostblockvariante ESZ 2000 zu portieren, eine Aufgabe, die er nicht perfekt zustande bekam. Mehrfach stürzte der Computer ab. Aber zeitweise war er auch probeweise ans Netz gegangen.

Als Bondarenko auftauchte, schloß Komuschkin gerade zum vierten Mal die Install-Prozeduren ab. Der Compiler mußte laufen. Ausgerechnet heute wirkte Bondarenko besonders sauer, als er feststellte, daß der junge Leutnant wieder die gesamte Schicht vor dem Terminal eines unbenutzten Computers verbracht hatte. Er zitierte Gregor Maksimowitsch in sein Dienstzimmer und absolvierte geradezu militärisch die Schichtübergabe.

Die Büros der Abteilung waren in geographische Bereiche eingeteilt. Jeder Bereich hatte seine Zuständigkeit für ein Land oder auch einen ganzen Kontinent. Alle Telefonate vom oder ins Ausland wurden hier computergesteuert überwacht. Bestimmte Schlüsselwörter oder einprogrammierte Teilnehmernummern lösten die digitale Aufzeichnung aus. Per Direktleitung erreichten die Aufzeichnungen binnen Sekunden die zuständigen Analyseabteilungen des KGB. Daß der gesamte internationale Fernsprechverkehr auf Acht-Zoll-Bändern aufgezeichnet wurde, war eine reine Sicherheitsmaßnahme, falls Daten auf der Direktleitung zwischen der Telefonüberwachung und der Archivverwaltung verlorengingen. Außerdem konnte mit aufwendigen Search-Programmen der zurückliegende Fernsprechverkehr bis zu neunzig Tagen im nachhinein kontrolliert werden. Die leitenden Unteroffiziere der Einzelbereiche brachten die bespielten Acht-Zoll-Bänder in Bondarenkos Büro. Dort wurden sie in den Bändersafe eingeschlossen. Zweimal am Tag erschienen die Genossen des Sicherheitsdienstes und transportierten die Bänder in großen Aluminiumboxen zur 15. Abteilung am Dscherschinski-Platz.

»Jetzt verschwinde endlich, Gregor Maksimowitsch!« zischte Bondarenko und schob ihn zur Tür. »Ich will dich hier erst um elf Uhr wiedersehen. Und solltest du früher auftauchen oder noch eine Schicht vor diesem Ding verbummeln, schreibe ich einen Bericht! Hast du verstanden? Ich habe die Schnauze gestrichen voll. Du bist mit deinem Tick ja schlimmer als ein Alkoholiker!«

Komuschkin zog den Kopf ein. »*Da, da*! Ist ja gut, Igor!« erwiderte er maulend. Der Glaseinsatz der Bürotür schepperte ein wenig, als er sie hinter sich zuzog. Mit einer gärenden Wut im Bauch lief Komuschkin den Flur zum Garderobenraum hinunter. Nur eine halbe Stunde hätte er gebraucht, um den Compiler zu testen. Eine lächerliche halbe Stunde. Statt dessen spielte Igor plötzlich den großen Offizier. Arschloch. Der Leutnant schloß seinen Spind auf, zog sich seinen Mantel über und verließ mit einem Stapel amerikanischer Computer-Manuals unter dem Arm das Zentrale Telegrafenamt.

Die Männer kamen auf die Minute genau. Bondarenko fing sie vor der Etagentür ab und schleuste sie wortgewandt am Wachbrigadier vorbei. Sie folgten dem Major schweigend in sein Büro. Bondarenko warf einen Blick auf die Bänder-Doubletten, die die beiden mitgebracht hatten. Selbst die Etiketten stimmten mit den Originalen überein. Perfektion im Detail. Er öffnete den gepanzerten Stahlschrank und reichte dem älteren der beiden die Mutter-Bänder heraus. Nachdem Bondarenko die Doubletten verstaut und den Safe verschlossen hatte, wandte er sich in abweisendem Ton an die ungebetenen Besucher: »So, und jetzt machen Sie, daß Sie wegkommen!«

»*Minutschko,* Genosse!« erwiderte einer der Männer und stapelte die Bänder auf dem Arm seines Begleiters.

Vor der Rolltreppe der Belorusskaja Ulica machte Komuschkin kehrt und drängelte sich gegen den Strom der Metro-Fahrgäste zum Eingang zurück. Nach zwölf Stunden Plackerei mit diesem vertrackten Source-Code einfach nach Hause fahren? Unmöglich. Der Compiler mußte laufen. Und das wollte er sehen; nicht mehr und nicht weniger. Igor Vladimirowitsch würde toben. *Nitschewo,* sollte er.

Komuschkin kam gerade die Treppe hinauf, als er sah, daß Bondarenko zwei Männern die stählerne Eingangstür der Abteilung aufhielt. Einer von ihnen trug einen Stapel Computerbänder aus der Abteilung. Als sie den Leutnant kommen sahen, drängten sie sich an ihm vorüber und würdigten ihn keines Blickes. Eher beiläufig erkannte Komuschkin die Bandetiketten der vergangenen Nacht. Bondarenko blieb an der Tür stehen und starrte ihn wütend an.

»Die waren doch nicht vom Sicherheitsdienst?« fragte Komuschkin verblüfft.

»Kamen von der *Instanz*«, zischte Bondarenko, »und du hast die nicht gesehen!«

Mit *Instanz* war oben gemeint. Ganz oben. Der Major hatte leise gesprochen. Unvermutet brüllte er jetzt Komuschkin an: »Du hast drei Sekunden, um zu gehen! Sonst hänge ich dir ein Disziplinarverfahren an!«

Komuschkin ahnte, daß bei Igor Vladimirowitsch die Luft dünn wurde. Nein, seine Stellung wollte er nicht verlieren. Ohne ein Wort des Widerspruchs drehte er um und lief die Treppe wieder hinunter. Die Vernunft hatte über seine Besessenheit gesiegt. Scheißspiel.

10. JANUAR, DUSCHANBE (TADSCHIKISCHE SSR), 7.00 UHR:

Der elektronische Wecker auf dem Nachttisch piepte in einer schmerzhaften Frequenz. Generalmajor Myschko hatte ihn von der Verwaltung Technische Operationen präparieren lassen. Der seit Jahren kontinuierliche Schlafmangel und die permanente Arbeitsüberlastung forderten ihren Tribut, mit seiner Sucht nach Schlaf- und Aufputschtabletten, seinen Kreislaufbeschwerden und der Unfähigkeit, morgens aus dem Bett zu kommen. Wie gelähmt lag er dann auf der Seite zusammengerollt und wurde immer wieder in den Dämmerzustand des Halbschlafs zurückgezogen.

Myschko fuhr mit der Handfläche vor dem Sensor des Weckers entlang. Das unangenehme Piepen erstarb. Entgegen der Gewohnheit schlug er sofort die Decke zurück, stellte die Füße auf den Boden und zwang sich in eine aufrechte Sitzposition. Der Rücken tat ihm weh. Wie in den meisten Gästehäusern des KGB waren auch hier die Matratzen Gift für seine lädierten Bandscheiben. Myschko stand auf, streckte sich durch und ging zum Fenster. Die Dämmerung im Osten zeigte sich nur in dunkelgrauen ausgefransten Konturen am wolkenverhangenen Himmel. Seit Tagen hatte sich im tadschikischen Vorland des Gissarmassivs eine Schlechtwetterfront gefangen. Entweder blies der Südwind den Staub der Gebirgssteppen in die Hauptstadt, oder dichte Regenwolken aus dem Norden ergossen sich wie aus geborstenen Schleusentoren über Duschanbe. Manchmal geschah beides gleichzeitig, und die Stadt wurde mit einer gelbbräunlichen Schlammschicht überzogen, die die Gullis verstopfte und sich in den Gräben der unbefestigten Straßen staute.

Nachdem er den Vorhang wieder zugezogen hatte, ging er ins Bad. Er stellte sich vor das Waschbecken, ließ einen halben Finger breit Wasser in die Seifenschale laufen und rührte mit dem Rasierpinsel den Schaum an. Mit eingeseiftem Gesicht zog er das Rasiermesser in einer langen Linie von seinem grauhaarigen Kotelettenansatz über die Wange. Im Spiegel bemerkte er die dunklen Ringe unter seinen Augen und die durch die Nachtarbeit angeschwollenen Tränensäcke. »Du wirst alt, Arkadij!« sagte er zu sich selbst. Er tauchte das blitzende Messer ins warme Rasierwasser, drehte es und setzte am Hals an. Das Telefon schrillte in der Lautstärke einer Alarmklingel. Ein kleiner Ruck. Es genügte, daß sich das Blut eine Bahn durch den weißen Schaum den Hals hinunter suchte. Mit einem Fluch ließ er die Klinge ins Becken fallen. Seine Fingerspitzen angelten nach einem Handtuch. Das Frottee an den verletzten Hals gedrückt, lief er nackt ins Schlafzimmer und nahm den Telefonhörer ab. »*Da*!« rief er ruppig in die Muschel.

»Hauptmann Iwanow!« Es war der Offizier, der die von Myschko angeordnete Observierung des tadschikischen KGB-Chefs leitete. »Guten Morgen, Genosse Generalmajor! Bekdemir hat heute nicht das Haus verlassen.«

»Ja, und?«

»Meine Männer haben nachgesehen. Er liegt im Keller ... Selbstmord!«

Myschko setzte sich aufs Bett und betupfte mit dem Handtuch den blutenden Schnitt. »Benachrichtigen Sie den örtlichen Sicherheitsdienst des KGB! Und sorgen Sie dafür, daß nichts verändert wird. Ich komme hin!«

Der Generalmajor drückte kurz mit dem Zeigefinger auf die Gabel und wählte die Nummer der Telefonvermittlung. Binnen fünf Minuten war die sichere Leitung zur *Vertuska* des KGB-Vorsitzenden Tschebrakin geschaltet.

Tschebrakin ließ ihn gar nicht zu Wort kommen. »Ich wollte Sie gerade anrufen, Arkadij Leonowitsch! Der Genosse Chmys ist tot!« Dann sprudelten die Worte aus ihm heraus, als habe man eine volle Schweinsblase angestochen. Tschebrakin schien einem hysterischen Anfall nahe.

Emotionslos hörte sich Myschko alles an. Wochenlang hatten sie auf den Erfolg ihrer Zeitbombe gewartet. Sie war reichlich spät hochgegangen. Erst als Tschebrakin, eher beiläufig, von Granows Ermittlungen in der Ersten Hauptverwaltung erzählte, unterbrach Myschko ihn: »Was sagen Sie da, Granow wurschtelt in der Ersten Hauptverwaltung herum?«

»Ja!« antwortete Tschebrakin. Myschkos abfällige Bemerkung konsternierte ihn. »Er hat Hauptmann Barynin verhaften lassen. Und soeben ist er zum Rechenzentrum der Ersten Hauptverwaltung unterwegs. Ich habe ihm die entsprechenden Vollmachten ausgestellt. Granow wird in wenigen Stunden Bericht erstatten.«

Myschko verlor die Beherrschung. »*Idi k tschortu!* Ist Ihnen klar, was Sie da anrichten?« brüllte er in den Hörer. »Wollen Sie das gesamte KGB gegen sich aufhetzen? Granow soll sich um die *Spaks* kümmern! Für die Ermittlungen im KGB ist allein die Verwaltung Sonderermittlungen zuständig!«

Myschkos aufgebrachte Reaktion verwirrte den KGB-Chef: »Ja, aber, was haben Sie denn dagegen, von so einem hervorragenden Kriminalisten wie Sonderstaatsanwalt Granow unterstützt zu werden?«

»Ich komme mit der nächsten Maschine nach Moskau!« sagte der Generalmajor bestimmt, ohne auf Tschebrakins Frage einzugehen. »Und rühren Sie diesen Barynin nicht an, bevor ich da bin!«

Für einige Sekunden war in der Leitung nur das atmosphärische Rauschen zu hören. »Weshalb haben Sie überhaupt angerufen?« fragte Tschebrakin.

»Bekdemir hat sich letzte Nacht das Leben genommen!« erklärte Myschko. »Ich habe es eben erfahren. Meine Leute sind unterwegs. Ich fahre jetzt zum Tatort und besorge mir anschließend einen Flug bei der Luftwaffe!«

»Nein, das werden Sie nicht!« antwortete der KGB-Chef, nun seinerseits recht barsch. »Sie kümmern sich um den Fall Bekdemir. Anschließend fliegen Sie nach Prag. Sie kümmern sich persönlich um den illegalen *Mokryje-Dela*-Einsatz! Heute nachmittag telefonieren wir wieder. Es ist, verdammt noch mal, der schlechteste Zeitpunkt für Ihre alten Rivalitäten mit der Generalstaatsanwaltschaft. Ende!«

Aus dem Hörer drang sonores Brummen. Tschebrakin hatte aufgelegt. Wütend knallte Myschko den Hörer auf die Gabel. Barynin – der kauzige Granow hatte sich mit der Zielsicherheit eines alten Bussards auf ihren Mann gestürzt. Wußte der Teufel, wie ihm das gelungen war. Aber nun hing er an Barynin dran wie ein Blutegel und saugte ihn so lange aus, bis der Oberst einen Fehler machte. Sie durften keinen Fehler machen, weder Barynin, noch Wolotkin, noch Schalajew, noch er selbst. Und ihre Leute mußten das tun, was er ihnen in den Jahren beigebracht hatte: die Nerven behalten.

Myschko griff nach den Zigaretten auf dem Nachttisch und steckte sich eine an. Als er sein goldenes Feuerzeug in den Händen hielt, sah er, wie seine rechte Hand zitterte. Während er die ersten Züge tief inhalierte, kreisten seine Gedanken um Granow, Wolotkin, Tschebrakin und Uljanow. »Bei sieben Babuschkas verliert das Kind ein Auge«, murmelte er vor sich hin und suchte seine Unterhose.

10. JANUAR, OSTBERLIN, 9.45 UHR:

Der erste Wagen stand an der Ecke Wattstraße/Helmholtzstraße. Ein grauer Trabant betagten Alters. Der Fahrer, ein bierbäuchiger Mann mittleren Alters, stand gebeugt unter der geöffneten Motorhaube und fummelte an der Elektrik des Zweitakters. Walter Taubert arbeitete seit 1952 gelegentlich für den Mossad. Genauso wie Julius Ortmann das im Westen Berlin getan hatte. Taubert überblickte von seinem Standort die Wattstraße in beiden Richtungen.

Kurt Ziegenhagen, sein Kollege, hatte die halbe Nacht gewartet, um in Sichtweite zum Haus Nummer vierzehn einen Parkplatz zu finden. Er saß hinter dem Steuer eines beigefarbenen Lada, mit einer Zivilnummer aus dem Bezirk Cottbus.

Josif Nourat lief nervös durch die Wohnung, kontrollierte sein Gepäck und schloß die Fenster. Das Taxi mußte jeden Moment eintreffen. Und der Kontaktmann hatte keine Post gebracht. Daniela, seine ostdeutsche Freundin, bei der er die letzten Monate verbracht hatte, war im Dienst. Sie arbeitete als Angestellte in der Hauptverwaltung Aufklärung des Ministeriums für Staatssicherheit in der Normannenstraße. Von Anfang an war sie bereit gewesen, Josif zu überwachen. Nur so war es überhaupt möglich gewesen, die Genehmigung zu erhalten, daß er bei ihr leben konnte statt im Wohnheim für ausländische Studenten. Der Vorschlag, Nourat persönlich zu überwachen, stammte von Daniela selbst. Sie fand die Idee, ihr Verhältnis zu dem Palästinenser durch einen dienstlichen Auftrag zu legalisieren, bestechend. Ihr Interesse hatte von Anfang an Josifs makellosem Körper gegolten. Niemals wäre sie auf den Gedanken gekommen, daß er tatsächlich Kontakt zur palästinensischen Terrorszene unterhielt.

Es klingelte. Nourat hakte die Vorhängekette ein und öffnete die Wohnungstür einen Spaltbreit.

»Post für Nimet!« sagte ein Mann, dessen blanker Schädel von einem schmalen dunkelgrauen Haarkranz umgeben war. Er trug gewöhnliche Alltagskleidung, DDR-Kunstfaserkonfektion.

»Das war knapp!« antwortete Nourat in seinem starken Akzent. Der Mann sah ihn kühl an und steckte einen Umschlag durch den Türspalt. »Gute Reise!« Ohne ein weiteres

Wort zu wechseln, drehte er um und lief die knarrenden Stufen der Treppe hinunter.

Nourat packte in Windeseile seine Reisetasche aus. Durch einen fast unsichtbaren Mechanismus ließ sich die Bodenpappe der Tasche aufklappen. Der Hohlraum reichte exakt für die Dokumente. Nourat riß den Umschlag auf und verstaute die kubanischen Reisepapiere samt der Transitvisa in dem doppelten Boden. Er grinste. Wenn man die Russen genügend unter Druck setzte, lieferten sie auf Bestellung.

Der Russe verließ das Haus in Richtung Siemensstraße. Taubert klappte die Motorhaube zu und folgte ihm. Im Abstand von hundert Metern bogen sie in die Wilhelminenhofstraße ein, liefen durch das Industriegebiet zur Edisonstraße, nahmen die Treskowbrücke über die Spree. An der Art, wie sich der Russe bewegte, die Straßenseiten wechselte und sich von Zeit zu Zeit gekonnt mit Hilfe von Schaufenstern und Außenspiegeln parkender Autos umsah, konnte Taubert spüren, daß er es mit einem professionellen *Läufer* zu tun hatte. Am Bahnhof Schönweide nahm der Russe die S-Bahn zum Ostkreuz. Spätestens hier hatte Taubert verloren. Der Mann tauchte blitzschnell zwischen den Gängen und Treppen des unübersichtlichen S-Bahn-Knotenpunktes unter.

Josif Nourat trat auf das zweite Klingeln hin ans Fenster. Das Taxi stand vor dem Haus. Er nahm seine inzwischen neu gepackte Reisetasche, schloß die Wohnungstür zweimal ab und warf den Schlüssel durch den Briefkastenschlitz. Daniela glaubte, er führe lediglich für acht Wochen nach Tunesien. Der Antrag auf Eheschließung war bereits gestellt.

Ziegenhagen kurbelte die Seitenscheibe des Lada herunter. Mit der schallgedämpften Gasdruckpistole in der Hand wartete er, bis Nourat auf die Straße trat. Als der Palästinenser die Reisetasche anhob, um sie in den Kofferraum des Taxis zu heben, drückte Ziegenhagen ab. Die Gamma-Wanze schlug zielgenau auf dem Nylongewebe der Tasche auf. Ein kaum wahrnehmbarer Plopp. Der beim Abschuß aktivierte Sekundenkleber verband das millimeterkleine Kunststoffkügelchen fest mit dem Gepäckstück. Durch den im Geschoß enthaltenen, nur unter dem Mikroskop erkennbaren, hochradioaktiven Plutoniumsplitter ließ sich die Tasche auf allen Flughäfen dieser Welt identifizieren. Ziegenhagen fuhr dem Taxi bis nach Berlin-Schönefeld nach, zum Flughafen. Der palästinensische Student hatte einen Platz in der Interflug-Maschine nach Sofia gebucht. Es paßte. Die Berechnungen in Tel Aviv hatten ergeben, daß Nourat an diesem Tag über drei Flugverbindungen Bagdad erreichen konnte. Der Kurs über Sofia war einer davon.

10. JANUAR, WASHINGTON D.C., 8.15 a.m.:

Der Präsident der Vereinigten Staaten mußte auf sein gewohntes Frühstück verzichten. Sein Stabschef hatte ihn gleich nach dem Aufstehen angerufen und war kurz darauf selbst im privaten Flügel des Weißen Hauses erschienen, um ihn in Headlines über die Affäre Uljanow zu unterrichten.

Es war eine ungewöhnliche Runde zu einer ungewöhnlichen Zeit. Der Alte saß hinter seinem Schreibtisch. Gegenüber hatten sich George Bush, der Vize-Präsident, Peat Nuskiewicz, der DCI und damit Direktor der CIA und höchster Koordinator aller US-Geheimdienste, und Andrew Woodward, sein Nachfolger, auf den geschichtsträchtigen Stühlen des Oval Office verteilt. Mike Gilman, der Stabschef des Weißen Hauses, hatte an der Flanke des Eichenholztisches Platz genommen, als wolle er Reagan von seinen Beratern abschirmen. Der Fall Uljanow und die Ungereimtheiten auf sowjetischer Seite trafen die Reagan-Administration zum ungeeignetsten Zeitpunkt. Die Amtsübergabe vom Präsidenten an George Bush lief auf vollen Touren. Das amerikanische Volk hatte Bush bei der Präsidentschaftswahl des letzten Herbstes dem demokratischen Kandidaten vorgezogen. Bushs offizielle Amtsperiode begann in den nächsten Tagen, und damit war ein Austausch der gesamten Administration und der leitenden Beamten verbunden.

Nuskiewicz trug den anwesenden Männern einige Passagen aus dem *Special National Intelligence Estimate* zum Fall Uljanow vor. Der DCI war einer der letzten urigen Originale aus den OSS-Zeiten unter »Wild Bill«. Jetzt führte eine Sieben sein Alter an, und er brachte etliche Pfunde zuviel auf die Waage.

Als Sohn aus Polen emigrierter Bauern hatte er 1939 auf texanischem Boden tatenlos zusehen müssen, wie in Europa seine halbe Familie von Hitler und Stalins Armeen abgeschlachtet wurde. Peat Nuskiewicz verließ Texas und ging zum *Office of Strategic Services*, der Vorläuferorganisation der CIA im Zweiten Weltkrieg. Mit der mentalen und physischen Gewalt eines Nilpferdes walzte Nuskiewicz aus jedem Sumpf das Wasser, brachte jede Abteilung, der er vorstand, auf Vordermann. Reagan hatte sich nach seiner Wahl William Casey als DCI ausgesucht. Erst als die Wogen von »Irangate« über der Regierung zusammenzuschlagen drohten und der Senatsausschuß für Nachrichtendienste der CIA den *Intelligence Oversight Act*, jenes Gesetz zur Überwachung der Nachrichtendienste, um die Ohren schlug, während Casey eines qualvollen Krebstods starb, erst da holten sie den polnischen Bullen wieder in die CIA zurück. Peat machte seinen Job fabelhaft. Innerhalb von sechs Wochen war die *Firma* aus den Schlagzeilen gekommen. Um so mehr enttäuschte es ihn, daß ihn Bush endgültig in Pension schicken wollte. Bush war ein zögerlicher

Pragmatiker, umsichtiger, aber weniger charismatisch als sein Vorgänger. George Bush machte den jungen Andrew Woodward zum DCI, einen, wie Nuskiewicz meinte, intellektuellen Ostküsten-Yuppie, der glaubte, das Konglomerat US-amerikanischer Nachrichtendienste in der Art einer Fast-Food-Kette managen zu können. Nuskiewicz haßte die HYPs, wie die Absolventen von Harvard, Yale und Princeton in der *Firma* genannt wurden. Nach Ansicht Nuskiewicz' gab es bei der CIA genug Theoretiker.

»*Okay, boys*!« sagte der Präsident und stellte seine Kaffeetasse beiseite, nachdem der DCI mit seinem Bericht geendet hatte. »Was erwartet ihr von mir? Sollen wir die *National Security Planning Group* einberufen?« Er blickte säuerlich in die Runde.

Nuskiewicz befürchtete, daß der Präsident im Moment die Zusammenhänge nicht durchschaute. Außerdem störte die Affäre die Ruhe seiner letzten Tage in Washington. Die Erleichterung des Alten über Bushs großen Wahlerfolg und seine Vorfreude, nach Kalifornien zurückzukehren, entging niemandem in der Administration. Er hatte alle Krisen seiner zwei Amtsperioden, einen Mordanschlag und zwei Krebsoperationen inklusive, überstanden. Seine jetzige Amtsmüdigkeit nahm ihm keiner übel.

»*Well*«, erwiderte Bush mit seiner nasalen Stimme, einem ungewöhnlichen Sound aus texanischem Slang und der elitären Akzentuierung New Englands, »fühlen wir den Russen auf den Zahn! Laßt uns hören, was Andrejew zu sagen hat.«

»Ach, George!« jammerte Nuskiewicz. Er erlaubte sich schon aufgrund des biblischen Altersunterschiedes, den Vize beim Vornamen anzusprechen. »Das bringt's doch nicht! Andrejew ist nicht Dobrynin. Wollen Sie sich unbedingt eine Tüte voll heißer Luft in die Ohren blasen lassen?«

Es gab viele amerikanische Politiker, die dem alten Umgehungskanal der Nixon-Ära nachtrauerten. Unter Umgehung aller diplomatischen Wege hatte damals ein direkter Draht zwischen Außenminister Andrej Gromyko, Anatolij Dobrynin, dem sowjetischen Botschafter in Washington, und Henry Kissinger bestanden. Die Zeiten hatten sich geändert. Sowjetische Diplomaten betraten das Weiße Haus nicht mehr über den Hintereingang. Statt dessen baute sich Gorbatschow vor der UNO-Vollversammlung auf und posaunte seine Abrüstungsvorschläge in die Welt, als sei das Promotion-Management ein Patent der Sowjets.

»Ich habe mir doch nicht die Nacht mit dem NFIB um die Ohren geschlagen, um mich jetzt verarschen zu lassen ...«

»Peat, bitte!« raunzte der Präsident ihn an.

»*Okay*«, entschuldigte sich Nuskiewicz schnodderig, »unsere Nachrichtendienste haben in den letzten zwölf Stunden einen Haufen Material zusammengetragen. Sehen wir uns die Fakten mal chronologisch an! Samstag, über die CIA: Der Mossad bittet um Unterstützung einer US-Air-Force-Base in der Türkei, um in einem Kommando-Unternehmen den palästinensischen Terroristen Abdul Nimet im Irak zu fassen. Wir stimmen zu. In der Nacht von Sonntag auf Montag, Horchposten der NSA in Norddeutschland und Westberlin: Aus Prag werden per verschlüsselte Computerdaten-Fernübertragung die kompletten Personenbeschreibungen zweier Leute und eine Ankunftszeit nach Kopenhagen gefunkt. Über den Personal-Computer in einer konspirativen Wohnung wird die Nachricht punkt drei Uhr in eine Westberliner Telefonzelle gesendet. Vierundzwanzig Stunden später wissen wir, daß es sich in den Steckbriefen um die Russen Boris Stepanowitsch Uljanow und Generalmajor Feliks Matwejewitsch Scherstnew handelt. Uljanow ist der ehemalige Top-Spezialist des KGB für Terrorbekämpfung. Sein Wissen hat er sich als sowjetischer Agent im britischen SAS erworben. Zuletzt lebte er als ausgeflippter Musiker in Moskau. Generalmajor Scherstnew ist sein Onkel. Er war Leiter der Verwaltung Personenschutz im KGB. Montag mittag, CIA-Mission Westberlin: Uljanow und Scherstnew werden in Westberlin auf offener Straße von Skinheads angegriffen. Scherstnew wird erschossen. Uljanow erschlägt einen der Täter und entkommt, selbst schwer verletzt. Bei dem Toten handelt es sich um Rainer Lohmann, ehemaliges Mitglied in der Sozialistischen Einheitspartei Westberlins und Agent des Ministeriums für Staatssicherheit der DDR. Montag abend, CIA-Mission London: Wir versuchen, uns bei David Lynn, einem ehemaligen SAS-Offizier, nach Uljanow zu erkundigen, mit dem er über drei Jahre zusammengearbeitet hat. Aber Lynn ist in Israel, um den Mossad bei der Nimet-Operation zu unterstützen. Ausgerechnet Lynn, Uljanows früherer Partner. Montag nachmittag, US-Botschaft Moskau: Das sowjetische Außenministerium verweigert eine Stellungnahme zu den Vorfällen in Westberlin. Montag, vierundzwanzig Uhr, in München, CIA-Mission Bonn: Feuerüberfall auf die Wohnung von Petra Aichinger, alias Verena Aladkowa, Industriespionin des KGB beim Siemens-Konzern. In dieser Wohnung hat sich Uljanow aufgehalten. Ein Trupp, vermutlich sowjetische *Mokryje-Dela*-Agenten, stürmt das Apartment. Zwei Tote, mit tschechoslowakischen Pässen in der Tasche. Einer der Agenten ist spurlos verschwunden. Uljanow und die Aladkowa haben Hilfe von außen bekommen. Weder wir noch die Deutschen wissen von wem. Dienstag, ein Uhr in Bonn, NSA-Stützpunkt Frankfurt: dpa-Meldung über die Verwicklung amerikanischer Geheimdienstkreise in die Münchner Schießerei. Der Bonner Außenminister zitiert noch in der Nacht unseren Botschafter ins Auswärtige Amt. Und unser Mann muß sich von dieser sächsischen Fledermaus anpinkeln lassen. Die Deutschen treten auch den Tschechen auf die Füße. Nichts. Weder bei uns, noch bei denen. Innsbruck, zwei Uhr dreißig, die

Nachricht kommt aus dem *National Reconnaissance Office* des DIA ...«

»Wo liegt denn Innsbruck?« fragte der Präsident.

»In den österreichischen Alpen, in der Nähe von München«, antwortete Nuskiewicz befremdet. »Laut Luftraumkontrolle der *Airsouth* in Neapel, startete um ein Uhr dreißig mitteleuropäischer Zeit eine zivile BAC-one-eleven der Aero Geneve mit Ziel Genf. Tatsächlich hat die Maschine ihren Kurs während des Fluges geändert und ist auf dem israelischen Raketenstützpunkt Gerafon gelandet. Danach ist sie nach Frankfurt am Main geflogen ...«

»Mein lieber Nuskiewicz«, unterbrach ihn der junge Woodward, »wollen Sie jetzt ein Komplott gegen die Vereinigten Staaten zusammenkonstruieren?«

Woodward ging dem DCI maßlos auf die Nerven. Eine Schande, dachte er, daß mein Stall in die Hände dieses Maßhemden tragenden Teeniefuckers fällt. »Nein«, erwiderte er in einem ungeduldigen Ton, »ich mache nur meine Hausaufgaben, Kleiner!«

Woodwards Gesicht zuckte. Die anderen überhörten die Provokation.

»Innsbruck liegt keine zwei Autostunden von München entfernt. Nachfragen über diesen Start, während der Innsbrucker Flughafen offiziell geschlossen war, scheiterten an der Wiener Kaffeehaus-Mafia. Seit der Waldheim-Affäre haben die Österreicher bei den Israelis einiges gutzumachen. Und die Aero Genève ist eine Schweizer Leasing-Gesellschaft. Mehrheitsaktionär ist die Deutsche Bank.«

»Aber worauf wollen Sie denn hinaus, Peat?« mischte sich jetzt auch Bush ein.

»Vor sechs Stunden«, fuhr Nuskiewicz unbeirrt fort, »fingen die NSA-Satelliten eine verschlüsselte Nachricht aus Moskau an die Parteizentrale der sowjetischen Republiken auf. Es war eine Mitteilung vom Tod General Bronislaw Chmys', des Leiters der Ersten Hauptverwaltung des

KGB.« Nuskiewicz hatte Chmys respektiert, insgeheim auch dafür bewundert, wie er den maroden Laden in Moskau auf Vordermann gebracht hatte. Daß er auf diese Art hatte krepieren müssen, tat dem DCI fast leid. Vielleicht aus einem Gefühl von Solidarität unter den Cracks der Branche.

»*Well*«, sagte Woodward und rieb sich dabei langsam die Hände, »wir haben eine Fülle von interessanten Detailinformationen, aber es existiert nicht ein einziger Beweis, daß sie miteinander in Zusammenhang stehen.«

Nuskiewicz sah seinem Nachfolger in die Augen. Er tat es mit dem Blick eines Mannes, der im nächsten Moment zuschlägt. »Und das sind die letzten Satellitenfotos von Gerafon«, sagte er und zog drei große Fotoabzüge aus seiner Handakte, die er dem Präsidenten auf den Tisch legte. »Dort herrscht Hochbetrieb. Die Infrarot-Aufnahmen zeigen einen provisorischen Hangar aus Zeltplanen. Die Israelis verstecken eine zivile Passagiermaschine darunter. Nach den Maßstabsberechnungen der Air-Force handelt es sich um eine sowjetische Jakowlew 42!«

Woodward spürte, wie sich seine Nackenmuskeln verkrampften. Der alte Pole nahm ihn nicht ernst, er nahm in der *Firma* überhaupt niemanden ernst, der nicht über persönliche Fronterfahrungen aus Korea oder Vietnam verfügte. Kein Mitarbeiter in der CIA wußte von diesen Aufnahmen. Der alte DCI aber hatte zu jedem Haufen der US-Nachrichtendienste seine eigene Verbindung. Das brisante Material erreichte ihn nicht auf dem langatmigen Dienstweg, sondern direkt über den NRO. Nuskiewicz hatte seinem designierten Nachfolger das Messer hingehalten, und Woodward war prompt hineingelaufen.

Staunend betrachtete der Präsident die Fotos. »*I can't believe it*! Was haben die vor, Peat?«

Bush stand wortlos auf, lief um den Schreibtisch und ließ sich die Abzüge geben.

»Wie ich schon sagte«, antwortete Nuskiewicz, »irgend jemand kocht da seinen eigenen Borschtsch, und wir sollen dafür unseren Arsch hinhalten! Vergiß nicht, Präsident, Uljanow und Lynn sind Anti-Terror-Spezialisten. Der Mord an Generalmajor Chmys, die Jakowlew in Israel. Das sieht alles verdammt nach einer Krise aus. Wenn in Moskau und Europa die Fetzen fliegen, werden dreihunderttausend GIs davon überrascht. Nur daran würde man später deine Amtszeit messen.« Peat wußte, wie er Reagan Dampf machen mußte, um sich durchzusetzen.

Der Präsident sah verunsichert zu Bush hinüber, der die Aufnahmen gerade an Gilman weiterreichte. »Was meinst du, George?«

Bush setzte sich wieder auf seinen Stuhl. »Schweres Geschütz, das Peat da auffährt«, kommentierte er. »In jedem Fall sollten wir das Material verifizieren und den Nationalen Sicherheitsrat einberufen.« Er sah zu Woodward hinüber. Sein Mann war von Nuskiewicz kompromittiert worden, und nun wollte er ihm Gelegenheit geben, sich zu profilieren. »Was meinen Sie, Andrew?«

»Moralisch stehen wir diesmal auf der richtigen Seite«, meinte Woodward und rieb seinen Hals. »Ich schlage vor, daß unser Botschafter in Tel Aviv sofort interveniert. Außerdem spricht nichts gegen eine Presseerklärung des Stabschefs, in der wir uns klar und deutlich von dem Anschlag in München distanzieren. Wir sollten auch die Deutsche Presse Agentur ein wenig in die Enge treiben. Eine Undercover-Aktion halte ich für weniger sinnvoll. Wozu haben wir unsere ganzen Nachrichtenstäbe? Sollten sich unsere Befürchtungen bestätigen, empfehle ich, die NATO-Partner zu konsultieren; das SHAPE natürlich sofort. Unter sicherheitspolitischen Aspekten halte ich den offiziellen Weg auf jeden Fall für den effizientesten.«

»*Fuck off*!« nuschelte Nuskiewicz, aber doch so deutlich, daß es jeder hören konnte. Woodwards gestelzte Analysen strapazierten seine Geduld. »Seid ihr euch darüber im klaren, was da drüben passiert, wenn Gorbatschow über die Klinge springt und wir uns vollkommen unerwartet irgendeinem Hardliner aus dem sowjetischen Generalstab gegenübersehen? Armenien, Georgien, Estland, Lettland, Litauen, Ungarn, Polen? Was wird aus Westberlin? Wer von euch denkt eigentlich an diese zig Millionen Menschen, die auf einem Pulverfaß leben?« Der alte Pole redete sich in Rage: »Alle Welt bekommt feuchte Augen über diesen Gorbatschow und seine Abrüstungsvorschläge. Mir macht dieser Mann angst. Er bringt meinen Laden durcheinander!«

Das Gesicht des Präsidenten wurde nachdenklich. Nuskiewicz traf ihn an seinem empfindlichsten Nerv: seinem tiefverwurzelten Antikommunismus. »Was sollen wir deiner Meinung nach tun?« fragte er und sah den DCI konsterniert an.

»Sagen Sie, Woodward, kennen Sie den Leiter der Mossad-Operation gegen Abdul Nimet?« fragte Nuskiewicz und klang jetzt geradezu versöhnlich.

»Ein gewisser Chaim Koszak!« antwortete Woodward verunsichert. »Im DO erzählt man, Koszak wäre einer der erfahrensten Teamchefs ...«

»So, mehr hat der DDO nicht gesagt?« Nuskiewicz lächelte einen Moment, so daß die Ansätze seiner veralteten Jacketkronen sichtbar wurden. Aber ebenso schnell verhärteten sich seine Gesichtszüge wieder. »Koszak ist nicht nur Pole. Er ist ein jüdischer Pole. Der cleverste, mit dem wir es zu tun haben könnten. Der klaut Ihnen, mein lieber Woodward, den Stuhl unterm Hintern, ohne daß Sie herunterfallen! Wenn ihr noch Wert auf meine Meinung legt, empfehle ich: Laßt uns den Israelis auf die Finger hauen! Nötigenfalls sollten wir sogar mit der Sperrung der Militärhilfe drohen. Wir müssen den Mossad zwingen, die Hosen herunterzulassen. Außerdem möchte ich unseren eigenen

Laden in Gang setzen, um diesen Uljanow zu finden, egal wo er sich herumtreibt. Es ist höchste Zeit für ein Interview mit ihm. Drittens, wir schnappen uns diesen Journalisten von der dpa und ...« jetzt war seine Stimme nicht frei von Sarkasmus, »geben ihm ausreichend Gelegenheit, uns über seine Quelle zu informieren.« Nuskiewicz sah den Präsidenten herausfordernd an: »Gib mir zwölf Stunden Zeit!«

»Und dann, was geschieht dann?« mischte sich der Vize ein. »Welchen Erfolg versprechen Sie sich von Ihrer Holzhammer-Methode?«

»Daß wir wissen, wie der Hase läuft«, antwortete Peat, »danach können Ihre Jungs vom State Department ausschwärmen, dann sollen meinetwegen die Generäle im Pentagon ihr Hirn aus der Schublade holen. Wir von der *Firma* haben unseren Job dann erledigt.«

Der Präsident blickte in die Runde. Offensichtlich wollten Bush und Woodward vorsichtiger an die Sache herangehen. In den letzten Monaten hatte der Präsident keine Entscheidung mehr ohne die Einwilligung des Vize getroffen. Es schien sowieso nur eine Frage des Protokolls zu sein, daß er noch auf diesem Stuhl saß. Doch in diesem Moment fühlte er sich Peats Vorstellungen näher als dem kühlen Pragmatismus des Vize. »Was meinen Sie, Gilman?«

Der Stabschef hatte das ganze Gespräch über geschwiegen. Der zweiundfünfzigjährige Mike Gilman hatte den Job als Stabschef erst vor wenigen Monaten übernommen. Der Präsident schätzte ihn, weil er durch ihn von lästigen Entscheidungen befreit wurde. Gilman blieb immer im Hintergrund und sprach nur, wenn er gefragt wurde. »Ich möchte Ihnen keinesfalls vorgreifen, Sir!« sagte er. »Aber ich halte die Anregung von Mr. Woodward, die Deutschen mit einer Pressemeldung aus dem Weißen Haus unter Druck zu setzen, durchaus für sinnvoll. Wir sollten über unsere diplomatischen Kanäle auch den Sowjets unsere Aufmerksamkeit signalisieren ...«

Peat war gerade im Begriff, das Gesicht zu verziehen, als Gilman fortfuhr: »Darüber hinaus halte ich die Vorschläge von Mr. Nuskiewicz für überaus fruchtbar. Wir haben nichts zu verlieren. Wie Mr. Woodward selbst bemerkte, diesmal stehen wir moralisch gesehen auf der richtigen Seite.«

»George?« Der Präsident und Bush tauschten Blicke aus. Es erschien dem Alten ungeschickt, kurz vor dem Amtswechsel in eine Konfrontation mit seinem Nachfolger zu geraten. George Bush nickte.

Widerwillig schloß sich Woodward dem Vize an. Ihm blieb keine andere Wahl, wenn er sich nicht unnötig isolieren wollte.

»Okay, Peat«, sagte der Präsident und zeigte mit dem Daumen nach oben. »*Take off*! Du hast zwölf Stunden!«

10. JANUAR, HAR GERAFON – NEGEV-WÜSTE, 14.00 UHR:

Verena erwachte durch ein Geräusch, das einer Kindertrompete ähnelte. Sie schlug die Augen auf. Boris' Gesicht war in ihrer linken Achselhöhle vergraben. Ihr Arm drückte auf einen seiner Nasenflügel. Der andere flatterte im Rhythmus seines Atems. Das Licht über dem Bett brannte noch immer und blendete. Sie kniff die Augen zu und kämpfte gegen die Dumpfheit ihres matten Hirns. Uljanow. München. Tote. Anschlag auf den Generalny. Mossad. Dunkelheit. Ohne die geringste Vorstellung darüber, wo sie sich befand, wandte sie den Kopf um und sah sich die Umgebung an. Keine Fenster. Ventilatorengeräusche. Ein Gefängnis oder ein Bunker. Die Tür mit Klinken, daneben eine Gegensprechanlage, an der Wand ein Militär-Verbandskasten, in einer Box hinter Glas zwei Gasmasken. Ein Bunker – kein Gefängnis. Vorsichtig zog sie ihren Arm unter Boris' Genick hervor. Er reagierte nicht, wirkte wie ohnmächtig. Verena kletterte über das Fußende aus dem Bett. Als sie mit nackten Sohlen auf dem Filzboden stand, schwankte sie und spürte den Kater, unter dem ihr Kreislauf zu leiden hatte. Bruchstückhaft erinnerte sie sich an eine Injektion. Sie betastete den Trainingsanzug, den sie trug. Den Schmuck hatten sie ihr gelassen. Ihre Kleider waren fort. Auf dem Tisch lagen zwei komplette Kleidergarnituren der israelischen Armee. Von der sandfarbenen Schirmmütze bis zu den festen Schuhen. Auf der linken Seite mit BH und Slip, auf der rechten mit Herrenunterhose. Verena entdeckte die schmale Tür zu der Naßzelle und ging hinein. Kein Spülkasten. Ein Druckknopf auf dem Fußboden. Das Wasser, blaugefärbtes aufbereitetes Brauchwasser, lief nur so lange, wie man auf den Knopf trat. Kein Wasserhahn am Waschbecken, auch ein Druckknopf, ebenso in der Dusche. Das Bad verfügte über alles, was die Gäste brauchten: zwei Zahnbürsten, Becher, Zahnpasta, Handtücher, Seife, Haarwaschmittel, Rasierzeug, einen Föhn und erstaunlicherweise Sonnenschutzlotion. Als Verena die hebräischen Buchstaben bemerkte – auf englisch stand darunter gedruckt: *Light protection eight* und *Made in Israel* – und im nächsten Moment den penetranten Chlorgeschmack des Wassers wahrnahm, wurde ihr schlagartig bewußt, wo sie waren: in der israelischen Wüste.

Nachdem sie geduscht hatte und nur mit einem Handtuch bedeckt ins Zimmer kam, reagierte Boris noch immer nicht. Sie zog sich an. Man hatte ihre Konfektionsgröße exakt geschätzt. Ihr langes schwarzes Haar band sie mit einem Gummi zu einem Pferdeschwanz zusammen. Abgesehen von den fehlenden Rangabzeichen auf den Schulterklappen war sie nicht mehr von einer israelischen Soldatin zu unterscheiden. Kurze Zeit spielte sie mit dem Gedanken, Boris zu wecken. Sein langer, tiefer Atem ließ sie zu dem Entschluß kommen, sich auf eigene Faust ein Bild über ihre Situation zu machen. Die Tür war unverschlossen, der hell beleuchtete Korridor dahinter menschenleer. Zögernd ging sie nach links. Die Beschriftungen an den Wänden, der abgestandene Geruch gequirlter Luft, die beunruhigende Stille, all das erinnerte sie an die gigantischen Bunkeranlagen von Nowosibirsk, in denen sowjetische Wissenschaftler unter strengster Geheimhaltung Computer-Chips für Rüstung und Raumfahrt entwickelten. Dort war sie auf ihren Einsatz bei Siemens vorbereitet worden. Verena rechnete hinter jeder Ecke mit einem Trupp israelischer Wachen, die sich auf sie stürzen würden. Statt dessen stieß sie auf einen israelischen Soldaten, der an einer der Schleusen stand. Der Mann war einen guten Kopf kleiner als Verena und lächelte sie zu ihrer großen Verblüffung schon von weitem an. »*Good morning, Missis Aladkowa*!« rief er ihr in gebrochenem Englisch zu und sagte dann fragend: »Mr. Koszak?«

Verena zuckte mit den Achseln. Der Soldat nickte heftig. »Mr. Koszak! *Follow me to Mr. Koszak*!« Mit einer Handbewegung forderte er Verena auf, mitzukommen. Sie folgte ihm quer durch die Bunkeranlage. Je weiter sie kamen, desto mehr Menschen begegneten ihnen. Jeder schien jeden zu kennen, und Verena wurde freundlich gegrüßt. Sie erreichten einen Raum vom Ausmaß einer Turnhalle; hier herrschte eine Geschäftigkeit wie ein einem Hornissennest. An der Stirnseite montierten Techniker eine mehrere Quadratmeter große elektronische Wandkarte von Nordosteuropa. Dutzende von Spezialisten beiderlei Geschlechts saßen in langen Reihen hinter ihren Arbeitsplätzen. Batterien von Telefonen schrillten gleichzeitig. Die Matrixdrucker der Computeranlagen sirrten. Darunter gemischt der Stimmenwirrwarr zahlreicher Fremdsprachen. Der Anblick des Lagezentrums erzeugte bei Verena den Eindruck, in das Herz eines futuristischen Weltraumbahnhofs geraten zu sein. Der kleine Wachsoldat führte sie in einen Pavillon aus schallisoliertem Glas.

Koszak und Lynn saßen an der Ecke eines weitflächigen Tisches über eine Kurskarte der sowjetischen Aeroflot gebeugt. Koszak hörte die Tür, sah auf und kam Verena entgegen. »Es freut mich, Sie in diesem Zustand zu sehen, liebe Frau Aladkowa!« sagte er in fließendem Deutsch und schüttelte Verena die Hand.

»*That's a girl*!« stieß Lynn aus und grinste die Russin herausfordernd an.

»Sie haben doch nichts dagegen, wenn wir uns auf englisch unterhalten?« fragte Koszak, zog ihr einen Stuhl heran und wechselte die Sprache. »Ich bin Chaim Koszak«, dann zeigte er in einer ausladenden Geste auf den Engländer, »und das ist David Lynn!«

»Angenehm, Ihre Bekanntschaft zu machen!« sagte Verena förmlich, während sie David die Hand reichte.

Lynn amüsierte sich über ihre Verlegenheit. »*Yeah, babe*! Unter Ihnen wäre ich auch gerne Spion geworden!«

Verena setzte sich. Koszak füllte einen der großen Becher mit Kaffee. »Ich habe keine Genossen geführt!« antwortete sie, als hätte David eine Frage gestellt.

»Ich meinte es mehr persönlich als beruflich!« frotzelte David.

»Hör auf mit dem Scheiß!« murrte Koszak. Er stellte Verena den Kaffeebecher hin und legte zwei in Zellophan eingewickelte Sandwiches dazu. »Entschuldigen Sie bitte diesen Gummifraß, mit der Küche sind wir noch nicht sehr weit gekommen.«

Verena musterte Lynns respektlosen, fast zynischen Gesichtsausdruck. Früher mußte er ein attraktiver Mann gewesen sein. »Ihre beruflichen Kenntnisse sind hoffentlich nicht so angestaubt wie Ihre Sprüche, Mr. Lynn!«

Koszak lachte schallend. »Sie haben sicher etliche Fragen.«

»Drei!« antwortete Verena und sah den alten Israeli an: »Wo bin ich? Was geht hier vor? Und was hat das mit mir zu tun?«

»Sie formulieren präzise!« bemerkte Koszak anerkennend. »Wir befinden uns auf der israelischen Raketenbasis Gerafon. Und Sie werden Zeugin der größten Geheimdienstoperation seit dem Ende des Zweiten Weltkrieges. Wir werden, gemeinsam mit unseren sowjetischen Partnern, einen Mordanschlag auf Ihren Generalsekretär verhindern.« Er machte eine Pause, offensichtlich vom Erfolg der Operation überzeugt.

»Und Sie haben einfach Pech gehabt!« ergänzte David.

Verena lehnte sich zurück, schlug die Beine übereinander und legte ihre Handflächen um den Becher. »Mich lassen Sie hier einfach so herumlaufen?«

»Sie sind unser Gast, Madam«, antwortete Koszak und lächelte sie freundlich an. »Wenn die Operation erfolgreich abgeschlossen ist, setzen wir Sie in das nächste Flugzeug nach Moskau!« Er hatte nicht die Absicht, sich anzubiedern, für ihn war es eine Frage des gesunden Menschenverstandes, sich den Umgang mit den Personen, denen er ohnehin ausgesetzt war, so angenehm wie möglich zu gestalten.

»Das ist doch blanker Unsinn!« widersprach Verena kalt. Sie hatte zunehmend das Gefühl, die beiden erlaubten sich einen Scherz mit ihr. »Ich bin eine sowjetische Industriespionin, und Sie verhören mich nicht?«

»Wir wollen dem deutschen Verfassungsschutz nicht die Arbeit abnehmen!« alberte der Israeli. »Aber Spaß beiseite. Ich verstehe Ihr Mißtrauen. Seien Sie beruhigt, Sie haben die beste Lebensversicherung, die Sie sich vorstellen können: Boris Uljanow!«

Verena trank von dem Kaffee. Koszak verwirrte sie. »Wieso Uljanow?« murmelte sie und nahm einen zweiten Schluck.

»Wir sind auf ihn angewiesen«, fügte David hinzu. Seine Stimme wurde eine Spur schärfer, als er sagte: »Und der Bastard weiß das ganz genau!«

Koszak legte seine Hand auf Verenas Arm. »Boris muß innerhalb der nächsten vierundzwanzig Stunden Moskau erreichen, um den Kontakt zu unseren sowjetischen Partnern aufzubauen.«

»Sie erwarten, daß der Genosse Uljanow Ihnen dabei hilft, sich in die inneren Angelegenheiten der UdSSR einzumischen?«

»Jetzt werden deine Sprüche staubig, *Baby*!« bemerkte David.

Pikiert nahm sie eines der Sandwiches in die Hand und wickelte es aus dem Zellophan. Ihr Hunger siegte über den penetranten Geschmack des Konservierungsmittels.

»Sie waren lange genug im Westen, um zu begreifen, daß das Überleben Gorbatschows nicht nur eine sowjetische Angelegenheit ist!« antwortete Koszak. Er wollte sich die Diskussion mit einer Frau ersparen, die ihm sowieso nichts nützen konnte. »Unser Partner war General Chmys …«

»*War?*«

»Er ist letzte Nacht umgebracht worden. Boris muß nach Moskau, um den Kontakt wiederherzustellen und die Operation gegen die Putschisten zu koordinieren.«

Verena legte das Brot auf die Folie zurück und hatte Mühe, den Bissen zu schlucken. »Bronislaw Iljitsch …«, flüsterte sie leise. Sie hatte den General gut gekannt und bewundert.

»Nun gut«, sagte der Israeli und faltete die Hände über seinem Bauch, »wir können uns jetzt nicht mit Details aufhalten.« Deutlich wollte er das Gespräch dabei bewenden lassen.

Wider Erwarten hob Verena den Kopf und sah den alten Koszak herausfordernd an: »Uljanow ist verbrannt. Machen Sie sich nichts vor! Er ist ein erfolgreicher Popstar und hat sich seit Jahren daran gewöhnt, auf Bühnen herumzuhüpfen!«

»Hör mal zu, *Baby*!« rief David dazwischen – zu Verenas Erstaunen war der Engländer ziemlich aufgebracht: »Ich habe drei Jahre lang mit dem Typ zusammengearbeitet. *He is a living weapon*, wie wir Briten sagen würden. Das lernt man nicht, das ist einem angeboren! Du hast den Horror in München miterlebt. Hundert andere wären dabei draufgegangen. Ohne den Bühnenhüpfer würdest du jetzt in einem Zinksarg der Gerichtsmedizin liegen! Und obendrein kümmert er sich auch noch um deine Sicherheit! Was erwartest du eigentlich noch?«

»Er hat darauf bestanden, daß Sie nach der Operation in ein Land Ihrer Wahl ausreisen können«, pflichtete Koszak Lynn bei.

»Und Sie halten Wort?« fragte Verena und erwiderte Koszaks Blick skeptisch.

»Er droht uns mit Schwierigkeiten. Und das nehme ich durchaus ernst«, antwortete der Israeli.

Sie schwieg für einen kurzen Moment und nutzte ihren kritischen Verstand. »Offensichtlich haben Sie ein Problem. Sie müssen Uljanow unerkannt in die Sowjetunion einschleusen. Unsere Grenzen sind die sichersten der Welt. Hätten Sie genug Zeit, wäre das für den Mossad vermutlich keine Schwierigkeit. Jetzt ist es aber eine. Richtig?«

»Richtig!« wiederholte der Israeli ehrlich. »Und wenn Uljanow dabei über die Klinge springt, weiß ich zuviel. Richtig?«

Koszak zögerte. Aber schließlich sagte er wieder: »Richtig!«

»Also nichts weiter als fromme Sprüche!«

Lynn und Koszak tauschten einige Blicke aus, ohne auf die Feststellung der Russin zu antworten. Verena Aladkowa setzte ihnen ganz schön zu.

»Ich danke Ihnen für Ihre Offenheit!« stellte sie schließlich fest und stand auf. »Wenn Sie nichts dagegen haben, ziehe ich mich jetzt wieder zurück.«

Koszak nickte stumm.

»*Gentlemen*!« Sie sah die beiden kurz an, ließ sie in dem Pavillon zurück und fragte draußen einen der Soldaten nach dem Rückweg in den anderen Sektor des Bunkers.

»*Yeah*!« seufzte David. »Wer die vögelt, braucht ja einen Waffenschein! Wenn du mich fragst, brütet unser Russenpüppchen was aus.«

»Ich hab' dich aber nicht gefragt«, raunzte Chaim und schob dem Engländer wieder die Flugkarte hin.

Verena ließ sich von einem Leutnant zu ihrem Zimmer begleiten. Unterwegs überredete sie ihn, einen Becher Kaffee und zwei dieser widerlichen Sandwiches zu besorgen. Mit einem kleinen Plastiktablett in den Händen betrat sie den Schlafraum.

Boris lag noch immer wie unter Narkose im Schlaf. Leise schloß sie die Tür, stellte das Tablett auf den Tisch und setzte sich auf die Bettkante.

»Guten Morgen, *Towarischtsch*!« sagte sie ziemlich laut und tippte ihm auf seine unverletzte Schulter. Boris öffnete die Augen und hatte das Gefühl, Kaugummi klebe unter seinen Wimpern. Verena zog einen Stuhl heran, stellte ihm den Frühstücksersatz hin und setzte sich.

Boris betrachtete sie in ihrer Uniform und grinste. »Phantastisch siehst du aus«, bemerkte er mit verschlafener Stimme. »Fehlt nur noch 'ne Uzi, und man könnte dich sofort in den Gaza-Streifen schicken!«

»Sehr witzig!«

Er setzte sich auf und griff nach dem Kaffeebecher. Im Laufe der Nacht hatte sich auf seiner Zunge ein galliger Geschmack breitgemacht. Der Teufel wußte, was für ein Zeug ihm der Arzt in der vergangen Nacht gespritzt hatte.

»Wie fühlst du dich?« fragte Verena und musterte ihren zerknautscht aussehenden Landsmann. Boris bewegte seinen Oberkörper, schlürfte den starken Bohnenkaffee und antwortete zwischen zwei Schlucken: »Eigentlich nicht schlecht!«

»Ich war bei Koszak und Lynn!«

Das überraschte ihn. »Und?«

»Sie haben mich oberflächlich eingeweiht.« Mit diesen Worten sah sie sich in ihrem Zimmer um. »Sag mal, gibt es hier nichts zu rauchen?«

»Verboten. Da mußt du nach oben und dir bei den Wachen 'ne Kippe schnorren.«

»Die haben Probleme, dich nach Hause zu schicken«, erzählte sie und fuhr sich mit den Händen durchs Gesicht. Das Kinn auf die Handflächen gestützt, setzte sie hinzu: »Dein Einsatz für mich ehrt dich, Genosse. Er nützt bloß nichts.«

Boris machte nicht den Eindruck, als wolle er mit ihr diskutieren. »Gestern nacht war die finnische Grenze im Gespräch«, berichtete er und biß in eines der Brote, die offenbar aus Watte bestanden.

»Das ist Unsinn. Wie kommst du von dort nach Moskau?«

Verena gab ihm keine Gelegenheit zu antworten. »Ich habe einen Freund in Leninakan. Oberst Litwak.«

Ohne von ihren Worten Notiz zu nehmen, stand Boris auf und ging ins Bad. Verena stellte sich vor die Tür. »Jurij ist Kommandeur des 36. Transportgeschwaders der sowjetischen Luftwaffe.« Im Bad hörte sie die Spülung rauschen. Boris öffnete die Tür.

»Und? Soll das vielleicht heißen, ich soll nach Leninakan, ins Erdbebengebiet, ins totale Chaos? Außerdem ist das die denkbar schlechteste Grenze, die man sich aussuchen kann. Da sind nämlich nicht nur unsere Leute scharf, sondern auch die Türken, weil die sich die Flüchtlinge vom

Hals halten wollen!« Boris begann sich die Zähne zu putzen.

Verena blieb hartnäckig in der Tür stehen.

»Ich dachte, du hättest meine Kaderakte gelesen?«

»*Da*!« antwortete er undeutlich und spuckte den Schaum aus.

»Was fällt dir zum Thema Sport ein?« fragte sie.

Boris wußte sofort, worauf Verena anspielte. Auf der Fahrt mit General Myschko von Moskau zu ihrer Datscha war es ihm beim Lesen ihrer Unterlagen aufgefallen: Sie hatte in Berchtesgaden Drachenfliegen gelernt. Sie war gut. So gut, daß sie sich für die Europameisterschaften in den französischen Dolomiten qualifiziert hatte. Aus Gründen der Publizität und wegen der damit verbundenen Gefahren für ihren Auftrag verbat das KGB ihr eine weitere Ausübung dieses Sports.

Boris spülte sich den Mund aus und rief mit feuchten Lippen: »*Njet*! Ich bin doch nicht lebensmüde!«

»Unser Club hat einmal gemeinsam mit einem Gebirgsjäger-Bataillon der Bundeswehr mit Absprüngen aus Flugzeugen experimentiert. Es geht. Die Maschine muß nur über eine ausreichend große Laderaumklappe verfügen …«

Er sah sie wütend an. Jetzt mischte sich auch noch Verena, die er vor wenigen Stunden für eine vernünftige Frau gehalten hatte, in dieses Wahnsinnsunternehmen ein. »Du hältst dich da raus!« unterbrach er sie.

»Bei dem hohen Gebirge und ausreichender Flughöhe kommen wir viele Kilometer weit. In Leninakan bringe ich dich auf dem kürzesten Weg zum Luftwaffenkommando. Mit Jurijs Hilfe sind wir binnen weniger Stunden in Moskau …«

»*Wir*?« schrie Boris. »Ich höre immer *wir*!«

»Ja, wir!« erwiderte Verena nüchtern, ohne sich von Boris' Brüllerei irritieren zu lassen. »Wenn du allein abzischst und dabei draufgehst, ist das ohnehin mein Todesurteil. Dann möchte ich schon meinen Teil dazu beitragen.«

Boris drängte sich an ihr vorbei und begann etwas unbeholfen sich anzuziehen. »Versteh doch, das ist ein *nasser* Einsatz! Das hat nichts mit der Arbeit kultivierter Wissenschaftler zu tun, an die du gewöhnt bist!«

»Du hast Angst, weil du noch nie geflogen bist.«

Unerwartet ging die Tür auf. David rollte in seinem Alu-Rollstuhl herein. Auf den ersten Blick registrierte er, daß nur ein Bett benutzt worden war. Er grinste breit. »Einmal miteinander gepennt, und schon gibt's Krach?« fragte er amüsiert.

»*Fuck off*!« zischte Boris. »Die Lady möchte gemeinsam mit mir und einem Flugdrachen an der türkisch-sowjetischen Grenze aus einem Flugzeug springen, nach Leninakan segeln und einen ihrer Verehrer besuchen.«

David sah Verena fragend an.

»Ihr seid wirklich chauvinistische Ignoranten! Dieser Freund ist Oberst Jurij Andrejewitsch Litwak. Er kommandiert das 36. Transportgeschwader in Leninakan. Früher war er in Nowosibirsk stationiert, genauso wie ich. Und ich kenne diesen Mann sehr gut. Wissen Sie unter den gegebenen Umständen vielleicht einen kürzeren Weg nach Moskau?«

Lynn sah die Russin lange an. Als Boris das anerkennende Glitzern in Davids Augen bemerkte, wußte er, daß er besser geschwiegen hätte. Je dreister ein Unternehmen war, auf desto fruchtbareren Boden fiel es bei dem Engländer.

10. JANUAR, SOFIA, 14.38 UHR:

Die Interflug-Maschine aus Berlin-Schönefeld hatte dreizehn Minuten Verspätung, als sie auf dem Vrajdebna-Flughafen landete. Auf der Besucherterrasse beobachtete ein junger Mann mit Fernglas, wie die Tupolev 154 vom Ende der Landebahn in die Nähe des Flughafengebäudes rollte. Die Gangway wurde herangefahren. Die Passagiere stiegen aus; alle, die nach dem Auftanken weiter nach Bagdad wollten, wurden in den Transitraum gebeten. Ein routinemäßiger Zwischenaufenthalt. Der Agent entdeckte Nourat, sobald er in der Kabinentür auftauchte. Seine blaue Reisetasche trug er als Handgepäck bei sich. Die Fluggäste hatten vierzig Minuten Aufenthalt. Der junge Mann auf der Besucherterrasse wartete. Erst als er mit eigenen Augen sah, daß der Palästinenser wieder in die Maschine stieg und der Start planmäßig verlief, packte er seinen Feldstecher in den ledernen Köcher und verließ eilig die Aussichtsplattform. Vom nächstgelegenen Münztelefon rief er eine Nummer in der zehn Kilometer entfernten Hauptstadt an und sagte nur den Satz: »Der Gast ist abgereist.« Dann legte er auf.

10. JANUAR, BONN, 16.15 UHR:

Ein paar diffuse Strahlen der abendlichen Wintersonne verirrten sich durch die Isolierverglasung des großen Sitzungssaals im vierten Stock des Bundesinnenministeriums in der Graurheindorfer Straße. Der Krisenstab tagte seit drei Stunden. Dichte Schwaden von Zigarettenqualm zogen in langen Bahnen zu den Schlitzen der Belüftungsanlage. Zu der in solchen Krisensituationen üblichen Besetzung aus rund vierzig Beamten des BKA, des Verfassungsschutzes, des BND, der Bundesanwaltschaft und des LKA des betroffenen Bundeslandes, waren mindestens ebenso viele mehr oder weniger geladene Vertreter der Briten, Franzosen und Amerikaner hinzugestoßen.

Der *Secret Service* berief sich auf das nationale Interesse des Vereinigten Königreichs an der Person Uljanows. Die Briten ließen keinen Zweifel daran, daß sie nach einer Verhaftung Uljanows sofort ein Auslieferungs-Ersuchen stellen würden. In Prestigefragen blieb die Thatcher-Regierung stur.

Die Franzosen vom DGSE wirkten laxer. Die deutsch-französische Kooperation in Sicherheitsfragen machte ihre Anwesenheit zur Selbstverständlichkeit. Das gleiche galt für den Beamten der Interpol-Zentrale aus St. Claude.

Die hohe Anzahl amerikanischer FBI- und CIA-Beamter fiel besonders auf. Seit Veröffentlichung der dpa-Ente war ihre gewohnte Kollegialität aggressiver Arroganz gewichen.

Dr. Rentschler dozierte seit einer Stunde mit der Akribie eines Dentisten über den Stand der Ermittlungen. Der vierundfünfzigjährige Staatssekretär im Innenministerium und Leiter der Planungsgruppe Innere Sicherheit war eine rheinische Frohnatur und ein alter Hase im Geschäft des Krisenmanagements. Das Gemetzel bei der Olympiade '72, den Fall Guillaume, die Zeiten der RAF und die Befreiung der Lufthansamaschine *Landshut* in Mogadischu hatte er auf seiten der Bundesregierung miterlebt. Zur Stunde bestand Rentschlers Problem darin, daß es im Grunde genommen nichts zu berichten gab. Die polizeilichen Ermittlungen in München waren bisher erfolglos geblieben. Das bayerische LKA überprüfte die Passagierlisten aller Maschinen, die am Vortag aus Berlin in München eingetroffen waren. Vor dem gewaltigen Erfolgsdruck mußten selbst die perfekt organisierten bayerischen Polizeibehörden kapitulieren. Auf den Flugscheinen standen keine Adressen, und das kostete Zeit. Auch Rentschlers gutbürgerliche Witze, die er von Zeit zu Zeit in seinen Bericht mischte, verwischten nicht den Eindruck, daß die Ermittlungsbehörden der Bundesrepublik schlicht und einfach auf der Stelle traten.

Die Beamten der verschiedenen »Fakultäten«, wie sie Rentschler nannte, saßen in Gruppen um den acht Meter langen Konferenztisch. Conrad hatte sich zwischen seine Kollegen vom Verfassungsschutz plaziert. Die Amerikaner saßen ihm gegenüber.

Warren Alcroft hörte sich Rentschlers Vortrag geduldig an, obwohl es ihm sichtlich schwerfiel. Der dreiundvierzigjährige Chef der CIA-Mission war eine der kultiviertesten Erscheinungen auf der Bonner Geheimdienst-Szene. Der New Yorker trug konservative dunkle Maßanzüge aus der Fifth Avenue. Seinen Hemdkragen hielt er selbst bei hochsommerlichen Temperaturen unerbittlich geschlossen. Alcrofts Deutsch hatte eine ausgeprägte amerikanische Klangfarbe, doch am auffälligsten war die altertümliche Art, in der er redete. Der erste Eindruck täuschte über seine wahre Mentalität hinweg. Warren Alcroft war ein strammer Hardliner. Bonner Insider nannten den Missionschef hinter vorgehaltener Hand und in Anspielung auf den scheidenden Bonner US-Botschafter den »kleinen Burt«.

»Verzeihen Sie die Unterbrechung, Mr. Rentschler«, sagte Alcroft schließlich. Conrad wunderte sich, daß der Amerikaner so lange durchgehalten hatte. »Aber ich habe zunehmend den Eindruck, wir befassen uns hier mit Marginalien!« Er holte kurz Luft und schwenkte dann auf sein Thema über: »Zu welchen Ergebnissen sind die deutschen Behörden im Zusammenhang mit der Desinformations-Kampagne gegen die US-Regierung und ihre Dienste gekommen?«

Rentschler lächelte und hob beschwichtigend die Hand. Jeder, der regelmäßig mit dem Staatssekretär zu tun hatte, kannte diese Verlegenheitsgeste. »Mein lieber Mr. Alcroft«, sagte er jetzt, »dieses Thema ist doch seitens des Innenministeriums schon ausführlich mit Ihrem Botschafter erläutert worden.«

Alcroft stand auf und schob mit den Kniekehlen seinen Stuhl zurück. Wenn der Ein-Meter-Neunzig-Agent stand, wirkte er noch imposanter als hinter einem Verhandlungstisch. »Erläutert? Sowjetische KGB-Killer schießen in München eine Privatwohnung kurz und klein, während in der westeuropäischen Presse, die die Falschmeldung der dpa fast komplett übernommen hat, über Hintermänner der CIA spekuliert wird!« Sein Gesichtsausdruck verhärtete sich. »Und da soll man nicht die Contenance verlieren? *Damned*, wer steckt hinter dieser Sache? Und was haben Sie dagegen unternommen?«

Die Aufmerksamkeitspegel der Beamten stiegen sprunghaft an. Knapp achtzig Augenpaare richteten sich auf Staatssekretär Rentschler. Der empfand Alcrofts Vorstoß in diesem Kreis als groben Affront. »Was soll diese Frage?« konterte er schroff. »Sie kennen die Antwort: Maybach, der Leiter des Bonner dpa-Büros, wurde vergangene Nacht um ein Uhr dreißig in seiner Wohnung angerufen. Der anonyme Anrufer behauptete, Boris Uljanow sei durch amerikanische Geheimdienstmitarbeiter aus der Wohnung geholt worden. Die Protokolle des BKA über Maybachs Vernehmungen stehen Ihren Dienststellen jederzeit zur Verfügung!«

»Wir brauchen keine Makulatur!« widersprach der Amerikaner abfällig. »Deutsche Medien erheben schwere und ungerechtfertigte Anschuldigungen gegen die Regierung der Vereinigten Staaten. Und als einzige Konsequenz führt das Bundeskriminalamt ein Interview mit dem verantwortlichen Redakteur durch. Eine Gegendarstellung kommt dabei heraus. Mehr nicht. Ich bin nicht der Meinung, daß das ausreicht, um die Reputation der Vereinigten Staaten wiederherzustellen!«

»Moment mal!« Robert Meissner mischte sich ein. Er

war ein Newcomer, Anfang Dreißig, der vom Auswärtigen Amt als Koordinator zwischen den verschiedenen Behörden eingesetzt wurde. In diesem Kreis war er der Jüngste, aber als ehemaliger Harvard-Student kannte er die Mentalität der Amerikaner. Wie selbstverständlich wechselte er in fließendes Englisch: »Sie wissen, daß der Pressesprecher des Weißen Hauses heute ein Statement des US-Präsidenten und des DCI veröffentlichen wird, in dem man sich von dem Anschlag in München distanziert. Diese Erklärungen werden vom deutschen Fernsehen ausgestrahlt. In zwei Stunden veranstaltet das Innenministerium eine Pressekonferenz zum selben Thema. Dort wird erklärt werden, daß eine Beteiligung US-amerikanischer Nachrichtendienste nicht festgestellt worden ist. Die dpa veröffentlichte bereits von sich aus eine Gegendarstellung. Was wollen Sie mehr?«

»Maybach muß zur Rechenschaft gezogen werden!« konterte Alcroft kalt.

»Genügt Ihnen nicht schon der Rummel um Uljanow?« fragte Meissner. »Die Ereignisse der letzten Nacht mit ihren Widersprüchlichkeiten in Prag und Moskau belasten schon jetzt das Ost-West-Verhältnis. Bisher ist es uns gelungen, die Öffentlichkeit herauszuhalten. Wollen Sie jetzt noch einen Presse-Skandal heraufbeschwören?« Der junge Nachwuchsdiplomat machte ein kleine Pause und setzte eine Spur leiser, doch um so eindringlicher hinzu: »Harry Maybach ist kein Nobody. Er arbeitet als Parlamentskorrespondent und kennt quasi jeden Minister und Bundestagsabgeordneten. Auch hier sind die Medien sensibel. Befänden wir uns in den USA, wäre schon jetzt der Teufel los. Also lassen Sie uns unsere Arbeit machen, Sir, statt die knappe Zeit mit Eitelkeiten zu verschwenden!«

Alcroft schnaubte wie ein wütender Boxer. In den vielen Jahren als Bonner Missionschef hatte es noch kein *Kraut* gewagt, ihn in aller Öffentlichkeit derart zurechtzuweisen. »Ihr habt hier ein Problem, junger Mann!« erwiderte er auf deutsch. »Wenn Maybach die Wahrheit sagt, gibt es bei euch eine undichte Stelle. Um ein Uhr dreißig wußten nur deutsche Dienststellen von der Schießerei in Schwabing. Solange ihr dieses Loch nicht kennt, baut ihr Potemkinsche Dörfer!« Alcroft klappte seinen Koffer zu und wandte sich an einen seiner Mitarbeiter: »Sie werden mir Bericht erstatten; über jedes Wort, das hier gesprochen wird!« Er verließ den Sitzungssaal. Ohne einen Gruß. Ohne sich umzusehen.

»Das hätten Sie sich verkneifen können, Meissner!« schimpfte Rentschler, als die Tür ins Schloß gefallen war.

Conrad glaubte zu spüren, wie jede einzelne Nervenfaser seines Körpers vibrierte. Längst war ihm klar, welche Katastrophe er in seinem Suff heraufbeschworen hatte. Es fehlte nicht viel, damit er sagte »Ich war's!« Dieser Anflug von Courage ging jedoch schnell vorüber, und er bemerkte kaltschnäuzig: »Warum denn? Alcroft bildet sich noch immer ein, die Bundesrepublik sei das Disneyland der CIA!«

»Ach, Kollegen!« Rentschler schüttelte resigniert den Kopf. Er wußte, daß Alcroft auf dem kürzesten Weg zur US-Botschaft in die Deichmannsaue fuhr – das Theater ging weiter. Grundsätzlich hatte Meissner recht. Die Amerikaner waren offene Worte nicht gewöhnt.

Das Telefon klingelte im Sound moderner Technik. Rentschler nahm den Hörer in die Hand. Er wurde mit Hans-Dietrich Genscher verbunden. Im Auswärtigen Amt herrschte gleichfalls eine gespannte Atmosphäre. Der FDP-Minister hatte kurzfristig entschieden, nach Moskau zu fliegen, um persönlich mit seinem sowjetischen Amtskollegen über den Fall Uljanow zu sprechen. Ein Geheimdienst-Skandal war das letzte, was sich die Bonner Koalition in den gegenwärtigen deutsch-sowjetischen Beziehungen wünschte. Aber wegen der deutsch-amerikanischen Disharmonie war der Außenminister gezwungen, in Bonn zu bleiben. Und das Kanzleramt zeichnete sich weiterhin durch eisernes Schweigen aus. Genscher legte auf den Kontakt zur sowjetischen Führungsspitze besonderen Wert. Da die Russen telefonisch abblockten, beschloß der altgediente Politiker, den SPD-Bundestagsabgeordneten Hans-Jürgen Wischnewski inoffiziell nach Moskau zu schicken. Wenn die CSU-Fraktion davon erfuhr, war der nächste Koalitionsstreit vorprogrammiert. Aber Genscher konnte sich auf die alten Sozis verlassen, wenn es im Osten Probleme gab, und das war ihm im Moment wichtiger.

Die Stimmung im Sitzungssaal des Bundesinnenministeriums war jetzt noch schlechter als vorher. Dr. Rentschler erteilte einem Beamten des Berliner Verfassungsschutzes das Wort, der über den politischen Hintergrund von Peter Lohmann berichtete, einen der getöteten Attentäter aus Westberlin. Ansätze zu Spekulationen gab es viele. Aber nicht einen stichhaltigen Beweis.

10. JANUAR, HAR GERAFON – NEGEV-WÜSTE,
16.00 UHR:

Verenas Vorschlag war von David und Koszak ausführlich diskutiert worden. Danach hatte sich der Israeli ans Telefon gehängt und alles Nötige veranlaßt.

Jetzt standen Koszak und Boris im Bauch einer Boeing Vertol CH 47 D, David saß in seinem am Boden festgeklinkten Rollstuhl, und Verena bereitete sich an der geöffneten Heckluke mit einem Eliteausbilder der israelischen Armee auf den Absprung vor. Der zweirotorige Helikopter beförderte sie mit einer Steiggeschwindigkeit von rund fünfzehnhundert Fuß pro Minute nach oben. Koszak erklärte Boris über Sprechfunk die Landschaft. Südwestlich sahen sie die Staatsstraße N°86 und Mizpe Ramon. Etwas weiter entfernt versperrte ihnen der eintausend Meter hohe Har

Ramon die Sicht. Dahinter begann das israelisch-ägyptische Grenzgebiet. Unter ihnen lag jetzt der Har Gerafon, im Norden die Ruinen von Har Avedat und das spärliche Flußbett des Zin. Der Helikopter war inzwischen auf knapp zehntausend Fuß gestiegen. Zum ersten Mal gewann Boris einen optischen Eindruck von dem kleinen, schönen, aber auch verwundbaren Staat Israel.

Verena war zum Absprung bereit. Sie trug einen Thermoanzug der israelischen Armee und einen Sturzhelm mit getöntem Gesichtsvisier. Ihre Füße steckten in derben Fallschirmspringerstiefeln Größe achtunddreißig.

Ihr Vorschlag, per Drachen aus einem Helikopter abzuspringen, hatte bei den Isrealis ins Schwarze getroffen. Die israelische Armee war wesentlich weiter als die bundesdeutschen Gebirgsjäger in Berchtesgaden. Statt die Piloten samt ihren Drachen unterhalb des Hubschraubers hängen zu lassen und dann nach oben zu ziehen, hatte die israelische Rüstungsfirma *Kazlit* in Zusammenarbeit mit einer Fallschirmspringer-Einheit der Armee ein besseres Verfahren entwickelt. Der einem *Swallotail* ähnliche neue Flugdrachen klappte sich erst nach dem Absprung automatisch auseinander. So war man unabhängiger von der Breite der Transportmaschinen und konnte in größere Höhen aufsteigen. Und die Längsachse des Frachtraums mußte für das Gestänge, Bügel und Gurt höchstens fünf Meter betragen. Die Segel des Flugdrachens bestanden aus extrem reißfestem Nylongewebe, das Gestänge aus hochbelastbarer und ultraleichter Kohlefaser. Nach dem Absprung löste der Pilot per Knopfdruck eine Druckluftkapsel aus, die die Scherengelenke des Gestänges explosionsartig auseinanderdrückte und in die Sicherheitsbolzen einrasten ließ. Die Problematik dieser Drachen lag in ihrer Beherrschung. Durch den schlagartigen Auftrieb beim Absprung und einer freien Fallgeschwindigkeit von rund 550 Fuß pro Minute entstanden extreme Belastungen für Mensch und Gerät. Stand der Drachen beim Zünden der Druckluftkapsel nicht im richtigen Anstellwinkel, geriet er sekundenschnell in den gefährlichen Tuck-Zustand. In großer Höhe ließ sich so ein Strömungsabriß leicht abfangen, bei Starts aus niedrigen Höhen wurde er lebensgefährlich. Im Gegensatz dazu blieb dem Piloten bei Problemen mit der Entfaltung des Drachens noch immer der im Schlafsackgurt integrierte Fallschirm.

Das Interesse der Israelis an diesem Drachentyp lag auf der Hand: Bei der ausgeprägten Thermik in den Gebirgsketten der Wüstengebiete konnten Eliteeinheiten mit dieser Technik weit größere Strecken zurücklegen als mit herkömmlichen Fallschirmen. Und anstelle von Hubschraubern und Flugzeugen waren die Drachen weder vom Radar noch von feindlichen Luftabwehrraketen zu orten. Kleinere Einheiten oder Sonderkommandos konnten somit bis weit ins feindliche Hinterland vordringen, um Geheimdienstoperationen auszuführen oder – im schlimmsten Fall – Rucksackbomben zu plazieren.

Der Chinok drehte eine weite Runde. Der Ausbilder führte Verena auf Schrittweite an die Rampenkante. Über Sprechfunk befahl er dem Bodentrupp, die Signal-Rauchbombe zu zünden. Verena kontrollierte den Sitz des Schlafsackgurts, klappte das Visier ihres Helms herunter und machte eine Sprechprobe über das integrierte Mikrophon. Am Bügel vor ihrer Brust zitterten die Nadeln des Variometers in den Turbulenzen der geöffneten Helikopter-Luke. Dreitausend Meter unter ihnen stieg eine orangerote Rauchfahne auf. Koszak und der Ausbilder klinkten die Gurte in den Schienen an der Kabinendecke ein. Ein kurzer Wortwechsel zwischen der Russin und dem israelischen Offizier. Boris trat an ihre Seite. Sein Gesicht spiegelte stille Bewunderung für Verena, aber ebenso seine Abneigung gegen dieses Kamikaze-Unternehmen wider. Im nächsten Moment rutschte Verena auf den Gurtschlitten an ihm vorüber, mit den Armen um die Trapezseitenstangen, Kiel-, Seiten- und Turmrohr zusammengeklappt über ihrem Rükken. Sie fiel wie ein Stein in die Tiefe. Alle vier verfolgten ihren Flug. Selbst David war mit seinem Rollstuhl bis dicht zur Rampe herangerollt. Dreihundert Fuß tiefer sahen sie, wie sich die hellblauen Segel schlagartig entfalteten. Was von oben wie ein kleiner Ruck aussah, zerrte an Verenas Gurten, als springe sie an einem Seil aus dem dritten Stock eines Hauses. Ihr Anstellwinkel war zu flach gewesen. Der Drachen schoß wie ein Expreßlift weiter in die Tiefe.

Verena hörte die Stimme des Ausbilders über den Helmlautsprecher rufen. Sie schien von allen die ruhigste zu sein. Konzentriert brachte sie den Drachen in eine neutrale Lage und zog leicht den Bügel an. Sekunden darauf drehten sich die feinen Wollfäden unter den Segeln wieder gegen die Flugrichtung, und der Gleiter nahm Fahrt auf. Verena flog einen weiten Bogen und konnte die Thermik regelrecht spüren. Die Sinkgeschwindigkeit hatte sich fast gegen null reduziert.

»Ganz schön zickiges Gerät!« waren ihre ersten Worte über den Sprechfunk, »aber die Wüste bringt's!«

Der Ausbilder grinste. Koszak und Lynn waren erleichtert. Nur Boris' Miene blieb finster. Er war beim SAS und der *Sektion Budjonny* unzählige Male mit dem Fallschirm abgesprungen. Aber ihm erschien das Risiko zu hoch, hier Versuchskaninchen für die israelische Armee zu spielen.

»Peilen Sie den Fixpunkt und gehen Sie runter!« kommandierte der Ausbilder über Funk.

Verena kreiste in der Thermik über dem Südhang des Har Gerafon. Der Landeplatz lag vier Kilometer östlich. Ihre Aufgabe bestand darin, im Gegensatz zum üblichen Drachenflug möglichst schnell und direkt das angepeilte Ziel mit einer Punktlandung zu erreichen. Sie zog sich am Bügel nach rechts. Der Drachen war empfindlich und gierte vertikal nach unten, bis sie dagegen schob. Tempo und Sinkgeschwindigkeit nahmen zu. Sie bemühte sich, mehr Gefühl für das Flugverhalten des Drachen zu bekommen, mit Boris an ihrer Seite würde es sich wieder verändern. Dieser Drachentyp besaß eine hohe Gleitzahl. Um schneller nach unten zu kommen, mußte sie weiter Tempo machen. Verena kontrollierte sich mit dem MacCready-Ring ihres Variometers. Bei fast null Gegenwind hatte sie schon eine Fahrt von über sechzig Stundenkilometern und sank mit gut acht Metern in der Sekunde.

Der Helikopter-Pilot mußte sich bemühen, am Drachen dranzubleiben. Mit ausgefahrener Luke konnte er die Sinkgeschwindigkeit des Drachen nicht erreichen. Verenas Trainer war schon jetzt davon überzeugt, daß die Russin über ihr fliegerisches Können nicht zuviel versprochen hatte.

Hundert Meter über dem Landeplatz drückte Verena das Tempo und setzte nach einem Queranflug in unmittelbarer Nähe der Rauchmarkierung auf. Kaum war sie auf dem Boden, rannten bereits die israelischen Helfer heran und hielten den Drachen fest, während sie aus dem Kokon kletterte. Die Fremde mit dem urigen Englisch gefiel den jungen Soldaten.

Der Chinok D-47 landete hundert Meter entfernt. Die Rotorblätter verloren an Umdrehungskraft und blieben jaulend stehen. Die Männer verließen den Helikopter über die Heckluke. Boris schob David durch den Wüstenschotter. Verena kam ihnen entgegen, den Helm unterm Arm. Ihr lässiger Gang in der Uniform erheiterte David. »Später können wir sie in Hollywood verhökern!« murmelte er an Boris gewandt. »In so 'nem Streifen wie *Top Gun* macht die doch jeden Typen naß!«

»Die Kniehänger und Beinseile sind zu lang!« rief Verena dem Trainer zu. »Ich will noch einmal allein hoch – danach testen wir's mit Boris!«

Der Russe zuckte, als er seinen Namen hörte. Aber Verena schenkte ihm keine Beachtung.

Der Trainer nickte. »Aber mehr als drei Starts sind nicht drin – sonst haben wir Timing-Probleme.«

Etwas widerwillig hatte sich Boris einem zweistündigen Training durch Verena und den Ausbilder unterzogen. Jetzt segelte er mit Verena in einem Doppelbügel unter dem *Kazlit*-Drachen durch die Luft. Seine verletzte Schulter war fest in elastische Binden eingewickelt worden, und sein Körpergewicht ruhte in dem Kokon. Instinktiv folgte er Verenas Bewegungen, hielt seinen Körper immer im rechten Winkel zum Bügel und befolgte ihre Instruktionen via Helmsprechfunk. Nach wenigen Kilometern spielten sie sich aufeinander ein. Erstmals ignorierte Verena die Anweisungen des Trainers. Den schnellen Sinkflug beherrschte sie längst. Statt dessen flog sie in einem sanften Wingover nach Westen, in die untergehende Sonne über dem Negev. Boris erkannte durch die getönten Acryl-Visiere Verenas Lachen. Seine ursprünglichen Bedenken verflogen im wahrsten Sinne des Wortes. An Verenas Seite fühlte er sich sicher und erlag der Faszination des alten Menschheitstraums.

Der Wind zischte kaum hörbar in den Segeln. Bis zum Horizont bot sich ihnen über der zerklüfteten rötlichgelben Wüstenlandschaft das facettenreiche Lichtspiel eines zu Ende gehenden Tages.

10. JANUAR, MOSKAU, 20.00 UHR:

»Sie strategieloser *Spak*, Sie!« schrie Myschko. »Ist Ihnen überhaupt klar, was Sie durch Barynins Festnahme im KGB ausgelöst haben? Der Genosse Barynin ist der einzige Offizier in der Ersten Hauptverwaltung, der Chmys ersetzen kann. Und unser Palast-Jurist hat nichts Besseres zu tun, als ihn ausgerechnet mit einem aufwendigen Miliz-Einsatz mitten in seinen Büroräumen am Dscherschinski-Platz verhaften zu lassen!«

Granow saß in dem einzigen Sessel der ledernen Sitzgruppe in Klimenkos Arbeitszimmer, der jetzt eher einer Anklagebank glich. Nicht Tschebrakin, sondern Klimenko hatte den internen Krisenstab spontan einberufen. Den Staatsanwalt beengte sein knapper Hemdkragen. Und seine Füße in den schwarzen Halbschuhen waren nach sechsunddreißig Stunden Einsatz stark angeschwollen. Nicht nur Granows Nerven stießen an die Grenzen ihrer Belastbarkeit, auch sein Körper war am Ende seiner Kräfte. Myschkos Vorwürfe vermochten Granow kaum noch zu berühren.

Am heutigen Tag hatten sich die Niederlagen des Sonderstaatsanwalts wie Perlen auf einer Schnur aneinandergereiht. Am frühen Morgen war er seinem puren Instinkt gefolgt, als er Major Anatolij Barynin verhaften ließ, den ehemaligen Führungsoffizier der Aladkowa und Leiter der 4. Geographischen Abteilung in der Ersten Hauptverwaltung. Granow war davon überzeugt, daß Barynin etwas mit der *Mokryje-Dela*-Brigade aus Prag und dem gescheiterten Rückruf der Aladkowa in München zu tun hatte. Und er hatte gehofft, die Gegenseite mit der Festnahme des Oberst in Panik zu versetzen. Mit Zustimmung des KGB-Vorsitzenden Tschebrakin ließ Granow durch Beamte der KGB-Verwaltung Innere Sicherheit um zehn Uhr vormittags die Nachrichtenverwaltung, die Computerabteilung der Zweiten Hauptverwaltung und die Abteilung Telefonüberwachung im Zentralen Telegrafenamt durchsuchen. Granow, aber auch der KGB-Vorsitzende selbst, hatten sich damit offen über die Zuständigkeit Generalmajor Myschkos hinweggesetzt. Das Ergebnis war gleich Null – nicht die Spur eines Gesprächs, das Barynin in der vergangen Nacht geführt haben könnte, weder mit Wien noch mit Prag. Barynins Verhaftung förderte noch eine weitere Tatsache ans

Tageslicht: Der Oberst war de facto der zweite Mann nach Chmys. Die Ermordung des Leiters der Ersten Hauptverwaltung setzte so gut wie die gesamte Auslandsspionage des KGB lahm, solange der dringend benötigte Stellvertreter nicht zur Verfügung stand: Oberst Anatolij Dimitrijewitsch Barynin, Leiter der 4. Geographischen Abteilung. Um zwölf Uhr dreißig gab Tschebrakin dem wachsenden Druck des KGB-Kollegiums und den wütenden Proteststürmen Myschkos aus Prag nach. Oberst Barynin wurde wieder auf freien Fuß gesetzt. Eine Stunde später übernahm er kommissarisch die Amtsgeschäfte des verstorbenen Chmys.

»Wenn ich mich auf den neusten Stand unserer Ermittlungen bringen will, muß ich nur eine unserer zahlreichen Toiletten benutzen!« dröhnte Myschko weiter. »Der Überfall auf Scherstnew und Uljanow in Berlin-West, dieses Waterloo in München, und ganz besonders Barynins Verhaftung sind im Moment *die* Pinkelgespräche!«

Tschebrakin versuchte nicht einmal ansatzweise, Granow zu verteidigen. Von den neuen Gesichtern im Krisenstab war am allerwenigsten Hilfe zu erwarten. Klimenko hatte mit Zustimmung des Generalny Brigadegeneral Jefimow, Brigadegeneral Antonow und Verteidigungsminister Schalajew in den Kreis miteinbezogen. Jurij Jossifowitsch Jefimow war Leiter der für die Überwachung und Kontrolle der Opposition zuständigen Fünften Hauptverwaltung des KGB. Es war bekannt, daß er innerhalb der KGB-Führung zu dem Lager gehörte, das den politischen Kurs Klimenkos unterstützte. Aus der Sicht des dreiundsechzigjährigen Brigadegenerals glich es einem Alptraum, daß sowjetische Minister nach Aserbaidschan und Bergkarabach reisten, um mit »Aufrührern und Konterrevolutionären« zu verhandeln. Der fünfundfünfzigjährige untersetzte Wassilij Antonow machte eher den Eindruck eines Kompromißkandidaten. Als Chef der Zweiten Hauptverwaltung leitete er das

Ressort für die Ausländer- und Alltagsüberwachung in der UdSSR. Antonow war ein loyaler KGB-Offizier, der sich in dreißig Dienstjahren bewährt hatte. Die *Perestroika* verfolgte er mit großer Aufmerksamkeit, wenn er sie auch nur vorsichtig unterstützte. Antonow arbeitete zu lange beim KGB, um sich zügig auf Reformen einzulassen.

Verteidigungsminister Schalajews Anwesenheit beunruhigte Granow am meisten. Das roch nach einem gefährlichen Schachzug Klimenkos.

Bereits eine Stunde vor Beginn der Krisenstabssitzung war der Sonderstaatsanwalt im ZK-Gebäude eingetroffen, um mit dem Generalny zu sprechen. Gelegenheit zur freien Rede hatte sich dabei kaum geboten. Im gegenwärtigen Stadium konnte nicht einmal Gorbatschow sicher sein, in seinen Amtsräumen nicht vom eigenen Geheimdienst abgehört zu werden. Und auch helfen konnte er dem Sonderstaatsanwalt nicht. Nach dem Tod der Genossen Chmys und Scherstnew blieb Granow der letzte Vertreter der *Monopoly-Runde* im internen Krisenstab. Das dämpfte nicht gerade den Sarkasmus des Juristen. Ausgerechnet diese Leute sollten das Leben Gorbatschows retten – eine Farce.

»Nun hauen Sie nicht so auf die Pferde, Arkadij Leonowitsch!« erwiderte Granow auf Myschkos Vorwürfe und stellte seine Teetasse auf dem Couchtisch ab. Äußerlich wirkte der Sonderstaatsanwalt gefaßt. »Zugegeben, ich habe mich wohl geirrt. Doch so wie die Dinge lagen, mußte ich zuerst Oberst Barynin verhaften und danach meine Vermutungen verifizieren. Andernfalls hätte der Verdächtige ausreichend Zeit gehabt, seine Spuren zu verwischen …«

»In drei unterschiedlichen KGB-Verwaltungen?« unterbrach ihn Myschko abschätzig. Zwischen den beiden wuchs eine Spannung, die sich mit beruflichen Differenzen kaum erklären ließ.

»Ihre Ermittlungen sind auch nicht gerade von Erfolg

gekrönt, Genosse!« konterte Granow scharf, obwohl sein Tonfall seine Ermattung nicht überspielen konnte. »In Termez sind Sie kein Stück weitergekommen, in Duschanbe erschießt sich der dortige KGB-Chef und hinterläßt kistenweise Indizien, die uns in einem Wust von nicht überprüfbaren Spuren ersticken lassen, und in Prag bringen Sie auch nicht mehr in Erfahrung, als das, was wir seit achtzehn Stunden vom dortigen KGB-Residenten ohnehin wissen: Eine *Mokryje-Dela*-Brigade hat sich illegal selbständig gemacht. Zwei Tote. Seitdem sind Leutnant Litowkin, Uljanow und die Aladkowa verschwunden. Keine Ermittlungsergebnisse über das Umfeld dieser KGB-Offiziere. Punkt.«

Myschko geriet in Versuchung, sich auf einen handfesten Streit mit Granow einzulassen. Er beherrschte sich jedoch. Trotz der Panne von München hatten sie unwahrscheinliches Glück gehabt. Barynins Sekretär hatte nach dessen Verhaftung sofort Alarm geschlagen und alles Nötige veranlaßt. Ein guter Mann für die *Organisazija.* Auch Barynin behielt die Nerven. Und eher als Nebeneffekt hatte sich der Sonderstaatsanwalt dabei selbst kompromittiert.

Zu Granows Überraschung sagte Myschko: »Ich halte es für unsinnig, diese Auseinandersetzung weiterzuführen!« Er klang jovial, und etwas fester, aber durchaus um Verständnis werbend, setzte er hinzu: »Doch ich muß darauf bestehen, daß sich der Genosse Sonderstaatsanwalt verpflichtet, seine Ermittlungen ausschließlich auf zivile Angelegenheiten zu konzentrieren, und in Zukunft jegliche Einmischung in die internen Angelegenheiten des KGB unterläßt. Andernfalls sähe ich mich gezwungen, jede weitere Verantwortung für die Ermittlungen abzulehnen!«

Granow beobachtete die Reaktion Tschebrakins. Die letzten achtundvierzig Stunden waren an dem KGB-Vorsitzenden nicht spurlos vorübergegangen. »Betrachten Sie das als Anweisung für den Dienstbereich des KGB!« ergänzte Tschebrakin den Generalmajor. »Der Genosse

Myschko und seine Verwaltung werden Ihnen jederzeit Auskunft erteilen. Sie, verehrter Genosse Granow, beschränken sich in Zukunft, was das KGB angeht, ausschließlich auf beratende Funktionen. Habe ich mich deutlich ausgedrückt?«

»Unüberhörbar!« antwortete der Sonderstaatsanwalt. Seine Fingernägel krallten sich in das feine Rindsleder des Sofas. Es fehlte nicht viel zu einem Wutanfall. Tschebrakin war ein Fähnchen im Wind, ein Opportunist, der sich von seinem Offiziersstab auf der Nase herumtanzen ließ. Granow spielte mit dem Gedanken, einfach aufzustehen und zu gehen. Was sollte er hier noch?

»Genug jetzt der unfreundlichen Worte!« rief Klimenko. Der stellvertretende Generalsekretär hatte sich bisher auffällig zurückgehalten. »Wir sollten wieder zum Kern kommen. Wie ist der Stand der Dinge?« Klimenko sah Brigadegeneral Jefimow auffordernd an.

An Jefimows geschwollenen Gesichtszügen ließ sich ablesen, daß er täglich so manche hundert Gramm Wodka konsumierte. »Genossen!« begann er mit einer festen Baritonstimme. »Ich habe mich in den letzten zwölf Stunden intensiv dem Studium des vorhandenen Materials gewidmet. Mag sein, daß sich für die These der Genossen Scherstnew und Granow einige Argumente finden lassen. Unter den Augen eines scharfen Analytikers findet sich jedoch kein einziger justiziabler Beweis ... Ich will keinesfalls die Verdienste des verehrten Genossen Granow schmälern. Darum möchte ich Sie, verehrte Genossen, vor einer – noch so verständlichen – Berufsblindheit warnen. Wir wissen zwar, daß die Verschwörerbande über beste Verbindungen bis in die höchsten Bereiche des KGB verfügt. Aber wer sagt uns, daß es sich dabei um Wirtschaftskriminelle handelt? Die konterrevolutionären Gruppen in der UdSSR hatten vier Jahre lang Zeit, sich zu organisieren und eine ausgeklügelte Infrastruktur zu entwickeln ...«

»Die sägen doch nicht den Ast ab, auf dem sie sitzen!« warf Granow trocken ein.

Brigadegeneral Jefimow ignorierte den Einwand. »In der Tadschikischen und der Usbekischen SSR sammeln sich moslemische antisowjetische Gruppen. Aus dem GRU wissen wir, daß es bereits zu Disziplinarproblemen mit moslemischen Armeeoffizieren gekommen ist. Auch die zunehmende Radikalisierung in Georgien, aber vor allem in den baltischen Staaten, ist unübersehbar – ganz abgesehen von der Lage in Aserbaidschan.«

»Wollen Sie allen Ernstes behaupten, die Usbeken beschließen, mit Hilfe westlicher Faschisten die Regierungsmaschine über dem Hoheitsgebiet der DDR abzuschießen?« fragte Klimenko verblüfft. Selbst ihm erschien diese Variante zu phantasievoll.

»Nein«, antwortete Jefimow gelassen, »aber wer von Ihnen hat schon einmal über die Verbindungen dieser Gruppen untereinander nachgedacht? Für innersowjetische Fraktionen kann ich Ihnen kistenweise Material vorlegen.«

»Das beantwortet nicht die Frage des Genossen Granow!« insistierte Myschko und nickte dem Sonderstaatsanwalt diplomatisch zu.

»Wenn die Kontrolle der Partei verlorengeht, schon. Mit dem Chaos, wilden Streiks und Demonstrationen wollen sie sich aus der sozialistischen Staatengemeinschaft schleichen. Die Konterrevolutionäre wissen genau, daß wir die Unruhen in ein oder zwei Staaten unter Kontrolle halten können. Aber nicht in einem halben Dutzend gleichzeitig.« Jefimow machte eine kleine Pause und setzte um so eindringlicher hinzu: »Die Tadschiken besorgten die Stinger-Raketen. Die Balten verfügen über erstklassige Verbindungen zur polnischen Opposition, die nach Ungarn und in die DDR reichen – und von dort gibt es zahlreiche Beziehungen in den Westen.«

»Das heißt, Sie wollen Ihre Nachforschungen auf die

Opposition konzentrieren?« vergewisserte sich Granow entsetzt.

»Richtig!«

Der Staatsanwalt schüttelte abfällig den Kopf. »Das bedeutet Massenverhaftungen! Und Massenverhaftungen führen zu noch mehr Unruhen, als wir ohnehin schon haben!«

»Der Genosse Jefimow und ich haben dieses Thema schon ausreichend behandelt«, entgegnete Tschebrakin und würgte das Gespräch ab. Granow wurde ihm langsam lästig. Keinesfalls wollte sich der KGB-Vorsitzende jetzt noch auf eine politische Diskussion mit ihm einlassen.

»In meinem Bereich: keine besonderen Vorkommnisse!« warf Brigadegeneral Antonow in einem zackigen Ton ein. Daß er aus den Reihen der KGB-Offiziere in der Sowjetarmee stammte, konnte er nicht verbergen. Seine Uniform war derart gestärkt, daß es den Anschein erweckte, sein Brustkorb bestünde aus sowjetischem Panzerstahl. »Auch keine Meldungen aus den Krisengebieten!« fuhr er fort. »Einziges Problem derzeit ist das für Freitag geplante Pop-Festival im Olympia-Stadion. Wir erwarten hundert- bis hundertfünfzigtausend Jugendliche. Daß dieser Uljanow dort bei der Popgruppe *Vaswedtschiki* ausfällt, beunruhigt uns besonders. So eine Menge kann, wenn sie enttäuscht wird, leicht außer Kontrolle geraten. Und dann haben wir die Krisenlage ...«

»Was ist nun mit Uljanow?« fragte Klimenko, froh, von Antonow die unfreiwillige Gedankenstütze erhalten zu haben.

»Wir wissen es nicht – noch nicht!« antwortete Myschko. »Der Genosse Barynin ist erst jetzt in der Lage, die Informationsbeschaffung aus der BRD zu koordinieren. Eigentlich sollte er in diesem Kreis sitzen. Nach Erkenntnissen der Ersten Hauptverwaltung ist den Behörden der BRD der Hintergrund des Anschlags nach wie vor unbekannt. Sie intervenierten lediglich auf diplomatischem

Wege. Die Amerikaner reagieren nervöser. In der Deutschen Presse Agentur wurde eine Meldung lanciert, nach der die CIA in München den Genossen Uljanow und die Aladkowa in Gewahrsam genommen haben. Die Verbreitung dieser Nachricht löste in US-Geheimdienstkreisen offenbar Panik aus. In der BRD toben sich die Missionschefs aus. Vermutlich werden sie sich den deutschen Journalisten Harry Maybach vornehmen, er ist für die Meldung verantwortlich.«

»Sollten wir den *Amerikanskis* zuvorkommen?« unterbrach Tschebrakin. Myschko verneinte kopfschüttelnd. »Warum? Das gibt nur Schwierigkeiten. Und wir werden immer noch nicht wissen, ob Uljanow in Langley sitzt oder nicht.«

»Sollte er auf freiem Fuß sein«, bemerkte Klimenko trocken und erinnerte sich an sein Zusammentreffen mit dem Ex-Major, »ist dieser Mann nach dem, was er durchgemacht hat, eine wandelnde Bombe, irgendwo zwischen den Alpen und dem Ural!«

Jeden weiteren Kommentar verkniff er sich. Die anwesenden Genossen wußten selbst, welche Katastrophe Uljanow auslösen konnte, wenn seine Informationen in die falschen Hände gerieten.

»Der Genosse Boris Stepanowitsch«, ergänzte Myschko in dienstlichem Ton, »wurde weltweit in allen KGB-Residenturen zur Fahndung ausgeschrieben. Innerhalb der Sowjetunion ist sein Fahndungsbild an jede Grenzstation und an alle lokalen KGB-Dienststellen gegangen. Es wäre sinnvoll, wenn der Genosse Granow dafür Sorge trüge, daß die Suche von der Miliz ergänzt wird. Ich möchte den Genossen Uljanow aus dem Verkehr ziehen, ohne daß es zu Zwischenfällen kommt. Boris Stepanowitsch hat sich um unser Vaterland verdient gemacht und dafür viel durchgestanden.«

In Granows Ohren klangen Myschkos Worte wie der

Nachruf auf einen gefallenen Helden der Sowjetunion. Der Krisenstab wechselte das Thema. Man sprach abermals über die Sicherheitsvorkehrungen bei der geplanten DDR-Reise des Generalny. Verteidigungsminister Schalajew kündigte an, die sowjetische Luftwaffe von Moskau bis an die Westgrenze der DDR in Alarmbereitschaft setzen zu lassen. Wie er das machen wollte, ohne daß im NATO-Hauptquartier in Brüssel Panik ausbrach, war dem Staatsanwalt unklar. Auch daß der Verteidigungsminister persönlich die Sicherheitsmaßnahmen während des DDR-Besuches leiten wollte, nachdem der hochrespektierte Brigadegeneral Scherstnew für die Neunte Verwaltung ausgefallen war, konnte Granow nicht mehr aus der Fassung bringen. Er hörte das mit Engelszungen gesprochene Grollen, das die bevorstehende Palastrevolution ankündigte, aber er wußte nicht, wie er sie aufhalten konnte.

10. JANUAR, BONN, 19.00 UHR:

Der dpa-Journalist Harry Maybach verließ Köln in einem schwarzen 190er Mercedes auf der A 4 in Richtung Olpe. Ein feiner Sprühregen behinderte die Sicht. Mit Hundertvierzig, den linken Blinker gesetzt, jagte er in einem riskanten Tempo über den dünnen Wasserfilm der Überholspur. Jeder Kilometer, mit dem er sich von der Stadt entfernte, verschaffte ihm Erleichterung. Maybach war fertig. Sein Körper klebte von getrocknetem Schweiß. Er freute sich auf die Ruhe in Manfreds Häuschen, einer abgeschiedenen Waldhütte im Rothaargebirge, die ihm der Freund zum Abtauchen zur Verfügung stellte.

Als der Journalist vergangene Nacht den anonymen Anruf über die Verwicklung der Amerikaner in die Münchner Schießerei erhielt, hatte sich der Unbekannte als hochrangiger Insider-Informant qualifiziert: Er nannte die Namen der Ressort- und Abteilungsleiter im Bundesamt für Verfassungsschutz und beschrieb Details, wie sie nur direkt aus dem Amt kommen konnten. Maybach machte seinen Job seit zwanzig Jahren. Er hatte sich von der Lokalseite des mittlerweile eingegangenen *Heidelberger Tageblatts* zum Redaktionschef des Kölner dpa-Büros hochgearbeitet. Damit war er ins Zentrum der deutschen »Nachrichtenmacher« vorgestoßen. Die Verantwortung, die er mit dieser Stellung trug, nahm Maybach sehr ernst. Er verstand seine berufliche Objektivität wie eine Art Ehrenkodex, weil er wußte, wie schmal im Tagesgeschäft die Grenze zwischen Selektion und Zensur werden konnte. Und der Einfluß der dpa war groß. Ihre Nachrichten in der Bundesrepublik waren sozusagen eine Institution der Volksmeinung, bei der die Gegendarstellungsquote unter einem Prozent lag. Maybach kannte die Gefahr, von Nachrichtendiensten, Politikern oder Interessengruppen gezielt zum Verbreiten von Informationen oder aber Desinformation benutzt zu werden. Es lag im Charakter des Altachtundsechzigers, daß er eine besondere Aversion gegen Geheimdienste besaß, so sehr ihn diese Halbwelt auch zu faszinieren vermochte. Er empfand es als Perversion und Kriegsrelikt, daß Regierungen unter dem Deckmantel der Geheimhaltung eine Politik betrieben, die der Meinung, die sie in der Öffentlichkeit propagierten, diametral entgegenstand. Die Haßliebe des Journalisten zu den Nachrichtendiensten beruhte auf Gegenseitigkeit. Maybach war unbequem. Er veröffentlichte in verschiedenen auflagenstarken Zeitungen und Zeitschriften Artikel, die in etlichen Führungsetagen Nervosität auslösten. Außerdem schrieb er Polit-Thriller, deren Szenarien durchaus den Giftküchen der Strategieabteilungen hätten entstammen können. Der Journalist Maybach war jedoch für die »graue Riege« weitaus gefährlicher als der Autor. Ein Deutscher schreibt keine Polit-Thriller. Dieses Vorurteil führte dazu, daß Maybachs Romane immer nur in kleinen Auflagen erschienen. In Pullach, Langley, Ostberlin und Moskau las man sie jedoch immer mit großem Interesse und notierte sich die eine oder andere Idee.

Der anonyme Anruf war um zwanzig vor zwei erfolgt. Maybach war gerade ins Bett gegangen. Schon tagsüber hatte er sich für die Vorgänge in Berlin interessiert. Maybach wußte, wer Scherstnew und Uljanow waren. Und er wußte auch, daß die Briten schon rein aus Prestigegründen Uljanow fassen wollten. Laut Aussage des Informanten hatte aber die CIA den Russen und diese Frau in München abgefischt. Scherstnew war Chef des »Personenschutzes« in Moskau, Uljanow ein ehemaliger Anti-Terror-Agent. Die beiden mußten triftige Gründe haben, wenn sie zu den Amerikanern überliefen. Und daß Tschechen oder Russen es in München auf eine offene Schießerei mit CIA-Leuten ankommen ließen, zeugte von der Panik der Gegenseite. Das paßte in den Kalten Krieg vor fünfundzwanzig Jahren, aber nicht in Zeiten, in denen ein sowjetischer Generalsekretär von westdeutschen Menschenmassen gefeiert wurde wie ein Volksheld.

Die amerikanischen Geheimdienste benahmen sich seit Kriegsende in der Bundesrepublik wie auf einem Abenteuerspielplatz. Bundesdeutsche Gesetze bestanden für sie nur auf dem Papier. Der CIA traute Maybach ohne weiteres zu, daß sie ein SOD-Team beauftragt hatte, sich in München gewaltsam des Überläufers zu bemächtigen. Maybach verabscheute solche Methoden und besaß eine wirksame Waffe: Halbinformationen. Denn das fürchteten Nachrichtendienste wie der Teufel das Weihwasser. Gezielte Halbinformationen oder einfach nur Nachrichtenfragmente setzten die Dienste gegenüber der Öffentlichkeit unter Druck. Maybach hatte die Sprengkraft der anonymen Informationen über München sofort begriffen. Er war aufgestanden, hatte sich an seinen Schreibtisch-Terminal gesetzt und die Meldung via Datex-Leitung *online* in den

Zentralrechner der dpa getippt. Als Redaktionschef gab er das OK zu seiner eigenen Nachricht. Über Ticker, Datenbank- und *online*-Anschlüsse ging die Mitteilung sekundenschnell an Redaktionen in aller Welt.

Um vier Uhr standen Beamte des BKA vor der Tür. Sie ließen sich auf keine Diskussion ein. Maybach wurde vorläufig festgenommen. Sie gaben dem Journalisten noch Gelegenheit, einen Pullover und Jeans überzuziehen, bevor sie ihn in einem Hubschrauber des Bundesgrenzschutzes zum Landeskriminalamt nach Düsseldorf brachten. Verhöre mit zahllosen Beamten des LKA, des BKA, des Verfassungsschutzes und der Amerikaner waren nicht Maybachs Schlachtfeld. Sein Instrument war die Computer-Tastatur und nicht die psychologische Gesprächsführung. Er redete wie ein Wasserfall. Verblüfft erlebten die Geheimdienstbeamten den verrufenen Maybach als einen lammfrommängstlichen Menschen. Der Journalist wußte nichts. Gegen Mittag ließen sie ihn gehen. Er kam sich lächerlich vor, als er sich einen Mantel und das Fahrgeld für die Bahn nach Köln borgen mußte.

In Köln lief Maybach zu Fuß die kurze Strecke vom Hauptbahnhof bis zu Groß Sankt Martin. Kollegen der Kölner und Bonner Redaktionen standen vor dem Hauseingang der dpa, und als sie Maybach entdeckten, stürzten sie sich geradezu auf ihn.

»Was is'n gelaufen, Harry?« raunzte ihn Franz Woller an und packte Maybach gleich an der Schulter. Untereinander waren die Presseleute nicht zimperlich. Maybach drängelte sich durch die Reporterschar. Einer ihrer Berufskollegen war in die Schlagzeilen geraten, und das interessierte die Kollegen besonders. Das war eine Form des Selbstschutzes. Jeder von ihnen konnte in Maybachs Lage geraten.

»Laßt mich in Frieden! Ich weiß nichts!« erwiderte Maybach, und zum ersten Mal spürte er, wie es ist, wenn man auf der anderen Seite steht.

Eine Büroangestellte hatte den Taxifahrer bezahlt. Maybach wurde vom geschäftsführenden Direktor und dem Justiziar der dpa erwartet. Auch ein gewisser Herr Kramer von der Sicherungsgruppe Bonn und ein sich hilflos um Liberalität bemühender, aber dennoch preußisch wirkender Herr von Schwenkart vom Auswärtigen Amt waren bereits im Kölner Büro eingetroffen. Der Journalist ärgerte sich, im Stundentakt mit Staatsdienern konfrontiert zu werden, nachdem man ihn gerade in Düsseldorf ausgesetzt hatte. Zu viert nahmen sie ihn in die Mangel. Die Geschäftsleitung verzichtete nach bitteren Vorhaltungen unter einer Bedingung auf eine fristlose Entlassung Maybachs: Er hatte sich genauestens an die Anweisungen der Bonner Behörden zu halten.

Maybach zweifelte keine Sekunde daran, daß die mächtige dpa vom Kanzleramt eins auf die Glocke bekommen hatte. Im nächsten Moment begann Kramer seine Anweisungen zu geben, in einem Ton, der für Polizeischüler nicht besser hätte passen können. Ein Zivilfahrzeug der Kölner Polizei würde Maybach in ein Hotel bringen. Von dort sollte er einen kleinen Urlaub arrangieren. Ihm wurde verboten, nach Hause zu gehen. Dem Journalisten fiel das Waldhaus seines Freundes Manfred ein. Kramer verlangte von Maybach, daß er sich bis auf weiteres alle zwölf Stunden telefonisch bei ihm meldete. Keine Interviews. Keine Telefonate.

Schwenkart schloß sich mit einem beschwörenden Monolog über Maybachs Pflicht gegenüber Staat und Gesellschaft an. Danach überließen sie den Journalisten seinen Vorgesetzten. Das Gespräch nahm eine härtere Wendung. Seine berufliche Zukunft in Köln war beendet. Nach einem längeren Urlaub würde er auf einen diskreteren Posten versetzt.

Maybach lachte zynisch auf. Er sah sich schon als dpa-Korrespondenten in Reykjavik.

Beamte der Abteilung Staatsschutz der Kölner Kripo hatten Maybach durch die Horde seiner Kollegen geschleust. Mit Blaulicht und Martinshorn fuhren sie davon. Streifenwagen riegelten für ein paar Minuten die Straße ab, damit die Reporterschar dem Dienstfahrzeug nicht folgen konnte. Die Polizeibeamten brachten Maybach ins Crest-Hotel an der Dürener Straße. Ein Zimmer auf falschen Namen war bereits reserviert. Endlich allein, telefonierte er mit Manfred und seiner Freundin Carla. Beide Gespräche wurden abgehört. Über das Computersystem NADIS erfolgte eine Blitzanfrage über Maybachs Freund Manfred.

Carla packte in Maybachs Wohnung etwas Wäsche zusammen und brachte sie ihm gegen sieben Uhr ins Hotel. Maybach hatte ein wenig geschlafen. Sie redeten nur kurz miteinander. Danach verließ Maybach das Hotel, setzte sich in einen Baby-Benz, den ihm die Kripo besorgt hatte, und fuhr davon.

Am Autobahnkreuz Olpe bog Maybach in Richtung Siegen ab. In der Dunkelheit bemerkte er nicht den Lancia Delta Integrale, einen Hochleistungs-Sportwagen, der ihm im Abstand von wenigen hundert Metern folgte. Maybach achtete auch nicht auf den Opel Senator, dessen Fahrer den schwarzen Mercedes im Rückspiegel keine Minute aus den Augen ließ.

An der Ausfahrt Siegen ging Maybach vom Gas und verließ die Autobahn. In etwas vergrößertem Abstand durchfuhren die drei Fahrzeuge Siegen, um dann auf der Bundesstraße 62 weiter in Richtung Osten zu fahren. Maybachs Begleiter kannten das Ziel. Kurz vor Netphen beschleunigte der Opel und fuhr davon. Er nahm die kleine Landstraße nach Ober-Netphen und von dort den Weg nach Brauersdorf. Vor dessen wenigen Häusern drehte die Limousine in eine schmale Waldstraße ab, die um den Obernau-Stausee führte. Niemand begegnete ihnen. Die Straße wurde selten und wenn, nur von Einheimischen befahren. Jetzt war deutsche Fernsehzeit. Drei Kilometer weiter, direkt am Waldrand, hielt der Opel quer zur Straße. Die Warnblinkanlage leuchtete auf. Zwei durchtrainierte Männer stiegen aus. Einer von ihnen öffnete den Kofferraum, klappte ein Warndreieck auf und lief mit einer Taschenlampe in der Hand die Waldstraße nach Brauersdorf zurück.

Diese Straße führte zu Manfreds Blockhaus. Maybach folgte dem Opel nur zwei Minuten später. Seit Netphen war er im Rückspiegel auch auf die quadratischen Scheinwerfer des Autos aufmerksam geworden, das ihm folgte. Maybach sah das schwankende Licht in hundert Metern Entfernung auf sich zukommen. Er blendete das Fernlicht auf und erkannte einen Mann mit Taschenlampe sowie den diagonal zur Straße stehenden Wagen. Der Journalist bremste ab und stoppte neben dem Mann. Er kurbelte das Fenster herunter.

»Uns ist ein kapitaler Hirsch ins Auto gelaufen!« sagte der Mann, als er sich zum Fenster herunterbeugte. »Vielleicht können Sie uns helfen, das Tier von der Straße wegzuziehen?«

»Selbstverständlich«, murmelte Maybach und ließ den Mercedes im Schrittempo an den Opel heranrollen. Als er ausstieg, sah er den Lancia, der auf seinen Wagen zubrauste und dicht dahinter mit quietschenden Reifen stehenblieb. Und erst jetzt durchschaute Maybach die simple Falle. Ebenso unerwartet traf ihn eine geschickt dosierte Kombination von Magen-, Leber- und Genickschlägen des zweiten Agenten hinter ihm. Maybach klappte wie ein Taschenmesser zusammen. Drei Typen, von ähnlicher Statur wie ihre Kollegen, sprangen aus dem Lancia. Jeder hatte seinen Job. Zwei Männer nahmen Maybach in die Mitte und schleppten ihn in den Fond der großen Opel-Limousine. Der dritte warf das Warndreieck in den Kofferraum, setzte sich hinter das Steuer und fuhr davon. Der vierte kümmerte sich um Maybachs Leihwagen, und der fünfte brachte den Lancia zurück. Der Einsatz hatte keine drei Minuten gedauert. Kein Lärm. Keine Spuren.

Als Maybach, nach Luft röchelnd, wieder zu sich kam, versuchte er zu protestieren. Der rechts neben ihm packte ihn mit den Fingern grob am Ohr und zog ihn so dicht zu sich heran, daß Maybach seinen Spearmint-Atem riechen konnte. »*Keep quiet, man*!« sagte er langsam, wobei er immer fester an Maybachs Ohr zog. Der Journalist war schokkiert. Solche Szenen kannte er bisher nur aus dem Kino, und zwangsläufig dachte er an *Missing* mit Jack Lemmon und Sissy Spacek. Maybach gab keinen Mucks mehr von sich, selbst als sie ihm die Wollmütze über den Kopf zogen.

Die Fahrt dauerte etwa eine Stunde und endete in der Garage eines villenartigen Landhauses. Maybach wurde die Mütze wieder vom Kopf gezogen. Sie brachten ihn in den benachbarten Keller, in einen – in Westdeutschland seltenen und von Bonn subventionierten – privaten ABC-Schutzraum. Klassisches Ambiente: Tisch, Lampe, zwei Stühle. Am Eingang wurde Maybach von einem grinsenden, feisten Mann von Anfang Vierzig empfangen. Maybach starrte in das Gesicht von *Mastino*, einem Verhörspezialisten der CIA, der sich den Spitznamen wegen seiner fleischigen Gesichtsfalten eingehandelt hatte. Mastino arbeitete europaweit, wo immer er gerade gebraucht wurde. Seine scharfe Gangart war bekannt.

»Hallo, Harry!« sagte Mastino gönnerhaft mit starkem amerikanischen Akzent. »Wir werden uns jetzt ausführlicher unterhalten.«

»CIA-Schwein! Wohl auch in Chile dabei gewesen, in El Salvador, in Nicaragua?« zischte der Journalist und musterte den Amerikaner feindselig.

»Nenn mich, wie du willst!«

»Sie bewegen sich auf dünnem Eis, Mister!« schimpfte Maybach. Die Jungs hielten ihn noch immer fest. In der gleichen Sekunde traf ihn Mastinos Knie mit voller Wucht zwischen die Beine. Seine beiden Begleiter schleppten ihn zum Stuhl vor dem Tisch und banden ihn an der Rückenlehne fest.

»Du hast wohl immer noch nicht begriffen, wie der Hase läuft?« fragte Mastino arglos. »Oder?«

Maybach hielt sich windend die Eier. »Doch!« stammelte er, »Doch!«

»Na, wie heißt du denn?«

Der Journalist starrte Mastino mit weit geöffneten Augen an. »Harry Dietmar Maybach, geboren am 15. Dezember 1951 in Soltau.« Er hatte begriffen.

10. JANUAR, WASHINGTON D.C., 1.00 p.m.:

Es war nicht der Hubschrauber des Präsidenten, sondern eine ganz gewöhnliche Air-Force-Maschine, die sich aus dem Garten des Weißen Hauses erhob. Trotz der Pressemeute, die das Gelände Tag und Nacht umlagerte, hatte niemand bemerkt, daß Mr. President seinen Amtssitz verließ. Er war zuerst durch den Garten zur Maschine gelaufen, allein ohne jeden Sicherheitsbegleiter, keiner der Journalisten erkannte den Mann in der Bomberjacke und der gefütterten Lederkappe auf dem Kopf. Dem Präsidenten folgte mit zwei Minuten Abstand Vize-Präsident Bush und zum Schluß, als wäre der Hubschrauber eigentlich für sie bestimmt, CIA-Chef Nuskiewicz mit seinem designierten Nachfolger Woodward.

Die Außentemperatur betrug zwei Grad. Es war naßkalt. Nachdem die Tür geschlossen war, drehte der Co-Pilot die Heizung voll auf. Als sie aufstiegen, tauchte links unter ihnen das Capitol aus dem diffusen Winterdunst auf. Vor ihnen war das Lincoln Memorial zu sehen. Rasch gewannen sie an Höhe, überquerten den Potomac. Südlich lag das riesige Pentagon. Die Maschine nahm Kurs über Arlington nach Osten. Das Ziel lag knapp 30 Meilen entfernt in Virginia – der Cedar-Crest-Country-Club. Eineinhalb Stunden vorher hatte der Stabschef des Weißen Hauses, Mike Gilman, einen Anruf des Privatbankiers Sam Sugarman entgegengenommen. Am Einfluß Sam Sugarmans kam keiner der Mächtigen dieses Landes vorbei. Selbst wenn es sich um die ungewöhnlichsten Verbindungen handelte, Sam hatte sie. Er gehörte zu den wohlhabendsten Bürgern der Vereinigten Staaten und spielte eine Führungsrolle bei den privaten US-Banken. Um ein politisches Amt hatte er sich nie bemüht. Dennoch hielt er seit seinen jungen Jahren geschäftliche Verbindungen zur Sowjetunion. Im Lauf der Jahrzehnte hatte er manche Tür zwischen Sowjets und Amerikanern aufgestoßen und manches Milliardengeschäft eingefädelt. Nach dem Reaktorunfall von Tschernobyl geriet Sugarman erneut in die Schlagzeilen, weil er auf seine Kosten amerikanische Ärzteteams zur Behandlung von Strahlenopfern nach Moskau schickte. Die Republikaner mochten ihn nicht, für sie galt er als Linker, aber nichtsdestoweniger fürchteten sie seine taktischen Winkelzüge, mit denen er mancher Administration Sand ins Getriebe streute.

Auch die Bedeutung eines »Mr. Sugarman« änderte nichts an Gilmans Empörung über die Art und Weise, wie der Bankier den Präsidenten, den Vize, den DCI und den DDCI zum Lunch in den Cedar-Crest-Country-Club einlud. »Was bilden Sie sich eigentlich ein, wer Sie sind, Sir?« zischte Gilman.

»Die Affäre Uljanow wird Sie im Moment sehr beschäftigen«, antwortete Sugarman mit der freundlichen, dünnen Stimme eines greisen Mannes. »Und da kann ich helfen!«

Dem Stabschef fiel beinah der Hörer aus der Hand. Er bat Sugarman um einen Moment Geduld und rief den Präsidenten über Direktleitung im Oval Office an. Reagan beriet mit dem Protokollchef gerade die nächsten Punkte des ohnehin durcheinander geratenen Tagesablaufs. Auf Gilmans Nachricht ließ er sich selbst mit Sugarman verbinden. Zwei Minuten später erklärte er dem Protokollchef, daß er in einer Stunde nach Virginia fliegen würde. Botschafter, gesellschaftliche Repräsentanten und Staatsgäste müßten vertröstet werden.

Gilman ließ den Vize-Präsidenten aus dem benachbarten Executive Office Building holen. Nuskiewicz und Woodward mußten sich aus Langley wieder auf den Weg nach Washington machen. Eine halbe Stunde vor ihrer Ankunft trafen die FBI-Teams im Country-Club ein, ihre Bombensuchtrupps checkten die Gebäude und die Umgebung, Bodyguards sicherten das Gelände. Die Distriktpolizei sperrte die Zufahrtsstraßen und kontrollierte jedes Fahrzeug, das herein- oder herauswollte.

Sam Sugarman besaß private Räume im Cedar-Crest-Country-Club. Eine seiner zahlreichen Residenzen, die sich wie ein Gürtel um die Welt zogen, vom Penthouse in Manhattan über das Haus in Tokio bis zur Villenetage auf den Leninhügeln oberhalb Moskaus. Cedar Crest war ein idealer Ort für die diskreten Zusammenkünfte zwischen Sugarman und Politikern, Diplomaten und Lobbyisten. Der Dulles-International-Airport lag nur fünfzehn Meilen weiter nördlich, und Washington war bequem in einer Autostunde zu erreichen. Im Süden schloß sich der Manassas National Battlefield Park an das Gelände des Country-Clubs an. Hier herrschte die nötige Ruhe und Abgeschiedenheit vor ungebetenen Gästen und neugierigen Pressefritzen.

Der Schnee lag an die zwanzig Zentimeter hoch, die Böen der Helikopterrotoren ließen ihn wie Puderzucker stauben. Sugarman war von der Lounge des Clubgebäudes zur nahe gelegenen Wiese gelaufen und kam nun den Herren entgegen, die mit gebeugten Körpern, die Hände auf ihren Mützen, aus der Maschine stiegen. Dreißig Meter weiter hielt Sugarman seine knöcherne Hand dem Präsidenten entgegen.

»Hi, Ronny! Ich bin froh, daß Sie gekommen sind!«

Reagan bedachte Sugarman mit ernsten Blicken. »Sie müssen jetzt auch eine verdammt gute Story zu bieten haben, Sam!«

Die Mundwinkel des Bankiers zuckten für einen kurzen Moment nach oben, als er antwortete: »Die habe ich, mein Freund!«

Peat Nuskiewicz fuhr bei den Worten »mein Freund« zusammen.

»Hello, Mr. Nuskiewicz!« sagte Sugarman warm. Der DCI nickte nur kurz, auch Bushs und Woodwards Begrüßungsgesten waren eher frostig.

Der Bankier ging den Weg zum Hauptgebäude des Country-Clubs voraus. In der Lounge wurden die VIPs vom Club-Präsidenten willkommen geheißen, dort legten sie auch ihre Jacken ab und zogen sich in Sugarmans Privaträume in der ersten Etage zurück, bewacht von einer Hundertschaft FBI-Beamter, die sich, in dicke Wintermäntel gehüllt und mit den Füßen stapfend, in der schneebedeckten Landschaft um das Haus herum verteilt hatten.

Mike Gilman, der Stabschef, hatte den Objektschutz organisiert, Sam Sugarman den Koch, einen Iren aus New York, der auf Anruf seinem Chef mit einem Troß von Hilfsköchen – und nötigenfalls mit allen Zutaten seiner Menüs – in einem Lear-Jet an jeden Ort der Welt folgte.

Die Atmosphäre blieb gespannt. Sugarman lud seine Gäste ein, an der Tafel im Speisesalon Platz zu nehmen. Alle vier lehnten den angebotenen Aperitif ab und wählten Soda oder Tonic-Water. Während der Butler, für dessen Loyalität der Bankier seine Hand ins Feuer legte, das Hors d'œuvre servierte, begann Sugarman den Grund der Einladung zu erläutern: »Ich kann Ihnen sagen, wo sich Uljanow befindet. Und ich habe Sie hierher gebeten, um Sie über eine schwere Krise in der sowjetischen Regierung aufzuklären. Wir brauchen Ihre Mithilfe, Gentlemen!«

»*Wir?*« bellte Nuskiewicz, der eine besondere Aversion gegen den jüdischen Bankier hegte.

»Ja, wir!« antwortete Sugarman. Im Lauf der folgenden zwanzig Minuten erläuterte der alte Mann dem Präsidenten, dem CIA-Direktor und ihren Nachfolgern die Hintergründe der Uljanow-Affäre. Er tat das mit der gleichen Ausführlichkeit, mit der in der vorangegangenen Nacht Boris von Mannsfeld und Koszak informiert worden war. Alle vier hörten sprachlos zu, und nur selten stocherte einer von ihnen mit seiner Gabel in den Scheiben des gebeizten Lachsfilets herum. Als Sugarman mit seinem präzisen Bericht endete, sahen sich Reagan und Bush einen Moment lang an. Woodward starrte in die Runde. Was er hier gehört hatte, überstieg seine bisherige Vorstellungskraft. Nur Peat Nuskiewicz' Wut war sofort zu erkennen. Das Gesicht des DCI blähte sich auf, während die Hautfarbe in ein dunkles Rot wechselte. Dann dröhnte er los: »Mr. Sugarman, Sie haben wohl keinen Funken Patriotismus im Blut, daß Sie uns erst jetzt informieren …«

»Wir kehren nach Washington zurück und konsultieren die sowjetische Parteiführung direkt über den heißen Draht!« mischte sich Vice-President Bush ein. Mit der Damastserviette entfernte er ein winziges Stück Lachs von seinen zusammengezogenen Lippen. Und dann fügte er zu seinen Ratschlägen scharf hinzu: »Nach dem, was Sie sagen, Mr. Sugarman, ist es zwingend erforderlich, die US-Streitkräfte und die übrigen NATO-Truppen in Alarmbereitschaft zu versetzen!«

Sam Sugarman sah den noch amtierenden Präsidenten ernst an und zeigte mit der ausgestreckten Hand auf Bush, als wolle er ihn regelrecht präsentieren. »Sehen Sie, Ron, damit beantwortet sich die Frage von Mr. Nuskiewicz von selbst. Sie entscheiden, ob Gorbatschow und mit ihm der Reformkurs in der Sowjetunion durch die USA unterstützt wird – oder ob wir uns ausschließlich unseren eigenen Sicherheitsinteressen widmen und einen kriminellen Putsch in Moskau tatenlos dulden.« Die Fistelstimme des alten Mannes klang etwas kräftiger. »Sir, Sie stehen vor einer historischen Entscheidung!«

Der Präsident schob gequält den Teller beiseite. »*Oh, boy*!« stöhnte er, und nachdem er tief Luft geholt hatte, fragte er Sugarman: »Und wie stellen Sie sich das vor, Sam?«

Sugarman achtete instinktiv auf Bush. Der Butler räumte inzwischen fast lautlos die mehr oder weniger unberührten Teller des ersten Gangs ab. Der Vize-Präsident setzte prompt zum Widerspruch an: »Stop! Was machen wir hier eigentlich? Wir diskutieren Themen von existenzieller Bedeutung für die USA mit einem alten Privatbankier, anstatt uns unserer Spezialisten zu bedienen?« dröhnte Bush aufgebracht. »Das kann doch nicht dein Ernst sein, Ron!«

Bush war kein dogmatischer Falke im klassischen Sinn. Aber entgegen der euphorischen Sympathie, welche die amerikanische Bevölkerung der politischen Entwicklung in der UdSSR entgegenbrachte, war er von großer Skepsis. George Bush hatte seine berufliche Karriere außerhalb der Politik in der amerikanischen Rüstungsindustrie gemacht. Seinen früheren Arbeitgebern und heutigen Freunden fühlte er sich bis heute zur Loyalität verpflichtet. Seit Jahren las Sam Sugarman aufmerksam die Dossiers über Bush, die ihm die Information-Broker seines Sekretariats zusammenstellten. Er hatte früh geahnt, daß der in Texas geborene und in New England aufgewachsene Politiker von den Amerikanern zum Präsidenten gewählt werden würde.

»Mr. Vice-President, wie soll man nach Ihrer Meinung

mit dem Problem umgehen?« fragte der Bankier in einem freundlichen, offenen Tonfall, ohne Bush jedoch zu Wort kommen zu lassen. »Wenn Sie die diplomatischen Kanäle zur sowjetischen Regierung nutzen, kennen Gorbatschows Gegner unseren Informationsstand. Damit erhöhen Sie das Risiko für den Generalsekretär!« Sugarman holte schnell Luft, damit er nicht unterbrochen werden konnte: »Variante eins: Die USA bleiben passiv und lehnen das Hilfeersuchen des israelischen Mossad ab. Kommt es tatsächlich zu einem erfolgreichen Umsturz in Moskau, muß die westliche Welt mit einer aggressiven und dogmatischen Außen- und Militärpolitik der Sowjets rechnen. Das bedeutet das Ende der Abrüstungspolitik und neue Milliardendefizite im US-Haushalt. Ich möchte nicht in Ihrer Haut stecken, Mr. Vice-President, wenn Sie den führenden Wirtschaftsmanagern unseres Landes erneut Rekordzinsen plausibel machen sollen. Auch unsere steigenden Exporte in die UdSSR müßten in dieser politischen Situation gestoppt werden. Den Weizen können Sie da nicht einfach ausklammern. Erinnern Sie sich an die Reaktion amerikanischer Farmer auf Carters Wirtschaftsembargo gegen die Sowjets wegen des Einmarsches in Afghanistan?«

Bush antwortete nicht. Rabbit, der Butler, trug eine klare Ochsenschwanzsuppe auf. Kaum war die Tür wieder geschlossen, protestierte Nuskiewicz: »Wissen Sie, Sugarman, ich halte Sie für einen gefährlichen Windhund, der sich unter dem Deckmäntelchen eines Salonkommunisten verhüllt. Und ich wünsche mir, Gelegenheit zu erhalten, Ihnen das Fell über die Ohren zu ziehen. Was Sie hier veranstalten, übersteigt bereits den Straftatbestand der Agententätigkeit für einen kommunistischen Nachrichtendienst. Ich könnte mir auch vorstellen, daß die Staatsanwaltschaft einige unangenehme Details in Ihren Geschäftsbüchern der vergangenen Jahrzehnte finden würde.«

Die haßerfüllte Attacke des DCI ging ins Leere. Sugarman blieb gänzlich unbeeindruckt. Nuskiewicz fiel in eine trotzige Ratlosigkeit. »Zum Teufel, was wollen Sie eigentlich von uns?«

Sugarman wartete nur auf eine Gelegenheit, seine Offerte zu unterbreiten. Aber er hatte nicht damit gerechnet, daß ihm ausgerechnet Nuskiewicz die Möglichkeit dazu gab. »Ich bitte um Ihre Mitarbeit beim ersten ost-westlichen Geheimdienstunternehmen …«

Der DCI zwinkerte dem Präsidenten zu, als handele es sich bei Sugarmans Anliegen um einen Party-Gag. Unbeirrt schaltete der Bankier mit der Fernbedienung einen Monitor ein und spielte den Gentlemen ein tonloses Video über den geplanten Verlauf der Rettungsaktion vor. Eine Stunde zuvor war es ihm von einem israelischen Verbindungsmann übergeben worden. Sugarman ergänzte mit ein paar Erklärungen die graphische Beschreibung des *Transponder-Switching* und den Einsatz der US-amerikanischen AWACS-Aufklärer. Der alte Mann hatte es geschafft, daß ihm die Männer aufmerksam zuhörten.

»… sollten Sie sich also zu einer Zusammenarbeit mit uns entschließen«, beendete Sugarman seinen Vortrag, »wäre die Geheimhaltung der Operation das größte Problem. Die NATO-Stäbe im SHAPE sowie das Kommando der Luftstreitkräfte für die Ostseezugänge in Karup müssen informiert werden. Aber bedenken Sie bitte: ein sowjetischer Maulwurf, der für die *Organisazija* arbeitet, und die Operation ist gescheitert. Selbst die befreundeten NATO-Regierungen sollten erst unmittelbar vor dem Einsatz konsultiert werden. Die Briten sind davon ausgenommen. David Lynn wird das Nötige veranlassen. Er soll das Unternehmen auf westlicher Seite koordinieren.« Sugarman machte eine kleine Pause und setzte etwas leiser hinzu: »Wenn Sie damit einverstanden sind.«

Bush war von seinem Platz aufgestanden und ans Fenster getreten. Nachdenklich sah er in den schneebedeckten

Park, bevor er auf die Vorschläge des Bankiers antwortete: »Wenn wir damit einverstanden sind? *My goodness*, Sugarman, Sie sind wirklich skrupellos! Ihr Charadespielchen könnte den Dritten Weltkrieg auslösen. Wie soll denn Ihrer Meinung nach ein Luftwaffenoffizier des Warschauer Pakts reagieren, wenn er feststellt, daß wir die Regierungsmaschine mit dem Generalsekretär der KPdSU an Bord aus dem polnischen Luftraum herausschleusen? Würde er das nicht als kriegerischen Akt werten?«

»Die USA waren immer ein Land der Freiheit!« setzte Nuskiewicz aufgebracht hinzu. »Und für jeden freien Demokraten liegt es auf der Hand, daß der Kommunismus nicht reformierbar ist. Wir sollten die Weltöffentlichkeit über die Situation bei den Russen informieren und die Entwicklung dort drüben sich selbst überlassen!«

Erstmals verlor der greise Bankier seine Freundlichkeit. Mit zornigem Gesicht wandte er sich an den DCI: »Alles leere Worthülsen! Wissen Sie, was Sie damit im größten Land der Erde auslösen werden?«

»Ja!« konterte Nuskiewicz. »Aber sind wir denn für die jetzige Lage verantwortlich?«

»Abgesehen von meinen vorherigen Schilderungen«, antwortete Sugarman wieder um mehr Sachlichkeit bemüht, »würde die Entscheidung von Mr. Nuskiewicz das sofortige Ende der *Perestroika* bedeuten, ganz gleich ob Gorbatschow stürzt oder nicht. Gewinnen die Wirtschaftsführer der westlichen Industrienationen den Eindruck, die sowjetische Regierung sitzt nicht fest im Sattel, folgt der Investitionsstopp zwangsläufig – eine Katastrophe für die sowjetische Wirtschaft ...«

»Reden Sie keinen Mist!« Der DCI wurde laut. Er spürte, daß Sugarman mit seinen Argumenten bei den anderen an Boden gewann. »Sie selbst haben zugegeben, daß europäische Spitzenbankiers an dem Wahnsinnsprojekt beteiligt sind. Die wissen es also und investieren trotzdem!«

Sugarman reagierte entgegen Nuskiewicz' Erwartungen. Der alte Herr stützte sich mit den Handflächen auf den Tisch und beugte sich zu seinem Diskussionsgegner vor. »Das liegt daran, mein lieber Nuskiewicz, daß diese Gentlemen einfach einen größeren Weitblick besitzen ...«

Für einen Sekundenbruchteil hatte es den Anschein, der alte Peat wolle wirklich über den Tisch greifen, um den noch fünfzehn Jahre älteren Bankier am Kragen zu packen. Sugarman gab ihm keine Gelegenheit dazu. Der Bankier wandte sich wieder der ganzen Runde zu und fuhr fort: »Nuskiewicz' Variante würde das größte Territorium der Erde und seine Satelliten-Staaten in einen Hexenkessel verwandeln. Alle Friedensprozesse im Nahen Osten, in Afrika, Asien und Südamerika kämen zum Stillstand. Der westlichen Wirtschaft blieben auf Jahre erhebliche Bereiche des Weltmarkts verschlossen. Flüchtlingsströme von bisher ungeahntem Ausmaß würden über Westeuropa hereinbrechen und auch dort soziale Spannungen hervorrufen. Das mag höchstens die Rüstungsmanager freuen – Billionen von Dollar flössen nutzlos in die Verteidigungshaushalte in Ost und West, Geld, das dringend für Investitionen im Umweltschutz benötigt wird. Alle Regierungen der Industrienationen wissen, daß wir auf einem ökologischen Pulverfaß sitzen, auch Sie, meine Herren. Ich muß Ihnen doch kaum die Umweltkatastrophen schildern, die unsere Fachleute schon jetzt prognostizieren?«

»Sam!« rief der Präsident und legte klirrend den silbernen Suppenlöffel in den Teller. »Sie beschwören ja die Apokalypse herauf!«

Sugarman taxierte in Sekundenbruchteilen seinen Verhandlungsstand und beschloß, eine Breitseite gegen den pragmatischen Bush abzufeuern. »Nein, Ron!« antwortete er. »Ich sage nur, wie es ist. Hier wird immer nur von der Abhängigkeit der Sowjetunion von den USA gesprochen. Bleiben wir mal in den Vereinigten Staaten: diese Situation würde zu katastrophalen Defiziten im US-Haushalt führen. Durch das extrem hohe Zinsniveau würden die US-Banken gezwungen, verstärkt uneinbringliche Forderungen abzuschreiben. Ich hoffe, Sie verstehen, Gentlemen, wir sprechen hier von einer handfesten Wirtschaftskrise, mit Börsencrash, Bankenzusammenbrüchen, Firmenpleiten und einem Heer von Arbeitslosen.«

Bush reagierte, wie es der Bankier befürchtet hatte: »Das, was Sie hier veranstalten, Mr. Sugarman, ist pure Erpressung!«

»Da täuschen Sie sich«, widersprach der alte Herr mit argloser Miene, »wir spielen das Instrument, aber wir machen nicht die Musik!« Jeder der Anwesenden wußte, daß Sugarman mit wir die amerikanischen Privatbankiers meinte.

»Und wie stellen Sie sich den konkreten Ablauf vor?« fragte der Präsident. Er war in einen Zustand arger Verwirrung geraten. Ihm fehlte sein treuer Gilman. Es waren seine letzten Tage als Präsident, und eigentlich war das alles schon Bushs Job.

Sugarmans Augen leuchteten nur für die Dauer eines Lidschlags. Sein Ziel rückte in greifbare Nähe. »Als erstes muß die Öffentlichkeitsarbeit koordiniert werden. Der Pressesprecher des Weißen Hauses sollte schnellstmöglich bekanntgeben, daß Ex-Major Boris Uljanow in den USA um Exil nachgesucht hat und derzeit von Regierungsbehörden vernommen wird ...«

»Ein geradezu idealer Vorschlag, um die Putschisten zu verunsichern. Die *Organisazija* wird daraufhin ihren Zeitplan verschieben«, bemerkte Nuskiewicz spitz.

»Sie irren!« widersprach Sugarman. »Der ganze Vorgang hat die gleiche Dramaturgie wie eine mittelalterliche Schlacht. Die Schauplätze haben sich nur geändert, vom offenen Feld hinter die Kremlmauern. Beide Seiten wissen, daß es zum *shoot down* kommen wird – und kommen muß.«

Nuskiewicz wollte sich nicht so schnell geschlagen geben. »Aber die *Organisazija*, wie Sie sie nennen, kommt in erhebliche Beweisnöte. Wenn Uljanow der Weltöffentlichkeit als Zeuge zur Verfügung steht, läßt sich das Märchen von dem faschistischen Anschlag auf Gorbatschow nicht mehr aufrechterhalten!«

»Boris Uljanow?« wiederholte der Bankier mit einem feinen, spöttischen Unterton. »Was wollen Sie mit einem kiffenden Rockmusiker aus Moskau, der früher ein paar Jahre Dienst beim KGB geschoben hat? Das werden Ihnen die neuen Machthaber in Moskau antworten und der Presse ihrerseits den weltweit gesuchten Rechtsextremisten Paul Kotsch samt seiner Mannschaft in einem Schauprozeß vorführen. Gegen diesen propagandistischen Hammer kommen Sie nicht an, Nuskiewicz. Auch nicht mit Hilfe Ihrer Nachrichtendienste.«

Der Butler erschien ein weiteres Mal. Mit bestürzter Miene räumte er die größtenteils noch vollen Teller erkalteter Suppe ab. Als er die Küche des Country-Club-Casinos betrat, die Sugarmans Stab kurzerhand in Beschlag genommen hatte, riß sich O'Raily, der irische Koch, die Mütze vom Kopf, schleuderte sie quer über den Kachelboden und schrie: »Jetzt reicht's! Für wen halten die sich eigentlich?« O'Railys Gesicht lief dunkel an, selbst durch sein schütteres graues Haar schimmerte die rotbläuliche Hautfarbe.

Es war ein Tag der dünnen Nerven.

Oliver Blyan, der Butler, genannt Rabbit, blieb in sicherer Entfernung. Er rechnete jeden Moment damit, von dem Iren mit Töpfen und Pfannen beworfen zu werden, in denen jetzt noch ein fürstlicher Hauptgang köchelte.

»Rabbit!« geiferte O'Raily, »sag diesen ...«, und dann überzog er seinen Arbeitgeber samt den höchsten Würdenträgern des Landes mit übelsten Schimpfwörtern.

Hilflos verfolgte Rabbit das Küchentheater. O'Raily

stieß einen kurzen Pfiff aus. Seine ganze Mannschaft hielt in ihrer Arbeit inne und hörte auf seine Worte: »Jungs, Feierabend! Wir gehen! Laßt alles stehen und liegen!«

Der Butler mußte mitansehen, wie der Ire seine Schürze auszog – und mit ihm ein halbes Dutzend Hilfsköche. Rabbit wagte keinen Protest. Dafür schien ihm der Ire zu unberechenbar. Rabbit stieg wieder in die erste Etage hinauf und ging nervös vor der Flügeltür zu Sugarmans Räumen auf und ab, Für und Wider abwägend, ob er den Bankier stören sollte oder nicht.

»Kommen Sie wieder zur Sache, Sam!« sagte der Präsident. »Wie soll's Ihrer Meinung nach weitergehen?«

»Der Verteidigungsminister wird von Ihnen ins Vertrauen gezogen«, erläuterte der sanfte alte Herr weiter, als handele es sich lediglich um eine clevere Börsentransaktion. »Unter höchster Geheimhaltung werden von ihm die AWACS-Einheiten in Ramstein und Karup angewiesen, den Anordnungen David Lynns Folge zu leisten. Lynn wird seine Basis auf dem NATO-Luftwaffenstützpunkt auf Bornholm einrichten. Die Dänen werden von den Briten eingeweiht. Sie, Mr. President, sollten mit der englischen Premierministerin in Kontakt treten, aber bitte nur schriftlich und über einen persönlichen Kurier. Sobald sich die sowjetische Regierungsmaschine im internationalen Luftraum über der Ostsee befindet, werden die übrigen NATO-Staaten von Ihrer Regierung, den Briten und einem hochrangigen sowjetischen Vertreter konsultiert. Bis dahin bitte ich um absolute Geheimhaltung. Kein Krisenstab. Keine Beraterausschüsse. Ein einziger sowjetischer Informant in unseren Reihen, der für die *Organisazija* arbeitet, und wir verhindern keine Katastrophe, sondern wir lösen eine aus!«

Bushs Lippen waren dünn geworden. Sollten sich Sugarmans Angaben bestätigen, war die US-Regierung gezwungen, eine Münze zu werfen. Kopf oder Zahl. Weltfrieden oder, über kurz oder lang, globale Konfrontation. »Wie glauben Sie, Sir«, fragte er Sugarman eindringlich, »wird der demokratisch regierte Kongreß und Senat reagieren, wenn das je bekannt wird?«

»Sie müßten vermutlich zurücktreten, lieber George!« antwortete Sugarman ungerührt. »Es liegt in Ihrem Interesse, daß die Sache erst in etlichen Jahren an die Öffentlichkeit kommt!«

»*Well*, der Präsident der USA in Abhängigkeit der Israelis und verschiedener Bankiers!« bemerkte Bush gehässig.

»Stop!« sagte der junge Woodward. Und weil er bisher geschwiegen hatte, fiel seine Wortmeldung um so mehr auf. »Ich habe den Eindruck, Gentlemen, Sie reden sich hier um Ihren klaren Menschenverstand! Nach diesen Forderungen, Mr. Sugarman, bleibt der Regierung der Vereinigten Staaten überhaupt keine andere Wahl, als jegliche Hilfe abzulehnen und sich abwartend zu verhalten. Sie können vom Präsidenten und uns nicht verlangen, daß wir gleich dutzendfach gegen bestehende Gesetze und Vorschriften verstoßen. Das könnte den Vize nicht nur das Präsidentenamt kosten, das könnte ihn und uns auch ins Staatsgefängnis bringen. Zweitens ist es unzumutbar, die Air Force dem Risiko eines direkten Konflikts mit sowjetischen Jägern auszusetzen. Sie spielen mit dem Feuer, Sugarman, in einem fremden Haus!«

Der Bankier war bestürzt, bei Woodward auf Widerstand zu stoßen. Dies lag jenseits jeglichen Kalküls. »Und was bewegt sich zu diesem Thema in Ihrem Kopf, junger Mann?« fragte Sugarman, und zum ersten Mal während dieser Unterredung wirkte er hilflos.

»Was wir brauchen, sind vernünftige und sachliche Regelungen mit den gegenwärtigen Machthabern in Moskau!« antwortete Woodward mit einem dynamischen Schwung in der Stimme. »Grundbedingung Nummer eins: Der Präsident kann die US-Hilfe jederzeit und bis unmittelbar zum Beginn des Einsatzes absagen. Grundbedingung Nummer zwei: Wir erhalten von den Sowjets eine vollständige Liste aller Ostblockspione in den betroffenen Abteilungen der Administration, unseren Nachrichtendiensten, dem Pentagon, dem NATO-Hauptquartier sowie den betroffenen taktischen NATO-Einheiten. Erst dann werden wir in der Lage sein, der Verfassung unseres Landes entsprechend zu handeln und unsere nachrichtendienstlichen Instrumente zu benutzen. Wozu geben wir denn sonst Milliarden von Steuergeldern aus? Erst dann wird eine US-Hilfe möglich. Grundbedingung Nummer drei: Eine US-Hilfe gibt es nicht. Die Vereinigten Staaten können schon aus sicherheitspolitischen Gründen nicht riskieren, direkt mit innersowjetischen Unruhen in Verbindung gebracht zu werden. Es ist allenfalls denkbar, daß sich die *Royal Air Force* als befreundetes NATO-Mitglied einige AWACS-Maschinen der *Air Force* borgt – die nötigen Ingenieure und das Bordpersonal eingeschlossen. Aber verantworten müssen es die Briten. Die Eiserne Lady hat in Falkland Erfahrungen gesammelt.« Woodwards Ton hatte jetzt einen Anflug von Ironie, aber sofort kehrte er zu seiner trockenen HYP-Diktion zurück. »Das ist der Level, Gentlemen, auf dem wir verhandeln sollten!«

Woodwards Statement machte auf die Regierungsleute spürbaren Eindruck. Nuskiewicz war von Woodwards messerscharfer Taktik derart überrascht, daß er auf einen übereilten Kommentar verzichtete. Besonders in Sugarmans Augen stieg das Ansehen des zukünftigen DCI. Woodward war ein harter Brocken, aber beweglich.

»Ron!« sagte der Vize-Präsident nach einer ganzen Weile: »Ich bin der Meinung, wir sollten Andy die Sache anschieben lassen. Mit seinem Konzept bewegen wir uns auf sicherem Terrain. Und wir wissen sehr schnell, wie ernst es den Russen ist.«

Der Präsident sah erst zu seinem alten Freund Peat,

dann zu Woodward hinüber. »Okay, Andrew, leiern Sie die Sache an!« Der Präsident nannte ihn Andrew. Das war ein Signal, daß er Peats Nachfolger in seinem internen Beraterkreis akzeptierte. »Aber der DCI wird Ihnen auf die Finger schauen.«

Sugarman erhob sich von seinem Platz, zog eine Visitenkarte aus der Reverstasche seines Blazers und reichte sie Woodward über den Tisch. »Das ist die Adresse von Abraham Winterfield in Washington. Bitte setzen Sie sich mit ihm wegen der weiteren Einzelheiten in Verbindung. Er erwartet Ihren Anruf.«

Mit einem von Minute zu Minute wachsenden Selbstbewußtsein hielt Woodward die Visitenkarte zwischen Daumen und Zeigefinger. »O nein! Ich denke gar nicht daran, jetzt mit einem Adlatus des *Memunen* zu verhandeln«, widersprach er kühl. »Sie, Mr. Sugarman, wußten schon länger von diesem Problem und versäumten es, die US-Regierung zu informieren. Also werden Sie jetzt auch Ihren Kopf hinhalten. Selbst auf die Gefahr hin, daß Ihre alten Knochen dabei etwas durchgeschüttelt werden. Ich sorge dafür, daß Ihnen binnen einer Stunde auf dem Luftwaffenstützpunkt Andrews eine Überschallmaschine zur Verfügung steht. Sir, Sie werden nach Tel Aviv fliegen und mit Ihren Freunden verhandeln.« Woodward hatte keinerlei Skrupel, dem achtzigjährigen Bankier zu drohen, als er mit den Worten abschloß: »Und machen Sie Ihre Sache gut, Mr. Sugarman, das rate ich Ihnen.«

Kein Widerspruch regte sich. Die Regierungsleute schienen richtig stolz auf ihren unerwarteten Newcomer zu sein. Sugarmans Verunsicherung war unübersehbar. Er hüstelte, faßte dann nach dem Klingelknopf, und als Rabbit sofort erschien, fragte er in einem etwas brüsken Ton: »Wo, zum Teufel, bleibt der nächste Gang?«

Rabbit kam einige Schritte näher. »Nun, Sir«, formulierte er gestelzt, »der Koch war zu der Ansicht gelangt, daß das Essen abgebrochen wurde. Er hat die weitere Zubereitung eingestellt ...«

»Wir müssen zurück!« unterbrach Bush. »Es liegt ein Haufen Arbeit vor uns.« Die anderen nickten, auch der Präsident. Während Sugarman noch immer fragend zwischen den Männern und Rabbit hin- und herblickte, erhoben sich die Besucher von ihren Plätzen. Auf dem Weg zur Tür blieb es bei einem symbolischen Nicken, nur Woodward gab dem alten Mann einen freundschaftlichen Klaps auf die Schulter. »Denken Sie daran, in einer Stunde geht Ihr Flieger! Ich schicke Ihnen einen Wagen.« Und erheitert setzte er hinzu: *»It's your turn, old boy*!« Damit verließ auch er den Speisesalon.

Sugarman starrte Rabbit an. »Was hat O'Raily gesagt?«

Der Butler erlaubte sich einen Seufzer. »Dieser irische Prolet läßt den ignoranten Hirnwichsern einen schönen Gruß ausrichten und empfiehlt in Zukunft, einen Pizza-Service in Anspruch zu nehmen. Was in der Küche steht, sollen Sie sich in den Arsch schieben.«

»Das hat O'Raily gesagt?« fragte Sugarman ungläubig.

»Ja, das hat er, Sir!«

In der Lounge half der Clubmanager den hochgestellten Persönlichkeiten in den Mantel.

»Was ist dieser Uljanow eigentlich für ein Kerl?« wollte der Präsident von Nuskiewicz wissen, während er in die Ärmel seiner Bomberjacke schlüpfte.

Von der Wiese drang schon das Aufjaulen des Sea-Stallion-Triebwerks herüber. Woodward und Bush liefen voraus. Der Präsident und Nuskiewicz waren sich einig darüber, daß sie beide soeben ihre Ämter in jüngere Hände gegeben hatten.

»Uljanow«, antwortete Nuskiewicz, »ist ein fähiger Spinner. Als KGB-Spion arbeitete er beim britischen SAS und baute später eine sowjetische Truppe gleichen Musters auf. Ein paar Jahre danach, besagen die Gerüchte, ist er ausgeflippt und Pop-Musiker geworden. Sehr erfolgreich übrigens …«

Sie passierten den Ausgang und stapften durch den Schnee zu dem wartenden Helikopter. »Uljanow ist sicher der beste Mann, den sie drüben finden konnten. Kein Nachrichtendienst kann auf solche Typen verzichten.« Nuskiewicz blieb abrupt stehen und drehte sich zum Präsidenten. »Aber wenn der Junge es schafft, wird er zum Symbol einer neuen Zeit!«

»Wie meinst du das?«

»Das ist ziemlich simpel«, erklärte der DCI. »Wenn sein Beispiel Schule macht, wird das unsere Nachrichtendienste und die Sicherheit unseres Landes nachhaltig durcheinanderbringen. Uljanow wird zum Helden, und zumindest in Insider-Kreisen werden ihm in Ost und West alle Türen offenstehen. Du glaubst doch auch nicht, daß die Russen solches Humankapital ungenutzt lassen. Immer wenn es für die Russen in punkto Sicherheit brenzlig wird, werden wir es in Zukunft mit einem Uljanow zu tun haben – oder einem Sugarman.«

Der Präsident zögerte weiterzugehen. Aus seiner Sicht hatte Nuskiewicz recht. Was hier passierte, glich einem Dammbruch. Und die USA könnten in eine Lage geraten, in der sich ihr Engagement für die reformfreudige Kremlführung zu einem Faß ohne Boden entwickelte. »Was können wir dagegen tun?« fragte er seinen alten Parteifreund.

»Uljanow muß diesen Einsatz zu Ende bringen«, bestätigte der DCI. »Danach sollte er aussteigen.«

»Können wir ihn dazu bewegen?«

Ein Sicherheitsbeamter kam vom Helikopter auf sie zugelaufen und winkte sie heran. Die Rotoren gewannen an Tempo. Schnee wirbelte durch die Luft.

»Ich kann das veranlassen!«

Der Präsident zog seinen Unterkiefer hoch, preßte seine Lippen aufeinander und faßte den DCI an den Schultern, um ihn zum Weitergehen zu drängen. »Okay«, sagte er, kurz bevor ihn der Turbinenlärm übertönte, »dann sorg dafür!«

10. JANUAR, BAGDAD, 20.30 UHR:

Die Tupolew 154 der Interflug landete in Sofia mit dreißig Minuten Verspätung. Josif Nourat war nervös. An der Zollkontrolle sollte um neun Uhr der Schichtwechsel stattfinden. Nourat drängelte sich an den anderen Passagieren vorbei, und nachdem sie der Bus von der Gangway zum Ankunftsgebäude gebracht hatte, war er einer der ersten vor der Einreisekontrolle. An der Gepäckausgabe wartete der Palästinenser abermals fünfzehn Minuten. Und um zwanzig Uhr fünfundfünfzig erreichte er den linken der drei Schalter an der Zollkontrolle. Der moslemische Beamte hatte seine Instruktionen erhalten. Er blickte flüchtig in Nourats Fremdenpaß, und als er ihn erkannte, winkte er ihn mit einer angedeuteten Handbewegung durch die Schranke.

Der Mossad war auf dem Flughafen mit acht Leuten und zwei präparierten Verfolgerfahrzeugen vertreten. Die beiden Teams bestanden aus jemenitischen Juden. In ihrer Heimat verfolgt oder hungernd, waren sie zum Teil aus Zentralafrika und der Sahel-Zone gekommen. Der Staat Israel hatte die Glaubensbrüder aufgenommen. Manche der Einwanderer wurden in den umstrittenen Siedlungsgebieten untergebracht. Und wieder erlebten diese Menschen Terror, Überfälle und Sabotage. Von soviel Unglück motiviert, traten einige der jungen Männer, die oft akzentfrei Arabisch sprachen und den Islam wie ihre eigene Religion kannten, in die Dienste des Mossad. Mit dieser Methode gelang es dem israelischen Geheimdienst, fast in jedes islamische Land des Nahen Ostens ein Team schlagkräftiger

Agenten einzuschleusen, die unter falscher Identität in dem jeweiligen Staat lebten und ganz bürgerlichen Berufen nachgingen; ihre Decknamen und Berufsbezeichnungen waren identisch.

Der Ausgang am Zoll wurde vom *Schuster* und vom *Kaufmann* überwacht. Der *Schuster* leitete den Einsatz. Am Kragen seines groben Kaftans steckte ein streichholzkopfgroßes Mikrophon, das jedes seiner Worte in die winzigen Ohrempfänger der Kollegen übertrug. Er und der *Kaufmann* hatten sich jeweils auf eine der beiden Seiten der Halle gestellt, blieben aber in ständigem Blickkontakt. Innerhalb des Flughafens fielen sich nicht auf. Ihr Äußeres und die Art, wie sie die Landessprache beherrschten, ließ niemanden an ihrer irakischen Staatsangehörigkeit zweifeln. Der *Kaufmann* lehnte gelangweilt gegen eine der Betonsäulen und sah ab und zu auf die elektronische Ankunftstafel. Der *Schuster* wartete auf einer Sitzbank.

Nourat warf einen prüfenden Blick durch die Halle. Ihm fiel kein Verfolger auf. Er verließ den Flughafen am Hauptausgang. Etwas abseits vom Taxistand wartete ein betagter Citroën DS auf den Palästinenser. Nourat öffnete die rechte Fondtür und setzte sich neben einen jungen Kerl, der höchstens zwanzig war. Der Junge mit dem ungestümen Haar trug eine verwaschene Militärjacke der irakischen Armee. Gesteuert wurde der Citroën von einem zahnlosen alten Iraki, der mit den Tücken des Bagdadschen Verkehrschaos seit seiner Kindheit vertraut war. Damals waren es Mulis, Kamele und Karren gewesen.

Kaufmann und *Schuster* sprangen zu der Mannschaft in den bereitstehenden Toyota-Jeep. Der *Maurer* saß hinter dem Steuer. Das zweite Team startete auf der anderen Seite des Flughafengebäudes in einem alt aussehenden getunten Fiat 131. Mit dem Funkkontakt waren sie sparsam, trotz der militärischen Wechselfrequenz-Sprechfunkgeräte, die sie benutzten. Der *Schuster* übermittelte dem zweiten Team die Beschreibung des Citroën. Es gelang ihnen, abwechselnd und mehr oder weniger dicht an der französischen Limousine dranzubleiben. Sie fuhren in Richtung Innenstadt zu einem modernen arabischen Geschäftszentrum, in dem von der Geschichte dieses Landes so gut wie keine Spuren mehr zu finden waren. Der Verkehr wurde dichter. Der *Kaufmann* fotografierte mit einem lichtstarken Teleobjektiv die Köpfe hinter der Heckscheibe des Citroën. Nourat packte auf dem Rücksitz eilig seine Reisetasche aus. Die Israelis wußten, daß es zwischen Nourat und Nimets Verbindungsleuten zu einem Kontakt kommen mußte, um die Papiere aus Ostberlin zu übergeben.

Der *Schuster* gab über Funk seine Anweisungen. Kurz darauf scherte der Fiat hinter dem Citroën waghalsig aus und zog auf der Gegenfahrbahn zweihundert Meter den Stau hinauf, dann ordnete er sich wieder, unter dem protestierenden Hupen der anderen Autos, LKWs und Omnibusse, in den fließenden Verkehr ein. Im Zentrum geriet der Verkehr in das ewige *stop and go*. Ein Mann stieg auf der Beifahrerseite aus dem Fiat. Er war bescheiden gekleidet: der *Bäcker*. Zügig lief er auf dem Bürgersteig dem Citroën entgegen. Als der DS in Reichweite kam, trat der *Bäcker* an den Straßenrand und überquerte die breite Fahrbahn. Niemand bemerkte, wie er innerhalb einer Sekunde den winzigen Peilsender unter der Heckstoßstange des Citroën plazierte. Beinahe gleichzeitig stieg Nourat aus dem Citroën. Der *Bäcker* hörte auf die Anweisungen in seinem linken Ohr. Er folgte dem Palästinenser zu Fuß. Der Fiat blieb in seiner Nähe. Mit etwas größerem Abstand nahm der *Schuster* in dem Toyota-Jeep die Peilung auf und nannte dem *Maurer* die Fahrtrichtung. Sie folgten dem Citroën Richtung Süden auf der Ausfallstraße nach Al Mahmudiyah. In einem tristen Vorort bogen sie von der Hauptstraße ab. Das Viertel war eng bebaut, mit zum Teil alten, flachen orientalischen Häusern, die schattige Innenhöfe umschlossen, und neuen Häusern aus unverputzten Betonblocksteinen. Der Citroën verschwand in einer Toreinfahrt. Kurz darauf wurden die schweren Holzflügel von innen geschlossen. Die Israelis warteten in hundertfünfzig Metern Entfernung. Es sollte sich lohnen. Dreißig Minuten später rumpelte ein amerikanischer Militärjeep an ihnen vorüber: ein irakisches Beutestück aus dem Bruderkrieg mit dem Iran. *Schuster* und *Kaufmann* beobachteten durch ihre Nachtsichtgläser, wie ein durchtrainierter Araber in einer Uniform ohne Rangabzeichen mit sportlichem Schwung aus dem Wagen sprang und an das Tor klopfte. Der Besucher wurde eingelassen. Im Jeep blieb ein Fahrer zurück.

Der *Schuster* beschloß, allein zu gehen. Er entledigte sich seines Kaftans, zog eine gefütterte Drillichjacke über und wechselte seine Sandalen gegen Turnschuhe sowjetischer Produktion. Mit einer Jutetasche über der Schulter lief er dem Jeep entgegen. Die Neugier, mit welcher der *Schuster* den Jeep musterte, fiel dem Fahrer auf. Er entsicherte die tschechische Armeepistole in seinem Hosenbund. Der *Schuster* beugte sich durch das offene Wagenfenster.

»Bruder«, sagte er und gab seinem Arabisch eine typisch palästinensische Klangfarbe, »fährst du zufällig in die Stadt?«

»Wo kommst du her?« Der Fahrer war auf *Schusters* Solidaritäts-Trick hereingefallen.

»Aus Ya'bad!« *Schuster* kannte jedes Detail dieser arabischen Stadt in dem von Israel besetzten Westjordanland.

»Ich bin aus Ariha!« sagte der Fahrer strahlend. »Tut mir leid, mein Freund, wir fahren in die andere Richtung!«

»Es ist wohl der Wille Allahs, daß ich zu Fuß gehe!« scherzte der *Schuster*.

Als er den Kopf aus dem Wagen zurückzog, rutschte ihm scheinbar zufällig der Träger seiner Tasche von der

Schulter. Längst hatte er erkannt, daß der Schmutz, der den Wagen überzog, nicht aus den Straßen Bagdads stammte, sondern vom Staub der Sahra-Al-Hijarah, südlich des Flusses Al-Eurat. Während er seinen Tascheninhalt aus dem Straßendreck aufsammelte, ahnte der Fahrer nicht, daß der angebliche Landsmann mit einem Magneten einen leistungsstarken Hochfrequenzpeilsender von der Größe einer Zigarettenschachtel aktivierte und am Bodenblech des Jeeps befestigte. Der *Schuster* verabschiedete sich überschwenglich von dem Palästinenser und lief die Straße hinunter. Er machte in aller Ruhe eine Runde um das Wohnviertel. Im Gegensatz zu der kleinen Wanze, die sie an dem Citroën installiert hatten, glich das Päckchen unter dem Jeep einem technischen Meisterwerk. Das kurze VHF-Signal, das nach einem festgelegten Code die Sendefrequenz wechselte, konnte von den Spezialempfängern der Israelis bis zu einer Reichweite von sechzig Kilometern empfangen werden. Und gemäß der längst zwischen dem Mossad und amerikanischen Geheimdiensten verabredeten Kooperation, um den berüchtigten Terroristen Abdul Nimet zu fassen, wurde das Sendesignal auch von einem Spionagesatelliten Typ KH-11 der US-amerikanischen *National Security Agency* angepeilt. In Sigint-City, wie das streng abgeschirmte, tausend Morgen große Areal der NSA in Maryland hieß – eine eigene Kleinstadt dieses Nachrichtendienstes –, wurden die Koordinaten des Senders von der Abteilung ALLO an das CONSIDO gemeldet, das zuständige Sonderbüro zur Weitergabe von Informationen. Über das DIN-System wurden die Daten in die Mossad-Zentrale nach Tel Aviv übermittelt. Von dort erreichten sie schließlich wieder *Schuster*, der anhand einer Karte genau nachvollziehen konnte, wo sich der Jeep mit den Palästinensern befand. Am Zielort würde der NSA-Satellit noch eine umfangreiche Fotoserie von dem Terroristen-Camp schießen.

Der Sender leistete noch mehr. Per Fernsteuerung ließ er sich einfach vom Fahrzeug lösen. Mit dem darin befindlichen Plastiksprengstoff ließ sich der Wagen aber auch jederzeit in die Luft sprengen. Der *Schuster* nahm sich Zeit. Er wußte, daß die Fahrt am fruchtbaren Al-Eurat-Delta bis nach Al-Najaf gehen und erst von dort in die Wüste führen würde. Die Aufgabe seines Teams bestand im Moment nur darin, das Camp zu finden und zu observieren. Der eigentliche Angriff auf das Lager stand ihnen erst in dreißig Stunden bevor. Viel Zeit, in der sie vor allem die Nerven behalten mußten.

10. JANUAR, HAR GERAFON, 21.00 UHR:

David und Boris hatten sich schnell wieder aneinander gewöhnt. Trotz des Argwohns des Engländers machten sie ihre sarkastischen Scherze von früher. Chaim Koszak, der jetzt auch von Boris beim Vornamen genannt wurde, hatte den Halbrussen von der Notwendigkeit des Video-Interviews überzeugt. Koszak war nicht so heiterer Stimmung wie die beiden, die in der provisorischen Garderobe des Bunkers mit der Maskenbildnerin flirteten.

Sam Sugarman hatte den amerikanischen Luftwaffenstützpunkt Andrews verlassen und donnerte seit einer halben Stunde in einer F-15 über den Atlantik. Er wurde gegen dreiundzwanzig Uhr in Tel Aviv erwartet. Der Bericht des alten Bankiers über sein Treffen mit der amerikanischen Regierung, den er über eine abhörsichere Telefonverbindung vermittelt hatte, war knapp gewesen. Die Amerikaner stellten unerfüllbare Bedingungen. Und die Nachrichten aus Moskau blieben ebenfalls schlecht: Abel Wanowski, ihrem Unterhändler, war der Boden in Moskau zu heiß geworden. Er hatte die Sowjetunion mit dem nächst erreichbaren Flugzeug in Richtung Westen verlassen. Die eigentliche Katastrophe bestand darin, daß mit Generalmajor Chmys' Tod die einzige Verbindung zwischen den Israelis und der *Monopoly-Runde* zusammengebrochen war. Koszak war schon immer der Meinung gewesen, die Kontakte hätten breiter geknüpft werden müssen. Das hatten die Russen aus Sicherheitsgründen abgelehnt. Und nun verlangten die Amerikaner, daß Moskau gänzlich die Hosen herunterließ.

Chaim beobachtete schweigend, wie Uljanow für das Interview hergerichtet wurde. Er beschloß, Boris und der Aladkowa nichts von der komplizierten Entwicklunge in Washington zu berichten. Ihre Anspannung war ohnehin groß genug.

Die *Monopoly-Runde* mußte an den Namen und die Adresse des Unterhändlers kommen. Wanowski würde nach dem Gespräch mit Sugarman und dem *Memunen* wieder an seine Moskauer Hoteladresse zurückkehren, ob ihm das paßte oder nicht.

Die Leute vom Video-Team, einer Propagandaabteilung der israelischen Armee, führten Boris in ein behelfsmäßiges Studio. In der Kantine hatten sie ein paar Raumaufteiler aufgestellt. Der Russe steckte in einem ziemlich ausgeflippten Outfit. Als echter Moskauer *Vaswedtschik* trug er einen hautengen, über und über mit anthrazitfarbenen Pailletten bestickten Glitzeranzug. Auf seiner Brust quollen die reichen Rüschen eines knallgelben Seidenhemdes unter der Jacke hervor. Seine lockigen Haare waren steil nach oben toupiert. Und seine Augen blieben hinter einer grellen, verspiegelten Sonnenbrille verborgen. Lynn hatte seinen Spaß. Im Gegensatz zu ihm war sich Boris sehr wohl darüber im klaren, was dieser Streifen in der Moskauer Szene auslösen konnte. Sie fabrizierten hier puren Sprengstoff.

Scheinwerfer leuchteten auf. Der Kameramann richtete sich ein und war kurz darauf bereit zur Aufnahme.

»*Silence – action – take one*!« rief der israelische Fernsehregisseur, den sich der Mossad kurzerhand ausgeliehen hatte. Boris flezte sich mit einer brennenden Zigarette in der Hand auf einem der orangefarbenen Plastikstühle und kam mit einem amerikanisch gestylten Interviewer ins Bild, der ihm in perfektem US-Westküstenslang die erste Frage stellte: »Mr. Uljanow, warum sind Sie in die USA gekommen?«

Boris blies Rauch in die Luft und antwortete mit ernstem Gesicht: »Ich habe in den Vereinigten Staaten politisches Asyl beantragt. Wie vielleicht auch im Westen bekannt ist, bin ich der Band-Leader der Pop-Gruppe *Vaswedtschiki*. Trotz *Glasnost* und *Perestroika* sind die Arbeitsbedingungen in der UdSSR so schlecht, daß ich mich entschlossen habe, meine Karriere im Westen fortzusetzen. Verschiedene Angebote von US-Plattenfirmen liegen mir bereits vor …«

Der Interviewer zuckte. Uljanow wich vom Konzept ab. »Hatte Ihre Flucht ausschließlich kommerzielle Gründe? Im Westen ist vor allem bekannt«, ergänzte er mit gebleckten Zähnen, »daß Sie als KGB-Agent gearbeitet haben, Mr. Uljanow!«

»Ja, das ist richtig«, antwortete Boris langsam. »Ich war früher Major im KGB und befehligte eine Anti-Terror-Einheit. Um mich auf diese Aufgaben vorzubereiten, schleuste mich das KGB für einige Jahre in den britischen *Special Air Service* ein, die – wie ich wirklich beurteilen kann – beste Anti-Terror-Einheit der Welt. Aber ich wollte beim KGB aussteigen. Das tat ich auch – vor drei Jahren. In Moskau gründete ich die Gruppe *Vaswedtschiki*. Von den Nachstellungen des KGB blieb ich dennoch nie verschont. Der kommunistische Geheimdienst verliert nicht gerne Mitarbeiter.« Mit einer auffallenden Geste nahm Boris die Sonnenbrille ab und sah in die Kamera. Jeder, der bisher gezweifelt haben mochte, ob es sich bei diesem Typ wirklich um

Boris Uljanow handelte, wurde jetzt vom Gegenteil überzeugt. Lynn verfolgte die Szene gespannt. Mit Propaganda hatte er sich nie beschäftigt. Um so überraschter lernte er, welche Mittel man damit in die Hände bekam.

»In Freiheit meine Arbeit tun können und den ständigen Erpressungsversuchen des KGB entkommen – das waren meine Gründe die Sowjetunion zu verlassen …«

»Auf welchem Wege sind Sie geflohen, Mr. Uljanow?«

»Über Westberlin, mit meinem Onkel, dem KGB-General Feliks Matwejewitsch Scherstnew. Auch er hatte die Hoffnung auf eine Reformierbarkeit des Sowjetsystems aufgegeben. Wie so oft, war ich vom KGB bedrängt worden, einen Spionageeinsatz im kapitalistischen Ausland durchzuführen. Diesmal gab ich zum Schein nach. Onkel Feliks und ich wollten uns in Westberlin absetzen. Offensichtlich wurden wir denunziert. Noch in der Westberliner City wurden wir von einem Killer-Kommando des KGB angegriffen. Mein Onkel mußte das mit seinem Leben bezahlen. Mir gelang die Flucht zu einer Freundin nach München. Dort wandte ich mich telefonisch an die US-Behörden. Amerikanische Sicherheitskräfte kamen uns beim zweiten Überfall der kommunistischen Geheimdienste zur Hilfe.«

»Warum reagierte der Moskauer Parteiapparat derart gereizt? Ist die *Perestroika* in Gefahr?« insistierte der Sprecher.

»Dazu möchte ich im Moment nichts sagen. Für solche Fragen stehe ich nur den amerikanischen Behörden zur Verfügung«, antwortete Boris planmäßig.

»Großbritannien läßt über Interpol nach Ihnen fahnden. Es ist damit zu rechnen, daß die britische Regierung einen Auslieferungsantrag gegen Sie stellt. In London müßten Sie mit einem Spionageprozeß rechnen. Was sagen Sie dazu, Mr. Uljanow?«

Der Kameramann schnitt auf eine Großaufnahme von Uljanows Gesicht um. Der Russe blickte offen und um

Sympathie werbend in die Kamera. »Ich hoffe, ich werde bei den britischen Justizbehörden Verständnis für meine Lage finden. Gerne stehe ich auch britischen Sicherheitsdiensten zur Verfügung. Aber um so mehr würde ich mir wünschen, daß die amerikanische Regierung einem sowjetischen Emigranten, der sich verzweifelt vom kommunistischen System und dessen Unterjochungs-Apparat abwendet, Gnade und ein neues Heim gewährt.« Spätestens mit diesem Satz würde Boris die *silent majority* Amerikas hinter sich bringen.

»Und wie soll es weitergehen, Mr. Uljanow?« fragte der Sprecher zum Abschluß.

Boris lachte den Fernsehinterviewer an. Die Brille rutschte ihm von der Stirn wieder auf die Nase. *»Funk-Jazz, man!«* rief er und machte eine rhythmische Geste. Boris – der neue Sonnyboy aus Moskau, als käme er von nebenan.

10. JANUAR, WASHINGTON D.C., 4.00 p.m.:

Der Speaker des Weißen Hauses trat zu der eilig einberufenen Pressekonferenz vor die Kameras und Mikrophone der Weltöffentlichkeit. Die Affäre Uljanow war dabei, *headline* des Tages zu werden.

»Ladies and gentlemen«, sagte er, und binnen Sekunden wurde es still im Pressesaal des Weißen Hauses. Der Speaker umfaßte mit beiden Händen die Ränder des Rednerpultes, als hielte er sich daran fest. Dann sprach er weiter: »Der sowjetische Staatsbürger und Ex-KGB-Agent Boris Stepanowitsch Uljanow hat in den Vereinigten Staaten um politisches Asyl nachgesucht …«

Die Flutwelle hysterischer Zwischenfragen nahm eine solche Dimension an, daß der Speaker laut und ganz allgemein fortfuhr: »Mr. Uljanow versuchte mit seinem Onkel, dem KGB-General Feliks Matwejewitsch Scherstnew, über Westberlin aus dem sowjetischen Machtbereich zu fliehen. Der General wurde Opfer eines Mordanschlags kommunistischer Geheimdienste in Westberlin. Mr. Uljanow wurde in die Obhut amerikanischer Sicherheitsdienste genommen.«

»Wo befindet sich Uljanow jetzt?« fragte jemand dazwischen.

»Darüber können wir im Moment aus Sicherheitsgründen keine Angaben machen. Mr. Uljanow hat jedoch ein kleines Statement abgegeben. Das Band wird Ihren Sendern gerade überspielt. Bitte sehen Sie selbst!«

Den verblüfften Journalisten wurde das Video auf dem großen Wandmonitor des Pressesaals vorgeführt. Einige stürzten nach vorne, um mit ihren Mikros den Originalton aufzunehmen. Der Schluß der Pressekonferenz nach dem Ende der Vorführung lief unter chaotischem Lärm ab.

»Die amerikanische Regierung wird sich mit den westlichen Verbündeten auf eine gemeinsame Haltung zu den sowjetischen Mord- und Feuerüberfällen in der Bundesrepublik einigen. Bei dem Killer-Kommando in Westberlin hat es sich offensichtlich um Agenten des ostdeutschen Ministeriums für Staatssicherheit gehandelt. In München waren es entweder Tschechen oder Russen. Die Details sind derzeit noch ungeklärt. Der US-Botschafter in Moskau wird noch im Laufe des Tages im sowjetischen Außenministerium vorstellig werden. Mehr können wir im Moment nicht sagen. Aber die amerikanische Öffentlichkeit wird weiterhin über den Stand der Ermittlungen informiert. Ich danke Ihnen, *Ladies and gentlemen*!« Ohne auf eine weitere Frage einzugehen, verließ der Speaker das Podest. Die Lawine, die in Gang gesetzt war, konnte niemand mehr aufhalten. Einige *News*-Sender hatten live aus dem Pressesaal berichtet. In anderen Fernsehstationen wurden Sondersendungen vorbereitet. Die Kommentatoren sparten nicht mit Vorwürfen gegen die sowjetische Kremlführung. Doch in den US-Medien wurde auch eindeutig klargestellt: Boris Uljanow durfte nicht an die Briten ausgeliefert werden. Es dauerte nur zehn Minuten, bis die ersten Telefonanrufe der Plattenfirmen beim State Department, dem FBI und der CIA eingingen. Die Produzenten wollten, koste es was es wolle, diesen Uljanow in ihre Studios kriegen. Eine LP *»Heavy Boris«* würde, wenn sie in den nächsten Tagen auf den Markt käme, Millionen einbringen.

10. JANUAR, LANGLEY (VIRGINIA), 4.00 p.m.:

Der Mann, der das Fußbodenornament mit dem Wappen des Nachrichtendienstes in der Eingangshalle überquerte, wirkte wie ein CIA-Beamter mittlerer Laufbahn. Er mochte Ende Dreißig sein. Ein Farbiger, der Konfektionsanzüge der gehobenen Klasse trug.

Simon Baker lebte in den Brentwood Heights, nahe Los Angeles. Er galt als erfolgreicher Geschäftsmann mit ungewöhnlichem Engagement. Mit Millionenaufwand finanzierte er eine Tümmler-Aufzucht-Station an der Westküste, unterstützte Aktionen gegen den Walfang und den Widerstand gegen die Robbenjagd in Alaska. Dennoch ging er jeder Form von Öffentlichkeit aus dem Weg. Mochte der Zweck noch so gut sein, kein Tierschutz-Aktivist konnte Baker dazu bringen, vor eine laufende Kamera zu treten. Es kam vor, daß eine Limousine der Regierung mit ziviler Zulassung Baker an seiner Villa abholte. Dann blieb der sonderbare Geschäftsmann einige Zeit verschwunden, manchmal tage-, manchmal wochenlang. Meistens brachten sie ihn zur *US Naval Air Station* nach Los Alamitos im Westen von L.A. Das war der schnellste Weg nach Langley/Virginia, zur Hauptzentrale der Central Intelligence Agency.

Baker hatte seine Karriere im Alter von sechzehn Jahren begonnen. Damals hieß er Robby Pittsburgh. Er war im kleinkriminellen Dunstkreis der unteren Mafia-Chargen in Brooklyn aufgewachsen, versah Botendienste und dealte ein bißchen. Ein Informant des Drogendezernates wollte ihn verpfeifen. Robby hörte davon. Sechs Stunden später fand man den Spitzel in seinem Wagen. Sein Hals war mit Draht um die Kopfstütze des Fahrersitzes gewickelt. Die Brutalität und Perfektion von Pittsburghs erstem Mord sprach sich herum. Die Polizei fand keine Spuren. Keinen Hinweis. Nichts. Und der freundliche Bruder von der Straße, Robby Pittsburgh, hatte ein wasserdichtes Alibi. Eine einflußreiche New Yorker Mafia-Familie nahm Robby daraufhin unter ihre Fittiche. Guter Nachwuchs war teuer. Sie bildeten ihn sorgfältig aus, respektierten ihn und finanzierten ihm ein angenehmes Leben, garniert mit Nachtclubbesuchen, schnellen Autos und schönen Frauen. Drei Jahre später verfügte die Mafia mit ihm über den gefährlichsten Killer in der Justizgeschichte der Vereinigten Staaten. Robby war hundertprozentig pünktlich, präzise und loyal. Emotions- und gnadenlos machte er seine Arbeit. Das Barbarische an ihm war, daß er seinen Opfern in vielen Rollen begegnete: als junger, freundlicher Student, als Arzt, Reisender oder aber auch als halbtoter Junkie, verwirrter Vietnamveteran oder scherzhafter Taxifahrer. Pittsburgh suchte sich für jedes seiner Opfer eine passende Rolle aus. Die Sonderabteilung »Organized crime« des FBI schrieb Pittsburgh innerhalb von zwei Jahren über sechzig Morde in Nordamerika und der Karibik zu. Doch Robby Pittsburgh hinterließ nie Spuren – und besaß immer ein Alibi. Die Kunst des Mordens war seine Sache, die des Alibis die der Mafia.

Nach weiteren zwei Jahren war es dem FBI gelungen, eine Agentin in Pittsburghs Umgebung zu plazieren. Robby ging ein handfestes Verhältnis mit ihr ein, schwieg aber eisern. Nach einigen Monaten besaß sie einen winzigen Beweis, daß er von einem der Morde zumindestens gewußt haben mußte. Kurz darauf verschwand die achtundzwanzigjährige FBI-Agentin. Ohne eine Spur zu hinterlassen. Pittsburgh wurde verhaftet.

In der CIA hatte man den Fall Pittsburgh immer aufmerksam verfolgt, besonders in der *Special Operation Division (SOD)*. Dort arbeiteten Leute, die Pittsburghs Handwerk durchaus kollegialen Respekt entgegenbrachten. Wegen Pittsburgh kam es zu einem jener streng geheimen Treffen zwischen zwei hochrangigen Vertretern der CIA und den Führern der vier großen New Yorker Mafia-Familien. Betrachtete man den Fall Pittsburgh unter moralischen Gesichtspunkten, gehörte der »freundliche Robby« auf den elektrischen Stuhl. Sah man ihn strategisch, handelte es sich bei ihm um eine tödliche Waffe, die entweder in der Todeszelle eines Staatsgefängnisses vermodern würde oder, gezielt trainiert und ausgebildet, um ein Vielfaches effektiver zum Einsatz kommen könnte. Die CIA-Leute wiesen die Mafiosi darauf hin, daß auch ihre Macht nicht ausreichen würde, Pittsburgh zu halten. Im gleichen Atemzug unterbreiteten sie den Mafia-Bossen ein Angebot. Die Fertigkeiten des Robby Pittsburgh lagen im nationalen Interesse. In jener Nacht wechselte Robby gegen entsprechend vertrauliche Zusagen der Nachrichtendienst-Vertreter den Besitzer. Zwölf Stunden nach seiner Verhaftung kam er frei. Robby konnte nur zehn Minuten auf freiem Fuß genießen, dann wurde er von einem Spezial-Kommando der CIA auf offener Straße abgefischt. Sie ließen ihm keine Wahl. Entweder er arbeite von nun an für die SOD und ließe sich dementsprechend ausbilden, oder er lande in der Todeszelle eines Staatsgefängnisses. Pittsburgh besaß Nerven wie Drahtseile. Selbst in dieser Situation handelte er noch Bedingungen für seine neue Legende heraus. Eine Villa in den Brentwood Heights und zehn Millionen Dollar Startkapital. Robby hatte unter der Mafia wie ein Fürst gelebt. Er war ein Meister seines Fachs. Und weil er perfekt arbeiten sollte, ging man in Langley nach kurzem Zögern auf diese Forderungen ein. In weiteren drei Jahren wurde Pittsburgh, nun hieß er Simon Baker, einer breiten Palette von Spezial-Ausbildungen der CIA und der Army unterzogen. Sie machten sich auch seine überdurchschnittliche Intelligenz zunutze. Er lernte sieben Fremdsprachen, bei einigen beherrschte er sogar mehrere Dialekte. Seit Baker in Kalifornien lebte, absolvierte er ein tägliches Sportprogramm und Übungsstunden im Schießstand der *US Naval Weapons Station*. Pro Jahr machte er seine drei bis vier Einsätze. Jetzt arbeitete er weltweit. In seiner reichlichen Freizeit lebte er allein und widmete sich engagiert dem Tierschutz.

Michael Harrison, Chef der SOD, erwartete Baker an der ersten Sicherheitskontrolle. Die Begrüßung fiel freundlich, aber nicht überschwenglich aus. Harrison brauchte Leute wie ihn, aber das war kein Grund, sie zu mögen. Mit Harrison an seiner Seite konnte Baker die Sicherheitsschleusen passieren, ohne sich in eines der Wachbücher eintragen zu müssen. Schließlich erreichten sie einen Raum, fensterlos und abhörsicher, in dem sie sich unter vier Augen zusammensetzten.

»Ich hab einen neuen Job für Sie, Robby!« sagte Harrison sachlich.

»Wo?«

»Moskau!«

Baker zuckte nicht einmal mit der Wimper. In seinem Kopf liefen schon die ersten Gedanken ab, welcher Tarnung er sich bedienen würde. »Wer?« fragte er nach einer Weile.

Harrison schaltete das Videogerät ein und spielte das Band von der Pressekonferenz und dem Uljanow-Interview ab. Der »freie« CIA-Mitarbeiter sah sich die Aufnahmen schweigend bis zum Schluß an. »*Hey, man* – wo is'n der Typ? ... Hier oder in Moskau?« fragte er. Harrison knipste den Monitor aus und setzte sich dem farbigen Killer gegenüber. Er faltete die Hände auf seinem *Brooks-Brothers*-Jackett und antwortete: »Uljanow ist momentan in Israel. Er wird heute nacht über die türkisch-sowjetische Grenze in den Osten eingeschleust. Sein Ziel ist Moskau.«

Baker schlug die Beine übereinander, zog einen Spearmint-Streifen aus der Reverstasche, packte ihn aus und begann, langsam darauf zu kauen. »Wann?« fragte er schmatzend und schnippte das Papierkügelchen durchs Büro.

»Ab Samstag, dem 14. Januar, null Uhr. Nicht einen Tag eher! Sie dürfen Uljanow vorher weder begegnen noch ihn in irgendeiner Art daran hindern, seinen Job zu machen. Haben Sie mich verstanden?« Harrisons Stimme klang gereizt. Seine Nervosität schlug durch.

»*Keep cool, man*«, murmelte Baker.

»Wegen der komplizierteren Einreiseformalitäten im Ostblock waren wir gezwungen, Ihre Rolle festzulegen«, fuhr Harrison fort. »Sie reisen als *Sales-Manager* des McDonald's-Konzerns nach Moskau. Wohnen werden Sie im Kosmos-Hotel. Von unserer Moskauer Außenstation erhalten Sie genaues Material über die Aufenthaltsorte und Gewohnheiten Uljanows. Dort gibt man Ihnen auch Ihr Handwerkszeug. Was bevorzugen Sie?«

»Heckler & Koch«, kommentierte Simon nüchtern.

»Anschließend reisen Sie wieder über Westeuropa aus«, erklärte der SOD-Chef weiter. »Erste Station ist Tokio.«

Baker pfiff durch die geschlossenen Vorderzähne. »Eh, Harrison, Sie stürzen sich ja richtig in Unkosten!«

»Daß wir uns richtig verstehen, Baker«, zischte Harrison, »das ist eine *free budget operation*! Wenn Sie's vermasseln, sind Sie fertig, Mann!«

Zum ersten Mal verlor der ehemalige Straßenjunge aus

Brooklyn sein bubenhaftes Grinsen. Harrison war in seinen Augen ein ziemliches Arschloch, aber seine heutige Humorlosigkeit ließ ihn begreifen. Die Amerikaner hatten eine lebendige Zeitbombe aktiviert, die nur schwer entschärft werden könnte. Ein richtiger Befehl existierte nicht. Bakers Einsatz beruhte auf einer bloßen Äußerung des Präsidenten, die sich in den Führungsetagen der CIA bis zu Michael Harrison selbständig gemacht hatte.

10. JANUAR, MOSKAU, 23.50 UHR:

Eduard Schewardnadse hatte dafür gesorgt, daß der Sonderbotschafter des Auswärtigen Amtes der BRD sofort vom Flughafen Wnukowo-I zum Außenministerium am Smolenskaja Platz gebracht wurde. Der Minister empfing Wischnewski in seinem Arbeitszimmer im siebten Stock. Die Räume waren sachlicher eingerichtet als zu Zeiten seines Vorgängers. Der Georgier war ein geübter Krisenmanager, der viel Sinn fürs Atmosphärische hatte. Schewardnadse sprach etwas Deutsch, und so wurde das Gespräch in einem deutsch-englischen Kauderwelsch abgehalten. Der Russe befand sich in einem Zustand tiefster Ratlosigkeit. Trotzdem war es unmöglich, den Deutschen abzuweisen. Wischnewskis Fragen waren bohrend. Was hatte es mit dem Überfall in Berlin auf sich? Was hatten Scherstnew und Uljanow in Westberlin und in der BRD gewollt? Wer war an der Schießerei in München beteiligt? Wo befanden sich Uljanow und die Aladkowa in diesem Moment? Aber am meisten drängte der Krisendiplomat auf die Beantwortung der Frage, was die sowjetische Regierung veranlaßt hatte, zu solchen Methoden zu greifen. Der sowjetische Außenminister ging nicht auf eine einzige dieser Fragen ein und antwortete mit leeren Floskeln. Schewardnadse berief sich auf die Sicherheitsinteressen der UdSSR und sagte zu, daß alle Fragen der Bundesregierung geprüft und zu gegebener Zeit beantwortet werden würden. Wischnewski sah den Russen durchdringend an. »Sagen Sie, Herr Minister, weiß die Regierung der UdSSR, was in ihren eigenen Nachrichtendiensten vor sich geht?«

Wenn sich Wischnewskis Vermutung in den nächsten achtundvierzig Stunden unter den westeuropäischen Regierungen herumsprach, konnte das fatale Folgen haben. »Nein!« antwortete Schewardnadse schroff. Bevor er weiter ausholen konnte, wurde er von einem Sekretär unterbrochen, der seinen Kopf zu Tür hereinsteckte. Er rief den Minister nach draußen.

Im Vorzimmer wurde Schewardnadse eine »Eilt«-Meldung der sowjetischen Botschaft in Washington in die Hand gedrückt. Die US-Regierung hatte Boris Uljanow »in ihre Obhut genommen«. Im ersten Moment war der Georgier schockiert. Er war davon ausgegangen, daß der israelische Mossad Uljanow »hereingeholt« hatte. Dementsprechend waren auch die Kontakte zu den Verbindungsleuten in Westberlin gelaufen. Erst mit der nächsten Überlegung kam Schewardnadse auf den Gedanken, daß die Israelis mit US-amerikanischer Hilfe auf Zeit spielten. Im Moment waren die Verbindungen abgebrochen. Sie kannten den Namen des israelischen Verbindungsmanns in Moskau nicht. Dieses Geheimnis hatte Generalmajor Chmys mit ins Grab genommen. Der Kontakt in Berlin war ebenfalls blokkiert. Sie hatten keine Adresse in Westberlin, und von außen kamen die Israelis nicht an Ignatschenko in der Ostberliner KGB-Residentur heran. Uljanow mußte Moskau erreichen. Es durfte nicht der geringste Verdacht entstehen, daß er tatsächlich auf dem Weg hierher war. Die amerikanische Pressemeldung, so unangenehm sie für die sowjetische Regierung sein mochte, stellte den Status quo wieder her. Mit dem Telex kehrte Schewardnadse zu Wischnewski ins Arbeitszimmer zurück. »Boris Stepanowitsch Uljanow befindet sich in den Händen US-amerikanischer Geheimdienste!« rief der Georgier mit dröhnender Stimme und setzte sich zu dem Bundesdeutschen. Wort für Wort las Schewardnadse dem Gast den Text der Nachricht vor. »Das ist wieder ein schwerer Fall von Abwerbung sowjetischer Offiziere durch imperialistische Geheimdienste«, kommentierte Schewardnadse jetzt auf seine Art, aber sein Ton klang ungewöhnlich altmodisch für den neuen Stil der sowjetischen Diplomatie. »Höchste Sicherheitsinteressen der UdSSR sind dadurch verletzt worden. Die Regierung der UdSSR und das Politbüro werden über geeignete Maßnahmen beraten und durch ihren Botschafter in Washington eine Protestnote überbringen lassen!«

Wischnewski richtete sich in seinem Sessel auf. Die plötzliche Kehrtwendung im Gespräch mit dem sowjetischen Außenminister überrumpelte ihn. »Das ist ja nicht zu fassen! Heute morgen haben uns die Amerikaner aufgrund einer Pressemeldung schier die Tür eingetreten!«

»In diesem Moment wird gerade eine Fernsehaufzeichnung der letzten NBC-News überspielt. Sie können in wenigen Minuten mit eigenen Augen sehen, was geschehen ist«, sagte der Russe freundlich. Mit einemmal strahlten seine Augen wieder die gewohnte Wärme aus.

»Danke«, entgegnete Wischnewski, der seinen Groll kaum noch unterdrücken konnte. »Ich möchte auf dem kürzesten Weg in die bundesdeutsche Botschaft.«

»Wie Sie wünschen, Herr Wischnewski!« antwortete Schewardnadse lächelnd, stand auf und begleitete ihn zur Tür. Er schüttelte ihm ausgiebig die Hand. »Ich stehe Ihnen für weitere Auskünfte zum Fall Uljanow gerne zur Verfügung. Soweit es mein Terminkalender zuläßt. *Do swidanja*!«

»*Do swidanja*!« antwortete Wischnewski. Der georgische Minister, ein Pfeiler des Generalny, blickte dem deutschen Krisenmanager nach. Falls seine Regierung den kommenden Freitag überstehen sollte, wollte er diesem Mann nach Möglichkeit nicht mehr begegnen. Dafür hatte er ihn zu schamlos angelogen.

10. JANUAR, KÖLN, 21.50 UHR:

An diesem Abend saß Hans-Jochen Conrad nicht vor dem Fernseher. Er trank auch keinen Moselwein. Seine Ehefrau Christa war wieder nicht da. Conrad leerte eine halbe Flasche Korn, während er unruhig zwischen Wohn- und Arbeitszimmer hin und her ging, sich mal hier-, mal dorthin setzte, um kurz darauf wieder aufzuspringen. Der Verfassungsschutzbeamte wurde von Selbstvorwürfen gequält. Maybach wurde seit dem frühen Abend vermißt. Eigentlich stellte sich nur die Frage, ob die Russen oder die Amerikaner den Journalisten kassiert hatten. Die deutschen Behörden machten jedenfalls auch auf den Insider Conrad nicht den Eindruck, als wollten sie in diesem sensiblen Stadium der internationalen Lage mit der Fahndung besonders viel Staub aufwirbeln. Er, Conrad selbst, hatte die Verantwortung. Maybach war das Opfer. Conrad setzte sich spontan an seine betagte mechanische Schreibmaschine und tippte ein Gesuch zur einstweiligen Versetzung in den Ruhestand. Ein paar Minuten später zog Conrad das Stück Papier aus der Maschine und unterzeichnete es mit der unsicheren Hand eines Angesoffenen. Er faltete das Dokument zusammen und steckte es in einen Umschlag. Mit fast apathischen Zügen griff er in der Garderobe nach seinem Jackett, den Schlüsseln und verließ den Bungalow in Köln-Mauenheim über die Verbindungstür zur Garage. Conrad fuhr mit seinem Mercedes in einem ruppigen Fahrstil quer durch die City, bis er im Süden Kölns die Autobahn nach Bonn erreichte. Er war sicher, Dr. Rentschler noch in seinem Büro im Bundesinnenministerium zu erreichen. Rentschler war nicht Conrads Vorgesetzter, aber das Bundesamt für Verfassungsschutz unterstand ihm als Leiter der Abteilung Innere Sicherheit im Innenministerium. Die beiden kannten sich aus unzähligen Konferenzen und manchen Krisenstäben. Conrad mochte die menschliche Art dieser rheinischen Frohnatur, und Rentschler schätzte Conrad als gewissenhaften Mitarbeiter.

Gegen den Protest des Beamten vom Objektschutz parkte Conrad seinen Wagen direkt vor dem Haupteingang des Ministeriums in der Graurheindorfer Straße. An der Pforte ließ er sich bei Rentschler anmelden. Rentschler war da, und er hatte Zeit. Der Pförtner ließ Conrad ins Gebäude und schloß hinter ihm wieder ab. Er begleitete den nächtlichen Besucher in die vierte Etage des Gebäudes.

Rentschler erschrak, als er Conrad eintreten sah. Der Mann wirkte wächsern und roch nach Schnaps. »Mein Gott, Conrad, was ist denn mit Ihnen los?« Der Ministerialdirigent kam Conrad entgegen, der nur zum nahegelegenen Sofa wankte.

»Ich habe letzte Nacht Maybach angerufen!« stöhnte der Beamte, erleichtert, endlich die Wahrheit loszuwerden.

Rentschler ging an seinen Büroschrank und kehrte mit einem Glas Cognac zurück, das er nicht Conrad, sondern sich selber zugedacht hatte. »Donnerwetter, mein Freund, da haben Sie sich aber gewaltig in die Scheiße geritten!«

»Bitte!« sagte Conrad, zog die Nase hoch und reichte ihm den Umschlag, »mein Antrag auf einstweilige Versetzung in den Ruhestand.«

Der Staatssekretär schüttelte fassungslos den Kopf. »Warum haben Sie das getan, Mann. Das war doch der reine Schwachsinn!«

Conrad lachte versoffen. »Die Amis! Die machen doch, was sie wollen … Hören Telefone ab, legen deutsche Staatsbürger um und so weiter und so weiter. Und wir, mit der G-10 Kommission im Rücken, haben tatenlos zuzusehen. Ich war mir absolut sicher, daß die Amerikaner hinter der Sache in München steckten. Nach zehn Jahren in diesem Job mußte ich denen einfach mal vor's Knie treten …«

»Und getroffen haben Sie Harry Maybach!« resümierte der Ministerialdirektor nachdenklich. »Schade, mein lieber Conrad. Ich habe Sie als Mitarbeiter immer sehr geschätzt.« Es blieb kein Zweifel daran, daß Conrad seinen Dienst quittieren mußte. So einfach ist das, dachte sich Rentschler. Die Amerikaner haben wegen einer dpa-Meldung den Aufstand geprobt. Und Ursache dafür war die Eifersüchtelei eines Abteilungsleiters im Bundesamt für Verfassungsschutz. Die Banalität dieses Dramas war unerträglich.

In Rentschlers Arbeitszimmer stand ein Fernseher. Regelmäßig die Nachrichten zu sehen, gehörte zu seinem Beruf. Damit er das nicht vergaß, stellte eine elektronische Schaltuhr den Fernseher samt aufzeichnendem Videogerät zu allen abendlichen Nachrichtensendungen ein. So war es auch jetzt zu den *Tagesthemen*. Hans-Joachim Caspar, der Nachrichten-Apostel der Nation, eröffnete die Sendung mit der Uljanow-Affäre: »Und Sie haben ihn doch! Die Amerikaner und der mysteriöse KGB-Agent Boris Uljanow … Guten Abend, meine Damen und Herren, zu den Tagesthemen.« Der Nachrichtensprecher blickte geradeaus in die Kamera. Die Tafel hinter ihm zeigte ein altes englisches Fahndungsfoto von Uljanow.

Conrad und Dr. Rentschler starrten wie hypnotisiert auf den Bildschirm, während der Sprecher fortfuhr: »Sie erinnern sich: Gestern kam es in Berlin zu einem Überfall auf offener Straße. Dabei gab es zwei Tote, den fünfundsechzigjährigen hochrangigen KGB-Brigadegeneral Feliks Matwejewitsch Scherstnew und den achtundzwanzigjährigen Westberliner Rainer Lohmann. Aus Behördenkreisen wurde bekannt, daß Lohmann lange Jahre Mitglied der Sozialistischen Einheitspartei Westberlins war. In diesem

Zusammenhang wurden ihm auch Kontakte zur ostdeutschen Staatssicherheit nachgesagt. Gegen Mitternacht kam es – diesmal im Münchner Stadtteil Schwabing – zu einer weiteren schweren Schießerei. Auch hier zwei Tote. Als Ziel beider Anschläge gilt der sowjetische Staatsbürger Boris Stepanowitsch Uljanow. Dreiunddreißig Jahre alt, ehemaliger Top-Agent des KGB und heute Pop-Idol und Bandleader der in der UdSSR so erfolgreichen Gruppe *Vaswedtschiki* – übersetzt bedeutet das soviel wie *Kundschafter*. Uljanow blieb verschwunden, mit ihm einer der vermutlich sowjetischen, Agenten – und, so glaubt man, eine Top-Spionin des KGB, die bis dahin unter dem Decknamen Petra Aichinger in München lebte, wo sie Zugang zur Entwicklungsabteilung des Elektronikkonzerns Siemens hatte … Damit nicht genug: In der letzten Nacht meldete die Deutsche Presse Agentur, amerikanische Geheimdienstkreise seien in den Zwischenfall verwickelt. Der amerikanische Bruder reagierte gereizt. Ein Tag voller Dementis und hektischer diplomatischer Konsultationen. Schadensbegrenzung lautete die Devise. Am Abend dann die Überraschung: Sie haben ihn doch! Sehen Sie dazu einen Bericht von Ulrich Krupling aus unserem Studio in Washington.«

Die beiden Männer in dem einsam beleuchteten Büro auf der in der Nacht verlassenen Etage konnten immer noch nicht glauben, was vor ihren Augen in die Wohnzimmer der Nation ausgestrahlt wurde. Der Bericht aus Washington zeigte zuerst Ausschnitte der Pressekonferenz in deutscher Übersetzung, danach das Video-Interview mit Uljanow. Zum Abschluß erschien der Sprecher vor dem Weißen Haus. Er dozierte über weiterhin offene Fragen: Warum reagierten die Sowjets derart hart und ihrer allgemeinen politischen Linie widersprechend? Was bewog die US-Behörden, Uljanows Anwesenheit glattweg zu leugnen? Und wie reagierte die Bundesrepublik, die rein völkerrechtlich für die Ahndung der begangenen Straftaten zu sorgen hatte? Deutschland und die westliche Welt hatten ein neues Thema Nummer eins. Dementsprechend bissig fiel der Kommentar des Bayerischen Rundfunks aus.

Rentschler drehte den Ton ab, nahm den Umschlag mit Conrads Entlassungsgesuch in beide Hände und zerriß es in einer feierlichen Geste. »Mensch, Conrad«, sagte er im Tonfall alter Kriegskameraden, »werden Sie nicht ein Opfer Ihrer eigenen Instinkte. Nehmen Sie vier Wochen Urlaub. Ich sorge dafür, daß er bewilligt wird. Sie haben Glück gehabt, unbeschreibliches Glück!«

Conrad sah den Ministerialdirektor mit feuchten Augen an. Ein Alptraum war soeben zu Ende gegangen. In dieser Situation erlaubte er sich, nach Rentschlers Cognacglas zu greifen.

10. JANUAR, ROTHAARGEBIRGE, zur gleichen Zeit:

Seit Beginn des Verhörs durch den amerikanischen Mastino waren drei Stunden vergangen. Maybach hockte, auf einem Stuhl angebunden, dem Mastino gegenüber, der auf der anderen Seite des Tisches saß. Maybachs Haut glänzte vom Schweiß. Er hatte Prügel bekommen, gezielte – die man nicht sieht. Er hatte geheult und jedes kleinste Detail der vergangenen Nacht und des Tages geschildert. Sie hatten ihn erneut geschlagen. Maybach machte sich in die Hosen, verlor zwischendurch das Bewußtsein. Es gab kalte Güsse, bis er die ganze Litanei von vorn wiederholte. Der Mastino war mit den konservativen Verhörmethoden am Ende angelangt. Der *Kraut* wußte nichts. Aber um sich auftragsgemäß zu vergewissern, überlegte der Mastino, welche Dosis Thiopental-Natrium Maybach gespritzt werden mußte. Das Telefon klingelte. Der eine Gegenstand auf dem Tisch. Der andere war die Schreibtischlampe, die auf Maybachs Gesicht gerichtet war. Das Läuten klang in Maybachs Ohren schicksalhaft. Ein Anruf konnte die Rettung sein. Der Mastino hörte schweigend zu und bestätigte nur einmal mit »*Okay*!«

Als der Mastino auflegte, wartete Maybach hoffnungsvoll auf eine winzige Geste. Beim Mastino handelte es sich zweifelsfrei um einen Sadisten. Sekundenlang genoß er Maybachs verzweifelte Spannung, stand dabei auf und kam auf den Gefesselten zu. »Es ist vorbei, Harry!« sagte er lachend, »du hast es geschafft«, und dabei klopfte er ihm freundschaftlich auf die Schulter. Auf die fragenden Blicke seiner Helfer antwortete er mit einem kurzen Befehl: »*Drunken driver*!«

Maybach wartete darauf, losgebunden zu werden. Aber sie traten von hinten an ihn heran und rammten ihm einen Gummikeil zwischen die Zähne. Eine ganze Flasche Johnny Walker flößten sie ihm ein. Und als er den Whisky in einer großen Fontäne wieder auskotzte, ohrfeigten sie ihn und begannen mit der nächsten Flasche von vorn.

Nach einer halben Stunde lag Maybachs Alkoholspiegel an der Vergiftungsgrenze. Sie fuhren ihn in seinem eigenen Leihwagen in die Kölner Innenstadt.

Gegen Mitternacht fiel der Besatzung eines Streifenwagens in der Olivengasse am Neumarkt ein schwarzer 190er Mercedes auf. Der Wagen war seitlich in die parkenden Autos geknallt und stand quer auf der Straße. Als die Beamten gegen die Seitenscheibe klopften, reagierte der Fahrer hinter dem Steuer nicht. Als sie die Tür öffneten, fiel ihnen Maybach entgegen.

»Bin … en … entführt worden!« lallte der Journalist. »C..I..A.. Ami-Schweine!« Dann driftete er wieder ab, war für die Polizisten nicht mehr ansprechbar. Maybach wurde für die Blutentnahme zum Amtsarzt gebracht und danach zur Ausnüchterung in Polizeigewahrsam genommen. Sein Führerschein wurde einbehalten.

11. Januar

11. JANUAR, AKROTIRI (ZYPERN), 0.12 UHR:

Rund um die Uhr herrschte im Kontrollraum des *Royal Air Force*-Stützpunkts in Akrotiri die monotone Sprache eines halben Dutzend Controller, die in präzisem Funkenglisch die militärischen IFR-Flugbewegungen mit den Piloten der zivilen Maschinen und deren Fluglotsen in den benachbarten *Air-Traffic-Control-Units* koordinierten. Außerdem überwachten sie, gemeinsam mit der 6. Alliierten Taktischen Luftflotte in Izmir, den östlichen Mittelmeerraum und die arabischen Anrainer-Staaten. Das Geschwader mußte binnen Minuten auf Alarmstarts vorbereitet sein, und mehrfach im Jahr kam es auch vor, daß die Abfangjäger aufstiegen und einen unbekannten Flugkörper indentifizierten. Die Controller verdienten ihren Sold durch harte Arbeit. Acht Stunden in verdunkelten Räumen, ihre Augen ständig auf Monitore gerichtet, auf denen die unzähligen und ständig wechselnden kleinen Punkte, Zahlen und Codes nie zum Stillstand kamen. Zusätzlich mußten sich die Männer mit den türkischen, griechischen oder arabischen Akzenten der Zivilpiloten und Lotsen herumschlagen. Aber im Winter ging es in Akrotiri friedlicher zu als im Sommer, wenn die Charterflugzeuge der Tourismus-Industrie wie Hornissenschwärme über ihre *control area* hereinbrachen. Gefährliche Annäherungen im Luftverkehr standen dann auf der Tagesordnung.

Daß General McLean, der Geschwaderkommandeur der britischen Luftwaffen-Basis, um diese Zeit den Kontrollraum besuchte, war außerhalb von NATO-Manövern und Alarmübungen bis heute nie der Fall gewesen. Gemeinsam mit Major Pinchon, dem Kommandeur der ebenfalls in Akrotiri stationierten SAS-Einheit, erwartete McLean die Landung einer Maschine der israelischen Luftwaffe. Mit einem Blick auf den Controller-Monitor sah der General, daß sich die gemeldete IAI-1124-Westwind bereits in der *Final-approach-procedure* befand. Unten, auf dem Flugfeld wurde gerade ein Gates Lear-Jet der US-Air-force aufgetankt.

McLean und Pinchon hielten es für ihre Pflicht, über alle Operationen in ihrer *area* Bescheid zu wissen. Genau das traf im Moment nicht zu.

Zwanzig Stunden zuvor hatten zwei chiffrierte Meldungen der Sicherheitsstufe »*top secret*« den Funkraum in Akrotiri erreicht. Die erste galt General McLean und stammte vom COMUKAIR (Commander United Kingdom Air Forces) in High Wycombe/Großbritannien. Die zweite Nachricht war an Major Pinchon gerichtet und trug als Absender das Hauptquartier des Special Air Service in Hereford. Der Inhalt beider Mitteilungen stimmte annähernd überein: Die Ankunft Oliver Kerbys, eines Beamten des Secret-Service, wurde angekündigt. Den Anweisungen Kerbys sei unbedingt Folge zu leisten. Alle Befehle und Handlungen, die mit Kerbys Aufgaben in Zusammenhang standen, fielen in die Geheimhaltungsstufe »Top secret«.

Sechs Stunden später landete Kerby in Akrotiri. Er entsprach voll und ganz McLeans und Pinchons Vorurteilen über die Leute vom britischen Geheimdienst: arrogant, distanziert, unangenehm. Die Militärs mochten die Typen vom *Secret Service* nicht. Die hielten sich für etwas Besseres. Kerby zitierte General McLean und Major Pinchon in einen abhörsicheren Lage-Raum der Luftwaffen-Basis.

In knappen Worten erläuterte er den Offizieren die Einsatzbefehle der nächsten Tage – so wie sie in Downing Street zwischen der Premierministerin, Staatssekretär Colbourne und dem Verteidigungsminister abgesprochen worden waren: Der ehemalige SAS-Offizier David Lynn richtet in Akrotiri ein britisches Lagezentrum ein, mit Funkverbindungen zum XX. US-Geschwader in Hakkâri/Türkei, zum israelischen Verteidigungsministerium nach Tel Aviv und zum COMUKAIR in High Wycombe/Großbritannien. Lynn erhält jede personelle und materielle Unterstützung, die er wünscht. Die von Major Pinchon kommandierte SAS-Einheit wird am 12. Januar, 18.00 Uhr bis auf weiteres in Alarmbereitschaft versetzt. Gegen 21.00 Uhr desselben Tages trifft in Akrotiri ein israelischer Kampfverband aus sechs *Sea-Stallion*-Hubschraubern zum Tankstopp ein. Die Maschinen fliegen unter amerikanischem Hoheitszeichen und sind im Sprechfunk-Kontakt als Navy-Staffel zu behandeln, die von der im Mittelmeer kreuzenden 6. US-Flotte zu einem Truppenbesuch nach Hakkâri unterwegs ist. Die israelischen *Sea-Stallions* werden aufgetankt und von mitfliegenden israelischen Bordmechanikern durchgecheckt, bevor sie zum XX. US-Geschwaderstützpunkt in Hakkâri weiterfliegen. Am 13. Januar um 5.00 Uhr landet eine israelische Zivilmaschine in Akrotiri und übernimmt »Passagiere« aus dem zurückkehrenden *Sea-Stallion*-Verband. Alle Maschinen und Einheiten der Israelischen Armee werden danach Akrotiri umgehend verlassen. Lynns Einsatzzentrale wird abgebaut, der Alarmzustand für die SAS-Einheit aufgehoben. Mehr sagte der Geheimdienst-Beamte nicht.

McLeans und Pinchons Proteste blieben wirkungslos. Kerby zog sich ins Gästehaus zurück. Er ließ sich eine sichere Leitung nach London schalten und telefonierte dreißig Minuten mit Lord Colbourne im britischen Innenministerium. Danach ruhte er sich aus. Sie alle mußten warten, bis Lynn aus Israel zurückkehrte. Kerby gab sich keine Mühe, seine Antipathie gegen den Ex-Major zu verbergen. Dieser verkrüppelte Hurensohn hatte sich einfach abgeseilt, und seit er aus dem SAS ausgeschieden war, schien er überhaupt zu machen, was er wollte.

Vor zwei Stunden war die Anmeldung der israelischen Luftwaffenmaschine in Akrotiri eingegangen. Die Neugierde von McLean und Pinchon wurde erneut auf eine harte Probe gestellt, als sie kurz darauf eine Anfrage des 34. US-Geschwader-Kommandos aus Hakkâri erreichte. Die Amerikaner bezogen sich darin vage auf weitere Passagiere in der israelischen IAI-1124-Westwind, die sich gerade im Anflug auf Akrotiri befand. Sie baten um die Genehmigung, die »Reisenden« auf dem britischen Luftwaffenstützpunkt mit einem Lear-Jet abholen zu dürfen. General McLean und Major Pinchon hatten die Lage den ganzen Abend über diskutiert. Ihre jahrzehntelange Berufserfahrung ließ sie keine Sekunde daran zweifeln, daß die Israelis und ihre Leute eine gemeinsame Operation planten. Wenn Downing Street den querschnittsgelähmten Lynn aufbot, mußten sie sich einen dicken Fisch vorgenommen haben.

Kerby, so meldete man den Offizieren, war inzwischen zu Bett gegangen. McLean beriet sich mit Major Pinchon. Sie entschieden, Kerby schlafen zu lassen. McLean kannte die leitenden Offiziere in Hakkâri ganz gut. Der kleine und unauffällige Geschwader-Stützpunkt lag in einem territorialen Hexenkessel, im Dreiecksland zwischen der Türkei, dem Irak und dem Iran. Die Leute dort waren vernünftig und keine Haudegen. McLean erteilte den Amerikanern eine Zusage und die Anfluggenehmigung für Akrotiri. Lynn, so hoffte der General, würde endlich Licht in diese mysteriösen Zusammenhänge bringen.

Minuten darauf stieg in Izmir ein Lear-Jet der Air Force auf und jagte mit kreischenden Turbinen im Fünfhundertdreißig-Meilen-Tempo durch die dunklen Wolken des östlichen Mittelmeerhimmels. Die Maschine sollte in Akrotiri einen Tankstopp einlegen und dann über Hakkâri zurückfliegen. Die Crew erfüllte die höchste Sicherheitsüberprüfung des DIA. Jeder dieser Männer wußte, daß sie von ihrem heutigen Transfer-Einsatz nichts hören, nichts sehen und nichts sagen durften.

Weder McLean noch Pinchon oder ein anderer Brite ahnten, welch hektische Aktivitäten auf amerikanischer Seite vorausgegangen waren. Die Israelis in Har Gerafon hatten verschiedenste Varianten diskutiert, wie Boris und Verena möglichst schnell und sicher in die UdSSR eingeschleust werden konnten. Verenas Vorschlag, Flugdrachen zu verwenden, setzte sich durch. Ihre Angaben zu ihren Verbindungen in Armenien wurden überprüft. Die Existenz des Oberst Jurij Andrejewitsch Litwak als Geschwaderkommandant in Leninakan hatte sich, nach ein paar Stunden Archivarbeit des Mossad, bestätigt. Der Operationsplan vermied lebensgefährliche Grenzkontrollen. Allerdings mußten die Israelis ermöglichen, daß Boris und Verena über der türkisch-sowjetischen Grenze aus einem Helikopter abspringen konnten. Die türkische Regierung kam für solcherlei Ansinnen nicht in Betracht. In Ankara war man an ruhigen Beziehungen zum sowjetischen Nachbarn interessiert. Blieben die Amerikaner. Sugarman war von Woodward ins Flugzeug gesetzt worden und fiel als Verhandlungspartner aus. Also setzte sich Abraham Winterfield mit dem Weißen Haus in Verbindung. Der zweiundvierzigjährige Militärattaché der israelischen Botschaft in Washington war von der Mossad-Zentrale informiert worden. Winterfield telefonierte sich mit einer Engelsgeduld durch die US-Administration, bis er schließlich direkt mit Woodward sprechen konnte. Kurze Zeit später trafen sie sich zu einem Vier-Augen-Gespräch im Executive Building Office. Woodward und Winterfield waren annähernd im gleichen Alter, stammten beide aus liberalen Elternhäusern und hatten US-amerikanische Eliteuniversitäten besucht. HYPs unter sich, wie Peat Nuskiewicz sagen würde. Winterfield überzeugte den stellvertretenden Nachrichtendienstchef davon, daß die »Vorleistung« der Amerikaner an der türkisch-sowjetischen Grenze erforderlich sei, um die Verhandlungen mit den Sowjets überhaupt in Gang zu bringen. Eine Stunde später kam es im Oval Office des Weißen Hauses zwischen Nuskiewicz und dessen Nachfolger zu einem erbitterten Wortgefecht. Aber Woodward konnte sich beim Präsidenten und dem Vize-Präsidenten George Bush gegen den störrischen alten DCI durchsetzen. Schließlich unterstützte sogar der inzwischen hinzugezogene Verteidigungsminister Carlucci den jungen Woodward. Noch blieb der Kreis der Vertrauten klein. Weder der Nationale Sicherheitsrat noch der Vorsitzende des Joint Chiefs of Staff waren eingeweiht. Die Regierung spielte – auch innenpolitisch – mit dem Feuer, und jedem dieser Beamten und Politiker war das bewußt. Woodward schlug vor, den Einsatz an der türkisch-sowjetischen Grenze über den militärischen Nachrichtendienst DIA zu koordinieren. Der leitende DIA-Offizier in Izmir unterrichtete kurz darauf den Kommandeur des 34. US-Geschwaders in Hakkâri, Oberst Burt Dreyer, über die Anweisungen aus dem Pentagon. Dreyer kannte die Planung des Mossad-Kommandos. Der neue Einsatzbefehl überrumpelte ihn. Dreyer wurde nicht nach seiner Meinung gefragt. Die DIA hatte sogar für den Transfer der israelischen »Gäste« von Akrotiri nach Hakkâri den *top-secret*-Status verhängt. Dreyer bildete einen Stab aus vier Piloten und zwei Controllern. Sie planten den Flug, berechneten die Zielkoordinaten für den Absprung und setzten das Timing fest. Der US-Oberst fragte sich, ob die im Pentagon noch wußten, was man von ihnen verlangte. Für solcherlei kitzlige Unternehmen war die Vorbereitungszeit verdammt knapp.

Die IAI-1124-Westwind setzte mit einem gequälten Pfiff der Reifen auf der Betonpiste in Akrotiri zur Landung auf. Das angezurrte Drachengestänge, das im Laderaum keinen Platz fand, klapperte im Korridor der kleinen Kabine. Außer Koszak, Lynn, Boris und Verena saßen ein Navigationsspezialist der israelischen Armee und Verenas Trainer in der Maschine. Der Ausbilder war ein komischer Kauz. Verena unterhielt sich mit ihm stundenlang über Drachenflugtechniken. Aber sonst schwieg er. Sie kannte nicht einmal seinen Namen. David saß neben Boris. Die Instruktionen für Moskau waren bis ins kleinste Detail durchgesprochen. Über Privates hatten sie kaum geredet. In den nächsten Minuten würden sich ihre Wege trennen. Das meiste blieb ungesagt.

»Es wär' mir lieber, du würdest den *turn* nach Bornholm mitmachen«, nuschelte David. Seine undeutliche Aussprache spiegelte seine Verlegenheit wieder. »Dann könntest du mal in Ruhe nachdenken ...«

Boris verstand sofort, was in David vorging. Für den Engländer blieb es unverständlich, daß er freiwillig hinter den Eisernen Vorhang zurückkehrte. Boris war schließlich ein halber Engländer, der wie ein Brite artikulierte, sich wie ein Brite bewegte und wie ein Brite reagierte; so hatte Lynn den jungen »John Stonelake« in Hereford kennengelernt. David wäre nie bereit gewesen, es zuzugeben – er liebte Boris wie einen kleinen Bruder, auch wenn er ihn als Offizier verachten mußte.

»Ich muß in Moskau bleiben!« antwortete Boris in einem Ton, der keinen Widerspruch zuließ. Es war nicht der Moment für Sentimentalitäten. »Auch wenn sie uns *beide* verarschen!« fügte er sarkastisch hinzu und öffnete sein Gurtschloß.

Als die Maschine ihre Parkposition erreichte, öffnete der Flugbegleiter die Kabinentür. Koszak ging voraus, die Flugzeugtreppe hinunter. General McLean und Major Pinchon warteten bereits auf dem Flugfeld. Perplex musterten sie den Israeli. Mit Koszak hatten sie zu dieser Stunde nicht gerechnet.

»*Gentlemen*!« sagte der Israeli am Fuße der Treppe und schüttelte beiden ihrer Rangfolge gemäß die Hände. »Es freut mich, daß wir Ihre Unterstützung gefunden haben.«

»Was, zum Teufel, machen *Sie* hier, Mr. Koszak?« fragte McLean ungehalten.

»Ich möchte zu der Air-Force-Maschine nach Hakkâri. Ist sie schon eingetroffen?« Koszak sprach im Ton eines Passagiers, der sich nach seinem Anschlußflug erkundigt. Major Pinchon wies mit dem Kopf auf den Lear-Jet, der hundert Meter weiter stand. »Ist gerade aufgetankt worden!« ergänzte der SAS-Kommandeur. »Wo ist Lynn? Und was habt ihr vor?«

Die Besatzung, Boris, Verena und die Begleiter verließen die IAI-1124-Westwind. Bis auf das Bordpersonal und David trugen alle Kampfanzüge. Boris war nicht wiederzuerkennen. Nach der Videoaufnahme hatte man ihm die Haare auf Igelkopflänge gekürzt. Nur das schwarze Dreieckstuch, in dem sein rechter Arm hing, zeugte von seinem angeschlagenen Gesundheitszustand. Ansonsten glich er, vom militärischen Dienstausweis in seiner Tasche bis zu den Rangabzeichen auf seinen Schulterklappen, einem israelischen Offizier. Verena hatte ihr Haar hinten zu einem Knoten zusammengesteckt. Darüber trug sie, wie die anderen auch, das blaue Militärkäppi der Luftwaffe. Sie brachte den Rollstuhl mit und klappte ihn am Fuße der Gangway auseinander. Der Ausbilder und der Navigationsoffizier nahmen David in ihre Mitte. Als der Engländer wieder in seinem Stuhl saß, rollte er sogleich auf McLean und Pinchon zu.

Der Commander der amerikanischen Air-Force-Maschine traf sich inzwischen mit der Crew der Westwind.

Der Ausbilder informierte ihn über das vorhandene Gepäck. Die Besatzungen beider Flugzeuge begannen damit, das technische Equipment in den Lear-Jet umzuladen.

»Pinchon, alter Schlappschwanz!« rief Lynn erheitert, während er mit einem ziemlichen Zahn auf den SAS-Kommandeur zusteuerte. Er drehte sich nicht um, als Boris mit Verena zur benachbarten Air-Force-Maschine hinüberlief. Auf einen Abschied hatten sie verzichtet.

»*Hello, Sir*!« entgegnete der Major und salutierte lächelnd. Mittlerweile standen sie im gleichen Rang. Früher hatte Pinchon unter Lynn in Belfast gedient. Lynn kam so abrupt vor dem Major zum Stehen, daß die Gummireifen seines Rollstuhls über den feuchten Pistenbeton schubberten. Er schlug dem Offizier freundschaftlich in die Seite. »Na, und jetzt bist du selbst zum Leuteschinder verkommen, was?«

»Mr. Lynn!« bemerkte General McLean förmlich. David wandte sich dem Geschwaderkommandeur zu. »General McLean, ich freue mich, Sie zu sehen!« Dabei schüttelte er ihm herzlich die Hand. »Was machen Ihre Olivenbäume?«

»Oh, sie gedeihen prächtig!« antwortete der General, erfreut, daß Lynn sich noch an seine kleine Plantage erinnerte. Kurz vor seinem Unfall hatte David in Akrotiri für die Bodentruppen der R.A.F.-Basis ein Anti-Terror-Training durchgeführt. Bei dieser Gelegenheit hatte er McLean kennengelernt und zusammen mit ihm an langen Sommerabenden manche Flasche Uso im Garten des Generals geleert.

»*Gentlemen*, ich darf mich verabschieden«, bemerkte Koszak und wies auf den winkenden Steward des Lear-Jets. Das Gepäck war verstaut, die übrigen Passagiere saßen bereits auf ihren Plätzen. Die beiden Garrett-Turbinen am Heck liefen warm. »David wird Sie über alles Weitere informieren«, setzte Koszak hinzu und zwinkerte dem Engländer zu. David seufzte. Die Art und Weise, wie Chaim verduftete, war typisch für ihn. Während sich die Crew der israelischen Westwind auf das Tanken vorbereitete, blieben die Briten allein auf dem Flugfeld zurück. Schweigend beobachteten sie, wie die Gangway des Lear-Jets eingefahren und die Kabinentür geschlossen wurde. Der Tower erteilte die Taxiway-Freigabe. Mit einem pfeifenden Kreischen setzte sich der hundert Meter weiter stehende Jet in Bewegung und wippte über die Bodenwellen.

»So, David, jetzt pack mal aus!« brüllte McLean gegen den Turbinenlärm an. »Hier herrscht seit heute das reinste Affentheater …« Er kam nicht dazu, weiterzusprechen. Vom Towergebäude raste ein betagter Rover der Military Police auf sie zu und bremste quietschend neben ihnen. Oliver Kerby sprang aus dem Streifenwagen und schrie die Offiziere in einem hysterischen Ausbruch an: »Wer, verdammt noch mal, sitzt in dieser Maschine?« Der Secret-Service-Beamte rang nach Luft. »Und warum weiß ich nichts davon?«

McLean befand, daß sich dieser Zivilist gegenüber altgedienten Offizieren ziemlich anmaßend aufpumpte.

»Gäste der Amerikaner!« antwortete David auf Kerbys Frage. »Der Militärattaché der israelischen Botschaft in London, Chaim Koszak, und vier weitere Offiziere, die den Einsatz am Freitag vorbereiten sollen.«

»Verhindern Sie den Start, McLean!« befahl Kerby dem General aufgebracht. McLean sah Lynn und danach Pinchon fragend an. Der Lear-Jet hatte inzwischen die Spitzkehre am Anfang der Startbahn erreicht und war in *take-off*-Richtung abgedreht. General McLean ging zögernd auf den Streifenwagen mit dem Sprechfunkgerät zu. Aus der offenen Beifahrertür hörte man den allgemeinen Bodensprechfunk. Der Pilot bat den Tower um Starterlaubnis. Zwei Sekunden später krächzte die *take-off*-Genehmigung über den Lautsprecher.

Der General drehte sich vor dem Rover auf dem Absatz

um, sah Oliver Kerby an und zuckte langsam mit den Achseln. »Zu spät, Sir!«

Eine halbe Meile weiter beschleunigte die Air-Force-Maschine auf der Runway. Nach dreitausend Fuß erhob sie sich in den Himmel. Der Krach der Triebwerke brach sich zu einem dumpfen Grollen. Und nach wenigen Augenblikken tauchten die Positionslichter in der diesigen Wolkendecke unter.

Nun war es ruhig auf dem Flugfeld.

»Das wird Konsequenzen haben, General McLean!« stellte Kerby feindselig fest, um sich dann vor David aufzubauen. »Und nun zu Ihnen, Mr. Lynn! Sie haben uns einiges zu erklären!«

David war dem Mann nie begegnet. Er ahnte nur, aus welchem Stall er stammte. Der General hatte Kerby auflaufen lassen, und Lynn brauchte die Unterstützung McLeans. Während sie sich dem Hauptgebäude näherten, wandte sich David an McLean, wobei er den Secret-Service-Beamten ignorierte: »Sagen Sie, General, welcher ist der schnellste Vogel in Ihrem Stall?«

»Der Tornado!« antwortete McLean reflexartig. Erst in der nächsten Sekunde verblüffte ihn die Frage.

Pinchon schob den Rollstuhl, während Kerby regelrecht neben ihnen hertänzelte.

»Meinen Sie, Ihre Leute können mich auf einen WSO-Sitz hieven?« fragte Lynn und faßte McLean am Arm. »General, mir hat man verdammt viel Feuer unterm Arsch gemacht. Ich muß auf dem schnellsten Weg nach London.«

»Jetzt hören Sie mal mir zu …« Kerby brachte es zum Ausflippen, daß man ihn weiterhin ignorierte. Er sprang nach vorn und stellte sich mit ausgebreiteten Armen vor die Pendeltür zum Towergebäude.

»Mann«, bemerkte Lynn abfällig, »gehen Sie aus dem Weg – und werden Sie Schauspieler! Sie sehen aus wie der Inri vor der Kreuzigung.«

Der Geheimdienst-Beamte machte keine Anstalten beiseite zu treten. »Sie sagen jetzt, was Sie vorhaben, Lynn! Ich habe Anweisung, Sie nicht ohne Genehmigung Londons gehen zu lassen! Sie sind nach Israel geflogen, ohne sich abzumelden«, schimpfte er, von seiner Wichtigkeit überzeugt, »die US-Regierung hat uns bewußt getäuscht. Die haben Uljanow – und sie lassen keinen unserer Leute mit ihm sprechen, geschweige denn, daß sie ihn ausliefern! Jegliche Zusammenarbeit mit US-amerikanischen Nachrichtendiensten bedarf ab sofort der persönlichen Rücksprache mit Lord Colbourne!«

»Hören Sie, Mister«, sagte David, und dabei schob er Kerby mit einer kräftigen Armbewegung weg, »die Amerikaner lassen euch an Uljanow nicht heran, weil sie es nicht können! Und um eins klarzustellen, Mister ...«

»Kerby, Oliver Kerby«, ergänzte der Secret-Service-Beamte.

»... Kerby«, wiederholte David, »weder Colbourne noch einer seiner verirrten Sputniks sind für mich die geeigneten Gesprächspartner!«

Kerby rang um seine Fassung. »Ich werde das so weitergeben, Mr. Lynn!«

McLean und Pinchon versuchten vergeblich, ihr herzhaftes Lachen zu unterdrücken. Eines war klar – von nun an würde Kerby jedesmal, wenn er den Fuß auf eine britische Militärbasis südlich der Alpen setzte, die Bezeichnung verirrter Sputnik anhaften.

»Kerby, ich möchte mich nicht mit Ihnen streiten. Aber wenn Sie mich jetzt daran hindern, auf dem schnellsten Weg in die Downing Street zu kommen, landen Sie an einem Schreibtisch im Altpapier-Keller des *Secret Service* – darauf gebe ich Ihnen mein Wort!«

Kerby stierte Lynn für einen Moment an und spielte ernsthaft mit dem Gedanken, Lynn mit Waffengewalt aufzuhalten. Schließlich drehte er sich einfach um und lief davon. Daß er sich sofort mit Colbourne in Verbindung setzen würde, lag auf der Hand.

»In dreißig Minuten können Sie fliegen, Lynn!« bemerkte der General und wechselte damit das Thema.

Major Pinchon schob den Rollstuhl in ein kleines unbesetztes Büro neben dem Eingang. McLean organisierte den Tornado-Einsatz. Für die Strecke nach London wurden Außentanks benötigt.

»So, nun erzählen Sie mal, Sir!« forderte Pinchon den Ex-Major auf.

»Herbe Zeiten, Pinchon. Sie müssen die Sache hier am Freitag selbst managen. Es dürfte dabei keine Probleme geben«, antwortete David lakonisch.

»Aber was soll ich denn managen?« Der SAS-Kommandeur wurde ungeduldig.

»Die Israelis entführen Abdul Nimet aus dem Irak ...«

Major Pinchon sperrte erstaunt den Mund auf. Das war in der Tat eine Sensation. »Auf dem Rückweg kommen sie wieder hier vorbei und steigen von den Sea-Stallions in einen Jet der Israelischen Luftwaffe um. Es ist Ihr Job dafür zu sorgen, daß dabei nichts passiert«, sagte David und bemerkte zum Schluß: »Das ist alles – aber in Anbetracht der Fracht auch sehr viel ...«

David war in der Auseinandersetzung mit Kerby ein Fehler unterlaufen. Jedes seiner Worte war im Gedächtnis des Secret-Service-Beamten haften geblieben. Dazu gehörte auch der Satz: »Die Amerikaner lassen euch nicht an Uljanow heran, weil sie es nicht können.« Auf dem Weg in den Chiffrierraum der Basis kühlten sich Kerbys Emotionen ab. Erst jetzt brachte er einen klaren Gedanken zustande. Lynns Aussage barg eine heiße Information. Wenn die Amerikaner niemanden an Uljanow heranlassen konnten, hatten sie ihn entweder gar nicht, oder der Russe war tot. Fiel die britische Regierung und mit ihr die ganze Weltöffentlichkeit einem Bluff der Amis zum Opfer, während man in Washington ganz andere Ziel verfolgte? Kerby kehrte in seine Unterkunft zurück, suchte Uljanows Fahndungsbild aus seinen Unterlagen heraus und rannte damit zum Lage-Raum der Basis. Wie erwartet traf er dort auf General McLean.

Die Zeiten des regelmäßigen Sports waren seit Cambridge vorüber. Kerby rang noch immer nach Luft, während er McLean die Fotografie unter die Nase hielt. »War dieser Mann unter den Passagieren der israelischen Maschine?«

McLean hatte eine Staffel Tornado-Piloten um sich versammelt, die gerade aus ihren Betten geholt worden waren, und besprach mit ihnen den Flugeinsatz nach Großbritannien. McLean wollte einen Verband aus drei Maschinen nach oben schicken und so vermeiden, daß Lynn wegen eines Triebwerk- oder Rechnerfehlers des empfindlichen Flugzeugs in Italien oder sonstwo hängen blieb. Beiläufig warf er einen Blick auf das Foto, das ihm Kerby demonstrativ entgegenhielt. »An das Gesicht kann ich mich nicht erinnern«, sagte er und wandte sich wieder dem Kartentisch zu.

»War von den Israelis jemand verletzt?« fragte Kerby in einem Anflug von Scharfsinn.

Der General nickte. »Ja, einer trug ein Dreieckstuch. Ich hab' mich schon gewundert, daß ein verletzter Offizier an einem Einsatz teilnehmen soll.« Bei diesen Worten sah McLean nochmals auf die Fotoaufnahme. »Doch, der könnte es gewesen sein!«

Kerby schlug sich mit beiden Handflächen vor's Gesicht. »Das darf doch nicht wahr sein! General, Sie haben soeben den Sowjet-Spion Boris Uljanow laufen lassen!«

General McLean war kein ungeduldiger Mensch. Aber dieser Oliver Kerby tanzte auf seinen Nerven herum. Koszak und Lynn waren nicht die Leute, die Uljanow laufen ließen. »Hören Sie zu, Kerby!« sagte der General gereizt. »Ich werde Mr. Lynn jetzt per Expreß nach London schaffen. Für Sie habe ich auch noch einen Sitz frei. Streiten Sie sich zu Hause mit ihm weiter. Aber hören Sie auf, meinen Laden durcheinanderzubringen. Damit macht man sich bei uns verdammt unbeliebt.«

11. JANUAR, MOSKAU, 2.00 UHR:

In der Zeit nach Mitternacht wurde es still in Moskau. Die Metro stellte für einige Stunden ihren Betrieb ein. Das offizielle Nachtleben der sowjetischen Hauptstadt, sofern es existierte, war längst erstorben. Nur einige Valutabars der Intourist-Hotels blieben geöffnet, in denen junge Nutten zahlungskräftigen Westtouristen die Devisen aus den Taschen lockten, Traveller-Checks und Kreditkarten inclusive.

Auch der *Toptun*, ein ziviler Türsteher des KGB, der vor dem Elite-Wohnhaus in der Tolstovo Alekseja Ulica Wache stand, blickte in eine dunkle, menschenleere Straße. Feuchter Nebel stülpte sich seit dem Sonnenuntergang über die Stadt. Das Wetter spielte weiterhin verrückt: In der letzten Nacht hatte es stark gefroren, und tagsüber verwandelte Regen das Moskauer Straßenpflaster in glitschige Eisbahnen. Jetzt fielen die Temperaturen abermals in den Keller und kondensierten die Feuchtigkeit. Diese Witterung ging in die Knochen. Der *Toptun* schlenderte den Bürgersteig entlang, stetig auf und ab. Nur in »seinem« Haus brannte noch Licht, im vierten Stock. Sie feiern wieder, dort oben, dachte der Unteroffizier, obwohl heute keine Musik zu hören war. Manche kamen immer noch, trotz *Perestroika* und *Glasnost*, Stars und berühmte Interpreten renommierter Bühnen- und Musikensembles, die die Angehörigen der *Natschalstwo* unterhielten. Beziehungen, im Volksmund *Blat* genannt, zu einflußreichen Kadern des KGB, konnten nie von Nachteil sein. Dort oben wohnte ein hochrangiger KGB-Offizier; allein in einer Fünf-Zimmer-Wohnung. Manchmal, in diesen langen kalten Nächten vor der Tür fragte sich der *Toptun*, warum er diesen Sklavendienst über sich ergehen ließ. Und seine Antwort war nach siebzig Jahren Parteifeudalismus ebenso einfach wie logisch. Seine Bewerbung für den Offiziersanwärter-Lehrgang an der KGB-Hochschule war angenommen worden. Er hoffte, irgendwann selbst in solch einer Wohnung zu leben, Feste zu feiern, im Warmen zu sitzen.

Sie feierten nicht. Generalmajor Myschko legte einen frischen Scheit in den offenen Kamin. Das Holz aus dem Kiefernwäldchen seiner Datscha war noch etwas frisch und knackte in der heißen Glut.

»Wie sollten wir ahnen, daß Chmys den Wein monatelang im Schrank liegenließ«, bemerkte Myschko und setzte sich in das grüne Samtsofa zurück. Er hatte seine Uniform abgelegt und trug jetzt eine grobe Cordhose, ein kariertes Hemd, darüber einen ausgeleierten Wollpullover. Mit der Nickelbrille auf der Nase wirkte er wie ein Angehöriger der Moskauer *Intelligenzjia*. Ihm gegenüber saßen Oberst Barynin und Verteidigungsminister Schalajew. Aus ihrer Zusammenkunft brauchten sie kein Geheimnis zu machen. Barynins Reputation stand nicht mehr in Frage. Tschebrakin selbst hatte ihn mit der kommissarischen Leitung der Ersten KGB-Hauptverwaltung beauftragt.

Auf dem schweren Couchtisch standen Porzellantassen mit Tee, dazwischen, neben einer silbernen Teekanne, mehr oder weniger leere Wodkagläser. Jeder von ihnen hatte sich in dieser Nacht schon mehr als hundert Gramm genehmigt. Die ständige Anspannung forderte ihren Preis. Myschko besaß noch den klarsten Kopf von allen.

Trotz der bisherigen Pannen schien die Kremlführung

nicht zu ahnen, wer der Kopf der *Organisazija* war. Sie waren es: Schalajew, Myschko, Barynin und Wolotkin. Keiner kannte die Geschichte der *Organisazija* besser als diese vier Männer. Die *Organisazija* war eine Gegenreaktion auf Gorbatschows *Perestroika*. Sie glich keinem altstalinistischen Kampfbund, sondern war ein ausgefeiltes Instrument der sowjetischen Nomenklatura, das sich in einem natürlichen Prozeß entwickelt hatte. Wenige im Westen waren sich bewußt, was die Fortsetzung des gegenwärtigen politischen Kurses bedeutete. Die Posten von mehr als zwei Millionen Parteifunktionären, Betriebsleitern und Direktoren standen auf dem Spiel. Hunderttausende Offiziere aus KGB, Militär und Miliz blieben dabei ungezählt, sie wurden versetzt oder pensioniert. Allein diese Masse reichte aus, um eine eigene Sowjetrepublik zu bevölkern. Jedes Mitglied der *Organisazija* war aufrichtig davon überzeugt, daß die *Perestroika* an den Grundpfeilern der Oktoberrevolution rüttelte. Und Verteidigungsminister Schalajews Variante eines »europäischen Hauses« sah eher die Okkupierung der nahöstlichen Erdölfelder vor als den Abschluß knebelnder Abrüstungsverträge mit den »Imperialisten«.

Begonnen hatte es vor zwei Jahren in Usbekistan. Granows Bluthunde aus der Sonderstaatsanwaltschaft hatten selbst vor Breschnews Schwiegersohn nicht haltgemacht. In den mittleren Kadern rumorte es. Doch zum organisierten Widerstand fehlte ihnen anfänglich der führende Kopf. Er fand sich schließlich im usbekischen KP-Vorsitzenden persönlich. Dimitrij Wolotkin geriet wegen seiner konserativen Politik zunehmend unter Beschuß der Moskauer Parteiführung. Binnen weniger Monate jedoch entstand ein ausgedehntes Netz der *Organisazija* in allen Bereichen der öffentlichen Verwaltung, den Agrar-und Industriebetrieben, der Partei und den Militärs der Usbekischen Sowjetrepublik. Die *Organisazija* bestritt ihre Unkosten durch illegale Schiebereien und durch Steuerung des Schwarzmarkts.

Schon bald ermittelte Generalmajor Myschko im Auftrag der Moskauer KGB-Führung gegen die Verwaltung in Taschkent. Er brauchte weniger als achtundvierzig Stunden, um die honorige Parteielite Usbekistans zu überführen. Wolotkin rechnete bereits mit seiner Festnahme, als ihm Myschko zu seiner großen Verblüffung ein interessantes Angebot unterbreitete. Die Ermittlungen in Taschkent würden eingestellt, wenn die *Organisazija* bereit war, sich einem Moskauer Kommando zu unterwerfen.

Myschko verfügte über visionäre Fähigkeiten. In der usbekischen *Organisazija* fand er das Ponton, nach dem er seit Beginn der Ära Gorbatschow suchte. Er träumte davon, mit der usbekischen *Organisazija* und seinen eigenen Verbindungen in sämtlichen Sowjetrepubliken einen riesigen Apparat aufzubauen, der die staatlichen Organe und den Wirtschaftshandel unterwanderte, bis sie genügend Macht besaßen, um zum Gegenschlag auszuholen. Es war, so glaubte er, nur eine Frage des Managements. Und das beherrschte der Generalmajor. Um so selbstverständlicher übernahm Myschko die Führung der *Organisazija*. Schon bald bildeten sich *Organisazija*-Zellen in der Tadschikischen SSR, in Kasachstan und von dort aus weiter, in Sibirien, Georgien, in den baltischen Staaten bis nach Moskau.

Inzwischen verfügte die *Organisazija* über die uneingeschränkte Macht im Schwarzhandel von der Beringstraße bis nach Brest und von Murmansk bis nach Taschkent. Über die Südgrenzen der UdSSR und das »imperialistische Schlupfloch« Westberlin beteiligten sie sich am internationalen Waffen-und Drogenhandel. Die Transportministerien fast aller Einzelrepubliken waren unterwandert oder korrumpiert. Konsumgüter und Ersatzteile versickerten aus dem staatlichen Handel in dunkle Kanäle. Die *Organisazija* begriff schnell, daß sich Politik machen ließ, indem man vierzig Tonnen Zucker unter freiem Himmel stehen ließ, anstatt ihn in die Geschäfte zu bringen.

Die *Organisazija* stand mittlerweile unter der Führung von Marschall Gennadij Petrowitsch Schalajew, dem Verteidigungsminister der UdSSR und dem letzten Mann der alten Garde im Politbüro neben Klimenko. Arkadij Myschko war zu intelligent, um sich selbst als *Natschalnik* zu bewerben und seiner eigenen Eitelkeit zum Opfer zu fallen. Mit Schalajew verband Myschko eine langjährige Freundschaft. Gemeinsam hatten sie das Szenario entwikkelt: Putsch, vorübergehende Amtszeit Klimenkos als Generalny, um dann Zug um Zug endgültig die Macht zu übernehmen; Schalajew als Generalsekretär der KPdSU, während man Klimenko auf den Stuhl des Staatspräsidenten abschieben wollte. Myschko sollte den Vorsitz des KGB übernehmen, Barynin in die Erste Hauptverwaltung, und Wolotkin sollte aus Usbekistan ins Moskauer Politbüro aufsteigen. Myschko erklärte dem aufgebrachten Barynin, warum es erst jetzt zum Tod von Generalmajor Chmys gekommen war. »Zugegeben«, fuhr er fort, »die Verspätung brachte uns in Schwierigkeiten. Aber«, dabei sah er Barynin zuversichtlich an, »Anatolij Dimitrijewitsch sitzt jetzt da, wo wir ihn haben wollten – auf dem Sessel des Genossen Chmys!«

»Vierzehn Tage zu spät!« schimpfte Schalajew. Er war von wuchtiger, kräftiger Statur. Der zweiundsiebzigjährige Verteidigungsminister diente seit seinem sechzehnten Lebensjahr in der Armee. Das schlug sich auch in seinem militärischen Tonfall nieder: »Du beschränkst dich auf diplomatische Phrasen, Arkadij Leonowitsch! Unsere Planung gerät durcheinander. Erst war es Aladko, dann Uljanow, jetzt Chmys. Zu viele Pannen in zu kurzer Zeit. Denkst du, ich begehe mit meinem Offiziersstab freiwillig Selbstmord?«

Die Gefahr eines Rückziehers von Schalajew nach den

vielen Monaten der Vorbereitung setzte Myschko unter Druck. Ohne die Unterstützung des Verteidigungsministers und seiner Armee-Einheiten in der Umgebung Moskaus würde ihr Unternehmen platzen wie die Galle eines Rinds auf der Schlachtbank. Nichts würde übrigbleiben außer ungenießbarer Bitternis. »Was willst du damit sagen?« fragte Myschko, um Souveränität bemüht, und blickte Schalajew herausfordernd an.

Der alte Marschall lehnte sich zurück und verschränkte die Arme. Ohne seine vertraute Uniform mit den roten Reversklappen wirkte er selbst auf Myschko und Barynin fremd. »Ja, zum Teufel! Wir sollten die Operation abbrechen und auf einen späteren Zeitpunkt verlegen, Arkadij!« sagte er mit Entschiedenheit. Jetzt war es heraus. Der Verteidigungsminister blickte fragend zu Oberst Barynin herüber. Der reagierte nicht, sondern suchte in seiner Hosentasche nach Zigaretten.

Myschko schwieg. Seine Augen wanderten durch das Wohnzimmer und streiften die Bücherwand. Eine Maßarbeit aus kubanischer Eiche. Hochglanzausgaben von Marx, Lenin, Engels, daneben offiziell anerkannte Autoren – und meterweise Ausgaben westlicher Verlage. Myschko las gern und viel wie die meisten Russen. Doch im Gegensatz zur Allgemeinbevölkerung scheiterte die Leselust des Spitzenkaders nicht am üblichen Papiermangel oder der staatlichen Zensur. Nein, sein privilegiertes Leben, seine Position und seine Zukunft stellte er nicht freiwillig zur Disposition. Er mußte Schalajew bei der Stange halten. Gedankenversunken klopfte er mit dem Zeigefinger gegen seine Vorderzähne. Für einige Sekunden blieb es still in dem ausgedehnten Raum. Das Holz im Kamin knackte, Reste des Pflanzensaftes zischelten, und manchmal sprang ein Funke gegen das Drahtnetz des schmiedeeisernen Schutzgitters. Myschkos Erwiderung fiel anders aus, als Schalajew erwartet hatte.

»Mein lieber Gennadij Petrowitsch«, bemerkte Myschko sachlich und griff zu seiner Teetasse, »dafür ist es seit dem sechsten Januar zu spät ...«

»*Da!* Weil dieser Anfänger von Aladko seine Unterlagen mit sich herumgetragen hat!« rief Schalajew dazwischen.

»Warum er den Koffer mit nach Moskau brachte, konnten wir bisher nicht herausfinden«, ergänzte Myschko geduldig, »aber Aladkos zuständiger *Starschij* war sein eigener Sekretär, Valentin Ruditschew. Die Sicherheitsmaßnahmen der *Organisazija* haben sich bewährt. Wir sorgten dafür, daß sich Ruditschew wenige Stunden nach seiner Verhaftung in seiner Zelle erhängte. Alle Spuren enden bei ihm.« Er sah prüfend in die Gesichter seiner Besucher und fuhr fort: »Und wer von uns hatte erwartet, daß man uns in den kleinen Krisenstab holen würde? Du sitzt in der Kommandozentrale der Gegenseite, Gennadij! Was willst du mehr?«

»Das Risiko ist groß !« beharrte Schalajew starrköpfig.

»Ich glaube, du hast die Zeichen der Zeit nicht erkannt«, konterte Myschko scharf. Seine Nervenkraft ließ allmählich nach. Er beugte sich vor, stellte die Tasse zurück und stützte sich mit den Ellenbogen auf die Knie. Versöhnlicher sagte er: »Ich stimme mit dir überein, daß die Phase eins unserer Planung durch Aladkos Tod gestört worden ist. Doch bisher ist keiner von uns in Schwierigkeiten geraten. Wir füttern Granows Staatsanwälte und die Offiziere meiner KGB-Verwaltung mit Spielmaterial bis zum Erbrechen. Wir gewinnen Zeit. Doch es kostet uns ein Vermögen. Bekdemirs Selbstmord und die eingeleiteten Maßnahmen in Duschanbe belasten die *Organisazija* circa mit zwanzig Millionen Rubeln. Das können wir ein paar Tage durchhalten, aber nicht wochen- oder monatelang. Außerdem sind die Manipulationen im Rechenzentrum des KGB nicht wasserdicht. In der kurzen Zeit mußten unsere Fachleute improvisieren. Mit Hilfe *Organisazija*-unabhängiger Spezialisten ist es nur eine Frage der Zeit, bis sie den Tausch der Daten bemerken. Verstehst du, Gennadij? Es gibt keinen Weg zurück. Wir befinden uns in einem Wettlauf mit Gorbatschows Leuten. Wir müssen schneller, besser und geschickter sein!«

Schalajew grummelte. »Was wird mit diesem Uljanow? Glaubst du, die US-Imperialisten schauen tatenlos zu, wenn sie erfahren, was hier vor sich geht?«

»*Stoj*, Genossen!« rief Oberst Barynin und beteiligte sich erstmals ihrem Streit. »Aus dem kapitalistischen Ausland habe ich interessante Informationen mitgebracht!«

Myschko und Schalajew verfolgten abwartend, wie Barynin einen kleinen Stapel Unterlagen aus seiner ledernen Aktentasche packte und auf dem Wohnzimmertisch ausbreitete.

»Das erhielt ich vor einer halben Stunde aus der Abteilung Einzelanalysen.« Der Oberst hielt ihnen große Farbabzüge hin, Vergrößerungen aus Standbildern der Videoaufnahme mit Uljanows Interview. »Unsere Leute haben schnell gearbeitet. Hier im Bild seht ihr Raumteiler …« Barynin zeigte mit dem Finger auf den rechten und linken Rand der Aufnahme. »Sie stammen nicht aus US-amerikanischer Produktion. Dieser Raumteiler gehört zu einem Büro-System, das in der BRD hergestellt wird!«

Schalajew zog die Augenbrauen hoch. »Woher weißt du das, Genosse?«

Der Oberst schmunzelte. »Tja, darin sind wir dem GRU überlegen. Das KGB besitzt ganze Stockwerke voller Kataloge und technischer Beschreibungen westlicher Geräte und Einrichtungen. Die Verwaltung Technische Operationen entwickelt danach ihre eigenen Ausrüstungen für den Einsatz im kapitalistischen Ausland.«

»Saubere Arbeit!« stellte Myschko zufrieden fest.

Barynin hatte seine Standhaftigkeit schon mehrfach unter Beweis gestellt. Er war es, der dem ahnungslosen Sergej

Aladko die Flasche vergifteten Rotweins für Generalmajor Myschko mitgegeben hatte. Barynin hatte sogar einen kühlen Kopf bewahrt, als ihn Granow verhaftete. Kaum auf freiem Fuß, arbeitete er wieder bis zur Erschöpfung für die *Organisazija*.

»Willst du damit sagen, Uljanow befindet sich gar nicht in den USA?« fragte Schalajew skeptisch.

»*Minutschko*!« erwiderte Barynin. Er legte das nächste Foto vor. »Für eine Sekunde war links unten im Bild eine Verteilersteckdose zu sehen.« Die Aufnahme war grobkörnig und schlierenhaft geraten, aber die Qualität genügte völlig ihrem Zweck. »Die Dose entspricht nicht der US-Norm!«

Marschall Schalajew verschluckte sich fast an seinem Tee. »Ist Uljanow noch in der BRD?«

»Diese Norm hier«, erklärte Barynin den beiden weiter, »wird in verschiedenen Ländern benutzt. Mit Sicherheit nicht in der Bundesrepublik. Aber in Israel.«

»Der Mossad?« Myschko konnte es kaum glauben.

Barynin legte das nächste Dokument vor. »Aus der Nachrichten-Verwaltung wissen wir von regen Funkkontakten der westlichen Botschaften in Washington zu ihren Regierungen. Im Zusammenhang mit der Uljanow-Affäre herrscht unter den NATO-Staaten äußerste Konfusion ... Sehr interessant ist auch die Depesche von Oliver Kerby, einem hohen Secret-Service-Beamten. Die Nachricht war an Lord Colbourne vom britischen Außenministerium gerichtet und stammte vom RAF-Stützpunkt in Akrotiri auf Zypern. Vor wenigen Tagen ist es unseren Kryptographen gelungen, den aktuellen Code der Nachrichtenverbindungen zu den britischen Militärbasen zu brechen. Demnach hielt sich der ehemalige SAS-Offizier David Lynn in Akrotiri auf und war auf der Durchreise von Israel nach London. Er scheint es eilig zu haben. Der Rest in Zypern war reine Routine.«

Verteidigungsminister Schalajew blickte Barynin und Myschko verständnislos an.

»David Lynn hat im *Special Air Service* über Jahre mit Boris Stepanowitsch zusammengearbeitet!« ergänzte Myschko.

Schalajews Laune wurde noch übler, als sie ohnehin schon war. »Das bedeutet, daß der Westen von dem geplanten Machtwechsel weiß.«

Myschko sah in die Runde. Seine Hand umfaßte sein Kinn, während er nachdachte. Schließlich klatschte er sich mit den Händen auf die Oberschenkel. »*Nitschewo*!« sagte er: »Die zahlreichen Analysen der Ersten Hauptverwaltung belegen eindeutig, daß sich der Westen aus einer innersowjetischen Regierungskrise heraushalten wird. Schon aufgrund ihrer Strukturen sind die imperialistischen Regierungen nicht dazu fähig, kurzfristig zu reagieren. Nur Uljanow kann uns gefährlich werden. Ich vermute, daß er auf dem Weg nach Moskau ist. Anatolij hat bereits alle notwendigen Schritte eingeleitet.«

Barynin nickte. Die Fahndung nach Uljanow und der Aladkowa lief auf Hochtouren. Alle Verbindungsleute der *Organisazija* in den Grenztruppen des KGB, in den Milizstationen und den regionalen Polizei- und KGB-Behörden waren instruiert worden. Sobald Boris Stepanowitsch in die Hände der Sicherheitsorgane geriet, würde er von »ihren« Beamten der Fünften Hauptverwaltung übernommen werden – und mit eingeschlagenem Schädel in einem Straßengraben enden.

»Wie willst du diesen Mann bis Freitag früh finden?« bemerkte Schalajew an Myschko gewandt.

»Ganz einfach«, antwortete er, »Uljanow muß sich – was immer er im Schilde führt – mit dem internen Krisenstab, oder zumindest seinen persönlichen Vertrauten abstimmen. Und dazu muß er nach Moskau kommen. Die Witwe Scherstnews wird von uns überwacht, ebenso Granow und der Generalny. Sollte er auf die Idee kommen, in seiner eigenen Wohnung unterzutauchen, erwartet ihn ein Sprengsatz der Technischen Verwaltung an seinem Gasherd.«

Der alte Schalajew kratzte sich am Kopf. »Das klingt ganz vernünftig«, kommentierte er nickend.

»Wir stellen ihm noch ein Bein!« setzte Myschko jovial hinzu, selbst berauscht von seinem Einfall: »Offensichtlich ist die Aladkowa inzwischen auch in die Sache verwickelt. Offiziell gilt sie als Vaterlandsverräterin. Sie hat eine zwölfjährige Tochter in Moskau. Und vermutlich wird sie den Genossen Uljanow begleiten.«

Niemals hätte der Generalmajor zugegeben, daß er die Aladkowa seit Jahren begehrte. Auf einem Geburtstagsempfang von Generalmajor Chmys hatten sie sich kennengelernt. Verena war damals besuchsweise in Moskau, um der Ersten Hauptverwaltung Bericht über ihre »Ergebnisse« zu erstatten und um Tatjana zu sehen. Myschko tauchte damals und während ihrer späteren Visiten immer mal wieder unangemeldet vor Verenas Datscha auf. Er wußte, daß Sergej Aladko darauf bestand, seine Frau aus der *Organisazija* herauszuhalten. Und Aladkos Bedeutung in ihrer Planung war so wichtig, daß man sich besser nicht mit ihm anlegte. Aber Verena erregte den fünfundvierzigjährigen Generalmajor wie keine Frau vor ihr. Sie verhielt sich Myschko gegenüber freundlich, kochte Kaffee, wenn er sie und ihre Tochter besuchte und Schokolade mitbrachte. Doch auf seine Annäherungsversuche reagierte sie stets abweisend und kühl. Vielleicht war es gerade das, was ihn an Verena reizte. Jetzt stand sie auf der anderen Seite. Die aparte Russin wurde für ihn das Sahnehäubchen auf dem bevorstehenden Sieg.

»Ihre Tochter besucht das Moskauer Parteiinternat *Rotes Banner*«, fuhr Myschko mit kalter Stimme fort. »Wir sorgen dafür, daß Tatjana Sergejena aus ›Sicherheitsgründen‹ an einen anderen, unbekannten Ort gebracht wird. Ich kenne die Aladkowa! Sie wird Uljanow in den Ohren liegen oder uns in die Arme laufen.« Myschko nahm den nächsten Schluck aus der Teetasse und befeuchtete seine trockene Zunge.

»Bleiben die Schwierigkeiten mit diesem Engländer!« resümierte der Marschall. Er wollte nicht unbedingt den Miesmacher spielen, aber bevor er sein Leben riskierte, wollte er Arkadij Leonowitsch lieber sorgfältig auf den Zahn fühlen.

»*Danjet!*« widersprach Myschko. »Wir wissen, wo sich Lynn in London aufhalten wird. Anatolij kümmert sich darum … Aber bitte mit einer fähigeren Brigade als in München!«

Barynin zuckte mit den Achseln. »Die Genossen in München sind von der Lage überrascht worden …«

»*Nitschewo!*« Myschko schnitt ihm das Wort ab. »Damit wären wir wieder am Ausgangspunkt unserer Planung: Für Freitag empfehle ich die Einbeziehung der Variante zwei, Genossen!«

»Du riskierst viel, Arkadij!« stellte der Verteidigungsminister fest, obwohl ihn der KGB-Offizier mit seiner Entschlossenheit und Tatkraft überzeugte, »Wenn der Zeitplan durcheinandergerät, explodiert die Maschine mitten in der Luft.«

Myschko hob in einer Geste der Gottergebenheit die Handflächen nach oben. »So ist es, Gennadij. Die gebratenen Hühner fliegen einem nicht von selbst ins Maul!«

Lachend winkte Schalajew ab. »Arkadij und seine lange Zunge!«

11. JANUAR, TÜRKISCH-SOWJETISCHE GRENZE, 3.30 UHR:

Der Chef des 34. US-Geschwaders in Hakkâri hatte auf Wunsch der Israelis ebenfalls eine Vertol CH-47D des Marinekorps beschaffen lassen. Sie flogen in einem kleinen Team. Im Cockpit saßen zwei Piloten der US-Marines, hinter ihnen dirigierte sie der israelische Navigationsoffizier durch das unübersichtliche Grenzgebirge. Im Frachtraum prüften Verena, Boris und der Ausbilder die Ausrüstung vor dem Absprung ein letztes Mal. Chaim Koszak begleitete sie vor allem, um sich selbst zu beruhigen. Er wollte getan haben, was in seiner Macht stand. Schweigend sah er dem russischen Paar zu. Nur von Zeit zu Zeit tauschten sie einen Satz in ihrer Landessprache aus. Der Lärm der Boeing-Triebwerke lud nicht zum Gespräch ein.

Die Wetterlage war denkbar schlecht: −16°C in zehntausend Fuß Flughöhe, leichter Südostwind, am Boden niedriger Taupunkt, Nebel, keinerlei Thermik.

Die Maschine war seit eineinhalb Stunden in der Luft. Die Amerikaner hatten von vornherein ausgeschlossen, derart kurzfristig in der türkischen Militärführung Unterstützung zu finden. Darum schmierte die CIA einen General aus dem Oberkommando der türkischen Luftwaffe mit reichlich »Bakschisch«. Das war illegal, dafür aber einfacher und schneller. Aus diesem Grund hatte die zweirotorige Chinook auch erst hundertachtzig Meilen Kurs Nordwest fliegen müssen, bevor sie Richtung Osten die türkische Gebirgsstadt Kars ansteuerte. Die Besatzung sah dreizehnhundert Meter unter sich nur wenige Lichter brennen, sofern sie unter dem Bodennebel überhaupt zu erkennen waren. Die Triebwerke des Helikopters drehten auf Höchstleistung. Die Maschine mußte ihre maximale Flughöhe erreichen. Angegeben waren 10.500 Fuß. Die Nadel im Höhenmesser zitterte schon. Aus Sicherheitsgründen mußte die amerikanische Chinook drei Meilen von der sowjetischen Grenze Abstand halten. Das bedeutete auch, daß Verena und Boris mit ihrem Drachen bei einer Absprunghöhe von 3800 Metern drei Kilometer Strecke zurücklegen mußten, um dann das achtzehnhundert Meter hoch gelegene und gut gesicherte Grenzgebiet zu überfliegen. Bei der miserablen Thermik würde der geringste Pilotenfehler den Einsatz zum Scheitern bringen.

Im Moment überflogen sie Akyaka Richtung Norden. Parallel im Osten verlief die Grenze. Durch die Kanzel sahen sie rechts die breit ausgebauten Sicherungsanlagen der sowjetischen Grenztruppen auf den zerklüfteten Gebirgsrücken. Major Douglas, der Helikopter-Pilot, griff zum Bordmikro. »Fünf Minuten zum Absprung! Vier Minuten bis zum *ramp down*!«

Der *Kazlit*-Drachen war in die Seilschlitten an der Kabinendecke eingeklinkt. Boris und Verena stiegen in ihre Thermoanzüge und schickten sich an, in die Schlafsackgurte des Gestells zu klettern. Lediglich der Klappspaten war am Bügel angeschnallt. Alles weitere Gepäck trugen sie an ihren Körpern. Chaim Koszak kam auf Boris zu. Er öffnete den Plastikreißverschluß seiner Pilotenjacke, faßte in die Innentasche und reichte dem Russen eine Spielkarte. »Stecken Sie das ein, und bewahren Sie es gut auf!« brüllte er gegen das Getöse an.

Boris musterte das Stück Hochglanzpappe. Er wußte, woher es stammte. Aus der sowjetischen Ausgabe eines Monopoly-Spiels. Seit einigen Monaten war das Kapitalisten-Spiel auch in der UdSSR zugelassen. Boris drehte die Karte um und las den Text, der darauf stand:

»Gemeinschaftskarte: Du kommst aus dem Gefängnis frei!. Diese Karte muß behalten werden, bis sie gebraucht oder verkauft wird.«

Boris sah den Mossad-Offizier mit gerunzelter Stirn an. »Soll das ein Scherz sein, Chaim?«

Koszak schüttelte den Kopf. »Generalmajor Chmys gab sie unserem *Memunen* beim letzten Treffen in Budapest – für den Notfall, wie Chmys sagte. Wir haben das Ding Quadratmillimeter für Quadratmillimeter abgesucht. Kein Mikropunkt, nichts. Aber steck sie ein. Schaden kann es nichts!«

Verena ließ sich vom Ausbilder die letzten Wettermeldungen durchgeben. Dann reichte ihr der israelische Armee-Offizier den Helm.

»Jetzt kannst du noch zurück, Verena!« schrie Boris auf englisch, »Chaim wird sein Versprechen einhalten. Ich komme auch allein runter!«

Ihre Antwort war ein einziger russischer Redeschwall. Chaim verstand nur wenige Fetzen, begriff aber, daß Verena wie eine Furie über Boris herfiel. Dieser widersprach nicht mehr, sondern stülpte sich den Helm über den Kopf. Bevor er die Handschuhe überzog, streckte ihm Koszak die Hand entgegen.

»Ich hätte Sie gerne besser kennengelernt, Boris Stepanowitsch! Vielleicht ein anderes Mal?« Er machte eine kleine Pause, und fast feierlich fügte er hinzu: »*Shalom*!«

Boris schüttelte Koszaks Hand und legte dann zwei Finger an die Stirn. »*Druschba*!« rief er grinsend und klappte das Visier herunter.

Das Rotlicht an der Heckluke brannte. Jaulend klappte die Hydraulik die Torwand nach unten weg. Major Douglas kannte jede Schraube an seinem »Baby«. Längst schlugen die Stall-Anzeigen in der Instrumententafel Alarm. Douglas und sein Copilot vollbrachten eine wahre Meisterleistung. Der Helikopter ließ sich mit geöffneter Heckluke in dieser Höhe nicht lange stabil halten. Für den Absprung blieb wenig Zeit. Major Douglas hatte sein Helmmikrophon auf Bordfunk umgestellt. »Zehn Sekunden bis zum Absprung … Ich zähle: zehn, neun, acht …«

Boris und Verena hingen fest angezurrt in dem Drachengestell, die Finger um den Bügel gekrallt. Die Rampe würde jeden Moment ihre Arretierung erreichen. Der Ausbilder stellte sich hinter den Drachen. Über den Lautsprecher dröhnte die Stimme des Piloten. »Zero!« Das Licht sprang auf Grün. Gleichzeitig stemmte sich der Israeli von hinten gegen das Drachengestell. Die Seilschlitten rollten in ihren Schienen ans Heck und klinkten sich aus.

Freier Fall. Verena drückte ihr Kreuz durch, um den Anstellwinkel des Drachen anzuheben. Im Bruchteil einer Sekunde zischten die Druckluft-Patronen. Ein heftiges Ziehen der Gurte an den Schultern. Die Segel des *Kazlit*-Drachens hatten sich geöffnet.

Irgendwo hinter ihnen ging die Chinook in den Sturzflug über. Douglas fing die Maschine 2000 Fuß tiefer souverän wieder auf. Koszak und der israelische Ausbildungsoffizier hingen in der leeren Frachtkabine an ihren Sicherungsleinen wie Fische an der Angel.

Verena zog den Bügel an. Der Drachen wurde wegen der fehlenden Thermik zu schnell. Sie hatte den Drachen bereits nach Osten gedreht. Vor ihnen lag eine kleines Tal. Am Boden reflektierten die Halogenscheinwerfer der türkischen und sowjetischen Grenzschutzstationen im glitzernden Schnee, große weiße Flecke, die sich wie Tupfen an einer imaginären Linie in der grauen Nachtlandschaft aneinanderreihten.

»Alles in Ordnung?« rief Verena.

»Da, da!« antwortete Boris knapp und nickte. Durch die Helmvisiere konnten sie sich akustisch kaum verständigen. Sie steuerten genau auf den Stützpunkt des 4. Grenzschutzkommandos im Bezirk Leninakan zu. Sie mußten das Lager der KGB-Truppen in einer Höhe von fünfhundert Metern überfliegen, wenn sie Pech hatten, sogar noch tiefer. Dahinter lag das Tal, das nach Amasija in der Armenischen SSR führte.

In diesen Minuten des stillen Gleitfluges, die bewaffneten Milizeinheiten vor Augen, überschlugen sich Boris' Gedanken. Angst überkam ihn. Er fragte sich, ob er nicht wahnsinnig war, mit einem zerschnittenen Oberarm und einer flüchtigen Industriespionin illegal die Grenze in die UdSSR zu überqueren, während die Fernsehstationen in den USA und der westlichen Welt seine Haßtiraden auf die sowjetische Regierung veröffentlichten? Wäre es vernünftiger, abzudrehen und sich zum nächsten amerikanischen Militärstützpunkt durchzuschlagen und politisches Asyl zu beantragen? War es nicht angenehmer, sich in einem sonnigen Bungalow in Virginia von höflichen CIA-Beamten befragen zu lassen, anstatt hier Kopf und Kragen zu riskieren? Hatte er tatsächlich die Chance, das Rad der Geschichte in eine andere Richtung zu drehen? Und was war das für eine Frau neben ihm, die sich mit ihrer Entschlossenheit über jegliche Gefahren und Ängste hinwegsetzte? Boris glaubte, ihm quelle der Kopf über. Er spürte, wie Verena ihre Hand vom Bügel auf die seine legte. Für den kurzen Moment, in dem sie sich ansahen, konnten sie nur ihre Visiere erkennen. Verena mußte den Drachen austarieren. Permanent kontrollierte sie den Gleitflug auf dem McReady-Ring ihres Variometers.

Boris brach der Schweiß aus. Der Stützpunkt der KGB-Truppen lag auf einer kleinen Anhöhe im Tal des Grenzgebiets, zwischen den steilen Felsenwänden im Norden und Süden. Sie streiften tiefliegende Wolkenfetzen, die langsam nach Osten zogen. Tief unter ihnen bellten Hunde. Aus ihrer Perspektive sahen die KGB-Milizionäre mit ihren Taschenlampen wie krabbelnde Insekten aus, die Truppentransporter glichen Spielzeugautos.

Wegen der Erdbebenkatastrophe standen die Truppen an der armenisch-türkischen Grenze unter erhöhter Bereitschaft. Die Regierung in Jerewan befürchtete, daß Kälte und Hunger Teile der Bevölkerung zum illegalen Grenzübertritt provozierten. Die Patrouillen waren verstärkt und zusätzliche Truppen einer russischen Einheit an die Grenze verlegt worden. Dort unten wimmelte es von Soldaten.

Sie überflogen den gerodeten Grenzstreifen, Stahlgitterzäune, Alarmanlagen. Boris hörte in seinem Trommelfell den eigenen Herzschlag pulsieren. Verena blickte geradeaus. Das Radar der sowjetischen Luftüberwachung konnte sie in dieser niedrigen Flughöhe zwischen den dichten Gebirgsketten nicht erfassen. Zehn Kilometer weiter nordöstlich lag Amasija, die Hälfte der Strecke würden sie mit dem Drachen schaffen. Danach befanden sie sich allerdings noch immer im Grenzgebiet. Unten jaulten die Motoren von LKWs, deren Reifen im Schnee durchdrehten. Sogar das Quietschen der stählernen Rolltore von den Fahrzeughallen drang zu ihnen nach oben, als sie in fünfhundertfünfzig Metern Höhe lautlos über den Stützpunkt hinwegglitten.

Auch hinter der Grenze entdeckten sie in regelmäßigen Abständen die Schweinwerfer der Milizfahrzeuge. Boris' Angstzustände ließen nach. Vor ihnen erstreckte sich ein verschneites, stilles Tal, das sich nach Norden öffnete. Am Horizont waren Lichter von Amasija zu sehen, zwei oder drei Lampen nur. Der Ort lag an der Paßstraße zum fünfundzwanzig Kilometer entfernten Leninakan.

Leichter Wind stand ihnen im Rücken. Die Sinkgeschwindigkeit nahm zu, der Boden kam kontinuierlich näher. Verena peilte mit den Augen den Fixpunkt: ein leichter Hang in hundert Metern Entfernung. Sie drückte den Gleiter nach unten. Kurz vor dem Aufsetzen schrie Verena: »Aufrichten und mit den Beinen raus!«

Die Landung gelang auf den Punkt genau. Auf dem feuchten Schnee gerieten sie ins Stolpern. Verena kletterte aus dem Kokon und half Boris beim Aussteigen. Beide nahmen die Helme ab. Boris hielt den Drachen, während Verena ihren Thermoanzug und die Springerstiefel ablegte.

Darunter trug sie ärmliche sowjetische Konfektionsware und einen für die Witterung viel zu dünnen Mantel. Wenigstens warme Unterwäsche und Handschuhe hatten ihnen die Requisiteure des Mossad genehmigt. Um den Kopf band sie sich ein Wolltuch. Die ausgetretenen Winterstiefel knöpfte sie von ihrem Gürtel und schlüpfte hinein. Noch immer fiel kein Wort zwischen den beiden. Bis auf das Knirschen ihrer Schuhe im Schnee und dem leichten Flattern der Segel in den Windböen war es ruhig. Nach Verena zog sich jetzt Boris um. Seine Kleidung glich der von Verena in Qualität und Stil. Die betagten sowjetischen Armeestiefel trug er schon seit Har Gerafon. Aus der Brusttasche seiner wattierten Winterjacke holte er eine abgetragene Schapka hervor und setzte sie auf. Beide hatten perfekt gefälschte sowjetische Reisepapiere bei sich. Pässe und Reisegenehmigungen für das Ehepaar Jurij und Irina Korolew aus Moskau. Sie befanden sich auf Verwandtenbesuch in Armenien und hatten durch das Erdbeben ihre Familie verloren.

Verena wußte nichts von dem sowjetischen 38er Armee-Revolver in Boris' Hosenbund und den fünftausend Rubeln in seinem Brustbeutel.

Gemeinsam bauten sie den Drachen auseinander. Anschließend hob Verena mit dem Klappspaten eine längliche Grube in dem tiefen Schnee aus. Bis zur Frühjahrsschmelze hatte sich ihre Zukunft ohnehin entschieden. Boris half ihr mit seinem linken unverletzen Arm so gut er konnte. Innerhalb einer Viertelstunde war die gesamte Ausrüstung unter dem harschigen Gebirgsschnee verschwunden. Zum ersten Mal seit der Landung sahen sie sich an. Jetzt fing Verena an zu zittern. Die unterdrückte Anspannung stieg in ihr hoch. Boris stapfte zu ihr durch den Schnee und nahm sie in den Arm. Sie weinte, das Gesicht in seinem Mantelkragen vergraben.

»Wir sind wahnsinnig, Boris«, stammelte sie, »wahnsinnig! Warum haben wir uns bloß darauf eingelassen?«

Boris nahm ihren Kopf zwischen seine Hände, obwohl ihm dabei der rechte Arm schmerzte, und zwang sie, ihm ins Gesicht zu sehen. »Beruhige dich, Verena«, sagte er, »es wird schon gutgehen!« Er lächelte und drückte ihr einen Kuß auf die Wange. »Wir haben noch einen weiten Weg vor uns«, stellte er dann nüchtern fest und holte sie wieder in die Realität zurück.

»Bis nach Amasija etwa fünf Kilometer!« stellte Verena fest und wischte sich die Tränen aus dem Gesicht. »Ein paar hundert Meter weiter nördlich verläuft eine Verbindungsstraße vom Vierten Grenzschutzkommando in die Stadt. Ihre Fahrzeuge werden wir rechtzeitig hören. Du gehst vorwärts, ich rückwärts. In dem tiefen Schnee fallen die unterschiedlichen Abdrücke nicht auf!«

Der Ex-Kommandeur der *Sektion Budjonny* war beeindruckt. Verena hatte ihre Lektion im Navigationsraum der israelischen Bunkeranlage gelernt. Er sah auf seine Uhr. Vier Uhr zehn.

11. JANUAR, TASCHKENT (USBEKISCHE SSR), 6.10 UHR:

Nastasja rutschte mit den Beinen aus dem Bett und setzte sich auf die Kante. Nervös fingerte sie nach der Schachtel Camel-Filter aus dem Berioska-Kontingent und steckte sich eine Zigarette an. Normalerweise genoß die fünfunddreißigjährige Ex-Ballerina diesen Augenblick. Ihre festen Brüste wippten, als sie sich wieder in das Kissen zurücklegte und den Rauch der Zigarette mit spitzem Mund in die Luft blies. Duran war neben ihr eingeschlafen. Die dritte Runde hatte ihn endgültig erschöpft. Daß sie, Nastasja Wolotkinowa, Ehefrau des ehrenwerten Vorsitzenden der Usbekischen KP, mit Oberst Duran Kayar, dessen rechter Hand, Stunden um Stunden im Bett verbrachte, während Dimitrij in der Parteizentrale ahnungslos die Nacht durcharbeitete, befriedigte sie zutiefst. Abgesehen davon war der moslemische Offizier ein ausgezeichneter Liebhaber.

Heute abend hatte sich Kayar in der Parteizentrale nur dadurch loseisen können, daß er Dimitrij Anatolewitsch etwas von Magenkrämpfen vorgejammert hatte.

Als die Affäre mit Nastasja begann, bedachte Kayar nicht, daß ihn Wolotkins Ehefrau damit in der Hand haben würde. Nur ein Wort an Dimitrij Anatolewitsch, und Kayar schwebte in Lebensgefahr. Ein in seinem Stolz verletzter Russe war unberechenbarer als ein angeschossener Wolf. Nastasja nutzte dies aus. Oberst Kayar wurde von ihr wie ein Zuchtbulle zur Wolotkinschen Feriendatscha zitiert, dreißig Kilometer außerhalb Taschkents in den Bergen. Gewöhnlich durfte er nach ein paar Stunden wieder gehen. Nastastja war der Inbegriff der rassigen weißhäutigen Schönheit. Dennoch haßte der Oberst diese »russische Hure«, die ihrem Mann in ihrer unverhohlenen Verachtung für ihn und seine moslemischen Glaubensbrüder in nichts nachstand. Vielleicht war es gerade diese Spannung, die Nastasja so erregte. Kein Mann hatte sie bisher so brutal und ausdauernd genommen wie der achtundvierzigjährige Duran.

Nastasja ging der Anruf Fatima Bekdemirs vom vergangenen Tag durch den Kopf. Dimitrij und den tadschikischen KGB-Chef Achmed Bekdemir verbanden zahlreiche private und berufliche Kontakte. Dabei hatte sich die Freundschaft zwischen den Ehefrauen von selbst ergeben. Auch die Eheprobleme Fatimas waren von ihr auf einer tadschikisch-usbekischen Regierungsleitung, zur Unterhaltung der mithörenden KGB-Beamten, ausführlich besprochen worden. Am letzten Vormittag hatten sie lange miteinander telefoniert. Fatima glich nicht gerade dem Ideal einer trauernden Witwe. Die Ehe war kaputt gewesen, und nun würde sie eine großzügige Rente beziehen. Die Selbstmordtheorie der Ermittlungsbehörden veranlaßte sie lediglich zu einem Kommentar in ihrem breiten akzentreichen Russisch: »Alles, liebe Nastasja, bin ich bereit zu glauben. Sie heben ja auch seinen ganzen Sumpf aus! Aber daß sich der alte Bock erschossen haben soll? Niemals! Schließlich war ich zwanzig Jahre mit dem Hasenfuß verheiratet. Allah sei mit ihm.«

Nastasja erinnerte sich an das hitzige Gespräch zwischen ihrem Mann Dimitrij Anatoljewitsch und Duran vor drei Tagen. Sie hatte sich noch in der Halle aufgehalten und eher zufällig die Wortfetzen aufgeschnappt. Der Name Achmed Bekdemir war dabei mehrfach gefallen. Vierundzwanzig Stunden später fand man ihn tot in seinem Haus.

»Duran!« sie rüttelte den Offizier am Schulterblatt. »Was war mit Bekdemir?«

»Hm?« Er döste weiter.

»Was war mit Bekdemir?« wiederholte Nastasja lauter und deutlich ungeduldiger.

Duran setzte sich auf und rieb sich das Gesicht. »Frag deinen Mann!« entgegnete er abweisend, während er mit seiner linken Hand über ihre Brüste strich und im Bruchteil einer Sekunde zupackte.

»Laß das!« sagte Nastasja gelangweilt und schlug seine Hand beiseite. »Ich habe nicht Dimitrij, sondern dich gefragt. Also, red schon!«

Der Usbeke fixierte sie mit einem zynischen Blick. »Du, ausgerechnet du, willst wissen, was mit Bekdemir passiert ist?« Duran lachte herablassend.

»Ja!« antwortete sie trotzig. Jeder schien sie für schön, aber für ebenso dumm zu halten.

Kayar beugte sich über Nastasja zum Nachttisch und nahm sich seinerseits eine Zigarette. »Warum eigentlich nicht?« stellte er fest, inhalierte einen Zug und begann zu erzählen: »Dein Mann, ich, Bekdemir, wir alle sind in illegale Geschäfte verwickelt – und in Schwierigkeiten.«

»Was soll das heißen?« fragte sie.

»Es existiert eine *Organisazija*, die den Machtwechsel in Moskau erzwingen will. Jedem von uns wurde ein Posten versprochen. Dein Mann soll ins Politbüro nach Moskau aufrücken. Ich werde seinen Posten als Parteichef übernehmen. Aber es gibt Probleme. Bekdemir war ein Bauernopfer, das uns zwanzig Millionen Rubel kostete, um die Moskauer Behörden zu beschäftigen. «

»Und womit beschäftigt sich die *Organisazija*?« unterbrach ihn Nastasja und faßte sich zwischen ihre feuchten Schenkel.

»Mit Schutzgeld-Erpressungen in den Betrieben und in der Landwirtschaft«, antwortete Kayar emotionslos, »mit Unterschlagungen bei Ernte, Produktion und Warentransport, mit der Kontrolle des Schwarzmarktes, mit Waffen- und Drogenhandel und so weiter und so weiter. Die alte Garde hat Gorbatschow auf dessen eigenem Schlachtfeld geschlagen. Die *Organisazija* kontrolliert die Schattenwirtschaft der Sowjetunion.«

Er machte eine Pause und setzte pathetisch hinzu: »Und am Freitag werden wir die Macht übernehmen.«

Die Frau nahm die Nachricht über den bevorstehenden Umsturz gelassen hin. Die sieben Jahrzehnte sowjetischer Geschichte waren voller Intrigen. »Ich will um halb acht zu Hause sein«, sagte sie und stand auf, um sich anzuziehen. Duran sah ihr schweigend zu, wie sie im Halblicht der Kerzen in ihre seidene Unterwäsche stieg.

Während Nastasja in ihrem Moskwitsch nach Hause fuhr, dachte sie über Durans Worte nach. Wieder in Moskau leben zu können, bedeutete die Erfüllung ihres größten Wunschtraums. Andererseits wußte sie, daß sie an der Seite Dimitrijs den Elfenbeinturm einer Funktionärsgattin auch in Moskau nicht verlassen konnte. Er benutzte sie zur puren Dekoration, stellte sie wie eine konversationsfähige Schaufensterpuppe in seine Empfänge. Daneben hatte sie für das Wohl seines Sohnes Georgij Dimitrijewitsch zu sorgen. Ab und zu, selten, gebrauchte er Nastasja zur Befriedigung seiner sexuellen Bedürfnisse. Sie litt unter diesen Zusammenkünften. Gewöhnlich schliefen sie getrennt. Langsam setzten sich die Einzelheiten von Durans Informationen in ihrem Kopf zu einem Bild zusammen. Bisher konnte sie nicht verstehen, warum die Baumwollernte-Ergebnisse in Dimitrijs Statistiken immer neue Rekorde auswiesen, während es in Moskau keine Pullover zu kaufen gab. Mit den Methoden der *Organisazija*, so begriff sie schnell, ließ sich der *Perestroika* regelrecht das Wasser abgraben. Nastasja freute sich aber, daß es sich wieder lohnte, sowjetische Zeitungen zu lesen. Sie selbst hatte die Reportagen in der *Iswestija* und dem *Orgonjok* über den mutigen Kampf des Sonderstaatsanwalts Granow gegen die Korruption verfolgt und vor Spannung den Atem angehalten, als der Jurist selbst vor der höchsten Parteiprominenz nicht haltmachte. Nastasja hatte sich daran gewöhnt, daß das Fernsehprogramm spannender und die Kinofilme wieder anspruchsvoller geworden waren. Als Mutter erleichterte es sie, daß der Krieg in Afghanistan zu Ende ging und der Frieden wieder sicherer wurde. Langsam keimte der Gedanke in ihr auf, wie sich ihr Leben nach einem erfolgreichen Putsch verändern würde. Der Rückkehr nach Moskau stünde nichts mehr im Wege, aber sie blieb in den Fängen ihres Mannes. Und in der Sowjetunion würde sich die alte Tristesse der Breschnew-Ära breitmachen. Schwieg sie für die nächsten Tage und scheiterte der Putsch, würde sie nach der gegenwärtigen Rechtsprechung zwar nicht im Zuchthaus landen wie Dimitrij. Aber sie würde allen Wohlstand verlieren, könnte nicht ans Bolschoi zurückkehren und müßte als Hilfsarbeiterin ihren Unterhalt verdienen. Die einzige Aussicht, sich in Moskau gemeinsam mit Georgij eine selbständige und würdige Existenz aufzubauen, bestand darin, sich den Moskauer Ermittlungsbehörden zu offenbaren, bevor es zu einem Putschversuch kam. Blieb die vierte Möglichkeit: Der Umsturz würde gelingen, nachdem sie Dimitrij denunziert hatte – und das würde sie das Leben kosten.

Nastasja lag keine Viertelstunde im Bett, als sie unten die Tür klappen hörte. Dimitrij kam nach Hause. Der Diener nahm ihm den Mantel ab. In der Küche bereitete die Haushälterin das Frühstück für Georgij vor. Um Viertel vor acht kam der Wagen von der Fahrbereitschaft und brachte ihn zur Schule. Nastasja zog sich ihren seidenen Morgenrock über und kam Dimitrij auf der Treppe entgegen. Ausgelaugt und müde sah er aus.

»Guten Morgen!« sagte sie mit sanfter Stimme und küßte den alten übergewichtigen Mann auf die Wange. »Du siehst schlecht aus, Dimitrij! Überarbeitest du dich auch nicht?«

Wolotkin nickte und drängelte sich an ihr vorbei. »Ich habe sehr viel zu tun, Schneeflöckchen. Jetzt will ich einige Stunden schlafen.«

»Dimitrij!« rief sie ihm ein bißchen zu schrill hinterher. »Ich habe mich entschlossen, Tante Marija in Moskau zu besuchen. Es steht nicht gut um ihre Gesundheit. Kannst du mir für heute nachmittag einen Flug besorgen?«

An sich waren solcherlei Blitzvisiten Nastasjas nichts ungewöhnliches. Es bedurfte nur eines Anrufes ihres Mannes, und der »Gattin« stand ein Erster-Klasse-Platz auf dem ganzen Streckennetz der Aeroflot zur Verfügung.

Wolotkin blieb stehen und drehte sich zu Nastasja um. »Du fährst nicht nach Moskau! Vor allem nicht in den nächsten Tagen!« befahl er. Im nächsten Augenblick verschwand er in der Tür seines Schlafzimmers.

»*Minutschko*!« rief sie und lief Dimitrij hinterher. »Warum kann ich nicht nach Moskau?«

»Keine Diskussion!« erwiderte er und warf die Tür ins Schloß, dicht vor ihrem Gesicht.

»Scheißkerl!« zischte sie. Ihr Haß gegen diesen fetten, machthungrigen Apparatschik, der ihre Lebenslust, ihre Interessen und ihre Neugierde unter Juwelen und Pelzen begrub, hatte neue Nahrung erhalten.

11. JANUAR, AMASIJA (ARMENISCHE SSR), 5.10 UHR:

Einen Kilometer von Amasija enfernt spürten Boris und Verena bereits erste Anzeichen von der Erdbebenkatastrophe. Die Silhouette einer Trümmerlandschaft zeichnet sich anders gegen den Nachthimmel ab als ein kleines armenisches Gebirgsstädtchen. Kurz vor der Stadt erreichten sie die asphaltierte Hauptstraße. Meterbreite Risse zogen sich quer über die Fahrbahn. Ein paar hundert Meter weiter stießen sie auf Hangverwerfungen über die ganze Straßenbreite. In Amasija stand kaum ein Stein auf dem anderen. Die Kleinbetriebe am Stadtrand existierten zum Teil nur noch als stählerne Skelette. Was das Beben verschont hatte, war vielfach von den anschließenden Bränden vernichtet worden. Die Häuser am Berg waren einfach in sich zusammengefallen. Der Gestank von Schwelbränden und verbranntem Plastik lag in der Luft. Die Bewohner, die überlebt und Amasija nicht verlassen hatten, campierten meistens in Zelten oder unter freiem Himmel, auf kleinen Plätzen, neben den Resten ihrer Häuser.

Die vereinzelten Lichter, die Boris und Verena während des Fluges bemerkt hatten, entpuppten sich als offene Feuer in löchrigen Blechfässern. Ausgemergelte Menschen, hungernd, mit leergeweinten Gesichtern, standen in Trauben um die Feuer und wärmten ihre durchgefrorenen Körper.

Betroffen liefen Boris und Verena durch das Städtchen, fassungslos über die Tragödie, die sich hier vor gut drei Wochen abgespielt hatte.

»So muß es im Vaterländischen Krieg gewesen sein«, flüsterte Verena.

»Mag sein«, murmelte Boris. Sein Kiefer blieb starr. Angesichts dieser Bilder erschien ihm der Putschversuch in Moskau als blanker Zynismus. Die Grausamkeit und die Geschichte der Sowjetunion sind Schwestern, dachte er, Schicksal ändert sich nicht.

Er und Verena hielten sich dicht an den Ruinen. Zahlreiche Miliz- und Armeestreifen patrouillierten durch die Gassen oder das, was davon übriggeblieben war. Es galt nächtliche Ausgangssperre. Dabei handelte es sich eher um ein Bewegungsverbot. Häuser, die man verlassen konnte, gab es kaum noch. Auf Plünderer wurde geschossen.

Zwischen den Ziegelhaufen zweier neuer und dennoch zusammengestürzter Mehrfamilienhäuser begegnete ihnen ein greiser Mann. In gebeugter Haltung, mit einem Bündel auf dem Rücken, kam er auf sie zu. Sein Blick blieb auf den Boden gerichtet. Fast wäre er an ihnen vorbeigeschlurft.

»He, Väterchen! Wann fährt hier wieder ein Bus nach Leninakan?« fragte Boris und sah in das faltige Gesicht des Alten.

Der Mann kicherte, seine Zahnlücken wurden sichtbar. »Du fragst nach einem Auto, das euch nach Leninakan bringt?« Der Alte räusperte sich, schüttelte den Kopf und bemerkte: »Du mußt verrückt geworden sein, *Towarischtsch*!« Er wandte sich einfach ab und verschwand in der finsteren Trümmerlandschaft.

Eine Viertelstunde später erreichten sie den Stadtkern. Auf dem Leninplatz hatte das Französische Rote Kreuz ein Zeltlager aufgebaut. Auch hier Fässer mit offenen Feuer. In der Umgebung herrschte ein Lärm, bei dem kaum jemand schlafen konnte. Ein paar Meter weiter, unter dem Licht mobiler Halogenscheinwerfer, zertrümmerte die Stahlkugel eines schweren Baggers das baufällige Gebäude der

Stadtverwaltung. Räumgerät war knapp und mußte Tag und Nacht ausgelastet werden.

Boris stellte sich mit Verena zwischen die Arbeiter eines Räumtrupps vor eine der Feuertonnen. Die Männer musterten die beiden wortlos und rieben sich langsam die Hände über der Glut. Zu viele Tote hatten sie in den letzten Wochen geborgen, zuviel Blutlachen, Kinderspielzeug und Familienfotos unter den Bauschutt planiert, als daß sie sich noch für fremde Gesichter interessierten. Zu viele waren vorbeigekommen. Zu viele hatten nach dem Weg gefragt. Zu viele hatten um Hilfe gebeten. Aber schließlich reagierte einer der Arbeiter auf Boris' durchdringenden Blick. »S'hier verdammt gefährlich, sich nachts auf der Straße herumzutreiben, *Towarischtsch*!«

»Wir suchen unsere Verwandten!« antwortete Boris.

Der Arbeiter zuckte mit den Schultern, ohne eine Miene zu verziehen. »Hier in Amasija machen das die Franzosen. Da drüben!« erklärte er, der einzige von ihnen, der überhaupt sprach.

»Wir müssen so schnell wie möglich nach Leninakan!« bohrte Boris weiter. Der Arbeiter reagierte mit teilnahmslosen Blicken. Schließlich rieb er unübersehbar Daumen und Zeigefinger seiner rechten Hand. Verena konnte nicht begreifen, woher der Zehn-Rubel-Schein so schnell in Boris Hand kam, den er dem Arbeiter zusteckte. Nichts geschah. Der zweite Geldschein wechselte seinen Besitzer.

»Vorne findet ihr Konstantin, den Brigadeführer!« sagte der Arbeiter zufrieden und zeigte auf den gelben Bagger auf der anderen Seite des Zeltlagers.

Zwischen der wachsenden Baulücke der ehemaligen Stadtverwaltung und den Radladern, die den Schutt von den Hauptstraßen auf Lastwagen luden, lief ein untersetzter Mann auf und ab, der lautstark die Arbeiten dirigierte. Mit dem grauen Bauhelm auf dem Kopf und den durch die jahrzehntelange Arbeit gestählten Schultern entsprach er dem Idealmodell der sozialistisch-realistischen Malerei.

Boris ging auf ihn zu und faßte ihn am Arm. »Bist du Konstantin?«

Der Mann drehte sich um. »Was willst du?«

»Man sagt, du kannst uns nach Leninakan bringen!« antwortete Boris.

»Wohin?«

»Zum Militärflughafen!«

Konstantin begutachtete mit einer unverschämten Offenheit den Fremden und seine Frau. Verenas Schönheit ließ sich auch durch die schäbige Kleidung nicht kaschieren. Der Brigadeführer schüttelte den Kopf und wandte sich wieder Boris zu. »Das kannst du nicht bezahlen, *Towarischtsch*! Vierzig Kilometer zu Fuß. Morgen mittag seid ihr da.«

»Wieviel?« fragte Boris.

»Zweihundertfünfzig. Hundert für mich, fünfzig für den Fahrer, fünfzig für den Kollegen, der die Schicht allein fahren muß, und fünfzig für den Sprit!«

Das entsprach mehr als einem durchschnittlichen Arbeiterlohn. Verena explodierte. »Du hast dir wohl das Hirn aus dem Schädel gesoffen, Kollege?« schimpfte sie.

Boris sparte sich alle Verhandlungen. Er griff in den Ausschnitt seiner wattierten Jacke, und im nächsten Moment hatte er die passenden Geldscheine in der Hand. »Die Hundert für dich!« stellte er fest und drückte dem *Starschij* den Hundert-Rubel-Schein in die Hand.

»Und die fünfzig für den Kollegen!« bemerkte Konstantin gelassen, steckte die Banknote in die Tasche seines Arbeitsanzugs und hielt Boris wieder die Hand hin.

Verena mußte zur Seite schauen, um ihren Ärger zu bremsen. Solche »Elemente« gehörten wirklich in den GULag. Nachdem Boris und Konstantin die Formalitäten geregelt hatten, sprach der Brigadeführer auf armenisch mit dem LKW-Fahrer. Weder Boris noch Verena konnten sie verstehen. Der Fahrer kletterte aus dem Führerhaus und warf, gemeinsam mit Konstantin, vier lange Holzbohlen von einem Bretterstapel auf die Ladefläche des alten Schuttlasters.

»*Dawai*!« rief der Fahrer den beiden zu. Schon auf dem Weg zum Führerhaus kassierte er bei Boris seine fünfzig Rubel.

Der Laster rumpelte über die aufgebrochenen Straßen Amasijas. Auf der Ladefläche tanzten die Holzbohlen. Die Lager der Kardanwelle mahlten lautstark, als würden sie jeden Moment bersten. An manchen Stellen mußte der LKW Umwege nehmen, weil die Straßen noch nicht freigeräumt waren. Der Fahrer fing von selbst an zu erzählen: »Die meisten sind gegangen. Die Kinder wurden evakuiert. Es fehlt an allem, an Nahrung, Kraftstoff, Heizmaterial, Zelten, Medikamenten und Verbandsstoffen. Das einzige, was uns erreicht, kommt aus der Luft, aus Moskau oder Westeuropa. Die Aserbaidschaner blockieren immer wieder die Bahn- und Straßenverbindungen!« Er stieß auf. »Die Westdeutschen wollen in Leninakan innerhalb von vier Wochen eine Poliklinik bauen!« Seinem Ton zufolge, erschien ihm dies als pure Hochstapelei.

Am Ortsrand hielten sie vor einer ehemaligen Tankstelle. Der Fahrer forderte von Boris den letzten Fünfzig-Rubel-Schein und tauschte ihn bei dem Verwalter gegen einen vollen Zwanzig-Liter-Kanister aus. Der Blechkanister wanderte hinter den Fahrersitz. Diesel war hier Gold wert.

Unterwegs begriffen Boris und Verena schnell, wofür sie die Holzplanken benötigten. An zahlreichen Stellen klafften tiefe Gräben in der Straßen. Da Boris mit seinem verletzten Arm nichts tragen konnte, legten Verena und der Fahrer die Bohlen aus. Boris steuerte den LKW über die provisorischen Brücken. Nach eineinhalb Stunden Fahrt erreichten sie die Stadtgrenze Leninakans. Im Augenschein dieser toten Stadt verstummte selbst der geschwätzige Fahrer. Im Zentrum gerieten sie in eine Straßenkontrolle. Der Fahrer log das Blaue vom Himmel herunter: Sie seien zum Luftwaffenstützpunkt unterwegs, um einen Dieselmotor für die 23. Baubrigade in Amasija abzuholen. Auf die 23. Baubrigade war auch die Ausnahmegenehmigung von der Ausgangssperre ausgestellt, die links an der Windschutzscheibe klebte. Sie konnten passieren.

Um sieben Uhr wurden Boris und Verena von dem alten Schuttlaster zehn Kilometer östlich von Leninakan, an einem Nebentor des Luftwaffenstützpunkts abgesetzt. Im Osten setzte bereits die Dämmerung ein. Der Wachbrigadier der KGB-Grenztruppen beobachtete mißtrauisch, wie das Paar aus dem LKW kletterte. Hier am Militärflughafen war es zu tumultartigen Zwischenfällen mit der Bevölkerung gekommen. Seitdem wurden KGB-Grenztruppen zur Sicherung des Geländes eingesetzt.

»Entschuldige, Genosse Wachbrigadier«, sprach Verena den jungen Soldaten an und stellte sich vor, »Irina Korolewskaja und Jurij Korolew aus Nowosibirsk. Wir müssen dringend Oberst Jurij Andrejewitsch Litwak sprechen!«

Der Wachsoldat baute sich vor ihnen auf. »Um sieben Uhr?« bemerkte er mürrisch. »Papiere!«

Verena und Boris reichten ihm die Reisepässe. Oberst Litwak, der Kommandeur des hiesigen 26. Transportgeschwaders, war zur Zeit einer der gefragtesten Männer in Leninakan. In den ersten Tagen waren Hunderte gekommen, die ihn angeblich kannten und hofften, mit seiner Hilfe die Stadt verlassen zu können.

»Sie kommen aus Moskau, Bürgerin Korolewskaja?« bemerkte der junge Soldat und tippte mit dem Finger in Verenas Paß.

»Wir haben mit Oberst Litwak in Nowosibirsk zusammengearbeitet!« sagte sie eindringlich.

Der Wachbrigadier runzelte die Stirn. Die Schirmmütze rutschte ihm ins Gesicht. Mit einer Kopfbewegung winkte der Junge seinen Kameraden heran, damit er die beiden im Auge behielt, während er selbst mit den Pässen in der Wachstube verschwand.

Der achtundzwanzigjährige Unteroffizier Fedor Wassiljew tat seit vierzehn Tagen Dienst im 14. Wachregiment am Leninakaner Militärflughafen. Er war frisch vom Lehrgang zurück. Die Worte seiner Ausbilder klangen ihm noch in den Ohren. An diesem Morgen machte er seine vierte Schicht als wachhabender Unteroffizier. Wassiljew achtete aufmerksam darauf, seinen Dienst makellos zu verrichten, während ältere Kameraden im Lauf der Jahre nachlässiger geworden waren. Vor einer Stunde, beim Appell zum Schichtwechsel, war wie überall in der Sowjetunion, den Offizieren und Unteroffizieren der KGB-Grenztruppen die Fahndung nach Boris Uljanow und Verena Aladkowa bekanntgegeben und Steckbriefe verteilt worden. Myschkos KGB-Verwaltung Sonderermittlungen hatte sie in einer einzigartigen Blitzaktion drucken lassen. In der Kompanie Wassiljews löste der Steckbrief allgemeine Erheiterung aus. Daß der Bandleader der *Vasewdtschiki*, Boris Uljanow, zu den Amerikanern übergelaufen war, hatte sich längst von Moskau bis in die Leninakaner Unterkünfte der jungen KGB-Soldaten herumgesprochen. Daß Gerücht war ebenso sensationell wie die Nachricht, Paul McCartney sei nach China ausgewandert, um dort das Parteimusikkorps zu leiten.

Der junge KGB-Soldat betrat die Wachstube, klopfte sich den Schnee von den Stiefeln und machte Wassiljew ordnungsgemäß Meldung. Schließlich legte er die Pässe auf den Schreibtisch. »Die Bürger Irina Korolewskaja und Jurij Korolew aus Moskau wollen den Genossen Oberst Litwak sprechen«, erklärte er und fuhr sich mit dem Handrücken an seiner laufenden Nase entlang.

Der Geschwaderkommandeur hatte sich auf dem Feldbett seines Büros für zwei Stunden hingelegt. Dienstlich wurde er so oft verlangt, daß man das sogar hier draußen am Tor IV wußte.

Wassiljew klappte die Reisedokumente auseinander. Nur beiläufig streifte sein Blick über die Paßfotos und blieb daran hängen. Erschrocken suchte er nach dem Fahndungsaufruf unter dem Tresen. »Das gibt's nicht!« rief er. »Schau dir das an, Valentin Michailowitsch!«

Der junge Wachsoldat kam um den Tisch herum und starrte prüfend auf die Fotos. »Das sind die!« stellte nun auch er ungläubig fest. Von einer Sekunde auf die andere war ihr Handeln von internationaler Bedeutung. Ihre Aufregung konnten sie kaum unterdrücken.

»Also, Genosse, du holst die beiden herein! Wenn sie vor dem Tresen stehen, werde ich ihnen mitteilen, daß sie in Gewahrsam genommen sind. Du bleibst mit Schpagin an der Tür. Ihr werdet die beiden entwaffnen!« Wassiljew flüsterte, obwohl dazu kein Grund bestand.

Valentin Michailowitsch ging an das Tor zurück. »Kommt bitte herein, Bürger!« rief er Boris und Verena zu. Sein Ton klang auffallend freundlich: »Oberst Litwak wird benachrichtigt!«

Verena sah Boris triumphierend an. »Na, bitte!«

Sie gingen voraus, der Wachsoldat und sein Kamerad folgten ihnen bis zum Eingang der kleinen Wachstube. Wassiljew stand mit zugeknöpfter Jacke hinter dem Tresen, beinah hätte er Haltung angenommen. Der Kanonenofen bullerte. An den rußigen Wänden hingen die Porträts von Schalajew und Gorbatschow, auf der anderen Seite die Geschwader-Fahne. Verena und Boris sahen den Unteroffizier erwartungsvoll an.

»Bürgerin Verena Alexandrowna Aladkowa und Bürger Boris Stepanowitsch Uljanow, Sie sind von den Sicherheitsorganen der sechsten Kompanie der KGB-Grenztruppen in Leninakan zur Klärung eines Sachverhalts vorläufig in Gewahrsam genommen. Beugen Sie sich nach vorne, mit den

Händen auf den Tresen, Beine gespreizt!« kommandierte Wassiljew. Er hatte alles nach Vorschrift gesagt. Hinter den beiden klickten die Sicherungshebel der Schnellfeuergewehre in den Händen der Wachsoldaten.

Was dann geschah, ging so schnell vor sich, daß Verena nicht mehr folgen konnte: Boris trat mit ausgestrecktem Bein gegen Verenas Brustkorb, daß sie quer durch die Wachstube flog. Gleichzeitig hielt Boris die Armeepistole in der Hand, gab im Fallen zwei Schüsse auf die Soldaten ab, drehte über das Schulterblatt und feuerte auf Wassiljew. Dreimal hatte Boris abgedrückt. Die beiden Soldaten lagen an der Tür, beide mit einem Loch zwischen den Augen. Wassiljew lebte. Aus seiner offenen Schädelwunde suppte Blut und Hirnmasse. »*Potschjemu*?« sagte er flüsternd. »Warum?«

Boris rang nach Luft und kam auf die Beine. »Scheiße!« schrie er. Der Alptraum hielt an. Verena rappelte sich auf der anderen Seite der Wachstube hoch. Er hatte sie aus der Schußlinie geschleudert. Noch immer verstand sie nicht, wollte schreien, aber konnte es nicht. Entsetzt starrte sie Uljanow an, fassungslos über sein Massaker. Boris sprang hinter den Schreibtisch, steckte die Pässe ein und stieß dabei auf den Steckbrief. Er reagierte nicht mehr überlegt. »Hier!« schrie er und hielt Verena den Fahndungsaufruf hin. Er durchsuchte das Telefonverzeichnis nach Litwaks Büro. »Ich habe einen Freund in Leninakan«, äffte er Verena nach, »Oberst Litwak. Er wird uns nach Moskau bringen!« Wütend wählte er die Nummer von Litwaks Apparat. Nach mehrfachem Läuten wurde abgenommen. Litwak meldete sich mürrisch. Er war in seinem Büro. Boris knallte den Hörer wieder auf die Gabel und starrte Verena wütend an. »*Bullshit*, kannst du mir dann das erklären?« fragte er und zeigte auf das Papier in ihren Händen. Sie schüttelte den Kopf, konnte die Augen kaum offenhalten, weil sie beim Anblick der Leichen von Weinkrämpfen geschüttelt wurde. Wassiljews Kopf fiel mit starrem Blick zur Seite.

»Zimmer 304 im Hauptgebäude!« las Boris emotionslos aus dem Register vor und stellte selbst zwei Besucherausweise aus. Er zog die Leichen von der Tür weg und faßte Verena an der Hand. Aber sie blieb wie angewurzelt stehen. Boris schlug sie ins Gesicht, nun schon zum zweiten Mal in der kurzen Zeit, in der sie sich kannten. »Reiß dich zusammen, verdammt noch mal! Du wolltest mitkommen!« zischte er und zerrte sie ins Freie. Während sie den Vorplatz zum Verwaltungsgebäude des Geschwaderstützpunktes überquerten, steckte Boris die Armeepistole wieder in seinen Hosenbund. Verena stolperte hinterher. Boris hielt sie fest am Oberarm.

»Dein Oberst Litwak ist hoffentlich ein sehr guter Freund!« keuchte er, »sonst sind wir komplett angeschissen!«

Mit den rosa Besucherausweisen am Revers wurden sie auf den Fluren und im Treppenhaus von niemandem aufgehalten. Sie betraten Litwaks Büro ohne anzuklopfen. Jurij Andrejewitsch fuhr erschrocken aus dem Bett hoch. »Hä ... zum Teufel«, murmelte er, bis er Verena erkannte. »Verena Alexandrowna! Was machen Sie denn hier?«

Boris entging es nicht, daß Litwak erschrak. Verena schob Boris in das Arbeitszimmer des Geschwaderkommandeurs und schloß die Tür. »Jurij Andrejewitsch, wir sind in großen Schwierigkeiten ...«

»Das würde ich auch sagen!« unterbrach der Oberst und kletterte aus seinem Feldbett. Hastig knöpfte er seine Hose zu und streifte die Hosenträger über seine Schultern. »Du und ...«, er sah Boris an und fuhr fort, »dieser Uljanow. Ihr seid in der gesamten UdSSR zur Fahndung ausgeschrieben. Jede Milizstation und jede KGB-Dienststelle kennt eure Personenbeschreibung. Was habt ihr angestellt?«

»Jurij«, antwortete Verena flehend, »wir müssen auf

dem schnellsten Wege nach Moskau. Ich kann dir das jetzt nicht erklären. Die sowjetische Regierung steht vor großen nationalen und internationalen Schwierigkeiten. Wir müssen einen Vertreter der *Natschalstwo* sprechen! Beschaff uns zwei Plätze in der nächsten Flug-Maschine!«

Der Oberst zog seine Uniformjacke über und setzte sich. Mit der Hand bot er den beiden Platz an. Seine Gestik verriet, daß sie auf verlorenem Posten standen.

»Hören Sie, Oberst«, mischte sich Boris ein und zog sich die Mütze vom Kopf, »was ich Ihnen jetzt sage, ist für keine anderen Ohren bestimmt. Am Freitag will man in Moskau putschen. Unter Umständen können wir das verhindern, jedoch nur, wenn wir Gelegenheit haben, mit dem Generalny oder Sonderstaatsanwalt Granow zu sprechen, bevor wir in die Hände von regierungsfeindlichen Kräften innerhalb des KGBs geraten!«

Jurij Andrejewitsch hörte Boris' Worte skeptisch an. Er kannte Verena als eine freundliche, verehrenswerte Frau aus seiner Zeit als leitender Transportoffizier in der Wissenschaftler-Kolonie bei Nowosibirsk. Aber ihre Geschichte klang absurd.

Die Sirenen auf dem Geschwadergelände heulten auf. Halogenscheinwerfer an den Zäunen tauchten die dämmrige Umgebung in gleißendes Licht. Sekunden später klingelte Litwaks Telefon. Der Oberst lauschte dem Bericht des aufgeregten Leutnants. Gleichzeitig behielt er Boris im Auge. Seine Dienstwaffe lag keine zwanzig Zentimeter von seiner rechten Hand entfernt in der Schublade.

Boris und Litwak starrten einander an. Jeder registrierte die kleinste Bewegung des anderen. Und jeder von ihnen wußte, daß er in akuter Lebensgefahr schwebte. Litwak antwortete in schnellen und klaren Befehlen. Als er den Hörer langsam zurücklegte, ließ er die Hand auf der Gabel liegen.

Drei Tote. Boris war lange genug Offizier in Anti-Terror-

Einheiten gewesen, um sich ausrechnen zu können, daß er und Verena keine Chance mehr besaßen, den Luftwaffenstützpunkt auf freiem Fuß zu verlassen. »Ich erklärte es bereits«, sagte er, »wir dürfen auf keinen Fall in die Hände der Sicherheitsorgane geraten. Die Wachen hatten uns erkannt!« Dabei faßte er behutsam unter seine Jacke, zog den Revolver heraus und legte ihn, mit der Hand am Lauf, auf Litwaks Schreibtisch. Der Oberst nahm die Waffe in die Hand und atmete auf. Fast gleichzeitig stürmte Litwaks Adjutant aus dem Nachbarbüro ins Zimmer, um Meldung zu machen. Eine Sekunde früher, und er wäre ein toter Mann gewesen. Als er Litwak mit der Pistole in der Hand sah und die beiden auf der anderen Seite, blieb er sprachlos stehen. »Smirnow, blasen Sie sofort die Suchaktion ab und lassen Sie beide Bürotüren von Milizposten besetzen. Keiner betritt diesen Raum, ohne daß ich es telefonisch ausdrücklich genehmige!« kommandierte der Oberst.

Der Leutnant schlug die Hacken zusammen und verließ leichenblaß das Arbeitszimmer.

»Sie sind wahnsinnig, Uljanow!« zischte Litwak. Er nahm Boris' Pistole in die linke Hand, um seine eigene aus dem Schreibtisch zu holen.

»Das ist er nicht, Jurij Andrejewitsch!« protestierte Verena. Litwak richtete schnell die Waffe jetzt auch auf sie: »Ruhe! Ich erteile Sprechverbot! Ich möchte nichts hören!« Der Oberst befand sich nahe der Hysterie. Zitternd legte er Boris' Waffe aus der Hand und nahm den Telefonhörer ab.

»Das war's dann ja wohl mit der *Perestroika*!« stellte Boris sarkastisch fest.

»Von den Jungs, die Sie da unten erschossen haben, ist eine ganze Kompanie voll Kameraden auf dem Gelände. Sie sollten froh sein, wenn ich dafür sorge, daß Sie hier lebend herauskommen!« Oberst Litwak ließ sich eine sichere Leitung zum armenischen KGB-Chef, Brigadegeneral

Jakow Jakuljewitsch Kedrow, im neunzig Kilometer entfernten Jerewan schalten.

In der armenischen KGB-Zentrale ließ sich der Betrieb nur improvisiert aufrechterhalten. Das Verwaltungsgebäude der Grenztruppen war zerstört. Im Archiv war die Decke heruntergekommen, und das Dach der Hauptverwaltung war seitlich eingeknickt. In den Büros mußten die Genossen dichter zusammenrücken. Tonnen staubiger Akten und Kartons wurden von Angestellten durch die Flure bewegt, zwischen Möbeln und Abstützbalken des maroden Gebäudes hindurch. Brigadegeneral Kedrow war der Mann, der den Laden am Laufen hielt. Der dreiundfünfzigjährige KGB-Chef in der armenischen Sowjetrepublik hatte nichts von einer spektakulären Erscheinung. Er glich mehr einem Beamten, schlank, mit Halbglatze, einer unvorteilhaften Brille auf der Nase und den langweiligen grauen Anzügen, die er zu tragen pflegte. Seine Stimme klang ruhig, fast sanft, anders, als man es von einem KGB *Natschalnik* erwartete. Der Brigadegeneral war ein bescheidener Mensch, der seine Karriere als KGB-Offizier nie verbissen vorangetrieben hatte. Eine Folge von Zufällen hatte ihn auf den Chefsessel des armenischen KGB gebracht. Keiner seiner Kollegen war sich mehr der Tatsache bewußt, daß sie auf einem Pulverfaß saßen, dessen Lunte sich jederzeit neu entzünden konnte. Der armenisch-aserbaidschanische Konflikt um die autonome Region Bergkarabach nahm immer bürgerkriegsähnlichere Formen an. Kedrows Aufgabe erinnerte an die Bedienung eines Sicherheitsventils; manchmal ließ er in Abstimmung mit der armenischen Regierung Massendemonstrationen zu, damit sich die Volksseele entladen konnte. Heizten sich die Auseinandersetzungen, vor allem an der Grenze, zu sehr auf, schickte er seine Sondereinheiten auf die Straße. Ganz gleich, wie sich die KP- und Regierungsmitglieder in den beiden Staaten gegenseitig mit verbalen Angriffen überschütteten, Kedrow wußte, daß er sich auf die Unterstützung der Kremlführung und der KGB-Hauptverwaltung in Moskau verlassen konnte. Seine Behörde war das letzte Bollwerk gegen den Bürgerkrieg, zog aggressive Aktivisten aus dem Verkehr und hob illegale Waffenlager aus. Ein Regierungswechsel in Moskau, dessen war der armenische KGB-Chef gewiß, würde in der Armenischen Sowjetrepublik ein Inferno nach sich ziehen. Kedrow war auf den Generalny und seine liberale Regierung genauso angewiesen wie sie auf ihn.

Jakow Jakuljewitsch Kedrow betrat gerade das Büro, als Oberst Litwaks Anruf ankam. Der Geschwader-Kommandeur bat um Hilfe. Kedrow wußte seit der letzten Nacht von der Großfahndung und hatte versucht, den KGB-Vorsitzenden, den Genossen Viktor Wassiljewitsch Tschebrakin in Moskau zu erreichen. Seit Jahren waren die Sicherheitsorgane der UdSSR nicht mehr zu einer Jagd von solchen Dimensionen aufgerufen worden. Gleichzeitig machte das Gerücht von Uljanows Flucht in die Vereinigten Staaten die Runde. Für viele Sondereinheiten der KGB-Milizen war der Ex-Major kein Unbekannter. In den Mannschaften unterschied man die, die zum Uljanow-Club gehörten, und jene, die nicht an einem Training in dem berüchtigten sibirischen Ausbildungslager teilgenommen hatten. Brigadegeneral Kedrow wollte von Tschebrakin wissen, was es mit dieser Sache auf sich hatte, aber er hatte den KGB-Vorsitzenden nicht erreichen können.

Kedrow wollte aus purer Vorsicht zuerst allein mit Uljanow und dieser Aladkowa sprechen. Uljanow paßte nicht so recht ins Bild des Staatsfeindes.

Kurz darauf startete in Jerewan ein MiL-Mi-8-Helikopter zum Luftwaffenstützpunkt nach Leninakan, mit der sechsköpfigen KGB-Sondereinheit an Bord.

Boris leistete bei der Festnahme durch die Anti-Terror-Brigade keinen Widerstand. Die Männer wirkten verunsichert, als sie ihren ehemaligen Ausbilder vor sich sahen. Das Reden mit den »Zugeführten« war ihnen vom leitenden Einsatz-Offizier verboten worden. Unter großen Sicherheitsvorkehrungen brachten man Boris und Verena zum wartenden Helikopter. Litwak und seinem Adjutanten Smirnow war das Kunststück gelungen, die Festnahme und den Abtransport des Todesschützen von Tor IV auf der Luftwaffenbasis geheimzuhalten.

11. JANUAR, KÖLN, 7.00 UHR:

Peter Dachs, Kommissar bei der Kölner Schutzpolizei, begann gerade seine Schicht als Leiter des Schutzbereichs I. Die Wache befand sich direkt im Polizeipräsidium am Waidmarkt. Wie jeden Morgen hatte sich Dachs von seinem Kollegen in der Übergabebesprechung von allen Fahndungen und Ereignissen der vergangenen Nacht berichten lassen. Anschließend sah er sich die Liste der Personen an, die im Laufe der Nacht in Polizeigewahrsam genommen worden waren. Suffköpfe wurden, nachdem sie vierzig Mark Übernachtungsgeld und gegebenenfalls die Reinigungskosten ihrer Zelle bezahlt hatten, in der Regel gegen sieben Uhr wieder auf die Straße gesetzt. In dieser Nacht waren es drei. Dachs ging die Zeilen durch: Benke – Trunkenheit und Ruhestörung, Maybach – Volltrunkenheit am Steuer, Schmidt – Trunkenheit und Körperverletzung. Maybach. Der Wachleiter las den Namen abermals und erinnerte sich an die Fahndung, über die ihn sein Kollege drei Minuten zuvor informiert hatte.

»Sind die jeck?« rief der Polizist entsetzt. Sofort griff er zum Telefonhörer und benachrichtigte die Kollegen vom Dezernat II für Kapitalverbrechen, die ein paar Etagen höher mit der Fahndung nach dem Journalisten beschäftigt waren. Ein paar Minuten darauf telexte das Polizeipräsidium in Köln eine Blitznachricht an die Sicherungsgruppe Bonn zu Händen von Oberkommissar Kramer.

Maybach wurde geweckt. Kaum war er in der Senkrechten, mußte er sich übergeben. Kripo-Beamte brachten ihn nach oben. Der Journalist sah krank aus. Nachdem er den ersten Kaffee bekommen hatte, legte mit seiner Entführungsgeschichte durch die CIA von neuem los. Die aufgehende Sonne schien direkt durch die Glasfront des Büros. Das Licht brannte Maybach in den Augen. Gebannt hörten ihm drei Kölner Kriminalbeamte zu. Die Vernehmung dauerte nicht lange. Der Dezernatsleiter pfiff seine Leute aus dem Büro zurück. Maybach ließ man eine halbe Stunde allein. Dann tauchte Kramer von der Sicherungsgruppe Bonn auf. Der Journalist kannte ihn aus der unangenehmen Begegnung vom Vortag im Kölner dpa-Büro.

»Ach, Scheiße – Sie schon wieder?« stöhnte Maybach, als er den Hauptkommissar mit einem Umschlag unterm Arm durch die Tür kommen sah.

»Guten Morgen, Maybach!« rief Kramer laut. »Na, Sie machen ja auch Sachen!« Er warf seinen Mantel lässig über die Lehne eines freien Stuhls und betrachtete grinsend Maybachs zerknautschte Erscheinung. »Na, und die Birne dröhnt, was?« Kramer lachte.

»Sie wissen genau, was passiert ist!« schrie Maybach aufgebracht. Im selben Moment glaubte er, der Schädel müsse ihm platzen.

»Die Amis oder Russen?« fragte Kramer ungerührt.

»Die CIA!« schnaubte Maybach.

Kramer klopfte ihm auf die Schulter. »Gestern abend um zehn gab das Weiße Haus in einer Pressekonferenz zu, daß Uljanow zu ihnen übergelaufen ist.«

»Das gibt's nicht!« Maybach war fassungslos.

»Doch!« antwortete Kramer. »Wissen Sie was, Maybach? Sie vergessen das ganze Affentheater. Ihre Geschäftsleitung vergißt diesen unangenehmen Zwischenfall von gestern. Und wir vergessen Ihre Trunkenheit am Steuer von letzter Nacht!« Er schüttete den Umschlag auf der plastikbeschichteten Tischplatte aus und schob Maybach dessen Brieftasche, Papiere, Führerschein, Geldbörse und Schlüssel mit dem Ellbogen zu.

Maybach starrte den Polizeibeamten an. »Sie faschistisches Arschloch! Für wen halten Sie mich eigentlich?«

»Passen Sie auf, Maybach!« erwiderte Kramer drohend, »sonst kriegen Sie noch mal eins auf's Maul!«

»Vergessen Sie unsere Vereinbarungen, Kramer! Und wenn ich mir die Finger wundschreibe, ich schicke Sie und Ihre Kollegen reihenweise in Pension!«

Der Hauptkommissar zog sich seinen Mantel über und warf Maybach einen mitleidigen Blick zu. »Ach, Maybach, du kennst doch das große Spiel!« Mit diesen Worten ließ er den Journalisten zurück.

Ein junger Kripobeamter begleitete Maybach zum Ausgang. Der dpa-Journalist war über das Verhalten der Polizeibehörden so aufgebracht, daß er vergaß, nach dem Mercedes zu fragen. Unvermittelt stand er im Kölner Morgenverkehr. Er suchte nach der erstbesten Telefonzelle und rief Dr. Wittlinger, den Direktor der Deutschen Presse Agentur, in dessen Privatwohnung an. Wittlinger wollte gerade das Haus verlassen, als ihn seine Haushälterin ans Telefon zurückholte. Der dpa-Chef wurde von einem Redeschwall des Redaktionsleiters überschüttet.

»Hören Sie zu«, unterbrach ihn Wittlinger ungeduldig, als habe er es eilig, »vergessen Sie die ganze Sache! Gestern gab es eine Menge Wirbel. Und Sie hatten den richtigen Riecher. Also, Schwamm drüber. Aber ich möchte nichts mehr davon hören. Schließlich gehören wir nicht zur Sensationspresse!«

Am anderen Ende der Leitung entstand eine Pause von mehreren Sekunden. Maybach packte das nackte Entsetzen, als er hören mußte, daß sich Wittlinger nicht einmal bemühte, eine andere Formulierung zu finden, als dieser Kramer von der Sicherungsgruppe Bonn. »Wissen Sie, Wittlinger, Sie sind eine personifizierte Bankrott-Erklärung des westdeutschen Journalismus ... Ich kündige! ... Ich kündige fristlos! ... Ich möchte mit Ihrem korrupten Saustall nichts mehr zu tun haben!« Maybach warf den Hörer in die Halterung des Münzfernsprechers. Der Rest eines Fünf-Mark-Stückes vertickerte im Nichts. Das Stechen in Maybachs Schläfen schmerzte schier unerträglich, blitzartige Stiche, die streckenweise sein Sichtfeld trübten. Mit halbgeschlossenen und angeschwollenen Augen warf er eine zweite Münze in den Schlitz. Die nächste Nummer, die er aus dem Kopf wählte, galt Bruno Lindner, einem Journalisten der *Spiegel*-Redaktion. Maybach und Lindner kannten sich seit Jahren und waren locker miteinander befreundet. Lindner hörte sich »Harrys Story« am Telefon an.

»Okay«, unterbrach ihn der *Spiegel*-Journalist nach einigen Minuten, »setz' dich, so wie du bist, in den nächsten Flieger und komm nach Hamburg ... Haste Kreditkarten, oder soll ich ein Ticket für dich hinterlegen lassen?«

Maybach spürte die Erleichterung. Mit der rechten Hand tastete er nach seiner Brieftasche. Seine Sachen hatten ihm die Gorillas wenigstens gelassen. »Nee, is in Ordnung«, antwortete er, »bis später!«

Zuletzt rief er Carla an. Ihre Stimme klang verheult und so, als habe sie die Nacht über nicht geschlafen. Maybach hielt sich kurz. Sie solle sofort zum Inlandschalter der Lufthansa am Köln-Bonner Flughafen kommen. Danach verließ er hastig die Zelle. Auf der Straße hielt er ein Taxi an und ließ sich zum Flughafen fahren. Der Gedanke an eine Handvoll Kopfschmerztabletten und einen First-Class-Sitz in der nächsten Maschine nach Hamburg verhinderte, daß er einfach zusammenbrach.

11. JANUAR, JEREWAN (ARMENISCHE SSR), 9.00 UHR:

Der Flug über die Trümmerlandschaft in das neunzig Kilometer entfernte Jerewan dauerte dreißig Minuten. Sie landeten im Innenhof der KGB-Verwaltung. In Leninakan hatte man Boris und Verena lediglich auf weitere Waffen durchsucht und ihnen dann Handschellen angelegt. Die beiden wurden über den Platz geführt. Der Weg ließ Boris nichts Gutes ahnen. Die Milizen brachten sie in den Keller des KGB-Gefängnisses, zwei Stockwerke unter der Erde. Die Wände waren feucht. In manchen Ecken der Flure standen Wasserpfützen auf dem Betonfußboden. Es roch nach Kerker. Verena wurde in die erste Vernehmungszelle geführt. Eine der KGB-Milizen wurde mit ihr eingeschlossen. In die Betondecke von Boris' Zelle war ein Vertiefung geschlagen, in der, hinter Gitterdraht gesichert, eine 100-Watt-Birne den Raum erleuchtete. Der Brigadier der Sondereinheit drückte Boris auf den Holzstuhl vor dem Vernehmungstisch. Er selbst stellte sich an die verriegelte Zellentür, die rechte Hand am Abzug des Schnellfeuergewehrs, den Schaft auf die Hüfte gestützt. Die in die Wände eingelassenen Eisenringe, der Wasserhahn und der brüchige Gartenschlauch zeugten von der dunklen Vergangenheit dieses Kellers. Boris fragte sich, wie die Gegenwart aussah.

Draußen waren Schritte zu hören. Der schwere Stahlriegel vor der Tür wurde zurückgeschlagen. Ein Mann mit Brille und Halbglatze betrat die Zelle. Er trug einen grauen Anzug mit Parteiabzeichen am Revers. Und er paßte überhaupt nicht hier herein.

»Brigadegeneral Kedrow – Vorsitzender des *Komitet Besopasnosti* der Armenischen Sozialistischen Sowjetrepublik!« stellte er sich vor und trat an den Tisch.

Boris stand auf und sah den Mann an. Bisher waren ihm keine anderen KGB-Beamten zu Gesicht gekommen. »Boris

Stepanowitsch Uljanow!« antwortete Boris. »Genosse Brigadegeneral, bitte geben Sie mir Gelegenheit, mit Sonderstaatsanwalt Granow oder dem Genossen Tschebrakin in Moskau zu telefonieren!«

Kedrow musterte Uljanow in einer Mischung aus Ratlosigkeit und Verachtung. Boris wollte sich gerade wieder setzen, als ihn der armenische KGB-Chef anfuhr: »Treten Sie einen Schritt zurück und leeren Sie Ihre Tascheninhalte, Bürger Uljanow!«

Nacheinander legte Boris eine Schachtel Streichhölzer, einen Kompaß, zehn 38-Millimeter-Patronen und seinen Brustbeutel auf den Tisch. Der Wachbrigadier ergänzte Uljanows Besitz mit den falschen Papieren und der inzwischen entladenen Armeepistole.

»Stellen Sie sich da drüben an die Wand und ziehen Sie sich aus!« befahl Kedrow barsch.

Boris ging drei Schritte zur Mauer zurück, streifte seine Jacke ab, reichte sie dem Milizionär und knöpfte sein Hemd auf.

»Sie sind wahnsinnig, Uljanow!« stellte Kedrow fest, »drei KGB-Milizen zu erschießen ...«

»Ich mußte ...«

»Sie mußten?« brüllte der Brigadegeneral. »Das Leben dreier junger Männer haben Sie auf dem Gewissen!« Dabei leerte er die Streichholzschachtel aus, blickte in den falschen Reisepaß und begann dann, den Brustbeutel auszuräumen. Viertausendsiebenhundertfünfzig Rubel waren sehr viel Geld. »Führen Sie etwas in Ihrem Körper mit sich? Egal, wir werden Sie sowieso röntgen.«

Mittlerweile stand Boris bis auf den Verband nackt und barfuß an der Wand. »Hören Sie, Genosse Brigade ...« Er verstummte, als er Kedrows Gesicht sah. Der armenische KGB-Chef starrte auf die Monopoly-Spielkarte, die er in der Hand hielt. Nur mühsam fand der General seine Worte wieder: »Genosse Brigadier, bitte verlassen Sie die Zelle, und ziehen Sie sich mit Ihrem Zug zur Sicherung an den Kellereingang zurück!« befahl er der Miliz. Beide sahen den KGB-Chef verblüfft an.

»Haben Sie nicht gehört, was ich sagte?« fragte Kedrow gereizt, »ich möchte mit dem Bürger Uljanow unter vier Augen sprechen!«

»Jawohl, Genosse Brigadegeneral!« bestätigten sie, fast im Chor. Und tatsächlich verließen die Elitesoldaten die Zelle.

»Sie können sich anziehen!« sagte Kedrow an Boris gewandt und hielt die Karte in die Höhe. Er zückte seine Brieftasche aus dem Jackett und legte eine zweite Spielkarte auf den Tisch. Kedrow war Besitzer des Wasserwerks. »Wo haben Sie *Ihre* her, Genosse Uljanow?«

Über Boris' Körper hatte sich eine Gänsehaut gelegt. Unsicher, aber ebenso erleichtert stellte er sich neben den Stuhl und begann sich anzuziehen. »Von Chaim Koszak, einem Offizier des israelischen Mossad!« antwortete er. »Die Spielkarte stammt von Generalmajor Chmys. Er übergab sie in Budapest Isser Achituv, dem israelischen Mossad-Chef, um im Notfall damit einen Verbindungsmann auszustatten.«

Kedrow setzte sich auf seinen Stuhl. Noch immer konnte er nicht fassen, was er in den Händen hielt. »Die Bedeutung kennen Sie nicht?«

»Nein, nicht mal der Mossad selbst. Die haben die Karte genauestens analysiert.« Er rutschte in seine Hosen und zog sich wieder die alten Stiefel an.

Kedrow lächelte. »Auf der Karte konnten sie auch nichts finden!« erklärte er, »dazu hätte der Mossad eine sowjetische Ausgabe des Monopoly-Spiels im Moskauer *Djetskij Mir* kaufen müssen!« Kedrow hielt Boris die beiden Spielkarten hin. »Diese Karten hier werden ausschließlich in einer kleinen illegalen Druckerei in der Altstadt von Kiew hergestellt. Der technische Aufwand des Musters entspricht dem für Geldscheine.«

»Und was soll das ganze?« fragte Boris, noch immer verblüfft über den absurden Verlauf des Verhörs.

»Es gibt eine Opposition gegen die Regierung aus Altgardisten und korrupten Funktionären. Sie haben sich in einer *Organisazija* zusammengeschlossen. Diese Leute arbeiten verdeckt, subversiv. Sie finanzieren sich durch Unterschlagungen, Erpressungen und Sabotage. Sie entwikkeln eine Schattenwirtschaft, die den Staat in die Knie zwingt. Mit Rechtsstaatlichkeit, Zeitungsreportagen und freien Diskussionen vor den Volksdeputiertenwahlen ist der *Organisazija* nicht beizukommen ...«

»*Damned*, was hat das mit diesem Unterhaltungs-Spiel zu tun?« fragte Boris.

»Die *Organisazija* gleicht einem homogenen Organismus, dessen Kopf nicht zu fassen ist«, berichtete Kedrow. »Nehmen wir ein Beispiel aus der letzten Woche: An der aserbaidschanischen Grenze wurde ein Lastwagen der *Organisazija* mit Waffenlieferungen für armenische Separatisten aufgebracht. Die Waffen stammen aus Aserbaidschan. Der eine Schmuggler – der zweite war erschossen worden – kannte lediglich den Namen seines *Natschalniks*, und der war falsch. Überführen lassen sich immer nur kleine, unwichtige Zellen der *Organisazija*, die sofort durch neue ersetzt werden. Das Hirn bleibt im Hintergrund.« Kedrow machte eine kleine Pause, faßte in die Tasche und warf Boris eine halbvolle Schachtel Kosmos auf den Tisch. »Wir sind gezwungen, sie mit den gleichen Mitteln zu bekämpfen!«

»Wir?« fragte Boris und steckte sich eine von Kedrows Zigaretten an. Abermals stieg Wut in ihm hoch. Nichts, wirklich nichts, hatten sie ihm in Moskau gesagt. Selbst Onkel Feliks hatte ihn belogen.

»Wir, das ist die *Monopoly-Runde*!« antwortete Kedrow, »der erste Volksnachrichtendienst in der Weltgeschichte. Wer auf die Idee mit diesem ausländischen Kapitalisten-spiel kam, ist mir unbekannt. Die Karten dienen als Legitimation und Rang. Wir arbeiten in kleinen Gruppen und beschaffen – für die Regierung – ungefälschte Zahlen aus der Agrarwirtschaft und der Industrie, verhindern Sabotage in den Betrieben und Unterschlagungen bei Transporten, weisen auf Mißstände hin oder versuchen, selbst in die *Organisazija* einzudringen. Sie benutzen tote Briefkästen, bilden Telefonketten und verwenden illegale Funkanlagen. Wir tun es ebenfalls. Ein Volk spielt Räuber und Gendarm.«

»Aber wer ist die *Monopoly-Runde*?« wollte Boris wissen und sog kräftig an seiner Zigarette.

»Ich wurde von einem meiner leitenden Offiziere in der Banja angesprochen. Im Grunde genommen ist diese *Monopoly-Runde* eine Vereinigung von Menschen, die nicht tatenlos zusehen wollen, wie die *Perestroika* zerstört wird. Vierzehn Tage darauf flog ich nach Moskau und traf mich mit Generalmajor Chmys. Ich stieg sozusagen in der Mitte der *Monopoly-Runde* ein. Als Besitzer des Wasserwerks koordiniere ich unsere Operationen in Armenien. Annähernd zehntausend Männer und Frauen aus allen Gesellschaftsschichten und Berufskreisen gehören dazu. Selbst ich kenne nicht mehr als zwölf Namen.« Der Brigadegeneral schob Boris den Inhalt seiner Taschen über den Tisch zurück und legte die Karte *Du kommst aus dem Gefängnis frei* dazu. »Von Ihrer Karte, Uljanow, wußte ich, daß sie existiert. Ich hatte sie bisher nie zu Gesicht bekommen. Diese Karte signalisiert, daß wir Sie in jeder erdenklichen Art unterstützen sollen, Genosse. Und Sie haben drei junge Männer umgebracht, Boris Stepanowitsch – vielleicht sogar Leute von uns.«

Deprimiert schüttelte Boris den Kopf. »Am Freitag versucht die *Organisazija* zu putschen«, erklärte er, »mit dem Tod von Generalmajor Chmys ist die einzige Verbindung zum Westen abgebrochen. Man hat mich und die Aladkowa zurückgeschickt, um sie wiederherzustellen. Die Sache mit den Amerikanern war ein reines Ablenkungsmanöver. Wir wurden mit Hilfe der Israelis über die türkische Grenze in die UdSSR eingeschleust. Oberst Litwak ist offensichtlich ein Kantinenkollege der Aladkowa. Durch ihn hofften wir, auf dem schnellsten Weg nach Moskau zu kommen. Wie sollten wir damit rechnen, vom erstbesten Milizposten verhaftet zu werden ...«

»Generalmajor Myschko von der Verwaltung Sonderermittlungen läßt in einer beispiellosen Fahndungsaktion nach Ihnen suchen. Jeder Streifenpolizist kennt Ihr Foto«, sagte Kedrow nüchtern, »entweder um Sie vor der *Organisazija* zu schützen oder um Sie auf schnellstem Wege aus dem Verkehr zu ziehen!«

Boris seufzte. »Myschko sitzt im internen Krisenstab, der mich und Brigadegeneral Scherstnew in den Westen schickte. Feliks Matwejewitsch wurde erschossen.«

Kedrow hob abwehrend die Hand. »Erzählen Sie mir keine Details, Boris Stepanowitsch. Ich will nicht wissen, was ich nicht wissen muß!« Kedrow hatte Angst.

Boris steckte die Spielkarte demonstrativ wieder ein. Noch immer fiel es ihm schwer, Kedrows plötzliche Wandlung zu begreifen. »Bringen Sie mich und die Aladkowa auf dem schnellsten Wege zur Führung der *Monopoly-Runde*! Bringen Sie mich zum *Natschalnik* nach Moskau, Genosse Kedrow!«

»Ich kenne den Mann nicht«, antwortete der armenische KGB-Chef, »mein nächster Kontakt ist in Leningrad. Es wird einige Stunden dauern, bis wir eine Verbindung zur *Natschalstwo* bekommen.« Er machte eine kleine Pause, und für einen winzigen Augenblick schmunzelte der Brigadegeneral, der immer in Zivil herumlief. »Aber ich werde Sie beide auf eine Art nach Moskau schaffen, mit der weder meine Kollegen vom Moskauer KGB noch die *Organisazija* rechnen.«

Uljanow zog die Schultern hoch. »Unser Schicksal liegt in Ihren Händen, Genosse Brigadegeneral.«

Kedrow stand auf und schob den Stuhl zurück. »Geben Sie mir eine Viertelstunde Zeit, und bleiben Sie hier unten.« Er ging zur Tür und schlug mit der Faust dagegen.

»Kann ich die Aladkowa sehen?«

»Selbstverständlich ...«

Ein Leutnant öffnete die Tür.

»Genosse Leutnant«, befahl Kedrow dem Milizionär, »Oberst Korolew und Major Korolewskaja können sich hier unten ungehindert bewegen. Besorgen Sie Kaffee und Frühstück. Ich weise darauf hin, daß dieser Vorgang gemäß Dienstanweisung der Sicherheitsstufe *streng geheim* unterliegt!«

»Jawohl, Genosse Brigadegeneral!« antwortete der Milizoffizier und nahm Haltung an. Kedrow nickte und ging davon.

Boris hatte noch nicht durchschaut, was der General im Schilde führte. Ein paar Minuten später brachte ein Unteroffizier zwei große Becher heißen Kaffee, die ihm Boris aus der Hand nahm. Die ausgefranste Schapka auf dem Kopf, schlurfte er mit seinen schiefgelaufenen Stiefeln zur übernächsten Zelle. Mit einer Kopfbewegung wies er den Brigadisten an, die Tür zu öffnen.

»Wie Sie wünschen, Oberst Korolew!« antwortete der KGB-Milizionär, der immer noch die schußsichere Weste und seinen Helm trug.

Verena saß auf einem Holzschemel, direkt unter der Hundert-Watt-Birne. Ihr schwarzes Haar schimmerte in dem hellen Licht stahlblau.

Sie hörte Boris ungläubig zu. Er grinste sie an und reichte ihr einen der Kaffeebecher. »Major Korolewskaja, unser Flug nach Moskau wird gerade vorbereitet. Ich habe mit dem Chef von diesem Laden hier gesprochen. Der Mann ist ein Lotteriegewinn.«

11. JANUAR, MOSKAU, 10.45 UHR:

Der Jumbo-Jet der Japan Airlines mit der Flugnummer 442 aus Tokio war vor einer Viertelstunde pünktlich zum Zwischenstopp auf dem Internationalen Flughafen Scheremetjewo II gelandet. Bis auf wenige Ausnahmen flogen die Passagiere nach London-Heathrow weiter. Daß die internationalen Fluglinien auf der Route Tokio-Westeuropa den Moskauer Großflughafen frequentierten, war ein Zugeständnis an die sowjetischen Behörden, um die Überflugrechte zu erhalten. Jede Zwischenlandung auf Scheremetjewo II kostete die Fluggesellschaften Lande- und Wartungsgebühren. Zahlbar in Valuta.

Ein farbiger Geschäftsmann von Ende dreißig verließ die Boeing 747 durch die Fluggastbrücke, lief über den dunklen Steinboden des Ankunftsgebäudes zum Einreiseschalter und legte seine Papiere vor. Der russische Grenzbeamte kontrollierte das Bild in dem US-amerikanischen Reisepaß auf Übereinstimmung mit dem Mann, der hinter der Glasscheibe stand. Mundfaul trennte er die Einreisekarte von dem Visum ab, donnerte den Stempel in den Paß und reichte ihn an den Amerikaner zurück. Der Manager lief weiter zur Gepäckausgabe. Bis sein Koffer auf den Hartgummischeiben angefahren kam, sah sich der Amerikaner um. Er schüttelte den Kopf. Da traf er nun im »Reich des Bösen« ein, und jede Rolltreppe, jedes Röntgengerät des Zolls, jedes Förderband, jede Anzeigentafel – einfach die komplette Technik stammte von den *Krauts*, von denen im Westen wohlgemerkt. In der Nähe der Gepäckbänder stapelten sich auf Stehtischen die Vordrucke für die Zollerklärung in sämtlichen Weltsprachen. Mit flinker Hand füllte der Amerikaner das Formular aus und stellte sich anschließend am Ende der Schlange vor einem geöffneten Kontrollschalter an.

Der Zollbeamte warf zuerst einen Blick in den Reisepaß

des Amerikaners. »Mister Robert Creek?« fragte der russische Zöllner in schlechtem Englisch.

»Robert Creek aus Dallas!« antwortete der Farbige zur Verblüffung des Beamten in perfektem Russisch.

»Was ist Ihr Beruf?« fragte der Beamte weiter und begutachtete die Zollerklärung.

»Sales-Manager im McDonald's Konzern! Ich komme zu Joint-venture-Verhandlungen mit dem sowjetischen Handelsministerium nach Moskau.«

Der fragende Blick des Zollbeamten verriet, daß er nichts verstanden hatte. Er begann, in Creeks Koffer zu wühlen.

»Sehen Sie, McDonald's verkauft Hamburger in *fast-food*-Ketten. Das wollen wir jetzt auch in Moskau tun«, erklärte der Amerikaner freundlich.

»Sie verkaufen Hamburger in *fast-food*-Ketten. Und das wollen Sie jetzt auch in Moskau tun?« Die Stimme des russischen Zollbeamten klang, als zweifele er am Geisteszustand des Reisenden. Nochmals überprüfte er alle Einreisepapiere, Visum, Einladung des sowjetischen Handelsministeriums.

»Okay, *Towarischtsch*«, setzte der Mann zum zweiten Mal an, »ich werde es Ihnen erklären: Hamburger sind gebackene Hackfleischscheiben, ein Spritzer Senf, ein Spritzer Ketchup, zwei, drei Gurkenscheibchen, etwas Zwiebeln, das ganze zwischen zwei amerikanische Brötchenhälften, 'ne Styroporschachtel drumherum, kostet n' Dollar fünfzig. Bei euch vielleicht drei Rubel ...«

Die Reisenden hinter ihm wurden langsam unruhig. Da jedoch der Zollbeamte aufmerksam zuhörte, fuhr der Amerikaner angeregt fort. »Und eine *fast-food*-Filiale ist ein Laden, in dem man seine drei Rubel auf den Tresen legt und dafür so ein Styroporschächtelchen mit einem Hamburger erhält. Den kann man an Ort und Stelle aufessen oder mit ins Büro oder mit nach Hause nehmen. Dank Styropor bleibt er ja warm!« Robert Creek redete sich richtig in Fahrt. »Als Sales-Manager habe ich die Aufgabe, eure Wirtschaftsfunktionäre davon zu überzeugen, daß es für euch Russen am besten ist, eure Hamburger bei McDonald's zu kaufen und nicht woanders.«

»Andere Vertreter des kapitalistischen Auslands verkaufen auch Hamburger in Moskau?« fragte der Zöllner ungläubig.

»Selbstverständlich! Der Repräsentant von Burger King war bereits mehrfach in Moskau!«

»Burger King?«

»Ja, die machen das gleiche wie wir, aber sie grillen das Fleisch auf Holzkohle und legen ein Salatblatt dazu!«

Irritiert gab der Zollbeamte dem Amerikaner die Papiere wieder. »Ist gut. Angenehmen Aufenthalt in der Sowjetunion!«

»*Spasibo*!« antwortete der Amerikaner, schloß seinen Koffer und ging durch die Ankunfthalle davon. Der Beamte sah ihm mißtrauisch nach. Durch seinen Dienst an der Einreisekontrolle des internationalen Flughafens war er einiges gewöhnt. Seit ein paar Monaten hatte er den Eindruck, sämtliche Verrückte der westlichen Welt fielen in die sowjetische Hauptstadt ein.

»*Happy Birthday*, Mr. Creek!« murmelte Robby Pittsburgh alias Simon Baker und ging mit seinem Koffer in der Hand zum Taxistand. Pittsburgh fand zu seiner Erleichterung sofort einen freien Wagen. Als er im Fond des verbeulten Wolgas saß, sagte er zum Fahrer: »*Gostiniza Kosmos, poshaluista!*« Im Kosmos-Hotel lag eine Reservierung für Mr. Creek aus Dallas vor.

11. JANUAR, JEREWAN (ARMENISCHE SSR), 9.50 UHR:

Die dreistrahlige Tupolew 154-C Frachtmaschine der Aeroflot erreichte als nächstes Flugzeug der Warteschlange die Startposition vor der Piste. Seit der Erdbebenkatastrophe fertigte der Kontrollturm des Jerewaner Flughafens die Starts und Landungen im Hundertzwanzig-Sekunden-Takt ab. Aus aller Welt trafen die Maschinen mit Hilfsgütern ein. Die Tupolew war vor drei Stunden vom Moskauer Flughafen Wnukowo-I gekommen und hatte zwanzig Tonnen Kleidung, Zelte, Beton, Mehl und technische Ausrüstung in das Katastrophengebiet geflogen. Jetzt startete die Maschine mit leerem Frachtraum zum Rückflug nach Moskau. Kurz vor dem Start hatten Wartungstechniker die Doppelsitzbank einer Militärmaschine mit dem Rücken zur Cockpitwand in den sechzig Quadratmeter großen Frachtraum eingebaut. Daß Führungsoffiziere des KGB, denen normalerweise Kabinen erster Klasse der Aeroflot-Linien zur Verfügung standen, auf provisorischen Plätzen im lauten, schlecht geheizten und unwirtlichen Frachtraum einer Transportmaschine reisten, war mehr als ungewöhnlich. Erst nachdem Brigadegeneral Kedrow dem Jerewaner Aeroflot-Direktor erklärt hatte, wie dringend Oberst Korolew und seine Frau zum Verbindungsstab der Fünften KGB-Hauptverwaltung nach Moskau reisen müßten, bot man ihnen diese Möglichkeit an.

Jakow Jakuljewitsch behielt mit seiner Andeutung recht. Unter Hochdruck waren in der Jerewaner KGB-Zentrale Dienstausweise und Reisepapiere ausgestellt worden. Verena hatte geduscht, Boris hatte sich außerdem rasiert. Sie trugen komplette KGB-Uniformen. Kein Milizbeamter und kein KGB-Offizier am Jerewaner Flughafen vermutete hinter Oberst Krolew und Major Irina Korolewskaja die »imperialistischen Spione« Boris Uljanow und Verena Aladkowa.

Der Unteroffizier in der Kleiderausgabe der KGB-Kaserne hatte sie mit dicken Wintermänteln ausgestattet. Schon zu Beginn des Fluges wurde es bitterkalt. Die unter Vollast laufenden Solowjew-Triebwerke dröhnten in dem leeren Frachtraum. Boris und Verena saßen mit dem Gesicht zu dem langen fensterlosen und spärlich beleuchteten Frachtraumtunnel. In der Tür neben der Sitzbank befand sich ein kleines Fenster, durch das sie den Start verfolgten. Der steile Aufstieg der Tupolew drückte auf die Ohren. Boris öffnete den Beckengurt und machte es sich in seinem Wintermantel bequem. Der Flug würde knapp drei Stunden dauern. Er schloß die Augen. Und sofort stiegen in seiner Phantasie Erinnerungen auf. Wieder zielte er auf die beiden KGB-Milizionäre. Gesichtslose Opfer. Beim dritten, dem jungen Leutnant, ließen ihn die grauenvollen Bilder nicht mehr los. »Warum?« hatte der Junge bis zu seinem Tod gestöhnt, bevor seine Hirnmasse aus der zertrümmerten Schädeldecke lief. Seit achtundvierzig Stunden versuchte Boris, diese Odyssee zu überleben. Dazu mußte er die Spuren von Blut und Toten aus seinem Bewußtsein verdrängen: Onkel Feliks, Ortmann, drei *Mokryje-Dela*-Brigadisten und schließlich die Wachen der Leninakaner Luftwaffenbasis. Das letzte Opfer blieb in der Erinnerung hängen, bis es durch das nächste ersetzt wurde. Boris kannte diese Regel seit seinem ersten Einsatz in der SAS. Irgendwann hörte er auf zu zählen, wie oft er den »finalen Rettungsschuß« abgegeben hatte, in Belfast, in der irakischen Botschaft in London, im Baskenland und später in der *Sektion Budjonny* in Riga, in Leningrad und zuletzt bei der Flugzeugentführung in Wladiwostock. In diesen Momenten haßte er seine Vergangenheit.

Die Crew gab sich aufrichtige Mühe, den Passagieren den Flug so angenehm wie möglich zu gestalten. Vor dem Start hatte ihnen der Copilot eine Thermoskanne mit heißem Tee in den Frachtraum gebracht. Nachdem die Tupolew ihre Reiseflughöhe von zehntausend Metern erreicht hatte, stöpselte der Flugingenieur ein selbstgelötetes Verbindungskabel zwischen den zweiten Kurzwellenempfänger und die Mikrophonbuchse des Bordfunks. Er suchte einen Sender und fand das klassische Musikprogramm von Radio Moskau passend. In der nächsten Minute schallte Beethovens 7. Sinfonie durch das Cockpit. Die Crew flog die Strecke Wnukowo I–Jerewan seit drei Wochen täglich hin und zurück. Wenigstens mit Musik wollte sich das Aeroflotpersonal während der monotonen Flüge unterhalten. In dem Chaos, das momentan im sowjetischen Luftverkehr herrschte, kümmerte sich niemand um diesen Verstoß gegen die Sicherheitsvorschriften. Die Passagiere sollen auch ihre Freude haben, dachte der Bordingenieur und schaltete die Lautsprecherreihen im Frachtraum auf ihr kleines Flugkonzert.

Boris schlug die Augen auf und schmunzelte. Er erinnerte sich aus seiner Konservatoriumszeit an jeden Ton der Beethoven-Sinfonie. Als er sich zur Seite drehte, bemerkte er, daß ihn Verena eingehend betrachtete. Er wich ihr nicht aus. Die Köpfe lagen dicht zusammen, und sie sahen einander ins Gesicht. Die letzten zwei Tage hatten Spuren hinterlassen. Boris betrachtete Verenas schwarze Augen mit dem energischen Blick, der Ruhelosigkeit, der Angst. Und er sah die Fältchen um ihre Augen. Verena suchte forschend in seinem Gesicht nach einer Antwort auf die Frage, wer dieser schweigsame, sanfte Mann war, der plötzlich binnen Sekunden drei Menschen erschossen hatte.

Ohne darüber nachzudenken, begann Boris, Verenas Hals zu streicheln, an der kleinen, nackten Stelle zwischen dem gestärkten Uniformkragen und dem Ansatz ihres dichten Haares. Kurz darauf nahm ihn Verena in den Arm. Sie vergrub ihr Gesicht in seinem Nacken. Sie spürten die Hände, mit denen sie sich berührten und die so schnell von ihrer Fremdheit verloren. Sie lernten ihren gegenseitigen Geruch kennen. Auf den Lippen schmeckten sie ihre Haut.

Boris löste sich behutsam aus Verenas Umarmung. Wortlos stand er auf und ging mit ruhigen Schritten nach hinten, fünfzehn Meter weiter, in die Mitte des langen Frachtraums. Dort drehte er sich zu ihr um. Mit dem langen pelzgefütterten Mantel, der um seine Schultern hing, und der dunkelbraunen KGB-Uniform glich er in dem diffusen Halblicht der Notbeleuchtung der Figur eines Tarkowskyfilms. Er breitete wie selbstverständlich seinen Mantel auf dem Boden aus. Es war wie ein Schauspiel, nur für sie. Verena kam langsam auf ihn zu. Die Aluminiumplatten vibrierten unter ihren Schuhsohlen. Als sie ihn erreichte, drehte die Tupolew nach Westen ab. Der Boden kippte zur Seite. Boris faßte nach ihr, legte ihr den Arm um den Rükken. Sie küßten sich. Verenas Brustwarzen richteten sich auf, als sie Boris' Oberkörper berührten. Sie fühlte seine festen, sicheren Hände auf ihren Pobacken, an den Hüften, auf ihren Brüsten, wie sie über ihre Oberschenkel strichen und sich zwischen ihre Beine schoben. Boris wand sich unter Verenas streichelnden Fingern. Sie sahen sich immer wieder an, erregten sich an ihrer gegenseitigen Erregung. Stück für Stück zogen sie sich gegenseitig aus, ließen die Kleider fallen, wo sie standen, bis sie sich, zwischen die beiden Pelzmäntel gehüllt, auf den Boden legten.

Sie liebten sich leidenschaftlich. Schweiß trat auf ihre Haut. Sie lebten, sie spürten, daß sie lebten, unendlich gierig, fast animalisch. Ihre Schreie verloren sich in der Beethoven-Sinfonie, die in voller Lautstärke blechern über die Bordlautsprecher schepperte, begleitet vom atmosphärischen Rauschen der Kurzwellensender.

Etwas später verließ der Bordingenieur seinen Platz, um nach den beiden Reisenden zu sehen. Als er den Frachtraum betrat, fand er sie schlafend in der Mitte, nackt in ihre Uniform-Mäntel gehüllt. Der Ingenieur überwand seine Überraschung schnell. Dort hatten sich zwei Menschen aus dem alltäglichen Alptraum ausgeklinkt. Weshalb sollte er sie dabei stören? Leise kehrte er ins Cockpit zurück und verzichtete auf jede Bemerkung gegenüber den Kollegen.

Der armenische KGB-Chef, Brigadegeneral Jakow Jakuljewitsch Kedrow, wartete noch eine Weile, bis er sich zu Oberst Jurij Andrejewitsch Litwak auf dem Luftwaffenstützpunkt in Leninakan eine Telefonverbindung schalten ließ.

»Mein lieber Jurij Andrejewitsch«, begann Kedrow am Telefon, »der Zwischenfall von heute morgen ist aufgeklärt!«

»Und? Was ist mit diesem Uljanow?« fragte Litwak. In der Telefonleitung krachte es. Eine miserable Verbindung.

»Bei den Tätern handelt es sich um armenische Extremisten!« erklärte der KGB-Chef mit fester Stimme. Eigentlich wollte er die gespannte politische Atmosphäre in Armenien nicht künstlich hochschaukeln. Aber etwas Besseres fiel ihm auf die Schnelle nicht ein. Dabei bohrte er in der Nase und zuckte vor Schmerz zusammen, als er versehentlich ein Nasenhaar erwischte.

»Uljanow hat doch unsere Jungen erschossen!« brüllte Litwak. Jetzt war er klar und deutlich zu hören.

»Mit dem Genossen Uljanow hat das überhaupt nichts zu tun!« antwortete Kedrow in entschlossenem Ton. »Sie kennen mich lange genug, verehrter Jurij Andrejewitsch! Wenn ich sage, es ist so, sollten Sie darauf vertrauen.«

»Wenn Sie das für richtig halten, Genosse Brigadegeneral, das müssen Sie entscheiden.« Die Enttäuschung in Litwaks Stimme war nicht zu überhören. Der Geschwaderchef hatte geglaubt, daß diese Form der Argumentation in der Sowjetunion mittlerweile ausgestorben war.

Kedrow ahnte die Gedanken des Oberst. Die Menschen in diesem Land waren in den sieben Jahrzehnten Parteiherrschaft sehr sensibel geworden. »Vertrauen Sie mir, Jurij Andrejewitsch!« bat Kedrow. »Bitte – vertrauen Sie mir!«

11. JANUAR, MOSKAU, 12.00 UHR:

In der Nähe des Sokolniki-Erholungsparks lag das Partei-Internat *Rotes Banner*. Schulpflichtige Kinder der *Natschalstwo* aus Staat, Partei und Diplomatischem Dienst wurden hier großgezogen. Höherrangige Botschaftsangehörige im kapitalistischen Ausland durften sich zwar von ihren Frauen begleiten lassen, ganze Familien wurden von den Behörden jedoch nie als *vyezdnye* – reisetauglich – eingestuft. Der Apparat kümmerte sich zu Hause um die Erziehung des *Natschalstwo*-Nachwuchses. Im Gegensatz zu den übrigen 1,4 Millionen Heimkindern in der UdSSR, fehlte es diesen Sprößlingen an nichts. Lehrmittel, Schullabors, Personal-Computer, Sportanlagen, Kleidung, Freizeiteinrichtungen, Musikinstrumente und die besten Pädagogen des Landes – alles war zahlreich und in guter Qualität vorhanden. Nicht zuletzt galt die Heimschule N° 3 »Rotes Banner« als Sprungbrett zu den Elite-Universitäten der Sowjetunion und zum berühmten MIGMO-Institut.

Zwei Stunden zuvor hatte Fjodr Abraschkin, der Internatsdirektor, einen Anruf aus der KGB-Verwaltung Sonderermittlungen erhalten. Abraschkin war durch die Kinder prominenter Tschekisten an den Umgang mit dem KGB gewöhnt. Zivile und uniformierte Sicherheitsbeamte der 9. Verwaltung bewachten Tag und Nacht das Schulgelände. Aber die KGB-Verwaltung Sonderermittlungen verkörperte nach wie vor das Schwert im Wappen des sowjetischen Geheimdienstes.

Generalmajor Myschko hatte angeordnet, daß die

zwölfjährige Schülerin Tatjana Aladkowa vom Parteiinternat *Rotes Banner* an einen anderen Ort gebracht werden sollte. Aufgrund in der Bevölkerung kreisender Gerüchte über die »imperialistische Spionin« Verena Aladkowa könne die Sicherheit des zwölfjährigen Mädchens in Moskau nicht mehr garantiert werden.

Tatjana wurde aus dem Unterricht geholt. Sie ließen ihr eine halbe Stunde Zeit, um ihre Sachen zu packen. Zwei KGB-Offiziere und eine Genossin von der staatlichen Fürsorge holten sie ab. Das zwölfjährige Mädchen weinte bitterlich. Kaum hatte sie den ersten Schock über den Tod ihres Vaters verwunden, mußte sie in den Moskauer Radionachrichten erfahren, daß sich ihre Mutter in den Westen abgesetzt hatte. Die sowjetischen Massenmedien kehrten nichts mehr unter den Tisch, sie sparten auch nicht mit häßlichen Kommentaren.

Am großen Eingangstor des zaristischen Palais umarmte Tatjana in ihrer Verzweiflung den Genossen Abraschkin, als könne sie dadurch die Zeit anhalten.

»Paß auf dich auf, kleine Tanja!« sagte Abraschkin liebevoll und löste Tatjanas Hände von seinem Mantel.

Die Fürsorge-Beamtin hielt die Fondtür des Wolgas auf. Sie hatte nichts übrig für die verzogenen Kinder der Apparatschicks, die mit goldenen Löffeln aßen, während das Gros ihrer Alterskameraden schon Probleme hatte, vernünftige Winterschuhe zu bekommen. »Nun komm schon, Tatjana Aladkowa!« rief sie entnervt.

Tatjana war ein intelligentes Mädchen. Als sie in den Wagen stieg, wußte sie, daß eine unbekannte Zukunft vor ihr lag. Sie drehte sich auf dem Rücksitz um und winkte Fjodr Abraschkin ein letztes Mal zu, bevor der Wagen in eine Seitenstraße abbog und der Eingang der Heimschule N°3 aus ihrem Blickfeld verschwand.

Fjodr Abraschkin sah der KGB-Limousine nach. Auch ihm liefen jetzt die Tränen aus den Augen und versickerten in seinem dichten Vollbart, Tränen der Wut und Verbitterung. Nichts hatte sich geändert. Noch nicht mal ihm, einem der renommiertesten Heimpädagogen der Sowjetunion, nannten die Behörden den Namen des neuen Aufenthaltsortes.

11. JANUAR, LONDON, 10.00 UHR:

Als David Lynn in seinem Rollstuhl von einem Sicherheitsbeamten aus der Haustür von Downing Street N° 10 herausgeschoben wurde, lag eine harte Nacht hinter ihm. Vor dem Abflug in Akrotiri hatte Lynn der pure Hafer gestochen, als er den Staffel-Commander dazu anstiftete, diesen »feinen Pinkel« vom *Secret Service* »mal so richtig aufzumischen«. Selbst General McLean schmunzelte in sich hinein, als Kerby von einem Unteroffizier kommentarlos ein Anti-G-Anzug für den Expreß-Transfer in die Hand gedrückt wurde. Beim Anziehen zerknitterte dem Geheimdienstbeamten der dunkelgraue Flanellanzug.

Die Tornadostaffel war aus Geschwindigkeitsgründen ohne Außentanks gestartet. Und sofort bewiesen die Piloten ihren Passagieren auf den WSO-Plätzen, wozu diese Maschinen imstande waren. Binnen zwei Minuten schossen die Jagdbomber auf 30.000 Fuß in den Himmel und drehten über den Regenwolken ein paar Loops und Rollen. Kurzfristige Fliehkräfte von 4g und mehr gehörten dabei zu den Spielregeln. Die Druckpolster der Anti-G-Anzüge füllten sich automatisch mit Preßluft. Sie verhinderten, daß zuviel Blut aus dem Kopf in den Unterleib gedrückt wurde und die Besatzung das Bewußtsein verlor. Trotzdem pendelte Oliver Kerby zwischen Entsetzen und Ohnmacht. Nach ein paar Minuten hatten sich die Piloten und der vor Vergnügen jubelnde Lynn ausgetobt. Der Fliegerverband nahm mit 700 Knoten Reisegeschwindigkeit südlich der griechischen Inseln Kurs auf den italienischen NATO-Flughafen in Vicenza. Oliver Kerby mußte sich unterwegs öfter die Sauerstoffmaske vom Gesicht reißen, um sich in eine Papiertüte zu übergeben, die ihm der Pilot vor dem Start vorausahnend auf den Schoß gelegt hatte.

In Vicenza ließ sich Kerby nichts anmerken. Er verlangte lediglich nach einem frischen Piloten-Overall und ging zum Telefon. Zehn Minuten später stieg die britische Jagdbomber-Staffel wieder in die Luft. Nach einem zweiten Tankstopp auf dem kanadischen Militärflughafen in Lahr/Westdeutschland ließ der Staffel-Commander den Jagdbomber-Verband über *Eurocontrol* in Maastricht bei der Anflugkontrolle in Großbritannien anmelden. Am Ende einer Flugzeit von drei Stunden und zwanzig Minuten stürzten sich die Tornados südlich von London mit anderthalbfacher Schallgeschwindigkeit vom Himmel.

Oliver Kerby hatte mit seinem Telefonat in Vicenza unter anderem dafür gesorgt, daß Lynn und er auf dem kürzesten Wege in die Londoner City gebracht wurden. Einen Helikopter zu besteigen, hätte Kerby nicht mehr fertiggebracht. In Downing Street erfolgte die Rache des Secret-Service-Beamten. Den ehemaligen SAS-Major ließ man mehrere Stunden warten, bis man ihn zur Regierungschefin vorließ.

Zuerst informierte Kerby im Foreign-Office Lord Colbourne darüber, was sich auf dem Luftwaffenstützpunkt in Akrotiri zugetragen hatte. Anschließend wurde die Premierministerin aus dem Bett geholt. Margaret Thatcher tobte vor Zorn, als sie in ihrem Arbeitszimmer Kerbys und Colbournes Bericht gehört hatte. Sonst verlor die Eiserne Lady ihre kühle Sachlichkeit nur selten. Wer nahm hier eigentlich wen auf den Arm? Lynn seine eigene Regierung, die Reagan-Administration sie, die Israelis die Amerikaner? Ohne Zweifel hatte Lynn gegen das Loyalitätsprinzip der britischen Regierung verstoßen. Colbourne und Kerby bestätigten die Premierministerin in ihrer Ansicht. Und sie stimmte den beiden zu, sich der eigenen diplomatischen Mittel zu bedienen, bevor man sich auf ein weiteres Gespräch mit dem ehemaligen SAS-Major einließ.

Lynn saß allein in der Bibliothek. Das Hauspersonal hielt ihn trotz seiner markigen Flüche mit Tee und Keksen hin, während der US-Botschafter zum zweiten Mal innerhalb von vierundzwanzig Stunden von der Premierministerin nach Downing Street zitiert wurde. Lionel Durell verbanden gute Beziehungen zur Downing Street, die dem bisherigen Verhältnis zwischen den Regierungen entsprachen. Botschafter Durell war von der Entwicklung der Uljanow-Affäre überrascht worden. Den diplomatischen Verstimmungen zwischen London und Washington blieb er hilflos ausgeliefert, solange er weder Anweisungen noch Unterstützung aus dem State Department erhielt. Als Durell gegen zwei Uhr morgens erneut in Downing Street eintraf, hatte er seine alte Selbstsicherheit wiedergefunden. Der Diplomat wurde von Oberst Humbert Ashton begleitet, einem Sonderbotschafter des US-Präsidenten. Ashton leitete im Pentagon eine Abteilung des militärischen Nachrichtendienstes (DIA). Bisher hielt sich die US-Regierung an die Vereinbarung, strengste Diskretion zu wahren. Unter bestimmten Voraussetzungen besaß Oberst Ashton die Legitimation, als Unterhändler nach Moskau zu reisen.

Doch zuerst bestand der US-Offizier darauf, mit der Premierministerin alleingelassen zu werden. Unter vier Augen übergab er ihr eine dreiseitige Depesche des US-Präsidenten. Margaret Thatcher setzte sich an ihren Schreibtisch und las die Nachricht zweimal aufmerksam durch. Anschließend nahm Ashton den Brief wieder entgegen. Unter ihren Augen warf Ashton das magnesiumbeschichtete Briefpapier in die Flammen des offenen Kamins. Nach einem hellen Flackern zerfiel das Dokument zu mikrofeinem Aschestaub.

Der US-Präsident hatte in präzisen Worten die Situation und die Haltung seiner Administration geschildert. Eine Unterstützung der sowjetischen Regierung durch die USA sollte nur verdeckt und unter der Bedingung erfolgen, daß sämtliche sowjetischen Agenten in den US-amerikanischen Sicherheitsbereichen von seiten der *Monopoly-Runde* benannt würden. Reagan empfahl dem Vereinigten Königreich in flammenden Worten, sich dieser Regelung anzuschließen.

In ihrer ersten Reaktion ließ die Regierungschefin die Minister für Verteidigung, Äußeres und Inneres, die Direktoren der Nachrichtendienste und der Nationalen Aufklärungsbehörde umgehend nach Downing Street kommen. Um drei Uhr morgens trat das Spitzengremium zusammen.

Im Weißen Haus hatte Andrew Woodward inzwischen den Beraterausschuß des Präsidenten für Auslandsnachrichten (PFIAB) und die *National Security Planning Group* einberufen. In einem weiteren schalldichten Konferenzsaal tagte die Spitze der nationalen Banken-Aufsichtsbehörde mit den renommiertesten Wirtschaftswissenschaftlern der amerikanischen Eliteuniversitäten. Sie analysierten Sam Sugarmans wirtschaftspolitische Macht gegenüber der US-Regierung. Der Präsident, George Bush, der DCI und der junge Woodward pendelten zwischen den drei Beraterausschüssen hin und her. Woodward machte seine Sache ordentlich. Selbst der rauhbeinige Peat Nuskiewicz fand keinen Vorwand, um dem HYP das Heft aus der Hand zu nehmen. Woodward veranlaßte auch, daß sämtliche Abhör- und Analyseabteilungen des kommunistischen Bereichs in der *National Security Agency* in Alarmbereitschaft versetzt wurden. In Hunderten von SIGINT-Horchposten, die den Globus wie kleine Warzen überzogen, gingen die roten Lichter an. Auf Anordnung des Präsidenten gab die NSA einen der sichersten Verschlüsselungscodes aus ihren mathematischen Schatzkammern an das Hauptquartier des britischen Fernmeldenachrichtendienstes (GCHQ) und den israelischen Mossad weiter. Über das spezielle CRITCOM-*network* der NSA richteten die Amerikaner eine telefonische Konferenzschaltung zum GCHQ in Großbritannien und zum Verbindungsstab des Mossad in Israel ein. Von den dortigen Dienststellen wurden die Gespräche dann in die Arbeitskreise der Staatschefs geschaltet. Der Sicherheitsstandard dieser Telefonkonferenz war einzigartig. Kein Superrechner außerhalb der USA, wäre imstande gewesen, den Code innerhalb der nächsten vierzehn Tage zu errechnen. Die Positionen der amerikanischen und britischen Regierungen konsolidierten sich. Nach längeren Beratungen und schweren internen Auseinandersetzungen erklärte sich die britische Regierung einverstanden, die sowjetischen Reformkreise in der geplanten Weise zu unterstützen. Die Eiserne Lady hatte sich recht schnell Andrew Woodwards Argumentation zu eigen gemacht. Neben Oberst Ashton sollte als Vertreter der Briten Oliver Kerby nach Moskau reisen. Der israelische Agent Abel Wanowski hatte die Aufgabe, den Kontakt zwischen der *Monopoly-Runde* und den beiden Unterhändlern herzustellen. Die Genehmigung zum Einsatz sollten sie jedoch nur erteilen, wenn ihnen das vollständige Verzeichnis aller sowjetischen Undercover-Agenten vorlag. Diese Bedingung entbehrte abgesehen von den nationalen Interessen nicht einer gewisser Logik. Die westlichen Militär-und Nachrichtendienst-Apparate konnten nur dann unbemerkt für die *Monopoly-Runde* arbeiten, wenn die *Organisazija* davon nichts über die regulären Agentenringe des Ostblocks erfuhr.

David Lynn wurde erst in den frühen Morgenstunden zur britischen Premierministerin vorgelassen. Sie nahm seinen Bericht ohne ein Zeichen der Anteilnahme zur Kenntnis. Er gab sich alle erdenkliche Mühe, um seine Story gut zu verkaufen. Maggy blieb hart. Er hatte sein Wort gebrochen und empfindlich gegen die britische Staatsräson verstoßen – zweifelsfrei der wirkungsvollste Weg, um das Vertrauen der energischen Regierungschefin zu verlieren. In einem sachlichen Ton machte sie Lynn das Angebot, den Einsatz in Bornholm zu leiten. Dabei habe er sich strikt an die Anordnungen von Lord Colbourne zu halten. Die erste Zuwiderhandlung werde die sofortige Suspendierung nach sich ziehen. Sein Lohn entspräche den Entsoldungsverordnungen der britischen Armee und nicht den Prämien des israelischen Geheimdienstes oder einer deutschen Bank. Den Einsatz in Akrotiri werde Pinchon übernehmen.

David war nichts anderes übriggeblieben, als auf Margaret Thatchers Bedingungen einzugehen. Nur so konnte er weiterhin mit Boris in Kontakt bleiben.

General Millen, der Commander in Chief der *Royal Air Force*, begleitete David zu dem gepanzerten Regierungsjaguar und half ihm beim Einsteigen. Die beiden hatten ein volles Programm vor sich. Zunächst mußten sie ins Verteidigungsministerium und zur Admiralität, um die logistischen Grundlagen für den Bornholm-Einsatz zu schaffen. Anschließend wollten sie mit dem Hubschrauber zum Stammregiment der SAS in Hereford. Dort sollte sich David seine Mannschaft aussuchen. Erst dann konnten die Vorbereitungen in Bornholm anlaufen. Wie sich die Amerikaner und Briten mit den Dänen und den übrigen NATO-Partnern auf dem Luftwaffenstützpunkt einigten, war nicht ihre Angelegenheit.

Millen setzte sich zu David in den Fond. Die Strecke zum Verteidigungsministerium in der Horse Guards Avenue hätte der General Lynn auch im Rollstuhl schieben können, die umfangreichen Sicherheitsvorschriften in London verboten es jedoch. An der Ecke gab der Bobby die Ausfahrt der Downing Street frei. Der Chauffeur fädelte sich in den dichten Verkehr der Parliament Street ein. Lynn und Millen waren von den stundenlangen Beratungen und der langen Warterei ermüdet. Der Luftwaffen-Commander streckte sich in den Ledersitzen aus. »Na, Lynn!« sagte er mit einem Hauch von Casinolaune, »da haben Sie sich ja gewaltig in die Scheiße geritten!«

David nickte resigniert. »Das würde ich auch sagen, Sir!« Offensichtlich hatte er keine Lust, mehr hinzuzufügen.

Der Jaguar bog an der Kreuzung in die Horse Guards Avenue ab. Kurz vor dem Eingang zum Verteidigungsministerium drehte sich David bereits zum Aussteigen zur Seite und blickte dabei aus dem Heckfenster. Es genügte der Bruchteil einer Sekunde, um die Geschoßspitze der Panzerfaust zu erkennen. Ihr orangefarbener Plastikmantel schimmerte aus dem Innenraum eines Bedford-Kleinlasters, der mit fehlender Frontscheibe aus der Whitehall Avenue links in die Horse Guards Avenue raste. Der Lieferwagen war keine dreißig Meter von ihnen entfernt.

»Gas geben und Köpfe runter!« brüllte David. Fast im selben Moment gellte ein pfeifendes Zischen durch die Luft, direkt auf sie zu. Lynn versuchte den Kopf des Generals herunterzuziehen. Der HEAT-Gefechtskopf schlug im Heck des durchstartenden Jaguars ein, brannte sich durch die Panzerung und detonierte im Kofferraum. Die Limousine schleuderte über den Bordstein und knallte gegen eine Häuserfront.

Lynn lag quer über der Rücksitzbank. Durch die geborstene Heckscheibe sah er, wie die hinteren Türen des Lieferwagens aufflogen und zwei junge Männer auf *Yamaha*-Motorrädern mit bellenden Zweitakter-Motoren in Richtung Whitehall Court davonrasten. Er zog seine 38er Automatik und feuerte ihnen aus dem Autowrack hinterher. Das Duo war zu schnell. Sechzig Sekunden später trafen die ersten Sicherheitskräfte aus dem Regierungsviertel am

Tatort ein. David rappelte sich auf. Seine linke Seite war gespickt mit kleinen Blechsplittern, die, zwischen einem halben und ganzen Zentimeter tief, in seinem Fleisch steckten. General Millen hatte David das Leben gerettet. Sein Brustkorb hatte den vierzig Zentimeter langen Stahlfetzen der Karosserieverstrebung abgefangen. Er war an seiner linken Niere eingedrungen und stach aus seiner rechten Brust wieder heraus. Millen war tot. Der Fahrer hing schwerverletzt über dem Lenkrad. Er war mit der Stirn gegen die gepanzerte Frontscheibe geprallt. Zwei Polizisten zogen Lynn aus dem Autowrack. Der Londoner Citysound wurde von den jaulenden Sirenen der Polizeifahrzeuge und Krankenwagen verdrängt. David hatte man auf das feuchte Straßenpflaster gelegt. Mehr durch Schock und Überanstrengung als durch seine Verletzungen verlor er das Bewußtsein.

Die Londoner Polizeibehörden benötigten sieben Minuten, um das Regierungsviertel abzuriegeln. Die Attentäter waren längst auf ihren *Yamaha*-Maschinen geflohen, zum Embankment Place und von dort über die Treppen der Hungerford Footbridge nach Southwork, auf die andere Seite der Themse. Wesentlich später, als die Bahnhöfe, Ausfallstraßen, Flughäfen und Piers der Stadt durch starke Polizeikräfte kontrolliert wurden und London im Verkehrschaos kollabierte, saßen die beiden Terroristen bereits in einem Zug der British Railways nach Southampton.

Motorradhelme und Lederkleidung fand man drei Tage später in einem Schließfach des Bahnhofes. Waffenspezialisten am Tatort stellten fest, daß für den Überfall eine westdeutsche Panzerfaust der Firma Dynamit Nobel, Typ 3, mit 90-mm-HEAT-Gefechtskopf verwendet worden war.

Eine Stunde später erreichte die britische Nachrichtenagentur Reuter ein Bekennerschreiben der nordirischen Terrororganisation IRA. Mit General Henry Millen, dem Commander in Chief der *Royal Air Force*, sei einer der

»führenden Erfüllungsgehilfen der britischen Machthaber hingerichtet worden«. In Downing Street gerieten die Berater der Premierministerin aneinander. War der IRA-Anschlag ein bloßer Zufall oder ein direkter Angriff der *Organisazija* auf die britische Regierung? In London konnte das niemand mit Sicherheit beantworten.

In Moskau hatte Oberst Anatolij Barynin, der kommissarische Leiter der Ersten Hauptverwaltung im sowjetischen KGB, nach Myschkos Anweisungen unter Hochdruck das Attentat auf Lynn vorbereitet. Die Geschäftspartner von der IRA ließen sich in Waffen bezahlen. Unter Zeitdruck waren die Forderungen der Iren ziemlich unverschämt gewesen. Millen und der Fahrer waren tot. Über Lynn lag der Moskauer *Organisazija*-Führung noch keine Vollzugsmeldung vor. Dafür und nur dafür war die *Organisazija* zu zahlen bereit.

11. JANUAR, TASCHKENT (USBEKISCHE SSR), 15.00 UHR:

Die ZK-Kantine lag wenige Gehminuten von der usbekischen Parteizentrale entfernt. Hier gab es alles, was ein russisches Schlemmerherz im moslemischen Süden der UdSSR begehren konnte. An den Buffets der pompös ausgestatteten Speiseräume fanden sich Kaviar, tagesfrischer Fisch vom Kaspischen Meer und magere Rinderfilets. Dazu wurden der usbekischen Partei- und Regierungselite bestes Obst und Gemüse aus allen Teilen der UdSSR und knusperfrisches Brot serviert. Gewöhnlich trafen sich hier zahlreiche Funktionäre gegen elf Uhr gemäß Moskauer Sitten zu einem zweiten Frühstück, nahmen einen kleinen Imbiß ein oder tranken Kumys. Zwei Stunden später öffnete das Restaurant zum Mittagessen. Die Menüs brauchten den Vergleich mit westlicher Feinschmeckerküche nicht zu scheuen. Ab vierzehn Uhr war dann die Cafeteria bis in die Abendstunden geöffnet. Hier nahmen die Staatsdiener ihren Kaffee ein, aßen *Pontschiki* oder holten sich die im Spezialladen bestellten Delikatessen ab, die es dort zum Preis von Grundnahrungsmitteln zu kaufen gab. Jeder Parteifunktionär, der diese Kantine benutzen durfte, freute sich, daß der KP-Vorsitzende Dimitrij Wolotkin die gute alte Tradition aus der Breschnew-Ära in die neue Zeit hinübergerettet hatte.

Oberst Kayar warf seinen Mantel so heftig auf den Tresen der Garderobe, daß die Uniformknöpfe laut auf dem Plastik knallten. Die Garderobenfrau schob ihm erschrokken das blecherne Billet über den Tisch. »Bitte sehr, Genosse Oberst!«

Kayar antwortete nicht.

Die alte Usbekin blickte den Offizier an und wußte, daß dieser Landsmann kurz vor einem Tobsuchtsanfall stand. Bei der Impulsivität der Moslems war das nicht ungefährlich. »Zorn ist ein schlechter Verbündeter, mein Junge!« setzte sie gelassen hinzu.

Der Oberst drehte sich verdutzt zu ihr um. Und er lächelte, für einen Moment.

Als Kayar die Wolotkinowa durch die Glastür der Cafeteria an ihrem Tisch sitzen sah, stieg die Wut wieder in ihm hoch. Allein wie sie sich anzog, das aufwendige und weitausgeschnittene Modellkleid, mit dem sie vielleicht in ein Restaurant an den Champs-Élysées paßte, aber nicht in die ZK-Kantine in Taschkent, und die Art, wie sie sich schminkte, das Lila ihres Lidschattens, das allein erregte seine tiefe Verachtung. Nastasja glich dem Abbild einer Konkubine aus der Zarenzeit. Er ging mit großen Schritten auf ihren Tisch zu und setzte sich ihr gegenüber. »Bist du vollkommen wahnsinnig, mich aus einer Sitzung mit der Parteiführung herausrufen zu lassen und wie einen Hund herzupfeifen? Und das in aller Öffentlichkeit?« Kayars

Stimme war ein mühsam im Zaum gehaltenes Flüstern. Am liebsten hätte er das Weib mit Ohrfeigen aus dem Haus gejagt.

»Ich will nach Moskau, aber Dimitrij erlaubt es mir nicht!« berichtete Nastasja unbekümmert.

»Was willst du in Moskau?« fragte Kayar ungeduldig.

»Offiziell besuche ich eine alte Tante.« Nastasja schwieg einen Augenblick und sah Oberst Kayar herausfordernd an. »Ich will mir eure Revolution ansehen! Wann hat man schon wieder Gelegenheit dazu?«

»Halt den Mund!« Kayars Ton klang nun ernsthaft bedrohlich. »Red nicht solchen Unsinn! Du bleibst hier!«

»Ich werde nach Moskau fahren, Duran!« antwortete Nastasja selbstbewußt, »und du wirst mir die Papiere und einen Platz im Flugzeug besorgen, sonst ...«

»Ist das alles?« Kayar musterte die Ex-Ballerina, mit der er die letzte Nacht verbracht hatte, abfällig, ohne einen Rest von Zuneigung. Der Oberst stand auf. »Warte hier! Ich bin gleich zurück.«

Er benutzte eine der Telefonzellen im Foyer der ZK-Kantine. Nach zwei kurzen Gesprächen kehrte er in die Cafeteria zurück, ohne erneut Platz zu nehmen. »Deine Maschine geht um zwanzig Uhr fünfunddreißig. Billett und Reisepapiere werden für dich am Aeroflotschalter hinterlegt.«

»*Spasibo*, mein lieber Duran!« sagte Nastasja, als danke sie einem Hund, der brav apportiert.

»Es wäre besser, wenn Sie nicht wiederkommen, Nastasja Wolotkinowa!«

Sie hatte seine Drohung verstanden.

Im usbekischen Hauptquartier der Sowjetarmee ließ sich Oberst Kayar kurz darauf über die militärische Fernsprechlinie des KGB-Netzes eine Leitung zu Generalmajor Myschko nach Moskau schalten.

Myschko war überrascht, Kayar unangemeldet am Telefon zu sprechen. »Was gibt's?« fragte er knapp.

»Die Frau des Genossen Wolotkin, Nastasja Wolotkinowa, trifft mit der Abendmaschine aus Taschkent um zweiundzwanzig Uhr fünfzehn auf Scheretmetjewo I ein ...«

»Darf ich fragen, warum Sie es für nötig halten, mir das am Telefon zu erzählen? Soll ich sie vielleicht am Flughafen abholen, Genosse Oberst?« Myschkos Ton blieb dienstlich. Er hielt es für eine unerhörte Leichtfertigkeit, über eine offene Militärleitung mit ihm zu sprechen.

»Es gibt Probleme mit ihr, Genosse Generalmajor!« ergänzte Kayar vieldeutig. »Ich werde selbst nach Moskau kommen. Aber bitte kümmern Sie sich um die Dame!«

»Das werden wir tun«, antwortete Myschko. *»Do swidanja, Towarischtsch!«* Der Natschalnik der *Organisazija* hängte ein.

Kayar fühlte sich erleichtert. Offenbar hatte Myschko begriffen, obwohl er den Hintergrund nicht kannte. Leute der *Organisazija* würden sich in Moskau um die Wolotkinowa kümmern und vermeiden, daß sie Schwierigkeiten bereitete. Über das Problem zwischen ihm und Dimitrij Anatoljewitsch, den Ehebruch und die Erpressungsmanöver von Nastasja wollte er lieber mit Myschko unter vier Augen sprechen.

11. JANUAR, MOSKAU, 12.00 UHR:

Die Tupolew 154-C, die soeben aus Jerewan zurückkehrte, erreichte die Parkposition vor dem Wartungshangar. Eine schwarze Tschaika-Limousine fuhr auf das Rollfeld und hielt in der Nähe der Gangway, die gerade an die Bugtür der Transportmaschine geschoben wurde. Die Crew ließ Boris und Verena den Vortritt. Den beiden war nichts mehr von ihrer Leidenschaft füreinander anzusehen. Uniformen, Haare und Mützen saßen korrekt. Boris entzifferte über das Autokennzeichen die Herkunft des Dienstwagens. Er stammte von der Leningrader KGB-Verwaltung. Ein Hauptmann sah erwartungsvoll Boris und Verena entgegen. Er mochte um die dreißig sein.

»Genosse Oberst Korolew, Genossin Major Korolewskaj!« rief der Offizier und salutierte, als die beiden den Boden der Gangway erreichten. »Hauptmann Jurij Petschenko – willkommen in Moskau!«

Boris und Verena nahmen mit lässigen Handbewegungen die Meldung ab, als täten sie seit Jahren nichts anderes. »*Sdrastwujtje*, Genosse!« grüßte Boris mit Handschlag. Verena schloß sich an. »Sie haben eine Karte und wollen sie an die Bank verkaufen?« fragte der blonde Petschenko mit einem unschuldigen Lächeln.

»So ist es«, antwortete Boris, »wir wollen mit einem der Direktoren verhandeln!«

Petschenko hielt ihnen grinsend die Fondtür des Tschaika auf. »Bitte, steigen Sie ein!«

Beim Verlassen des Flughafengeländes wurde die Limousine nicht kontrolliert. Es genügte, daß Petschenko seinen Plastikausweis an das Seitenfenster hielt. Vor dem Flughafen reihte sich der Tschaika auf dem Zubringer der Schnellstraße M1 Richtung Moskauer Stadtzentrum ein.

Den Fond der Limousine trennte eine schalldichte Glasscheibe von den Vordersitzen. Der Fahrer konnte kein Wort verstehen.

»Darf ich die Karte sehen?« fragte Hauptmann Petschenko und drehte sich auf seinem Sitzplatz nach hinten zu Verena und Boris um.

Boris zuckte mit den Achseln. »Warum nicht?« Er faßte in seine Reverstasche und hielt Petschenko die Monopoly-Karte entgegen. Der Leningrader Hauptmann nahm Boris die Spielkarte aus der Hand und betrachtete sie neugierig wie Brigadegeneral Kedrow in Jerewan, als handele es sich um eine wertvolle Reliquie. »*Spasibo*!« sagte er schließlich und reichte sie Boris zurück.

»Wie geht es jetzt weiter, *Towarischtsch?*« fragte Verena ungeduldig.

»Meine lieben Freunde, Sie müssen sich gedulden! Brigadegeneral Kedrow hat den *Bahnhof* in Leningrad informiert. Es wird noch ein paar Stunden dauern, bis wir persönlichen Kontakt zur *Bank* in Moskau aufnehmen können. Ich bringe Sie zur Wohnung eines Freundes. Dort können Sie bleiben, bis wir Sie abholen.«

In Moskau regnete es. Boris blickte durch den Spalt zwischen dem Fensterrahmen und den grauen Gardinen auf den Leninskij Prospekt. Das übliche Wintergrau beherrschte die Straßen. LKWs, Omnibusse, Taxis und Dienstwagen schleppten sich mit russischem Langmut durch die verstopften Straßen. Die Passanten gingen mit ernsten Gesichtern ihren Geschäften nach, eingehüllt in ihre Wintermäntel, verbarrikadiert hinter Regenschirmen und das Hirn voll mit den neuesten Gerüchten über Einkaufsquellen in der Stadt. Boris schüttelte seufzend den Kopf. Es war absurd: er hatte Moskau in KGB-Uniform verlassen, während es vom üblichen Alltag beherrscht worden war – dazwischen hatte man mehrfach versucht ihn umzubringen. Onkel Feliks war tot. Nun kehrte er in einem Tschaika des Leningrader KGB in die sowjetische Hauptstadt zurück, und noch immer bot das Moskauer Straßenbild einen friedlichen Anblick.

»Wir werden nicht zu Ihrem Freund fahren!« bemerkte er und ließ den Vorhang zurückfallen. »Moskau ist mein Spielfeld. Hier habe ich sozusagen Heimvorteil!«

»Wie stellen Sie sich das vor?« widersprach Petschenko erschrocken. »Das Risiko ist viel zu hoch!«

Boris warf einen prüfenden Blick aus dem Wagen. Sie fuhren am Warenhaus *Moskwa* vorbei, in Richtung des großen Wohngebäudes am Leninskij Prospekt. »Darum machen Sie sich mal keine Sorgen, Genosse Hauptmann. Wir sind an größere Probleme gewöhnt.« Er sah auf seine Uhr. »Wir treffen uns ... sagen wir ... um fünfzehn Uhr an der Tankstelle in der Krasina Ulica!«

Der Fahrer hatte an einer roten Ampel gehalten und fuhr wieder an. Hauptmann Petschenko wirkte hilflos. »Aber wenn Ihnen etwas pas ...«

»Warum sollen wir diskutieren, mein lieber Petschenko?« unterbrach ihn Boris. »Sagen Sie dem Fahrer, er soll halten!«

Petschenko wußte beim besten Willen nicht, ob er diesen Oberst Korolew gewähren lassen sollte oder nicht. Sein Auftrag lautete, Kedrow und dessen Frau zur *Bank* zu bringen. Aber niemand hatte ihn über Korolews Kompetenzen informiert.

»Na, los, lassen Sie halten!« fuhr ihn Boris an.

Widerwillig klopfte Hauptmann Petschenko gegen die Trennscheibe und deutete mit dem ausgestreckten Zeigefinger schräg nach rechts unten. Die Tschaika hielt gegenüber der Akademie der Wissenschaften. Boris und Verena stiegen aus.

»*Do swidanja*!« verabschiedete sich Verena. Boris legte noch einmal kurz den Ellenbogen auf das Wagendach und beugte sich zu Petschenko in den Fond. »Bis nachher, Genosse Petschenko – und vielen Dank!«

Petschenko sah ihnen nach und beobachtete, wie sie den Leninskij-Prospekt überquerten, neben der Akademie in eine Seitenstraße abbogen und Richtung Gorki-Park verschwanden.

Kurz nachdem Robert Creek, alias Robby Pittsburgh, alias Simon Baker in seinem Hotelzimmer eingetroffen war, hatte er einen Anruf erhalten. Das Timing lief gut. Der farbige Amerikaner nahm eine kurze Dusche und zog sich um, bevor er das Kosmos-Hotel wieder verließ. Der Weg war nicht weit, führte quer über den Mira-Prospekt auf das Ausstellungsgelände der *Volkswirtschaftlichen Errungenschaften der UdSSR* zu. Im Maschinenbau-Pavillon traf Pittsburgh die anvisierte Kontaktperson. Zu seiner Verwunderung war es eine Frau, eine Russin von Ende Fünfzig, mit intelligentem Gesicht, das allerdings vom Alkohol gezeichnet war. Sie tauschten lediglich ihre Aktenkoffer, gleiches Modell, problemlos und schnell – altes Rezept und bewährte Tradition.

Pittsburgh kehrte in sein Zimmer zurück und sah den Inhalt des Aktenkoffers durch. Großformatige Aufnahmen von Boris Stepanowitsch Uljanow aus den verschiedensten Phasen seines Lebens. Paßbilder und Adressen seiner Freunde, Namen der Clubs und Lokale, die Uljanow bevorzugte, und nicht zuletzt die Privatadresse des ehemaligen Kommandeurs der *Sektion Budjonny*. Ausgerechnet diesen Uljanow zu liquidieren, seinen Ausbilder bei der SAS, empfand der ehemalige Mafia-Killer als besondere Herausforderung. Er prägte sich die Haus- und Wohnungsnummer Uljanows in der Moskvina Ulica ein. Nur mit seinem falschen Paß, etwas Geld und seinem Schlosserbesteck in der Manteltasche lief er zur nahe gelegenen Metro-Station und fuhr bis zum Nogina-Platz. Dort stieg er um und nahm die Bahn in Richtung Puschkinskaja. Von dort aus würde er laufen. Pittsburgh wollte sich in Uljanows Wohnung umsehen. Kannte man den Bau seines Opfers, lernte man viel über dessen Revier.

Boris und Verena durchquerten den Gorki-Park bis zum Ufer der Moskwa. Das *Grüne Theater* mit der Freilichtbühne hatte schon bessere Zeiten gesehen. Steine waren aus den Sitzreihen herausgebrochen. Putz fiel von den Wänden. An der Seite hatte sich eine Enklave der Moskauer Musik-Szene gebildet, das *Victoria-Hard-Rock-Café*. Wenn

Jewgenij seinen Haschisch-Rausch ausgeschlafen hatte, war er hier um die Mittagszeit zu finden.

Die beiden trugen mit ihren Uniformen die denkbar ungeeignetste Kleidung, um diesen Ort unauffällig zu betreten. Manche der jungen Leute verließen mehr oder weniger fluchtartig das Szene-Café, als sie die beiden KGB-Offiziere durch die Tür kommen sahen. Andere warfen ihnen verächtliche Blicke zu oder drehten sich demonstrativ um. Der Terror und die Schikanen des sowjetischen Geheimdienstes waren hier nicht vergessen.

Jewgenij saß an einem der hinteren Tische, eine Tasse Kaffee neben sich, den Kopf vertieft in einen *Iswestija*-Artikel, der die Person des »Verleumders« Boris Stepanowitsch Uljanow zum Inhalt hatte, dieser Schande des modernen sowjetischen Kulturlebens überhaupt und der Moskauer Szene im Besonderen. Der Bassist war in den letzten vierundzwanzig Stunden in einen apathischen Zustand geraten. Das Konzert in zwei Tagen stand in Frage. Ohne Boris war es nicht zu bewältigen. Und niemand, auch nicht er, der Boris von allen am besten kannte, konnte verstehen, was in dem Freund vorgegangen war, als er sich zu den Amerikanern absetzte. Klar, jeder hier träumte von den Studios in New York und Hollywood. Aber auf so eine Art? Keiner hätte das von Boris vermutet.

»Jewgenij!« sagte Boris. Der Bassist blickte von seiner Zeitung auf. Als er seinen Freund in der KGB-Uniform unvermittelt vor dem Tisch stehen sah, Händchen haltend mit einem weiblichen Major des KGB, da starrte er ihn überwältigt an und brach in schallendes Gelächter aus.

Vadim schaute vom Tresen herüber. Erst jetzt erkannte auch er Boris. Binnen weniger Sekunden waren Boris und Verena von den Leuten aus dem *Victoria-Hard-Rock-Café* umringt. Jewgenij beruhigte sich mittlerweile etwas. »Oh, Junge!« stöhnte er. »Wo kommst du denn her?«

Boris zog für Verena einen Stuhl heran, während er sich

auf die Tischkante setzte. Er sah sich um. Jedes Gesicht war ihm bekannt. Kein Spitzel. »Hört zu, Leute!« rief er.

In der gleichen Sekunde erkannte Verena, worauf Boris sich einließ – ein verdammt riskantes Spiel.

»... jetzt beruhigt euch mal langsam. Das mit Amerika war ein Propaganda-Trick!«

»Eh, Mann – warum läufst du denn in diesen beschissenen Klamotten rum?« unterbrach ihn Oleg, ein rauhbeiniger, aggressiver Typ, der keinem Streit aus dem Wege ging, wenn er sich mit Staatsbeamten anlegen konnte.

»Spar deine Kraft, Oleg!« erwiderte Boris. »Am Freitagmittag werden sie versuchen zu putschen!« Tamara, die Verena und Boris gerade zwei Tassen Tee bringen wollte, ließ beinahe das Tablett fallen.

»Wer?« schrie Jewgenij.

»Haltet doch mal die Klappe!« brüllte Boris. Seine Worte hatten Wirkung. »Sie nennen sich selbst *Organisazija*, eine kriminelle Vereinigung alter Kader und korrupter Wirtschaftsfunktionäre, die die Regierungspolitik seit Jahren sabotiert. Ihre Leute sitzen in der Wirtschaft und Verwaltung, besonders im KGB und Militär ...«

»Aber was hat das mit dir zu tun?« warf Jewgenij ein, der immer noch Schwierigkeiten hatte zu fassen, daß ihr verlorener Bandleader zurückgekehrt war. »Wo warst du die letzten Tage, und was sollte dieses Interview für die Amerikaner?«

»Langsam, langsam!« sagte Boris abwiegelnd. Die Leute hier durften ihm nicht aus der Kontrolle geraten. Für die nächsten achtundvierzig Stunden war er auf sie angewiesen. »Wie ihr wißt, war ich früher Offizier im KGB ...«

Einige wußten das nicht und schüttelten bestürzt den Kopf. »In dieser Zeit war ich unter anderem drei Jahre Spion in einer englischen Anti-Terror-Einheit in Großbritannien. Das Wissen gab ich an unsere Elite-Truppen weiter. Geiselbefreiungen, Stürmung von entführten Flugzeugen und so weiter und so weiter. Sonntag abend tauchte mein Onkel Feliks in unserem Studio auf. Feliks Matwejewitsch war Leiter vom Personenschutz. Er holte mich zu einer Krisenstabssitzung. Am Freitagvormittag soll der Generalny mit einer Delegation inoffiziell die DDR besuchen. Die Beziehungen stehen schlecht im Moment. Beim Landeanflug auf den Flughafen Berlin-Schönefeld soll die Regierungsmaschine von westdeutschen Neo-Faschisten mit Hilfe von amerikanischen Stinger-Raketen abgeschossen werden. Finanziert und eingefädelt wurde das von der *Organisazija.* Gleichzeitig werden sie versuchen, in Moskau die Macht zu übernehmen. Wir müssen damit rechnen, daß Panzereinheiten aus der Umgebung in die Stadt verlagert werden.«

»Rufst du jetzt zum Bürgerkrieg auf oder was?« bemerkte Nikita. Die jungen Menschen waren mit einemmal still geworden. Die gesellschaftlichen und politischen Veränderungen standen noch zu sehr im Anfangsstadium, als daß nicht jeder von ihnen den Rückfall in die Zeiten der lähmenden Breschnew-Ära fürchtete.

»Ich?« Boris schien über die Frage verblüfft. Ja, gestand er sich selbst ein, ohne direkt zu antworten, ich will die *Organisazija* ans Messer liefern. »Man bat mich im ZK, wegen der besonderen Bedingungen für die Regierung zu arbeiten. Ich flog mit meinem Onkel nach Ostberlin, um eine Kontaktperson in Westberlin zu treffen. Wir wurden auf offener Straße überfallen. Feliks Matwejewitsch wurde dabei vor meinen Augen ermordet. Ich floh nach München zu Verena«, er zeigte mit der Hand auf die schöne Frau in der Majorsuniform. »Sie arbeitete dort. Wenige Stunden später traf uns der nächste Überfall der *Organisazija.* Sie verlangen meinen Kopf. Israelische Mossad-Agenten haben uns da herausgehauen. Wir wurden über Österreich nach Israel geflogen. Erst dort erfuhr ich von der Zusammenarbeit von General Chmys vom KGB mit dem israelischen

Mossad. Neben der *Organisazija* gibt es eine weitere illegale Vereinigung. Sie nennt sich *Monopoly-Runde*. Ihr Ziel ist es, die *Perestroika* gegen Angriffe aus dem eigenen Land zu schützen. Auch das sind Tausende von Leuten aus allen Gesellschaftsbereichen. Wenn ihr so wollt, ist die Führung unseres Landes geteilt – und am Freitag wird es zur Entscheidung kommen.«

Vadim nickte verständig. »Jetzt kapiere ich, warum Pawel Murajew meinte, wir sollten warten! Vermutlich gehörte er auch zum Kreis der Eingeweihten.«

»Ich wurde in den Westen geschickt, um mit den Briten und Israelis ein Geheimdienstunternehmen zur Rettung des Generalny zu planen«, fuhr Boris fort. »Die sind tatkräftig dabei, uns zu helfen. Das Interview diente ausschließlich der Irreführung der *Organisazija*. Wir wissen noch nicht einmal, ob sie nicht in den Krisenstäben der Regierung sitzen. Verena und ich sind über die türkisch-armenische Grenze in die SU zurückgekehrt. Hier erwartete uns ein Haftbefehl der KGB-Verwaltung Sonderermittlungen. Ich werde mich um drei mit einem Verbindungsmann der *Monopoly-Runde* treffen.« Boris drückte das Kreuz durch und richtete sich auf. »So, jetzt habe ich euch alles gesagt. Ich brauche eure Hilfe. Freitagmittag muß in der Moskauer Innenstadt alles auf den Beinen sein, was laufen kann. Vorwände für Demonstrationen werden wir genug bekommen. Jetzt liegt es an euch, ob ihr dabei seid oder ob ihr euch in eure Studios verdrückt!«

Die Provokation erzielte ihre Wirkung. »Ja, was willste denn, ey?« fragte Oleg, bereit, mit der nächsten Dachlatte zum Dscherschinskij Platz zu ziehen.

Boris stand auf und bediente sich von den Schmalzbroten am Buffet. »Ich will, daß ihr vor allem die Klappe haltet. Wenn offiziell durchsickert, daß ich in Moskau bin, ist das mein und Verenas Todesurteil.« Er biß herzhaft in die Stulle und fuhr kauend fort: »Wir treffen uns heute nacht um zwei in Saschas Wohnung. Und wenn ihr mir einen Gefallen tun wollt, kümmert euch so lange um Verena.«

»Was soll denn das, Boris?« schimpfte Verena und sah ihn ratlos an. »Willst du jetzt vielleicht eine Art Uljanowsche Bürgerwehr aufbauen? Das ist doch lächerlich!« Zum ersten Mal sah sie in seinen Augen Haß aufblitzen.

»Genau!« antwortete er bissig. »Ich will die Männer, die für dieses sinnlose Morden, Betrügen und Erpressen verantwortlich sind, an den Laternen hängen sehen!«

Vadim umfaßte Boris' Schulter und drückte ihn freundschaftlich. »Nur die Ruhe, Boris!« Er grinste zuversichtlich. Und mit einem Blick auf Verena fügte er hinzu: »Für deine Freundin finden wir schon irgendeinen Fummel, mit dem sie weniger auffällt!«

»Was hast du vor?« fragte Verena nervös. Die Ablehnung, die die Leute ihr zuvor entgegengebracht hatten, war jetzt zwar einer freundlichen Neugierde gewichen. Trotzdem hielt sie nicht viel davon, daß Boris sie unter diesen *Chippis* zurückließ.

»Ich will einer Adresse auf den Zahn fühlen, die mir Onkel Feliks gab, bevor er starb«, gestand Boris. Plötzlich wurden die Erinnerungen an den Tod seines Onkels wieder wach. Abrupt sprang er auf die Füße, setzte die Offiziersmütze auf und ging zur Tür. »Bis heute nacht dann. Wenn mir etwas passiert, weiß wenigstens Verena Bescheid!«

»He, Boris!« brüllte ihm Jewgenij hinterher, nicht ohne seinen Zorn zu verbergen. »Unser Konzert können wir dann ja wohl in den Wind schießen lassen!«

Ihr Freund in der Uniform drehte sich nochmals um und lachte die jungen Leute herzerfrischend an. »Bist du bescheuert? Uns wird zwar nur noch die Zeit bleiben, unsere Instrumente auf der Bühne einzustöpseln, aber Freitagabend werden wir eine Show abziehen, die man in Moskau nicht vergessen wird.«

Ohne sich weiteren Kommentaren auszusetzen, verschwand Boris durch die Tür und lief über die regennassen Wiesen des Gorki-Parks davon.

Robby Pittsburgh kam an der Puschkinskaja Ulica aus den Tiefen des Moskauer Metro-Netzes auf einer Rolltreppe hochgefahren. Es machte ihm Spaß, diese Dinger zu benutzen. Sie waren mindestens doppelt so schnell wie vergleichbare Einrichtungen im Westen. Und das mußte so sein. Anders ließen sich die Unmassen von Menschen in vertretbarer Zeit nicht durch Moskau schleusen. Pittsburgh lief über den Puschkin-Platz, rechts am Kinopalast Rosija vorbei. Unterwegs warf er nur einen kurzen Blick in den Stadtplan, den er in der Manteltasche trug.

Natürlich war ihm bewußt, daß er auffiel. Diese Kommunistenärsche, wie Pittsburgh die Bürger der Sowjetunion nannte, standen in ihrem Rassismus den weißen Südstaatlern in nichts nach. Verstohlen schauten ihn die Leute an, blickten sofort wieder zur Seite, als wäre sein Anblick der Herd einer ansteckenden Krankheit. Pittsburgh hatte ein sensibles Gespür dafür entwickelt und viele Orte kennengelernt. Moskau empfand er als ganz besonders schlimm.

Das Haus in der Moskvina Ulica war einfach zu finden. Ein Nomenklatura-Bau der Stalin-Ära, ein Zuckerbäcker-Haus, das im Lauf der Jahrzehnte fast bis zur Baufälligkeit verkommen war. Pittsburgh sah sich in beide Richtungen um. Die Straße war ruhig. Ein paar Autoreihen weiter wartete ein Fahrer in einem Moskwitsch mit laufendem Motor. Der Amerikaner hatte selbst einen Mann aussteigen und in einem der benachbarten Häuser verschwinden sehen. Das Fahrzeug war unverdächtig.

Pittsburgh betrat den dunklen Hausflur. Er drückte auf den Lichtschalter. Eine funzelige fünfundzwanzig-Watt-Birne leuchtete auf. Staunend betrachtete er die Reste des Stucks an der Flurdecke. Vor ihm lag ein alter Drahtkorb-

Fahrstuhl. Pittsburgh klappte das Scherengitter auf und fuhr in den siebten Stock hinauf.

Boris hatte über die Krimbrücke die Moskwa überquert und nahm an der Station *Kulturpark* die Metro. Am Revolutionsplatz stieg er in die Bahn Richtung Puschkinskaja um. Auf dem Weg über die Moskwa hatte er sich überlegt, bevor er diesen Sergej Kunatschkin in der Fruzenskaja aufsuchte, noch einmal in seine Wohnung zurückzukehren. Boris war eine der wenigen Privatpersonen in der UdSSR, die eine automatische Pistole *und* die dazugehörige Waffenbesitzkarte besaßen. Er traf zwei Züge später als Robby Pittsburgh in der Puschkinskaja ein.

Pittsburgh stand vor Uljanows Wohnungstür. Ein Türschild fehlte. Nur eine blecherne Wohnungsnummer war auf die Holztür genagelt. Er sah sich das Schloß an und grinste. Ein Witz. Weit weniger gefiel ihm das Dienstsiegel des KGB, mit dem die Wohnung verschlossen worden war.

Bald nachdem das Interview mit Uljanow in Moskau bekannt geworden war, hatte Generalmajor Myschko die Bluthunde seiner Verwaltung Sonderermittlungen in die Moskvina Ulica geschickt und die Wohnung des Ex-Majors auf den Kopf stellen lassen. Schlüssige Hinweise hatten sie nicht gefunden.

Noch stand Pittsburgh untätig auf dem Flur. Wenn er's hier vermasselte, wie Harrison in Langley sagte, steckte er bis zur Halskrause in Schwierigkeiten. Er besaß keinerlei diplomatischen Status, und es würde einige Monate dauern, bis ihn die Russen über die Glienicker-Brücke in den Westen laufen ließen. Danach würden die amerikanischen Behörden und gleichermaßen die Manager des McDonald's-Konzerns, deren gefälschte Papiere er benutzte, über ihn herfallen. Pittsburgh arbeitete ohne Netz. Aber gerade das turnte ihn an wie andere eine *line* Kokain.

Boris nahm den selben Weg wie Pittsburgh. Trotz des Marathons, der vor ihm lag, freute er sich, sein altes Viertel wiederzusehen. Jahrelang war er wie mit geschlossenen Augen seiner Wege gegangen. Jetzt, als es ihm selbst als Wunder erschien, lebendig durch Moskau zu streifen, betrachtete er sein Zuhause mit einer nie gekannten Aufmerksamkeit. Die Blumenfrau am Puschkin-Platz, die zu Wahnsinnspreisen rote Nelken verkaufte, die Alten, die in der Puschkinskaja lebten und zwischen den Bürohäusern des Moskauer Zentrums noch einen Sternenschweif russischer Lebensweise vor dem anonymen Pulsieren der Machtmetropole bewahrten, die Katzen, die abseits der großen Straßen durch die Höfe flitzten, um junge Ratten oder Mäuse zu jagen, all das sah Boris mit einemmal, als schaue er durch das Objektiv einer Kamera.

Sich die Mühe zu machen, das Siegel zu erhalten, lohnte nicht. Pittsburgh wollte schnell sein. Er hantierte mit seinem Schlosserbesteck an dem Sicherheitsschloß sowjetischen Standards. Die *Special Operation Division* hatte ihn zwar mit dem geeigneten Werkzeug ausgestattet, dennoch wunderte sich der farbige Amerikaner über die Probleme, die ihm diese ungewohnte Bauart bereitete. Nach zwei Minuten sprang die Tür auf. Sie öffnete sich nach außen.

Boris hatte die zweite Tür wegen der dauernden Beschwerden seiner Nachbarn schon vor Jahren vor die ursprüngliche Wohnungstür setzen lassen. Rockmusik über achtzig Dezibel war nicht jedermanns Geschmack.

Die zweite Tür war unverschlossen. Pittsburgh tastete neben dem Türrahmen nach dem Lichtschalter in der dunklen Diele. Als er ihn gefunden hatte, stand er noch mit dem halben Oberkörper draußen. Die Explosion schleuderte ihn mitsamt der schweren Holztür quer durch den Hausflur.

»*Fuck off*!« fluchte Pittsburgh und schob das Türblatt

weg. Das Holz war auf der Rückseite gespickt mit kleinen Metallsplittern einer Gasleitung, die sonst seinen Körper durchsiebt hätten. Blut lief ihm die Wange herunter. An seiner Stirn klaffte eine Platzwunde. Der Amerikaner zwang sich auf die Beine. Unten im Haus hörte er Rufe. Uljanows Wohnung stand mittlerweile lichterloh in Flammen. Pittsburgh griff nach dem Taschentuch in seinem Kaschmirmantel, drückte es sich auf die Stirn und lief die Treppen hinunter. Niemand der im Treppenhaus stehenden Anwohner hielt ihn auf.

Später würden sich die Zeugen nicht mehr erinnern können, ob es sich tatsächlich um einen *Schwarzen* gehandelt hatte oder ob nur sein Gesicht rußgeschwärzt war. Alles vollzog sich in Sekunden. Die Feuerwehr wurde alarmiert, die Bewohner mußten evakuiert werden.

Boris bog gerade um die Ecke, als er den Knall der Detonation hörte. Er würde den Anblick wohl sein ganzes Leben nicht vergessen. Die Fenster seiner Wohnung flogen splitternd samt Rahmen quer über die Moskvina Ulica auf die Dächer der gegenüberliegenden Häuserfront. Dann sah er schon die Flammen aus den leeren Fensterhöhlen schlagen. Er rannte auf das Haus zu. Kurz vor der Eingangstür lief ihm ein Farbiger mit Taschentuch an der blutenden Stirn in die Arme. Boris fing ihn auf. Für einen winzigen Moment starrten sie sich an. Pittsburghs Augen waren erschrocken aufgerissen. Dann machte er sich frei und rannte weiter. Boris hatte sich das Gesicht eingeprägt. Sein Gedächtnis arbeitete präzise und er wußte, daß er dieses Gesicht bereits gesehen hatte. Nur an die Quelle konnte er sich nicht erinnern. Aber sie gehörte keinesfalls nach Moskau. In der Petrowka und der Puschkinskaja Ulica heulten bereits die Sirenen der ersten Miliz- und Feuerwehrfahrzeuge. Bevor Boris einen klaren Gedanken fassen konnte und sich umdrehte, war der Ausländer verschwunden. Boris lief ihm nach, die Puschkinskaja entlang. Es war Mittagszeit. Der Mann war zwischen den Tausenden von Passanten untergetaucht.

Pittsburgh benutzte jetzt kleine Seitenstraßen, auf denen er sich schnell nach Süden bewegte. Selbst der kampferprobte Amerikaner brauchte einige Zeit, bis sich der Schreck aus seinen Gliedern verzog. Wer immer Uljanow dieses Ei ins Nest gelegt hatte, die Überraschung war ihm gelungen. Robby Pittsburgh fragte sich, während er durch die Moskauer Gassen joggte – was mit dem Taschentuch an der Stirn und der ausgewählten Managerkleidung ziemlich lächerlich wirken mußte –, ob er überhaupt noch Gelegenheit erhalten würde, seinen Job zu erledigen. Sein »Ziel« pflegte offensichtlich einen exponierten Lebensstil.

Im Hotelzimmer hatte er die Telefonnummer auswendig gelernt, bevor er sie mit den übrigen Unterlagen im Badezimmer verbrannte. An der Lenin-Bibliothek stellte er sich an einen der Münzfernsprecher, warf ein Zwei-Kopeken-Stück ein und wählte den Anschluß.

»*Da*!« Eine Frauenstimme. Pittsburgh vermutete, es war die selbe Frau wie in dem Ausstellungspavillon.

»Ich wurde verletzt!« sagte er auf russisch, ohne einen Namen zu nennen.

»Wo sind Sie?« fragte die Stimme nüchtern.

»An den Telefonen gegenüber der Lenin-Bibliothek.«

»Können Sie laufen?«

»*Da*!«

»Wir holen Sie in fünfzehn Minuten an der Ecke Granowskowo-Gercena-Ulica ab«, antwortete die Frau. Pittsburgh legte zufrieden den Hörer auf die verchromte Gabel. Auch seine Wunde hörte endlich auf zu bluten. Bevor er sich auf den Weg machte, erledigte er einen zweiten Anruf, eine Geheimnummer der Moskauer US-Botschaft. Daß die Telefonüberwachung des KGB mithörte, war selbstverständlich. Aber mit dem Navajo-Slang, dessen sich Pittsburgh bediente, konnten sie nichts anfangen. Selbst das eigene amerikanische Botschaftspersonal war nicht in der Lage, die Nachricht zu entschlüsseln. Ein alter Trick, mit dem die Amerikaner schon im Zweiten Weltkrieg die japanische Abwehr schachmatt gesetzt hatte. Und Indianer-Slangs gab es reichlich im Land der unbegrenzten Möglichkeiten. Die Meldung wurde codiert und direkt nach Sigint City weitergefunkt, so nannte man die NSA-Zentrale in Fort Meade. Dort wurde die Nachricht dechiffriert und an den DCI Peat Nuskiewicz weitergeleitet.

Pittsburghs Informationen trugen nicht zur Beruhigung der US-Regierung bei. Boris Uljanow war in Moskau – und man hatte soeben versucht, ihn in die Luft zu sprengen.

11. JANUAR, HAMBURG, 12.30 UHR:

Harry Maybach saß schon den ganzen Vormittag über im Büro seines Freundes Bruno Lindner in der *Spiegel*-Redaktion an der Brandstwiete.

Der dpa-Journalist hatte dem Kollegen seine Odyssee seit dem anonymen Anruf detailliert geschildert. Anfänglich hatte die Geschichte wirklich nach einem Aufmacher ausgesehen. Ein Team des Düsseldorfer *Spiegel*-Büros fuhr zum Obernau-Stausee, um auf der Straße nach Spuren der Entführung zu suchen. Sie fanden nichts. Die Pressestellen der Polizei- und Staatsschutzbehörden wurden eingehend über die Behandlung von Maybach befragt. Sie beriefen sich auf ein eilends eingeleitetes Ermittlungsverfahren der Staatsanwaltschaft Köln wegen Verleumdung und Volksverhetzung gegen den dpa-Journalisten Harry Maybach. Nach den neuesten Entwicklungen in den USA war das Verfahren inzwischen wieder eingestellt worden. Maybach wurde jetzt nur noch vom Polizeipräsidium Köln aufgefordert, seine Fahrerlaubnis wegen Trunkenheit am Steuer unverzüglich bei der nächsten Polizeidienststelle abzugeben. Der Kripo Köln lagen keine Hinweise auf eine Entführung vor. Maybach hatte auch keine diesbezügliche Anzeige erstattet.

In Bonn hörten sich im Auftrag Lindners die Regierungsjournalisten um. Es existierten zahlreiche Presseclubs, in denen Minister, Bundestagsabgeordnete und Parteiführer Round-table-Gespräche mit den in Bonn akkreditierten Journalisten führten. Dabei warben die Politiker um die Meinungsmacher oft wie Freier um die einzige Hure im Dorf. Ihre Sorgen und möglichen Lösungen von Problemen wurden mit großer Offenheit diskutiert. Nichts von diesen Gesprächen drang jedoch an die deutsche Öffentlichkeit. Absolute Diskretion war die Grundvoraussetzung, um Mitglied in diesen publizistischen Logen zu werden. Zwangsläufig entstand dabei eine Vertrautheit, die beide Seiten für sich zu nutzen wußten. In Maybachs Fall bat man in Bonn freundlich um Zurückhaltung. Die außenpolitische Situation zwischen Bonn und Washington und insbesondere zu Moskau hatte ein äußerst kritisches Stadium erreicht. Den *Spiegel*-Journalisten wurde mehr oder weniger offen gesteckt, daß eine Maybach-Story Genschers liberale Geheimdiplomatie zwischen den USA und den Russen zunichte machen würde. Welcher vernünftige Mensch, der auf dem potentiellen Schlachtfeld Bundesrepublik lebte, wollte schon dafür verantwortlich sein.

Lindner kehrte von einem Vier-Augen-Gespräch mit dem Ressortleiter in sein Büro zurück. Maybach saß noch immer da und tippte mit Akribie ein Gedächtnisprotokoll in den Personal-Computer. Bruno sagte ihm nichts von dem vertraulichen Telefonat zwischem dem Leiter des Bundespresseamtes und dem Chefredakteur. Von Maybach war dabei nicht die Rede gewesen, sondern nur von der komplizierten weltpolitischen Lage nach dem Fall Uljanow.

Maybach faßte den Kaffeebecher am Henkel, nahm einen großen Schluck und fragte seinen Freund mit einem braunen Ring um die Lippen: »Wie sieht's aus?« Seine Euphorie schien ungebremst. Er hatte hart einstecken müssen, jetzt wollte er austeilen.

»Sieht schlecht aus, Harry!« stellte Bruno fest. Er schloß die Tür, setzte sich auf seinen Schreibtischstuhl und zündete sich eine Rothändle an.

Maybach drehte sich auf seinem Stuhl zu Bruno um und forschte in dessen Gesicht. »Soll das etwa ein Scherz sein?«

Bruno ließ die Zigarette im Mundwinkel stecken, so wie er es beim Schreiben tat, und antwortete: »Du hast nichts zu bieten, Harry. So hart wie das klingen mag, du müßtest es als erster einsehen.«

Der *Spiegel*-Redakteur wartete auf eine Widerrede. Aber Harry schwieg. Nur sein Gesichtsausdruck verhärtete sich, als seien seine Muskeln in Wachs gegossen.

»Überlege doch mal selbst«, verteidigte sich Lindner, »Indizien am Obernau-Stausee negativ, in Köln lief ein einschlägiges Ermittlungsverfahren gegen dich, zwar sehr dünn, aber als Zeuge bist du damit vor einem deutschen Gericht und der Öffentlichkeit ziemlich desavouiert, und in Köln haben dich die Bullen besoffen aus dem Auto gezogen. Du bist den Führerschein los. Wir haben nur deinen Bericht, sonst nichts. Es ist doch wohl klar, daß wir eine Lawine lostreten würden, der wir nicht gewachsen wären. Und all das, während man in Washington und Moskau wegen eines Popmusikers verrückt spielt? Nein, Harry, das kannst du nicht verlangen. Gerade wir tragen die Verantwortung für einen sauberen Journalismus, und es gibt genug Bluthunde, die nur darauf warten, dem *Spiegel* eins auswischen zu können.«

»Gut gebellt, Bruno!« stellte Harry lakonisch fest. Die Schreibtischplatte wurde zum Symbol. Plötzlich saßen sie auf verschiedenen Seiten. Maybach stand auf und zog sich die Hosen zurecht. »Dann werde ich eben zum *Stern* gehen!« bemerkte er, während er seinen Mantel vom Haken hinter der Tür nahm.

Bruno schüttelte den Kopf. »Keiner wird deine Geschichte kaufen, Harry, der *Stern* nicht, die *Bunte* nicht und die *Quick* auch nicht!«

»Laß uns abwarten, Bruno. Und dann werden sie dir in der Chefredaktion den Arsch aufreißen!«

11. JANUAR, MOSKAU, 13.30 UHR:

Boris hatte Glück. Er erwischte an der Gorkowo Ulica ein freies Taxi. Über die Ringstraße ließ er sich zur Fruzenskaja fahren. Das war zwar ein kleiner Umweg, ging aber schneller. Während der Fahrt stieg in ihm wieder die Erinnerung an Feliks Matwejewitsch hoch. »Geh zu Sergej Kunatschkin!« Er wußte nicht, was ihn dort erwartete. Aus welchem Grund auch immer Myschko die Großfahndung veranlaßte, der Anschlag auf seine Wohnung sprach für sich. Dieser Kunatschkin konnte ein Vertrauter von Onkel Feliks gewesen sein oder einer der Hintermänner der *Organisazija*.

Das Wohngebäude an der Fruzenskaja entsprach gehobenem *Nomenklatura*-Niveau. Das Taxi hielt direkt davor. Der Fahrer besaß die Kaltschnäuzigkeit, sogar einen KGB-Oberst in Uniform mit dem Taxameterstand zu betrügen. Boris ließ sich auf keinen Streit mit dem Moskauer Droschkenkutscher ein und zahlte den überhöhten Fahrpreis. Er wollte nicht auffallen. Neben dem Hauseingang stand ein *Spak*. Boris stieg aus und lief direkt zu der zweiflügeligen Eingangstür des eleganten Apartmenthauses am Ufer der Moskwa.

»Einen Moment bitte, Genosse Oberst!« sagte der zivile KGBler und hielt Boris auf. »Zu wem wollen Sie?«

»Zum Genossen Sergej Kunatschkin!« antwortete Boris und hielt dem aufmerksamen Wachmann seinen gefälschten Dienstausweis hin. Der Mann zog kurz die Augenbrauen hoch und bemerkte: »So, so, steht der alte Kunatschkin wieder hoch im Kurs!« Er machte Anstalten Haltung anzunehmen und ging dem Oberst aus dem Weg. In der Halle kam Boris ein alter Mann entgegen, vermummt in einem mindestens dreißig Jahre alten Pelzmantel. Er selbst brachte noch ein halbes Jahrhundert mehr an Geburtstagen zusammen. Begleitet wurde er von einem Hund, einem deutschen Rauhhaardackel, dessen Senilität auf einen baldigen Gnadentod hoffen ließ. Hüftkranker Herr und altersschwacher Hund schlurften an Uljanow vorüber.

»*Sdrastwujtje*, Genosse Brigadegeneral!« rief die Hauswartsfrau dem Alten hinterher. Sie wischte auf der anderen Seite der Halle den Marmorboden auf. »Was macht die Gesundheit?«

Der Brigadegeneral hob winkend die Hand. »Sie gibt mir mehr oder weniger zu verstehen, daß ich noch am Leben bin!«, erwiderte er beim Hinausgehen. Draußen sprach er noch den *Spak* an. »Na, Genosse Jenkejewitsch! Immer noch nicht untauglich wegen Plattfüßen? Macht nichts. Das wird schon!«

Boris grinste still in sich hinein und lief zu der Hauswartsfrau. »Entschuldigen Sie, Bürgerin! Zum Genossen Kunatschkin ...«

Die Frau blickte hoch und wischte sich den Schweiß von der Stirn. »Sprechen Sie vom Brigadegeneral?« fragte sie eingeschnappt und spülte den Lumpen im Eimer durch.

»Zu Sergej Kunatschkin. Seinen Titel kenne ich nicht!«

Energisch kam die Fünfzigjährige auf die Füße und stemmte ihre rechte Hand in die Hüfte. »Na hören Sie mal, Sie junger Oberst! Brigadegeneral Kunatschkin war viele Jahre lang KGB-Resident in Berlin und danach Abteilungsleiter in der Ersten Hauptverwaltung! Und das wissen Sie nicht?« Sie sah Boris entrüstet an. Kunatschkin war offensichtlich eine der Perlen in ihrer Prominentensammlung.

»Nein, das wußte ich nicht. Ich bin fremd in der Stadt.«

Die Hauswartsfrau ging wieder auf die Knie, wrang den Lumpen aus und wischte weiter. »Na, eben ist er an Ihnen vorbeigekommen, *Towarischtsch*!«

Boris machte kehrt und lief dem Alten hinterher. Der *Spak* deutete, mit einem Anflug von Schadenfreude im Gesicht, die Richtung an, in die Kunatschkin gegangen war, hinunter zum Moskwa-Ufer.

Mittlerweile regnete es nicht mehr. Aber kalter Wind fegte über den Fluß, der sich quer durch die sowjetische Hauptstadt schlängelte. Abgasdunst der Autokolonnen, die sich auf beiden Uferstraßen entlangzogen, lag in der Luft. Boris brauchte zwei Minuten, um den alten Kunatschkin mit seinem Hund zu finden. Die beiden waren kein schnelles Paar. Sie tippelten unter der Eisenbahnbrücke weiter bis zur Luzneckaja Nabereznaja, an der Mehrzweckhalle vorbei, links in das riesige Gelände des Zentralen Leninstadions hinein. Immer mal wieder blieb Kunatschkin stehen, wenn sein Dackelrüde an einem Baum oder Bordstein schnupperte und sein Bein hob. Auf dem weiten Gelände war es für Boris schwer, dem alten Mann und seinem Hund unauffällig zu folgen. Oft mußte er einen Umweg nehmen, dabei beobachtete er sie über die Wiesen und Sandplätze. Aber immer blieben sie allein.

Robby Pittsburgh saß in der Küche der Russin, mit der er wenige Stunden zuvor auf der *Ausstellung der volkswirtschaftlichen Errungenschaften der UdSSR* die Koffer getauscht hatte. Sie nannte sich Emilja. Sie hatte ihn auch auf der Ecke Granowskowo-Gercena-Ulica mit einem klappigen Moskwitsch abgeholt und hierher, in die Arbeitersiedlung im Industriebezirk Nagatino gebracht.

Emilja tupfte Pittsburgh mit Alkohol die Wunde sauber und bepflasterte seine Stirn mit einem Mullverband. »Könntest gleich mit einem Blinklicht auf deiner schwarzen Krause rumlaufen!« bemerkte sie abfällig. »Amerikanische Stümper ...«

Der SOD-Agent lachte breit und antwortete auf russisch: »Schone deine lange Zunge, schöne Schwester! Fährst du mich zum Kosmos-Hotel?«

Die Russin packte das Verbandszeug zusammen und räumte es in einen vergilbten Küchenschrank. »Du bist wohl verrückt geworden? Eine Wollmütze kriegst du von mir. Die kannst du dir über die Stirn ziehen – und Metro fahren!« Mit diesen Worten beugte sie sich an Pittsburgh vorbei über den Tisch und sammelte die blutverschmierten Tücher auf. Pittsburgh konnte ihren säuerlichen Achselschweiß riechen und betrachtete ihren stämmigen Hintern. »Morgen brauche ich sowieso den Wagen«, stellte er sachlich fest. Aber im nächsten Moment tätschelte er mit seiner großen Hand Emiljas Arschbacken. »Wie wär's – hast du's schon mal mit einem kräftigen schwarzen Mann getrieben?«

Kunatschkin lief mit seinem Hund auf die große Sportarena zu. Boris war etwa zweihundert Meter entfernt, als der Alte in den dunklen Tunnelgängen zum Spielfeld und den Tribünen verschwand. Die Kulisse konnte Zufall, aber ebensogut Taktik sein. Jedenfalls wurde Boris zunehmend nervöser. Durch den Flur lief er hinter Kunatschkin her. Seine Schritte klatschten laut auf dem feuchten Betonboden. Und beim Rennen begann sein Arm wieder zu schmerzen.

Zwischen den Betonpfeilern sah sich Boris um. Nichts. Unten auf dem Spielfeld trainierte die Jugendmannschaft eines Fußballvereins. Zwischen den Tribünen herrschte Ruhe.

»Die Observationsprüfung hätten Sie bei mir nicht bestanden, *Towarischtsch*«, bemerkte Kunatschkin spöttisch und tippte Uljanow auf die Schulter. Boris drehte sich erschrocken um.

»Ein Oberst, siehe da ...«, mitten im Satz hielt der alte Brigadegeneral inne und lachte Uljanow an. »Boris Stepanowitsch!« Gleich darauf wurde er wieder spöttisch: »Dem Klassenfeind sei Dank, daß wir dich wieder haben!« Ebenso unvermittelt schloß der Brigadegeneral a.D. ihn in die Arme. »Das mit Feliks Matwejewitsch tut mir schrecklich leid, mein Lieber!«

Boris machte sich aus der unvorhergesehenen Umarmung frei. Der Alte überspielte diesen Moment der Unsicherheit, indem er Boris zum Weitergehen auf den Flur des mittleren Ranges drängte.

»*Damned*!« schimpfte Boris. »Wer zum Teufel sind Sie?«

»Sergej Kunatschkin, Brigadegeneral a.D., früherer KGB-Resi ...«

»Das weiß ich bereits von Ihrer Hauswartsfrau!« unterbrach ihn Boris schroff. »Was hatten Sie mit meinem Onkel zu tun?«

Der alte KGB-Pensionär humpelte weiter. Er bewegte sich unbeholfen mit seiner kranken Hüfte und seiner korpulenten Statur und glich einem schweren Schrank, der hin- und herschwankt. Kunatschkin drehte sich nach seinem Hund um und pfiff. »Iossif!« rief er. Mit trippelnden Schritten kam der Rauhhaardackel mit Stalins Vornamen angelaufen. »Dein Onkel und ich«, fuhr der Achtzigjährige fort, »kannten uns schon aus frühster Jugend. In Berlin haben wir in den Jahren des Kalten Krieges zusammengearbeitet. Wir beide haben die Revolution erlebt, die Hungersnöte, Lenins Neue Ökonomische Politik, die stalinistischen Säuberungen, den Vaterländischen Krieg und die lange Zeit der Stagnation ...«

»Kommen Sie zur Sache, Genosse Kunatschkin!« fiel

ihm Boris ungeduldig ins Wort. Ihm war nicht nach langen Vorträgen zumute.

»Für dich, mein lieber Boris, bin ich Sergej Sergejewitsch! Dein Onkel und ich haben die Geschichte der Sowjetunion hautnah miterlebt und sind dabei ungeschoren davongekommen. Mit dem Körper und mit der Stellung … mit dem Gewissen … ich weiß es nicht.« Der KGB-Pensionär zögerte, fügte aber um so schneller, damit er nicht abermals unterbrochen wurde, hinzu: »Wir hatten die gleichen Lehren aus der Geschichte gezogen.«

Boris stellte sich Kunatschkin in den Weg. »Nun reden Sie endlich Klartext, Sergej!«

Er lächelte Boris an. »Ich bin hier mit dem Leningrader *Bahnhof* verabredet. Das Treffen wurde als dringend bezeichnet. Den Grund kenne ich jetzt wohl.«

»Und wer sind Sie?«

»Neben deinem ermordeten Onkel bin ich die *Bank*, zumindest was die technische Organisation angeht«, erzählte Kunatschkin.

Boris schüttelte resigniert den Kopf. Ein alter achtzigjähriger Pensionär, *das* war es also, was die *Monopoly-Runde* gegen die *Organisazija* aufzubringen hatte. Boris mußte sich bemühen, vor Sarkasmus nicht aufzulachen.

»Die Karte!« forderte Kunatschkin und schob Boris auf dem Rundgang weiter.

Boris' Atem dampfte in der kalten Luft. Er seufzte und sah Kunatschkin zweifelnd an. »Und wenn Sie mir gerade eine Haufen Mist erzählen, Sergej Sergejewitsch?«

»Ach, mein Junge!« antwortete Kunatschkin gutmütig, »dann mußt du halt noch mal losziehen und dich mit dem Genossen Petschenko treffen. Er wird dich wieder hierherbringen.«

Den Namen Petschenko kannte Kunatschkin also. Boris griff kommentarlos in seine Uniformjacke und drückte dem pensionierten General die Monopoly-Spielkarte in die

Hand. Kunatschkin warf einen kurzen Blick darauf und steckte sie ein. »Mit einem Blanko-Scheck läßt man niemanden gerne herumlaufen!« stellte er zufrieden fest und ließ keinen Zweifel mehr daran, wer hier das Sagen hatte. »Und nun bitte den Namen, den dir Chaim Koszak nannte!« Er mäßigte sich dann aber doch und erklärte dem Ex-Offizier: »Idiotischerweise hatte Chmys darauf bestanden, seinen Kontakt zu den Israelis für sich zu behalten. Durch seine Ermordung sind wir fast um Kopf und Kragen gebracht worden.«

»Abel Wanowski!« antwortete Boris knapp. Jetzt hatte er alles auf den Tisch gelegt, was er besaß.

Kunatschkin schlug sich an die Stirn. Er schien sich über seine Gedankenlosigkeit zu ärgern. »Was bin ich für ein alter Büffel! Abel Jakowitsch! Darauf hätte ich früher kommen können!« Mit der Hand zog er Boris zu einem der Ränge und drückte ihn auf die Sitzbank. Der Himmel war so verhangen, daß die Flutlichtanlage des Stadions in Betrieb genommen worden war. Die rotgefrorenen Körper der jungen Fußballer warfen vierstrahlige Schatten auf das Spielfeld. Kunatschkin zog eine Papyrossi-Schachtel aus seinem Mantel, steckte sich eine der starken Zigaretten an und kritzelte anschließend mit dem Pappfilter im Mundwinkel den Namen Abel Wanowski auf einen kleinen Notizblock. Dabei erklärte er: »Abel Jakowitsch gehört zu der Sorte russischer Exiljuden, die, kaum dem GULag entkommen und in den freien Westen gelangt, der UdSSR Maschinen und Technologie verkauften. Mit dem Gewinn finanzierte er antisowjetische Aktionen und Einrichtungen. Auf die Art und Weise ließ er uns die eigenen Gegner finanzieren ...« Kunatschkin lachte verächtlich. »Das änderte sich jedoch nach der Amtsübernahme Gorbatschows. Abel Jakowitsch fädelte die Verhandlungen zwischen unserer Regierung und den Israelis ein. Der Genosse Chmys verstand sich besonders gut mit dem alten Juden. Ich weiß auch, daß Abel über weitreichende Vollmachten der Regierung der UdSSR für den Wertpapierhandel verfügt. Mit ihm als Strohmann betreibt die Staatsbank der UdSSR diskrete Börsenspekulationen mit ihrem Devisen-Vermögen. Und Abel Wanowski ist mit Sicherheit der beste Mann für die europäischen Banker.« Sergej Kunatschkin konnte die Banalität und gleichzeitige Genialität von Chmys' Einfall kaum fassen. Wanowski gehörte als ehemaliger Dissident zu den denkbar bestüberwachten UdSSR-Besuchern in Moskau. Niemand im KGB wäre ernstlich auf den Gedanken gekommen, daß der Exilrusse die Chuzpe besaß, eine Agententätigkeit zu betreiben. Kunatschkin riß den Zettel vom Block, rollte ihn zu einem kleinen Röhrchen zusammen und steckte es in eine kleine aufschraubbare Blechhülse, die am Halsband seines Dackels baumelte.

Boris schaute ihm skeptisch zu. »Wanowski wohnt im *Rossija*!« stellte der alte Mann fest. »Aber das wissen die Jungs.« Er schnippte mit den Fingern. »Iossif!« sagte Kunatschkin laut und schärfte die Aufmerksamkeit des Hundes noch mehr. »*Dunja*!« rief er plötzlich laut. Der uralte Hund, Boris konnte es kaum glauben, flitzte davon.

»Was soll dabei herauskommen?«

Sergej Sergejewitsch winkte ab und nahm die Pappyrossa aus dem Mund, bevor er antwortete: »Ach ihr jungen Leute, mit eurer Scheißelektronik, die doch nie funktioniert! Eure Computer fressen, scheißen und furzen zwar nicht, aber ich habe noch von keiner Maschine gehört, die siebzehn Jahre Tag und Nacht in Betrieb war. Iossif wurde schon als Welpe zum Kassiberboten abgerichtet. In Berlin hat er viel heißes Material unter der Mauer in den Osten geholt. Der Hund ist absolut verkehrssicher, zuverlässig – und loyal! Um Iossif wiederzubekommen, habe ich mich sogar mal eigens mit dem Missionschef der CIA in Westberlin getroffen.«

»Und jetzt?«

»Jeder in unserem Viertel kennt Iossif. Keiner macht sich was daraus, wenn er allein durch die Straßen tippelt. Mein kleiner Köter ist die beste *Vertuska*, die man sich vorstellen kann!«

»Weshalb ging er in Westberlin verloren?« fragte Boris in einem Anflug ironischer Neugierde.

»Er ist einer läufigen Hündin nicht mehr von der Seite gewichen. Die verzweifelte Besitzerin hat die Polizei gerufen.« Boris und Kunatschkin sahen sich an und mußten lauthals lachen.

»Da drüben läuft Petschenko!« bemerkte Kunatschkin und zeigte mit der Hand auf die gegenüberliegende Seite des Stadions. Seine Knochen mögen morsch sein, dachte Boris, aber seine Augen und sein Kopf funktionieren noch wie eh und jeh.

»Lynn und ich haben gemeinsam mit den Israelis einige Planungen vorbereitet«, begann Boris, wurde aber von dem Pensionär unterbrochen.

»Spar dir deine Worte, Boris Stepanowitsch. Die Dramaturgie entstammt der Feder von Chmys, Generalmajor Mathias Rulff und mir. Koszak wollte es dir und vor allem deinem englischen Freund nur nicht so verkaufen. Das ist zwischen Chmys und Isser Achituv in Budapest so abgesprochen worden.«

Boris kicherte wütend. »Das ist doch nicht zu glauben! Ihr wißt das alles und schickt mich auf diesen Horrortrip?«

»Die Lage war außer Kontrolle geraten«, stellte Kunatschkin mit entlarvender Nüchternheit fest.

»Zum Teufel!« Boris Stimme wurde laut, »ihr habt meinen und Verenas Arsch riskiert, Onkel Feliks hat deswegen ins Gras gebissen! Was soll denn der ganze Quatsch?«

»Es begann vor etwa drei Jahren«, erzählte Sergej Sergejewitsch und verfolgte dabei Petschenkos Bahn durch die Sitzreihen und Gänge. »Wir waren Sonntag nachmittag auf der Datscha des Generalny eingeladen ...«

»Wir?« warf Boris ein. »Generalmajor Chmys, dein Onkel Feliks, Sonderstaatsanwalt Granow, Außenminister Schewardnadse, Generalmajor Rulff und ich.

»Generalmajor Rulff vom Ministerium für Staatssicherheit?« fragte Boris nachdenklich.

«Rulff mußte als Leiter der Auslandsspionage genauso wie Chmys und ich jahrzehntelang mitansehen, wie uns der kapitalistische Westen im technologisch-wissenschaftlichen Bereich immer überlegener wurde, während wir noch nicht mal in der Lage waren, uns selbst zu ernähren, und von den senilen Parteiführungen mit leeren Parolen traktiert wurden. In der DDR sieht das nicht anders aus als bei uns. Dort kann man darauf warten, bis die SED aus ihren Palästen gejagt wird. Rulff hat das erkannt. Mit Honeckers Rentner-Politbüro will er nicht mehr in Zusammenhang gebracht werden. Dem Generalny und uns stand er von Anfang an als zuverlässiger politischer Beobachter zur Verfügung. Kaum einer kennt den Westen und seine Regierungen besser als er.«

»Er hat im richtigen Moment die Seiten gewechselt«, kommentierte Boris. Er erinnerte sich an den ehemaligen Auslandschef der Stasi, der ihm nach seiner Rückkehr aus England bei Chmys vorgestellt worden war. Sympathisch fand er den Deutschen nicht.

»Er hat seine sozialistischen Ideale nicht verraten!« verteidigte ihn Kunatschkin. »Willst du jetzt etwas von der *Monopoly-Runde* hören, oder wollen wir über Personalpolitik diskutieren?« fragte Kunatschkin ungeduldig. Auf die Sentimentalität seiner Agenten hatte er noch nie Rücksicht genommen.

»Nein, natürlich nicht«, antwortete Boris beschwichtigend. Der ehemalige KGB-General war es offensichtlich gewohnt, sich in seiner Regie nicht stören zu lassen.

»Wir besprachen an jenem Nachmittag Probleme, die durch die *Organisazija* aufgetaucht waren. Erscheinungsbild und Motiv dieser Gruppe waren uns bekannt. Aber an die Führung der *Organisazija* war nicht heranzukommen ...«

»Koszak und Kedrow berichteten mir bereits darüber«, unterbrach Boris ihn.

»Wir wußten, daß einige von uns, besonders Sonderstaatsanwalt Granow und Bronislaw Chmys, von der *Organisazija* überwacht wurden. Wir wiederum behielten Verteidigungsminister Schalajew und den Genossen Klimenko im Auge. Um die *Organisazija* wirkungsvoll bekämpfen zu können, bildeten wir unsere eigene Untergrundorganisation. Dein Onkel Feliks, dieser alte Spinner, hatte zum Spaß ein Monopoly-Spiel zu der Kaffeerunde mitgebracht. So kamen wir auf den Namen *Monopoly-Runde*. Am Anfang waren wir sechs Leute, heute sind es annähernd einhunderttausend.« Kunatschkin stützte sein Kinn in die Hände und erzählte weiter, während er mit den Augen das Fußballspiel der Nachwuchsliga verfolgte. »Weil Generalmajor Chmys oder andere geeignete Personen unter der Observierung der Gegenseite standen, fiel mir die operative Leitung der *Monopoly-Runde* zu.« Er zuckte mit den Augenbrauen. »Ist schließlich schon immer mein Geschäft gewesen. Es gelang uns, einen unserer Leute in die mittleren Chargen der *Organisazija* einzuschleusen. Durch ihn erfuhren wir von dem geplanten Anschlag in Berlin-Schönefeld und dem Kuhhandel mit den westdeutschen Neonazis. Unser Mann hatte alle Details gesammelt, die er in Erfahrung bringen konnte. Weiter nach oben konnte er in der *Organisazija* nicht. Daraufhin beschlossen wir, ihn spektakulär herauszuziehen und unser Szenario zu entwickeln.«

Boris hatte das Gefühl, als durchzucke ihn ein elektrischer Schlag. »Wie hieß dieser Mann?« fragte er mit heiserer Stimme.

»Was heißt hier *hieß?* Sergej Aladko erfreut sich bester

Gesundheit. Vorläufig ist er im Kraftwerk untergetaucht«, fuhr der achtzigjährige Ex-General unbeirrt fort. »Mit dem inszenierten Unfall haben wir die *Organisazija* unter Druck gesetzt. Die offiziellen Ermittlungen machten sie nervös. Und gleichzeitig haben wir, wie das unsere Planung vorsieht, das größte Problem in der gegenwärtigen Krise lösen können: die drohende Panik im Westen haben wir verhindert, die NATO hat ihr eigenes Spielfeld bekommen. Die Israelis und die Banker in der BRD haben das bestens begriffen. Der Westen ist von unserer Lage ebenso existenziell betroffen wie wir selbst.«

Gegen die lähmende Müdigkeit, die Boris plötzlich überkam, konnte er sich kaum wehren. Die Vorstellung, daß Onkel Feliks sein Leben gelassen hatte, er und Verena es mehrfach aufs Spiel gesetzt hatten, daß in Israel, Großbritannien und Amerika die Krisenstäbe auf Hochtouren arbeiteten, daß David mit seinem engagierten Einsatz seine Existenz gefährdete und in Jerewan drei junge Milizen in Zinksärgen lagen, während hier ein pensionierter Tschekist im Hintergrund die Fäden zog, als spiele er mit einem Marionettentheater – diese Vorstellung raubte Boris den letzten Funken Energie. Am liebsten wäre er gleich aufgestanden, nach Hause gefahren und hätte sich in sein Bett gelegt. Aber sein Bett, seine Wohnung existierten nicht mehr.

»Da kommt Petschenko!« rief Kunatschkin aus und zeigte auf den Leningrader KGB-Offizier, der mit schnellen Schritten auf sie zugelaufen kam. Kunatschkin stand unerwartet schnell auf.

»Wie kommen *Sie* denn hierher?« fragte Petschenko verblüfft, als er Boris wiedererkannte.

»Der Genosse Oberst hat den direkten Weg genommen!« bemerkte der Alte grinsend. »Ich danke Ihnen, Genosse Petschenko. Sie können uns mit in die Stadt nehmen. Danach fahren Sie zurück nach Leningrad. Nachrichten erhält der *Bahnhof* nach unserer Sitzung heute abend!«

Boris war unbewegt auf den Holzplanken der Sitzreihe hockengeblieben.

»Na, nun komm schon, Boris Stepanowitsch!« drängelte Kunatschkin mit dem Temperament eines jungen Leutnants. »Ich will dich bei dem Treffen mit Wanowski dabeihaben!«

Uljanow rührte sich nicht. »Und wenn ich keine Lust mehr habe?«

Die Bestürzung im Gesicht des alten Generals war nicht gespielt. »Bist du verrückt, Junge? Im Moment wirst du gar nicht gefragt! Feliks Matwejewitsch und Major Rybalkin waren der Ansicht, du wärst der Beste.« Er schüttelte verächtlich den Kopf, ergriff Boris' Arm und zog ihn nach oben. »Was für eine Generation von Vaswedtschiki«, schimpfte er, »machen schon nach 48 Stunden schlapp!«

»Ich bin Musiker und kein Agent!« Boris folgte Kunatschkin und Petschenko zum Ausgang der großen Sportarena. Der Alte blieb einen Schritt stehen, um neben dem jungen Ex-Offizier herzugehen. »Wie bist du eigentlich nach Moskau gekommen, Junge?«

Boris fand es schon fast verwunderlich, daß sich der resolute Tschekist nach privaten Details erkundigte.

11. JANUAR, WASHINGTON D.C., 8:00 a.m.:

Im Weißen Haus zeigten sich inzwischen die ersten Erschöpfungserscheinungen. Achtzehn Stunden lang hatten unter strengster Geheimhaltung die Spitzenbeamten der amerikanischen Sicherheits- und Bankenaufsichts-Behörden getagt. Sam Sugarmans Argumentation hatte sich bestätigt. Der US-Regierung blieb nichts anderes übrig, als die sowjetische Regierung zu stützen, so paradox das manchem Republikaner auch erscheinen mochte. Immer wieder war es in den letzten Stunden zu langen Telefongesprächen über *security lines* zwischen dem Präsidenten, der britischen Premierministerin und der israelischen Regierung gekommen. Dennoch hielten die Amerikaner an ihrer Forderung nach der bedingungslosen Kapitulation der östlichen Nachrichtendienste fest. Die Monopoly-Runde mußte ihnen bis zum nächsten Morgen, fünf Uhr Eastern Time, die Namen aller kommunistischen Spione und Schläfer im Bereich der NATO sowie in den Geheimdiensten der USA und des Vereinigten Königreichs benennen. Lief das Ultimatum ab, würden sich die Vereinigten Staaten von der ganzen Operation distanzieren.

Darüber hinaus wurde die US-Regierung von offiziellen Depeschen der Bündnispartner und der Sowjets eingedeckt. Die Westdeutschen waren in der Affäre Uljanow besonders hartnäckig, und der sowjetische Außenminister Schewardnadse drohte den Amerikanern, wegen der Schießerei den Sicherheitsrat der Vereinten Nationen einzuberufen.

Als die dechiffrierte Nachricht des SOD-Agenten Simon Baker den DCI Peat Nuskiewicz erreichte, trommelte der Texaner den Präsidenten, den Vize, die engsten politischen Berater, Andrew Woodward und Verteidigungsminister Caspar Weinberger im Oval Office zusammen.

»Uljanow ist in Moskau«, erklärte Nuskiewicz dem Kreis, sobald die Türen geschlossen waren, »man hat gerade versucht, ihn in seiner Wohnung in die Luft zu sprengen!«

»Woher stammt die Information?« fragte Andrew Woodward erstaunt. Sollte Uljanow liquidiert werden, bevor er seine Verbindungsleute erreichte, besaßen seine Planspiele nicht einmal Unterhaltungswert.

»Eine *human information*, absolut zuverlässig!« antwortete Nuskiewicz brummend, ohne seine Quelle zu offenbaren. »Sieht ziemlich kritisch da drüben aus!«

»Was ist mit Oberst Ashton und diesem Kerby?« fragte

Vize-Präsident Bush. Er saß mit einer Gesäßhälfte auf der Schreibtischkante, die Krawatte aufgezogen, die obersten Hemdenknöpfe geöffnet. Etliche von ihnen waren unrasiert. Nach vierundzwanzig Stunden spielte Etikette keine Rolle mehr.

»Sie sind in Moskau eingetroffen und haben sich mit Abel Wanowski in Verbindung gesetzt. Zur Gegenseite besteht bisher noch kein Kontakt«, berichtete Woodward prompt. Der Einsatz war seine Sache, und Nuskiewicz wollte ihm jetzt noch nicht hereinreden.

»Lynn ziehen sie im Krankenhaus gerade die Blechsplitter aus dem Hintern«, setzte der alte Peat sarkastisch hinzu.

Der britische *Secret Service* hatte den amerikanischen Verbindungsstab sofort über den Terroranschlag im Londoner Regierungsviertel in Kenntnis gesetzt.

Reagan schlug wütend mit der Hand auf den Tisch. »So, *boys* – jetzt reicht's mir!« sagte er mit einer Entschlossenheit, die den sonst so gelassenen Woodward ängstigte. »Caspar«, sagte der Präsident an Verteidigungsminister Weinberger gewandt, »ich möchte, daß morgen die Berlin-Brigade Übungen ansetzt. Unsere Jungs sollten in Berlin präsent sein. Im NORAD geben wir auf die *defence condition three*! Unsere Streitkräfte in unmittelbarer Umgebung zur innerdeutschen Zonengrenze werden in Alarmbereitschaft versetzt.«

Die Meinung in der Runde war geteilt. Doch Reagans Vorschlag stieß gerade bei Nuskiewicz und dem Hardliner Weinberger auf fruchtbaren Boden.

»Und wie wollen Sie das unseren Bündnispartnern erklären?« fragte Woodward skeptisch.

»Ach«, erwiderte Weinberger unbekümmert, »das lassen Sie mal meine Sorge sein, Andrew!«

11. JANUAR, MOSKAU, 15.10 UHR:

Vadim hatte in den Studios ein paar Klamotten zusammengesucht, die Verena anziehen konnte. Er fuhr die Frau mit seinem Wagen in die Wohnung von Ljudmila Federowa im Bezirk Zuzino, während Jewgenij die anderen *Vaswedtschiken* benachrichtigte. In der Wohnung der *Mosfilm*-Redakteurin war Verena wesentlich sicherer vor staatlichen Repressalien als im Dunstkreis der ohnehin überwachten Rock-Szene Moskaus.

Ljudmila Federowa hatte sich während der Vorbereitungen zum Live-Konzert im Sportpalast zur Vertrauensperson der *Vaswedtschiki* entwickelt. Sofort war sie aus den Studios nach Hause gekommen, um sich der Frau anzunehmen. Sie tranken Kaffee zusammen, und aus Verena sprudelten die Erzählungen über die letzten achtundvierzig Stunden geradezu heraus. Ljudmila konnte gut zuhören und war eine freundliche Erscheinung, so daß man sich ihr geradezu zwanghaft offenbarte. Es gab nichts, wonach sich Verena im Moment mehr sehnte als Vertrautheit.

Gegen drei erreichte sie der Anruf, daß Uljanows Wohnung in die Luft geflogen sei. Zuerst ging das Gerücht in der Stadt um, in der Moskvina Ulica sei es zu einer Gasexplosion gekommen. Sascha, der blonde Gitarrist der *Vaswedtschiki*, fuhr hin und sah, daß es sich um die Wohnung von Boris handelte. Die Feuerwehr und die Miliz am Tatort behaupteten, es sei niemand in der Wohnung gefunden worden. Das änderte nichts daran, daß die ganze Clique in Panik geriet. Boris, dieser Vollidiot, war einfach wieder abgezischt und hatte behauptet, um zwei in Saschas Wohnung aufzutauchen. Einen ähnlichen Mist hatte er in der Nacht von Sonntag auf Montag auch behauptet.

Verena ging nervös in dem kleinen Wohnzimmer auf und ab. Der Gedanke, daß Boris kurz vor dem Ziel etwas passiert sein könnte, machte sie fast wahnsinnig. Sie überlegte, ob sie allein zu dem verabredeten Treffpunkt an der Tankstelle in der Krasina Ulica fahren sollte. Aber es war zu spät, um dort noch Hauptmann Petschenko zu erreichen.

»Komm schon, Verena, jetzt setz dich wieder! Boris wird sich bestimmt melden«, redete Ljudmila auf die Frau ein, die mit ihrer strengen Frisur und den *Chippi*-Klamotten aus dem *Victoria-Hard-Rock-Café* einen ungewöhnlichen Anblick bot.

Verena hielt in ihrer Nervosität plötzlich inne. »Darf ich mal dein Telefon benutzen?« fragte sie geistesabwesend.

»Selbstverständlich!« antwortete Ljudmila, obwohl sie nicht ahnte, was die verzweifelte Frau wollte.

Verena kannte die Nummer des *Roten Banners* auswendig. Es meldete sich das Sekretariat der Schulleitung.

»*Sdrastwujtje*, Genossin!« sagte Verena zu der Büroangestellten und meldete sich unter falscher Identität. »Mein Name ist Anna Ilinzewa, eine Tante dritten Grades von der kleinen Tatjana Aladko.« Und ohne die Sekretärin zu Wort kommen zu lassen, log sie weiter: »Ich hörte von dieser Sache. Ganz schlimm, wirklich ganz schlimm. Und nun mache ich mir Sorgen um die Kleine.« Schnell setzte sie hinzu: »Kann ich Tatjana mal sprechen?«

»*Minutschko*, Genossin Ilinzewa«, antwortete die Sekretärin mechanisch. Wenige Sekunden später wurde Verena mit dem Internatsdirektor Fjodr Abraschkin verbunden. Wieder stellte sie sich unter falschem Namen vor.

»Sehr verehrte Frau Ilinzewa«, antwortete Abraschkin vorsichtig, während er insgeheim ahnte, mit wem er sprach, »die Schülerin Tatjana Aladko ist heute mittag an einen anderen Ort gebracht worden …«

»Wohin?«

»Aus Sicherheitsgründen für das Mädchen wurde selbst uns der Ort nicht mitgeteilt«, setzte der Schulleiter mit seiner Baßstimme hinzu, die jetzt eher sanft klang.

»Und wer hat das angeordnet?« fragte Verena. Ihre Stimme zitterte. Abraschkin zögerte: »Das darf ich Ihnen eigentlich nicht sagen … die Verwaltung Sonderermittlungen des KGB.« Danach hörte der Internatsdirektor nur noch einen spitzen Schrei und Poltern, einige Sekunden später Schritte, und schließlich wurde aufgehängt.

Ljudmila war in den Flur gestürmt, um sich um Verena zu kümmern, die am Boden lag. Sie führte Verena zum Sofa und legte ihr die Beine hoch. Die Fernsehjournalistin hatte durch ihren Beruf viel Erfahrung mit Nervenzusammenbrüchen. Gezielt setzte sie Verena außer Gefecht, indem sie ihr zwei 10er Valium gab, illegal aus der BRD importiert. Eine in Panik geratene Mutter war das letzte, was sie jetzt brauchen konnten.

Ljudmila setzte sich im Flur neben das Telefon und rief bei der KGB-Zentrale am Dscherschinskij-Platz an. Sie sagte ganz offen, wer sie war – und teilte mit, daß sie für das Abendprogramm des Moskauer Fernsehens eine Reportage über Verena Aladkowa drehen wolle. Die Tochter sei jetzt nicht mehr auffindbar. Ljudmila Federowa fragte nach einem Hinweis auf Tatjanas Aufenthaltsort. Der zuständige Offizier erteilte ihr eine Abfuhr, die dem Breschnewschen Chauvinismus alle Ehre gemacht hätte. Danach rief sie bei der Nachrichtenredaktion ihres Senders an, bei der *Iswestija*, bei *Ogonjok*, der *Moskau News* – und allen gab sie die gleiche Information: Die Tochter der übergelaufenen Industriespionin Verena Aladkowa ist vom KGB verschleppt worden. War man am Dscherschinskij-Platz inzwischen schon wieder bei Methoden wie Kinderhandel angekommen?

Die Schlagzeilen in der sowjetischen Presse waren der kleinen Tatjana Aladko sicher. Vielleicht, dachte Ljudmila Federowa, ist das eine kleine Lebensversicherung. Mehr konnte sie nicht tun.

11. JANUAR, HAR GERAFON – NEGEV-WÜSTE, 16.00 UHR:

Chaim Koszak war inzwischen von der Türkei auf die Raketenbasis in der israelischen Wüste zurückgekehrt. Er hatte sich lediglich zwei, drei Stunden Schlaf gegönnt. Jetzt saß er wieder an seinem Schreibtisch.

Der alte Luftwaffenstützpunkt erinnerte inzwischen an einen Ameisenhaufen. Die Jakowlew 42 der Ethiopian Airlines im Hangar war nicht wiederzuerkennen. Sie glich jetzt der offiziellen kleinen Regierungsmaschine wie ein Haar dem anderen. Mittlerweile wurden die Funktionen der Fernsteuerung von RGG-Ingenieuren durchgecheckt. Alle Systeme arbeiteten fehlerfrei und das nach einer Bauzeit von nur sechsunddreißig Stunden. Die Deutschen hatten ihrem Namen mal wieder alle Ehre gemacht.

Eine Abteilung des israelischen Mossad in Tel Aviv beschäftigte sich mit einem weitaus delikateren Problem, der Beschaffung von vierundfünfzig männlichen und sechs weiblichen Leichen im passenden Alter. Auf dem europäischen, afrikanischen und amerikanischen Kontinent schwärmten die Mossad-Teams oder befreundete Verbindungsleute aus und besuchten Pathologen, Gerichtsmediziner, Bestattungsunternehmer und Universitäts-Institute. Die CIA, das FBI und die britischen Nachrichtendienste tolerierten die illegale Leichenschändung, unterstützten sie sogar zum Teil durch Transporthilfen und Regelungen mit den Zollbehörden. Inzwischen waren die sterblichen Überreste zahlreicher namenloser Junkies, Penner und die Lagerbestände verschiedener Pathologie-Labors auf dem Weg in die Leichenhalle des Militärkrankenhauses in Haifa. Dort wurden die Leichen gesammelt und hergerichtet. Ein weiterer Stab des Mossad kümmerte sich ausschließlich um das Gepäck und die Kleidung der stillen Passagiere.

Der israelische Geheimdienst verfügte über einen großen Fundus sowjetischer Bekleidung und Gebrauchsgegenstände, die man über Jahre russischen Immigranten abgekauft hatte. Was ihnen noch fehlte, wurde von Einkäufern besorgt, die notfalls rund um den Globus jetteten, um die richtigen Koffer, Hüte oder Zahnbürsten zu erhalten. Eine Stunde mußte die Show in Berlin-Schönefeld wirken. Und in ihrer Perfektion standen sie den deutschen *Mechaniks* in nichts nach. Erst kurz vor dem Start der Jakowlew 42 nach Bornholm sollten die Leichen von Haifa auf die Raketenbasis transportiert werden. Die Piloten, die später die sechzig Toten auf den Plätzen der Maschine sitzen hatten, waren nicht zu beneiden. Und die Heizung mußte abgeschaltet bleiben.

Der Terroranschlag auf General Millen und David Lynn in der Horse Guards Avenue hatte Koszak zum ersten Mal seit Beginn der Operation in wirkliche Panik versetzt. Um so größer war seine Erleichterung, als er David über eine *security-line* im Behandlungsraum des St. Thomas Hospital an der Strippe hatte. Nach zahlreichen Untersuchungen im Computer-Tomographen – die Ärzte hatten nach versteckten Splittern gesucht – wurde ihm endlich der mit Schnitten übersäte Rücken verpflastert. Der Chefarzt wollte Lynn gerne ein paar Tage in der Klinik behalten. Chaim verfolgte die derben Flüche des Engländers durch die rauschende Telefonleitung. Danach zweifelte er nicht mehr, daß sich David in der nächsten Stunde nach Hereford fliegen lassen würde, um weiterzumachen.

Am wenigsten Sorgen bereitete Koszak die bevorstehende Mossad-Aktion im Irak. Das dortige Observationsteam hatte die Lage bestens unter Kontrolle, und Koszak war erleichtert, sich wenigstens darum nicht kümmern zu müssen. Mit zunehmender Erschöpfung kam er sich vor wie die rotierende Mutter dreier ungeratener Kinder: der

Geheimdienste der Briten, Amerikaner und Sowjets. Es mochte sein, daß Woodwards strategischer Winkelzug, die Sowjets zur Aufgabe ihrer Auslandsspionage zu zwingen, seine Wirkung tat. Die englische Premierministerin sprang ja auf den gleichen Zug. Aber der erfahrene Geheimdienstoffizier fürchtete, daß sich die Lage dadurch eher komplizierte als entspannte. Keiner in der *Monopoly-Runde* wäre so verrückt, die abgesprochene Taktik an einen im Ausland tätigen Sowjetspion durchsickern zu lassen. Sonst hätten sie ihre Strategie gleich bei der *Organisazija* schriftlich einreichen können. Daran dachten die Unterhändler nicht. Jeder von ihnen glaubte, einen persönlichen Sieg nach Hause tragen zu müssen. Das würde später in den Personalakten stehen, nicht der Lauf der Weltgeschichte, und das unterschied den Geheimdienstler vom engagierten Diplomaten. Abel Wanowski würde sich schwertun, mit Oliver Kerby und dem US-Oberst Ashton bei den Russen zu einem schnellen Ergebnis zu kommen. Bisher hatte sich die *Monopoly-Runde* noch nicht bei Wanowski im Hotel gemeldet. Im Moment konnten sie nicht einmal sicher sein, daß Boris und Verena ohne gebrochene Knochen auf der anderen Seite gelandet waren.

Chaim drehte sich auf seinem Bürostuhl nach hinten um, goß sich von dem abgestandenen Kaffee ein und packte eines der berüchtigten zellophanverpackten Sandwiches aus. Er lehnte sich in dem Schreibtischsessel zurück, legte die Füße auf den Tisch und schaute durch die großen Scheiben seines Glaspavillons in das Lagezentrum der israelischen Bunkeranlage. Die US-amerikanischen Satellitenfotos von Nimets Terroristencamp trafen stündlich in Har Gerafon ein. An der großen elektronischen Wandkarte signalisierte ein blinkendes LCD-Lämpchen die Position des Senders, den der *Schuster* am Jeep befestigt hatte. Das Lager befand sich zwanzig Kilometer südöstlich der Oase Al Lasaf, abseits jeder Straße, nur über eine einzige

Sandpiste zu erreichen – ideal für einen Angriff. Koszak hatte von dem Sandwich abgebissen und kaute zwei, drei Male auf der schwammigen Masse. Wütend spuckte er den Bissen in die Ecke. »Ähh!« grummelte er vor sich hin, »die schrecken nicht davor zurück, Preßkotze an uns zu verfüttern!«

11. JANUAR, AL LASAF (IRAK), 16.00 UHR:

Auf den ersten Blick waren die Männer in den olivfarbenen Kampfanzügen kaum von Palästinensern zu unterscheiden. Die intensive Sonne des Libanon und des Irak hatte die Haut von Wagner, Franke und Paul Kotsch dunkel gebräunt. Nur das hellblonde Haar und das rote Gesicht von Müller stachen auffällig hervor.

Die Gruppe der vier deutschen Neonazis und die zwölfköpfige Mannschaft der IPLF waren in zwei LKWs von ihrem Camp nach Süden gefahren, vierzig Kilometer von der Oase Al Lasaf entfernt, in die Tiefe der Sarah Al Hirjarah. Weit abseits jeglicher Zivilisation stoppte der Zug tausend Meter vor einer Bergwand. Die Männer luden vier knapp zwei Meter lange, mit militärischem Tarnanstrich versehene Holzkisten von den Pritschen in den staubigen Wüstenboden.

Kotsch zog bei einer der unbeschrifteten Holzkisten die Schnappverschlüsse mit den Fingern auf. Als er den Deckel hochklappte, sah er den Abschußstock der Stinger mit einem Übungsgeschoß vor sich liegen. Das blanke Typenschild blitzte in der Sonne. F-0485684853 – General Dynamics/Pomona Division – CA./USA. Kotsch beugte sich nach unten. »Komm in meine Arme, kleines amerikanisches Mädchen!« sagte er und legte sich den Abschußstock probeweise auf die Schulter.

Dennoch war es Abdul Nimet, der die erste Übungsrakete abfeuerte. Einen Kilometer weiter detonierte das Leuchtgeschoß mit einem hellen Blitz auf den Felsen. Die Männer johlten und fielen sich gegenseitig in die Arme. Ihnen war ein Machtinstrument in die Hände gefallen, das die Welt erschüttern sollte.

Kotsch war der nächste. Er legte den Sicherungshebel um, visierte sein Ziel in der Optik und feuerte ab. Ein Gefühl unendlichen Triumphes stieg in ihm auf, als er mit bloßem Auge das Feuerwerk betrachtete, das sein Schuß ausgelöst hatte. In 43 Stunden sollte aus dem harmlosen Feuerwerk ein Inferno werden. Und er, Paul Kotsch, würde mit der *Vereinigten Front* Geschichte schreiben.

Reihum übten jetzt Wagner, Franke und Kotsch. Müller sollte die Aufgaben des Funkers übernehmen. Für jeden von ihnen rückte ein Ziel in greifbare Nähe: Gorbatschows siegreichen PR-Feldzug mit einem Schlag zu beenden. Am Freitag würde der Iwan wieder sein wahres Gesicht zeigen. Und dann lag der Tag nicht mehr fern, an dem sich die deutschen Volksmassen in Ost und West gegen die alliierten Knechter erheben würden, die Polacken aus den deutschen Ostgebieten vertrieben und wieder das verwirklichten, was sie sich ersehnten: Deutschland über alles, von der Maas bis an die Memel.

Und Kotsch, das hatte er sich seit seiner Kindheit vorgenommen, wollte in der vordersten Front mitmarschieren.

11. JANUAR, MOSKAU, 16.15 UHR:

Die Situation im Zimmer 718 des Kosmos-Hotels entbehrte nicht einer gewissen Kuriosität. Abel Wanowski, der jüdische Exilrusse mit österreichischem Paß, Export- und Importkaufmann zwischen den Systemen und Spitzenagent des israelischen Mossad, saß mit Oliver Kerby und Oberst Humbert Ashton auf den Kanten des Doppelbetts, wo sie schwefelhaltiges Mineralwasser tranken und Belanglosigkeiten über ihre Familien und neueste Sportergebnisse austauschten.

Sobald Ashton und Kerby mit ihren Diplomatenpässen am Internationalen Flughafen Scheremetjewo II angekommen waren, hefteten sich KGB-Beamte der Ausländerüberwachung an ihre Fersen. In den Datensammlungen des KGB fanden sich genaue Dossiers über die beiden Geheimdienstbeamten. Durch ihre diplomatische Immunität und Mangel an Beweisen für eine persönliche Agententätigkeit hatten die Behörden die Einreise genehmigen müssen, um einen diplomatischen Konflikt mit den Briten und Amerikanern zu vermeiden. Die beiden Observationsbrigaden folgten den Geheimdienstdiplomaten getrennt zu ihren jeweiligen Botschaften in der Maurice Thorez Nabereznaja und der Tschaikovskowo Ulica. Eine Stunde später hatten sie sich im Foyer des Kosmos-Hotels wiedergetroffen, einem Sammelpunkt zahlreicher KGB-Ziviler.

Jedem von ihnen war klar, daß Wanowskis Zimmer, schon aufgrund der KGB-Biographie des Emigranten, mit Abhörwanzen gespickt sein mußte. Dennoch blieb ihnen nichts anderes übrig, als zu warten, nötigenfalls bis in die tiefe Nacht hinein. Nur hier konnte die *Monopoly-Runde* mit ihnen in Kontakt treten. Wanowski hoffte, daß man auf der anderen Seite von den erschwerten Bedingungen wußte.

Die Verbindungsaufnahme geschah weniger spektakulär, als Wanowski befürchtet hatte. Es klopfte an der Zimmertür.

»*Da!*« rief der Exilrusse. Alle drei standen auf und sahen erwartungsvoll zur Tür. Ein Mann von Mitte Dreißig in einer wattierten blauen Nylonjacke und einer Schapka in der Hand setzte einen Fuß in das Zimmer und fragte auf russisch: »*Gospodin Wanowski?*«

»*Da, da*!« antwortete der österreichische Immigrant.

Der Russe kam herein, schloß hinter sich die Tür und schüttelte Wanowski die Hand. »Leonid Alexandrowitsch!« Er nannte nur Vor- und Vatersnamen.

Die beiden sprachen ausschließlich Russisch miteinander. Weder Kerby noch Ashton konnten dem Russen und Wanowski folgen. Dabei zeigte der Österreicher mehrfach auf sie.

»Was sagt er?« wollte Kerby wissen. Er schien ziemlich ungeduldig zu sein. »Leonid Alexandrowitsch wollte mich abholen«, übersetzte Wanowski sinngemäß, »und rechnete nicht mit drei Gästen. Ich werde versuchen, ihn davon zu überzeugen, Sie mitzunehmen.«

Zwischen Wanowski und dem Russen gab es einen kurzen Satzwechsel. Schließlich griff der Kaufmann nach seinem Mantel. *»Let's go, gentlemen!«* bemerkte er augenzwinkernd.

Der Abhördienst der Touristenüberwachung des KGB im Hotel Kosmos informierte den *Spak* am Windfang des Hotelausgangs. Weitere zivile KGB-Beamte wurden in der Halle zusammengezogen.

Die vier Männer wußten, daß es sich bei dem Hotelpagen auf dem Flur, der Putzkolonne und dem georgischen Touristen im Fahrstuhl um nichts anderes als Spitzel der Zweiten Hauptverwaltung handelte. Leonid Alexandrowitsch zweifelte zunehmend am vernünftigen Menschenverstand seiner Zeit. Nun bespitzelten sich die KGB-Offiziere bereits gegenseitig. Aber der Zivilist ließ sich nichts anmerken und erkundigte sich statt dessen umständlich nach der Reise seiner ausländischen Gäste.

Am Windfang der Haupthalle wurden die Zimmerausweise der Hotelgäste kontrolliert, bevor sie durch die große Drehtür ins Freie gelangten. Die *Spaks* nahmen sich Leonid

Alexandrowitschs besonders an. Er hielt ihnen einen Dienstausweis der sowjetischen Nachrichtenagentur *Nowosti* entgegen und gab an, mit Abel Wanowski persönlich bekannt zu sein und mit dem einflußreichen Geschäftspartner der Sowjetunion ein Interview durchführen zu wollen. Leonid Alexandrowitschs privater Personalausweis wurde nun auch genauestens kontrolliert. Schließlich mußten die Leute sie gehenlassen. Als die vier die lange Betonrampe vom Portal zum Mira Prospekt hinunterliefen, hörten sie hinter sich Schritte, die nur wenige Meter entfernt waren. Zur Verblüffung der drei Westler – und zum Entsetzen der Observations-Brigade – führte Leonid Alexandrowitsch die Gäste in die Metrostation an der gegenüberliegenden Straßenseite. Es war Hauptverkehrszeit, Dienstschluß und Schichtwechsel in vielen Betrieben und Behörden. Über die Rolltreppen, deren Tempo den Briten und den Amerikaner im ersten Moment ängstigte, wurden Abertausende von Menschen bis zu siebzig Meter unter die Erde transportiert. Von der für Moskauer Verhältnisse relativ schlichten Metrostation nahmen sie den nächsten Zug in Richtung Kirowskaja. Sie verschwanden in dem dichten Gedränge der Fahrgäste, die, selbst in den unmöglichsten Positionen, noch zum größten Teil eine Zeitung, einen Roman oder eine Zeitschrift in den Händen hielten. Die KGB-Brigade hatte alle Mühe, an den Ausländern und ihrem Begleiter dranzubleiben.

Inzwischen veranlaßte die Zweite KGB-Hauptverwaltung eine Anfrage an die Personalabteilung der Nachrichtenagentur *Nowosti*, ob ein Leonid Alexandrowitsch Lakomski bei ihnen beschäftigt sei. Dort war inzwischen Dienstschluß. Die ermittelnden KGB-Beamten mußten sich mit der Chefredaktion in Verbindung setzten. Das kostete Zeit.

Leonid Alexandrowitsch führte Wanowski, den Angelsachsen und den Amerikaner von der Station Turgenjewskaja durch die unterirdischen Verbindungsflure zur Kirowskaja. Von dort fuhren sie, zur Verblüffung der zivilen Beamten, nur eine Station weiter zur Dscherschinskaja, direkt an der KGB-Zentrale.

Oben auf der Straße konnten Oliver Kerby und Oberst Ashton nur kurz einen Blick auf das gelbe Zentralgebäude des berüchtigten Geheimdienstes werfen. Zu gerne hätten sie hinter diese Mauern geblickt, in denen seit Jahrzehnten ihre Konkurrenten arbeiteten. Der Russe hatte es eilig und trieb sie zum Weitergehen ins *Detskij Mir*, das *Warenhaus Kinderwelt*. In diesen Tagen wurden Moskaus Kaufhäuser von Schulranzen überschwemmt, in verschiedensten Farben und Ausstattungen. Dafür fehlten im Moment Kinderschuhe und Unterwäsche. Die Wogen tausender Kunden, Touristen aus allen Republiken der UdSSR, die das sagenumwobene Warenangebot der sowjetischen Hauptstadt bestaunten, schwemmten die vier Männer über das Treppenhaus ins dritte Stockwerk.

Die Observationsbrigade hatte diesen Lakomski und die drei Westler fest im Blickfeld. Ein Treppenabsatz trennte sie voneinander. Auf der Etage wurde gerade ein Sonderstand für Umstandskleidung eröffnet. Die Massen strömten – nichts ging mehr.

Die entschlossene Gewalt, mit der ihnen Leonid Alexandrowitsch einen Weg durch die Menge schlangestehender Kunden bahnte, beeindruckte Oliver Kerby. In London wäre solch ein Vorgehen unvorstellbar gewesen. Lakomski schleuste sie in einen kleinen Seitengang. Dann schlug er mit der flachen Hand gegen eine klinkenlose Stahltür der Warenausgabe. Augenblicklich wurde die Tür von innen geöffnet.

Nur wenige Meter entfernt, eingekeilt zwischen die drängelnden Warenhauskunden auf der Treppe, mußten die KGB-Beamten hilflos mitansehen, wie die Zielpersonen in dem Warenlager verschwanden. Die Tür klappte hinter ihnen zu. Die Brigade teilte sich. Die eine Hälfte kämpfte sich mit Ellenbogen und Drohungen brüllend am Geländer entlang nach unten. Die anderen drängelten energisch nach oben. Mit ihrem Dienstausweis in der Hand forderten sie von einer Kassiererin, die Tür der Warenausgabe zu öffnen. Die erschrockene Frau konnte ihnen jedoch nicht weiterhelfen. Den Schlüssel besaß die Abteilungsleiterin. Und die war nicht da.

»*Dawai, dawai*!« schrie Leonid Alexandrowitsch und schob Wanowski, Kerby und Ashton in den verbeulten Fahrkorb eines Lastenaufzugs. Ratternd setzte sich der Lift in Bewegung. Im Erdgeschoß öffnete der Russe eine Flügeltür, die in den Hof der Warenanlieferung des *Detskij Mir* führte. An der Rampe wartete ein grauer Barkas-Kleintransporter. Die drei Ausländer hatten sich kaum auf der harten Sitzbank niedergelassen, die auf der einen Seite des Laderaums montiert war, als Leonid Alexandrowitsch bereits auf den Beifahrersitz gesprungen war und der Fahrer den Barkas eilig in den Verkehr der Moskauer Innenstadt lenkte. Als die KGB-Beamten das Warenlager stürmten, waren die Leute bereits fort. Das Handsprechfunkgerät ihres *Natschalniks* piepte. Die Identität des angeblichen *Nowosti*-Journalisten hatte sich als falsch erwiesen. Abel Wanowski, Oliver Kerby und Oberst Humbert Ashton wurden wegen Spionageverdachts zur Fahndung ausgeschrieben.

Boris und Sergej Kunatschkin hatten gegenüber den Ausländern knapp zwei Stunden Vorsprung. Der alte Brigadegeneral hatte den Wolga auf der hundertvierzig Kilometer langen Strecke zwischen Moskau und Kalinin selbst gesteuert. An der Ausfallstraße kurz hinter Moskau passierten sie im Schrittempo die Streckenposten der GAI auf der Fernstraße M 10. Die Milizen ließen den Wagen unbehelligt.

Nördlich von Kalinin lag ein altes Braunkohlekraftwerk, das aufgrund massiver Proteste der neu entstandenen Umweltschutzgruppen vor zwölf Monaten stillgelegt worden war. Seitdem war es hier eine Zeitlang sehr ruhig geworden. Selten verirrte sich ein Einheimischer in die öde Gegend.

»Das sieht hier mehr nach einem geeigneten Exekutionsort aus als nach einem konspirativen Lagezentrum!« stellte Boris fest und betrachtete die trostlose Umgebung in der winterlichen Abenddämmerung. Die aggressiven, stark schwefelhaltigen Emissionen hatten in vier Jahrzehnten fast jeden Rest von Natur zerstört. Auf dem Gelände zwischen den Abraumhalden und den verrotteten Kraftwerksbauten fand sich noch nicht einmal ein Grasbüschel, der die Kraft besessen hätte, durch die zentimeterdicke Kohlestaubschicht ans Sonnenlicht vorzudringen.

Kunatschkin lachte. »Genauso hatten wir uns das auch gedacht, mein Junge!« bemerkte er und steuerte den Wagen Richtung Turbinenhalle. »Moskau erschien uns zu eng für ein illegales Hauptquartier der *Monopoly-Runde*.« Kunatschkin zeigte mit der Hand auf die gut getarnten Wachen, die überall auf dem alten Werksgelände verteilt waren. Aber Boris hatte sie bereits entdeckt.

»Hier haben wir die Lage unter Kontrolle«, fuhr der Ex-General fort. »Der Dorfsowjet aus der benachbarten Ortschaft gehört zu uns. Unsere Leute im Fernmeldewesen haben die alten Telefonanschlüsse des Kraftwerks wieder in Betrieb genommen.«

»Und wie lange geht das schon?«

»Seit etwa sechs Monaten.«

Kunatschkin hatte Boris während der Fahrt umfassend über die *Monopoly-Runde* informiert. Das Ausmaß der gorbatschowtreuen Untergrundbewegung überstieg Boris' Vorstellungskraft.

Kunatschkin stoppte vor dem stählernen Einfahrtstor

der Turbinenhalle und drückte kurz auf die Hupe. Ein Helfer schob von innen einen der schweren Flügel zur Seite. Der Wolga rollte in die Halle. Die Dampfturbinen und Generatoren waren längst demontiert, fortgeschafft und generalüberholt an einem anderen Ort wieder eingesetzt worden. In der leeren Halle parkte jetzt statt dessen ein rundes Dutzend privater und staatlicher Fahrzeuge. Der alte KGB-General stellte den Wolga dazwischen ab. Ein junger Zivilist öffnete Kunatschkin lächelnd die Tür.

»*Sdrastwujtje*, Genosse Sergej Sergejewitsch«, grüßte er und setzte hinzu: »Der Genosse Lakomski ist mit Abel Jakowitsch auf dem Weg hierher.«

»Sehr schön, mein Junge!« stellte Kunatschkin lobend fest. Es gehörte zu den Eigenheiten des pensionierten Generals, alle Männer unter Fünfzig »mein Junge« zu nennen.

Boris stieg auf der anderen Seite aus und sah sich um. Oberhalb der Halle, in der ehemaligen Kontrollstation des Kraftwerkes und den dahinter gelegenen Räumen herrschte reger Betrieb. Im Gegensatz zu den Fenstern der Turbinenhalle, waren dort oben alle zerbrochenen Scheiben der Industrieruine ersetzt oder überklebt worden.

Der Mittzwanziger lief um die Wagenfront, strahlte Boris an und hielt ihm die ausgestreckte Hand entgegen. »Wir sind sehr froh, lieber Boris Stepanowitsch, daß Sie endlich gekommen sind!« In seiner Euphorie schüttelte er Boris nicht nur die Hand, sondern nahm ihn unvermittelt in die Arme.

»Irgendwoher kenne ich Sie!« bemerkte Boris und musterte den jungen Mann mit nachdenklichem Blick.

»Natürlich!« erklärte er, »Oberleutnant Nalewaiko – Herbst 1984 im Ausbildungsbataillon der *Sektion Budjonny*. Ich war damals Offiziers-Anwärter. Aber hier reden wir uns alle mit Vatersnamen an. Die offiziellen Ränge entsprechen nicht immer den Verhältnissen in der *Monopoly-Runde.*«

»Na, nun komm schon, Boris!« rief Kunatschkin, selbst schon auf dem Weg zur Eisentreppe, die nach oben führte.

Als Boris das Lagezentrum der *Monopoly-Runde* im ehemaligen Kraftwerks-Kontrollraum betrat, überwältigte ihn die gelungene Improvisation, die er in solch einem Ausmaß nicht für möglich gehalten hätte. Andererseits erschrak er über diese reale Gegenwelt, die sich trotz *Glasnost* diskret entwickelt hatte und von der in der sowjetischen Öffentlichkeit niemand etwas ahnte.

Von der Organisationsaufteilung her glich das Lagezentrum auffällig dem Control-Center in Har Gerafon. Elektronische Kartographien auf großen Displays gab es allerdings nicht. Zwei der Saalwände waren von Militärkarten bedeckt, in denen die Markierungen mechanisch gesteckt wurden. Der eine Bereich umfaßte den nordwestlichen Bereich der Warschauer-Pakt-Staaten bis zum dänischen Bornholm. Links hingen Kartenausschnitte der irakischen Wüste. Am zahlreichsten waren allerdings die Karten von Moskau und Umgebung. Jede Kaserne, jeder Armeestützpunkt, sämtliche Milizstationen und Unterkünfte, technische Detailpläne über das Moskauer Metro-Tunnelnetz mit all seinen Versorgungsschächten und den streng geheimen Verbindungsstollen zwischen Kreml, ZK-Gebäude und KGB-Zentrale. Zwischen den Tischen stand ein alter Fernschreiber, der wieder instand gesetzt worden war. Und überall verteilt ganze Batterien von Telefonen, neue und alte, Funkgeräte modernsten Standards. Daneben neueste sowjetische Computertechnologie, mit der Signale zu einem sowjetischen Spionage-Satelliten aufgefangen und entschlüsselt wurden. Boris erkannte auf den Satelliten-Fernsehbildern das Trainingscamp der IPLF in der irakischen Wüste wieder. In Har Gerafon hatte er die amerikanischen Aufnahmen davon gesehen.

Kunatschkin ging ein paar Schritte voraus. Boris folgte

ihm langsam. Neugierig versuchte er, sich einen Überblick über die Anlage zu verschaffen. Das Dutzend Männer und Frauen im Lagezentrum hatte alle Hände voll zu tun, und die meisten nahmen keine Notiz von ihnen. Die wenigen anderen grüßten den pensionierten General mit dem Vornamen, und er tat es ebenso. Boris faszinierte diese Atmosphäre: keine Uniformen, keine Befehle und Anordnungen, sondern Beratungen in kleinen Gruppen, die phantasievoll und so gut wie möglich versuchten, ihre Schwierigkeiten in den Griff zu bekommen. Ein Fernschreiber aus dem Jahre 1952, den man im Kiewer Fernmeldeamt ausrangiert hatte, war auf diese Weise in direkte Nachbarschaft eines Hochleistungsrechners der sowjetischen Rüstungsindustrie geraten. Aber das Besondere, das Boris schon beim Betreten dieser alten Hallen gespürt hatte, war die persönliche Verbundenheit der Leute, die trotz aller Gefahr um ihr gemeinsames Ziel kämpften, den Putsch zu verhindern.

Der achtzigjährige Ex-General wandte sich an den einzigen Mann, der hier Uniform trug und soeben den Telefonhörer auflegte. Es war ein dreiundvierzigjähriger Generaloberst der sowjetischen Luftwaffe, dessen linke Brust mit dem üblichen Konfetti der Militärs bepflastert war. Ein schlanker, hohlwangiger Typ, dessen Augen durch andauernde Übermüdung weit in die Höhlen zurückgetreten waren.

»Ich hab' ihn mitgebracht, Slawa!« bemerkte Kunatschkin. In seiner Stimme schwang Genugtuung.

»Guten Tag, Boris!« sagte der Generaloberst, schüttelte ihm die Hand und fügte hinzu: »Ich bin Stanislaw Konstantinowitsch Jelisejew.« Die Art und Weise, wie er Boris sekundenschnell mit seinen Blicken taxierte, war typisch für einen Offizier.

»Generaloberst Jelisejew, Oberbefehlshaber der Luftabwehr – Kommando West?« fragte Boris.

Der Offizier nickte. »Normalerweise tragen wir hier alle

Räuberzivil, schon um in der Umgebung nicht allzusehr aufzufallen. Heute aber kam ich direkt aus dem Verteidigungsministerium …«

Langsam setzte sich für Boris das Puzzle zusammen. Mit Jelisejew im Rücken erhielt das Wahnsinnsprojekt, die Regierungsmaschine aus dem polnischen Luftraum zu schleusen, eine ganz neue Qualität.

»Nenn mich Slawa!« fuhr Jelisejew fort. »Hier in der *Bank* duzen wir uns alle.« Dann wandte er sich an Kunatschkin: »Geht schon vor, Alexander Maximowitsch und Martin erwarten euch in der Kantine.«

Kunatschkin führte Boris weiter durch die Anlage des ehemaligen Kraftwerks. Jeder Raum erfüllte eine andere Funktion. Links lag das *Berliner Zimmer*, in dem Major Rybalkin mit dem General des Ministeriums für Staatssicherheit, Martin Rulff, an einem Modell für das Szenario in Berlin gearbeitet hatte. Alle Standorte der *Sektion Budjonny* und ihrer Vertrauensleute von der *Monopoly-Runde* in und um das Schönefelder Flughafengelände waren deutlich gekennzeichnet, inklusive ihrer Kennungen für den Funkverkehr.

Kunatschkin stieß eine angerostete Stahltür auf. Für Renovierungen war keine Zeit geblieben. »Von hier aus koordiniert Morosow mit Generaloberst Jotschenko den Einsatz der Moskauer Miliz!« erklärte der Achtzigjährige weiter.

»Der gehört auch zur *Monopoly-Runde*?« fragte Boris ungläubig. Je mehr er sah, desto größer wurde seine Fassungslosigkeit über das Ausmaß dieser Untergrundorganisation.

»*Danjet*!« antwortete Kunatschkin, »Jotschenkos Truppen müssen die Panzereinheiten vor den Stadtgrenzen abfangen.«

Der alte General zeigte Boris danach noch den Keller. Mannschaftsräume und ein Waffenlager, mit Regalen, in denen vom einfachen Schnellfeuergewehr bis zur Panzerfaust alles zu finden war. Daneben, im ehemaligen Kohlenbunker vor den erkalteten Kraftwerksöfen, lag hinter meterdickem Beton das Kommunikationszentrum, ausgestattet mit modernster militärischer Hochfrequenztechnik des westdeutschen Elektronikkonzerns AEG. »Haben wir über die Israelis erhalten!« erzählte Kunatschkin und lächelte verschmitzt. »Damit können wir uns direkt in einen Nachrichtensatelliten der *National Security Agency* einschalten. Wir benutzen es für die Funkbrücke am Freitag!«

Der ehemalige Umkleideraum im zweiten Stock schien der einzige Ort in dem ausgedienten Kraftwerk, den man in seinem ursprünglichen Zustand belassen hatte. Lediglich die Fenster waren wie überall mit schwarzer Pappe verklebt, damit kein Licht nach außen dringen konnte. In der Ecke stand ein alter Kanonenofen, der kräftig vor sich hin bullerte. Er wurde mit den reichlich vorhandenen Resten der Bruchkohle beheizt. Die alte Zentralheizung des Kraftwerks war seit Jahren kaputt und längst verrottet. An den Wänden reihten sich noch die Spinde der ehemaligen Belegschaft.

Sonderstaatsanwalt Granow und Martin Rulff saßen beim Tee an einem langen Holztisch, dessen Platte noch die fettigen Spuren der Heizermahlzeiten und die Schnitzereien vergangener Zeiten trug. Von der Decke hingen zwei nackte Glühbirnen, die die vergilbten, ehemals weiß getünchten Betonmauern in ein fahles Licht tauchten.

Granow sprang von seinem Küchenstuhl, als er Boris hereinkommen sah, und kam ihm mit einem Lächeln entgegen. Es war selten, daß der Jurist lächelte. »Mein lieber Boris Stepanowitsch, ich bin so erleichtert, daß du wieder bei uns bist!« Und mit diesen Worten schloß er ihn in seine Arme.

»Ihr herzlicher Empfang freut mich!« bemerkte Boris, blieb aber deutlich distanziert. Alle taten hier so, als gehöre er seit Jahren zur *Monopoly-Runde.* »Trotzdem habe ich es satt! Seit dem inszenierten Tod von diesem Sergej Aladko ließen Sie mich von einer Überraschung in die nächste stolpern«, seine Stimme bewegte sich an der Grenze des Zorns. »Ihr habt mich lange genug verarscht, Genossen!«

»Wir haben dich nicht verarscht«, sagte der ostdeutsche Martin Rulff und duzte Boris mit der gleichen Selbstverständlichkeit, »wir waren gezwungen, uns deiner zu bedienen!«

Der Leiter der Hauptverwaltung Aufklärung im DDR-Ministerium für Staatssicherheit, jetzt Anfang sechzig, stand bei den Geheimdiensten von Ost und West in dem Ruf, einer der besten Kenner des Sicherheits- und Militärapparates der NATO-Staaten zu sein. Die westlichen Nachrichtendienste brachten ihm notgedrungen beruflichen Respekt und Anerkennung entgegen, und um so mehr galt er als die Personifizierung des »Reichs des Bösen«. Der volkswirtschaftliche Schaden, den die HVA unter seiner Leitung dem Westen durch Industrie-, Rüstungs- und Militärspionage zugefügt hatte, ließ sich kaum noch zusammenaddieren.

Erst mit der Zeit sickerte durch, daß Rulff dem Generalny und dem politischen Reformprozeß in der Sowjetunion näherstand als dem Regime in Ostberlin. Der Ex-General hatte ein sensibles Gespür dafür, wann es an der Zeit war, von Bord zu gehen. Seitdem hielt er sich privat mehr in Moskau auf als in der DDR. Da er in seinen Jugendjahren während des Vaterländischen Krieges im Moskauer Exil gelebt hatte, war sein Russisch kaum von dem eines echten Landsmanns zu unterscheiden.

»Ich bin kein Automat, zum Teufel – sondern ein Mensch!« erwiderte Boris ungehalten. Kunatschkin schenkte ihm einen Becher heißen Tee ein, und sie setzten sich zu viert um den Tisch.

»Eben!« stellte Rulff unbeeindruckt fest. »In der Situation am letzten Sonntag blieb uns keine andere Wahl, als dich auf diese ungewisse Reise zu schicken. Freiwillig wärst du wohl kaum nach Israel geflogen, um dich mit deinem ehemaligen SAS-Kameraden Lynn zu treffen. Wir brauchen aber euch beide! Feliks Matwejewitsch war felsenfest davon überzeugt, daß keiner besser für diesen Einsatz geeignet gewesen wäre. Die Tatsache, daß du jetzt wieder hier sitzt, gibt ihm recht.«

»Acht Menschen haben dafür ihr Leben gelassen!« brüllte Boris. Jetzt gingen ihm die Nerven endgültig durch.

»Acht Menschen«, entgegnete Rulff mit fester Stimme, »statt der halben Menschheit. Was würdest du an unserer Stelle tun? Die *Organisazija* sabotiert die *Perestroika*, wo sie kann.«

»Und ihr spielt jetzt Bürgerkrieg, oder was?« fragte Boris gereizt und nippte an dem ungezuckerten Tee.

»Wir wollen ihn verhindern!« polterte Kunatschkin. »Hör auf, solchen Quatsch zu reden!«

Boris warf dem alten Kunatschkin und Rulff abwechselnd geringschätzige Blicke zu, nur Sonderstaatsanwalt Granow schien er davon auszunehmen. »Und das muß ich mir von zwei Geheimdienstoffizieren anhören, die über Jahrzehnte den Kalten Krieg geschürt haben? Ihr seid es doch, die mitverantwortlich sind für die katastrophale Wirtschaftslage in den RGW-Staaten und für den Raketenwald zwischen Ural und Atlantikküste!«

Zuerst schwiegen sie. Rulff lehnte sich auf dem Küchenstuhl zurück, schaukelte auf den hinteren Stuhlbeinen und steckte seine Hände in die Hosentaschen. Die feinen Falten um seine Mundwinkel wirkten plötzlich verbissen. »Genauso ist es!« stellte der deutsche General fest. »Sergej Sergejewitsch, Bronislaw Iljitsch Chmys und ich haben, wie die anderen, jahrzehntelang schweigend einem Machtapparat gedient, der die Ideale des Sozialismus mit Füßen trat. Unser halbes Leben lang sahen wir zu, wie sich die Defizite unserer Forschung, unserer Wirtschaft und unserer Technologie gegenüber den westlichen Industrienationen beständig vergrößerten.« Rulff sah Boris, diesem Popmusiker und Nachrichtendienst-Aussteiger, offen in die Augen. »Der Marxismus-Leninismus, wie wir ihn kennen, hat sich bereits vor zwanzig Jahren überlebt. Damals besaß nur keiner den Mut, das einzugestehen. In der DDR löst das Wort ›Sozialismus‹ mittlerweile bei vielen Menschen Brechreiz aus. Die Völker erheben sich in der UdSSR, in Polen, in Ungarn, und auch bei uns wird es nicht mehr lange dauern, bis die Bürger auf die Straße gehen, um die Partei-Funktionäre aus dem Palast der Republik zu jagen.« Rulff setzte sich wieder aufrecht und fügte hinzu: »Um es mit den Worten des Kapitalismus zu beschreiben, wir sind schlicht und einfach bankrott. Jetzt geht es nur noch darum, einen Vergleich zu erwirken. Der Wind der Geschichte wird über uns hinwegfegen. Wir werden Platz machen müssen für andere, jüngere – die die Welt, wie wir sie kennen, neu gestalten und umbauen. Michail Sergejewitsch ist das beste Beispiel. Wenn er in Moskau scheitert, geht der ganze Osten in Konkurs und wird früher oder später von den Multinationalen Konzernen aufgekauft. Um das zu verhindern, sitze ich hier.«

Boris fuhr sich mit der Hand über den Kopf. Seine Handflächen hatten sich an den kurzen Bürstenschnitt noch nicht gewöhnt. »Und wie sieht's im Moment aus?«

»Die *Organisazija* ist uns in Marine und Heer überlegen. Nach dem Tod von Chmys haben sie auch eine der Schlüsselpositionen im KGB eingenommen«, berichtete der Staatsanwalt, wurde aber gleich darauf von Boris unterbrochen.

»Wie ist das überhaupt passiert?«

»Durch eine vergiftete Flasche Bordeaux. Aladko brachte sie nichtsahnend im Auftrag von Oberst Barynin dem Genossen Chmys mit. Aber erst Monate später hat er davon getrunken. Herzstillstand.«

»Wurde Barynin festgenommen?«

Granow seufzte. »Er ist wieder auf freiem Fuß. Offiziell ist Aladko tot. Würden wir jetzt seine Zeugenaussage aus dem Ärmel ziehen, wüßte die *Organisazija* sofort, daß wir einen Informanten in ihren Kreis eingeschleust hatten. Unsere gesamte Planung wäre wertlos. Ich habe versucht, Barynin mit einem Telefonat festzunageln, das er mit dem *Natschalnik* der Prager *Mokryje-Dela*-Brigade geführt haben muß, um den Auftrag für deine Liquidierung in München zu geben. Der *Organisazija* ist es allerdings gelungen, so vermute ich zumindest, die Beweise zu beseitigen, bevor meine Beamten sie sicherstellen konnten. In der 8. Verwaltung waren jedenfalls keinerlei Spuren mehr zu finden.«

»Waren Sie in der Abteilung Telefonüberwachung im Telegrafenamt?« fragte Boris, der sich immer noch nicht an das hier übliche Du gewöhnen konnte.

»Selbstverständlich!« erwiderte Granow. »Da muß auch was gewesen sein. Eine Brigade der Inneren Sicherheit hat auf Tschebrakins Befehl den ganzen Laden auf den Kopf gestellt. Erfolglos. Und der dortige Leiter, Hauptmann Bondarenko, schweigt wie ein Grab!«

»Bondarenko hat mit mir die Schule für KGB-Anwärter besucht. Ich traute dem Frieden im Krisenstab nicht«, berichtete Boris weiter, »und rief ihn nach der Sitzung des Krisenstabes am frühen Montag morgen an. Ich sagte ihm, er solle den Telefonverkehr ins Ausland besonders aufmerksam überwachen.«

»Sehr vorausschauend, Genosse!« kommentierte Rulff.

»Aber offensichtlich wirkungslos«, setzte Granow resigniert hinzu.

»Ich knöpfe mir Igor Vladimirowitsch persönlich vor ...«

»Später!« brach der Stasi-General ab. »Zuerst sollten wir über deine eigentlichen Aufgaben der nächsten 48 Stunden sprechen ...«

Eine knappe Stunde lang diskutierten die vier Männer über die Planung des nächsten Tages. Boris mußte sich auf den Einsatz vorbereiten, Metro-Pläne und Zugangswege zum Kremlgelände studieren, die Zusammenarbeit mit der Moskauer Szene koordinieren, den Funkkontakt zu David Lynn aufrechterhalten und sich die Männer für die Kreml-Operation im Stammregiment der *Sektion Budjonny* aussuchen. Generaloberst Jelisejew war mit der Vorbereitung des *Transponder-Switching* und des Fluges der Regierungsmaschine beschäftigt. Sonderstaatsanwalt Granow kümmerte sich um die Verhaftung des *Orgonjok*-Chefredakteurs und Jelzins sowie um das Verbot des *Vaswedtschiki*-Konzertes im Sportpalast des Lenin-Stadions. Spätestens diese Maßnahmen würden die Moskauer Bevölkerung auf die Straße treiben. Martin Rulff sollte am nächsten Morgen mit Oberst Rybalkin nach Ostberlin fliegen. Der Kommandeur der *Sektion Budjonny* hatte den offiziellen Auftrag, die Sicherheitsvorkehrungen für den inoffiziellen Arbeitsbesuch der sowjetischen Regierungsdelegation mit der Führung des ostdeutschen Eliteregiments *Feliks Dzierzynski* zu koordinieren. Rulff mußte Vorkehrungen treffen, daß am Freitag die Situation in der Hauptstadt der DDR nicht außer Kontrolle geriet; dazu gehörten solche Kleinigkeiten wie, genau zu wissen, zu welcher Zeit, an welchen Orten sich der Verteidigungsminister, der sowjetische Botschafter und der SED-Generalsekretär aufhielten. Der HVA-Chef verfügte über so gute Beziehungen zum Sicherheitsapparat, daß es kein Problem sein würde, Einzelheiten des Protokolls in Erfahrung zu bringen. Rulff fiel auch die Aufgabe zu, Honecker nach dem gescheiterten Putschversuch über die wahren Hintergründe zu informieren. Insgeheim freute sich der Stasi-General darauf, dem starrsinnigen SED-Führer die Rechnung zu präsentieren. Vor allem aber gab es eindeutige Hinweise auf eine Verbindung zwischen Kräften in der DDR und der *Organisazija* – und die wollte er finden und rücksichtslos aufdecken.

Oberleutnant Nalewaiko kam in den ehemaligen Umkleideraum gestürzt. »Abel Jakowitsch ist unten eingetroffen – er hat einen Engländer und einen Amerikaner dabei, Oliver Kerby und Oberst Humbert Ashton!«

Martin Rulff schmunzelte. »Hoher Besuch! Oliver Kerby ist Beamter des *Secret Service*, und Oberst Ashton leitet den Bereich Sowjetunion in der US-amerikanischen *Defence Intelligence Agency*, dem militärischen Nachrichtendienst des Pentagon.«

»Wanowski sagt, die beiden seien Unterhändler der britischen und amerikanischen Regierung«, stotterte Nalewaiko. Er war aufgeregt. Unten hatten ihre Leute den Barkas vorsorglich umstellt.

»Kerby ist ein ziemliches Arschloch«, erklärte Rulff den anderen, »und bei Oberst Ashton handelt es sich um einen knallharten Falken. Aber dumm ist er nicht. Er gehörte zur amerikanischen Delegation während der Genfer Abrüstungsverhandlungen.«

Kunatschkin war beeindruckt von dem Gedächtnis des Deutschen. Seit Chmys' Tod füllte er dessen Lücke in der *Monopoly-Runde* so perfekt, daß man glatt vergaß, daß er gar kein Russe war.

»Leicht werden die es uns nicht machen!« ergänzte Rulff und stand auf. »Laßt uns runtergehen und die beiden begrüßen!«

Wanowski wirkte etwas ärgerlich, als die Hecktür des Lieferwagens geöffnet wurde und er mit den beiden Ausländern ausstieg. »Ist das nötig gewesen?« grummelte er und zeigte mit dem Kopf auf die bewaffneten Wachen.

»Die Nerven unserer Leute sind im Moment nicht die besten!« entschuldigte sich Kunatschkin.

Ashton und Kerby sahen etwas blaß aus. Hier herrschte nicht die Atmosphäre von roten Teppichen, sondern die rauhe Wirklichkeit des Untergrunds.

»Willkommen in der Höhle des Löwen«, scherzte Rulff in einwandfreiem Englisch und schüttelte beiden die Hand. Mittlerweile war auch Generaloberst Jelisejew aus dem Kontrollraum nach unten gekommen, um die Gäste zu begrüßen.

Oberst Ashton erkannte jeden von ihnen, obwohl er mit dem ehemaligen Chef der Hauptverwaltung Aufklärung am wenigsten gerechnet hatte. »So viele kompetente Gesprächspartner hatten wir gar nicht erwartet, Boys!« bemerkte der US-Oberst ironisch und versuchte, die Atmosphäre auf typisch amerikanische Art aufzulockern. Oliver Kerby stand noch immer wie starr vor Schreck neben ihm.

»Kommen Sie«, sagte Kunatschkin und lud die Ausländer mit einer Armbewegung ein, »wir wollen keine Zeit verlieren. Als vertrauensbildende Maßnahme zeigen wir Ihnen erst mal unseren rostigen Laden!«

Der Amerikaner ließ sich das nicht zweimal sagen und ging mit Kunatschkin, Jelisejew und Rulff voraus. Kerby mußte erst von Boris weitergeschoben werden. »Sie haben nichts zu befürchten, Sir«, sagte Boris in hochgestochenem Oxford-Englisch. Der Engländer zwang sich zu einem gequälten Lächeln. Die Führung durch das alte Braunkohlekraftwerk dauerte fast zwei Stunden. Generaloberst Jelisejew und Rulff wechselten sich in den Erklärungen ab. Durch ihre bedingungslose Offenheit setzten sie den beiden westlichen Regierungsvertretern ziemlich zu. Für Mißtrauen blieb da kein Raum. Selbst Kerby schien überzeugt.

Erst als sie vor dem westdeutschen Kommunikationsrechner standen, packte den Amerikaner das blanke Entsetzen. Die *Monopoly-Runde* bediente sich doch tatsächlich der neuesten Nachrichten-Satelliten der NSA.

»Ja denken Sie vielleicht, wir rutschen für die Funkbrücke auf russischem Schrott herum?« fragte Rulff lapidar. Damit war dieses Thema auch vom Tisch. Anschließend setzte sich die Männerrunde in dem Pausenraum zusammen. Die Forderungen der Regierungen in Washington und London, daß die Russen ihr komplettes Agentennetz aufgaben, waren unannehmbar und außerdem kaum zu erfüllen. Vor ihnen lagen stundenlange und zähe Verhandlungen.

11. JANUAR, WESTBERLIN, 21.00 UHR:

Das *Schwarze Café* in der Kantstraße, nur ein paar Schritte vom Savigny-Platz entfernt, gehörte zu jenen Berliner Szenekneipen, die – bis auf eine Stunde zum Putzen – rund um die Uhr geöffnet hatten. Jetzt, gegen neun, platzte der Laden schier aus allen Nähten.

Seiler konnte sich nur mühsam zwischen den jungen Leuten hindurchdrängen. An seinem Äußeren war der Achtunddreißigjährige nicht als Kommissar im Drogendezernat der Berliner Kriminalpolizei zu erkennen. Sein Gesicht war mit einem Vollbart zugewachsen, seine dunkelblonden Haare waren fettig und ungepflegt. Als er in seinem abgewetzten Jeansanzug und mit rotgefrorenen Fingern die Kneipe betrat, wirkte er eher wie ein ewiger Student. Seiler fand Ingo im ersten Stock, an einem kleinen Ecktisch im hintersten Winkel der Kneipe.

Ingo, erst vierundzwanzig Jahre alt, war in jeder Hinsicht ein physisches und psychisches Wrack. Es gab keine Form von Drogen, die er seinem Körper noch nicht zugemutet hatte: Speed, Heroin, Kokain, Designer-Drogen, bis zum Klebstoff-Schnüffeln, wenn ihm das Geld ausging. Da er seinen eigenen Drogenkonsum durch Dealen finanzierte, war es nur eine Frage der Zeit gewesen, bis er der Drogenfahndung ins Netz gegangen war. Seiler ließ ihn laufen. Seitdem mußte Ingo als Informant herhalten – und wenn er sich weigerte, drohten ihm ein paar Jahre Knast.

Ingo hatte von sich aus bei Seiler angerufen. An diesem Abend sah er wieder ziemlich übel aus, und der Bulle befürchtete schon, der Junkie habe ihn herbestellt, um ihn anzupumpen.

»Na, Ingo, wie stehen die Aktien?« fragte Seiler kumpelhaft und klopfte ihm zur Begrüßung auf die Schulter.

»Echt total beschissen, Mann!« stöhnte Ingo. Seiler bestellte sich und seinem Informanten einen Milchkaffee. Dann wandte er sich wieder seinem V-Mann zu.

»Also, schieß los!« forderte ihn der Kripobeamte auf.

»Ey, Alter, wenn ich euch jetzt 'nen ätzend heißen Tip gebe, wandert dann meine Anklage in den Müll?«

Der Bulle kannte dieses Spiel aus seinen zehn Jahren Drogendezernat nur zu gut. Der Job stumpfte ab. Mit der Zeit war Seiler knallhart geworden. »Red keinen Scheiß, Ingo! Du kennst die Bedingungen des Staatsanwalts: Wenn du freiwillig eine stationäre Therapie machst und sie durchhältst, ist die Sache vergessen!«

Ingo hatte seine Erfahrungen mit der Psychiatrie. »Noch mal auf Bonny's Ranch? Niemals!«

»Also«, erwiderte Seiler unbeeindruckt, »dann pack aus, oder wir fahren gleich nach Moabit.«

Die Hände des Junkies zitterten. Er war zweifelsfrei auf Turkey. Bei den meisten Menschen hätte er Mitleid ausgelöst. Nicht bei Seiler. Er hatte den Jungen längst aufgegeben und wußte, daß man ihn früher oder später tot in irgendeinem Klo oder auf einer Parkbank finden würde, wie Hunderte anderer Jahr für Jahr.

»Es geht das Gerücht über eine große Dope-Lieferung

in der Szene um ...«, stotterte Ingo. Offensichtlich fiel es ihm schwer, sich zusammenhängend zu artikulieren.

»Woher?« hakte der Bulle nach.

»Aus'm Osten ... hab mich mal umgehört ... soll'n guter Afghane sein ... reine Ware ... nicht ausgekocht und nicht gestreckt ...«

»Wieviel?«

Ingos Augen irrten durch das Café. Schweiß stand auf seiner Stirn. Bald wird er Schüttelfrost kriegen, dachte Seiler.

»Dreieinhalb Tonnen.«

»Wann?«

»Irgendwann diese Nacht oder so ...«

»Wie?«

»Genau hab' ich's nicht rausgekriegt. Wahrscheinlich 'n Laster von DeuTrans ...«

Ingo hatte den Satz noch nicht zu Ende gebracht, als Seiler von seinem Sitz hochschnellte. Er faßte in seine Brusttasche, legte einen Zwanzig-Mark-Schein auf den Tisch und sagte: »Okay, zahl mal – wir hören voneinander!«

Der Bulle hörte die Proteste des Jungen nicht mehr, der wenigstens irgendeinen Vorteil hatte aushandeln wollen. Seiler drängelte sich die Treppe hinunter, rannte aus dem Lokal und setzte sich in seinen zivilen Dienstwagen. Mit Blaulicht und Martinshorn jagte er in Richtung Grenzübergangsstelle Staaken. Unterwegs stoppte er an einer Telefonzelle und mobilisierte sein Dezernat. Die Information erschien ihm zu heiß, um sie über Polizeifunk laufen zu lassen. Fünf Minuten später setzten verstärkte Zollkontrollen für Lastzüge aus dem Ostblock ein. Hinter der Grenze wurde ein großes Polizeiaufgebot zusammengezogen. Jetzt hieß es warten. Wenn Ingo sie verarscht hatte, wollte ihm Seiler höchstpersönlich den Rest Hirn aus der Birne prügeln.

11. JANUAR, MOSKAU, 21.30 UHR:

Die Verhandlungen zwischen den Vertretern der *Monopoly-Runde* und den westlichen Unterhändlern drehten sich im Kreis. Kerby und Ashton hatten sich auf die Position ihrer Regierungen versteift, daß die Sowjets *sämtliche* Spione der kommunistischen Staaten im westlichen Sicherheitsapparat preisgeben sollten.

Mehrere Kannen Tee waren inzwischen getrunken worden. Auf dem Tisch lagen leere Zigarettenschachteln, die Aschenbecher quollen über, die Luft war zum Schneiden – und die Diskussion nahm an Schärfe zu.

»Zum Scheißhaus noch mal!« schimpfte General Rulff. »Sie können doch nicht verlangen, daß wir unsere eigenen Leute reihenweise in Ihre Gefängnisse schicken!«

Kunatschkin, Boris, Generaloberst Jelisejew, Sonderstaatsanwalt Granow, sie alle wirkten betroffen. Die knappe Zeit lief ihnen davon.

Oberleutnant Nalewaiko steckte seinen Kopf durch die Tür des ehemaligen Pausenraums und rief Stanislaw Konstantinowitsch nach draußen. Dringendes Telefonat für den Oberbefehlshaber der sowjetischen Luftabwehr – der Generalny persönlich. Jelisejew entschuldigte sich. Als sie wieder unter sich waren, mischte sich Boris in die Diskussion. Bisher hatte er geschwiegen.

»Okay, Sir«, sagte er und wandte sich direkt an den Amerikaner, »wenn ich Sie richtig verstehe, fürchtet die Regierung der USA eine operative Beteiligung, solange nicht sichergestellt ist, daß die *Organisazija* von dem Einsatz nichts erfährt.«

»Genauso ist es, Mr. Uljanow!« bemerkte Ashton. Offensichtlich bemühte sich dieser Halbrusse um Verständnis für den westlichen Standpunkt.

Boris stand auf und umkreiste in langsamen Schritten den Tisch. Unvermittelt sprach er den *Secret-Service*-Beamten an: »Wie sieht's mit Ihnen aus, Kerby? Sie sind ein Profi im Spionagegeschäft. Wollen Sie aus der momentan komplizierten Lage der sowjetischen Regierung strategisches Kapital für den *Secret Service* herausschlagen?« Damit sagte er den Ausländern auf den Kopf zu, was die Russen und Rulff vermuteten.

Kerby räusperte sich. »Für den Aufwand, den wir betreiben, und das außergewöhnliche Risiko erwarten wir in der Tat eine deutliche Gegenleistung der sowjetischen Regierung.«

Boris verstand plötzlich Davids gallige Antipathie gegenüber den affektierten Typen des *Secret Service*. Aber er unterdrückte seine Gefühle. Er stellte sich neben Kerby und legte ihm die Hand auf die Schulter. »Die Gegenleistung?« wiederholte er rhetorisch. »Als Gegenleistung bleibt Ihnen eine friedliche und berechenbare Staats- und Parteiführung in Moskau erhalten. Ansonsten hat es der Westen ab Freitagmittag mit einem Haufen von Kriminellen zu tun, machthungrigen Kriegstreibern, die bereit sind, für ihre Ziele West- und Mitteleuropa in Schutt und Asche zu legen! Jeder hier riskiert seinen eigenen Arsch! Reicht Ihnen das nicht?«

»Die Beendigung der Sowjet-Spionage gegen unsere Staaten wäre die überzeugendste vertrauensbildende Maßnahme, die Sie treffen könnten«, widersprach der Brite.

»Wieviel Agenten in den RGW-Staaten arbeiten denn für die westlichen Geheimdienste?« warf der ehemalige Stasi-General aufgebracht ein, »die Liberalisierung in den sozialistischen Bruderstaaten wurde doch von *Ihren* Nachrichtendiensten zur verstärkten Spionage mißbraucht. Über vierzig Jahre haben wir uns gegenseitig auf die Finger geschaut und damit den Frieden bewahrt. Jetzt lassen Sie uns doch mal Fraktur reden! *Wir* waren es, die die Kontakte zwischen den Militärs in Ost und West ermöglicht haben. *Wir* haben unsere Kasernentore geöffnet, und es war die NATO, die zögerte ...«

»Und das KGB wie auch das Ministerium für Staatssicherheit verursachen mit ihrer Industrie-Spionage Milliardenschäden für unsere High-Tech-Industrien«, erwiderte Kerby feindselig.

»Gerechtfertigte Entwicklungshilfe ...«

Rulff wurde von Boris unterbrochen: *»Minutschko!* – Gentlemen, Genossen, wollen wir uns die ganze Nacht die Köpfe heißreden? Wir sitzen hier nicht in Genf, sondern im stickigen Umkleideraum eines alten Heizkraftwerks! Die ganze Problematik der gegenseitigen Spionage läßt sich nicht jetzt aus der Welt schaffen!« Boris redete den Briten und den Amerikaner direkt an: »Ashton und wir sind uns einig, daß die *Organisazija* keinesfalls über die Hintertür der Vaswedtschiken von dem geplanten Einsatz erfahren darf.« Dann unterbreitete er einen Vorschlag, von dem Kunatschkin und Rulff gleichermaßen überrascht waren: »Wir werden dafür sorgen, daß sich unsere Agenten aus den betroffenen Bereichen der britischen und US-amerikanischen Nachrichtendienste sowie aus den betroffenen militärischen Einrichtungen bis morgen mittag, zwölf Uhr, zurückziehen. *Danach* erhalten Ihre beiden Regierungen eine Liste der von dieser Maßnahme betroffenen Mitarbeiter ...«

»Das läßt sich nicht verifizieren!« entgegnete Kerby starrsinnig.

»Junger Mann«, warf Kunatschkin ein, *»verifizieren*, wie Sie sagen, läßt sich im Moment überhaupt nichts. Ihr müßt uns vertrauen – und wir euch! Der Gedanke mag Ihnen nicht sehr behagen«, der pensionierte General lachte verschmitzt, »ich habe auch ein bißchen Bauchschmerzen dabei. Aber keiner von uns hat eine Wahl. Vielleicht werden gerade diese Ereignisse dazu führen, daß sich die Fachleute in Ost und West später an einen Tisch setzen, um das leidige Thema Spionage in bilateralen Vereinbarungen für die Zukunft zu regeln. Dafür bin ich bereit, mich einzusetzen – und die anderen Genossen werden mich darin vielleicht unterstützen.«

Rulff, Granow und Boris nickten zustimmend. Kerby und Ashton zögerten mit ihrer Antwort.

»Wieviel Agenten aus dem kapitalistischen Ausland befinden sich derzeit in den Strafanstalten der RGW-Staaten und warten auf ihren Austausch?« fragte Boris in den Kreis.

»Schätzungsweise zwei Dutzend«, antwortete Rulff.

»Das werden wohl einige mehr sein«, widersprach Oberst Ashton.

»Egal!« unterbrach Boris, »es spielt keine Rolle, ob es zehn oder fünfzig sind. Was wollen Sie mit dreihundert oder vielleicht vierhundert Vaswedtschiken der RGW-Staaten? Bei Massenverhaftungen von Ostblock-Spionen durch das FBI und den britischen *Secret Service* käme es zu einer unkalkulierbaren Emotionalisierung der Bevölkerungen in den westlichen Ländern. Eine Hatz auf Bürger der RGW-Staaten im kapitalistischen Ausland wäre unvermeidlich. Liegt das in Ihrem Interesse, Gentlemen?«

Generalleutnant Jelisejew kam zur Tür hereingestürzt. Er war außer Atem, und blankes Entsetzen stand in seinem Gesicht geschrieben. Vor der Stirnseite des Tisches blieb er stehen und stützte seine Hände auf der Tischplatte auf. »Genossen, meine Herren!« sagte er und rang sichtbar mit seine Worten. »Der Präsident der Vereinigten Staaten hat das Nordamerikanische Luftverteidigungs-Kommando in Alarmbereitschaft versetzen lassen! Die Berlinbrigade der US-Army sowie die US-amerikanischen Truppenteile an der Ostgrenze der BRD sind vom Pentagon angewiesen worden, sich auf kurzfristige Alarmübungen vorzubereiten!«

Selbst der hartgesottene DIA-Oberst Ashton wurde bei diesen Worten leichenblaß. »*I can't believe it*!« stotterte er. »*They are crazy*!«

»Verteidigungsminister Schalajew trommelt den Generalstab zusammen. Ich muß jetzt selbst nach Moskau. Der

Generalny wird sich über den heißen Draht mit dem US-Präsidenten in Verbindung setzen.« Jelisejews Stimme klang verzweifelt. Als Oberbefehlshaber der westlichen Luftverteidigung des Warschauer Paktes kannte er das Szenario, das ihnen bevorstand, aus unzähligen Planspielen der Strategie-Kommissionen. »Aber was soll er denn sagen? Über diese Leitung kann er doch nicht frei sprechen!«

Der ostdeutsche Stasi-General wandte sich beschwörend an die Männer aus dem Westen. »Jetzt liegt es einzig und allein an Ihnen, meine Herren, ob wir das überstehen – oder ob sich Europa in ein atomares Massengrab verwandelt. Sie müssen auf dem kürzesten Weg zurück und dafür sorgen, daß unsere sichere Funkbrücke über den NSA-Satelliten in Betrieb genommen wird!«

Kunatschkin erhob sich von seinem wackeligen Holzstuhl und öffnete einen der alten Umkleidespinde. Er stellte den westlichen Unterhändlern jeweils einen schweinsledernen Diplomatenkoffer auf den Tisch. »Darin finden Sie alle erforderlichen Unterlagen: Funkfrequenzen, Planungen, Flugpläne, Transponder-Codes. Aber passen Sie auf, Gentlemen, die Zahlenschlösser sind mit einem Selbstzerstörungsmechanismus ausgestattet. Die Kombination entspricht dem Datum von Freitag – nach europäischer Schreibweise. Wir werden uns bemühen, Ihnen einen Mann nach Bornholm zu schicken. Und jetzt sehen Sie zu, daß Sie retten, was noch zu retten ist!«

Kerby starrte die Russen mit verschreckten Augen an. Zum Widerspruch fehlte ihm der Mut. Selbst Ashton hatte das Gefühl, daß der Brite noch immer zögerte. »*Fuck off*!« fluchte der Amerikaner. »Oliver, wir haben keine Wahl!«

»Es gibt noch ein zweites Problem!« ergänzte Generalleutnant Jelisejew: »Abel Wanowski, Ashton und Kerby sind von der Zweiten Hauptverwaltung zur Fahndung ausgeschrieben worden. Die haben Leonid Alexandrowitschs Journalistenmasche im Kosmos-Hotel aufgedeckt.«

»Wie kriegen wir sie in den Westen?« fragte Kunatschkin ruhig.

Die plötzliche Sachlichkeit der Russen stand der zunehmenden Panik Kerbys diametral entgegen.

»Ich nehme sie mit nach Moskau!« antwortete Jelisejew und erklärte an Kerby und Ashton gewandt: »Wir werden Sie mit einer Maschine der sowjetischen Luftwaffe nach Ostberlin fliegen. Von dort schleust Sie Generalmajor Ignatschenko über den Sektorenübergang nach Berlin-West ...«

»Der Ostberliner KGB-Resident?« warf Ashton ungläubig ein.

»Sicher«, antwortete Rulff, »er gehört zu uns!«

»Und wie bleiben wir in Kontakt, wenn etwas schiefgeht?« fragte Kerby verunsichert.

»Sie bekommen eine Telefonnummer mit Direktwahl«, erklärte Kunatschkin, »sprechen Sie nie länger als sechzig Sekunden, und sagen Sie uns, wo wir Sie finden. Um den Rest kümmern wir uns!«

Generalleutnant Jelisejew drängte zum Aufbruch. Der Amerikaner und der Brite nahmen die Diplomatenkoffer an sich. Für eine formelle Verabschiedung fehlte die Zeit. Wenige Augenblicke später blieben Kunatschkin, Rulff, Granow, Wanowski und Boris allein in dem verwahrlosten Pausenraum zurück.

»Mit deiner Zusage an den Westen bringst du uns ziemlich in die Bredouille!« resümierte Rulff.

»Wieso?« Boris war sicher gewesen, während der Verhandlungen keine wesentlichen Positionen der *Monopoly-Runde* aufgegeben zu haben. Deshalb erwartete er jetzt eher Anerkennung, als Kritik.

»Wir haben ein unvollständiges Verzeichnis unserer Kundschafter im Westen. Die einzelnen Abteilungen kennen zwar ihre Mitarbeiter im kapitalistischen Ausland.

Eine vollständige Liste aller Mitarbeiter inklusive Spitzen-Vaswedtschiken besaß aber nur Chmys. Er hockte darauf wie eine Henne auf ihren Eiern, schließlich war das sein Betriebskapital«, erzählte der alte Kunatschkin mit Melancholie in der Stimme.

»Major Barynins erste Amtshandlung«, ergänzte Sonderstaatsanwalt Granow, »war es, in der Verwaltung S alle Paßwörter der Personal-Stammdaten zu ändern. Wir kommen trotz unserer Ausrüstung nicht mehr in diesen Bereich des zentralen Computersystems herein.«

»Der Typ kontrolliert also die komplette Auslandsabteilung des KGB?« Boris' Frage war eher rhetorisch. »Tja«, murmelte er gedankenversunken, »dann schwimmt die Fliege schon im Glas!«

»Da hast du leider recht, *Towarischtsch*!«

Boris sprang von seinem Stuhl auf und begann, den Tisch zu umkreisen. »*Well*, dann legen wir diesen Barynin eben aufs Kreuz! Welchen Einfluß hat der Generalny darauf, den Posten des Hauptverwaltungsleiters an einen von *uns* zu vergeben?«

»Das ginge schon«, antwortete der alte Kunatschkin, »vermutlich würde Tschebrakin den Genossen Ignatschenko akzeptieren müssen ...«

»Barynin ist der einzige Mann, bei dem wir sicher sein können, daß er zur *Organisazija* gehört. Sie werden es wohl kaum hinnehmen, daß wir ihn aus dem Verkehr ziehen. Das Ganze könnte schon im Vorfeld zu einem gewaltsamen Gemetzel führen. Und gerade das wollten wir doch verhindern!« widersprach Sonderstaatsanwalt Granow. Er wußte, wovon er sprach. Die *Organisazija* hatte ihn lange genug mit einer Reihe von Mordanschlägen bedacht, und jedesmal, wenn er sich außer Reichweite seiner zivilen Bewacher bewegte, schwebte er in Lebensgefahr.

»Blödsinn!« widersprach Boris, »ich habe nicht vorgeschlagen, Barynin umzulegen. Wir stellen ihm ein Bein, damit er selbst stolpert. Verena Alexandrowna hat sich jahrelang mit Großrechnern in der Bundesrepublik beschäftigt. Ihr würde es vielleicht gelingen, den Zentralrechner des KGB zu knacken ...«

»Unmöglich!« warf Rulff kopfschüttelnd ein. »Die Aladkowa arbeitete bei Siemens auf der Grundlage des Betriebssystems BS 2000. Die Rechneranlagen des KGB laufen auf einem von sowjetischen Spezialisten modifizierten VMS-Betriebssystem amerikanischer IBM-Architektur.«

»Dann brauchen wir eben andere Spezialisten!« rief Boris ungehalten. »Strengt doch mal euer Hirn an. Barynin ist für die KGB-Führung unhaltbar, wenn sich morgen vormittag zu Hunderten sowjetische Vaswedtschiki aus dem kapitalistischen Ausland absetzen.«

»Die Systemprogrammierer des KGB sind die Hüter des heiligen Gral!« wandte der deutsche Stasi-General ein. Er wollte sich nicht von Uljanows Euphorie anstecken lassen. »Diese Spezialisten sind seit Jahrzehnten darauf geschult, ihre Geheimnisse für sich zu behalten. Uns wird kaum die Zeit reichen, bei ihnen in dieser kurzen Zeit die nötige Unterstützung zu finden.« Rulff schwieg einen kurzen Augenblick und machte einen anderen Vorschlag: »Ignatschenko warb vor zwölf Monaten in Berlin-West und in der BRD hochqualifizierte Hacker an ...«

»Was ist denn das für ein neumodischer Unsinn?« fragte Kunatschkin. »Sollen wir uns jetzt vielleicht noch damit beschäftigen? Wir alle wissen ja ohnehin nicht mehr, wie wir unsere Aufgaben bewältigen sollen!«

Abel Wanowski, der bisher konsequent geschwiegen hatte, beteiligte sich zum erstenmal an dem Gespräch. »Mein lieber Sergej Sergejewitsch«, sagte er in einem persönlichen Ton, denn er kannte den alten Kunatschkin aus den Verhören vor zwanzig Jahren, »ich verstehe auch nichts davon. Aber wenn diese Jungs aus einer Telefonzelle bis in die Hochleistungsrechner des Pentagon gelangen und dort für das KGB spionieren, frage ich mich, was dagegen spricht, daß sie auch in die Rechneranlagen des KGB eindringen können.«

»Sie können kein Russisch!« ergänzte Kunatschkin lapidar. General Rulff, der die Berichte der Westberliner Hakker ebenfalls auf seinen Schreibtisch bekam, schmunzelte. »Sie arbeiten mit einem Alias-Code.«

»*Nitschewo!*« sagte Boris. Er blickte auf die Uhr über der Tür, deren blecherner Sekundenzeiger seit der Wiederinbetriebnahme des Stromnetzes in dem alten Kraftwerk unablässig seine Bahnen zog. Fünf Minuten vor zehn. »*Okay*, Genossen. Ich werde nach Moskau fahren, mich mit meinen Freunden treffen und die Demonstration am Freitag vorbereiten. Danach schnappe ich mir Verena und werde meinem alten Schulkameraden Bondarenko einen kleinen Besuch abstatten ...«

»Die *Organisazija* wird deine Freunde mit Sicherheit überwachen! Und morgen früh brauchen wir dich bei der *Sektion Budjonny*!« wandte Kunatschkin ein. Aber er erntete nur ein vielsagendes Lächeln.

»Mein lieber Sergej Sergejewitsch, unterschätzen Sie nicht die Moskauer *Vaswedtschiki*, die sind einiges gewöhnt.«

»Rockmusiker«, ergänzte Granow auf den fragenden Blick des Achtzigjährigen. Es gab Momente, da verstand der pensionierte KGB-General die Welt nicht mehr.

»In Ordnung!« sagte Rulff und erhob sich nun seinerseits. »Ich werde mich um Ignatschenkos Hacker-Brigade kümmern. Zur Not werden wir unsere alten Register ziehen. Die Jungs müssen so schnell wie möglich hierhergebracht werden. Uns bleiben höchstens acht Stunden Zeit.«

Unten in der alten Turbinenhalle warteten neben dem alten Moskwitsch Oberleutnant Nalewaiko und ein Mann von Mitte Fünfzig. Boris konnte seine Verlegenheit kaum unterdrücken, als er das Gesicht von den Fotos erkannte: Sergej Aladko. Jetzt wußte Boris, daß der ehemalige Handelsattaché nicht das Monstrum war, für das ihn seine Ehefrau hielt. Aladko hatte allen erdenklichen Aufwand getrieben, Verena aus der Sache herauszuhalten. *Er* hatte dafür gesorgt, daß sie von Chmys in den Westen geschickt worden war, weitab vom Krisenzentrum Moskau. Boris hatte sie mit hineingezogen, ihr Leben auf's Spiel gesetzt – und sich in sie verliebt, was ihm in dieser Sekunde schlagartig bewußt wurde. Die beiden musterten sich mit einer neugierigen, verhaltenen Aggressivität, wie es nur Männer tun, die wissen, daß sie mit derselben Frau schlafen. Bei Aladko war es einige Zeit her – und Boris war zwanzig Jahre jünger.

»Sergej Sergejewitsch!« stellte sich Aladko vor, Boris kam nicht umhin, ihm die Hand zu schütteln.

»Vor wenigen Stunden hätte ich es nicht geglaubt!« bemerkte Boris reserviert. Aladko ließ ihm keine Zeit, die Peinlichkeit in langen Redewendungen zu überwinden. »Hören Sie, Boris Stepanowitsch! Ich weiß nicht, was in der letzten Zeit zwischen Ihnen und Verena passiert ist. Vielleicht haben wir uns alle zuviel zugemutet. Aber ich habe eine große Bitte an Sie ...«

»Was?« fragte Boris kühl und öffnete bereits die Fahrertür des Moskwitschs.

»Schweigen Sie Verena gegenüber, daß ich am Leben bin. Ich möchte es ihr selber erklären – danach. Verstehen Sie?«

»*Da*!« antwortete Boris. Oberleutnant Nalewaiko wie auch Kunatschkin hatten dagegen protestiert, daß sich Boris allein auf den Weg machte. Aber er hatte darauf bestanden – und irgendwie war es immer noch er, der die Bedingungen stellte. Wortlos setzte er sich hinter das Steuer, ließ den Motor an und fuhr aus der Halle in die Dunkelheit davon. Unterwegs wanderten seine Gedanken von der *Mo-*

nopoly-Runde zu Verena und ihrem Mann. Boris versuchte gegen seine Moralvorstellungen anzukämpfen. Wer war er denn schon, eine verkrachte Existenz, die alles so hinnahm, wie es kam – angefangen von seiner beruflichen Laufbahn bis zu den Spontanficks der letzten zehn Jahre. Welches Recht hatte er, sich in die Ehe eines Mannes zu mischen, der sich seit Jahren danach sehnte, seine Frau wiederzusehen? Aber was hatten Gefühle schon mit Recht zu tun?

11. JANUAR, ISCHKASCHIM (TADSCHIKISCHE SSR), 20.00 UHR:

Die kleine Garnisonsstadt Ischkaschim im Südosten der Tadschikischen Sozialistischen Sowjetrepublik und in der Autonomen Oblast Gorno-Badachschanskaja gelegen, bereitete vielen der hier stationierten Sowjetsoldaten klimatische Probleme. Die Grenze zu Afghanistan lag auf einer Höhe von über 5000 Metern, im Osten erhoben sich Sechs- und Siebentausender-Gipfel. Außerhalb des Ortes Hunderte von Kilometern weit der ewige Schnee, im Winter kaum passierbar, eine gottverlassene Gegend, sogar Wölfe gab es hier nicht mehr.

Zwanzig Kilometer außerhalb Ischkaschims, fast genau auf dem 72. Längengrad und mitten im Grenzgebiet, hatten sich rund zwei Dutzend Träger versammelt, lauter Einheimische, deren Körper seit ihrer Kindheit an den wenigen Sauerstoff gewöhnt waren. Um die Mittagszeit hatten sie sich auf den Weg gemacht, damit sie in ihren Schneeschuhen, bis unter die Nasenspitze in Fellmäntel und Wolltücher gehüllt, rechtzeitig den Sammelplatz erreichten. In den Morgenstunden war der Befehl des russischen *Natschalniks* gekommen.

Vor zwei Jahren war der reiche Herr aus Taschkent erstmals in Ischkaschim und den Dörfern der Umgebung aufgetaucht, hatte sich unter der bettelarmen Bevölkerung Träger ausgesucht und sie zu absolutem Stillschweigen verpflichtet. Seitdem gingen sie mehrmals im Jahr illegal über die Grenze nach Afghanistan und trugen einzeln oder mit Gurten zu zweit die in Holzkisten vernagelten Lasten. Die Transporte fanden grundsätzlich in der Nacht statt. Und kein sowjetischer Soldat kannte diese Gegend mit ihren tiefen Gletscherspalten und lawinengefährdeten Hängen besser als diese Männer. Auf afghanischer Seite erholten sie sich immer einen Tag bei ihren moslemischen Brüdern, um in der Nacht darauf zurückzukehren. Keiner von ihnen wußte, was sie da eigentlich hin und her transportierten. Der *Herr* hatte strengstens verboten, die Kisten zu öffnen. Nur einmal hatte einer der Träger seine Neugierde nicht bezwingen können – und war seitdem verschwunden. Danach hatte sich keiner mehr für den Inhalt interessiert. Nie wieder gingen Kisten verloren. Der Lohn, der ihnen für zwei Tage Arbeit gezahlt wurde, genügte, um sie und ihre Familien zwei Monate lang reichlich zu ernähren. Der Fremde war zur entscheidenden Wirtschaftskraft in den Dörfern geworden. Jeder, der nach dem unerklärlichen Wohlstand fragte, stieß gegen eine Mauer des Schweigens.

Die Träger hatten eine Stunde Pause eingelegt und im Schutz einer Schneehöhle ein kleines Feuer aus mitgebrachtem Reisig entzündet, auf dem sie sich Tee kochten. Nun machten sie sich für den Abmarsch fertig. Die zehn Holzkisten, irgendwann im Lauf des Tages von einem Hubschrauber abgeworfen, waren tief im Schnee versunken. Sie hatten ein hohes Gewicht, und die Träger fluchten, als sie ihre Lastgurte schulterten. Als sie den Sammelplatz in einer langen Kolonne verließen, löschten sie ihre Fackeln, damit sie nicht von den Aufklärern der sowjetischen Luftwaffe entdeckt werden konnten.

Es ging nur langsam voran. Jeder Schritt mit den wuchtigen Schneeschuhen bedurfte einer Anstrengung, der kein Durchschnittseuropäer gewachsen gewesen wäre. Einen Kilometer südlich mußten sie noch vorsichtiger sein. Der verschneite Pfad schlängelte sich zwischen zwei großen Felsvorsprüngen steil hinunter. Als die taghellen Halogenscheinwerfer der KGB-Grenztruppen aufflammten, wurden die Einheimischen von dem reflektierenden weißen Schnee geblendet. Panisch ließen sie ihre Fracht fallen, versuchten auseinanderzustieben und davonzulaufen. Zwecklos, denn die schwerbewaffnete Sondereinheit unter dem Kommando von Oberst Kayar eröffnete ohne Vorwarnung das Feuer. Nach zwei Minuten endete das dumpfe Knattern der Kalaschnikows. Der ewige Schnee war vom Blut der Träger durchtränkt.

Oberst Kayar stapfte mit seinen Soldaten über den Felsvorsprung. Die KGB-Milizen brachen mit Kuhfüßen die Kisten auf. In dem gleißenden Licht schimmerten ihnen die Goldbarren mit dem Prägestempel der Staatsbank der UdSSR entgegen. Kayar überzeugte sich persönlich vom Tod jedes einzelnen Trägers. Nur einer lebte noch. Er mochte keine Zwanzig sein.

»*Gospodin*!« keuchte er, entsetzt, den *Herrn* über sich zu sehen, während ihm das Blut aus dem Mundwinkel lief. Kayar zog seine Armee-Pistole aus dem Halfter, zielte und drückte ab. »So, das war's!« stellte er mit eiserner Miene fest. Er ekelte sich vor sich selbst.

Nachdem die Kisten verladen waren, erhob sich der Verband aus drei Mil-Mi-26-Helikoptern in die Luft. Über Funk erstattete Oberst Kayar Bericht an das Hauptquartier in Taschkent: Nach heftigen Feuergefechten mit der »organisierten Schmugglerbande« konnten Goldmengen im Werte von mehreren Millionen Rubeln durch Sowjettruppen sichergestellt werden. Wegen der heftigen Gegenwehr gab es keine Überlebenden. Die Verwaltung Sonderermittlungen in Moskau wurde umgehend benachrichtigt. Kayar würde in Taschkent in einen Überschall-Jäger umsteigen und zum Rapport direkt in die Hauptstadt fliegen.

In dem Grenzgebirge zu Afghanistan setzten heftige Niederschläge ein. Die Spuren der Massenexekution verloren sich in wenigen Minuten unter den reinen weißen Schneekristallen.

11. JANUAR, MOSKAU, 23.30 UHR:

Unter normalen Umständen wandte sich Nastasja Wolotkinowa an die zentrale Fahrbereitschaft des KGB im Ankunftsgebäude von Scheremetjewo I, um sich in die Innenstadt fahren zu lassen. Heute hatte sie auf eigene Kosten ein Taxi genommen und sich samt ihrem Gepäck zur Generalstaatsanwaltschaft bringen lassen. Mit ihrer Reisetasche in der einen und ihrem Make-up-Köfferchen in der anderen Hand war sie beinah schon vom Pförtner abgewiesen worden. Nur aufgrund ihrer lautstarken Proteste wurde sie in das Zimmer eines jungen Assistenten gebeten, der in dieser Nacht Dienst hatte. Ihm wollte sie nichts sagen. Die junge und attraktive Gattin des usbekischen KP-Chefs bestand darauf, den berühmten Sonderstaatsanwalt Granow persönlich zu sprechen. Pjotr Seregin, der Assistent, versuchte vergeblich, Granow telefonisch in seiner Wohnung zu erreichen. Als er den Hörer auflegte, blickte er skeptisch über den Tisch. Die Funktionärs-Schickse machte auf ihn einen ziemlich hysterischen Eindruck. »Es tut mir leid, verehrte Wolotkinowa, der Genosse Granow ist nicht zu erreichen!«

Nastasja hatte ihre Beine übereinandergeschlagen und die Arme fest vor ihrem Busen verschränkt. »Können Sie ihn nicht suchen lassen?« fragte sie gereizt.

Der Jurist schüttelte den Kopf. »Alexander Granow arbeitet oft sechzehn Stunden am Tag«, erklärte er. »Vielleicht hat er das Telefon abgestellt. Der Mann braucht seinen Schlaf!«

Die Ungeduld der ehemaligen Bolschoi-Ballerina schlug in Zorn um. »Sagen Sie, junger Mann«, schimpfte sie mit schneidendem Ton, »haben Sie sich Ihre Ohren plattgesessen? Ich sagte doch, es ist *dringend*!«

»Mäßigen Sie Ihren Ton, Genossin Wolotkinowa!« bellte Seregin zurück. Sich von dieser aufgetakelten Provinz-Kokotte beleidigen zu lassen, ging ihm zu weit. »Jeden Tag kommen Dutzende von Bürgern, die den Genossen Granow dringend sprechen wollen! Wenn Sie mir nicht sagen wollen, um was es sich handelt, werden Sie sich morgen früh noch mal bemühen müssen!« Er faltete seine Hände auf der Tischplatte und gab ihr eindeutig zu verstehen, daß das Gespräch für ihn beendet war.

Kurz darauf stand Nastasja mit ihrem Gepäck wieder auf der Straße. Der eisige Wind ließ sie frösteln. Ein Taxi war weit und breit nicht in Sicht. Um die letzte Metro zur Izmajlovskaja zu erreichen, mußte sie sich beeilen. Von dort hatte sie noch ein gutes Stück zur Wohnung ihrer Tante Marija zu laufen. Nastasja kam nicht weit. Den grauen Wolga und die schwarze Tschaika-Limousine auf der gegenüberliegenden Straßenseite hatte sie übersehen. Erst als die beiden Männer über die Fahrbahn auf sie zugelaufen kamen, wurde sie darauf aufmerksam und erschrak.

»Genossin Wolotkinowa!« sagte der eine von ihnen und stellte sich ihr in den Weg.

»Ja?« antwortete sie verschreckt.

Beide Beamte zeigten ihre KGB-Ausweise vor. »Verwaltung Sonderermittlungen! Generalmajor Myschko möchte mit Ihnen sprechen!«

Bevor Nastasja reagieren konnte, nahmen ihr die KGB-Beamten bereits das Gepäck ab und begleiteten sie zur Tschaika. Ohnmächtig mußte sie mitansehen, wie ihre Tasche in dem Kofferraum verschwand. Dann wurde ihr die Fondtür aufgehalten. Als sie in den Wagen stieg, raste ihr Puls vor Angst. Die zivilen KGBler verschwanden in dem Wolga.

Myschko lachte die schöne Frau an und streckte ihr die Hand entgegen. »Meine liebe Wolotkinowa!« sagte er in einem überschwenglichen Tonfall. »Ich bin Generalmajor Myschko, Leiter der Verwaltung Sonderermittlungen im KGB!«

»*Sdrastwujtje, Towarischtsch!*« erwiderte sie und nahm zwangsläufig neben ihm Platz. Dabei zitterte sie noch stärker als auf der Straße, obwohl die Nobelkarosse auf Zimmertemperatur geheizt war. Myschko nahm es mit Genugtuung wahr. Er genoß es, wenn sich Menschen vor ihm fürchteten, besonders wenn es schöne Frauen waren. »Sie wollten Sonderstaatsanwalt Granow sprechen!« stellte er väterlich fest und gab dem Fahrer ein Handzeichen zum Anfahren.

»Woher wissen Sie das?« fragte Nastasja entsetzt und spielte für einige Sekunden mit dem Gedanken, aus dem fahrenden Wagen zu springen.

»Vom Pförtner!« log Myschko. »Er ist einer von uns, im Gegensatz zu dieser Karrikatur von Seregin! Was haben Sie dem Assistenten erzählt?«

»Nichts!« stammelte sie. Myschko tätschelte ihr grinsend die Hand auf ihrem Knie. »Das ist sehr gut, meine Liebe! Wir arbeiten eng mit dem Genossen Granow zusammen. Vielleicht wissen Sie, daß wir bereits in der Usbekischen SSR ermitteln. Leider ist es erforderlich, auch Ihren Gatten zu überwachen. In diesem Zusammenhang erfuhren wir selbstverständlich von Ihrer Ankunft in Moskau – und ihrem vergeblichen Versuch, den Genossen Granow zu sprechen. Der Sonderstaatsanwalt ist im Moment leider nicht abkömmlich.« Er zog seine Hand zurück und zwinkerte sie zuversichtlich an. »Aber damit haben Sie Ihre

Loyalität ja bereits bewiesen. Vor wenigen Minuten erreichte mich die Nachricht, daß im sowjetisch-afghanischen Grenzgebiet in Gorno-Badachschanskaja von KGB-Milizen eine Schmugglerbande mit Goldmengen bisher einmaligen Ausmaßes erwischt worden ist.« Myschko machte eine dramaturgische Pause. »Ihr Mann, verehrte Genossin Wolotkinowa, steckt in großen, sehr großen Schwierigkeiten!«

Sie achtete nicht auf den Weg, den die Limousine nahm. Nach Myschkos Erklärung sprudelten die Sätze nur so aus ihr heraus: »Es gibt eine *Organisazija* … eine kriminelle Untergrundorganisation mit unvorstellbarer Macht. Sie kontrollieren den Schwarzmarkt, bereichern sich durch Unterschlagungen und Schutzgeld-Erpressungen. Und am Freitag wollen sie in Moskau die Regierung stürzen. Mein Mann Dimitrij Anatoljewitsch gehört auch dazu. Er will ins Politbüro. Oberst Duran Kayar gehört ebenfalls dieser *Organisazija* an, er soll die Parteiführung in Usbekistan übernehmen … Der tadschikische KGB-Chef Achmed Bekdemir beging keinen Selbstmord. Er wurde umgebracht, um die Behörden von den eigentlichen Hintermännern abzulenken. Sie müssen etwas tun, Genosse Generalmajor!«

Myschkos Gesicht wurde ernst. »Von wem haben Sie diese Informationen?« fragte er in dienstlichem Ton.

Nastasja zögerte einen Moment, kam dann aber zu dem Schluß, daß es jetzt keinen Sinn mehr hätte, etwas zu verschweigen. »Von Oberst Kayar. Ich hatte eine Affäre mit ihm.«

»Und mit wem haben Sie darüber gesprochen?«

»Mit niemandem!«

»Sind Sie sicher?«

»Jawohl!« beharrte Nastasja.

Wieder machte sich ein zynisches Grinsen auf Myschkos Gesicht breit, von dem Nastasja nicht wußte, wie sie es deuten sollte. Die herausfordernde Art und Weise, mit der er sie betrachtete, empfand sie als ziemlich unverschämt.

»Mein Vater erzählte mir einmal, wie man im Vaterländischen Krieg in seiner Einheit mit Frauen verfuhr, die russische Partisanen bei den Hitlerfaschisten denunziert hatten ...«

»Wie meinen Sie das?« stotterte Nastasja erschrocken.

Generalmajor Myschko weidete sich an dem Anblick der verängstigten Frau. »Ihnen wurde der Kopf rasiert, die Kleider vom Leib geschnitten«, wieder unterbrach er sich für einige Sekunden, bis er hinzufügte, »und dann wurden sie mit gespreizten Beinen auf einen Tisch in den Mannschaftsunterkünften geschnallt. Zuerst kamen die Unteroffiziere dran, danach die einfachen Soldaten, manchmal dreißig und mehr. Der letzte schleppte sie dann nach draußen und gab ihr den Gnadenschuß.« Myschko lachte amüsiert über die Panik, die Nastasja erfaßte. Die Frau versuchte, die Fondtür aufzureißen. Sie ließ sich nicht öffnen. Als der Generalmajor sie festhalten wollte, bohrte sie die Fingernägel ihrer rechten Hand in seine Wange und riß ihm tiefe Striemen in die Haut. Aber schon im nächsten Moment traf sie der harte Schlag seines Handrückens. Nastasja schrie um Hilfe und spuckte Blut und zwei Schneidezähne auf die grauen Polster der sowjetischen Nobelkarosse.

11. JANUAR, WESTBERLIN, 22.45 UHR:

Als es an der Tür der heruntergekommenen Hinterhauswohnung in der Kreuzberger Bergmannstraße klingelte, bekamen die drei Hacker einen gewaltigen Schreck.

Sie nannten sich *Gothics* und hatten unter dieser Firmierung in aller Welt System-Operators in Angst und Schrecken versetzt. Dabei war keiner von ihnen älter als zweiundzwanzig. Der achtzehnjährige Kalle hatte noch nicht einmal einen Schulabschluß, weil er sich in der 9. Klasse mehr für seinen ersten C-64 als für den Unterricht interessiert hatte. Via Modem und Telefonanschluß tummelten sie sich in unzähligen geschlossenen und offenen Rechnernetzen quer über den Globus, benutzten fremde Zugangscodes, die sie in zahllosen Nächten geknackt hatten, und ließen andere Firmen und Institute für ihre kostspielige Leidenschaft bezahlen. Dabei sprangen sie kreuz und quer über die verschiedensten Knotenrechner und Satellitenverbindungen, so daß es auch hochqualifizierten Spezialisten der amerikanischen Eliteuniversitäten, des Pentagon und des deutschen BKA bisher nicht gelungen war, die Spur der *Gothics* zurückzuverfolgen. Bei riskanten Datenreisen benutzten Sie ohnehin einen Laptop und einen Akustikkoppler und suchten sich eine abgelegene Telefonzelle, damit sie sich im Ernstfall schnell aus dem Staub machen konnten. Sämtliche großen Computerkonzerne und Entwicklerfirmen hätten wohl ein Vermögen ausgegeben, um an den Fundus der undokumentierten Betriebssystem-Fehler heranzukommen, deren sich die *Gothics* für ihre Hacks bedienten. Die Jungs selbst unterwarfen sich einem ungeschriebenen Ehrenkodex. Sie waren Hacker, die sich einen Spaß daraus machten, Sys-Ops den Zugang zu ihren eigenen Rechenanlagen zu sperren. Meistens hinterließen sie an der einen oder anderen Stelle eine bissige *mail* – aber sie betrieben keine Sabotage, indem sie Daten systematisch zerstörten oder Viren in Umlauf setzten. Solche Typen waren *Crasher*, die bei den *Gothics* ebenso in Verruf standen wie bei den Datenschutzexperten. Die Losung der *Gothics* lautete: »Freie Information für alle!« Abgeschottete Rechnernetze und das Copyright von Software verstanden sie als *geistigen Imperialismus*. Seit zwölf Monaten hatten sie Kontakt zu diesem Russen in Ostberlin. Er nannte sich Laszlo, war ein netter Kerl von

Mitte Zwanzig und zahlte großzügig in bar oder Dope. Die Kreuzberger Jungs fanden es nicht unmoralisch, sondern eher lobenswert, den in der Computertechnologie hoffnungslos unterlegenen Russen etwas Entwicklungshilfe zu leisten. Sie hatten sich sogar freiwillig dazu durchgerungen, dafür etwas diskreter zu arbeiten.

Dirk meldete sich gerade in einem japanischen Host an, als es läutete – und er hatte überhaupt keine Lust, die Verbindung jetzt sausen zu lassen.

»Sieh mal nach, Tom!« sagte er zu seinem Kumpel und drehte den Bildschirm seines Computers dunkel.

Tom kehrte mit Laszlo in das Zimmer zurück. Dem Russen verschlug es in dem miefigen, verqualmten Raum beinah den Atem.

»Ick jlobe, mein Eumel bohnert!« fluchte Kalle, als er den Besucher sah. »Sag mal, biste bescheuert, Mann – hier aufzulaufen?«

Auch Dirk war sauer. Er zog einen Flunsch, drehte den Bildschirm wieder auf und meldete sich bei dem Host ab, sprang zurück in das amerikanische Netzwerk und ließ die Verbindung von dort aus zusammenfallen. Zum Schluß schaltete er das Modem aus und drehte sich auf seinem Schreibtischstuhl um.

»Pißt euch nicht ins Hemd, Leute!« antwortete Laszlo. Er hatte drei Jahre Deutsch studiert, und sein Akzent war kaum herauszuhören. Seinen Wortschatz paßte er immer seiner Umgebung an. »Wie sieht's aus – seid ihr ausgeschlafen?«

Kalle warf ihm eine Dose Schultheiß zu, die Laszlo reaktionsschnell auffing. Die Kids liebten solche Spielchen. »Ätz uns nicht an, Alter, sondern sag, was de auf der Pfanne hast!«

Der Russe zog die Lasche der Bierdose auf und nahm einen kräftigen Schluck. Mit Schaum auf den Lippen grinste er verschmitzt. »Ich konnte es selbst kaum glauben, als sie mich zu euch geschickt haben. Habt ihr Lust auf eine Blitzreise nach Moskau?«

»Wat denn, haste 'nen russischen Knoten für uns?« fragte Tom und fingerte in den Taschen seiner löchrigen Jeans nach seiner Packung Reval.

»Nein!« antwortete der KGB-Offizier. »Ich meine, richtig. Wir starten von Ostberlin aus in einem Tupolew-Bomber zu einem Luftwaffenstützpunkt in der Nähe von Moskau. Flugzeit: dreißig Minuten mit Mach 2. Bei der NATO nennen sie den Vogel *Backfire,* und so mancher der westlichen Militärs würde seine Großmutter dafür verkaufen, mit so einem Ding fliegen zu dürfen. Es wird ein bißchen eng, aber ...«

»Ick steh' nicht auf so 'ne Militär-Scheiße!« stellte Kalle fest. »Wat solln wa denn in Moskau? Hab' kein Bock, vor deinen Pappkameraden 'nen Bückling zu machen!«

Laszlo beobachtete aufmerksam die Reaktion der anderen beiden. Toms und Dirks Augen leuchteten bereits. Jetzt mußte der Russe nur noch eins oben drauf setzen: »Ihr sollt euch in den Rechner der Personalabteilung in der Ersten Hauptverwaltung hacken – unsere Auslandsabteilung. Ein modifiziertes VMS-Betriebssystem.«

Sie lachten alle drei. »Wahnsinn!« bemerkte Tom. »Ihr seid echt herb drauf!«

»Kein Wunder, daß ihr mit eurer *Perestroika* nicht weiterkommt, wenn ihr auf so'nem Müll rumrutscht«, kommentierte Kalle. »Und wir soll'n uns an dem kyrillischen Scheiß die Finger brechen!«

Der Russe schüttelte den Kopf. »Ihr bekommt den englischen Quell-Code und habt Helfer vom *Minradioprom, Elektroprom* und von der Akademie der Wissenschaften!«

»Scheint euch ja echt auf'n Nägeln zu brennen!« kommentierte Kalle und zielte mit seiner leeren Bierdose auf den vollen Mülleimer neben der Tür.

»Es ist meinen Vorgesetzten immerhin eine Sun-Workstation als Erfolgsprämie wert«, erklärte Laszlo und sah die jungen Leute herausfordernd an.

Kalle blieb skeptisch. »Und der Haken an der Sache?«

»Ihr habt nur vier Stunden Zeit!«

Dirk stieß einen leisen Pfiff zwischen den Zähnen aus. »Wat 'n Streß!«

Nach wie vor war es immer noch Kalle, der hier die Richtung bestimmte. Er war das Hirn der *Gothics*, und ohne ihn ging nichts. Er schwieg eine ganze Weile. Schließlich drehte er sich zu dem IBM-Clone um, schaltete ihn aus und baute sich dann vor dem Regal auf. Er warf stapelweise Bücher, Computer-Ausdrucke und Disketten in einen alten Pappkoffer, der in einer Ecke des verdreckten Zimmers herumlag. Mit dem Fuß trat er den Deckel zu und drückte das schwere Gepäckstück Laszlo in die Hand. »Na, los«, sagte er, »laß uns die Flatter machen!«

Als alteingesessene Westberliner waren sie ziemlich beeindruckt, daß Laszlos KGB-Ausweis genügte, damit sich die kiebigen DDR-Grenzer überhaupt nicht für die Insassen des VW-Busses interessierten. Vierzig Minuten später saßen sie im engen Cockpit des Backfire-Bombers. Tom mußte Dirk auf den Schoß nehmen. Dennoch gerieten die Jungs vor Begeisterung aus dem Häuschen. Den ganzen Flug über wurde Laszlo als Dolmetscher zwischen den Westberliner Hackern und den Piloten gebraucht. Die Jungs waren von Fliegerei und Navigation durchaus nicht unbeleckt. Ein solider Flugsimulator gehörte zum *Equipment* eines jeden Computer-Freaks.

12. Januar

12. JANUAR, MOSKAU, 1.00 UHR:

Boris' Zeitplan war ziemlich durcheinandergeraten. Es hatte angefangen zu schneien, und er konnte mit dem Moskwitsch von Kalinin nach Moskau nicht mehr so schnell fahren und vor allen Dingen nicht überholen. Um diese Zeit verkehrten überwiegend Lastzüge auf der Hauptverbindung zwischen Moskau und Leningrad. Gegen Mitternacht hatte er den Stadtrand erreicht. Gleichzeitig hörte er im Autoradio, wie sich der Moderator des Nachtprogrammes in scharfen Tönen darüber ausließ, daß das KGB wieder wie zu Stalins Zeiten die Kinder dem Staat nicht genehmer Personen als Geiseln benutzte. Er sprach ausführlich über den Fall Tatjana und Verena Aladko. Boris glaubte seinen Ohren nicht zu trauen. Und im nächsten Moment stieß er wütende Schimpfkanonaden aus. Offensichtlich war es nicht möglich, daß er auch nur für ein paar Stunden verschwand, ohne daß Verena und die anderen eine Katastrophe auslösten. Er brauchte nicht viel Phantasie, um sich den Hintergrund auszumalen. Verena hatte vermutlich im Internat angerufen und erfahren, daß Tatjana abgeholt worden war. Aus der Sicht der *Organisazija* war das nur eine logische Konsequenz. Das Rezept hatte prompt gewirkt.

Ljudmila Federowa war zu einem journalistischen Großangriff übergegangen. Somit war es nur noch eine

Frage der Zeit, bis die Leute der *Organisazija* ihre Spur zurückverfolgen konnten.

»*Those fucking bastards*!« fluchte Boris und schlug wütend mit dem Handballen auf das Lenkrad. Jetzt konnte er es nicht mehr wagen, sich in Saschas Wohnung blicken zu lassen. Die Rückschlüsse auf Ljudmilas Verbindung zu den *Vaswedtschiki* waren einfach zu ziehen, wenn man beim Moskauer Fernsehen nach ihrer momentanen Beschäftigung fragte. Im Sender liefen die Vorbereitungen für die Live-Übertragung des Konzertes aus dem Sportpalast auf Hochtouren. Die Veranstaltung war das Medienereignis der Woche. Sascha, Jewgenij, Aljoscha – all seine Freunde und Verena waren in Gefahr geraten.

Er stoppte den Moskwitsch vor einer Telefonzelle am Leningradski Prospekt und rief in Saschas Wohnung an.

Sascha war selbst am Apparat und rief, als er Boris' Stimme erkannte: »Endlich! Wir haben uns schreckliche Sorgen gemacht! Deine Wohnung ist in die Luft geflogen, und wir dachten schon …«

»Ich weiß!« antwortete Boris mißgelaunt, »ich stand ja vor der Haustür. Mensch, Leute, ihr habt totale Scheiße gebaut …«

»Warum hast du nicht angerufen, du Idiot!« schimpfte der Gitarrist. »*Nitschewo!*« erwiderte Boris, »Ljudmila konnte es der *Organisazija* gar nicht einfacher machen! Seid ihr wirklich so dämlich?« brüllte er in die Muschel, »die kriegen doch sofort raus, woher der Wind weht! Wo ist Verena?«

»Bei … bei Ljudmila!« antwortete Sascha verstockt.

»*Bullshit*! Wo wohnt sie?«

»In der Odesskaja Ulica 35!«

Das lag auf der anderen Seite Moskaus. »Gut, jetzt haut ihr alle ab! Laßt euch nicht mehr zu Hause oder im Studio sehen. Sag auch Vadim Bescheid, daß er seinen Laden zumacht. Wir treffen uns in einer Stunde bei Rotislaw Grigorjewitsch …«

»Du meinst …«

»Schnauze!« unterbrach ihn Boris. »Wir wissen nicht, wer in der Leitung hängt! Und paßt auf, ob euch jemand folgt!« Boris knallte den Hörer in die Gabel und rannte zum Wagen zurück. »Amateure!« murmelte er verächtlich. Bevor er in den Moskwitsch stieg, nahm er zwei Hände voll dreckigen Schneematschs und schmierte damit die Nummernschilder des Autos bis zur Unkenntlichkeit ein. Im Wagen sah er, mehr aus alter Gewohnheit, ins Handschuhfach; er kannte die Arbeitsweise und Ausstattung des KGB. Das schwarze Metall einer 38er Dienstpistole schimmerte ihm entgegen. Seine eigene hatte ihm Oberst Litwak in Jerewan abgenommen. Er steckte die Waffe in seinen Hosenbund und fuhr hastig in Richtung Zuzino davon.

12. JANUAR, KALININ, 1.00 UHR:

»Ick jlobe, ick schnalle ab!« bemerkte Kalle. »Det is' doch nich Moskau!«

Dirk und Tom waren während der Fahrt vom Luftwaffenstützpunkt Krasnogorsk stiller geworden. Seitdem die *Gothics* sowjetischen Boden betreten hatten, wurde ihnen dieser Ausflug zunehmend unheimlicher. Sie saßen zu dritt auf der Rücksitzbank des Wolga, während Laszlo neben dem Fahrer Platz genommen hatte. Sie waren an mehreren Straßenschildern mit der Aufschrift »MOCKBA« vorbeigefahren die ausnahmslos in die entgegengesetzte Richtung zeigten.

»Es war nie die Rede davon, daß ihr in Moskau arbeiten sollt!« erklärte der Russe. Insgeheim fand er es günstig, daß die Jungs ein bißchen Respekt bekamen. »Wenn alles klappt, werdet ihr ausreichend Zeit haben, euch die Stadt anzusehen.«

»Wenn alles klappt?« fragte Tom. »Ey, die Sache stinkt

doch gewaltig! Jetzt klingt das plötzlich ganz anders als in Berlin.«

»Bepißt euch nicht!« sagte Laszlo und wandte sich wieder nach vorne. Er roch, daß sie hinten schon wieder die nächste Runde Reval rauchten, und setzte hinzu: »Spart eure Zigaretten, hier gibt's nur russische.«

»Scheißspiel!« fluchte Kalle. »Ohne Kippen, Dope und Uppers läuft nichts!« Mit dieser Bemerkung erntete er nur Laszlos Gelächter.

»Dann wird's diesmal zum ersten Mal ohne gehen.«

Hinter dem nördlichen Stadtrand von Kalinin bogen sie von der M 10 in die ausgeschlagene Zufahrtsstraße zum stillgelegten Kraftwerk ab. Die Umrisse des heruntergekommenen Industriebaus hoben sich nur undeutlich vom dunklen Nachthimmel ab. Erst als der Wolga unmittelbar auf das Gelände fuhr und jemand das Tor der Turbinenhalle öffnete, konnten sie sehen, daß der alte Gebäudekomplex wiederbelebt worden war.

Als sie in der Halle aus dem Wagen stiegen, empfing sie Oberleutnant Nalewaiko.

»Die *Gothics*!« stellte Laszlo die drei Jungs vor. Nalewaiko musterte die Hacker skeptisch. Typen mit löchrigen Jeans, fettigen Haaren und unrasiertem Gesicht gab es auch in Moskau. Daß unter diesen Elementen hochqualifizierte Spezialisten zu finden waren, konnte er kaum glauben.

»*Sdrastwujtje!*« grüßte er reserviert.

»*Hello*!« antworteten sie fast im Chor, in ihrer Hilflosigkeit hatten sie sich alle ins Englische geflüchtet. Kalle holte den Pappkoffer aus dem Kofferraum des Wolga. Zu fünft stiegen sie die eiserne Treppe zum Lagezentrum hinauf.

Die Jungs bestaunten die Einrichtung, die nichts mehr mit dem Kontrollraum eines Kraftwerks gemein hatte. Laszlo sprach mit einem uniformierten Armee-Offizier Russisch; es war Generalleutnant Jelisejew, der die *Gothics* aus einigen Metern Entfernung ebenso neugierig betrachtete wie Nalewaiko vor ihm.

Der Generalleutnant war selbst erst vor wenigen Minuten aus dem Verteidigungsministerium nach Kalinin zurückgekehrt. In Moskau hatte es schwere Auseinandersetzungen gegeben, die sich spätestens in der wöchentlichen Politbüro-Sitzung, heute nachmittag, fortsetzen würden. Als Reaktion auf die Alarmstufe des NORAD, der US-amerikanischen Einheiten in Westberlin und an der innerdeutschen Grenze hatte Jelisejew vorgeschlagen, die taktische U-Bootflotte im Atlantik Kurs auf die der USA nehmen zu lassen. Stanislaw Klimenko schloß sich dieser Ansicht ebenso an wie Oberst Barynin, der als kommissarischer Leiter der Auslandsabteilung des KGB gehört wurde. Aber der KGB-Vorsitzende Tschebrakin war ähnlich unentschlossen wie der Generalstab. Inzwischen war Moskau vom Ministerium für Verteidigung der DDR bedrängt worden, eine Entscheidung über die Vorkehrungen der Nationalen Volksarmee zu treffen. Aus dem Ministerium für Staatssicherheit trafen die ersten Meldungen von den Krisensitzungen im NATO-Hauptquartier in Brüssel ein. An den Westgrenzen des Warschauer-Pakts wurden verstärkt Tupolews 126 zu Aufklärungsflügen eingesetzt, das sowjetische Gegenstück der amerikanischen AWACS-Maschine. Seit dem Ende des Prager Frühlings 1968 war es zwischen den beiden Militärblökken, trotz Afghanistan und Kriegsrecht in Polen, nicht mehr zu einer solchen Eskalation gekommen wie in den letzten Stunden. Die Militärs im Pentagon und im Moskauer Verteidigungsministerium, die sich durch die Abrüstungsverhandlungen der letzten Jahre persönlich kennengelernt hatten, bereiteten sich konsequent auf den Ernstfall vor. Ein Funke genügte, um die Welt in Brand zu setzen.

Michail Sergejewitsch Gorbatschow hatte alle Mühe, die angespannte Lage zu beruhigen. Nach längeren Besprechungen mit seinen persönlichen außenpolitischen Beratern wies er Verteidigungsminister Schalajew gegen dessen erbitterten Protest an, den Alarmzustand der westlichen Luftverteidigung aufzuheben und auf jegliche militärische Maßnahmen, die die NATO-Staaten irritieren könnten, zu verzichten. Über den heißen Draht appellierte er in flammenden Worten an den US-Präsidenten, alles zu tun, um eine Konfrontation der beiden Supermächte zu vermeiden. Gezwungenermaßen verzichtete er auf jegliche Bemerkung über die *Organisazija*. Wenige Minuten später traf der gleiche Appell schriftlich über die direkte Telefax-Verbindung in Washington ein. Die Reagan-Administration pfiff jetzt ebenfalls ihre Militärs zurück. Der streng geheime Zwischenfall sollte später als die »Zweihundert-Minuten-Krise« in die Geschichte eingehen. Im Weißen Haus hatte man einen gewaltigen Schreck bekommen – und einen kleinen Vorgeschmack davon, was passieren würde, wenn Gorbatschow stürzte.

Laszlo führte die *Gothics* den Flur hinter dem Lagezentrum entlang in die ehemalige Pumpenstation, die jetzt mit Tischen und einigen Computern sowjetischer Produktion vollgestellt war. Sie wurden von Kunatschkin und drei weiteren Herren erwartet.

»Da sind sie!« erklärte Laszlo den Männern auf deutsch, schob die Jungs in den Raum und schloß hinter ihnen die Tür: »Kalle, Tom und Dirk – die Westberliner *Gothics*!«

Kunatschkin kam mit den kurzen Schritten eines Achtzigjährigen auf die drei zu. »Sergej Kunatschkin!« sagte er, schüttelte ihnen die Hand und stellte die anderen Herren vor. »Professor Albert Michejew von der Akademie der Wissenschaften, Gunar Kurjanow vom Ministerium Elektroprom und Doktor Andrej Dimetrowski vom Ministerium Minradioprom. Sie alle sind Ihrer Sprache mächtig.«

Die Begrüßung fiel freundlich aus. Die etikettegewohnten Russen übersahen geflissentlich den Aufzug ihrer Gäste.

»Ey, was zieht ihr hier eigentlich für 'ne Show ab? Das is ja tierisch!« rief Kalle.

»Bitte, nehmen Sie doch Platz!« bemerkte Professor Michejew und zeigte auf die Stühle vor den Personal-Computern. Die *Gothics* verteilten sich auf die Sitze, Kalle lehnte sich gegen eine der Tischkanten. »Die Aufgabenstellung ist mit wenigen Worten umschrieben«, fuhr der Professor fort. »Wir brauchen eine ganz bestimmte Datei aus dem Mainframe der Ersten KGB-Hauptverwaltung ...«

»Nee, null Bock!« erwiderte Kalle, »Ihr zieht hier 'ne krumme Nummer ab, und uns werden se 's Fell abzieh'n!«

Laszlo sah Kunatschkin fragend an. Unmittelbar zur Mitarbeit zwingen konnte man die *Gothics* nicht. Man war zu sehr auf die Westberliner angewiesen.

Tom und Dirk sahen sich in dem Raum um und musterten interessiert die Rechner sowjetischer Bauart. »Echt ätzendes Design!« bemerkte Tom. »Sieht aus wie 'ne Kreuzung vom ersten Fernseher und 'ner Kaffeemaschine!«

»Laufen die mit Dampf oder Briketts?« lästerte Dirk grinsend.

Doktor Dimetrowski ignorierte solcherlei Provokationen, er war es schon von der Leipziger Messe gewöhnt, daß sich die Westler über die sowjetischen PCs lustig machten. »Das ist ein ES 1841, der auf unserem selbstentwickelten Prozessor K 1810 BM 86 basiert, software-kompatibel zum Intel 8086!«

»*God save the XT*!« stimmte Tom an.

Kunatschkin konnte nur noch mit dem Kopf schütteln. Solch eine geballte Form von Respektlosigkeit war ihm in seinen vierundvierzig Jahren Geheimdienst nicht begegnet. Er steckte sich eine seiner Papyrossis an und blies den scharfen Rauch kräftig aus seinen Lungen. »Hört jetzt mal mit diesem Unsinn auf, Jungs!« sagte er streng. Aber damit fing er sich nur einen herablassenden Blick und ein hämisches Grinsen von Kalle ein.

»Ihr macht hier doch den Scheiß, Opa …«

»Für dich immer noch Brigadegeneral Kunatschkin!« brüllte der Alte außer sich.

Kalle zuckte mit den Schultern. »Na, wenn det Lametta fehlt!«

»Liebe Freunde«, mischte sich Professor Michejew von der Akademie der Wissenschaften beschwichtigend ein, »warum sollen wir euch etwas vormachen? Ihr werdet es ja doch erfahren.«

»Det is 'n Wort, Meister!« pflichtete ihm Tom bei.

Der pensionierte General hatte sich wieder unter Kontrolle. Michejew hatte recht – leider. »Am Freitag soll der Generalny gestürzt werden!«

Die drei Jungs starrten Kunatschkin sprachlos an. Wieder war Kalle der schnellste: »Wat, bei der Mega-Scheiße sollen wir euch auch noch helfen? *Niemals*, eher hack' ick mir die Hand ab. Euer Michail is'n Prommi, der's wenigstens noch bringt!«

Über diese Bemerkung lächelte sogar der alte Kunatschkin. »Seht ihr, dann sind wir uns doch einig!« Und bevor ihm Kalle ins Wort fallen konnte, fuhr er fort: »In den letzten Jahren hat sich eine kriminelle Vereinigung aus konservativen Kreisen des KGB, der Armee und der Wirtschaft gebildet, die Gorbatschow stürzen will. Die *Organisazija* hat den gesamten Staatsapparat unterwandert. Wir haben uns zum Widerstand entschlossen und arbeiten – mit Billigung des Genossen Gorbatschow – dabei erstmals mit verschiedenen westlichen Nachrichtendiensten zusammen. Der Chef der Auslandsabteilung im KGB, Generalmajor Bronislaw Iljitsch Chmys, war einer unserer wichtigsten Leute. Er wurde von der *Organisazija* ermordet …«

»Det is' übel!« kommentierte Dirk betroffen.

»An seiner Stelle sitzt jetzt ein Mann der *Organisazija*.

Wir brauchen eine Liste aller unserer Kundschafter im britischen und amerikanischen Sicherheitsapparat, damit die *Organisazija* nicht durch ihre eigenen Leute im kapitalistischen Ausland gewarnt werden kann. Oberst Barynin hat jedoch sämtliche Paßwörter für diese Stammdaten ändern lassen. Wir kommen nicht an sie heran.«

»Und warum laßt ihr diesen Barynin nicht hochgehen?« fragte Tom.

Kunatschkin seufzte. »Wir *wissen*, daß Barynin zur *Organisazija* gehört, aber wir können es nicht beweisen.«

Kalle nahm sich ohne zu fragen eine von Kunatschkins Papyrossi, nahm zwei Züge und drückte die russische Original-Zigarette sofort wieder aus. »Woouh!« stöhnte er, »det is ja 'n pneumatischer Overkill!« Und dann wandte er sich wieder an den pensionierten General: »Ihr macht auf Völkerfreundschaft mit dem BKA – und wenn wir nach Hause kommen, reißen uns die Bullen den Arsch auf!«

»Sie werden nie etwas davon erfahren!« versprach Kunatschkin.

»Und wer sagt, daß ihr uns nicht verscheißert?« fragte Tom.

»Ihr müßt uns schon vertrauen! Wir sitzen alle im gleichen Boot. Wenn ihr's schafft, werdet ihr am Samstag vom Generalny persönlich empfangen. Geht's schief, landen wir alle im Perm 33!«

»Wat 'n det?« wollte Kalle wissen.

»Eines der übelsten sowjetischen Straflager«, antwortete Laszlo nüchtern. »Es sollte demnächst geschlossen werden.«

Die *Gothics* tauschten Blicke aus. Schließlich hob Kalle die Hände und ließ sie seufzend wieder fallen. »Na, jut. Dann wer'n wer euern Barynin mal kräftig Luft auf die Socke pumpen!«

Kunatschkin stand Erleichterung im Gesicht geschrieben. »Ich danke euch, Jungs!« sagte er in einem feierlichen

Tonfall, der eigentlich auch nicht paßte, »ich werde euch mit den Genossen allein lassen. Von diesem neumodischen Kram verstehe ich ja doch nichts!« Der alte General ging zur Tür.

Kalle zeigte mit dem Daumen nach oben. »Allet *roger*, Opa!«

Hinter der geschlossenen Tür hörten sie noch das dröhnende Lachen des alten Kunatschkin.

Jetzt wandte sich Professor Michejew an die Hacker: »Ihr habt hier einen Host der Sicherheitsklasse F vor euch. Wir brauchen aber den Master-Security-Code, der irgendwo in den System-Tracks liegt. Die Daten, die wir suchen, liegen auf einer Platte. Zum Zugriff sind lediglich der System-Operator, der Leiter der Verwaltung S und der Chef der Ersten Hauptverwaltung berechtigt ...«

Dirk schüttelte den Kopf. »'ne 16-Bit-Adresse in der kurzen Zeit? – Unmöglich. Außerdem läuft da mit Sicherheit ein Protokoll-Server mit angeschlossenem Printer. Das dauert keine zwei Stunden, und ihr habt die Typen auf dem Hals.«

»Und was schlagt ihr vor?« fragte Kurjanow erwartungsvoll.

»Gegenfrage: Was ist das für ein System?« erwiderte Kalle.

»Eine IBM 370er mit einem modifizierten VMS. Da können wir euch aber durchhelfen«, erklärte Professor Michejew. »Als Leitungskonzentrator benutzen sie eine TSO-Maschine von Digital Equipment.«

»Is ja 'ne urige Kombination!« kommentierte Dirk. »Bei uns erzählt man sich immer, ihr rödelt auf dieser Ostblockvariante ESZ-2000 vom Siemens-Betriebssystem herum.«

Dimetrowski nickte. »Ja, auf den Siemens-Maschinen in der Industrie – aber nicht im Sicherheitsbereich.«

Kalle sah die Russen fragend an. »Für kompromittierende Abstrahlung ist es zu spät?«

»Ach, Kinder!« stöhnte Professor Michejew. »Mit Wasser können wir auch kochen. Natürlich ist es zu spät – auch eure Vorstellungen über *Social-Engineering* könnt ihr hier begraben!«

Unter *Social-Engineering* verstand man unter Hackern den simplen Trick, bei Mainframe-Benutzern einfach anzurufen, sich als Mitarbeiter der Systemwartung auszugeben und nach dem Password zu fragen. In den ersten Jahren des Hacker-Zeitalters hatte meistens das hervorragend funktioniert.

Kalle biß sich auf der Unterlippe herum. Die *Gothics* warfen sich gegenseitig Schlagworte zu, von denen die sowjetischen Computer-Experten weniger als Bruchteile verstanden. Schließlich wandte sich Tom an den Professor: »Welche TSO-Version läuft denn auf der DEC?«

»Das 86er Release«, antwortete Dr. Dimetrowski. Er war der Spezialist für den DEC-Standard beim Minradioprom.

Tom grinste seine Freunde an. »Dann können wir's machen!«

»Was?« fragte Professor Michejew.

»Kennt ihr die Host-Line-Number vom Sys-Op?«

»Siebenundzwanzig!« antwortete Dimetrowski.

Kalle verschränkte seine Hände hinter dem Kopf und unterbreitete den Russen seinen Vorschlag: »Das 86er Release hat 'nen schönen Bug. Wir haben herausbekommen, wie die Stacks am Allocation Table zu verschieben sind. Tom ist unser DEC-Freak. Wir leiten die Konsole-Eingaben und Bildschirmausgaben der 27er Line über eine dieser Dampfmaschinen um. Der Protokoll-Server wird dabei umgangen. Die Typen im Rechenzentrum merken gar nicht, wie sie von uns verarscht werden.«

Professor Michejew runzelte die Stirn. »Sie wollen sich die Anmeldung des Sys-Ops ansehen? Wir können doch nicht darauf warten, bis der System-Operator morgen früh zum Dienst erscheint!«

»Ich verbiege die DEC«, erwiderte Tom. »Dirk baut uns einen schönen Worm …«

»Euer Sys-Op wird ganz schön flitzen, wenn die 370er in die Knie geht.«

»Und beim erneuten Hochfahren werden wir ihm über die Schulter schauen, wa!« ergänzte Kalle grinsend. »Det VMS-System is mein Turn. Die interne Uhr stelln wa zurück, den Protokoll-Server für die Line 27 schicken wir in die Walachei, und dann zocken wir in aller Ruhe eure Daten ab. Wenn ihr wollt – ick hab 'nen schönen Virus fürs VMS dabei –, können wir die große Kiste am Freitag auch kräftig durchmischen. Dann finden diese Ärsche noch nicht mal ihre eigene Telefonnummer wieder!«

Die Stimmung der sowjetischen Computer-Experten schwankte zwischen Heiterkeit und blankem Entsetzen. Seit zwei Jahrzehnten waren sie von den Spionen des KGB über alle Hard- und Software-Entwicklungen im Westen auf dem neuesten Stand gehalten worden. Die *Gothics* aber gehörten zur ersten Generation junger Leute, die mit dieser Technologie aufgewachsen waren. Jegliche Achtung oder Angst vor diesen hochkomplexen Maschinen war ihnen fremd. Sie sahen den Entwicklern der Supercomputer und Betriebssysteme illegal auf die Finger und machten sich einen Spaß daraus, sie an der Nase herumzuführen. Die Computerhersteller in aller Welt pflegten das Gerücht, absolut *sichere* Systeme zu entwickeln. Aber Hacker vom Schlage der *Gothics* tummelten sich mit einer Selbstverständlichkeit in den Großrechenanlagen des Pentagon, der Universitäten und selbst der Computerkonzerne, als handele es sich dabei um eine interkontinentale Spielzeugeisenbahn-Anlage.

»Also, wat nu?« fragte Kalle. »Soll'n wa hier Rente beantragen oder loslejen?«

Professor Michejew wechselte mit Kurjanow und Dimetrowski einige Sätze auf russisch. Dann wandte er sich an die *Gothics*: »Bitte, meine Herren, lassen Sie uns anfangen.«

»Kannst ruhig du sagen, wa, Professor!«

12. JANUAR, MOSKAU, 1.25 UHR:

Boris war in dem Moskwitsch über die Ringstraße und Warschauer Chaussee in den Bezirk Zuzino gejagt. Hinter der Krimbrücke hatte ihn eine Streife der GAI-Miliz wegen Geschwindigkeitsübertretung gestoppt. Der Milizionär kam schimpfend auf die Fahrertür des Moskwitsch zugelaufen. Aber Boris hielt ihm nur seinen KGB-Ausweis auf den Namen Korolew aus dem Fenster und raste weiter. Der Moskauer Verkehrspolizist verzichtete darauf, ihm nochmals hinterher zu fahren. Die *Tschekisten* machten ja doch, was sie wollten.

Boris stellte den Wagen quer auf dem Trottoir der Odesskaja Ulica ab und rannte in den Eingang des Hauses N° 35. Im dritten Stock blieb er vor Ljudmilas Wohnungstür stehen, klingelte Sturm und schlug mit der Hand gegen das dünne Türblatt. Ljudmila war schon zu Bett gegangen, Verena schlief auf dem Sofa. Die Journalistin stand auf und ging zur Tür. Durch den Spion erkannte sie Boris und öffnete. Er drängte sich sofort an ihr vorbei ins Wohnzimmer.

»Boris Stepanowitsch!« rief sie verwirrt, »was willst du?«

»Los, los!« brüllte er, »zieht euch an, wir müssen sofort weg!« Er versuchte Verena zu wecken.

»Sie hat zwei Valium genommen!« erklärte Ljudmila, die immer noch verwirrt in ihrem Nachthemd im Flur stand.

»Du hast ganze Arbeit geleistet!« fluchte Boris, »mit deiner Presseaktion ist es nur eine Frage der Zeit, bis die Schläger der *Organisazija* hier auflaufen!«

»Sie haben schließlich Tatjana!« verteidigte sich die Fernsehjournalistin.

»Jetzt quatsch nicht rum, sondern zieh dir deine Hosen über den Hintern! Um Tatjana kümmern wir uns später.«

Ljudmila verschwand in ihrem Schlafzimmer. Boris bemühte sich immer noch, Verena zu wecken. Sie reagierte kaum. Er klopfte ihr auf die Wange. »Verena, wach auf!«

Ihre Augenlider öffneten sich einen kleinen Spalt. »Boris?« Ihre Stimme klang abgedriftet.

Boris zögerte nicht länger, faßte sie unter dem Arm und wuchtete sie auf seine Schultern. Sofort brannte der Schmerz in seinem rechten Oberarm. Er ignorierte ihn. »Schnapp dir Verenas Mantel!« sagte er zu Ljudmila im Flur.

Zwei Minuten darauf saßen sie im Moskwitsch. Verena blieb unansprechbar und schlief auf der Rückbank weiter.

In der Kachovka Ulica kamen ihnen zwei Wolgas mit KGB-Kennzeichen entgegen. »Da siehst du's«, schnauzte er Ljudmila an, »fünf Minuten später, und ihr wärt über die Klinge gesprungen!«

Der Frau standen die Tränen in den Augen. »Wie sollte ich das ahnen?«

Er warf ihr erst einen wütenden Blick zu, aber schließlich tat sie ihm leid. »Nein, entschuldige bitte, das konntest du wirklich nicht wissen!« Nach einem großen Seufzer setzte er hinzu: »Ich brauche jetzt Verena, und sie ist vollgestopft mit deinen Scheißpillen!«

»Du gehst über Leichen!« stellte Ljudmila angewidert fest.

Boris reagierte nicht. »Hast du 'ne Zigarette für mich?« fragte er abwesend.

12. JANUAR, RAZVILKA (STADTRAND MOSKAU), 1.30 UHR:

Südöstlich von Razvilka lag ein streng abgeschirmtes Kasernengelände des KGB. Isoliert von den übrigen Komplexen, getrennt durch einen hundertfünfzig Meter breiten Sicherheitsgürtel, befanden sich hier die Labor- und Werkstättenbunker der Fachabteilung »Explosionskörperanalyse und -entwicklung«. Diese Abteilung gehörte zur Verwaltung Technische Operationen, die für die Herstellung von Sprengsätzen ebenso zuständig war wie dafür, die weltweite Entwicklung zu beobachten und gegebenenfalls in die eigene Produktion miteinfließen zu lassen. Hier wurden die größten Schweinereien erfunden, die Menschen töteten oder verstümmelten. Und irgendwann war man gezwungen, Methoden zu entwickeln, um diese Teufelswerkzeuge in den eigenen Flugzeugen zu finden. Aber gegen den tschechischen Plastiksprengstoff *Sempex* waren selbst die sowjetischen Meister dieser Zunft machtlos.

Oberst Barynin war dienstlich unterwegs, als er von einer vierköpfigen Wachbrigade durch den Sicherheitsgürtel aus geharktem Sand geführt wurde. Er hatte einen nächtlichen Gesprächstermin mit Professor Tichwinskij, um sich für die nächste Krisenstabssitzung über die Funktion und Wirkung von Stinger-Boden-Luft-Raketen informieren zu lassen.

Barynin und Tichwinskij trafen sich allein in einem der unterirdischen Werkstattbunker. Sie kannten sich gut. Als einer der führenden Sprengstoffexperten in der UdSSR hatte Tichwinskij Jahrzehnte mit den Kollegen der befreundeten Dienste zusammengearbeitet und Spezialgeräte für den »anti-imperialistischen Widerstand« im kapitalistischen Ausland gebaut. Der sechzigjährige Professor war es gewesen, der der *Organisazija* den Einsatz der amerikanischen Stinger-Raketen für den Terroranschlag in

Schönefeld empfohlen hatte. Von ihm stammte auch die Variante zwei, die die *Organisazija* in der Hinterhand hielt.

»Das ist er, Anatolij Dimitrijewitsch!« sagte der Professor und zeigte auf einen geöffneten Stahlblechkoffer, in dem sich der durch eine maßgenaue Schaumgummieinlage gepolsterte Sprengsatz befand.

Barynin nahm die ungewöhnlich geformte aluminiumfarbene Bombe aus dem Behälter. Sie war leicht, kaum größer als ein Zigarrenkistchen und von einer großen Männerhand leicht zu verbergen. Auf der einen gebogenen Seite befanden sich zwei Papierstreifen, die eine Superkleberschicht bedeckten, durch die sich der Sprengsatz in Bruchteilen von Sekunden wie verschweißt mit seinem Zielpunkt verbinden ließ. »Ist sie schon scharf?« fragte Barynin. Das Teil hatte keinen Schalter, keine Kontrollampen, nichts außer vier versenkten Schrauben.

»Der Aku hält eine Woche. Der Sprengsatz verfügt über einen Clock-Chip. Das heißt, er ist nur am Freitag von neun bis fünfzehn Uhr aktivierungsfähig – das geschieht automatisch bei einer Flughöhe von zirka tausend Metern. Es kommt zur Detonation, sobald diese Flughöhe wieder unterschritten wird – also direkt beim Landeanflug oder spätestens um 14 Uhr 5 unserer Zeit«, erklärte der Wissenschaftler.

»Und das paßt?« wollte der Oberst weiter wissen und wiegte den Sprengsatz ziemlich mutig in der Hand. Tichwinskij nahm ihm das silberne Teil wieder fort und legte es in den Koffer zurück. »Der Sprengsatz paßt haargenau zwischen die Bugfahrwerks-Streben oberhalb der Räder. Wir haben das am Modell im Maßstab eins zu eins getestet. Das Gerät wird durch das Einfahren des Fahrwerks nicht beschädigt. Die Detonation wird zum sofortigen Ausfall der Hydraulik, des Seilsystems und der Bordelektronik führen. Die Maschine wird unweigerlich abstürzen.« Er sagte das mit einer wissenschaftlichen Nüchternheit, die selbst Barynin verblüffte. Immerhin wurden bei diesem Anschlag rund sechzig Menschen in den Tod geschickt.

»Um die Installierung haben wir uns gekümmert«, ergänzte Barynin.

»Es ist ganz einfach!« fuhr Tichwinskij fort, »der Flugfeld-Lotse kann sich den Sprengsatz in seinen Arbeitsanzug stecken, und bevor er die Keile des Bugfahrwerkes wegzieht, kann er unbemerkt den Sprengsatz anbringen. Das dauert keine Sekunde und ist auch von den Sicherheitskräften in nächster Nähe nicht zu bemerken.«

Zehn Minuten später verließ Oberst Barynin mit einem kleinen schwarzlackierten Blechkoffer das Sperrgebiet des KGB. Es war nicht üblich, daß das Gepäck von leitenden Führungsoffizieren am Ausgang kontrolliert wurde.

12. JANUAR, MOSKAU, 2.00 UHR:

Professor Rotislaw Grigorjewitsch Schestakow war einer der angesehensten Pianisten am Moskauer Konservatorium. Der vierundsechzigjährige Lehrer hatte Boris während seines damaligen Studiums drei Semester lang unterrichtet. Seitdem Boris aus dem KGB ausgeschieden war und mit den *Vaswedtschiki* die Moskauer Pop-Szene mitbestimmte, standen sie wieder in Kontakt miteinander. Zwischen den Welten Chopins und den *jazzigen* Schostakowitsch-Improvisationen der *Vaswedtschiki* lagen allerdings Lichtjahre.

Entsprechend verblüfft reagierte Schestakow, als plötzlich Sascha, Jewgenij, Piotr, Aljoscha und noch ein rundes Dutzend anderer junger Leute mitten in der Nacht vor seiner Wohnungstür in der Stanislavkovo Ulica standen. Aber er ließ sie herein und hörte entsetzt den bruchstückhaften Erzählungen der jungen Leute zu.

Später war Boris mit Verena und Ljudmila hinzugekommen. Boris legte Verena auf das Bett im Schlafzimmer der Schestakows. Galina Schestakowa kochte ihr Kaffee und fütterte sie mit Amphetamin. Inzwischen informierte Boris seine Freunde über die Vorgänge in Moskau. Dennoch gab es eine einschneidende Veränderung: Boris gehörte nicht mehr zu ihnen, sie waren keine verschworene Gruppe mehr. Ihr Keyboarder saß da vorne und forderte Solidarität, aber im Grunde genommen gab er nur Anweisungen – der Ex-Oberst der *Sektion Budjonny*. Nach einer Stunde fragte er: »Ihr habt mich also verstanden?« und ohne eine Antwort abzuwarten, schloß er ab: »Ich wiederhole noch mal: Jelzin und Pawel Murajew werden in der kommenden Nacht verhaftet. Das Verbot unseres Konzerts wird am Freitag früh im Radio bekanntgegeben. Ihr kümmert euch um die üblichen Telefonketten. Wir brauchen Demonstrationen am Dscherschinskovo Plocad, am Nogina Plocad und auf dem Marx Prospekt. Alle Metrostationen im Stadtzentrum müssen dicht sein. Um zwei sollte mindestens eine halbe Million Menschen auf den Beinen sein. Ihr könnt euch darauf verlassen, daß die Moskauer Miliz und der Stadtsowjet mitziehen. Die sind fest in der Hand der *Monopoly-Runde*. Von dort wird auch ein zentraler Streik der Moskauer Taxifahrer organisiert. Sie werden über Funk aufgefordert, die großen Kreuzungen in der Innenstadt zu blockieren. Die Panzerverbände werden am Stadtrand, spätestens an der Ringstraße aufgehalten. Sie werden nicht auf die eigenen Leute schießen …«

»Wie damals in Ostberlin, Ungarn und Prag?« fragte Jewgenij zynisch.

»Es müssen viele sein. Wenn die Stadt verstopft ist, kommen auch keine Soldaten mehr herein.«

»Ihr wollt es also wirklich darauf ankommen lassen?« unterbrach ihn Ljudmila betroffen.

Boris zögerte nicht mit der Antwort. »Ja!« sagte er fest entschlossen. »Ich schätze, um drei Uhr ist die Sache vorbei. Dann müssen wir sofort zum Sportpalast. Das Konzert sollte pünktlich um acht Uhr anfangen!«

»Wahnsinn!« bemerkte Sascha kopfschüttelnd. »Das ist der größte Wahnsinn, von dem ich jemals gehört habe!«

»Na und?« erwiderte Boris ungerührt. Ein Gefühl für Normalität war ihm schon längst abhanden gekommen. Verena kam an der Hand von Galina Schestakowa durch die Schlafzimmertür geschlurft. Sie war noch weit davon entfernt, einen klaren Kopf zu haben.

»Verena!« rief ihr Boris von seinem Platz aus zu. »Ich brauche dich jetzt! Wir müssen zum Zentralen Telegrafenamt und werden dort der Abteilung Telefonüberwachung auf den Zahn fühlen ...«

»Mensch, laß sie doch schlafen!« schimpfte Aljoscha, und die anderen stimmten ihm zu.

»Ich möchte wissen, wo Tatjana ist ...«

»Das werden wir auch noch rauskriegen!« antwortete Boris ungeduldig und warf ihr die Schuhe zu. »Beeil dich!«

Galina half ihr. Zwei Minuten später waren Boris und Verena fort. Jewgenij drehte einen Joint und legte dabei seine Füße auf das Deckchen über der Armlehne. »Der Typ ist ja beschissen drauf!«

12. JANUAR, WESTBERLIN, 2.15 UHR:

An der Zollabfertigung des Grenzübergangs Stolpe hatte sich das halbe Drogendezernat der Berliner Kriminalpolizei versammelt. Vom Osten aus war das Aufgebot nicht zu erkennen. Die blaue Mercedes-Benz-Zugmaschine mit dem cremefarbenen Containerauflieger der Firma *Sowexport* rollte im Schrittempo auf den Zollhof. Der Lastzug trug sowjetische Kennzeichen. Der Fahrer machte einen übernächtigten Eindruck. Er stieg aus, ging zum Zollbüro und legte seine Frachtpapiere auf den Tisch. Siebzehn Tonnen Rohbaumwolle, bestimmt für die Firma Interstoff GmbH auf dem Westhafen-Gelände. Das war der Startschuß für die Fahnder. Kommissar Seiler war einer der ersten, die mit den Zollfahndern und Drogenhunden in den geöffneten Container stiegen. Mit langen Packmessern wurden die ersten Baumwollballen aufgeschnitten. Die Beamten wurden sehr schnell fündig: Hunderte Kilo schwerer Haschisch-Tafeln, in Plastikfolie verschweißt, fielen ihnen entgegen. Stück für Stück der Fracht wurde auseinandergenommen.

Die Drogenspezialisten vom BKA wurden alarmiert. Bei dem sichergestellten dunkelbraunen Haschisch handelte es sich um »schwarzen Afghan« bisher nicht gekannter Qualität. Dreieinhalb Tonnen kamen zusammen – die größte Haschischmenge der letzten Jahre.

Die Tatsache, daß diese Ware direkt aus der Sowjetunion stammte, veranlaßte die BKA-Führung, das Bundeskanzleramt per Telex zu informieren. In Bonn machte man sich einen ganz anderen Reim darauf als in Wiesbaden. Im Kanzleramt fragte man sich, wie fest Gorbatschow eigentlich noch im Sattel saß.

12. JANUAR, MOSKAU, 3.00 UHR:

Das Rechenzentrum des KGB lag im Keller des granitfarbenen Seitengebäudes am Dscherschinskij Platz. Nachts wurden vor allem rechenintensive Programmabläufe gefahren, die während der normalen Arbeitszeit zuviel Rechenkapazität der Anlage blockierten. Der große IBM 370er Mainframe war die ganze Nacht über bis auf kleine Routineprobleme fehlerfrei gelaufen. Der sowjetische Nachrichtendienst hatte seinerzeit den dreifachen Preis in Devisen aufgebracht, um die Großrechenanlage entgegen der COCOM-Verbotsliste aus dem Westen in die UdSSR zu schmuggeln.

Im KGB wollte man sich nicht auf die anfällige Hardware aus der eigenen Produktion verlassen.

Der diensthabende System-Operator, Major Wasilij Jakunin, versah seinen üblichen Schichtdienst. Entsprechend hilflos reagierte er, als ihm sein Terminal die rapide nachlassende Performance der Anlage meldete. In diesen Sekunden blieb Jakunin keine Zeit festzustellen, was da passierte. Er versuchte verzweifelt, einige Tasks abzubrechen, um den Arbeitsspeicher des in die Knie gehenden Mainframe abzufangen. Einen Augenblick später stand die Anlage. Auf Hunderten von KGB-Terminals ging nichts mehr. Das Rechnernetz des KGB war zusammengebrochen.

Sofort wurde in der Computerabteilung Alarm geschlagen. Die Sicherheitsoffiziere wurden aus dem Bett geklingelt. Zur Wohnung des leitenden System-Operators wurde eine KGB-Limousine mit Sirene und Blaulicht geschickt. Oberst Anosow wurde gebraucht, um die Anlage wieder hochzufahren.

Hundertzwanzig Kilometer weiter, in dem stillgelegten Heizkraftwerk in Kalinin, johlten die *Gothics* und drei sowjetische Computerexperten über ihren Erfolg. Jedes Zeichen, das von nun an vom Terminal des leitenden Sys-Ops über die Datenleitung 27 zum Mainfraime gesendet und von ihm empfangen wurde, machte einen Umweg über ihren »Wasserkocher«.

Boris und Verena wurden von dem Pförtner vor der Abteilung »Telefonüberwachung« in der Gorkovo Ulica aufgehalten. Boris mit seiner Uniform erschien ihm vertrauenswürdig, aber diese junge Frau in den abgerissenen Klamotten wirkte so, als hätte er sie gerade in einem dieser modernen Jugendclubs aufgelesen. Daß auch sie ihm einen Dienstausweis des KGB auf den Namen Korolew vorlegte, machte ihn noch mißtrauischer.

Leutnant Komuschkin wurde an den Eingang gerufen. Er sah übernächtigt aus, als er den beiden gegenüberstand. »Guten Morgen«, sagte er in übellaunigem Ton, »Leutnant Komuschkin, leitender Offizier vom Dienst! Was wollen Sie?« Er hatte den COBOL-Compiler noch immer nicht auf der Robotron-Anlage zum Laufen gebracht. Die Kiste brachte ihn langsam zum Wahnsinn und dementsprechend war seine Stimmung.

»Oberst Korolew!« sagte Boris und klappte seinen Dienstausweis auf. »Und das ist meine Frau, Major Korolewskaja! Wir möchten Major Bondarenko sprechen. Igor Vladimirowitsch ist ein alter Freund von mir.«

»Er ist zu Hause. Rufen Sie ihn an!« erwiderte der Leutnant abweisend und wollte wieder gehen.

»*Minutschko!*« rief Boris. »Denken Sie, wir kommen mitten in der Nacht hier an, wenn es nicht dringend ist? Nehmen Sie uns mit hinein und rufen Sie Bondarenko her!«

Komuschkin musterte die beiden und zuckte schließlich die Achseln. »Na, dann kommen Sie halt!« sagte er. Mit den Kollegen vom KGB war nicht zu spaßen.

»*Spasibo!*« bemerkte Boris und verblüffte Komuschkin mit seiner Höflichkeit. Der Leutnant führte sie nicht in sein eigentliches Büro, sondern in den engen Arbeitsraum, in dem die Robotron-Anlage stand. Komuschkin wollte gerade nach dem Telefonhörer greifen, als er auf den Bildschirm der Workstation blickte. »Scheißding!« brüllte er und trat mit dem Fuß gegen das Stahlblechgehäuse.

»Immer mit der Ruhe!« mischte sich Verena ein und erwachte aus ihrer Lethargie. Sie zog den jungen Leutnant außer Reichweite des Computers und warf einen prüfenden Blick auf die letzten Systemmeldungen, die auf dem Monitor stehengeblieben waren, nachdem sich der Rechner verabschiedet hatte. »Na, Genosse«, stellte sie fest, »das ist ja kein Wunder, wenn Sie ein BS 2000er COBOL auf einem ESR 2000 laufenlassen wollen!«

Komuschkin sah die Frau in der freakigen Kleidung fragend an. »Ich denke, die sind kompatibel!«

»Dann machen Sie mal Ihre Hausaufgaben, Genosse!« erwiderte Verena und fachsimpelte weiter: »Das ESR 2000 greift auf andere System-Stacks zu. Sie müssen entweder an den Quellcode des COBOL-Compilers oder eine Subroutine darunter legen.«

Der junge Offizier schlug sich an die Stirn und stöhnte: »Und ich schlage mir hier die Nächte um die Ohren!«

»Wenn Sie wollen, werde ich Ihnen die nötige Literatur besorgen«, tröstete ihn Verena lächelnd.

»Hatten Sie letzte Nacht auch Dienst?« mischte sich Boris unvermittelt in das Gespräch ein. »Ist da was Besonderes gewesen?«

Der Leutnant runzelte die Stirn und wurde noch mißtrauischer als vorher. »Zum Teufel, was geht hier eigentlich vor?« fragte er. »Gestern früh schmeißt mich Igor hier raus, dann tauchen da so komische Typen von der *Tscheka* auf, vorhin erzählten sie mir, die Staatsanwaltschaft wäre auch da gewesen. Und jetzt ihr? Was soll das?«

»Was war denn in der letzten Nacht?« insistierte Boris.

»Na, nichts!« antwortete Komuschkin gereizt. »Ich habe hier an der Robotronmaschine gearbeitet und bin ein paarmal probeweise ans Netz gegangen. Morgens tobte dann Igor herum, drohte mir mit einem Disziplinarverfahren, wenn ich nicht sofort verschwände – manchmal mache ich etwas länger. Bin aber trotzdem noch mal zurückgekommen. Da trugen Ihre zivilen Kollegen gerade ein paar Acht-Zoll-Bänder aus der Tür.«

»Waren die wirklich vom KGB?«

Komuschkin zog mit dem Zeigefinger ein Augenlid herunter. »Für wie dämlich halten Sie mich, *Towarischtsch*?«

»Dann ist Igor Vladimirowitsch in echten Schwierigkeiten!« murmelte Boris.

»Warum?«

»Das ist recht einfach erklärt«, entgegnete Boris dem Leutnant. »Die Aufzeichnung von einem Gespräch zwischen Oberst Barynin und einem *Natschalnik* einer *Mokryje-Dela*-Brigade in Prag wurde unterschlagen. Sie hätte bewiesen, daß Barynin uns die Mörder auf den Hals geschickt hat.«

Komuschkin blickte unruhig zwischen Verena und Boris hin und her. Er wußte nicht, was das für Leute waren. Aber die Worte dieses Oberst klangen ziemlich überzeugend. Im nachhinein hatte er wirklich den Eindruck, daß Igor Vladimirowitsch unter Druck gesetzt worden war. Und diese *Tschekisten* am Morgen hatten nicht gerade vertrauenerweckend ausgesehen. »Wann soll dieser Anruf stattgefunden haben?«

»Zwischen acht und halb neun Uhr abends!« erklärte Boris.

Komuschkin grinste breit. »Ich habe Ihnen doch gesagt, ich war in dieser Nacht verschiedentlich am Netz«, und mit diesen Worten trat er an den Robotron-Rechner heran. »Ist sicher noch alles hier auf der Trommel!«

»Das darf nicht wahr sein ...« stammelte Boris, der es kaum fassen konnte, »davon haben die anderen nichts gewußt?«

»Nö, woher auch?« antwortete Komuschkin.

»Haben Sie ein vernünftiges Suchprogramm?« mischte sich Verena ein und drehte sich interessiert dem DDR-Computer zu.

»Selbstverständlich!« sagte Komuschkin und setzte sich vor die Tastatur.

Es dauerte keine zehn Minuten, bis sie Barynins Telefonat gefunden hatten. Eine Verbindung zum KGB-Hauptquartier in Prag, Anschlußteilnehmer Hauptmann Bachtow. Sie verständigten sich größtenteils über Schlüsselwörter. Aber die Namen Boris Uljanow, Verena Aladkowa, Petra Aichinger und ihre Münchner Adresse wurden im Klartext genannt. Zweimal ließen sie sich das Gespräch synthetisiert wiedergeben.

»Soll ich jetzt Igor anrufen?« fragte Komuschkin. Boris schüttelte den Kopf. »Nein, warten Sie!« Und dann griff er seinerseits zum Telefon. Der Anschluß, den er wählte, war eine Art Notverbindung der *Monopoly-Runde*. Ihre Verbindungen zum Fernmeldeamt waren von Anfang an recht gut gewesen. Die Nummer gehörte zu einem offiziell nicht existierenden Anschluß. Von dort wurde das Gespräch über eine zweite Leitung in das Kraftwerk nach Kalinin weitergeschaltet.

»Korolew!« meldete er sich gegenüber Generaloberst Jelisejew. »Wir sind in der Gorkovo Ulica – und wir haben das Gespräch gefunden ...«

»Können Sie kommen?«

»Die Tochter der ...«

»Wir haben es im Radio gehört. Granow und Aladko kümmern sich darum.«

»Was soll mit Verena passieren?«

»Wir werden das arrangieren. Kommen Sie her, verdammt noch mal!« Jelisejew hatte eingehängt.

Boris redete zehn Minuten auf Leutnant Komuschkin ein, damit er den Mund hielt. Bondarenko könne nur geholfen werden, wenn er, Boris, sich persönlich darum kümmerte. Wenig später saßen sie wieder in Kunatschkins Moskwitsch. Verena hielt eine Acht-Zoll-Kopie des Telefonats auf ihrem Schoß. Während der Fahrt schwieg Boris. Er fürchtete sich vor dem Moment, in dem Verena auf ihren totgeglaubten Mann stoßen würde. Und er fürchtete, sie zu verlieren, bevor sie sich überhaupt richtig kennengelernt hatten. Er kämpfte gegen seine Müdigkeit, als er zum dritten Mal innerhalb weniger Stunden die monotone M10 entlangfuhr.

Der usbekische KP-Vorsitzende Dimitrij Wolotkin war direkt vom Flughafen Wnukowo-I zu dem *sicheren Haus* nach Zargorje gefahren worden. An sich war verabredet, daß er sich nach Oberst Kayars Erfolg an der sowjetisch-afghanischen Grenze morgens ins Flugzeug setzte, um am Nachmittag vor dem Politbüro Auskunft über den Goldschmuggel zu geben. Daß er dann doch so überstürzt mitten in der Nacht nach Moskau gerufen worden war, verwunderte ihn, insbesondere, daß man ihn hierher, zu dieser abgelegenen Wald-Datscha fuhr.

Wolotkin wurde von Generalmajor Myschko empfangen. Arkadij Leonowitsch wirkte steinern und zornig. Der fettleibige KP-Vorsitzende überhäufte ihn mit Fragen. Aber der Leiter der Verwaltung Sonderermittlungen schwieg. Statt dessen führte er ihn vor die gepolsterte Tür eines fensterlosen Zimmers.

»Überzeuge dich selbst, warum wir dich gerufen haben!« bemerkte Myschko wütend und stieß die Tür auf.

Wolotkin erschrak zu Tode. Seine Frau, Nastasja, saß auf einen Holzstuhl gebunden, in der Mitte des Zimmers. Man hatte sie grün und blau geschlagen. Ihr linkes Auge war zugeschwollen. Zwischen ihren aufgeschlagenen Lippen klafften blutige Zahnlücken. Eine Brust hing aus ihrem Kleid heraus, der Brusthof trug Spuren von Brandmalen, die von glühenden Zigaretten stammten. Nastasja war nur halb bei Besinnung.

»Oh, Gott!« schrie Wolotkin und packte Myschko außer sich am Kragen. »Warum hast du das getan, du Schwein?«

Der Generalmajor machte sich mit einer groben Ellbogenbewegung frei. »Frag sie doch selbst!« Und im nächsten Moment trat er an Nastasja heran und zog ihren Kopf an den Haaren hoch. »Los, du Schlampe, sag deinem Mann, was du in Moskau wolltest!«

»Hör auf!« brüllte Wolotkin und griff Myschko abermals an.

»Ich … ich … wollte zu Sonderstaatsanwalt Granow«, stotterte Nastasja, die nach Myschkos Folterungen gehorchte wie ein aufziehbares Spielzeug. »Ich … wollte … die Behörden … vor einem Putsch … der … *Organisazija* warnen.«

»Aber woher weißt du davon?« fragte Wolotkin bestürzt. Tränen liefen ihm in kleinen Rinnsalen über seine fleischigen Wangen.

»Na, los!« brüllte Myschko die zusammengesunkene Frau an, »woher hattest du diese Information?«

Nastasja hob ihren Kopf und starrte Dimitrij durch das rechte, offene Auge an. »Ich hatte ein Verhältnis mit Duran Kayar!«

Wolotkin sah seine Frau fassungslos an, unfähig, ein weiteres Wort zu sagen.

Myschko zog ihn am Ärmel aus dem Zimmer und führte ihn in ein benachbartes Büro. Schweigend öffnete er einen Schrank, entnahm ihm die übliche 38er Armeepistole und drückte sie Wolotkin in die Hand. »Ich habe mit Schalajew und Barynin gesprochen. Es gibt zwei Alternativen: Du erledigst das mit Nastasja – oder wir werden dich verhaften, Dimitrij Anatoljewitsch.«

Wolotkin hielt die Waffe in der Hand. Für einen kurzen Augenblick spielte er mit dem Gedanken, den Lauf auf Myschko zu richten und abzudrücken. Statt dessen ging er stumm in das Zimmer zu Nastasja zurück. Sie richtete sich auf dem Stuhl auf und blickte mit ihrem zerschundenen Gesicht ihren Ehemann an.

Wolotkin hatte die Tür geschlossen. »Warum?« stammelte er, noch immer entsetzt und heulend. Seine schöne Nastasja war nur noch ein Wrack. Und sie hatte ihn betrogen und belogen. Alles hatte er ihr gekauft und bezahlt, alles, was sie haben wollte. Er hatte in den vergangenen Jahren so manches Todesurteil zu verantworten gehabt. Aber jetzt, als er mit der Pistole in der Hand vor seiner eigenen Frau stand, wurde ihm das ganze Grauen seines Lebens, der Preis seiner Macht bewußt.

Myschko war nebenan sitzen geblieben. Er vernahm einen dumpfen Schuß. Der Generalmajor wunderte sich selber darüber, wie kalt ihn der Tod von Wolotkins Frau ließ. Nastasja war eine dumme Schnepfe gewesen, und es war Wolotkins Problem, wenn er sich solche Weiber suchte.

Der zweite Knall riß Myschko aus seiner Ruhe. Er sprang auf und riß die Tür zu dem Zimmer auf. Wolotkin lag neben seiner Frau. Kopfschuß. Der usbekische Feudalherr war ausgestiegen.

Myschko schüttelte mit dem Kopf. »Idiot!« zischte er haßerfüllt.

12. JANUAR, AKROTIRI (ZYPERN), 4.00 UHR:

Major Pinchon streckte sich auf dem Feldbett aus, das ihm ein Sergeant im Büro aufgestellt hatte. Pinchons Jacke hing über einem Stuhl, die blitzenden schwarzen Halbschuhe standen ordentlich nebeneinander unter dem hölzernen Bettgestell. Der Major rollte sich unter der olivfarbenen Militärdecke zusammen. Obwohl er in der vergangenen Nacht kaum geschlafen hatte, bekam er kein Auge zu. Dem vierundvierzigjährigen SAS-Kommandeur der hiesigen Einheit rauschte der Kopf von vorbeifliegenden Gedanken. Er erinnerte sich an Lynns Worte. Die Israelis würden in vierundzwanzig Stunden mit Abdul Nimet in Akrotiri landen. Abdul Nimet – der »Mr. Horror« für jeden Sicherheitsbeamten. Zwangsläufig dachte Pinchon an Shirley, seine Frau. Die Gesichter seiner Kinder Gerome, Ray und Patty tauchten in seiner Phantasie auf. Unter SAS-Angehörigen gab es kaum Ehen, die nicht durch den aufreibenden Dienst und das ständige Risiko für Leib und Leben in Schwierigkeiten gerieten. Pinchons Karriere war typisch für den SAS. Ausbildung in Hereford, Einsätze in Nordirland, Offiziersausbildung, Zugführer von Anti-Terror-Einheiten, Sicherheitschef britischer Botschaften. Pinchons Familie war ihm überall hin gefolgt, von Hereford nach London, nach Britisch Guyana, El Salvador, Simbabwe und Marokko. Die Familien der Diplomaten und Soldaten waren die Nomaden des zwanzigsten Jahrhunderts. Als man ihn zum Major beförderte und anbot, ihn als Kommandeur des 9. SAS-Regiments – einer schnellen Eingreiftruppe – nach Akrotiri zu versetzen, drohte Shirley mit Scheidung für den Fall, daß er ablehnte. Seitdem lebten sie in einem schönen zypriotischen Landhaus mit Garten, nicht weit von McLeans Villa entfernt. Pinchons Dienst war ruhig und von beamtenhafter Regelmäßigkeit. Seine Aufgabe bestand lediglich darin, den Laden auf Vordermann zu halten und seine Leute zu trainieren. Nur einmal, bei der Entführung des Kreuzfahrtschiffes *Achille Lauro*, hatten sie in echter Alarmbereitschaft gestanden, und der Stützpunkt hatte von Angehörigen der US-amerikanischen *Navy Seals*, einer Sondertruppe für See-, Luft- und Landoperationen, gewimmelt. Das war schon ein paar Jahre her. Shirley sorgte sich nicht mehr, ob ihr Mann das Pensionsalter erreichte.

Der vergangene Tag hatte den Rummel von damals übertroffen. Für 72 Stunden war über alle Offiziere und Mannschaften des Luftwaffenstützpunktes eine ausnahmslose Urlaubs- und Kontaktsperre verhängt worden. Pinchon und McLean erhielten ihre Anweisungen direkt aus dem Verteidigungsministerium in London. Aus Woodbridge waren Einheiten der 72. ARRS (Aerospace Rescue and Recovery Squadron) in Akrotiri eingetroffen. Ein Teil der israelischen Eliteeinheit befand sich inzwischen schon auf dem *Royal-Air-Force*-Stützpunkt und koordinierte mit den Briten die Vorbereitungen für die Irak-Operation, Codebezeichnung *Treibsand*. Zur Sicherheit waren drei Sikorsky HH-53-E aus Woodbrigde überführt worden. Die

Maschinen waren vom gleichen Typ wie die Helikopter der israelischen Spezialeinheit. Die großen Kampfhubschrauber verfügten über gepanzerte Tanks, eine große Außenwinde, Granatwerfer und drei Maschinengewehre vom Kaliber siebenzweiundsechzig. Mit den *Super-Stallions* war es möglich, den Kampfverband auch in der Luft zu betanken.

Major Pinchon wußte, daß die kommenden zwei Tage zur Bewährungsprobe seiner Laufbahn würden. Aber da gab es noch etwas anderes, das selbst die Entführung Abdul Nimets in den Schatten stellte: McLeans Fernmeldetechniker hatten den streng geheimen Befehl erhalten, eine Satelliten-Richtfunkstrecke zwischen dem Mossad-Hauptquartier in Tel Aviv und dem Hauptquartier des britischen Fernmeldenachrichtendienstes in Großbritannien einzurichten. Auf sechs Kanälen mit den griechischen Bezeichnungen Alpha, Beta, Gamma, Delta, Epsilon und Zeta konnten sechs Stationen direkt untereinander und alle miteinander in Verbindung treten. Der Verschlüsselungscode entsprach dem höchsten Sicherheitslevel der NSA. Pinchon hatte seine Neugierde nicht bezwingen können und Richard, den leitenden Nachrichtendienst-Offizier in Akrotiri, so lange überredet, bis er mit den Klarnamen der sechs Funkstationen herausrückte: London, Washington, Tel Aviv, Akrotiri, Bornholm – und Moskau. Und in diesem Moment hatte Pinchon begriffen, daß da etwas ganz anderes im Busch sein mußte. Lynns Eile, nach London zu kommen, Kerbys lachhafter Auftritt, die Nachricht von dem Bombenanschlag in der Horse Guards Avenue, die wohl einzigartige Funkbrücke zwischen Ost und West, das alles sah nach einer Krise aus, in der die Operation *Treibsand* nur eine Nebenrolle spielte.

Der Wecker neben Pinchons Bett tickte unerbittlich. In drei Stunden mußte er den Appell abnehmen. Der Offizier rollte sich unruhig von einer Seite auf die andere. Er quälte sich mit Grundsatzfragen. Woher nahmen der Generalstab und die Regierung in London das Recht, ihn und seine Leute in ihr Strategiespiel einzubeziehen, ohne sie über die Hintergründe aufzuklären? Zum erstenmal wurde ihm bewußt, was seine Unterschrift unter der Dienstverpflichtung für die SAS bedeutete: Er hatte sich entmündigt, hatte ungefragt den Befehlen des SAS-Hauptquartiers nachzukommen.

12. JANUAR, KALININ, 4.30 UHR:

Sonderstaatsanwalt Granow erwartete Boris und Verena in dem ehemaligen Pausenraum des Kraftwerks. Sergej Aladko trat nicht in Erscheinung, und insgeheim war Boris froh, daß ihnen im Moment wenigstens das erspart blieb. Er zog sich erst gar nicht den Mantel aus, sondern legte sofort das Acht-Zoll-Band auf den Tisch. »Hier haben Sie die Beweise, die Sie brauchen, Alexander Maximowitsch!« sagte er und blieb erwartungsvoll vor dem Tisch stehen.

Verena sah aus wie der Schatten ihrer selbst. Sie stellte sich neben Boris, öffnete ihre Handtasche und legte Granow zwei auseinandergefaltete Bögen Papier auf den Tisch. »Das ist die wortgetreue Aufzeichnung von Major Barynins Gespräch. Er sprach um acht Uhr siebzehn mit dem Anschluß 277 der Prager KGB-Residentur.« Verena sah den Staatsanwalt herausfordernd an. »Jetzt sind Sie am Zuge, Genosse Alexander Maximowitsch. Verhaften Sie Barynin – und sorgen Sie dafür, daß meine Tochter freikommt.«

Granow überflog das Telefon-Protokoll, beugte sich dann zurück und musterte die beiden mit der Nüchternheit eines Juristen. »Was Tatjana angeht«, bemerkte er in einem belehrenden Ton, »sie ist unter den Schutz der Verwaltung Sonderermittlungen gestellt worden. Das war eine offizielle Dienstanweisung von Generalmajor Myschko. Daraus können wir ihm keinen Strick drehen …« Verenas zorniger Gesichtsausdruck ließ ihn hinzufügen: »Nach dem Presserummel wird der Generalny auf der Krisenstabssitzung heute nachmittag allerdings anordnen, daß Tatjana in das Internat *Rotes Banner* zurückgebracht wird.«

»Reden Sie keinen Unsinn, Granow!« stieß Boris unbeherrscht aus. Seine Geduld war am Ende. »Nehmen Sie Barynin und Myschko hoch!« Er zog seinen Mantel aus und warf ihn auf einen Stuhl. »Myschko ließ uns zur Fahndung ausschreiben, Myschko hängt in dieser Selbstmordgeschichte von Termez drin, und Myschko ließ Tatjana unter einem Vorwand verschleppen! Das ist doch kein Zufall!«

Granow schnaubte verächtlich. »Er hat nie gegen eine Dienstvorschrift verstoßen. Sie haben recht, aber wir haben nichts gegen ihn in der Hand. Im Gegenteil: Myschkos Verwaltung hat vor wenigen Stunden einen gigantischen Goldschmuggel an der Grenze zu Afghanistan auffliegen lassen. Das sind vorzeigbare Erfolge, Boris! Auch wenn sich kurz darauf der usbekische KP-Chef in einem Moskauer Gästehaus das Leben nahm, nachdem er seine Frau halbtot geschlagen, vergewaltigt und erschossen hatte …«

»Das sind Bestien!« zischte Boris, und intuitiv ballten sich seine Fäuste. »Ich will ihn hängen sehen, diesen ehrenwerten Generalmajor!«

»Dann können wir Barynin nicht hochgehen lassen«, erwiderte der Sonderstaatsanwalt und sah die beiden ruhig an.

»Wir werden Barynin zum Sprechen bringen!« zischte Boris. »Machen Sie Schluß, es gibt keinen Grund mehr, diese wahnsinnige Operation durchzuführen! Oder brauchen Sie noch ein paar Tote mehr für Ihre Akten?«

Der grauhaarige Staatsanwalt überhörte den Angriff. »Wir haben genug Beweise, um Barynin zu verhaften. Da hast du recht, Boris Stepanowitsch. Und es werden noch mehr dazukommen. Unsere Westberliner Gäste machen große Fortschritte im Rechenzentrum. Wenn das halbe Vaswedtschiki-Netz der Ersten Hauptverwaltung zusammenbricht, ist auch Myschko nicht mehr in der Lage, Barynin zu halten.«

Er holte Luft und fügte hinzu: »Aber was wird uns das nützen? Ich werde ein großes Ermittlungsverfahren einleiten. Nach Jahren folgt ein schwerfälliges Gerichtsverfahren. Und in der Zwischenzeit ist die *Organisazija* nicht untätig geblieben. Zeugen werden umfallen, Beweise verschwinden. Wenn ich den Genossen Myschko auf die Anklagebank bringen sollte, hat das höchstens Einfluß auf die personelle Besetzung – aber nie auf die Existenz der *Organisazija*!«

Boris steckte sich eine Zigarette an. In den letzten achtundvierzig Stunden war er wieder zum Kettenraucher geworden. »Wir tun alles, damit es zum Krieg kommt!« stellte er fest, »und keiner will ihn verhindern!«

»Strategisch gesehen führen wir in der Tat einen Bürgerkrieg hinter den Kulissen der Legalität. Am Freitag kommt die *Organisazija* aus ihrer Deckung. Dabei stellt sich uns nicht mehr die Frage von Beweisen oder Zeugen. Wir müssen zuschlagen, schnell und unerbittlich, um diese Elemente aus ihren Ämtern zu vertreiben und hinter Schloß und Riegel zu bringen.«

»Bei diesen hochtrabenden Plänen spielen kleine Mädchen natürlich keine Rolle mehr!« entgegnete Verena giftig.

Granow schlug mit der Hand auf den Tisch. »Zum Teufel, Verena Alexandrowna, ich bitte Sie! Ich gebe Ihnen mein Wort, daß Tatjana morgen wieder an ihre alte Schule kommt. Sie haben Großes geleistet, und wir sind Ihnen sehr verpflichtet. Aber wenn dieses Land überleben soll, muß jeder seinen Platz einnehmen und kann nicht sein

Privatleben in den Vordergrund schieben. Bitte vertrauen Sie mir!«

»*Bullshit!* Den hohlen Spruch habe ich mir auch schon mehrfach anhören müssen!« kommentierte Boris. »Seitdem versucht man permanent, mir ans Leder zu gehen.«

»Wir brauchen dich in ein paar Minuten für den ersten Probelauf der Richtfunkstrecke«, sagte Granow ungerührt. »Du wirst mit David Lynn sprechen.« Der Umgangston des Staatsanwalts wurde eine Spur schärfer. »Oder hast du etwas Besseres vorzuschlagen, Boris Stepanowitsch?«

»Ja!« erwiderte Boris, »ein Bett und drei Tage Ruhe!«

Granow stand auf und forderte die beiden mit einer Kopfbewegung auf, ihm zu folgen. »Danach könnt ihr ein paar Stunden schlafen!«

Auf dem Weg zu Generaloberst Jelisejews Lagezentrum wurde Boris zum wiederholten Male die Absurdität seiner Situation bewußt. In achtunddreißig Stunden begann eines der größten Rockkonzerte in der Geschichte der UdSSR, und er lief hier in der Uniform eines KGB-Oberst herum und spielte Einsatzleiter einer *Budjonny*-Brigade. Es war ein Spiel, bei dem sie ihn nicht mehr aussteigen ließen. Und unvermittelt mußte er an einen *traditional song* von Ewan MacColl denken. *The terror time* – ein Lied aus alten Zeiten über die schottischen *travelling people*, schikaniert, ausgebeutet und unverstanden. Boris hatte es während der Zeit im SAS von David gelernt. Die vorgesetzten Offiziere mochten nicht, wenn David diese und andere alte Volkslieder, Weisen von Befreiungskriegen, Widerstand und Unterdrückung aus Irland, Schottland und England, in der Kantine spielte. Boris nahm sich fest vor, wenn er den kommenden Tag überleben sollte, dieses Lied zu spielen, selbst wenn ihn die *Vaswedtschiki* dafür lynchen würden.

12. JANUAR, BORNHOLM, 6.00 UHR:

Der dänische NATO-Flughafen war unter ähnliche Sicherheitsvorkehrungen gestellt worden wie der Luftwaffenstützpunkt im zypriotischen Akrotiri. Der Stabsraum des britischen Verwaltungsgebäudes war überfüllt von hochrangigen Vertretern des britischen Verteidigungsministeriums, der Nachrichtendienste und der Regierung. Dazu kamen die Amerikaner und, nicht zu vergessen, drei dänische Offiziere.

David saß in seinem Rollstuhl vor der eilends aufgebauten Funkanlage für die Richtfunkstrecke. Obwohl man ihm ein Luftkissen untergelegt hatte, saß er wie auf Nägeln. Sein Hintern und der Rücken waren übersät von kleinen Schnittwunden, die jeweils mit ein oder zwei Stichen genäht worden waren. Dutzende kleiner Zwirnsfadenknoten piekten jetzt unter seinem Verband. David wußte, daß er den Vorschriften nach absolut dienstunfähig war. Darum scherte sich hier niemand.

»Wie in einem Affenstall!« murmelte er dem Funkcontroller auf dem Nachbarsitz zu. Für Sekunden erinnerte er sich an seinen Vortrag über Geheimhaltung, den er vor drei Tagen der Premierministerin und Lord Colbourne gehalten hatte. Colbourne war da, Oliver Kerby und Oberst Ashton waren vom Westberliner Luftwaffenstützpunkt Gatow eingeflogen worden, und noch rund vierzig weitere Offiziere traten sich hier gegenseitig auf die Füße. David war auch die Anwesenheit der Dänen nicht entgangen. Die britische Regierung mußte ihr ganzes diplomatisches Gewicht in die Waagschale geworfen haben, damit die Sache unter dem Deckel blieb. Die Dänen hatten eine andere Auffassung von militärischer Sicherheit und Nachrichtendiensttätigkeit.

Die Displays der Funkanlage leuchteten auf. Alle sechs Kanäle standen auf Empfang. David zog den Sprechfunkbügel über die Ohren, warf nochmals einen kontrollierenden Blick auf den Schalter der Kanalkennung und sagte ins Mikrophon: *»Epsilon eins für Zeta eins, kommen!«*

Für Sekunden blieb es still. Dann antwortete eine fahrige Stimme: *»Zeta eins, ja, ja, hier bin ich …«*

Davids Gesichtsausdruck hellte sich auf, als er Boris erkannte, und er hielt dem Funkcontroller den hochgestreckten Daumen entgegen. *»Willkommen an Bord, du alter Bastard!«* Der Brite lachte. *»Hab' gehört, sie haben deine Bude in die Luft gesprengt.«*

»Ich stand quasi vor der Haustür. Was ist mit dir?«

»Mein Arsch sieht aus, als hätt' ihn 'ne Moulinex gefickt!«

»Ne was?«

»Forget it!«

»Alpha vier an Epsilon eins! Ein bißchen mehr Funkdisziplin, wenn ich bitten darf!«

»Wer war denn das?«

»Major Chambers, vom GCHQ!« antwortete David auf Boris' Frage und rief etwas lauter, wobei alle Kanäle mithörten: *»He, Chambers, wenn Ihr Code nichts taugt, können wir die Operation sowieso abblasen!«* David spürte, wie ihm jemand auf die Schulter klopfte. Kerby. Sein säuerlicher Gesichtsausdruck genügte, damit David Bescheid wußte. *»Okay, Junge, hier machen sie schon wieder Streß. Also, wie sieht's aus?«*

»Bis auf ein paar Anlaufschwierigkeiten läuft die Sache nach Plan.«

Eine andere Stimme meldete sich: »Beta eins an Zeta – Zum Beispiel solche Scherze wie gestern abend? Ich sage Ihnen eins, halten Sie den alten Marschall Schalajew unter Kontrolle, sonst können wir für nichts garantieren!«

David warf einen schnellen Blick auf die Liste. Es war Andrew Woodward, der stellvertrende CIA-Direktor. Im nächsten Moment antwortete Generaloberst Jelisejew, der

Oberbefehlshaber der sowjetischen Luftwaffe Gruppe West: *»Zeta vier für Alpha und Beta. Der Generalny hat den Vorfall scharf verurteilt und sofort für eine Rücknahme der Alarmübungen gesorgt. Aber Sie müssen damit rechnen, daß mein Kommando morgen in Bereitschaft versetzt wird.«*

Langsam kam Leben in den codierten Sprechfunkverkehr. Die Zeit blieb aus Sicherheitsgründen auf fünf Minuten beschränkt.

»Epsilon eins an Zeta eins: Wir haben hier einen ziemlich vollen Laden. Der Timer läuft uns davon. Was macht eure Gästeliste?«

»Zeta eins an Epsilon eins: Ist in Arbeit und wird pünktlich abgeliefert. Hast du Gamma und Delta durchgecheckt?«

Chaim Koszak aus dem Raketenbunker in Har Gerafon meldete sich fast in der gleichen Sekunde auf demselben Kanal: *»Gamma eins für Zeta und Epsilon. Es freut mich, eure Schandmäuler quatschen zu hören, Jungs! Unser Vogel nimmt langsam Gestalt an. Ankunft bei Epsilon, wie besprochen. Die Vorbereitungen für* Treibsand *befinden sich im Limit.«*

David schaltete auf Kanal Delta um. Major Pinchon in Akrotiri war zweifelsfrei benachteiligt. Der SAS-Kommandeur konnte lediglich mit Alpha, Delta und Epsilon sprechen. Die Israelis hatten den Stützpunkt der *Royal Air Force* aus Sicherheitsgründen nur indirekt ins Netz geschaltet. *»Epsilon eins für Delta eins!«*

»Delta eins, kommen!« antwortete die sonore Stimme von Major Pinchon.

»Hello, Major!« grüßte David den SAS-Kommandeur über die Richtfunkstrecke zum mehr als dreitausend Kilometer entfernten Akrotiri. *»In der kommenden Nacht will ich dich an dieser Kiste sitzen haben. Und du erzählst haarklein, was da läuft. Verstanden?«*

Es blieb still in der Leitung. Major Pinchon zögerte offensichtlich. *»Gar nichts verstehe ich, verdammte Scheiße!«*

»Das übliche Spiel, old boy!« erwiderte David scherzhaft.

Aber im nächsten Augenblick schaltete sich Oliver Kerby in die Leitung, auf die Offiziere in Akrotiri war er sowieso nicht gut zu sprechen. *»Delta drei für Beta eins: Halten Sie sich gefälligst an Ihre Anweisungen! Sie sollen hier die Leitung testen und keinen Klatsch abhalten!«*

»Ach, Olli – *sweet honey*!« neckte ihn David und funkte dann direkt wieder Pinchon an. *»Epsilon eins an Delta eins – ruhig Blut, alter Junge, das erzähle ich dir alles bei einem Guinness, wenn du mal wieder in London bist. Ende und aus.«*

»Also in zwei Jahren dann? Ende und aus, Delta eins!«

Der Sender in Akrotiri war vom Netz der Richtfunkstrecke abgekoppelt worden. Der Funker des britischen Fernmelde-Nachrichtendienstes neben David tippte auf die Uhr. David schaltete sofort wieder auf den Zetakanal um. *»Epsilon eins für Zeta eins. Haste noch was auf der Pfanne, Johnny?«*

Es knackte in der Leitung, und dann kam Boris' Antwort: *»Epsilon eins – heute mittag, kurz nach der Explosion kam mir ein Typ aus der Haustür entgegen, den ich schon mal gesehen habe.«*

»Und der da nicht hingehört?« fragte David.

»Ein Farbiger. Vermutlich kenne ich das Gesicht aus der SAS-Zeit.«

David stöhnte. »Mensch, weißt du, wieviel Bimbos wir damals trainiert haben?«

»War 'ne größere Nummer, sonst hätte ich das Gesicht nicht wiedererkannt, vielleicht ein Ami.«

»Du meinst …« David wurde das Wort abgeschnitten. An seiner Stelle meldete sich der Funkcontroller des GCHQ: »Der Timer erreicht null. Der nächste Kontakt erfolgt nach Punkt zwei Strich vierundzwanzig. Ende und aus!«

Die Richtfunkstrecke war unterbrochen. Der Kontakt bis Freitag früh zwei Uhr eingestellt. David drehte sich wütend zu dem Controller um. »*Fuck up!* – Schmeißen Sie Ihre elektronische Buschtrommel wieder an!«

»Das geht nicht ... Sir!« entschuldigte sich der Lieutenant. »Mehr Zeit stand uns auf den NSA-Satelliten nicht zur Verfügung!«

»Sind die denn bescheuert?« schrie David, und im nächsten Moment brüllte er quer durch den Raum: »Ashton, kommen Sie her!«

Das allgemeine Gemurmel der vierzig Offiziere und Nachrichtendienstbeamten erstarb. Der DIA-Oberst erhob sich von seinem Funkplatz am anderen Ende des Stabsraums und kam mit gerötetem Gesicht durch die Reihe der britischen Funkterminals auf Davids Platz zu. Das respektlose Verhalten des ehemaligen SAS-Majors empfand er als ungeheuerlich. Er baute sich breitbeinig vor David auf. Ashton, in Uniform der Air Force, blickte herablassend auf den querschnittsgelähmten Zivilisten herunter. »Für Sie immer noch Oberst Ashton! Ist das klar, *Mister* Lynn?«

David sah den Amerikaner feixend an. »*Yes, Sir*!« antwortete er militärisch zackig. Eigentlich fand er Ashton ganz in Ordnung, obwohl er, wie die meisten Militärs, diese Formalitäten-Macke besaß. »*Well,* Oberst Ashton«, fuhr er in einem ruhigen Ton fort, der ganz und gar nicht nach einer Drohung klang, »wenn die CIA in Moskau irgendeine Sauerei plant oder unserem Freund Boris Uljanow irgend etwas zustoßen sollte, schneide ich Woodward persönlich die Eier ab!«

Lord Colbourne hatte sich zu David vorgedrängt. »Lynn, ich verbiete Ihnen diesen Ton! Sonst ...«

»Sonst?« fragte David energisch. »Bitte, Sie können meinen Job gerne übernehmen. Nichts lieber als das!«

Im Gegensatz zu den aufgebrachten Briten hatte Ashton die Warnung von Lynn durchaus verstanden. Die nüchterne Art und der sichere, direkte Blick des Engländers bedeuteten, daß er diese Warnung vollkommen ernst meinte.

»*It's okay!*« brach der Oberst den Streit ab. »Ich gebe Ihnen mein Wort, Major Lynn: In dieser Operation wurde ich direkt dem DDO Andrew Woodward unterstellt. Ich kenne jedes Detail der amerikanischen Position. Es besteht keine Absicht, von der gemeinsamen Planung abzuweichen oder etwa gegen Boris Uljanow vorzugehen.«

»Seien Sie vorsichtig, Sir. Rufen Sie lieber Woodward an!« David löste die Bremse seines Rollstuhls, drehte sich um hundertachtzig Grad und bahnte sich einen Weg durch den überfüllten Stabsraum.

»Lynn, wo wollen Sie hin?« rief ihm Colbourne hinterher. »Pennen – achtzehn Stunden lang! Sie wollen mich doch auch wieder ertragen können, oder?« Er stieß die Tür auf und ließ dieses Irrenhaus hinter sich. Zehn Leute hätte er gebraucht, vierzig waren gekommen.

David fuhr nicht sofort in sein Gästezimmer, sondern suchte zuerst das Sekretariat des britischen Geschwaderkommandanten auf. Von dort ließ er sich eine *security line* zum Headquarter des Special Air Service nach Hereford schalten und ließ sich mit Lieutenant-Colonel Michison verbinden. Michison war seit zehn Jahren für die Organisation der SAS-Lehrgänge zuständig, die in Hereford für Anti-Terror-Einheiten und Sicherheitsdienste befreundeter Staaten durchgeführt wurden. Michison war der Inbegriff eines perfekten Verwaltungsmannes.

»Hi, Michison!« meldete sich David. »Hier ist David, David Lynn!«

»Major Lynn!« Der SAS-Offizier erkannte David gleich an seinem flapsigen Umgangston. »Was machen Sie denn auf einer *security line*?«

»Ich arbeite wieder für euren Laden. Sie erreichen mich beim Britischen Kommando auf dem NATO-Stützpunkt in Bornholm.«

»Und was wünschen Sie?«

»Sie können mir einen großen Gefallen tun, Sir!« antwortete David. »Ich brauche ein komplettes Verzeichnis aller farbigen, nichtbritischen Teilnehmer der Ausbildungskurse, die von mir und Major Stonelake geleitet wurden!«

»Sie meinen diesen Uljanow?« fragte der SAS-Offizier verblüfft.

»Genau den!«

»Das ist doch Jahre her! Da müssen meine Leute nach den Akten im Keller suchen.«

»Um genau zu sein, die Jahrgänge '83 und '84«, erklärte David. »Schicken Sie mir das Dossier per Boten nach Bornholm!« Und noch eine Spur frecher setzte er hinzu: »Die Klamotten sollten möglichst schon hier sein! Verstanden?«

»Es brennt? Und wie sieht's mit Ihrem *security-level* aus?«

»*Bullshit*. Hab' ich nicht. Klären Sie das mit Lord Colbourne! Der treibt sich hier auch herum. Dann ist dieser Clubkrawatten-Verkäufer wenigstens zu etwas gut!«

12. JANUAR, KALININ, 5.25 UHR:

Im Erdgeschoß des alten Kraftwerks, in der ehemaligen Materialausgabe, waren mehrere voneinander getrennte Schlafräume eingerichtet worden. Boris und Verena hatte man hier untergebracht. Die Zimmer waren primitiv. Ein gewöhnliches Militärstahlbett mit der üblichen dünnen Matratzenauflage, am Fußende zusammengerollt; daneben ein Schlafsack und eine grüne Baumwolldecke. In der einen Ecke stand ein Spind, ein Tisch mit einer Waschschüssel und einer Wasserkanne darauf und auf der anderen Seite ein Kanonenofen, in dem ein paar Braunkohlebriketts, in nasses Zeitungspapier eingewickelt, die Nacht über vor sich hinglommen. Boris machte seinen Schlafplatz zurecht, zog sich bis auf die Unterwäsche aus, und nachdem er neben der Tür das Licht ausgeknipst hatte, kletterte er in sein Bett. Die Narbe tat ihm weh. Und jetzt, als er sich zum ersten Mal seit so vielen Stunden ausstreckte, spürte er, wie nahe er seiner Belastungsgrenze gekommen war.

Er hörte Schritte im Flur und erwartete, daß die Tür aufging. Er hob den Kopf. Es war Verena, die jetzt im Schein der Flurlampe stand. »Was soll der Unsinn?« fragte sie. »Ich hab' keine Lust, nur wegen dieser Typen hier allein zu schlafen!«

»Aber ...« Boris brachte es nicht über die Lippen. Er konnte ihr nicht sagen, daß ihr Mann Sergej lebte und sich vielleicht im selben Haus befand.

Verena hatte die Tür geschlossen und tastete sich barfuß mit ihrem Schlafsack auf dem Arm zu seinem Bett. Sie rollte ihn auseinander, breitete ihn neben Boris aus und schlüpfte hinein. Den Reißverschluß zog sie nur bis zum Bauchnabel zu, drängte sich an Boris heran, warf die dünne Baumwolldecke über sie und öffnete wie selbstverständlich seinen Schlafsack. Verena faßte durch den Schlitz seiner Unterhose nach seinem Glied und hielt es sanft, aber fest, in der Hand. »Schlaf gut, Boris Stepanowitsch!«

Die Valiums, Uppers und der Kaffee hatten sich in ihrem Organismus schwere Gefechte geliefert. Jetzt sackte sie zusammen und fiel in einen tiefen Erschöpfungsschlaf.

Boris lag wie hypnotisiert neben ihr. Er hörte ihren regelmäßigen Atem. Sein Penis schwoll wieder ab. Und dennoch raste sein Herz. Er fühlte ihre Hand, er roch ihren

Körper, und in Gedanken hörte er ihre tiefe, sichere Stimme, sah in ihr mal ernstes, mal heiteres kirgisisches Gesicht. Boris spürte Panik in sich hochsteigen. Seit dem Fiasko mit Valeria, bei dem er den Kammersänger Schumajew pensionsreif geprügelt hatte, hielt er sich mit seinen Emotionen zurück. Er fürchtete, sich ernsthaft zu verlieben, seine Unabhängigkeit und seine intellektuelle Klarheit zu verlieren. Aber es geschah einfach, obschon irgendwo da draußen Verenas Mann herumlief. Ein ehrenwerter Kämpfer für den Sozialismus, der dafür seine Ehe geopfert hatte und jetzt mit Sicherheit darauf wartete, von seiner Frau als das erkannt zu werden, was er zu sein wünschte: ein Held.

12. JANUAR, MÜNCHEN, 7.30 UHR:

Harry Maybach ging zum dritten Mal an das Büffet des Frühstücks-Restaurants im Arabella-Hotel. Auf dem Weg zurück an seinen Tisch schwankte er gefährlich. Der dpa-Journalist war noch immer ziemlich blau. Am gestrigen Abend war er von Hamburg nach München geflogen. Bruno hatte recht behalten. Auch die *Bunte* wollte seine Story nicht kaufen. In der Nacht, als er die Redaktion ein paar Häuser weiter verlassen hatte, schüttete er sich besinnungslos in der Hotelbar zu. Nach ein paar Stunden Schlaf versuchte er jetzt, mit Kaffee wieder auf die Beine zu kommen. Dazu rauchte er Gauloises ohne Filter und führte Selbstgespräche. »Okay, ihr kuscht … Dann werd' ich's eben anders machen.« Die Idee, selbst nach Moskau zu fahren und vor Ort zu recherchieren, überkam ihn überfallartig. Die sowjetische Botschaft stellte für Journalisten innerhalb von vierundzwanzig Stunden Visa aus. Wittlinger mußte die Akkreditierung unterschreiben. Er mußte es einfach.

Als der Journalist, mit der einen Hand in der Hosentasche nach Kleingeld suchend, zur Telefonzelle schlurfte, machte er sich keine Gedanken darüber, welches Aufsehen er in seinem heruntergekommenen Aufzug erregte. Er dachte auch nicht mehr daran, daß er gestern beim dpa-Direktor mündlich gekündigt hatte.

Wittlinger ging auf die Bitte Maybachs ein. Der dpa-Direktor wußte, daß »Harry« ein guter Mann war. Aber jetzt wollte er ihn aus dem Verkehr ziehen. Wenn Maybach unbedingt nach Moskau wollte – um so besser.

12. JANUAR, MOSKAU, 8.30 UHR:

Robby Pittsburgh war bis zum gestrigen Abend bei Emilja in Nagatino geblieben. Dann hatte er sich auf den Weg gemacht, um die Wohnungen der *Vaswedtschiki* abzuklappern. Anschließend besuchte er die einschlägigen Clubs und Lokale der Moskauer Szene. Der amerikanische SOD-Killer benutzte wieder seine ursprüngliche Legende als musikbegeisterter McDonald's-Manager Robert Creek aus Dallas. Trotz seines perfekten Russisch und seiner Nachfragen blieben Uljanow, Aljoscha, Jewgenij und Sascha unauffindbar. Gegen zwei Uhr morgens war er ins Kosmos-Hotel zurückgefahren und hatte sich ins Bett gelegt.

Seit einer Stunde sah sich Pittsburgh auf dem Areal des Lenin-Stadions um. Besonderes Interesse erweckten bei ihm die Nebeneingänge des Sportpalasts. In der Vorbereitung der Tat lag die eigentliche Kunst von Pittsburghs Beruf. Die strategische Planung und ein exaktes Timing bewahrten ihn seit fünfzehn Jahren vor dem elektrischen Stuhl. In seiner Wohnung konnte er Uljanow nicht mehr erreichen. Und wohin er nach dem Rockkonzert verschwand, war völlig unklar. Für den nächsten Tag blieben Pittsburgh nur wenige öffentliche Plätze, an denen er Boris treffen konnte: am Haupteingang des ZK-Gebäudes – dort wimmelte es von Milizen und zivilen KGB-Wachen, auf dem Kremlgelände vor dem Sitz der Sowjetregierung – von dort hatte er keine Chance, lebend durch eines der Kremltore zu kommen, und vor der General-Staatsanwaltschaft auf einer stark belebten Hauptverkehrsstraße Moskaus – auch keine gute Voraussetzung, um schnell abzutauchen. Pittsburgh blieb nur eine Möglichkeit: das Stadiongelände. Langley gab Uljanow am vierzehnten Januar ab null Uhr zum Abschuß frei. Vorher würde Uljanow kaum aus der Halle kommen.

Pittsburgh scheute keinen Aufwand, damit ihn im Sportpalast auch jeder minderbemittelte Hilfsarbeiter sofort als Amerikaner erkannte. Der farbige SOD-Agent trug großkarierte Baumwollhosen mit blauen und orangefarbenen Quadratlinien, eine Daunenjacke mit US-amerikanischen Werbeaufnähern und eine feuerrote Baseball-Mütze mit dem gelben McDonald's Emblem. In der Halle wurden von einer Baubrigade die letzten Stahlstreben der Bühne montiert. Pittsburgh spielte die Rolle des *Vaswedtschiki*-Fans perfekt. Er verteilte McDonald's-Sonnenschirme aus Pappe, Luftballons und Geschenkgutscheine, die nach der Eröffnung der Moskauer McDonald's-Filiale eingelöst werden konnten. Eigentlich war es streng verboten, während der Bühnenarbeiten Unbefugten den Zutritt in die Halle zu gestatten. Aber die Arbeiter sahen keinen Grund, warum sie diesem netten und ihrer Meinung nach verrückten Touristen verbieten sollten, etwas hinter die Kulissen seiner Lieblingsgruppe zu schauen. Nach einer Weile achtete niemand mehr auf den farbigen US-Bürger, der sich einen genauen Überblick über das Innere des Sportpalasts und seine technischen Einrichtungen verschaffte. Pittsburgh checkte die verschiedensten Positionen ab und verwarf eine nach der anderen. Bei hunderttausend Besuchern war das Risiko zu hoch, nach dem Schuß nicht unerkannt flüchten zu können. Der Killer wandte sich den Gebäudeausgängen in der Nähe der Umkleidekabinen zu. Dort begegnete ihm auch ein Kabelträger des Moskauer Fernsehens.

»Sag, *Towarischtsch*, welchen Ausgang benutzen die *Vaswedtschiki* morgen abend nach dem Konzert?« fragte er freundlich.

»Sie haben hier nichts zu suchen, *Gospodin*! Das hier ist kein öffentliches Gelände«, erwiderte der Moskauer Arbeiter und wollte Pittsburgh beiseite schieben.

»Ich will mir morgen abend doch nur ein Autogramm holen!« insistierte der Amerikaner und zeigte dabei seine weißen Zähne. In seiner Hand ließ er einen Hundert-Dollar-Schein knistern. Der Kabelträger starrte auf den grünen Geldschein. Schwarz getauscht brachte er annähernd drei Monatsgehälter. Blitzschnell griff der Arbeiter zu und ließ die Banknote in der Brusttasche seines Blaumanns verschwinden. »Der da vorne, Ausgang C! Gleich daneben liegen ihre Garderoben«, erzählte er, bevor er den schweren Plastikstecker des Kabels wieder mit seinen Handschuhen aufhob und die Leitung von der Kabeltrommel des Ü-Wagens weiter ins Halleninnere zog.

Pittsburgh schnippte mit den Fingern. »*That's a deal!*« murmelte er zu sich selbst und ging mit schwingenden Hüften und vor sich hinsummend den Flur hinunter.

Dieser Ausgang des Sportpalasts entsprach voll und ganz den Bedürfnissen eines Profi-Killers. Über der Tür brannte abends eine helle Lampe. Sie würde das Ziel beleuchten. Gegenüber dieser Seite des Sportkomplexes erstreckten sich bis zum Moskwa-Ufer breite Wiesen, durchsetzt von ein paar Baumgruppen und Büschen. Zwanzig Meter weiter endeten die Laternenreihen des Stadions, die ideale Deckung für Pittsburgh. Er zog seinen Stadtplan aus der Seitentasche seiner Daunenjacke und studierte die Fluchtwege. Von hier aus konnte er drei verschiedene

Moskwa-Brücken und zwei Metrostationen binnen weniger Minuten zu Fuß erreichen. Der Amerikaner schlenderte auf den Vorplatz hinaus, in den Park hinein. Seine Wahl fiel auf ein großes Vogelbeergebüsch, rund hundertvierzig Fuß von der Tür entfernt.

12. JANUAR, KALININ, 8.30 UHR:

Den drei *Gothics* brannten die Augen. Die sowjetischen Computermonitore, diese flimmernden grünen Kisten mit ihrer schlechten Auflösung, erfüllten schon fast den Tatbestand der Körperverletzung. Seit sieben Stunden arbeiteten die drei Westberliner Hacker unentwegt an den Terminals, starrten konzentriert auf die Bildschirme, während ihre Hände in blinder Treffsicherheit über die Tastaturen flitzten und die sowjetischen Experten gebannt den Einbruch in ihr eigenes Netz verfolgten. Vor dreieinhalb Stunden war der Mainframe am Dscherschinski Platz durch Dirks *Worm* abgestürzt. Seitdem hatten die *Gothics* über ihren Monitor dem Systemoperator beim Hochfahren der Anlage zugesehen. Dadurch verriet Oberst Anosow zwangsläufig die Paßwörter der Sicherheitsklasse A. Anschließend hatte sich Kalle über die manipulierte Line-Number des Leitungskonzentrators in den IBM-Mainframe des KGB-Rechenzentrums eingelogt. Der Security-Routine in der Anlage wurde vorgetäuscht, die Befehle kämen vom Terminal des Systemoperators. Gefährlich wurde es für die *Gothics* nur, wenn sich Oberst Anosow selbst in seinem Büro an die Konsole setzte. Dann mußte Kalle in Sekundenschnelle seine Tasks abbrechen oder die Systemechos unterbinden. Er brauchte eine Stunde, um einen ihrer gewöhnlichen F-Terminals mit der Sicherheitsklasse A in dem Moskauer Rechenzentrum anzumelden. Der nächste Schritt ging relativ schnell: Kalle änderte nach Anweisungen von Gunar Kurjanow, dem Spezialisten von *Elektroprom*, die Paßwörter der internen *Vaswedtschiki*-Datenbank, die sonst nur der Leitung der Verwaltung S, dem Vorgesetzten der Ersten Hauptverwaltung sowie dem KGB-Sekretariat zugänglich war. Sechzig Minuten lang blieb der KGB-Zentrale am Dscherschinskij Platz der Zugang zur eigenen Datenbank versperrt.

Während in Moskau Oberst Anosow und ein Stab von mehreren Spezialisten ihre Maschinen nicht mehr verstanden, meldete sich Tom in der Sicherheitsklasse A an und startete die Suchroutine in den geschützten Datenbanken – er besaß die richtigen Paßwörter. Dirk und Dr. Dimetrowski hatten die beiden anderen Terminals vorbereitet. Drei Printer konnten den Report parallel ausdrucken. Eine ganze Kette altertümlicher Zehn-Mega-Byte Winchester-Platten sollten die Datenflut *buffern*. Nun setzte sich Michejew selbst an den Terminal und ließ systematisch nach allen aktiven Agenten und Schläfern in den militärischen Bereichen der USA, Großbritanniens, Dänemarks, der NATO in Brüssel und in der israelischen Armee suchen. In der untersten Zeile des Monitors lief der Treffer-Counter. Die Zahl nahm rapide zu, bis er bei 1234 stoppte. Hinter dem Rücken des Professors jagten die Matrixdrucker ohne Unterlaß über das Endlospapier. Auf der Liste wurden Deckname, Klarname, Dienstgrad, Personal-Stammdatenverzeichnis-Nummer, Funktion, Adresse, Telefonnummer, Führungsoffizier und der Code für den Rückruf ausgedruckt. Dimetrowski, Dirk und Tom handelten die Daten-Zwischenspeicherung auf ihren Terminals.

»Da is' det Kollektiv jefragt, wa?« lästerte Kalle grinsend und steckte sich seine letzte Reval an.

»Wem soll'n wir die Story erzählen?« bemerkte Tom. »Glaubt uns ja doch keiner!«

Kurjanow ließ über Telefon den alten Kunatschkin wekken. Der Brigadegeneral a.D. war der einzige, der die Listen kompetent durchsehen konnte. Die von ihm markierten KGB-Agenten wurden zwei Zimmer weiter von vier Mitarbeitern per chiffrierter Funktelefonverbindungen im kapitalistischen Ausland angerufen.

Es mochte sein, daß die *Organisazija* über große Unterstützung beim Heer und bei der Marine verfügte. Aber die Nachrichtenverwaltung des KGB war eine Domäne der *Monopoly-Runde*.

Die Mitarbeiter wählten die jeweiligen Nummern, sie lagen in Washington, Liverpool, Brüssel oder sonstwo, warteten, bis abgenommen wurde, und sagten immer nur drei Sätze. Und die klangen dann so: »Gestern schneite es in Davos – ich wiederhole – gestern schneite es in Davos!« oder: »Tante Olga kommt mit dem Zug um halb fünf – ich wiederhole – Tante Olga kommt mit dem Zug um halb fünf!« Der Dummheit dieser Sprüche waren keine Grenzen gesetzt. Agent für Agent wurde so durchtelefoniert; bei den Mitarbeitern, die man unter ihren Nummern nicht erreichte, wurde in regelmäßigen Abständen erneut angerufen.

Professor Michejews nächste Anfrage galt den KGB-Agenten in den Nachrichtendiensten der betroffenen kapitalistischen Länder. Diesmal stieg der Treffercounter der Abfrage auf 2396. Der dritte Durchlauf galt dem GRU, dem militärischen Nachrichtendienst der UdSSR, und seinen Kundschaftern in Westeuropa und den USA. 842. Michejew war begeistert von Kalles Fähigkeiten. Da er sich auf der A-Ebene befand, konnte er sogar die Mitarbeiter der Bruderdienste im kapitalistischen Ausland abfragen. Tschechen, Polen, Ostdeutsche – sie alle lieferten ihre Personendaten regelmäßig beim KGB ab. Selbst wenn ihre eigenen Regierungen nicht immer über vollständige Informationen verfügten, wurde dieser Tribut seit 1945 an den sowjetischen Nachrichtendienst geleistet, und das hatte sich bis zum heutigen Tag nicht geändert. Als Professor Michejew seine Abfrageroutinen abgeschlossen hatte, zählte das Gesamtverzeichnis 7389 Kundschafter, Saboteure und Schläfer der sozialistischen Nachrichtendienste, die in den USA, in Großbritannien, Dänemark, der BRD und in der NATO eingesetzt waren. Michejew erschrak über die hohe Zahl. Aber der Leiter der Abteilung Informatik an der Akademie der Wissenschaften war nicht weniger davon betroffen, daß drei sowjetische Spezialisten und drei deutsche Hakker binnen sieben Stunden von einem gewöhnlichen Terminal aus die geheimste und angeblich sicherste Datensammlung der UdSSR anzapfen konnten. Michejew fuhr sich mit den Handflächen erschöpft übers Gesicht. Solch komplexe Datensammlungen, dachte er, sind wirklich nicht mehr zu verantworten. Er stand auf und machte Kalle Platz. »Ich bin fertig, jetzt kannst du aussteigen!«

»*Rigthy, righty*!« antwortete der Berliner. Zuerst setzte er die alten Paßwörter wieder ein und zog sich dann Schritt für Schritt durch alle Hintertüren des Systems zurück. Spuren hinterließ er keine – außer einem kleinen Virus in den Untiefen des Betriebssystems, Kalles Eigenentwicklung. Bisher hatten sie ihren Spaß bei der Sache gehabt. Aber Kalle blieb mißtrauisch und hatte diesen Rettungsanker geworfen. Am Freitag, den dreizehnten um vierzehn Uhr zehn würde dieser Virus wie ein Overkill über das Rechenzentrum der KGB-Hauptverwaltung herfallen – es sei denn, Kalle nannte ihnen die Notbremse. »Solang ihr eure Finger in meinem Arsch …« nuschelte er.

»Was haben Sie gesagt?« fragte der Professor.

»Nix, Meista!« antwortete Kalle. »Jetzt ist Tom dran!«

Tom nahm Kalles Platz ein und beseitigte die Manipulationen in der DEC-Maschine des Leitungskonzentrators. Nach fünf Minuten hatten die *Gothics* das System endgültig verlassen, fast spurlos und unentdeckt.

»Und was liegt jetzt an, Alter?« fragte Kalle Michejew.

»Wie wär's mit ein paar Stunden Schlaf, mein Junge?« erwiderte der Informatikprofessor.

Nebenan bearbeitete der alte Kunatschkin die endlosen Vaswedtschiki-Listen. Während er mit seinem Schreibstift die betroffenen Namen einkreiste, trank er eine Tasse Kaffee nach der anderen. Er schätzte, daß die Hälfte des hier ausgedruckten Agentennetzes von ihrer Manipulation betroffen war. Bisher hatte er aber nur ein Drittel des Papierberges durchgesehen.

Im Rechenzentrum am Dscherschinski Platz wurde die Lage von Erleichterung und Ratlosigkeit beherrscht. Genauso unvermittelt wie der Mainframe teilweise den Datenzugriff verweigert hatte, ließ er ihn plötzlich wieder zu. Ein ganzes Kollektiv von Software-Ingenieuren wurde auf das VMS-System losgelassen. Sie fanden nichts. Und der Mythos von der lebenden Maschine wurde wieder genährt. Niemand von diesen Fachleuten ahnte, daß sie Zeugen der größten Rückruf-Operation in der Geschichte der kommunistischen Geheimdienste geworden waren.

12. JANUAR, MOSKAU, 9.00 UHR:

Diesmal fand die Krisenstabssitzung in einem gewöhnlichen Sitzungssaal des ZK-Gebäudes statt. Der Kreis hatte sich abermals stark erweitert. Drei ZK-Sekretäre, ein Abteilungsleiter des Verteidigungsministeriums, mehrere Berater des Generalny und zwei Vertreter des Außenministeriums waren zu der vorherigen Besetzung hinzugekommen. Es entsprach dem Gesetz der Masse, daß der Stab immer untätiger wurde, je mehr er an Personalstärke zunahm. Entweder hatten sich die *Organisazija* und die *Monopoly-Runde* in stillem Einvernehmen darauf geeinigt, es zur Machtprobe kommen zu lassen, oder die innenpolitische Situation eskalierte zwangsläufig infolge der vorangegangenen Ereignisse. Die jetzige Besprechung war eine Farce, das wußte Sonderstaatsanwalt Granow ebenso wie

Generalmajor Myschko. Und der stellvertretende Generalsekretär Stanislaw Klimenko ahnte es.

Dabei wäre die Konferenz beinah wegen eines Störmanövers des Sonderstaatsanwalts gescheitert. Granow hatte in seiner Abteilung seit einigen Monaten eine junge Assessorin sitzen, Jelena Korokowa – eine junge Juristin, die gerade ihr zweites Staatsexamen hinter sich hatte und sich von der Universität aus um eine Stellung in der Sonderabteilung der Generalstaatsanwaltschaft bemüht hatte. Die junge Frau hatte schon in ihrer Schulzeit beschlossen, Richterin zu werden, und niemand hatte sie daran hindern können. Neben ihrer Assessorentätigkeit bei Granow schrieb sie an ihrer Dissertation über die Justizreform in der UdSSR. Sie war blitzgescheit und hatte den erfahrenen Staatsanwalt schon in mancher Diskussion aus der Reserve gelockt.

Am gestrigen Nachmittag hatte sich Granow beim KGB-Vorsitzenden eine Unbedenklichkeitsbescheinigung für Jelena Korokowa ausstellen lassen. In der jetzigen Situation sei es dringend erforderlich, daß ein weiterer Jurist – oder eine Juristin – der Sonderstaatsanwaltschaft zugeteilt werde. Für den Fall, daß ihm, Granow, etwas zustieße, müsse jemand in der Lage sein, seine Arbeit dort fortzusetzen, wo er aufgehört hatte. Tschebrakin konnte nicht ablehnen, und die Referenzen der dreißigjährigen Juristin waren erstklassig.

In seinem Büro ließ sich Granow von der Korokowa ein Formular unterschreiben, in dem sie sich verpflichtete, Staatsgeheimnisse der UdSSR und insbesondere das durch ihre beruflichen Pflichten erworbene Wissen keinesfalls an Dritte weiterzugeben. Dann deckte Granow die Assessorin mit dem kompletten Material des kleinen Krisenstabes und allen Akten über die *Organisazija* ein. Die Korokowa hatte sich in ein kleines Büro zurückgezogen und die ganze Nacht hindurch gearbeitet. Gegen acht war Granow mit ein paar Wurstbroten und einer Kanne Kaffee zu ihr gekommen. Nachdem er ihr eine kleine Frühstückspause gegönnt hatte, nahm er sie mit zum Zentralkomitee. Granow fürchtete von jeher die gefährliche Betriebsblindheit, die sich in jedem Beruf und in jeder Stellung einschleichen konnte. Er war neugierig auf die Meinung der unverbrauchten, scharfsinnigen Juristin, die noch vor achtzehn Stunden nicht von der *Organisazija* gewußt hatte. Daß Granow seine Assistentin einfach mit in die Krisenstabssitzung nahm, erregte Klimenkos und Verteidigungsminister Schalajews Protest. Die alten Männer bestanden auf Einhaltung der Regularien. Eine junge, selbstbewußte Frau wollten sie nicht in ihren Reihen haben. Erst nachdem es Tschebrakin, der sich Granows Argumentation zunutze gemacht hatte, gelungen war, sich durchzusetzen, konnte die Sitzung beginnen.

»Verehrte Genossen!« rief Klimenko. Er saß an der Stirnseite des langen Konferenztisches. Es wurde ruhig. »Ich eröffne hiermit die Sitzung des kleinen Krisenstabs ...«

Jetzt wird der alte Klimenko auch noch förmlich, dachte Staatsanwalt Granow und wartete den weiteren Verlauf ab.

»Zunächst wird Generalmajor Myschko einen kurzen Lagebericht erstatten«, sagte das Politbüromitglied und zeigte auf den Leiter der Verwaltung Sonderermittlungen.

Myschko erhob sich von seinem Stuhl und zog mit einer flinken Handbewegung seine Uniformjacke gerade. »Verehrte Genossen, die Entwicklung der letzten zwölf Stunden war ziemlich stürmisch!« begann er trocken. Er setzte sich wieder seine Nickelbrille auf und warf einen Blick auf die Notizen in seiner rechten Hand. »Nach dem Selbstmord des nationalen KGB-Vorsitzenden Achmed Bekdemir wurde unseren Ermittlungsbehörden erst das ganze Ausmaß dieser kriminellen *Organisazija* bekannt. In der Tadschikischen SSR wurden in der Zwischenzeit einhundertsechsundzwanzig Parteifunktionäre, Armeeoffiziere und Betriebsleiter verhaftet. Aufgrund des sichergestellten Beweismaterials müssen wir davon ausgehen, daß sich in der Tadschikischen Sowjetrepublik eine Schattenwirtschaft entwickelt hat, vergleichbar der in Usbekistan. Die früheren Untersuchungsergebnisse des Genossen Sonderstaatsanwalt Granow von dort sind uns ja hinreichend bekannt.«

Was hat der vor? dachte Granow. Myschkos Vortrag geriet auffallend dynamisch und regierungsloyal, als habe es die vorangegangene Krisenstabssitzung nicht gegeben.

Myschko schlug eine Seite seiner Notizen um und fuhr fort: »In der vergangenen Nacht gelang es einem Einsatzkommando der Verwaltung Sonderermittlungen in Zusammenarbeit mit den Grenztruppen unter Leitung von Oberst Duran Kayar, im Grenzgebiet zwischen der Autonomen Oblast Gorno-Bachdachschanskaja und Afghanistan einen Goldschmuggel bisher ungekannten Ausmaßes zu vereiteln. Die schwerbewaffneten Elemente leisteten erheblichen Widerstand. Es gab Tote und Verletzte. Insgesamt wurden bei dem Sondereinsatz vierundzwanzigtausend Feinunzen Gold im Wert von mehr als fünf Millionen Valuta-Dollar sichergestellt …«

»Entschuldigen Sie, Genosse Generalmajor«, sagte Jelena Korokowa und unterbrach Myschkos Vortrag. Die Sitzungsteilnehmer schauten zu ihr auf die andere Seite des langen Konferenztisches, empört, daß sich die junge Assessorin schon auf ihrer ersten Krisensitzung einmischte. Aber die blonde, energische Juristin ließ sich nicht einschüchtern: »Wieviel Tote und Verletzte gab es in den Reihen der Schmuggler?«

Myschko warf der Korokowa einen strengen Blick zu. »Es hätte mich gefreut, wenn Sie sich erst nach unseren Soldaten erkundigt hätten, verehrte Genossin!«

»Es geht hier um Ermittlungsergebnisse und nicht um die – selbstverständlich berechtigte – Anteilnahme für unsere tapferen KGB-Angehörigen!« antwortete sie schlagfertig.

Der KGB-Vorsitzende Viktor Tschebrakin sah den Sonderstaatsanwalt fragend an. Was hatte sich Granow da wieder ausgedacht?

»Wie Sie meinen, junge Frau!« erwiderte Myschko kalt. »Aufgrund der schweren Schießerei zwischen der Sondereinheit und diesen kriminellen Elementen wurden auf deren Seite keine Überlebenden gezählt. Und bitte bedenken Sie einmal den Schauplatz: Im Hochgebirge in fünftausend Metern Höhe ist es für unsere Männer schon kaum möglich gewesen, ohne Sauerstoffgeräte zu operieren!« Er räusperte sich und fuhr fort: »Um zum Ursprungsthema zurückzukommen, in dieser Nacht hielt sich auch der Vorsitzende der usbekischen KP, Genosse Dimitrij Wolotkin, mit seiner Frau Nastasja Wolotkinowa in einem Gästehaus des ZK im Bezirk Jasenevo auf. Nach den Ermittlungen der Vierten Abteilung für Kapitalverbrechen der Moskauer Miliz hat Wolotkin seine Frau zwischen zwei und drei Uhr früh heute morgen brutal vergewaltigt, dann sie und danach sich selbst erschossen. Unter Berücksichtigung der in seinem Zimmer gefundenen Unterlagen sowie der sichergestellten Beweismittel in der usbekischen Parteizentrale gilt als sicher, daß der Genosse Wolotkin als führende Figur zur *Organisazija* gehörte.« Myschko machte eine kleine Pause, blätterte abermals seine Notizen um und nahm einen Schluck Wasser aus dem Glas vor seinem Sitzplatz, bevor er weiter berichtete: »Als letzter Punkt: Kommen wir zu dem Rauschgift-Skandal. An der Sektorengrenze zu Westberlin wurde gestern ein Container-LKW der sowjetischen Handelsgesellschaft *Sowexport* sichergestellt. Der Westberliner Zoll stellte in der Fracht – Rohbaumwolle aus Tadschikistan – dreieinhalb Tonnen Haschisch sicher.

Nachdem uns der Fall bekannt wurde, haben unsere Dienststellen den Westberliner Behörden sofort ihre Zusammenarbeit angeboten. Die Nachforschungen führten direkt nach Duschanbe. Auch hier stand die *Organisazija* im Hintergrund. Wir können, nach diesen erheblichen Fahndungserfolgen, also davon ausgehen, daß die *Organisazija* in den letzten achtundvierzig Stunden so schwer angeschlagen wurde, daß ein Attentat auf den Genossen Generalsekretär ausgeschlossen werden kann. Über die Details unserer Untersuchungen kann ich Sie im einzelnen gerne informieren.« Myschko faltete seine Unterlagen zusammen und steckte sie in den Schnellhefter zurück, den er vor sich liegen hatte.

»Sie meinen, es besteht kein Risiko mehr für einen Terroranschlag in Berlin-Schönefeld?« fragte Klimenko.

Myschko nahm die Brille von seiner Nase und steckte sie in die Reverstasche seiner Uniformjacke. »Es ist zumindest so minimal, daß der Schutz des Generalny von unseren Sicherheitskräften geleistet werden kann. Der Genosse Verteidigungsminister wird Ihnen Näheres dazu sagen.«

Marschall Schalajew hatte sein Kinn in die Hand gestützt und setzte sich jetzt aufrecht hin. »Die Sicherheitsvorkehrungen für den Flug und den Aufenthalt der Generalny-Delegation sind bereits festgelegt. Nach einer Vereinbarung zwischen meinem Ministerium und dem KGB stehen Brigaden der *Sektion Budjonny* für den Einsatz in der DDR zur Verfügung. Sie werden direkt meinem Kommando unterstehen, genauso wie die Gruppe West der sowjetischen Luftwaffe ...«

»Dabei unterbleiben hoffentlich solche Pannen wie gestern!« rief Wassilij Schpakewitsch, ein mächtiger ZK-Sekretär und außenpolitischer Berater von Gorbatschow. »Die Situation hatte sich drastisch zugespitzt!« bellte der Marschall zurück. »Und wir wissen bis jetzt noch nicht, was die *Amerikanskis* im Schilde ...«

»Verehrte Genossen, ich bitte Sie!« unterbrach Klimenko den beginnenden Disput.

»Oberst Rybalkin wird heute mittag mit Brigadegeneral Mielke vom Ministerium für Staatssicherheit in Berlin zusammentreffen«, fuhr Schalajew fort, »um die Einsatzpläne für den morgigen Tag zwischen den Einheiten des Eliteregiments *Feliks Dzierzynski* und der *Sektion Budjonny* endgültig zu koordinieren. Die ganze Umgebung des Schönefelder Flughafens wird zur Sperrzone erklärt. Es wäre für eine neofaschistische Terrorgruppe der BRD schon rein technisch nicht möglich, mit den Stinger-Raketen den Sperrbezirk zu erreichen.«

Granow lehnte sich zurück und massierte sich mit den Fingerspitzen am Hinterkopf. Während Brigadegeneral Jefimow einen belanglosen Bericht über die Rolle der Opposition hielt, schweiften Granows Gedanken ab. Er dachte an Uljanows Worte vom vergangenen Sonntag. Dessen Beschreibung von der Wirkungsweise und dem Einsatz der Stinger-Rakete, diesem *fire-and-forget-System*, war recht drastisch ausgefallen.

Als nächster Redner äußerte sich Oberst Barynin zur außenpolitischen Lage. Die Situation war paradox. Vor achtundvierzig Stunden hatten sich Barynin und Granow in der Generalstaatsanwaltschaft gegenübergesessen. Und jetzt trennte sie nur der zwei Meter breite Konferenztisch des Krisenstabs voneinander. Der Staatsanwalt hörte nicht genau auf die Worte des kommissarischen Leiters der Ersten Hauptverwaltung. Aber im Grundtenor schloß er sich der Generallinie seiner Vorredner an, für die Reise Gorbatschows und seines Stabes in die DDR bestünde keine nennenswerte Gefahr.

»Nun, verehrte Genossen«, sprach Klimenko die Runde an, »wir sollten während dieser Sitzung eine Empfehlung für die bevorstehende Politbüro-Sitzung aussprechen. Gibt es zum Thema Sicherheitslage noch irgendwelche Fragen?«

Jelena Korokowa hatte ihre Arme auf dem Tisch verschränkt. »Ja, die gibt es!« sagte sie entschlossen. Einige der Genossen raunten, als sich die junge Juristin zum zweiten Mal zu Wort meldete. »Die Genossen Myschko, Schalajew und Barynin kommen alle zu dem Ergebnis, daß das Risiko eines Attentatsversuches minimal geworden ist. Warum?«

»Aber das haben wir doch eben ...« Myschko versuchte die Korokowa zu unterbechen, aber sie ließ es nicht zu.

»Der Genosse Granow stellte mir freundlicherweise alle Unterlagen über diesen Fall zur Verfügung. Sie, verehrte Genossen, erwecken bei mir den Eindruck, als würden Sie das Problem national auf die Tadschikische und Usbekische Sowjetrepublik beschränken. Ich halte das für falsch!«

Granow hatte es in den Jahren, in denen er regelmäßig mit Myschko zu tun gehabt hatte, selten erlebt, daß der Generalmajor aus dem Konzept geriet. Jetzt sah er die Korokowa verdutzt an.

»Natürlich stehen diese beiden Republiken in unserem besonderen Augenmerk. Bekdemir war schließlich Usbeke, Wolotkin Vorsitzender der tadschikischen KP. Die Stinger-Raketen sind in Termez gestohlen worden, der Goldschmuggel fand in direkter Nachbarschaft dieser Republiken statt. Die in Westberlin sichergestellte Drogenlieferung stammte aus Tadschikistan. In diesen Republiken haben wir Beweise gefunden und die meisten Haftbefehle ausgestellt. Können Sie mir ein vernünftiges Gegenargument anführen, warum wir diesen Tatsachen mißtrauen sollten? Um ein Ziel zu erreichen – und das sollten Sie sich für Ihre zukünftige Laufbahn zu Herzen nehmen, junge Frau – müssen Sie es erst einmal benennen!« Myschkos Ton war streng geworden. Er versuchte, die Korokowa einzuschüchtern, oder er wollte Granow herausfordern, ihr zur Seite zu springen.

Aber die Korokowa nahm die Herausforderung selbst an. »*Minutschko,* Genosse Generalmajor! Fangen wir doch noch mal von vorne an! Was wurde über den Handelsattaché Sergej Aladko seit vergangenem Sonntag ermittelt?« Sie machte eine kurze Pause und antwortete selbstbewußt: »Nichts, verehrte Genossen, absolut nichts! Die einzige Spur führte zu Aladkos Sekretär im Handelsministerium, Valentin Ruditschew – und der nahm sich nach seiner Verhaftung im Lefortjewo-Gefängnis das Leben.« Bedeutungsvoll setzte sie hinzu: »Nachdem man seine Tochter auf offener Straße überfahren hatte. Auch die Untersuchungen in der 14. Abteilung der Ersten Hauptverwaltung, wann und von wem die gefälschten Reisepapiere in Aladkos Gepäck hergestellt worden sind, blieben bisher ohne Ergebnis.«

»Halten Sie sich für berechtigt, die Arbeit der Verwaltung Sonderermittlungen zu kritisieren?« fragte Myschko in scharfem Ton dazwischen. »Meine Verwaltung verfügt über dreihundertvierundvierzig Ermittlungsbeamte. Diese Männer sind seit einer Woche pausenlos im Einsatz, arbeiten achtzehn Stunden am Tag und stehen unter verheerendem Erfolgsdruck. »Sie«, giftete Myschko weiter, »sollten das aus Ihrer kurzen Berufserfahrung auch schon kennen, verehrte Genossin Korokowa: Nicht überall gehen die Untersuchungen so voran, wie man sich das wünscht. Wir tun im Fall Aladko, was wir können. Ich halte es schlicht und einfach für geschmacklos, meinen Mitarbeitern in dieser Situation Untätigkeit vorzuwerfen!«

Jelenas Gesichtsausdruck wurde eine Spur spitzer. Nur für einen kurzen Moment warf sie einen kontrollierenden Blick auf ihren Vorgesetzten, Sonderstaatsanwalt Granow, der den Disput relativ gelassen verfolgte. Die junge Assessorin fragte sich, ob sie nach sechzehnstündigem Aktenstudium so übernächtigt war, daß sie der Auseinandersetzung mit diesem Generalmajor nicht mehr gewachsen wäre. Aber sie folgte einfach ihrer Logik, als sie Myschko erneut widersprach: »Ich kritisiere nicht ihre Mitarbeiter, Genosse Generalmajor, ich rekapituliere nur einige Fakten!«

»Das ist doch lachhaft!« warf Marschall Schalajew ein, und leise flüsterte er seinem Berater, Major Stefan Gluchow, zu: »Jetzt ist es schon so weit, daß wir uns vor solchen Schlitzpisserinnen verantworten müssen.«

»Lachhaft, Genosse Verteidigungsminister?« entgegnete die Juristin entschlossen. »Woher stammen die Militärkarten in Aladkos Gepäck, wie kam die *Organisazija* in den Besitz der Controllerfrequenzen für die Regierungsmaschine? Das wissen Sie auch nicht, Genosse!«

Das weißt du ganz genau, dachte Granow, aber beweisen kann ich es dir nicht. Der Staatsanwalt war zufrieden. Die junge Jelena Korokowa führte den Offizieren deren unerträgliche Selbstgefälligkeit schonungslos vor.

»Kommen wir zum nächsten Punkt«, sagte die Assessorin und setzte ihre Kritik fort: »Brigadegeneral Scherstnew und der ehemalige Oberst der *Sektion Budjonny*, Boris Stepanowitsch Uljanow, erhielten in der ersten Krisenstabssitzung, am 8. Januar, den Auftrag, in Westberlin mit dem jüdischen Journalisten Julius Ortmann Kontakt aufzunehmen. Die Genossen Uljanow und Scherstnew wurden am Mittag des folgenden Tages von Skinheads angegriffen. Brigadegeneral Scherstnew und einer der Täter wurden dabei tödlich verletzt. Aus den westlichen Medien mußten wir erfahren, daß es sich dabei um Rainer Lohmann handelte, ehemaliges Mitglied der Sozialistischen Einheitspartei Westberlins und illegalen Mitarbeiter des Ministeriums für Staatssicherheit. In welchem Zusammenhang steht dieser Lohmann mit der *Organisazija*? Von wem erhielt er in dieser kurzen Zeit die genaue Ankunftszeit und Personenbeschreibung von Scherstnew und Uljanow? Was hat die Stasi damit zu tun?« Die junge Juristin suchte aus ihrem Stapel

Unterlagen die Akte des *Roten TASS-Dienstes* heraus, jene strenggeheimen Dossiers ausländischer Meldungen und Informationen, die die sowjetische Nachrichtenagentur täglich für die Regierung zusammenstellte, und warf sie auf den Tisch. »Unsere Ermittlungen treten in diesem Fall auf der Stelle. Die Alliierten in Westberlin scheinen bessere Quellen zu besitzen als wir!«

Oberst Barynin verlor als erster die Nerven. Heftig gestikulierend brüllte er die Korokowa quer über den Konferenztisch an: »Das ist einfach ungeheuerlich, was Sie sich hier herausnehmen, Genossin!«

Der KGB-Vorsitzende legte seine schwere Hornbrille ab und fuhr sich mit den Händen übers Gesicht. »Bitte, Genossen«, sagte er, »jetzt streiten Sie doch nicht in einem fort. Dadurch kommen wir doch auch nicht weiter.«

»Wir haben sofort nach Bekanntwerden der Tatbeteiligung von Rainer Lohmann eine Anfrage bei der Hauptverwaltung Aufklärung im Ministerium für Staatssicherheit gestellt. Der Leiter, Generalmajor Rulff, bestätigte uns persönlich, daß Lohmann von jeher nur ein kleiner Informant gewesen ist. Vor mehr als zwölf Monaten trennte sich der Stasi von dem Mann wegen dessen Unzuverlässigkeit«, erklärte Oberst Barynin in schneidendem Tonfall. »Wenn Sie mehr von der Arbeit der Nachrichtendienste verstünden, Genossin Korokowa, wüßten Sie, daß politische Extremisten oft von einem Lager radikal ins andere wechseln. In dieser Ansicht stimmen wir übrigens mit den kapitalistischen Geheimdiensten überein …«

»Es erstaunt mich, Genosse Oberst, daß ausgerechnet Sie ein Mitglied der SEW als politischen Extremisten bezeichnen«, erwiderte Jelena ungerührt. »In der Presseerklärung der Amerikaner ist ferner zu lesen, Lohmann habe bis vor kurzem noch in Kontakt zur Ostberliner Normannenstraße gestanden.«

»Dann müssen Sie sich entscheiden, ob Sie den Amerikanern mehr glauben als uns!« fuhr Myschko dazwischen. »Was sollen denn diese kompromittierenden Vorhaltungen? Wir sind hier zusammengekommen, um über eine Empfehlung für das Politbüro zu entscheiden, ob der Generalny den inoffiziellen Arbeitsbesuch in der DDR durchführen kann oder nicht. Ich lehne es schlicht und einfach ab, mich hier weiter der unqualifizierten Kritik einer unerfahrenen Juristin auszusetzen!«

Unter den Teilnehmern des Krisenstabs wurde es spürbar unruhig. Unvermittelt ergriff der ZK-Sekretär Watschislaw Schpakewitsch das Wort: »Genossen, ich glaube, jetzt tun Sie der Korokowa unrecht. Die Fakten, die sie nannte, sind nicht vom Tisch zu wischen!«

»Es liegt mir doch fern, Sie zu denunzieren«, fiel ihm die Juristin selbst ins Wort. »Ich weiß aus meinen bescheidenen Erfahrungen mit den Untersuchungen gegen die usbekische *Organisazija* nur zu gut, wie schwer es ist, zu einer lückenlosen Beweisführung zu kommen. Aber ich befürchte, daß Sie die Lage zu einseitig interpretieren. Lassen Sie mich doch bitte noch meine Gedanken zu Ende bringen.«

»Fassen Sie sich kurz!« bemerkte Klimenko, dem nicht daran gelegen war, die Diskussion auszuweiten. Er wollte eine klare Entscheidung des Krisenstabes herbeiführen, mit der er in der bevorstehenden Politbürositzung eindeutig Position beziehen konnte.

Jelena räusperte sich. »Einige Stunden später fällt der Leiter der Ersten Hauptverwaltung, Generalmajor Bronislaw Chmys, einem Giftmordanschlag zum Opfer. Wir kennen die Ursache: vergifteten Rotwein aus dem kapitalistischen Ausland und den Täter: Sergej Aladko. Uns ist aber nicht bekannt, woher die Flasche stammt und in welchem Auftrag Aladko handelte. In der gleichen Nacht kommt es in der BRD, genauer gesagt in München, in der Wohnung von Petra Aichinger zu einer schweren Schießerei zwischen KGB-Angehörigen und Boris Uljanow sowie amerikanischen CIA-Agenten. Wieder sind wir ausschließlich auf westliche Nachrichtendienstquellen angewiesen: Wir müssen erfahren, daß es sich bei Petra Aichinger um eine der qualifiziertesten Industrieagentinnen der Ersten Hauptverwaltung handelt, einer besonderen Vertrauten des ermordeten Generalmajors Chmys – ausgerechnet Verena Aladkowa, der Ehefrau jenes Sergej Aladko, der zur *Organisazija* gehörte und vier Tage zuvor in Moskau tödlich verunglückt war.«

»Ich bin selbst in der Nacht vom achten auf den neunten Januar mit Boris Uljanow zur Datscha der Aladkowa gefahren, um sie zu verhören!« warf Myschko aggressiv ein, »da liegt es doch auf der Hand, daß sich Uljanow, vor allem in seinem Zustand, an die einzige Adresse wandte, die ihm in der BRD bekannt war.«

Sonderstaatsanwalt Granow verfolgte in höchster Anspannung Myschkos Worte. Unfreiwilligerweise legte der Generalmajor damit ein Geständnis ab.

»Und auf wessen Befehl setzte sich in Prag Major Bachtow mit einer *Mokryje-Dela*-Brigade nach München in Bewegung, wenn noch nicht einmal der dortige KGB-Resident davon wußte? Und wie wurde dieser Befehl erteilt, wenn sich in den Daten der Telefon- und Funküberwachung keinerlei Hinweise für einen Kontakt finden?«

»Bei diesem Thema«, bemerkte Oberst Barynin in beißendem Tonfall und sah Granow dabei herausfordernd an, »sollten Sie mit Ihren Spekulationen sehr vorsichtig sein, Genossin Korokowa!«

»Ich spekuliere nicht, ich stelle nur Fragen!« entgegnete sie aufgebracht. Die unverhohlene Art, in der diese hochrangigen KGB-Offiziere und Funktionäre die, wie sie meinte, gefährliche Situation herunterspielten, drohte sie aus der Fassung zu bringen.

Für einen Moment war Granow versucht, Uljanows

Worte zu beherzigen und jetzt – mit den Beweisen, die sie hatten – Schluß zu machen und Barynin auffliegen zu lassen. Wenn er jetzt die Tatsache offenbarte, daß er im Besitz der Computer-Protokolle mit Barynins Prag-Gespräch war, wären der Oberst und vermutlich auch Myschko geliefert. Der Krisenstab würde platzen, Gorbatschows Reise schon aus technischen Gründen verschoben werden und das große Denunzieren beginnen. Der Sonderstaatsanwalt verwarf seinen Gedanken. Sie wußten nicht, wer mit Myschko und Barynin noch in der Führung der *Organisazija* saß. Und unter diesen Umständen mußte man damit rechnen, daß die eigenen Komplizen über diese beiden zu Gericht sitzen würden.

»Wir wissen auch nicht, was den angesehenen Sowjetbürger Boris Uljanow dazu bewogen hat, zu den Amerikanern überzulaufen«, fuhr die Korokowa fort. »Über diesen Punkt könnte man ausführlich diskutieren«, wandte der alte Klimenko ein. Er hatte seine ausgeprägte Antipathie für den Ex-Agenten nicht vergessen. Im gleichen Moment hob Schpakewitsch seinen Arm und ergriff das Wort: »Wenn die amerikanische Seite von Uljanow über die Lage in Moskau informiert ist, müssen wir in jedem Fall mit einer erhöhten Sensibilität der US-Regierung und der NATO rechnen. Pannen wie die gestrige können uns in Teufels Küche bringen!« Der ZK-Sekretär war einer der qualifiziertesten Amerika-Experten und ein einflußreicher Berater des Generalny. Selbst der streitsüchtige Verteidigungsminister verzichtete auf Widerspruch. Aber er sah auffallend oft auf das Zifferblatt seiner Schweizer Armbanduhr.

Jelena Korokowa ließ sich in ihrer Kritikfreudigkeit nicht aufhalten. »Wie ich eben erörtert habe, verehrte Genossen, ist nicht eine der Fragen vom Sonntag geklärt worden. Und wenn ich die Aktivitäten der *Organisazija* in den letzten zweiundsiebzig Stunden betrachte, kann ich keinerlei nationale Begrenzung der *Organisazija* erkennen!« stellte die Korokowa mit gnadenloser Sachlichkeit fest und sprach dann Myschko direkt an: »Bei Ihren Ermittlungen, verehrter Genosse Generalmajor, fällt mir auf, daß wir nie einen Zeugen in die Hand bekommen, sondern immer nur Leichen – wie auch das Blutbad des Genossen Wolotkin zeigt. Aktivitäten der *Organisazija* treten im ganzen Land zutage, selbst in der ČSSR und der BRD. Gerichtsverwertbare Spuren wurden aber ausschließlich in den Usbekischen und Tadschikischen Republiken gefunden. Ein merkwürdiger Widerspruch, finden Sie nicht auch?«

Die junge Jelena Kurokowa ahnte nicht, daß sie Myschko an die Wand spielte. Granow bat seinen Nachbarn, einen der Sekretäre aus dem Außenministerium, um eine Zigarette. Die Lage wurde riskant. An Myschkos Gesicht konnte man ablesen, daß er über seine Gegenargumente nachdachte. »Meine liebe junge Genossin«, sagte er überraschend freundlich, »wenn Sie so lange mit Ermittlungen gegen die *Organisazija* beschäftigt wären wie ich, würden Sie auch das nehmen, was Sie bekommen können. Und die Spuren führen nun mal nach Duschanbe und Taschkent. Das ist eine *Tatsache*, um Ihre Worte zu gebrauchen ...«

Granow vermutete, daß Myschkos versöhnliche Worte nur die Ouvertüre zu einem Direktangriff sein konnten. Er hatte recht.

»Niemand ist dabei vor Fehlern gefeit. Denken Sie nur an Ihren Vorgesetzten, den Genossen Granow, und diese unselige Verhaftung des ehrenwerten Genossen Barynin ...«

Barynin grinste den Sonderstaatsanwalt offen an, während Myschko ergänzte: »Wir bedauern auch sehr, daß der Genosse Granow in der letzten Nacht nirgendwo telefonisch zu erreichen war, obwohl er dazu verpflichtet war.«

»Worauf wollen Sie hinaus?« fragte der Staatsanwalt verblüfft.

»Wir haben in der Zwischenzeit den Tagesablauf von Wolotkin und seiner Frau rekonstruiert«, antwortete Myschko, und Genugtuung schwang in seiner Stimme. »Die Bürgerin Nastasja Wolotkinowa war gestern abend allein in Scheretmetjewo angekommen und ließ sich mit einem Taxi zur Generalstaatsanwaltschaft fahren. Sie wollte mit Ihnen sprechen, Genosse Granow! Wie die Ermittlungen meiner Verwaltung ergaben, sprach sie mit Ihrem Assistenten Pjotr Seregin. Eines meiner Ermittlungskollektive hat heute morgen mit ihm gesprochen. Nachdem er Sie telefonisch nicht erreichen konnte – und da die Wolotkinowa darauf bestand, ausschließlich mit Ihnen zu sprechen –, hat er sie abgewiesen. Drei Stunden später war sie tot ...«

Myschkos Feststellung erschrak nicht nur den Sonderstaatsanwalt. Auch Jelena Korokowa war verblüfft. Sie hatte in der vergangenen Nacht im Nebenzimmer des Genossen Seregin gesessen und die Akten über die *Organisazija* gelesen. »Meines Wissens stehen Sie noch immer unter dem verschärften Personenschutz der Neunten Verwaltung. Dort wähnte man Sie zu Hause. Genau da waren Sie aber nicht zu erreichen.« Myschko machte eine kleine Pause und setzte, noch eine Spur freundlicher, hinzu: »Entschuldigen Sie meine indiskrete Frage, aber wo waren Sie letzte Nacht, verehrter Genosse Granow?«

Der erfahrene Staatsanwalt war es gewöhnt, seine Emotionen zu unterdrücken, doch jetzt konnte er nicht verhindern, daß ihm die Röte ins Gesicht stieg. Myschko ging aufs Ganze. Er hatte ihn festgenagelt. Die letzte Nacht hatte er in Kalinin verbracht. Und da er das nicht sagen konnte, machte ihn jetzt der Generalmajor vor dem gesamten Krisenstab unglaubwürdig – ja, fast verdächtig.

Jelena starrte ihren Vorgesetzten erschrocken an. Alexander Maximowitsch, wie sie ihn unter vier Augen nannte, rang hilflos um eine Antwort, und auf der anderen

Seite der Konferenztafel blickte sie in Myschkos süffisantes Gesicht. Für Sekunden wurde kein Wort gesprochen. Stanislaw Klimenko beugte sich nach vorne und sah zu Granow hinunter. »Ja, das würde mich jetzt auch interessieren, Genosse Granow!«

»Ich ...« Granow hielt inne. Er blickte in die neugierigen Gesichter der Runde, und im selben Moment verfluchte er sich dafür, wieder als einziger Vertreter der *Monopoly-Runde* in den Krisenstab gegangen zu sein, während Schewardnadse und Gorbatschow sich auf die Politbürositzung vorbereiteten.

Der jungen Assessorin fiel es wie Schuppen von den Augen: Zwischen Granow und Myschko fand eine unterschwellige Auseinandersetzung statt, und der KGB-General versuchte, den ehrenwerten Staatsanwalt fertigzumachen. Aber ihm vertraute sie weit mehr als dem glatten Myschko. Ihre Worte, die ihr wie unbewußt aus dem Mund purzelten, hallten durch den Saal, obwohl sie relativ leise sprach. »Er war bei mir!« Und nach einer Pause setzte sie hinzu: »Das muß man ja nicht unbedingt an die große Glocke hängen.«

Betretenes Schweigen. Myschkos Gesicht schien versteinert, während Granow der jungen Juristin einen dankbaren Blick zuwarf. Am anderen Ende des Tisches war es der KGB-Vorsitzende Tschebrakin, der die Spannung löste. Er fing an zu lachen und nacheinander auch die übrigen Teilnehmer – bis auf Myschko, Granow und die Korokowa.

Unvermittelt ging die Tür des Sitzungssaals auf. Ein Mitarbeiter von Schpakewitsch kam herein, ging auf den ZK-Sekretär zu und flüsterte ihm einige Sätze zu. Dabei reichte er ihm die jüngste Ausgabe des *Neuen Deutschland.*

»Was soll das denn jetzt?« fragte Klimenko ungeduldig. Der Mitarbeiter verließ bereits wieder den Raum, als Schpakewitsch die Zeitung aufschlug. »Der Artikel der Andrejewa ist los!« erwiderte der ZK-Sekretär scharf.

Einige Wochen zuvor war in der *Sowjetskaja Rossija* ein mehrspaltiger Leserbrief einer Leningrader Universitäts-Dozentin erschienen, in dem aggressiv mit Gorbatschows *Perestroika* und seinem Anti-Stalinismus abgerechnet wurde. Es war ein offenes Geheimnis gewesen, aus wessen Feder der Schmähbrief eigentlich stammte – der von Stanislaw Klimenko und dem konservativen Flügel im Politbüro. Seinerzeit war es im Kreml zu einem ebenso stürmischen Streit gekommen wie in den sowjetischen Zeitungen. Und heute hatte das Parteiorgan der SED, das in Ostberlin erscheinende *Neue Deutschland*, den Artikel Wort für Wort übernommen. Der Affront gegen Gorbatschow, insbesondere vor dessen bevorstehendem Arbeitsbesuch, war offensichtlich und spiegelte den Tiefpunkt der Beziehungen zwischen der DDR-Regierung und der Kremlführung wider.

»Der Generalny *muß* nach Ostberlin!« forderte Schpakewitsch mit Nachdruck. »Dieser Zustand ist doch einfach unerträglich!«

»Da stimme ich vollkommen mit Ihnen überein, verehrter Schpakewitsch!« sagte Klimenko eindringlich – ausgerechnet er, der Drahtzieher dieser Presseaktion. »Die antisowjetischen Entwicklungen in der DDR machen bereits in der kapitalistischen Presse Schlagzeilen. Das ist nicht im Sinne unserer Bündnispolitik.«

Während sich Klimenkos Bedenken auf die Verteidigungspolitik bezogen, dachte Schpakewitsch an das versteinerte Politbüro in Ostberlin und die Probleme, die ihnen dadurch noch entstehen würden. »Genossen«, sagte der ZK-Sekretär, »wir alle wissen, daß wir nicht immer einer Meinung sind. Aber ich bitte Sie, ja ich bitte von ganzem Herzen, dafür zu sorgen, daß der Generalny diese Reise unbeschadet antreten kann. Das ist nicht mehr eine Frage von politischen Differenzen, sondern eine Frage der Staatsräson!«

Die Konferenzteilnehmer klopften mit den Knöcheln auf der Tischplatte Beifall. Jelena Korokowa konnte nicht glauben, was sie da sah und hörte. Es war einfach gespenstisch, so, als habe ihr vorher niemand zugehört.

»Wir sollten jetzt zu einem Ergebnis kommen!« stellte Klimenko in entschlossenem Ton fest. »Nach den überzeugenden Feststellungen der Genossen Myschko, Schalajew und Barynin ist die Sicherheit des Generalny garantiert. Die Ausführungen der Genossin Korokowa haben uns noch einmal eindrucksvoll die Risiken der Reise vor Augen geführt. Aber ich glaube, wir können uns den erfahrenen, sachkundigen Offizieren des KGB und der Luftwaffe anvertrauen.« Klimenko unterbrach seine Rede für einen Moment. Er hatte Atemschwierigkeiten und nahm eine kleine rote Kapsel ein. Nachdem er einen Schluck Wasser getrunken hatte, fuhr er fort: »Wenn Sie nichts dagegen haben, darf ich jetzt zur Abstimmung über die Empfehlung des Krisenstabs kommen. Wer spricht sich unter der Wahrung der vereinbarten Sicherheitsvorkehrungen für die Reise des Generalsekretärs in die DDR aus?«

Die Juristin verfolgte gebannt, wie sich ein Arm nach dem anderen nach oben streckte, Klimenko, Tschebrakin, Schalajew und sein Berater, Barynin, die Vertreter des Außenministeriums, Schpakewitsch und seine Kollegen, und dann, Jelena konnte es kaum glauben, folgte auch die Hand Alexander Maximowitsch Granows. Sie selbst besaß kein Stimmrecht im Krisenstab.

Der stellvertretende Generalsekretär war zufrieden. »Ich stelle fest«, sagte er, »daß der Antrag einstimmig angenommen wurde!«

Jelena traten die Tränen in die Augen. »Sie sind alle miteinander vollkommen wahnsinnig geworden!« schrie sie, stand auf und packte ihre Unterlagen zusammen. »Wir sollten mit den westlichen Regierungen verhandeln, die Krise in den Griff zu bekommen. Und Sie, alle miteinander, riskieren aus purer Eitelkeit das Leben von Michail Sergejewitsch und sechzig anderen Menschen.« Sie rannte zur Tür und drehte sich nochmals zu der Herrenrunde um: »Wenn es auf diesem Staatsbesuch zu einem Attentat kommen sollte, werde ich gegen Sie Anklage wegen Beihilfe zum Mord erheben. Oder Sie müssen mich eben auch totschlagen, Genossen!« Im nächsten Moment knallte die Tür ins Schloß.

Dem Staatsanwalt waren bei Jelenas letzten Worten Schauer über den Rücken gelaufen. Er sah zu den Ostfenstern, durch die die warmen Strahlen der Morgensonne hereinfielen. Ein Januartag, der in seiner Klarheit und seiner klirrenden Kälte dem Moskauer Winter sein herrlichstes Antlitz gab. Einen Tag schlafen und danach ein paar Tage Urlaub, im Gorki-Park spazierengehen und morgens den Eisschwimmern in der Moskwa beim Baden zusehen.

»Ein ziemlich ungestümes Fohlen, was Sie sich da herangezogen haben, Alexander Maximowitsch!« bemerkte Myschko feixend und holte den Sonderstaatsanwalt damit in die Realität zurück.

Nein, dachte sich Granow, Jelena Korokowa durfte nicht auch noch in die Schußlinie der *Organisazija* geraten. Er mußte dafür sorgen, daß die junge Juristin für einige Tage aus dem Verkehr gezogen wurde.

12. JANUAR, BONN, 10.00 UHR:

Die Besprechung im Kanzleramt war kurzfristig zustande gekommen. Jörg Tauschke, der außenpolitische Berater des Kanzlers, hatte Dr. Rentschler – den Leiter der Abteilung Innere Sicherheit des BMI, zum Termin gebeten. Tauschke galt als introvertierter, sachlicher und ruhiger Mann. Rentschler war froh, wenigstens diese Brücke zum Kanzleramt zu haben, so daß der ganze Vorgang nicht ausschließlich über den Schreibtisch seines Dienstherrn, des Bundesinnenministers, gehen mußte.

Auf die Minute pünktlich stand Rentschler im Vorzimmer von Tauschke. Die Sekretärin führte die beiden Beamten in das großzügige Büro des Kanzlerberaters. Tauschke stand auf, knöpfte sich das Jackett zu und begrüßte den Abteilungsleiter freundlich: »Ich bin froh, daß Sie so schnell gekommen sind, Dr. Rentschler.« Er bot ihm einen Platz in der Sofaecke an und fuhr fort: »Ich habe in zwanzig Minuten ein Gespräch beim Kanzler. Bis dahin muß ich wissen, was gespielt wird. Wollen Sie einen Kaffee, Herr Doktor?«

Der Beamte nickte. Tauschke erhob sich, drückte auf den Knopf der Gegensprechanlage auf seinem Schreibtisch und bestellte zwei Tassen Kaffee. Danach setzte er sich wieder zu dem Beamten in die lederne Sitzgruppe. »Also, wie weit sind Sie?« fragte er.

Rentschler seufzte. »Ich sag' Ihnen ein ehrliches Wort, Tauschke: Das ist ein Scheißspiel, bei dem wir uns heiße Ohren holen!«

Der Kanzlerberater sah den Staatssekretär fragend an: »Wie meinen Sie das?«

»Wir kommen nicht weiter!« ergänzte Rentschler.

Die ganze Nacht über hatte er kein Auge zugetan. Eine Krisenstabssitzung hatte die nächste abgelöst. Im Kanzleramt, im Innenministerium, im Auswärtigen Amt und auf der Hardthöhe. Der Schreck von der sowjetisch-amerikanischen Eskalation des vergangenen Tages saß ihm noch in den Knochen, und jetzt war er in der sarkastischen Kneipenlaune eines Skatbruders, der aus dem Turnier geflogen ist. »Die Ermittlungen des BKA kommen nicht voran. Meiner Meinung nach hat Alcroft bis zur Pressekonferenz des Weißen Hauses nichts von der CIA-Aktion gewußt. Und jetzt bunkert er!«

Tauschke biß nervös auf seine Lippe.

»Können Sie sich etwas genauer ausdrücken, Herr Dr. Rentschler?«

Der altgediente Insider zuckte mit den Achseln. Oft hatte er in den vergangenen achtundvierzig Stunden den Kanzlerzeiten Helmut Schmidts nachgetrauert. Unter dessen Kommando, dachte Rentschler, würde der Laden hier jetzt auf Hochtouren laufen, und die Amerikaner hätten sich dieses Katz-und-Maus-Spiel gar nicht erlaubt. »Wir haben in München drei osteuropäische Leichen liegen, von denen wir immer noch nicht wissen, zu wem sie gehören. Die Amerikaner drücken durch ihren Botschafter Warren Alcroft beim Innenminister ihr Bedauern für den Zwischenfall aus. Aber das war's dann auch. Kein Wort – wegen angeblicher nationaler Sicherheitsinteressen. Alles diplomatischer Quatsch!«

Die Sekretärin trug ein Tablett mit zwei Tassen Kaffee herein und stellte es kommentarlos auf den Couchtisch. Beim Hinausgehen streifte sie mit der Hand nur leicht den Schalter der Freisprecheinrichtung von Tauschkes Gegensprechanlage. Als sie im Vorzimmer hinter ihrer Schreibmaschine Platz nahm, hörte sie jedes Wort mit, das nebenan gesprochen wurde. Rechtzeitig würde sie die Anlage wieder abstellen. Dieses Verfahren war einfach und wirkungsvoll und erforderte lediglich Nervenstärke. Katja Brohmeier, eine gut plazierte Spionin des Ministeriums für Staatssicherheit, war sogar so dreist, daß sie einen Bogen Papier in die Maschine spannte und das Gespräch der zwei Männer mitprotokollierte.

»Mit den Amerikanern sind wir jetzt an einem Punkt«, erklärte Rentschler in einem müden Ton, »an dem wir nur noch auf ministerieller Ebene weiterkommen. Bei den Russen sieht es nicht viel anders aus. Wischnewski wurde vom sowjetischen Außenminister Schewardnadse so lange hingehalten, bis die Meldung aus Washington kam. Wenn es nicht so absurd wäre, könnte man fast meinen, die Sache wäre zwischen Moskau und Washington abgesprochen.«

Tauschke wischte sich mit dem Handrücken über die Lippen. »So absurd ist das ganz und gar nicht!«

»Warum?« fragte Rentschler und wurde plötzlich hellhörig.

»Vor einer Stunde erhielt ich einen Anruf vom BND«, erzählte der Kanzlerberater. »In Pullach liegen Hinweise vor, daß es in der letzten Nacht zu einer aufwendigen Satelliten-Richtfunk-Verbindung zwischen Moskau, Bornholm, London, Israel und Washington gekommen ist. Der Inhalt dieser Funksprüche konnte bisher nicht entschlüsselt werden.«

»Das ist doch nicht zu fassen!« rief Rentschler empört. »Die ziehen da irgendein Ding ab, von dem wir nichts wissen sollen?« Der Ministerialbeamte machte eine kleine Pause, in der sich seine Wut erst so richtig entwickelte. »Ja, zum Scheißhaus noch mal, leben wir denn im Jahre 1948? Was sollen denn diese anti-deutschen Ressentiments?«

»Es kommt noch dicker!« fuhr Tauschke fort. »Um halb zehn meldete sich der Verteidigungsminister Wörner aus Brüssel. Im NATO-Hauptquartier herrscht große Unruhe. Heute morgen sind nicht weniger als hundertzwanzig Angestellte, Beamte und Offiziere unentschuldigt vom Dienst ferngeblieben. Ersten Ermittlungen zufolge haben sie ausnahmslos das Land verlassen. Auch in London und Washington wurde das Fehlen zahlreicher Mitarbeiter in den Sicherheitsbereichen bekannt. So wie es aussieht, zieht der Osten sein gesamtes Agentennetz in der NATO, Großbritannien und den USA zurück!«

»Und wir werden kaltgestellt!« bemerkte Rentschler in einem lästernden Unterton. »Das ist doch wahrhaft zum Kotzen – und da soll man keine nationalen Emotionen entwickeln?« Aber im gleichen Moment arbeitete schon wieder sein Diplomatengedächnis. »Was wissen wir aus Paris?«

»Dort ist es ruhig«, antwortete Tauschke. »Vom DGSE haben wir jedenfalls nichts gehört?«

»Die tappen also genauso im dunkeln wie wir!« resümierte Rentschler.

»Scheint so.«

Im Vorzimmer klingelte das Telefon. Die zweiundvierzigjährige Frau Brohmeier nahm den Hörer ab. »Vorzimmer Tauschke – Brohmeier – guten Tag!«

»Der Schiffahrtsverkehr auf der Mosel wurde eingestellt – ich wiederhole: Der Schiffahrtsverkehr auf der Mosel wurde eingestellt.« Nach diesem einen Satz hängte der anonyme Gesprächsteilnehmer ein.

Die spätere Überprüfung der Telefonlisten des Bundeskanzleramtes durch den Verfassungsschutz würde ergeben, daß das Telefonat aus Westberlin gekommen war – eine simple Reihenschaltung des KGB. Die Brohmeier riß den Bogen Papier aus der Maschine. Sie war in Panik. Was sie eben gehört hatte, war der Alarm-Rückruf des MfS bei konkreter Gefahr. Die Frau hatte keine Zeit zu verlieren. Sie nahm ihre Geldbörse aus dem Schreibtisch, öffnete den Kleiderschrank, zog sich ihren Mantel über, packte ihre Handtasche und verließ hastig das Büro. Zwei Minuten später stoppte sie ein freies Taxi auf der Adenauerallee vor dem Bundeskanzleramt und ließ sich zum Flughafen Köln-Bonn fahren.

»In dieser Situation, so paradox sie mir erscheint«, sagte Rentschler, »sollten Sie dem Kanzler empfehlen, sich mit dem Elysée-Palast in Verbindung zu setzen. Wenn wir überhaupt noch etwas Licht in diese Affäre bringen können, schaffen wir das nur mit den Franzosen gemeinsam!«

»Sie glauben also auch, daß die Russen mit den Briten und Amerikanern gemeinsame Sache machen?« fragte Tauschke aufgebracht. Aber er wartete die Antwort des Abteilungsleiters nicht ab. »Da kann man doch wirklich die Krätze kriegen! Vierzig Jahre Bündnispolitik, und innerhalb von achtundvierzig Stunden ist alles Makulatur! Ich danke Ihnen, Dr. Rentschler.«

Tauschke begleitete seinen Besucher zur Tür. Das Vorzimmer war leer.

»Wo steckt denn die Brohmeier?« fragte der Kanzlerberater.

Rentschler klopfte ihm freundschaftlich auf die Schulter. »Jetzt kriegen Sie keine Panik, lieber Tauschke. Wahrscheinlich ist sie nur pinkeln gegangen!« Ahnungslos verließ Rentschler das Büro im Kanzleramt.

12. JANUAR, MOSKAU, 10.30 UHR:

Sonderstaatsanwalt Granow hatte sich in der gepanzerten Tschaika-Limousine gleich im Anschluß an die Krisenstabssitzung vom ZK-Gebäude zur Generalstaatsanwaltschaft fahren lassen. Als er seine Dienststelle betrat, erreichte ihn gerade noch der Anruf aus der Verwaltung Sonderermittlungen des KGB. Routinehalber teilte man ihm mit, daß die Schülerin Tatjana Aladko aus einem Leningrader Kinderheim entlaufen sei, in das sie die Verwaltung Sonderermittlungen aus Sicherheitsgründen eingewiesen habe. Tatjana Aladko sei bei der Miliz zur Fahndung ausgeschrieben. Bisher fehle jede Spur. Myschko ging aufs Ganze. Granow ließ den Assistenten aus der Nachtschicht rufen. Pjotr Seregin lag nach dem Schichtende zu Hause im Bett. Auf Anordnung des Sonderstaatsanwaltes mußte er auf dem kürzesten Wege in die Generalstaatsanwaltschaft kommen. Granow wollte von der Panne mit der Wolotkinowa aus Seregins eigenem Mund berichtet haben. Bevor er eintraf, ließ sich Granow die junge Jelena Korokowa kommen.

Er saß zusammengesunken in seinem Schreibtischsessel, als sie zur Tür hereinkam. Granow fehlte der Schlaf aus zweiundsiebzig Stunden. Selbst wenn er sich zwang, die Augen offenzuhalten, spürte er mittlerweile die ersten Sinnestäuschungen. Die Korokowa setzte sich nicht einmal. Nachdem sie die Bürotür geschlossen hatte, stellte sie sich vor seinen Schreibtisch und sagte: »Sie sind ein Scheißkerl, Alexander Maximowitsch!«

»Das bin ich nicht«, widersprach der Staatsanwalt resigniert. »Und ich danke Ihnen, daß Sie mir vorhin aus dieser mißlichen Lage geholfen haben.«

»Das tat ich nicht, damit Sie im nächsten Augenblick den Generalny verraten. Sie wissen ganz genau, daß es purer Mord ist, Michail Sergejewitsch auf die Reise gehen zu lassen!«

»Ich habe einen dienstlichen Auftrag für Sie, Jelena!« sagte er. »Sie fliegen heute abend nach Helsinki und treffen sich dort mit dem ermittelnden Staatsanwalt wegen der *Finnen-Affäre*. Am Samstag sind Sie wieder in Moskau.«

Bei der *Finnen-Affäre* handelte es sich um einen Fall gewerbsmäßigen Schmuggels zwischen sowjetischen Bürgern und finnischen Gastarbeitern. Zur Wahrung der finnisch-sowjetischen Beziehungen arbeiteten die Strafverfolgungsbehörden beider Staaten zusammen.

»Ich dachte, das sei Seregins Fall!« protestierte die Juristin aufgebracht.

»Sie werden fahren!« befahl Granow mit einer Stimme, die keinen Widerspruch duldete. Jelena Korokowa hatte ihren Vorgesetzten noch nie so erlebt. »In zwei Stunden können Sie sich Ihre erforderlichen Reisedokumente im Sekretariat abholen.«

»Ich werde nicht fahren, selbst wenn Sie mir ein Disziplinarverfahren anhängen! Ich lasse mich nicht zwingen!« Jelenas Gesicht zuckte vor Zorn. Granow sah die junge Frau mit dem hübschen Stubsnasengesicht traurig an.

»Sie und ich, wir haben mit den potentiellen Attentätern an einem Tisch gesessen!«

»Was sagen Sie da?« Sie konnte es kaum fassen. Jetzt setzte sie sich doch.

»Sie haben einigen der Genossen mit Ihrem Vortrag ziemlich auf die Zehen getreten. Es tut mir leid, daß ich Sie da mit hereingezogen habe. Ich gab Ihnen die Akten zu lesen, weil ich in Gegenwart des Krisenstabs einmal einen objektiven Bericht hören wollte. Das war dumm und unnötig. Sie sind jetzt selbst in die Schußlinie der *Organisazija* geraten.«

»Ich versteh' das alles nicht!« rief sie und sah Granow fassungslos und verunsichert an. Was sie in den letzten zwölf Stunden erlebt hatte, kam ihr vor wie ein böser Traum.

»Sie bleiben bis Samstag früh in Helsinki! Sollte es am Freitag tatsächlich zu einem Putsch in Moskau kommen, beantragen Sie politisches Asyl bei der britischen Botschaft. Man wird Ihnen dort unter Garantie weiterhelfen. Aber sollten der Generalny«, und halb scherzend flocht er ein, »und ich am Samstag noch am Leben sein, sehen Sie zu, daß Sie schnellstens wieder nach Hause kommen. Dann haben wir alle Hände voll zu tun.«

»Aber ...«

»Nichts aber«, erwiderte der Staatsanwalt und erhob sich mühsam von seinem Stuhl. Er kam um den Schreibtisch herum und zog Jelena sanft am Arm hoch. »Bitte gehen Sie jetzt, meine liebe Jelena. Ich bitte Sie!« Granow begleitete sie bis zur Tür. Die Assessorin suchte immer noch nach Worten. Zu schnell überschlugen sich die Ereignisse, als daß sie einen klaren Gedanken fassen konnte. Im Türrahmen fiel sie dem fünfundzwanzig Jahre älteren Granow um den Hals und drückte ihn an sich. »Ach, Alexander Maximowitsch, warum haben Sie nicht früher darüber gesprochen?« Und bei diesen Worten sah sie ihn eindringlich an.

»Weil Sie zu jung sind für diesen Krieg der alten Männer!« antwortete er melancholisch und trat einen Schritt zurück. Die körperliche Nähe zu der jungen Frau brachte ihn in Verlegenheit. Jelena hätte seine Tochter sein können. Aber ungestüm, wie sie war, küßte sie Granow für einen kurzen Moment auf die Lippen. »Ich segne Sie, Alexander Maximowitsch!« Und ebenso schnell drehte sie sich um und lief davon. Granow ging schweigend in sein Büro zurück, schloß die Tür und setzte sich hinter seinen Schreibtisch. Was sind das für bewegte Zeiten, fragte sich Granow, in denen ich von einer jungen Frau, die im Sinne des wissenschaftlichen Materialismus erzogen worden ist, zum Abschied gesegnet werde. Während dieser Gedanken spürte er nicht, wie sein Kopf zur Seite rutschte. Im nächsten Augenblick war er eingeschlafen.

12. JANUAR, WESTBERLIN, 11.55 UHR:

Stanley Baron, der Missionschef der CIA in Westberlin, und Mark Ferryman, der Chef des britischen *Secret Service* in der geteilten Stadt, hatten beide den gleichen mysteriösen Anruf erhalten. Der stellvertretende Konsul des sowjetischen Generalkonsulats, Wladimir Darenski, bat die beiden westlichen Geheimdienstbeamten, allein und unter höchster Diskretion um punkt elf Uhr fünfundvierzig in der zweiten Ebene des Parkhauses im Ku'damm-Karree zu erscheinen. Baron und Ferryman waren erstaunt, im Parkhaus aufeinanderzutreffen. Darenski ließ sich nicht blikken. Er war bereits zehn Minuten über die Zeit.

Darenski fluchte wie ein alter Droschkenkutscher. Er war über den Checkpoint Charly vom Ostsektor nach Westberlin gefahren. Auf dem Weg von Kreuzberg in die City blieb er wegen der vielen Baustellen im kollabierenden Verkehr stecken. Er kam direkt aus der KGB-Residentur in Karlshorst. Im Kofferraum seines Lada befanden sich in zwei Aktenkoffern die wohl brisantesten Geheimdokumente, die seit dem Ende des Zweiten Weltkriegs über Berlins Straßen rollten – die von Kunatschkin bereinigten Computerlisten mit den Personenstammdaten von 2674 Agenten der kommunistischen Nachrichtendienste, die im westlichen Sicherheitsapparat als Spione eingesetzt waren. Den Transport nach Berlin hatte Generaloberst Jelisejew organisiert. Die streng geheime Fracht war von Kalinin aus mit dem Wagen zum Luftwaffenstützpunkt nach Krasnogorsk gebracht und von dort aus mit einer MiG-29 in die DDR geflogen worden. Dort hatte sich Generalleutnant Jurij Ignatschenko, der KGB-Resident in Karlshorst, der sensiblen Fracht angenommen. Ignatschenko gehörte ebenso zur *Monopoly-Runde* wie Wladimir Darenski. Der stellvertretende Konsul holte die beiden Koffer nach Westberlin und veranlaßte das Treffen mit dem Briten und dem Amerikaner.

Sehr wohl fühlte sich der Russe nicht bei dem Gedanken, der Gegenseite fast ihr ganzes Agentennetz in der NATO und den westlichen Nachrichtendiensten zu offenbaren. Der anerzogene Haß auf den Klassenfeind verlor sich nicht ohne weiteres in den paar Jahren des politischen Tauwetters. Darenski stoppte mit quietschenden Reifen vor der Einfahrtsschranke des Parkhauses in der Uhlandstraße, zog das Parkticket aus dem Automaten und jagte mit dem Lada die Auffahrt hinauf. Er hoffte, daß Baron und Ferryman etwas Geduld hatten und noch auf ihn warteten. In der ersten Parkebene war Darenski etwas zu schnell. Er rammte die Betonmauer der Auffahrtrampe zur zweiten Ebene. Das hielt ihn nicht davon ab, weiterzufahren.

Baron und Ferryman standen in der Nähe der Fahrstuhltüren und unterhielten sich bei einer Zigarette über den plötzlichen Rückzug Hunderter von Ost-Agenten aus der CIA und dem *Secret Service*. Diese unerwartete Entwicklung hatte selbst vor den Berliner Missionen nicht haltgemacht. Das Scheppern des Autoblechs war das erste, was sie von dem Russen wahrnahmen. Dann sahen sie, wie ein Lada mit zerbeultem Kotflügel angefahren kam. Darenski hielt direkt vor ihnen und sprang aus dem Wagen.

»Na, Darenski«, scherzte der Amerikaner zur Begrüßung, »Sie haben Ihre Fahrprüfung wohl in der Taiga gemacht?«

Der Russe ließ sich nicht einmal Zeit für ein Händeschütteln. »Sparen Sie sich Ihre Witze, Baron!« sagte er und öffnete den Kofferraum. Im nächsten Augenblick stellte er den beiden Geheimdienstlern die zwei burgunderroten Aktenkoffer vor die Füße. »Für jeden von Ihnen ist einer dieser Koffer bestimmt. Haben Sie Autotelefon?«

»Selbstverständlich!« antworteten die beiden fast im Chor. Ferryman war der erste, der einen der Koffer öffnete.

»Sehen Sie sich das in Ihrem Büro an, nicht hier!« ermahnte ihn der Russe. »Sie, Ferryman, setzen sich bitte umgehend mit Oliver Kerby auf dem NATO-Stützpunkt in Bornholm in Verbindung. Sagen Sie ihm, die Expreß-Sendung sei bei Ihnen eingetroffen!« Und im nächsten Satz wandte er sich schon an den Amerikaner: »Sie, Baron, melden sich mit der gleichen Nachricht bei Oberst Ashton, einem DIA-Offizier. Er ist ebenfalls in Bornholm zu erreichen. Aber ich bitte euch, Leute, nur diese Nachricht. Für den Rest benutzt bitte eure *security lines* mit der höchsten Chiffrierklasse!«

»*Damned*, was soll denn dieses Affentheater, Darenski?« fragte der Brite ärgerlich. »Können wir das nicht in Ruhe an einem zivilisierten Ort bei einer Tasse Tee besprechen?«

Der Russe lachte auf. »Gentlemen, Sie haben da die Daten von mehr als zweieinhalbtausend Agenten der Warschauer-Pakt-Staaten vor Ihren Füßen stehen. Ich fürchte, Sie werden beide Ihren Job los, wenn Sie jetzt Tee trinken!« Mit diesen Worten sprang der sowjetische Diplomat wieder in seinen Wagen und fuhr davon.

Das Treffen hatte keine sechzig Sekunden gedauert. Zurück blieben zwei echauffierte Geheimdienstbeamte, die immer noch nicht begreifen konnten, was soeben geschehen war.

12. JANUAR, OSTBERLIN, 12.30 UHR:

Oberst Vitalij Rybalkin kam in einer Tschaika-Limousine in die Normannenstraße gefahren. Der Kommandeur der *Sektion Budjonny* wurde vom KGB-Residenten Ignatschenko, dem sowjetischen Botschafter in der DDR, Nikolai Abramow, und dem Kommandeur der Gruppe der Sowjetischen Streitkräfte in Deutschland, Armeegeneral Leonid Tschekalin, begleitet. Die Begrüßung im Ministerium für Staatssicherheit fiel, gelinde gesagt, frostig aus.

In früheren Zeiten wurden hochrangige Gäste aus der Sowjetunion vom Minister in dessen nobler Villa in der Parteiwohnsiedlung Wandlitz empfangen. Vor wenigen Jahren noch hatte sich der achtzigjährige Brigadegeneral Erich Mielke der brüderlichen Freundschaft zur Sowjetunion verpflichtet gefühlt. Und in den Zeiten vor Gorbatschow hatte man ihm in Moskau zahlreiche Auszeichnungen verliehen, den Orden des Roten Banners, den Orden des Vaterländischen Krieges erster Klasse und als Krönung zu seinem 70. Geburtstag die höchste Ehrung der UdSSR – den Lenin-Orden. In dieser Ära wurden sensible Gespräche zwischen den Geheimdienstkadern der beiden sozialistischen Staaten meistens bei einem guten Mittagessen geführt. Umfangreichere Vertragsverhandlungen wurden, wenn es die Saison zuließ, mit einer Rotwildjagd verknüpft.

Heute kam Mielke noch nicht einmal an den Haupteingang des Ministeriums. Er empfing die Delegation in seinem weitläufigen Dienstzimmer im Verwaltungstrakt des

»Büros der Leitung«. Neben dem Minister waren der für Sicherheitsfragen zuständige ZK-Sekretär Egon Krenz, der Leiter der Hauptverwaltung Aufklärung, Generalmajor Martin Rulff und der Oberkommandeur des Eliteregiments *Feliks Dzierzynski* anwesend.

Die sowjetischen und ostdeutschen Spitzenfunktionäre und Offiziere schüttelten sich steif die Hände. Danach nahmen sie an dem langen eichenen Konferenztisch Platz, die sowjetische Delegation auf der einen, die Ostdeutschen auf der anderen Seite. Eines der deutlichen Anzeichen für die Störung der Beziehungen zwischen DDR und Sowjetunion war die Anwesenheit eines Dolmetschers, obwohl Mielke, wie auch alle anderen Vertreter der DDR-Führung, fließend Russisch sprach. Heute führte der Brigadegeneral die Unterredung auf deutsch.

»Genossen«, begann der alte Stasi-Chef ungehalten, »im Auftrag der Regierung der DDR bitte ich zuerst um eine deutliche Aufklärung, warum und wie es zum Zusammenbruch unserer Kundschafter-Netze im kapitalistischen Ausland gekommen ist!«

Armeegeneral Tschekalin übersetzte Oberst Rybalkin die Worte des Stasi-Ministers, bevor Sowjetbotschafter Abramow antwortete. Um die gereizte Atmosphäre nicht weiter aufzuladen, sprach er ebenfalls Deutsch: »Mein lieber Genosse Mielke, darüber kann ich Ihnen im Moment auch nichts Genaues sagen.« Er verzichtete in dieser Situation auf das vertraute Du, das sie früher im kleinen Kreis benutzt hatten. »Aber soweit ich weiß, tagen in Moskau die Krisenstäbe der Ersten Hauptverwaltung. Ihr Verbindungsstab zum KGB wird von uns auf dem laufenden gehalten.« Der Botschafter machte eine kleine Pause, blickte kurz in die finsteren Mienen der deutschen Verhandlungspartner und fuhr fort: »Wir sind hier zusammengekommen, um über die Sicherheitsvorkehrungen für den Arbeitsbesuch des Genossen Michail Sergejewitsch zu beraten …«

»Das ist doch einfach ungeheuerlich!« brüllte Generalmajor Rulff auf russisch dazwischen, sein Gesicht färbte sich tiefrot. »Seid ihr euch eigentlich im klaren, was im kapitalistischen Ausland gerade vor sich geht? Das ist Verrat am Sozialismus!«

Ignatschenko und Rybalkin, sie gehörten beide zur *Monopoly-Runde*, waren von dem schauspielerischen Talent des Generalmajors beeindruckt. Rulff hatte sich die Rückrufaktion selbst ausgedacht und spielte jetzt hier den großen Zampano.

»Wir haben noch keinen genauen Überblick, Genossen«, antwortete Abramow gedämpft, »aber dafür sind wir auch nicht die geeigneten Gesprächspartner.«

»Der Generalsekretär der KPdSU, Michail Sergejewitsch Gorbatschow«, bemerkte Minister Mielke scharf, »sollte sich vielleicht erst einmal um Ordnung in seinem eigenen Land kümmern, bevor er die Hauptstadt der DDR besucht!«

Und dann schrie Rulff auf russisch weiter: »Ihr habt doch überhaupt noch nicht begriffen, was los ist! Die Hauptverwaltung Aufklärung hat heute vormittag einhunderteinundvierzig Kundschafter in der BRD und im NATO-Hauptquartier in Brüssel verloren. Jede Stunde kommen mehr hinzu. Die Tschechoslowaken nennen die Zahl einhundertachtundsiebzig, die Polen vierundachtzig, in Moskau sollen mehr als tausend Vaswedtschiki betroffen sein. Sie kommen aus Großbritannien, den Vereinigten Staaten, der BRD und aus Brüssel. Zum Teil sind unsere verdienten Kundschafter in Botschaften der sozialistischen Bruderstaaten geflohen. Unsere gesamten Informationsnetze innerhalb des imperialistischen Geheimdienst- und Militärapparats brechen zusammen! Und die Imperialisten sehen vergnügt dabei zu.« Rulff rang nach Luft, um seine nächste Wutkanonade loszuwerden. »Der Direktor der US-amerikanischen CIA, Peat Nuskiewicz, besaß doch tatsächlich die

Unverfrorenheit, mir ein Telegramm mit dem Text – Herzliches Beileid – zu schicken!«

Ignatschenko mußte sich zwingen, ein Grinsen zu unterdrücken. Solcherlei Provokationen waren typisch für dieses *chewing-gum* kauende Nilpferd polnischer Abstammung – wie der DCI in manchen Kreisen der kommunistischen Geheimdienste genannt wurde. Dennoch konnte der KGB-Resident in der DDR die Strategie Generalmajor Rulffs nicht durchschauen.

»Das KGB besitzt als einzige Sicherheitsbehörde der sozialistischen Bruderstaaten eine vollständige Datensammlung aller Kundschafter der befreundeten Dienste!« schimpfte Rulff weiter.

»Willst du das KGB pauschal für den Zusammenbruch der Vaswedtschiki-Netze verantwortlich machen, bevor überhaupt die Ursachen geklärt worden sind, Genosse Martin?« fragte Ignatschenko, und jetzt begann er doch, sich aufzuregen, obwohl er sich noch immer damit tröstete, daß der Leiter der Hauptverwaltung Aufklärung hier eine Inszenierung veranstaltete.

Die deutsch-sowjetische Verhandlungsdelegation verfolgte gespannt die Auseinandersetzung zwischen dem MfS-General und dem KGB-Residenten.

»Brauchst du Nachhilfe, Juri Petrowitsch?« ereiferte sich Rulff. »Seit dem Vertrag vom 20. September 1955 erhält das KGB wöchentlich Materialbegleitlisten über alle Erkenntnisse der Hauptverwaltung Aufklärung. Dazu gehören auch alle personenbezogenen Daten und Einsatzberichte und Kundschafter im kapitalistischen Ausland ...«

»Willst du mir hier einen Vortrag für Jungpioniere halten, Martin?« unterbrach ihn Ignatschenko. »Wir arbeiten schließlich seit zwölf Jahren zusammen.«

Rulff lachte verächtlich. »Durch diesen ungeheuerlichen Zwischenfall ist mein Lebenswerk und das von Dutzenden meiner Mitarbeiter vernichtet worden. Seit 1949 ist die Souveränität der Deutschen Demokratischen Republik nicht mehr so verletzt worden. Das wird Auswirkungen auf die Zukunft haben!«

»Wie darf ich das verstehen?« mischte sich Sowjetbotschafter Abramow ein. Bei solchen Tönen wurde er hellhörig.

»Das ist sehr einfach«, antwortete der alte Mielke. »Unter den jetzigen Umständen werden wir prüfen, inwieweit eine Informationsweitergabe der Hauptverwaltung Aufklärung an die Dienststellen des KGB mit den Sicherheitsinteressen der DDR zu vereinbaren ist ...«

Der KGB-Resident konnte kaum fassen, was der Minister für Staatssicherheit da zu sagen wagte. »Mensch, Erich, das meinst du doch wohl nicht im Ernst?« fragte er.

»Wir werden ein Papier erarbeiten, das dem Politbüro zur Entscheidung vorgelegt wird!« antwortete Mielke kaltschnäuzig.

»Bindende Verträge kann man nicht einfach zu Makulatur erklären!« rief Armeegeneral Tschekalin aufgebracht. »Da haben wir wohl ja auch noch ein Wörtchen mitzureden!«

»Nicht, wenn diesen Verträgen die Grundlagen entzogen wurden!« konterte der alte Stasi-General. Mittlerweile hatte die Stimmung in der Gesprächsrunde solch einen Tiefpunkt erreicht, daß man jederzeit mit einem Abbruch der Verhandlungen rechnen mußte.

Das ging dem ZK-Sekretär für Sicherheitsfragen und Politbüro-Mitglied Egon Krenz nun doch zu weit. »Genossen«, sagte er in einem beschwichtigenden Tonfall, »wir sollten das Kind nicht mit dem Bade ausschütten! Natürlich sind die Emotionen im Moment auf beiden Seiten sehr aufgewühlt. Aber ich bin mir sicher, die Genossen in Moskau sind über diesen unersetzlichen Verlust der Kundschafter-Netze im kapitalistischen Ausland genauso bestürzt und betroffen wie wir selbst.« Krenz sah sich in der

Runde um und erntete das zustimmende Nicken der sowjetischen Delegation. »Ich halte es allerdings auch für erforderlich«, fuhr er fort und holte kurzatmig Luft, »daß diese Vorgänge in Moskau lückenlos aufgeklärt werden und wir darüber einen umfassenden Bericht erhalten.« Wieder holte er Luft. »Auch in diesem Zusammenhang«, und für einen kurzen Augenblick wandte er sich jetzt direkt an den deutschen Stasi-Minister, »und da muß ich dir widersprechen, Genosse Erich, erscheint mir ein Arbeitsbesuch des Genossen Michail Sergejewitsch von Vorteil, um die Mißverständnisse und Meinungsverschiedenheiten zwischen der Regierung der Sowjetunion und der Regierung der DDR auszuräumen.« Er bemühte sich zu scherzen: »Das ist wie in einer langjährigen Ehe – da gibt es halt mal ein reinigendes Gewitter, damit man danach wieder Schulter an Schulter zuversichtlich in die Zukunft schreiten kann.«

Botschafter Abramow klopfte mit den Fingerknöcheln auf die Tischplatte, und nacheinander stimmten die übrigen Konferenzteilnehmer mit ein.

Krenz hatte eine Rede gehalten, die in ihrer Förmlichkeit eher auf eine Kreisdelegierten-Konferenz paßte. Aber der Sowjetbotschafter war erleichtert, daß der ZK-Sekretär eingegriffen hatte. Abramow hatte im Auftrag des Kreml schon zahlreiche Dossiers über den SED-Nachwuchspolitiker zusammengestellt. Der fünfzigjährige Krenz mit dem Hamstergesicht und den dunklen Tränensäcken eines Leberkranken war der jüngste der Altherrenriege der SED-Führung und galt als der inoffizielle Kronprinz Erich Honeckers, der später, nach Ansicht des SED-Generalsekretärs sehr viel später, seine Nachfolge antreten sollte. Und bis dahin geriet Krenz in ein Dilemma, das er in Vier-Augen-Gesprächen mit Abramow und Valentin Falin selbst zugegeben hatte: Ihm war die Vergreisung der SED-Spitze und ihre Unfähigkeit, mit der Reformbewegung in anderen sozialistischen Staaten schrittzuhalten, voll bewußt. Er wußte auch von der unerträglichen Korruption und der Vetternwirtschaft, die sich in den Spitzenkadern von Partei und Staat breitgemacht hatte. Aber als ZK-Sekretär für Sicherheitsfragen war er sich darüber im klaren, was es bedeuten würde, den greisen und kranken Generalsekretär Erich Honecker und mit ihm das ganze Politbüro zu kritisieren und als Kronzeuge einer verfehlten stalinistischen Politik anzuklagen: Er würde seine politischen Ämter verlieren und müßte, wenn er das Siegel der Verschwiegenheit über die Zustände in Wandlitz bräche, um sein Leben fürchten. Die alte Riege saß noch fest im Sattel. Und auch die sowjetische Regierung hatte noch keine klare Linie gefunden, wie man der SED-Führung begegnen sollte. Krenz wäre in solch einer Situation nur das Exil in der UdSSR geblieben, wie jedem anderen Spitzenfunktionär, der gegen die eigene Partei aufbegehrt hatte. Dadurch wäre der Bruch zwischen Moskau und Ostberlin nur noch größer geworden, und nichts fürchtete Krenz in diesen Jahren mehr, als eine zunehmende Rumänisierung der DDR. Also blieb er, schwieg und verrichtete ordnungsgemäß seine Aufgaben. Krenz war zu weitsichtig, um nicht zu wissen, daß diese Regierung am Tag X vom eigenen Volk aus den Ämtern gejagt werden würde. Er wußte nur nicht, wann und wie das geschehen – und ob er das selbst politisch überleben würde. Krenz war eben kein Held, wie Millionen anderer Parteifunktionäre und Politiker auch.

»Ich danke dir für deine offenen Worte, Genosse Egon!« sagte Abramow mit seinem russischen Akzent. »Wir werden sicherlich noch ausreichend Gelegenheit haben, über diesen unerklärlichen Zwischenfall zu sprechen. Aber aufgrund unserer sehr beschränkten Zeit wäre ich euch dankbar, wenn wir jetzt über die Sicherheitsmaßnahmen für den morgigen Tag sprechen könnten. Aus Moskau ist extra der Genosse Oberst Rybalkin herübergekommen – der Kommandeur der *Sektion Budjonny.*«

Das Telefon klingelte. Der alte Mielke ließ sich von Krenz den Apparat auf seinem Schreibtisch herüberreichen. Das Gespräch war für den Genossen Rulff bestimmt. Der Leiter der Hauptverwaltung Aufklärung wurde in sein Büro gerufen.

»Was ist denn los?« wollte Mielke wissen, nachdem Rulff aufgelegt hatte.

»Die Brohmeier ist eben aus Westberlin rübergekommen!« stellte Rulff mit einem beißenden Unterton fest.

»Scheiße!« fluchte der achtzigjährige Minister für Staatssicherheit. Die Brohmeier besaß zwar nicht die Qualitäten eines Günter Guillaume, aber sie war immerhin die bestplazierte Spionin im Bundeskanzleramt.

Der Generalmajor entschuldigte sich und verließ Mielkes Büro. Abramow war die Entwicklung in den kapitalistischen Ländern ebenso schleierhaft, und sie hatten bei den Ostdeutschen einen verdammt schlechten Stand, wenn denen gerade aus sowjetischem Verschulden einer ihrer Top-Spione über die Klinge gesprungen war. Und genau danach sah es aus.

»Genossen, laßt uns fortfahren!« ermahnte Krenz die Runde. »Warum wird eigentlich soviel Aufhebens um den Arbeitsbesuch getrieben?« fragte Generalleutnant Raschke. Er war der Oberkommandeur des 5000 Mann starken Eliteregiments *Feliks Dzierzynski*, einer aus vier Einsatzbataillonen, einem schweren Bataillon und verschiedenen Spezialeinheiten bestehenden Armee des Ministeriums für Staatssicherheit, einer der verläßlichen langen Arme der SED-Führung. Das Eliteregiment war insbesondere für den Personen- und Objektschutz der Parteiprominenz zuständig. »Bisher haben wir uns bei Besuchen des Generalsekretärs der KPdSU immer mit der Führung der 9. KGB-Verwaltung abgesprochen«, fuhr Raschke fort. »Ich habe Ihre Vorschläge zu den gewünschten Sicherheitsmaßnahmen ausführlich studiert, Genossen. Halten Sie meine Männer für unfähig, den Genossen Michail Sergejewitsch zu schützen, traut man uns in Moskau nicht mehr?«

Oberst Rybalkin mußte sich Raschkes Worte weiterhin von Armeegeneral Tschekalin übersetzen lassen. Insgeheim ärgerte er sich über diese überflüssigen Sperenzchen der Ostdeutschen, die ausnahmslos die russische Sprache beherrschten. »Ihre Frage wundert mich, Genosse Raschke!« stellte Rybalkin fest und wartete nicht ab, bis der Dolmetscher ordnungsgemäß übersetzt hatte. »Sie wissen doch ganz genau, was in den letzten Tagen los war. Brigadegeneral Feliks Scherstnew, der Leiter der Verwaltung Personenschutz, ist am Montag in Berlin-West erschossen worden!« Rybalkin verkniff sich eine Bemerkung über den ehemaligen Stasi-Informanten Rainer Lohmann, der an der Tat beteiligt gewesen war. »Und in der Nacht darauf wurde der Genosse Chmys vergiftet. Sehen Sie darin keinen Grund, verschärfte Sicherheitsmaßnahmen zu beschließen?«

»Befürchten Sie einen Anschlag auf den Genossen Michail Sergejewitsch?« fragte Mielke ohne ein Anzeichen emotionaler Beteiligung.

»Nein!« antwortete der KGB-Resident Jurij Ignatschenko und mischte sich damit in das Gespräch. Er hatte die Falle des alten Mielke erkannt. Würden jetzt offiziell Attentatsgerüchte bekannt, stärkte das die orthodoxen Flügel in allen Regierungen der sozialistischen Staaten, einschließlich der DDR, die der Reformpolitik Gorbatschows sowieso keine Chance einräumten.

»Zumindest nicht direkt«, schwächte Oberst Rybalkin die entschiedene Haltung von Ignatschenko ab.

Generalleutnant Raschke klappte den roten Aktendekkel mit dem Aufdruck »Streng geheime Verschlußsache« auf und überflog nochmals die auf kyrillisch geschriebenen Forderungen der sowjetischen Seite für den Staatsbesuch. »Der Aufwand, den Sie da von uns verlangen, ist einzigartig in der Geschichte der DDR. Unser Staat galt immer als Garant der Sicherheit. Aber solche Maßnahmen sind selbst bei Gipfeltreffen der sozialistischen Bruderländer nicht ergriffen worden.«

»Wir haben nie verlangt, daß ihr die Belastung allein tragen sollt«, bemerkte Ignatschenko. »Im Laufe des Nachmittags werden auf den sowjetischen Luftwaffenstützpunkt in Wünsdorf sechshundert Elitesoldaten der *Sektion Budjonny* eingeflogen.«

»Sie schreiben hier«, Raschke tippte mit dem Zeigefinger auf den Aktendeckel, »der internationale Flughafen in Berlin-Schönefeld soll zwei Stunden vor Ankunft der Regierungsmaschine für den normalen Publikumsverkehr geschlossen und das Gelände im Umkreis von vier Kilometern zum Sperrgebiet erklärt werden.« Der Generalleutnant schüttelte den Kopf. »Wie stellen Sie sich das eigentlich vor? Mal abgesehen davon, daß wir für Ihre Wünsche rund vier Divisionen aus dem *Dzierzynski*-Regiment, der NVA und der kasernierten Volkspolizei zusammenziehen müßten, ist Ihnen wohl nicht klar, was das für den Internationalen Luftverkehr bedeutet? Um die Mittagszeit starten und landen die Maschinen im Fünf-Minuten-Abstand. Die Flugpläne im gesamten osteuropäischen Luftraum würden durcheinandergeraten. Durch das Sperrgebiet führen ein Autobahnabschnitt, eine S-Bahn und eine Fernbahnverbindung. Sollen wir das vielleicht auch alles dichtmachen?«

»Seit wann zierst du dich, einen Autobahnabschnitt zu sperren, Bernhard?« entgegnete Ignatschenko. »Außerdem kann man gerade an dieser Stelle den Verkehr problemlos über den Berliner Ring umleiten!« Der KGB-Resident nahm dem ostdeutschen Generalleutnant den Aktendeckel aus der Hand, suchte die Beikarte heraus und fuhr mit dem Finger den markierten Abschnitt entlang. »Was die Zugverbindungen angeht, so würde es genügen, den Bahnhof Schönefeld zu schließen und die Züge dort durchfahren zu lassen. Es muß aber gewährleistet sein, daß es im Sperrgebiet auch zu keinem signalbedingten Halt kommt. Und die Flugpläne werden ohnehin über den Haufen geworfen, wenn beim Anflug der Regierungsmaschine der Luftraum geschlossen wird.«

»Warum konzentriert ihr euch so auf den Flughafen?« brummte Mielke und angelte mit der Hand nach der silbernen Zigarrenkiste auf dem Konferenztisch.

»Weil das Risiko hier am größten ist!« antwortete Rybalkin wie aus der Pistole geschossen. »Danach haben wir nur die Fahrtstrecke zum ZK-Gebäude in die Innenstadt und später zum Gästehaus nach Karlshorst. Um die Sicherung in der sowjetischen Siedlung kümmern wir uns selbst, und auf den Fahrtrouten verlassen wir uns auf die altgewohnte Zusammenarbeit zwischen Ihnen und unserem Kommandostab.«

Generalleutnant Raschke schenkte sich ein halbes Glas Wasser ein. Nach dem ersten Schluck bemerkte er: »In punkto gemeinsamer Kommandostab blieb für morgen in eurem Papier eine wichtige Frage offen.« Raschke nahm einen zweiten Schluck. Das gnadenlos überheizte Büro des alten und immer frierenden Mielke trocknete ihm die Kehle aus. »Was da oben in der Luft passiert, ist mir egal. Das haben Sie ja bereits mit den Flugsicherungs-Behörden der DDR und den Luftstreitkräften der NVA abgesprochen. Aber ich gehe selbstverständlich davon aus, daß das Oberkommando über die Sicherheitskräfte sowie die Richtlinienkompetenz für den Einsatz dem Ministerium für Staatssicherheit, beziehungsweise der NVA überlassen bleibt.«

»Das regelt sich ja wohl eindeutig aus der staatlichen Souveränität der DDR!« ergänzte der Minister für Staatssicherheit.

Rybalkin seufzte still in sich hinein. Jetzt waren sie an den Knackpunkt gekommen. Aus der Planung des Attentats, deren Details Sergej Aladko beschafft hatte, ergab sich als logische Konsequenz, daß die *Organisazija* über eine direkte Verbindung zum Sicherheitsapparat der DDR verfügte. Natürlich wollte Rybalkin mit der *Sektion Budjonny* eigenständig operieren, sobald Kotsch und seine Leute die Stinger abgefeuert hatten – wenn es dazu kommen sollte. Die Deutschen warteten auf eine Antwort. »Selbstverständlich«, antwortete Rybalkin, »das wurde von uns auch nie in Frage gestellt.«

Ignatschenko nickte dem KGB-Oberst zu. Die beiden hatten sich schon zuvor mit Armeegeneral Tschekalin abgesprochen. Rybalkin hatte nur die halbe Wahrheit gesagt: nach einem Anschlag auf die Regierungsmaschine würden die Fahndungsmaßnahmen auf sowjetischer Seite sofort vom Oberkommando der GSSD, der Gruppe der sowjetischen Streitkräfte in Deutschland in Wünsdorf, übernommen werden. Diese Maßnahme wäre nach einem Terroranschlag auf den sowjetischen Generalsekretär recht und billig. Der Truppenstationierungsvertrag aus dem Jahre 1957 regelte eindeutig, daß im Krisenfall das Oberkommando der GSSD selbständig und ohne Mitspracherecht der DDR-Regierung alle Maßnahmen administrativer und militärischer Art ergreifen konnte. Gemäß dieser Generalklausel war die eigenstaatliche Souveränität, auf die man sich in Ostberlin immer geradezu zwanghaft berief, in Krisenzeiten nicht das Papier wert, auf dem sie geschrieben stand. Armeegeneral Tschekalin hatte die auf den 13. Januar datierte Ernennung von Oberst Rybalkin zum Kommandeur der sowjetischen Sicherheitskräfte im Sperrgebiet des Schönefelder Flughafens bereits pro forma unterschrieben. Rein völkerrechtlich war an diesem juristischen Winkelzug nicht zu rütteln.

Aber die Deutschen waren erst mal zufrieden. »Gut!« stellte Krenz fest, »dann können wir jetzt die Tagesplanung durchgehen?« Er hielt kurz inne. Als er das Nicken von

Abraschkin und vom alten Mielke abgewartet hatte, klappte er seinen Ordner auf und begann in sachlichem Berichtston vorzulesen: »Ankunft der Regierungsmaschine zwischen elf Uhr fünfundfünfzig und zwölf Uhr fünf. Die Begrüßung des Genossen Michail Sergejewitsch und seiner Regierungsdelegation erfolgt am Flugzeug durch Außenminister Fischer, die ZK-Sekretäre Müller, Krahnagel, Weichsner und mich. Abgehen einer kleinen Ehrenformation des Eliteregiments *Feliks Dzierzynski* auf dem Flugfeld. Anschließend erfolgt das Einsteigen in den Fahrzeugkonvoi. Die Route vom Flugfeld ...«

Generalmajor Rulff eilte durch die langen Flure des Hauptgebäudes des Ministeriums für Staatssicherheit. Die Hauptverwaltung Aufklärung lag in einem anderen Trakt als die Führungsetage des Ministeriums. Rulff konnte mit dem Verlauf des Gesprächs zufrieden sein. Durch seinen wirkungsvoll inszenierten Wutausbruch hatte er dem galligen Mielke und Generalmajor Raschke die Luft aus den Segeln genommen, ja sogar dafür gesorgt, daß der Genosse Krenz als Vermittler aufgetreten war. In der Chefetage des Ministeriums für Staatssicherheit war die Lage jetzt unter Kontrolle. Aber die Panne mit der Kanzleramtsspionin Katja Brohmeier traf ihn wie ein Schlag. Er hatte schon vor sechs Monaten, als sich die Probleme mit der *Organisazija* abzuzeichnen begannen, mit Generalmajor Chmys vereinbart, daß die Personen-Stammdaten seiner besten Kundschafter aus den Datenbanken der Ersten Hauptverwaltung des KGB gelöscht werden sollten. Damit wollte Rulff verhindern, daß seine »Perlen«, was auch immer in Moskau passieren sollte, in die falschen Hände gerieten. Eine Gefahr für die *Monopoly-Runde* wäre dadurch nicht entstanden. Alle als hochrangig qualifizierten Nachrichten landeten sowieso zuerst auf seinem Schreibtisch, bevor sie an die entsprechenden Dienststellen und die Sowjets weitergeleitet wurden. Aber Chmys hatte nicht Wort gehalten – aus welchem Grund auch immer. Und der nichtsahnende Kunatschkin war überhaupt nicht auf die Idee gekommen, die Creme des Rulffschen Stalls aus den Listen herauszufiltern. Diese Spione wären für die sozialistischen Bruderstaaten ein guter Grundstock beim erneuten Aufbau eines Kundschafter-Netzes im kapitalistischen Ausland gewesen. Auch in der Übergangsphase hätten sie wenigstens über ein Minimum an Auslandsaufklärung verfügt. Rulff konnte es kaum glauben. Jetzt war die Arbeit der letzten zehn Jahre tatsächlich futsch.

Der Generalmajor wurde in seinem Büro von Katja Brohmeier und Major Heinz Jahnke, ihrem Führungsoffizier, erwartet. Die zweiundvierzigjährige Sekretärin saß tränenüberströmt in einem der Besuchersessel. Als sie Rulff hereinkommen sah, wurde sie von einem Weinkrampf geschüttelt.

Rulff kam auf sie zu, ging vor ihr in die Knie und nahm die verzweifelte Frau in die Arme. »Ach, Katja, jetzt nimm's doch nicht so schwer! Hauptsache, du bist heil rübergekommen!«

Wieder flennte sie los. Rulff strich ihr über den Kopf. Er hörte, wie ihre Tränen dumpf auf den Tweedstoff seines Jacketts tropften. Rulff erhob sich wieder, ging an seinen Aktenschrank und kehrte mit einer Flasche Remy Martin und drei Cognac-Schwenkern zurück. »Wie ist es passiert?« fragte er, während er einschenkte.

»Der Anruf kam etwa um Viertel nach zehn«, erzählte sie, noch immer im Schock darüber, einem Irrtum zum Opfer gefallen zu sein. »Es war der Schlüsselsatz, das schwöre ich dir, Martin! Der Anrufer sagte: ›Der Schifffahrtsverkehr auf der Mosel wird eingestellt.‹ Er sagte es zweimal!« Die Stimme der Kanzleramtsspionin überschlug sich. »Verdammt noch mal, das ist doch mein Schlüsselsatz für den sofortigen Rückruf!«

Rulff hielt ihr eines der Cognacgläser hin. »Ja, beruhige dich, du hast dir nichts vorzuwerfen.« Er ließ den französischen Cognac über seine Zunge laufen. »Das war eine Panne des KGB. Hunderte von Kundschaftern sind versehentlich zurückgerufen worden.«

»Das kann doch nicht sein!« stotterte sie. »Die ganzen Jahre – alles umsonst.«

»Na ja. So kannst du das auch nicht sagen«, bemerkte Major Jahnke.

»Und gerade in dem Moment, als der Rückruf kam«, stammelte sie, »hörte ich ein hochinteressantes Gespräch ab.« Sie schneuzte sich.

»Was denn?« fragte Rulff und setzte sich neben die Spionin.

»In Bonn ist der Teufel los. Um zehn Uhr kam Dr. Rentschler, das ist der Leiter des Kri ...«

»Ich weiß!« unterbrach sie der HVA-Chef.

»Also Rentschler hatte einen Termin bei Tauschke, um ihn für den Kanzlertermin mit Informationen zu versorgen. Die Ermittlungsbehörden in der BRD tappen im Fall Uljanow noch völlig im dunkeln. Die Beziehungen zwischen Washington und Bonn scheinen angespannt zu sein. Die Amerikaner rücken an die Bundesrepublik nicht die kleinste Information über Uljanow heraus. Aber Tauschke erzählte in dem Gespräch, daß der Bundesnachrichtendienst in der vergangenen Nacht Hinweise auf eine«, sie zögerte und versuchte, sich genau an den Inhalt von Tauschkes Worten zu erinnern, »Richtfunk-Satellitenverbindung zwischen der UdSSR, London, Washington, Bornholm« – Katja strengte ihr Gedächtnis an – »und Israel gefunden hätte. Den Verschlüsselungscode haben sie bisher nicht knacken können.« Sie seufzte. »Ich hörte auch davon, daß Wörner mit Tauschke aus Brüssel telefonierte. Dort sollen sich hundertzwanzig unserer Agenten abgesetzt haben!«

Rulff nickte seufzend. »Wer weiß von deinen Erkenntnissen?«

»Na, der Heinz – und jetzt du«, antwortete die Brohmeier verblüfft.

»Gut«, stellte der Generalmajor zufrieden fest, »kein Wort an jemand anderen!« Er sah Major Jahnke und die verheulte Frau abwechselnd an. »Habt ihr mich verstanden? Heinz? Katja?«

»Natürlich!« Der Führungsoffizier nickte dem Chef der HVA zu. Manchmal war es besser, keine Fragen zu stellen.

»Heinz, du kümmerst dich um Katja! Am besten, du bringst sie in eines unserer Gästehäuser. Mich entschuldigt ihr jetzt bitte, wir sehen uns später.«

Major Jahnke führte die Frau am Arm aus dem Büro. Als Rulff alleine war, setzte er sich hinter seinen Schreibtisch. Er sah auf die Uhr. Zwölf Uhr dreißig. Die Brohmeier war vor mehr als zwei Stunden in Bonn getürmt. Vermutlich beschäftigten sich mittlerweile schon das Geheimschutzreferat des Kanzleramts und der Verfassungsschutz mit dem Verschwinden von Tauschkes Vorzimmerdame. Eine spektakuläre Spionage-Affäre in Bonn konnte ihnen jetzt soviel Sand ins Getriebe streuen, daß die ganze Operation der *Monopoly-Runde* zum Stillstand kam. Aber nicht weniger Sorge machte ihm, daß der BND Lunte gerochen hatte. Gewöhnlich sprach Rulff vom BND nur als von »Gehlens Rentnerband«. Die westdeutsche Konkurrenz bereitete ihm selten Probleme. Aber ausgerechnet in der letzten Nacht waren die in Pullach auf Zack gewesen.

Rulff spielte mit den Fingern nervös an seiner Unterlippe. Jetzt mußte er sich schnell einen Kunstgriff ausdenken, um ein Fiasko zu vermeiden. Von hier aus konnte er weder den Luftwaffenstützpunkt in Bornholm noch das Lagezentrum der *Monopoly-Runde* in Kalinin erreichen. Wieder ärgerte er sich, daß er seinen Vorschlag, die BRD-Regierung von Anfang an in die Operation miteinzubeziehen, in der Führung der *Monopoly-Runde* nicht hatte durchsetzen können. Die Bedenken in Moskau basierten weniger auf Ressentiments gegen die BRD, als auf der Tatsache, daß der westdeutsche Regierungsapparat in hohem Maß von offiziellen Vaswedtschiki durchsetzt war. Jetzt war er sauber. Sie hatten selbst dafür gesorgt. Und im nächsten Moment war sich Generalmajor Rulff darüber im klaren, wie er verhindern konnte, daß Bonn aus der Reihe tanzte: Valentin Falin, der ehemalige Sowjetbotschafter in Bonn, Medienstar der *Perestroika*, Mitglied in der *Monopoly-Runde* und einer der vertrautesten Berater Michail Sergejewitschs, hielt sich bereits in Berlin auf. Falin konnte ungestört zwischen dem West- und Ostteil der Stadt hin und her reisen. Rulff glaubte sich auch zu erinnern, daß der Generalny-Berater am Abend zu einer Live-Diskussion in die Studios des Senders Freies Berlin eingeladen war. Falin war sein Mann. Er besaß erstklassige Beziehungen zum Auswärtigen Amt. Der Weg durch die politischen Instanzen in Bonn war klar vorgezeichnet: Falin mußte zuerst mit Außenminister Genscher sprechen, um dann, mit ihm gemeinsam, den Bundeskanzler auf die Linie der Briten und Amerikaner einzuschwören.

Rulff nahm den Telefonhörer zur Hand. Er hoffte flehentlich, daß er den Russen irgendwo in der Hauptstadt der DDR auftreiben konnte.

12. JANUAR, AL LASAF (IRAKISCHE WÜSTE), 14.00 UHR:

Der *Schuster* und der *Kaufmann* hatten sich in etwa tausend Metern Entfernung von dem IPLF-Lager auf einer kleinen Anhöhe in den steinigen Wüstenboden eingegraben. Der Observierung zehrte selbst an den Kräften der gutkonditionierten Mossad-Agenten. Nachts plagten sie Temperaturen um den Gefrierpunkt. Auf jegliches Licht oder gar ein offenes Feuer, um ihre durchgefrorenen Glieder zu wärmen, mußten sie verzichten. Tagsüber brannte ihnen die Sonne auf den Schädel. Die Israelis konnten sich nur damit trösten, daß sie den Einsatz nicht im Hochsommer durchführen mußten, wenn die Quecksilbersäule in diesem Landstrich häufiger über fünfzig Grad stieg. Lange hatte sich in dem Terroristen-Camp nichts gerührt. Der *Schuster* meldete sich stündlich über die Satelliten-Richtfunkverbindung in der Basis im israelischen Har Gerafon. In der südlichen Hemisphäre wurde der Funkverkehr, im Gegensatz zu Bornholm und Kalinin, ständig aufrechterhalten. Kurz vor zwei kam Leben in das Lager. Zwei Palästinenser und die Jungs des Neonazi-Führers Paul Kotsch schleppten Koffer und Reisetaschen zu einem betagten VW-Bus und verstauten das Gepäck hinter der Heckklappe. Die Israelis verfolgten das Geschehen mit ihren lichtstarken Ferngläsern.

»Sieh diese Grünschnäbel an«, murmelte der *Kaufmann*, als er das Glas vor den Augen hatte, »die sind doch gerade mal aus der Schule raus.«

Der *Schuster* schnaufte voller Verachtung. »Richtig nette und ordentliche Jungs, die das Herz jeder Oma erweichen – und eh du dich versiehst, jagen sie dir 'ne Kugel in den Bauch.«

Für die israelischen Mossad-Agenten kam es psychischer Folter gleich: Keine tausend Meter vor ihnen verabschiedeten sich die Erzfeinde eines jeden aufrechten Juden mit Bruderküssen voneinander, deutsche Nazis und palästinensische Terroristen, und sie mußten tatenlos zusehen, anstatt das Lager mit einem halben Dutzend Raketen in die Luft zu jagen. Die Jungs und Kotsch stiegen mit zwei IPLF-Terroristen in den VW-Bus. Die Israelis hörten das Knattern des Auspuffs bis zu ihrem Unterschlupf. Langsam setzte sich der Kleinbus aus dem Lager zur Schotterpiste nach Najaf in Bewegung.

Der *Schuster* griff nach dem Funksprechgerät. *»Gamma fünf für Gamma eins – kommen!«*

Sie mußten nur wenige Sekunden auf die Reaktion warten: *»Gamma eins für Gamma fünf – was gibt's Jungs?«* Es war die Stimme Chaim Koszaks, der die *Operation Treibsand* aus Har Gerafon koordinierte.

»Die braunen Gäste verlassen das Hotel«, antwortete der *Schuster* und blickte gleichzeitig auf seine Armbanduhr. »Sie benutzen den weißen VW-Bus. Ankunft bei Gamma sechs in cirka hundertzwanzig Minuten.«

»Verstanden, Gamma fünf«, antwortete Koszak, *»Bleibt in Position, Jungs! Ende und aus.«*

Das Mossad-Team hörte noch Koszaks Funkspruch an die Kameraden am hundertzwanzig Kilometer entfernten Stadtrand von Nasaf mit: *»Gamma eins für Gamma sechs, habt ihr mitgehört, Jungs?«*

»Gamma sechs für Gamma eins: Wir haben unseren Standort erreicht und erwarten die Gäste.«

Der *Schuster* schaltete das Funksprechgerät auf *stand by*. Sie mußten Batterien sparen – und warten.

Die »Soldaten der Vereinigten Front«, wie sie sich selbst bezeichneten, waren ziemlich still auf der Fahrt nach Bagdad. Mit den beiden Palästinensern, die sowieso nur wenige englische Vokabeln beherrschten, war ein vernünftiges Gespräch unmöglich. Außerdem war es nicht die Zeit für unnötiges Geschwätz. Die Jungs, aber auch Paul Kotsch, waren einerseits froh, endlich dieser gottverlassenen Wüste entrinnen zu können, andererseits stieg ihre Anspannung mit jedem Kilometer, den sie ihrem Ziel näher kamen. In zweiundzwanzig Stunden würde sich entscheiden, ob sie den größten Triumph ihres Lebens feiern könnten oder den »nationalsozialistischen Heldentod« starben.

Ihre Reisepapiere hatten sie von Abdul Nimet persönlich erhalten. Müller, Wagner und Franke reisten ab Bagdad mit österreichischen Pässen. Sie sollten getrennt von Kotsch vom Saddam Airport nach Frankfurt fliegen, sich am Rhein-Main-Flughafen Hotelzimmer nehmen und am nächsten Morgen mit der Sechs-Uhr-Maschine nach Berlin-Tegel weiterreisen. Um punkt acht Uhr wurden sie im Vorbaugebiet der Berliner Mauer am Lenné-Dreieck erwartet. Im Rahmen des Gebietsaustausches zwischen dem Berliner Senat und der DDR-Regierung war das Gebiet kurzerhand von der linken Autonomen-Szene besetzt worden, die sich dort seitdem erbitterte Schlachten mit der Westberliner Polizei lieferte. Für den Schleuser der DDR-Grenztruppen war das der ideale Hintergrund, die drei Jugendlichen ohne viel Aufhebens über die Mauer zu holen. Kotsch würde allein reisen, zuerst nach Prag und von dort weiter nach Schönefeld. Er benutzte einen kubanischen Paß auf den Namen Julio Fernandez-Vila. Seiner Legende nach war er ein kubanischer Seemann, der auf dem Weg zu seiner nächsten Heuer auf der *Sol Rocho*, die im Container-Hafen von Gdansk lag, einen eintägigen Besuch in Ostberlin einlegte.

12. JANUAR, AUF DEM WEG ZWISCHEN BONN UND PARIS, 15.15 UHR:

Der zweistrahlige Dornier-Jet der Bundesluftwaffe hatte etwa die Hälfte der Strecke zwischen der westdeutschen und der französischen Hauptstadt zurückgelegt, als der Chefpilot ein dringendes Funkgespräch in die Kabine durchstellte. Detlef Kranach, Staatssekretär im Auswärtigen Amt, wollte auf der Stelle mit seinem Chef, Hans-Dietrich Genscher, verbunden werden.

»Ja?« meldete sich der Außenminister, ohne von den Unterlagen auf seinem Schoß aufzublicken. Als einem der reisefreudigsten Minister in der Geschichte der Bundesrepublik war ihm das Flugzeug zu seinem zweiten Arbeitszimmer geworden.

»Hier ist Detlef!« meldete sich der Staatssekretär. Die beiden kannten sich schon seit zehn Jahren und waren längst per du. »Ich hab' 'ne absolute Sensation für dich.«

»Ja, was denn nun?« fragte Genscher in seinem sächsischen Akzent, blickte für einen Moment von seinen Akten auf und musterte die außergewöhnlich schönen Beine einer jungen Assistentin aus der Frankreich-Abteilung des Auswärtigen Amtes.

»Valentin Falin ist in Westberlin!« erzählte Kranach aufgeregt. »Na und? Das wissen wir doch! Du hast doch den BND-Bericht gelesen, demzufolge Gorbatschow morgen inoffiziell nach Ostberlin kommen will. Sag mal, siehst du nicht mehr deine Post durch?«

»Falin rief über eine sichere Leitung aus dem Berliner Amt für Verfassungsschutz an. Er will dich dringend sprechen und ist in einer PanAm-Maschine auf dem Weg nach Bonn.«

Genscher fiel fast der Hörer aus der Hand. Nicht daß er es so ungewöhnlich fand, daß ihn der Gorbatschow-Berater dringend sprechen wollte. Die Lage war danach, und seit Falins Bonner Diplomatenzeit verband die beiden ein ausgesprochen gutes Verhältnis, was maßgeblich zur Verbesserung der deutsch-sowjetischen Beziehungen beigetragen hatte. Es war die absolut ungewöhnliche, ja dramatische Art, in der der Russe um das Gespräch nachgesucht hatte. »Hast du ihm gesagt, daß ich auf dem Weg nach Paris bin?«

»Ja, hab' ich. Und der alte Fuchs ahnte wohl sofort, worum es geht. Er bat mich nämlich, dir auszurichten, daß du in jedem Fall umdrehen solltest und, wie er geradezu hysterisch betonte, erst mit ihm sprechen solltest, bevor du dich mit dem Elysée-Palast in Verbindung setzt.«

Die dunkelhaarige Romanistin stand auf und kam an Genscher vorbei, der schon längst wieder auf seine Unterlagen schaute und im Moment mit einem Kugelschreiber auf einem leeren Block herummalte. Als er ihr dezentes Parfüm roch, schaute er auf und lächelte sie an. Sie, deren Namen er noch nicht einmal kannte, erwiderte es. Manchmal war er gottfroh, daß er es nicht ausschließlich mit Männern zu tun hatte. Welches Rasierwasser eines Sekretärs vermochte einen schon zum Lächeln zu bringen?

»Falin hat vielleicht Nerven – nach dem, was Schewardnadse in Moskau mit Wischnewski veranstaltet hat.«

»Er meinte, der Friede in Europa sei in Gefahr«, entgegnete der Staatssekretär, »und ich glaube, der hat das wirklich ernst gemeint!«

Genscher überlegte einige Sekunden. Er hatte vor Beginn seiner Reise mit Außenminister Dumas telefoniert. Die Franzosen tappten in der ganzen Affäre um diesen Uljanow genauso im dunkeln wie die Westdeutschen. Es schien wirklich so, als betrieben Briten und Amerikaner Ostpolitik an den beiden einflußreichen westeuropäischen Regierungen vorbei, ja, als würde die Achse Paris-Bonn bewußt ausgeklammert. Und darüber ärgerte sich Genscher ebenso wie sein französischer Amtskollege. Schließlich lebten sie in der Ära der europäischen Einigung und nicht in der Zeit des Wiener Kongresses. Mensch, der kann mich mal, dachte er, verärgert über die Sowjets. Doch so einfach war das leider nicht mehr. Immerhin, keinesfalls wollte sich Genscher durch die Russen von den Franzosen abkoppeln lassen. Der direkte, fast brüderliche Draht zu den Franzosen, ein Gottesgeschenk nach jahrhundertelanger Feindschaft, war der größte Trumpf, den sie im Ärmel hatten. Franzosen und Westdeutsche gleichermaßen. »Ich werde es mit den Franzosen absprechen«, entschied Genscher schließlich und legte auf.

Zweieinhalb Minuten später hatte der westdeutsche Außenminister bereits seinen Kollegen Dumas in der Leitung. Dessen Reaktion war durchaus clever. »Warum denn nicht,

'Änsschen?« bemerkte der Franzose mit seinem starken Akzent, »Dein Dra't zu den Russen isd o'ne'in viel bessär als där meinige. Bon! Du sprichst dann mit Falin, und isch wärde mid dem State Departement telefonieren. *Allez, salut!*«

Der sächsische Westdeutsche war verblüfft und ebenso erleichtert. Die Franzosen konnten sich furchtbar bockbeinig anstellen, wenn sie sich in ihrer Eitelkeit verletzt fühlten. Aber jetzt teilte sich Dumas vollkommen komplikationslos die Arbeit mit ihm. Insgeheim ärgerte er sich, daß er die Franzosen nicht schon vor achtundvierzig Stunden konsultiert hatte. Denn wenn es ernsthaft brenzlig wurde, konnte man sich wirklich auf sie verlassen. Die Tragfähigkeit des Fundaments zwischen den beiden westeuropäischen Staaten, das de Gaulle und Adenauer vor fast vierzig Jahren gelegt hatten, wurde immer wieder unterschätzt.

12. JANUAR, MOSKAU, 14.30 UHR:

Marschall Gennadij Petrowitsch Schalajew, Verteidigungsminister der UdSSR, hatte im Stabsraum des Bezirkskommandos in der Komissariatskij Ulica eine handverlesene Gruppe von Führungsoffizieren des Militärbezirks Moskau um sich versammelt.

Die gespaltene Meinung zu den Abrüstungsplänen des Generalny zog sich quer durch alle Waffengattungen und Führungshierarchien der Sowjetarmee. Während Gorbatschows Politik im Verteidigungsministerium und im Generalstab auf herbe Kritik stieß, stand man ihr in der Führung der angesehenen Frunse-Akademie aufgeschlossen gegenüber. Aber die Konsequenzen seines ehrgeizigen Ziels, bis Ende 1990 dreißig Milliarden Rubel bei den Rüstungsausgaben einzusparen, fürchteten selbst die liberalen Offiziere im Generalstab. Das Konzept der Regierung sah vor, mehr als eine halbe Million Soldaten nach Hause zu schicken, zwei Militärbezirke sollten einfach abgeschafft werden, ebenso Dutzende von Führungsstäben von Armee und Luftwaffe, mehrere komplette Panzer- und Fliegerdivisionen sollten vom Gebiet der Sozialistischen Bruderstaaten weit ins eigene Territorium hinein verlegt werden. Und wenn dem Generalny in den nächsten drei Jahren sein beabsichtigtes Kunststück gelang, sich mit der NATO auf gemeinsame Obergrenzen der konventionellen Bewaffnung zwischen Atlantik und Ural zu einigen, würden 100000 sowjetische Panzer und Geschütze in die Schrottpressen wandern. Diese Dimensionen waren einzigartig in der Weltgeschichte, hintereinandergestellt addierten sich die betroffenen Kampffahrzeuge zu einer Schlange von tausend Kilometern, von Brest, an der Westgrenze der UdSSR, bis ins Zentrum von Moskau. Schon jetzt war abzusehen, daß sich ebensoviele Berufsoffiziere eine neue Stellung suchen mußten – hunderttausend. Der ideale Nährboden für die *Organisazija*.

Verteidigungsminister Schalajew ließ es sich nicht nehmen, den dreißig vertrauten Führungsoffizieren die Planung für die Besetzung Moskaus selbst zu erläutern. Er stand vorne, vor der Übersichtskarte des Militärbezirks Moskau, auf der die Ziele mit verschiedenen Fähnchen markiert wurden, und tippte mit einem langen Zeigestock auf die betroffenen Objekte. »Genossen, ihr kennt bereits die taktische Planung für eure Einheiten im Detail. Heute nacht beginnt das Wintermanöver der 4. Panzerdivision aus Dserschinsk. Die Übung wurde durch das Verteidigungsministerium ordnungsgemäß in der zuständigen ZK-Abteilung angemeldet.« Schalajew fuhr mit seinem Stab auf der Karte nach Westen. »Das offizielle Manövergebiet befindet sich zwischen Wladimir und Gus-Chrustalugj. Die Division wird sich dort teilen und bis zum Morgengrauen durch die Buza-Sümpfe nach Nordosten in die Nähe von

Pawlowski Posad vordringen. Die Gruppe Süd umfährt das Buzagebiet hinunter bis Spas-Klebikj, um von dort nach Westen bis nach Woskersensk vorzustoßen und sich zwischen der Moskwa und der M5 zu sammeln. Ab sechs Uhr dürfen hier keine auffälligen Truppenbewegungen mehr zu sehen sein. Um Punkt zwei, das heißt nach Absturz der Regierungsmaschine, dringt die Gruppe Süd über die M5 bis zum Autobahnring vor. Das 26. und 28. Panzerbataillon besetzen die Flughäfen Domodedowo, Wnukowo I und II. Die übrige Gruppe Süd unter Kommando von Oberst Ruschnikow kreist Moskau von Lubercy bis Krasnogorsk über den Autobahnring ein und dringt bis zum Gartenring in die Stadt ein. Das 25. Panzerbataillon besetzt von Süden her das Stadtzentrum.« Schalajew mußte husten, zog ein Taschentuch aus der Hose und spuckte hinein. »Die Gruppe Nord bewegt sich auf der M7 zum Autobahnring und kreist die Stadt von oben ein, dabei übernehmen das 4. und 5. Panzerregiment die Flughäfen von Scheremetjewo. Die Gruppe Nord und die Gruppe Süd werden auf dem Gartenring und in der Innenstadt aufeinandertreffen. Für den Vorstoß bleiben maximal zwei Stunden.«

»Was wird aus dem Luftwaffenstützpunkt in Krasnogorsk?« fragte Generaloberst Doschdalew, der Chef der Taman-Division. Damit hatte er einen der wunden Punkte angesprochen. Die Luftwaffe war in ihrem Kreis nicht vertreten.

»Generalleutnant Kornijenko«, damit meinte er den Oberbefehlshaber der Luftwaffe für den Militärbezirk Moskau, »wird morgen von mir das Kommando entzogen, ebenso Generaloberst Jelisejew von der Luftabwehr. Auf jeden Fall wird der Luftwaffenstützpunkt in Krasnogorsk von motorisierten Schützeneinheiten und einem Fallschirmjäger-Regiment der Kantemir-Division besetzt. Ihre Aufgabe, Genosse Doschdalew«, und jetzt wandte er sich direkt an den fragenden Oberkommandeur der Taman-Division, »und die Ihres Stabes ist es, sich um die kasernierten Milizeinheiten des Innenministeriums zu kümmern. Das bedeutet insbesondere die Kasernen Kalinin, Podolsk und Ramenskoje. Die Besetzung des Moskauer Rundfunks und des TASS-Gebäudes ist Sache der schnellen Eingreiftruppe vom 12. Infanterie-Regiment, das gilt auch für die Sicherung des Kremlgeländes. Ich schätze, spätestens um vierzehn Uhr dreißig wird Staatspräsident Gromyko den Notstand ausrufen, und mit einer neuen Regierungsbildung kann noch im Laufe des Nachmittags gerechnet werden.« Schalajew machte eine andächtige Pause und fügte feierlich hinzu: »Genossen, wenn Sie und Ihre Truppen alle Ihre Pflicht erfüllen, werden wir die Lage binnen weniger Stunden unter Kontrolle haben. Ich rechne damit, daß morgen abend wieder Ruhe und Ordnung in unser Land eingekehrt sind!«

»Und was passiert in der DDR?« rief einer der jüngeren Stabsoffiziere dazwischen.

»Das Oberkommando der GSSD wird beauftragt, die Westgrenzen der DDR gemeinsam mit Einheiten der NVA und der Grenztruppen der DDR für die Dauer von sechs Stunden zu schließen. Die 24. Taktische Luftflotte wird in Alarmbereitschaft versetzt!«

»Aber das hat erhebliche Konsequenzen für Westberlin!« lautete der nächste Einwand.

Schalajew lachte die Offiziere an. »Genossen, wir sind doch keine Selbstmörder! Eine Stunde nach dem Attentat werden die westlichen Alliierten über unsere friedlichen Absichten informiert. Dabei geben wir eine Garantieerklärung für die Wiederaufnahme des normalen Transitverkehrs zwischen Berlin-West und der BRD ab achtzehn Uhr bekannt. In Anbetracht der Fahndung nach den Attentätern des Generalny werden die westlichen Regierungen für diese Maßnahme Verständnis haben müssen.«

Eine knappe Stunde lang wurden in Schalajews Stab die

militärischen Einzelheiten des Putsches durchgesprochen. Danach trennten sich die Offiziere, um sich in kleineren Arbeitsgruppen auf ihren Einsatz vorzubereiten.

Der einsame Wachsoldat auf der Straße vor dem Gebäude des Bezirkskommandos, der die davonfahrenden Generäle zackig grüßte, ahnte nicht, was den Moskauer Bürgern in den nächsten vierundzwanzig Stunden bevorstand.

12. JANUAR, KRASNOGORSK, 14.30 UHR:

Genau zu der Zeit, als Marschall Schalajew im Moskauer Bezirkskommando seinen Offizieren die Besetzung der sowjetischen Hauptstadt erläuterte, standen vor einem der Radarschirme im Kontrollraum des Luftwaffenstützpunktes Krasnogorsk Generaloberst Jelisejew vom Oberkommando West der sowjetischen Luftabwehr und der Luftwaffenchef für den Militärbezirk Moskau, Generalleutnant Kornijenko, und verfolgten aufmerksam, was dreißig Kilometer westlich in zehntausend Metern Flughöhe vor sich ging.

Kornijenko hatte viel Zeit und Mühe aufgewandt, die Besatzung für die Aeroflotmaschine und die Piloten der MiG-25-Staffel, die die Regierungsmaschine von Wnukowo II aus begleiten sollte, auszusuchen.

Diese Männer mußten ihre Maschinen bis hin zum ausgefallensten Flugmanöver virtuos beherrschen, sonst riskierten sie bei dem Einsatz ihr Leben und das anderer. Und verschwiegen mußten sie sein, weil sie sonst Gefahr liefen, bei der *Organisazija* denunziert zu werden. Ihr Plan, da gaben sich Jelisejew und Kornijenko keinen Illusionen hin, war kaum weniger halsbrecherisch als der der *Organisazija*. Der Generalleutnant hatte diese Männer nach mehreren Monaten intensiver Suche gefunden. Sie gehörten zu den besten Piloten aus den Reihen der sowjetischen Luftwaffe und der staatlichen Fluggesellschaft Aeroflot. Jeder einzelne, das hatte Kornijenko in intensiven Vier-Augen-Gesprächen gründlich überprüft, war bereit, den Rückfall der UdSSR in die Ära des Spät-Stalinismus zu verhindern.

Auf dem Radarschirm stellte sich die Szenerie wie folgt dar: Eine Iljuschin 28 der sowjetischen Luftwaffe kam aus Richtung Nordost mit circa achthundert Stundenkilometern Fluggeschwindigkeit in einer Höhe von 9800 Metern auf den berechneten Schnittpunkt zu. Neben dem Echosignal der Militärmaschine war auf dem Monitor deutlich die Transponder-Code-Nummer zu sehen, durch die es den Fluglotsen erst möglich wurde, die einzelnen Objekte voneinander zu unterscheiden. Gleichzeitig näherte sich von Osten, fast in einem Fünfundvierzig-Grad-Winkel eine Jakowlew 42 auf der gleichen Flugebene. Für den Lotsen am Radarschirm enstand der Eindruck eines direkten Kollisionskurses. Auch jetzt, obwohl die Besatzung im Kontrollraum wußte, worum es ging, waren die Nerven dieser Männer zum Zerreißen gespannt.

Die Iljuschin 28 und die zivile Jakowlew trafen in einem spitzen Winkel aufeinander, für ein paar Sekunden nur flogen sie übereinander, in denen sie wenige Meter vor einer absolut tödlichen Berührung bewahrten. Diese Sekunden gaben den Piloten Zeit, ihre Transponder-Codes zu tauschen. Generalleutnant Kornijenko und Generaloberst Jelisejew wurden Zeugen eines gespenstischen Schauspiels: Die zivile Jakowlew flog unter der Identität der Militärmaschine weiter, während der Jagdbomber unter dem Deckmantel einer Zivilmaschine jedes beliebige Ziel anfliegen konnte, ohne den Argwohn der Militärs zu erwecken.

Fünfundzwanzig Kilometer weiter östlich, im Stadtzentrum Moskaus, beriet sich Generaloberst Jotschenko, der Oberkommandierende der kasernierten Miliztruppen des

Innenministeriums, mit seinen Führungsoffizieren über den Einsatz des kommenden Tages. Diese Offiziere wußten weder etwas von der Stabssitzung im Militärbezirkskommando in der Komissariatskij Ulica, noch von dem waghalsigen Flug-Training in Krasnogorsk. Jotschenko mußte sich voll und ganz auf die Angaben des Lagezentrums der *Monopoly-Runde* in Kalinin verlassen, und das tat er auch.

12. JANUAR, KALININ, 17.30 UHR:

Boris wachte auf. Er streckte sich in seinem Schlafsack aus, wobei der Rost des Metallbetts quietschte. Verena öffnete ihre großen, dunklen Augen. Die funzelige Glühbirne an der Zimmerdecke blendete sie, sie blinzelte, und es schien, als zwinkere sie Boris zu.

»Na, Boris Stepanowitsch«, bemerkte sie lächelnd, wobei ihre Stimme noch ziemlich verschlafen klang, »was liegst du so tatenlos im Bett einer schönen Frau herum?«

»Ich ...«

Verena ließ ihn nicht zu Wort kommen, sondern bedeckte seinen Mund mit ihren Lippen. Und im nächsten Moment faßte sie ihm schon zwischen die Beine. Im Flugzeug und jetzt hier – das waren Inseln, auf die sie sich von Zeit zu Zeit rettete, um sich dem Alptraum wenigstens für kurze Zeit zu entziehen. Boris' Widerstand und sein schlechtes Gewissen erstarben in dem Maße, in dem er Verenas zielstrebige Leidenschaft spürte, ihre vollen Brüste, ihre samtene Haut, ihr drahtiges Schamhaar und ihre zunehmende Erregung.

Die beiden hatten nicht das Gefühl, besonders laut gewesen zu sein, als sie sich liebten. Verena lag noch immer über ihm, und er war noch in ihr, als unvermittelt die Tür ihres improvisierten Schlafzimmers aufging. Verena wandte erschrocken den Kopf. Im nächsten Augenblick rollte sie sich zur Seite und verbarg sich hastig unter einem der Schlafsäcke.

»Sergej!« rief sie entsetzt. Dabei überschlug sich ihre Stimme in der zweiten Silbe.

Aladko war in der Tür stehengeblieben und starrte die beiden an. Was er dort sah, hatte er ohnehin vermutet. Boris ärgerte sich über Aladkos Taktlosigkeit. Das war eine verdammt unfaire Art und Weise, Verena mitzuteilen, daß er am Leben war.

Die Frau war wie gelähmt. »Ich verstehe nicht ...« stammelte sie und musterte mit aufgerissenen Augen ihren Mann, den sie vor dreißig Sekunden noch totgeglaubt hatte.

Sergejs Blick wirkte matt. Seine ganze Erscheinung erweckte den Eindruck eines erschöpften, ausgelaugten Mannes. Er kam herein, ohne auf die pikante Situation, die er verursacht hatte, Rücksicht zu nehmen, und setzte sich auf den einzigen Stuhl in dem Raum.

»Ich war als Kundschafter der *Monopoly-Runde* in die *Organisazija* eingeschleust worden«, erklärte Sergej seiner Frau. »Generalmajor Chmys wurde das Risiko für mich zu groß. Der Unfall war eine Inszenierung der *Monopoly-Runde.*«

Verena glaubte, der Kopf müsse ihr platzen. Anscheinend war es in den letzten Tagen zum Naturgesetz geworden, daß die Wirklichkeit andauernd auf den Kopf gestellt wurde. Sie fuhr herum und sah Boris mit durchdringenden Blicken an. »Seit wann weißt du davon?«

»Seit gestern abend!« Jedes weitere Wort konnte er sich sparen, und das tat er auch.

»Scheißkerle!« zischte Verena und sprang aus dem Bett. Aladkos Blick streifte über den Körper seiner schönen Frau, den er seit Jahren nicht mehr gesehen, geschweige denn berührt hatte. Verena tapste barfuß über den eisigen Betonboden und suchte ihre Klamotten zusammen.

»Tatjana ist weg«, stellte Sergej resigniert fest.

»Ich weiß«, antwortete Verena, zog sich ihren Slip an und ließ das Gummiband auf ihren Bauch schnalzen. »Myschko hat sie aus dem Internat holen und – angeblich aus Sicherheitsgründen – an einen anderen Ort bringen lassen. Aber Granow versprach, sich persönlich um die Sache zu kümmern.«

»Du verstehst mich nicht richtig!« stellte Aladko fest. »Tanja wurde in ein Leningrader Kinderheim gebracht. Und dort ist sie nach Angaben der Verwaltung Sonderermittlungen weggelaufen!«

»Diese Schweine!« Verena schrie. »Diese gottverdammten Schweine!« Und im nächsten Moment fing sie an zu weinen.

Boris und Sergejs Blicke trafen sich. Wer sollte aufstehen, um sie zu trösten. Keiner von ihnen wagte es. Sie streifte sich hastig die Sachen über, die man ihr gestern im *Victoria-Hard-Rock-Café* geliehen hatte.

»Ich kenne einige Verstecke und *sichere Häuser* der *Organisazija*«, erzählte Aladko, ohne daß seine Stimme etwas von ihrer Melancholie verlor. »Ich werd' sie suchen – unsere Tanja.«

»Dann komm' ich mit!« sagte Verena fest.

»Ich werde euch begleiten«, warf Boris ein, der noch immer im Bett lag. »Mit Myschko und der *Organisazija* ist nicht zu spaßen!«

Aber Verena und ihr Mann standen schon in der Tür, bereit zu gehen. »Nein, das hier ist *unsere* Sache, Uljanow! Kümmern Sie sich um Ihren Job – und das ist im Moment die *Sektion Budjonny*!« sagte Aladko.

Verena machte keine Anstalten, den Worten ihres Mannes etwas hinzuzufügen. Im nächsten Moment waren sie durch die offene Tür verschwunden und ließen Boris allein zurück. Er setzte sich auf die Bettkante, flüchtete mit den Fußsohlen von dem kalten Beton auf das Leder seiner schwarzen Halbschuhe und massierte sich mit der Hand sein verspanntes Genick. Boris fragte sich, ob es noch etwas gab, das seine Lage verschlechtern konnte. Seine Wohnung war zerstört, seine Band zerrüttet. Jewgenij, Aljoscha – eigentlich alle *Vaswedtschiki* – machten zwar das, worum er sie gebeten hatte, aber im Grunde genommen hielten sie ihn für einen Tschekisten. Die Kluft, die sich zwischen ihnen aufgetan hatte, war unübersehbar. Er hatte eine Frau kennengelernt, für die er nach zehn Jahren emotionaler Abstinenz etwas empfand und deren scheinbar toter Mann plötzlich wie ein Phönix aus der Asche vor ihnen gestanden hatte. Boris spürte, wie die Wut in ihm hochstieg. »*Fuck off*!« brüllte er, packte das blauweiß gestreifte Kopfkissen seines Bettes und schleuderte es durch die offene Tür in den Flur. Es traf Sergej Kunatschkin, der Boris gerade abholen wollte, in den Magen.

Der Alte rang nach Luft. »Zum Teufel, Boris Stepanowitsch! Bist du verrückt geworden?« fragte der pensionierte Brigadegeneral und warf das Kissen zurück.

12. JANUAR, MOSKAU, 19.20 UHR:

Wenjamin Aleksinski, ein Arbeiter des Flugfeld-Kollektivs in Wnukowo-II, kam wie immer, wenn er Nachmittagsschicht hatte, kurz vor halb acht nach Hause – in die Godowikowa Ulica, wo er mit seiner Frau, seinen drei Kindern und seiner geschiedenen Frau Paula eine Drei-Raum-Wohnung mit Gemeinschaftsküche bewohnte. Solcherlei konfliktträchtige Wohnsituationen waren für die nicht privilegierte Bevölkerung Moskaus nichts Ungewöhnliches, und ihr Resultat spiegelte sich in den Körperverletzungs-Statistiken der Moskauer Milizverwaltung wider. Aber Aleksinski hatte sich arrangiert, mit seiner jetzigen und mit seiner früheren Ehefrau. Als er nach Hause kam und die

Wohnungstür aufgeschlossen hatte, wunderte er sich über die eigentümliche Stille in ihrem »Kaninchenstall«, wie er ihre Behausung verächtlich zu bezeichnen pflegte. Keine Kinder, keine Paula und keine Nina. Nicht einmal Iwa, ihr ständig betrunkener Nachbar, der immer ihren Wodka wegtrank, schien in der Küche zu sitzen.

»Ninotschka – Paula – Iwitsch?« rief er ungläubig aus dem Flur und hängte seinen Mantel an die Garderobe. Keine Antwort. Aleksinski kam in die Küche und fuhr erschrocken zusammen, als er die beiden Männer am Tisch sitzen sah. Sie waren ihm fremd. Er hatte sie nie zuvor gesehen.

Es waren dieselben Männer, die zwei Tage zuvor Bondarenko überrrascht hatten: der schmalbrüstige Intellektuelle mit den fettigen Haaren und der stumme Schläger.

»Was machen Sie denn hier?« fragte Aleksinski echauffiert.

»Genosse Wenjamin Janowitsch Aleksinski?« fragte der Schmale, ohne sich vorzustellen, geschweige denn, sich zu erheben.

»*Da, da!*« antwortete Aleksinski ungeduldig. »Wer sind Sie, und wo ist meine Familie?«

»In Sicherheit«, stellte der Mann fest, »im Moment zumindest. Nenn mich Albert!« Und mit diesen Worten zeigte er auf den dumpfgesichtigen Schläger. »Das ist Stas! Wir werden dir bis morgen früh Gesellschaft leisten.«

Der Flughafenarbeiter lachte – mehr aus Fassungslosigkeit, als aus Erheiterung. »Wollen Sie mich auf den Arm nehmen?«

Albert grinste unangenehm. »Deine Familie und deine ehemalige Frau verleben ein Wochenende außerhalb von Moskau. Es geht ihnen gut. Die Kinder freuen sich, im Tiefschnee toben zu können.«

Venjamin Janowitsch warf seine Arbeitstasche in die Ecke hinter der Küchentür. »Was soll dieser Quatsch?« Der resolute Arbeiter ließ sich durch Alberts geheimnisvollen Habitus in keinster Weise einschüchtern. »Raus mit der Sprache, oder ihr fangt euch einen Satz heiße Ohren, und ich werde die Miliz alarmieren!«

Der Schläger, der unter dem Namen Stas firmierte, erhob sich von seinem Küchenstuhl, hob Aleksinski an dessen Jackenkragen einen halben Meter in die Luft, daß die Nähte krachten, schüttelte ihn und ließ ihn im nächsten Moment einfach fallen. Der Arbeiter landete auf dem Fußboden.

»Mißverständnisse sollten wir vermeiden, mein Freund!« stellte Albert nüchtern fest. »Du hast morgen Frühschicht und wirst den Flug drei-sieben-elf abfertigen …«

»Davon weiß ich nichts!« erwiderte Aleksinski. »Aber ich!« antwortete der Fremde. »*Du* wirst auf dem Rollfeld stehen und die Bremskeile der Jakowlew wegziehen.«

»Und?«

»Dabei wirst du ein kleines Päckchen zwischen die Streben des Bugfahrwerks deponieren.« Albert öffnete einen Aluminiumkoffer und zeigte dem verblüfften Flughafenarbeiter den Sprengsatz. »Das ist Maßarbeit! Klebestreifen abziehen, einpassen, fertig!«

»Ist das eine Bombe?« Aleksinski begriff von einer Sekunde auf die andere den Ernst der Lage.

»Ein erstklassiger Sprengsatz«, antwortete Albert.

»Terroristen! Ich soll für euch eine Bombe an einem Flugzeug installieren. Nie!«

Seine Worte machten auf Albert keinen Eindruck. »Das ist nicht irgendein Flugzeug, das ist die Regierungsmaschine des Generalny!«

»Ihr habt sie doch nicht mehr alle!« schimpfte der Arbeiter. »Und wenn ihr mich totschlagt – das mach' ich nicht!«

»Dich?« fragte Albert mit beißendem Spott. »Warum

sollten wir? Ganz im Gegenteil: wir werden dich mitnehmen und dich zusehen lassen, wie Stas deine Kinder mit einer Kneifzange bearbeitet.« Er machte eine kleine Pause, die seinen Sadismus noch zu unterstreichen schien: »Zwick, zwack. Nach kurzer Zeit wirst du uns die Schuhsohlen ablecken – wenn wir das wollen!«

Dem Familienvater wurden die Knie weich. Er mußte sich setzen. Und nun saß er mit seinen Henkern an einem Tisch.

»Wir werden die Nacht in deiner Wohnung verbringen«, erklärte Albert emotionslos weiter, »morgen früh begleiten wir dich zu deiner Arbeit und werden dich nicht aus den Augen lassen.«

»Dreckskerle!« zischte Aleksinski und musterte den Mann feindselig. Er hätte keine Skrupel gehabt, dem Mann auf der Stelle den Hals umzudrehen. Aber Albert erschien ihm viel zu stark, als daß er gegen ihn eine Chance gehabt hätte. »Da vorne steht die *Avoska* von deiner Frau. Sie hat heute auf dem Kolchos-Markt ein paar Fleischknochen bekommen.« Er machte eine auffordernde Handbewegung. »Na los, Venja, du kannst uns eine Suppe kochen!«

12. JANUAR, MOSKAU, 21.00 UHR:

Die Kasernen der Moskauer Brigade der *Sektion Budjonny* lagen auf einem streng abgeschirmten Gebiet, zwanzig Kilometer außerhalb Moskaus. Oberst Rybalkin hatte den Einsatz mit einer Vorlaufzeit von mehreren Tagen vorbereitet. Als Boris dort eintraf, stieß er in der Einsatzbrigade, die er führen sollte und die Vitalij Pawlowitsch für ihn zusammengestellt hatte, nur auf bekannte Gesichter: alte Hasen in diesem lebensgefährlichen Beruf, die die ersten Tage und Einsätze der Anti-Terror-Einheit in Sibirien miterlebt hatten und ausnahmslos durch die höllische Schule des »Bastards«, wie Boris von den leidgeprüften Rekruten oft genannt wurde, gegangen waren.

Boris kam in der Einsatzbesprechung, an der die ganze Brigade teilnahm, unumwunden zur Sache: Kunatschkin und Oberst Rybalkin hatten sich an Boris' kritische Analyse der Sicherheitseinrichtungen rund um den Kreml und das ZK-Gebäude erinnert – und an den von ihm entdeckten wunden Punkt: das Verbindungssystem zwischen den Metrotunneln, die im Krisenfall als Zivilschutzbunker verwendet werden sollten, und den Bunkeranlagen des Kreml und der KGB-Hauptverwaltung. Boris hatte schon vor Jahren festgestellt, daß es möglich war, mit einem Schneidbrenner bestückt durch die Verbindungstüren an den freien Metrostrecken zwischen den Stationen *Nogina Ploscad* und *Kalinskaja* direkt unter das Machtzentrum des sowjetischen Reiches vorzudringen. Daran hatte sich bis heute nichts geändert. Die achtzehnseitige detaillierte Mängelrüge des Oberst Uljanow war damals auf irgendeinem Schreibtisch der Neunten KGB-Verwaltung eingestaubt und später vermutlich im Papierkorb gelandet.

Kurz nach elf zogen sich die Männer der SB um. Das Kürzel SB stand im internen Sprachgebrauch für *Sektion Budjonny*. Unter ihren Kampfanzügen trugen sie schußsichere Westen aus Kunstfaser, dem gleichen Material, aus dem auch der Gesichtsschutz bestand, den sie mit sich trugen. In der UdSSR war der Werkstoff überhaupt nicht zu haben. Es war ein Grau-Import aus der BRD. Anschließend nahmen die Männer ihre Ausrüstung in der Waffenkammer in Empfang: kurzläufige, leichte Maschinenpistolen, eine Spezialanfertigung, der israelischen Uzi nachempfunden, Nebel- und Betäubungsgranaten und zwei schwere Maschinengewehre, um im Falle der Gegenwehr die beiden Hauptstollen halten zu können, die üblichen 38er Armeepistolen und insgesamt vier Kisten Munition. Im darübergelegenen Stockwerk erhielt die Brigade die gewünschte Nachrichtentechnik: Kehlkopfmikrophone und winzige Ohrempfänger, damit die Truppenteile von jedem Standort aus miteinander in Verbindung bleiben konnten.

Das Mikro von Boris war so geschaltet, daß er gleichzeitig über die Basis in Kalinin am Dialog über die Satelliten-Richtfunk-Strecke teilnehmen konnte. Die technischen Hilfsmittel, die Vertraute von Oberst Rybalkin bereits vor Monaten aus einer Pioniereinheit der Taman-Division abgezweigt hatten, waren bereits auf die drei Tatra-LKWs im Hof verladen worden. Die erforderlichen Schneidbrenner, um die Stahltüren zu den Stollen zu öffnen, hydraulisches Hebelgerät, Brecheisen und Plastiksprengstoff.

Seit Boris die Kaserne der Moskauer Brigade betreten hatte, war er wie ausgewechselt. Von der *Chippi*-Mentalität eines Moskauer *Funk*-Bandleaders blieb nichts, aber überhaupt nichts übrig. Statt dessen schlüpfte er so nahtlos in sein altes Lebens als SB-Kommandeur, als kehre er lediglich von einem mehrwöchigen Urlaub zurück. Seine Anweisungen waren präzise und zackig. Jewgenij oder Sascha hätten ihren Freund nicht wiedererkannt – oder für schizophren gehalten. Und tatsächlich, Boris dachte nicht eine Sekunde an Verena oder ihren Mann, den toten Onkel Feliks oder den verhaßten Myschko. Er war *on the job*, und um den zu überleben, mußte er voll einsteigen.

Viel Zeit blieb ihm nicht mehr. Um Mitternacht sollte die Richtfunkstrecke in den Westen reaktiviert werden. Eine halbe Stunde später würde er die Brigade aufsitzen lassen, um sie zur Metro-Endstation Medwedkowo fahren zu lassen. Um ein Uhr fünfzehn, nachdem die letzte Bahn gefahren war, sollte sie ein Werkstatt-Triebwagen zum Streckenabschnitt zwischen Kalinskaja und Revolucii Ploscad bringen und sie vor einer der Panzertüren absetzen. Da mußten sie unbemerkt hindurch – und danach bis zum Mittag warten. Warten, das war das Härteste.

12. JANUAR, BORNHOLM, 23.00 UHR:

Die Jakowlew-42 aus Har Gerafon befand sich im *final approach* auf den dänischen NATO-Flughafen auf Bornholm. Im Passagierraum waren dreiundsechzig Plätze belegt. Neunundfünfzig Fluggäste, drei Stewardessen. Im Cockpit schien alles normal vonstatten zu gehen, wenn man von drei wesentlichen Dingen absah: der umfangreichen Hilfstechnik für die Fernsteuerung aus der RGG-Schmiede, dem Temperaturanzeiger für die Passagierkabine, der zwölf Grad minus anzeigte, und dem unerträglichen Gestank nach Formaldehyd, den die Klimaanlage auch nach vorne in die Kanzel blies. Hinter der Cockpit-Tür saßen zweiundsechzig Leichen. Die Attrappe der sowjetischen Regierungsmaschine war ein Meisterwerk internationaler Fälscherkunst. Es fehlten nur noch die dreieinhalb Tonnen Sprengstoff, die auf Bornholm von Pyrotechnikern des britischen *Secret-Service* in der sowjetischen Passagiermaschine installiert werden mußten. Kein beneidenswerter Job.

Um dreiundzwanzig Uhr und vier Minuten setzte die Jakowlew auf der Landepiste in Bornholm auf. Zum erstenmal in der Geschichte dieses NATO-Flughafens war hier das Emblem der staatlichen Fluggesellschaft Aeroflot zu sehen – selbst wenn es in Israel nachgemalt worden war, über den Schriftzug der Ethiopian-Airlines.

Mit zehn Minuten Verspätung meldete sich David Lynn, der schlicht und einfach verschlafen hatte, über die Satelliten-Richtfunk-Strecke bei Boris, der rund zwölfhundert Kilometer weiter östlich mit seiner Brigade soeben die Kaserne verließ.

»Epsilon eins für Zeta eins – kommen!« sagte Lynn nüchtern.

»Zeta eins!« kam die knisternde Antwort aus dem Laut-

sprecher. David grinste zufrieden. Er erkannte Boris' Stimme sofort, mochte sie durch die Funkverbindung kreuz und quer durch den Weltraum auch noch so entstellt sein. *»Hello, du alter Wichser! Unser fliegender Knallfrosch mit dem Gefrierfleisch ist gerade angekommen!«*

Die übrigen Nachrichtendienstmitarbeiter in Ost und West, die in der Verbindung hingen, konnten nur den Kopf schütteln.

13. Januar

13. JANUAR, MOSKAU, 1.45 UHR:

Kurz nachdem die letzte Metro die Endstation Medwedkowo in Richtung Stadtzentrum verlassen hatte, wurden die städtischen Angestellten, die Babuschka, die am unteren Ende die Rolltreppe überwachte und bediente, und die Putzkolonnen nach Hause geschickt. Drei Milizionäre und der Fahrdienstleiter blieben zurück, einfache Leute, deren Mitarbeit in der *Monopoly-Runde* ebenso wichtig war wie die mancher Generäle. Die schweren Holztüren an den Ein- und Ausgängen der Station wurden abgeschlossen, bis auf zwei, an die die Tatra-Lastwagen der *Sektion Budjonny* rückwärts herangefahren waren. Ein Sergeant klappte die Bordwände der LKWs herunter. Fast lautlos sprangen die Männer der vierzigköpfigen Sonder-Einsatz-Brigade von den Pritschen. Jeder von ihnen hatte die vorher genau festgelegte Aufgabe, einen Teil der Ausrüstung über die stillstehenden Rolltreppen in den an dieser Station dreißig Meter unter der Erde liegenden Metro-Bahnhof hinunterzutragen. Innerhalb weniger Minuten war die Brigade unter der Erde verschwunden. Sofort danach fuhren die drei Truppentransporter in Richtung Kaserne davon. Jetzt wurden auch die letzten Eingänge der Station Medwedkowo verschlossen. Selbst die Anwohner in der unmittelbaren Umgebung hatten nichts von der *Sektion Budjonny* bemerkt.

Unten am Bahnsteig wartete ein orangefarbener Werkstatt-Triebwagen, mit mobilen Halogenscheinwerfern, schweren Werkzeugen und Schneidbrennern ausgestattet, auf die Eliteeinheit. Auf der kilometerlangen Fahrt durch die dunklen Metroschächte holte Boris ohne Vorwarnung die Vergangenheit ein. Die dümmlichen Witze, die alten kommunistischen Kampflieder, die die Männer sangen, die aufgesetzte Heiterkeit, das alles war nichts weiter als ein Seismograph der unerträglichen Anspannung, unter der jeder von ihnen litt. Boris schwieg. Und er spürte, wie er schwitzte. Die Minuten unmittelbar vor Beginn eines Einsatzes waren immer die schlimmsten. Trotzdem fürchtete er zunehmend die Stunden, die ihm und seiner Brigade wie eine Ewigkeit vorkommen würden, in denen sie da unten, in dem unbelüfteten, engen Bunkertunnel, bis zum *»go«* – er hatte den Begriff von der SAS übernommen – ausharren mußten.

Nach zweiunddreißig Minuten Fahrt, sie wechselten über verschiedene Weichen mehrfach die regulären Linien, bremste der Triebwagenführer den Zug einige Wagenlängen hinter dem Kilometer sieben der Strecke zwischen Kalininskaja und dem Revulúcii Ploscad. Der Werkstattwagen kam mit seiner breiten Schiebetür direkt hinter der großen Markierung aus weißer Kalkfarbe an der dunklen Betonwand zum Stehen. Direkt daneben lag die schwere Stahltür zu einem der Notausgänge der Bunkeranlage des Moskauer Regierungsviertels. Die erste Phase der Operation lag in den Händen der SB-Pioniere, die Oberst Rybalkin für den Einsatz ausgesucht hatte. Einer von ihnen positionierte den 3000-Watt-Halogen-Breitband-Scheinwerfer auf dem Dach des Triebwagens. Die Elektronik-Spezialisten nahmen sich der Alarmanlage an der Stahltür an, während die Schweißer ihr Werkzeug aus dem Treibwagen wuchteten.

Boris sah auf die Uhr. Für diesen Abschnitt blieb ihnen eine halbe Stunde Zeit, bis die regulären Wartungsfahrzeuge der Moskauer Metro diese Strecke wieder frequentierten. Unvermittelt knackte es in Boris' Kopfhörer.

»Epsilon eins für Zeta eins! Wie weit seid ihr?« fragte David. Das Kehlkopfmikrophon von Boris wurde durch Frequenzimpulse gesteuert. *»Wir stehen vor der Tür. Der Schlosser ist dran.«*

»Gamma eins«, das war Chaim aus Har Gerafon. *»Die Schaufel hat jetzt Position zwo des Treibsands passiert und nähert sich Position Null. Wir sind in der Zeit!«* Jeder wußte, was Koszak damit meinte. Der Kampfverband aus drei israelischen Super-Stallion-Helikoptern war in irakisches Hoheitsgebiet eingedrungen und hatte den Euphrat bereits hinter sich gelassen. Die Maschinen preschten, wenn sie sich an die Einsatzplanung hielten, im Tiefflug und mit Höchstgeschwindigkeit über die Steinwüste. Sie mußten das IPLF-Lager bei Al Lasaf in den nächsten fünfzehn Minuten erreichen.

Hauptmann Budera, der Alarmanlagenspezialist in der Brigade, zeigte mit dem Daumen nach oben. Den primitiven Sicherungsmechanismus an der Panzertür hatte er mit einem gezielten Laserstrahl durch ein millimeterfeines Bohrloch außer Betrieb gesetzt. Der Schweißer zündete die Gasflamme des Schneidbrenners an. Fauchend brannte sich die blaue Flamme durch die sieben Zentimeter Panzerstahl. Alle sechs Bolzen der Bunkertür mußte er heraustrennen. In der Zwischenzeit montierten die Helfer die hydraulischen Stabilisierungszylinder. Kippte die tonnenschwere Tür unkontrolliert nach vorne, wäre die Operation beendet, bevor sie richtig begonnen hatte. Der zweite Schlosser schlug mit einem Meißel die ersten Bruchstücke der vorderen Stahlschicht heraus und entfernte die dahinterliegende Schamottsteinschicht. Die beiden stießen Kaskaden unflätiger Flüche aus. Dreißig Jahre war diese ABC-Schutztür alt, aber stabil wie am ersten Tag. Boris ließ das Zifferblatt seiner Armbanduhr nicht aus den Augen. Er hatte das Gefühl, daß der Zeiger rase. Der Fernmeldetechniker legte von der Kalininskaja aus ein dreihundert Meter langes Kabel für die Zwischensender. Den meterdicken Stahlbetonmauern des Kremlbunkers war auch die Hochleistungstechnik der NSA-Satelliten nicht gewachsen. Der Rest der Brigade wartete im Triebwagen. Auch sie waren nervös. Um zwei Uhr fünfunddreißig passierte der nächtliche Wartungsdienst diesen Streckenabschnitt – in siebzehn Minuten.

Fünf Minuten vorher gab die Panzertür nach. Der Tunnel roch muffig: Atemluft aus der Stalin-Ära. Die Brigade bildete eine Handkette vom Triebwagen in den Bunkereingang. Die Männer hatten ihre Grubenlampen an den Stahlhelmen eingeschaltet. Die Ausrüstung ging von Hand zu Hand. Boris sparte es sich, aufs Tempo zu drängen. Er selbst ging in den düsteren Stollen voraus, den auseinandergefalteten Lageplan in der Hand. Hinter der Brigade wurde die tonnenschwere Stahltür von der Hydraulik wieder zugehebelt. Der Werkstattwagen fuhr mit jaulendem Elektromotor ab. Entfernt hörte man bereits den Zug des Wartungsdienstes über die Gleise der Strecke Kirowsko–Fruzenskaja rumpeln.

Die Einsatzbrigade blieb siebzig Meter unter der Erde allein, umschlossen von feuchtem, rauhem Beton. Sie rückten nach Osten vor, unter dem Alexandergarten hindurch, bis zu den Zugangstüren des Kremlbunkers. Wie erwartet stießen sie abermals auf Panzerstahl. Die Brigade mußte sich auf Knochenarbeit gefaßt machen: der Weg nach oben – zum Sitz der Sowjetregierung, und der Stollen zum KGB-Hauptquartier am Dscherschinskij-Platz wurden durch drei schwere, verschlossene Bunkertüren versperrt, die einem Banksafe alle Ehre machten. Sprengen konnte man sie nicht. Die Druckwelle, die durch die engen Gänge fegen würde, wäre absolut tödlich gewesen. Außerdem lagen die Stollen unter Grundwasserniveau, und ersaufen wollte keiner von ihnen. Die Pioniere machten sich wieder an die Arbeit. Schweiß lief ihnen trotz der Minusgrade den Nacken herunter.

Boris hörte Davids Stimme im Kopfhörer: *»Epsi ... – ach* bullshit, *wie weit biste, alter Rotfrack?«*

Boris mußte über Davids Worte lächeln. »Wir sind drin. Ha'm leider den Schlüssel vergessen.«

»Dann klingel doch mal!« – »Schnauze, Jungs!« brüllte eine Stimme über den Funk – Chambers vom GHQC. Boris und David lachten im Chor. Es war fast wie in alten Zeiten.

13. JANUAR, AL LASAF (IRAKISCHE WÜSTE), 3.00 UHR:

Der *Schuster* und der *Kaufmann* hatten das Lager der IPLF seit Mitternacht besonders genau observiert. Die Palästinenser hielten sich genau an ihren Zeitplan. Vor einer Stunde war Leben in das Lager gekommen. Abdul Nimet und seine engsten Vertrauten bereiteten sich auf ihre Abreise vor. Ihre Mission – oder besser gesagt, ihr mit Stinger-Boden-Luft-Raketen bezahlter Job – war abgeschlossen.

Die Israelis hatten die Situation im Lager per Satellitenfunk alle halbe Stunde an Chaim Koszak zur Basis in Har Gerafon durchgegeben. Die Kampfhubschrauber mußten jeden Moment eintreffen.

»Nun macht schon!« flüsterte der *Kaufmann*, während er durch das Nachtsichtglas schaute. Sie wollten Nimet außerhalb des Lagers hochnehmen, um nicht in das Sperrfeuer seiner Leute zu geraten.

Von der Anhöhe sahen sie den weißen Mercedes vor einer der Hütten vorfahren. Nimet war ein Fan großer weißer Mercedes-Limousinen, und seine Männer sorgten dafür, daß immer ein Wagen dieses Typs bereitstand, ganz egal, wo sich der Terroristenfüher aufhielt, ob im Irak, im Libanon, in Libyen oder im Südjemen. Nimet kam aus der

Hütte, verabschiedete sich mit islamischem Bruderkuß von seinen Kampfgenossen und setzte sich in den Fond, dessen Tür von einem der Terroristen für ihren Führer aufgehalten wurde. Der Fahrer saß bereits hinter dem Steuer, und neben ihm nahm einer von Nimets Bodyguards Platz, eine israelische Uzi-Maschinenpistole auf den Knien. Der Begleitkonvoi bestand aus dem Jeep, den die Mossad-Agenten schon in Bagdad gesehen hatten – der magnetische Sender-Sprengsatz klebte noch immer unter dem Wagenboden, und einem betagten Barkas-Bus, einem Kleintransporter mit Zweitakt-Motor aus DDR-Produktion.

Als die Fahrzeugkolonne das Lager verließ, griff der *Schuster* zum Funkgerät. »*Gamma vier für Gamma eins und drei – Zielgruppe verläßt Objekt in Richtung zweiundzwanzig. Jeep voraus, Mercedes in der Mitte, grauer Barkas zum Schluß.*« Der Punkt Zweiundzwanzig bezeichnete in der Mossadplanung die Wüstenpiste von Al Lasaf nach Najaf im irakischen Delta. Der Überraschungsangriff sollte in direkter Umgebung des Terroristencamps erfolgen.

Koszaks Befehl zum Einsatz erfolgte prompt: »*Gamma eins für drei. Wie lange zum Zielpunkt?*«

»*Wir haben den Konvoi auf dem Schirm – vier Minuten*«, antwortete der Staffelführer. »*Düne drei übernimmt das Camp, zwei den Barkas und wir den Benz..*«

»*Der Sprengsatz hängt noch unter dem Jeep!*« mischte sich der *Schuster* ein. »*Sollen wir zünden?*«

»*Direkt nach dem Barkas!*« kommandierte der Staffelführer aus dem Sea-Stallion.

Die beiden Mossad-Agenten lauschten aufmerksam in die Stille der Nacht. Von den Kampfhubschraubern war nichts zu hören. Zu ihnen nach oben drang nur das Röhren des Zweitakters, der die übrigen Motoren übertönte.

Der Angriff entsprach israelischer Schule: »Düne 3« kam im Hochgeschwindigkeitsflug aus östlicher Richtung auf die Baracken des IPLF-Camps zugerast. Sekunden nachdem die Helikopterturbinen für die palästinensischen Terroristen zu hören waren und bevor sie überhaupt begreifen konnten, was hier eigentlich vor sich ging, schlugen die Sidewinder-Raketen in den Unterkünften ein. »Düne 3« drehte westlich des Lagers eine 180-Grad-Kurve und jagte auf das Lager zurück. Die wenigen Männer, die den Raketenangriff überlebt hatten und mit ihren Kalaschnikows hilflos in den Himmel feuerten, fielen jetzt den Napalm-Raketen zum Opfer, durch die das Lager binnen Sekunden in ein Flammenmeer verwandelt wurde. Lediglich der vierzehnjährige Faisal, ein Neffe Abdul Nimets, der zum ersten Mal an einem »Internationalen Auftrag« der IPLF teilnahm, wurde von der Wucht der Explosionen in einen schmalen Graben geschleudert und blieb dadurch unverletzt. Ihn plagte ein schmerzhafter Durchfall, und er war hundert Meter in die Wüste gelaufen, um in Ruhe sein Geschäft zu verrichten. Das rettete ihm das Leben.

»Düne drei aus Gamma drei. Volltreffer auf Basis Treibsand!« meldete der Pilot des Kampfhubschrauber nüchtern über Funk.

Die Besatzung im Barkas bemerkte die Detonationen hinter sich als erste. Der Fahrer trat auf die Bremse. Die Köpfe der Männer fuhren herum. Ihnen blieb keine Zeit, auf den Kampfhubschrauber zu reagieren, der sich plötzlich von der Seite im Tiefflug auf sie zubewegte. Die von Düne 2 abgefeuerte Panzerabwehr-Rakete durchschlug die Karosserie des Barkas wie Pergamentpapier und zerfetzte Fahrzeug und Menschen bis zur Unkenntlichkeit.

Der *Kaufmann* und der *Schuster* verfolgten das Horrorszenario von ihrer Aussichtsplattform. Sekundenbruchteile nachdem der Barkas in die Luft geflogen war, drückte der *Schuster* auf den Auslöser des Funksprengsatzes. Im selben Moment verwandelte sich der Jeep, der an der Spitze des Konvois gefahren war, in einen runden weißen Blitz, in dessen Lichtschein zu sehen war, wie die Blechteile und

Reste menschlicher Gliedmaßen in der Dunkelheit auseinanderflogen.

Nimets Fahrer schaltete geistesgegenwärtig das Licht aus und steuerte den Mercedes von der befestigten Piste in die Steinwüste. Im Wageninnern schrien die Palästinenser hysterisch durcheinander. Felsbrocken schlugen gegen die Achsen, und der Schotter prasselte gegen das Bodenblech.

»Düne eins an zwo und drei!« rief der Staffelführer über den Sprechfunk. *»Sammeln in drei Uhr und Überflug in Richtung sechs Uhr. Laßt das Schwein noch etwas schwitzen!«*

Die israelischen Soldaten in den Kampfhubschraubern wußten, wen sie mit Abdul Nimet vor sich hatten: einen Massenmörder unschuldiger jüdischer Schulkinder, Siedler und unzähliger Soldaten. Und für jeden einzelnen von ihnen erforderte es ein hohes Maß an Selbstbeherrschung, Nimet nicht auf der Stelle umzubringen. Durch die Infrarotsichtgeräte unter den Rümpfen der Sea-Stallions hatten Nimet und seine Begleiter nicht die geringste Chance, dem israelischen Kampfverband zu entgehen. Die Besatzungen machten sich einen sadistischen Spaß daraus, die Mercedes-Limousine wie ein Karnickel über die Geröllwüste zu jagen. Sie donnerten in fünfzig Metern Höhe über den Wagen und feuerten MG-Salven rechts und links von ihm in den Boden, drehten und wiederholten das Spektakel. Die verzweifelte Gegenwehr der Palästinenser konnte ihren Maschinen nicht das Geringste anhaben. An der Panzerung der Kampfhubschrauber prallten die Geschosse der Araber wie Tischtennisbälle ab. Kurz darauf knallte der Mercedes mit einem der vorderen Achsschenkel heftig gegen einen massiven Wackerstein und blieb mit aufheulendem Motor liegen.

»Raus, raus!« brüllte Nimet seinen Kameraden zu. Die Türen flogen auf, und die Männer rannten in drei unterschiedlichen Richtungen davon. Doch Nimet, der ruhmreiche Führer der IPLF, wußte, daß er verloren hatte.

»Gamma eins für Gamma vier!« brüllte Koszak, der das Spektakel in groben Umrissen durch die Bildübertragung des NSA-Satelliten verfolgte. *»Habt ihr den Verstand verloren? Macht Schluß und seht zu, daß ihr da wegkommt!«* Bisher hatte die irakische Luftabwehr den Angriff des israelischen Hubschrauberverbandes auf ihrem Territorium noch nicht bemerkt. Das konnte sich aber jeden Moment ändern.

Die Suchscheinwerfer der Sea-Stallions flammten auf und warfen ihre taghellen Lichtkegel auf den Wüstenboden. *Düne eins, zwei* und *drei* teilten sich auf. Dem Fahrer gelang es noch, den Strahler von *Düne zwei* mit einem gezielten Schuß zu zerstören, bevor er im nächsten Moment von dem Kugelhagel des Bord-MGs durchlöchert wurde. *Düne eins* nahm sich Nimets Bodyguard vor. Der IPLF-Führer selbst rannte über den steinigen Wüstenboden, stolperte, kam auf die Beine und rannte weiter. Das Magazin seiner deutschen Walter-P5 enthielt noch eine Patrone. *Düne zwei* kam im Tiefflug auf ihn zu. Nimet warf sich in den Schotter. Sie schossen nicht, sondern drehten abermals. Im Strahl ihres Scheinwerferlichts sah Nimet die grauen Schwaden des Gases, das dicht über ihm versprüht wurde. Der Palästinenser stieß hastig ein islamisches Gebet hervor. Er wollte den »zionistischen Hunden« nicht lebend in die Hände fallen und setzte die Pistole an seiner Schläfe an. Er spürte galligen Geschmack auf der Zunge. Die Lähmung setzte schlagartig ein. Nimet lag am Boden, rang nach Luft, den Finger am Abzug, unfähig, ihn zu bewegen.

Düne zwei landete wenige Meter neben ihm. Vier Israelis in Kampfanzügen, mit Gasmasken vor dem Gesicht, sprangen aus der Maschine und rannten auf Nimet zu. Der erste Soldat, der den Palästinenser erreichte, kickte ihm mit dem Fuß die Pistole aus der Hand. Der zweite Tritt mit dem Stahlkappenstiefel traf Nimet zwischen die Beine. Er konnte sich weder rühren noch ein Wort herausbringen. Japsend rang er nach Luft. Die Israelis schleppten den Terroristen zur offenen Kabinentür des Sea-Stallions. Kurz darauf war der Kampfhubschrauber wieder in der Luft. Der Verband drehte ab und machte sich auf den Rückflug. Der Angriff hatte vier Minuten und fünfzig Sekunden gedauert.

»Gamma drei für Gamma eins«, meldete sich der Staffelführer über Funk in der Basis in Har Gerafon, *»Einsatz erfolgreich abgeschlossen – Keine Verluste!«*

»So, jetzt haben wir das Schwein an den Eiern! Ich danke euch, Jungs!« antwortete Koszak flapsig. *»Gamma vier, ihr fahrt nach unten ins Lager und putzt aus!«*

»Gamma vier, verstanden!« antwortete der *Schuster* wortkarg. Solche Jobs waren Dreckarbeit. Gefangene wurden nicht gemacht. Sie zogen die Tarnplane von ihrem Toyota Land-Cruiser und fuhren in das zerstörte IPLF-Camp hinunter. An verschiedenen Stellen loderten noch die Flammen des Napalm-Angriffs. Und in verschiedenen Winkeln wimmerten noch IPLF-Männer wegen ihrer Schuß- oder Brandverletzungen.

Der vierzehnjährige Faisal hielt sich in dem Graben außerhalb des Lagers verborgen. Er zitterte vor Angst. Fassungslos, mit Tränen in den Augen, mußte er zusehen, wie die Fremden nacheinander an jeden seiner schwerverletzten Kameraden herantraten, ihre Pistolen an deren Kopf hielten und abdrückten. Der *Schuster* und der *Kaufmann* setzten sich in den japanischen Geländewagen und fuhren davon. Die *Operation Treibsand* war erfolgreich beendet. Freuen konnten sie sich nicht. Sie wußten, daß solche Mordaktionen einen bis in die Träume verfolgen konnten. Aber so war nun mal dieser Krieg.

Faisal blieb allein zurück. Weinend irrte er zwischen

den Trümmern und den Leichen der Männer umher, die ihn großgezogen hatten. Nicht ein einziger Wassersack war heil geblieben. Kurz darauf machte sich der Junge auf den Weg. Er war in der Wüste groß geworden. Fünfundzwanzig Kilometer Fußmarsch über den spitzen Schotter bis zum nächsten Wasserloch lagen vor ihm. Der Überlebenswille Faisals wurde dadurch gestärkt, daß er nur noch von einem Gedanken beherrscht wurde: der Rache für diesen brutalen Mord an seinen Glaubensbrüdern. Faisal stapfte in Richtung Al Lasaf los – und zog in seinen ganz persönlichen Heiligen Krieg.

13. JANUAR, BONN, 3.00 UHR:

Außenminister Genscher war weltweit für sein diplomatisches Geschick und die ruhige, besonnene Art, mit der er selbst in diffizilen Situationen verhandelte, bekannt. Dementsprechend beeindruckte es den Mitarbeiterstab und die Menschen, die ihn kannten; wenn der Sachse zu toben anfing – dann wurde es ernst.

Schon den ganzen vergangenen Abend lang und bis jetzt in die Nacht hatte der sowjetische Unterhändler der *Monopoly-Runde*, Valentin Falin, den Chef des bundesdeutschen Auswärtigen Amtes über die Hintergründe der Ereignisse informiert. Und Genscher blieb zäh wie ein hundertjähriger Hammel. Er wollte jedes Detail wissen und holte nach und nach seine eigenen Fachleute in sein Büro, selbst Kanzlerberater Tauschke, den er eigentlich nicht ausstehen konnte und mit dem er in einem aberwitzigen Widerstreit lag. Tauschke war letztendlich der für die »Nebenaußenpolitik« des Kanzleramts Verantwortliche, die von der CDU-Führung am Auswärtigen Amt vorbei geführt wurde – und Genscher mußte immer wieder die Kastanien aus dem Feuer holen, wenn man dort etwas verbockt hatte.

Aber heute war es anders. Die deutschen Spitzenbeamten und Politiker hatten dem Russen sprachlos zugehört. Die Gesichtsfarbe des Außenministers war dabei immer fahler geworden, und sein Zorn war deutlich spürbar, bevor er überhaupt ein Wort gesagt hatte. Als die lange Befragung Falins endete, hatte Genscher den Eindruck, daß er mit seiner langjährigen Außenpolitik vor einem Scherbenhaufen stand.

»Valentin!« brüllte er – unter Ausschluß der Öffentlichkeit sprachen sie sich schon seit Falins Bonner Botschafterzeiten mit Vornamen an. »Was Sie uns da erzählen, ist eine einzige Bankrott-Erklärung der deutsch-sowjetischen Beziehungen! Warum hat sich die sowjetische Seite an die Israelis und Engländer gewandt und nicht an uns und die Franzosen? Verdammte Scheiße! Wir sind doch am ehesten daran interessiert, daß Gorbatschow im Sattel bleibt. Und der quatscht doch am lautesten vom europäischen Haus.«

»Das ist unglaublich!« pflichtete Kanzlerberater Tauschke bei. Durch die Tatsache, daß seine Sekretärin Katja Brohmeier als Spionin des Ministeriums für Staatssicherheit enttarnt worden war, fühlte er sich ganz besonders brüskiert. Und daß selbst Generalmajor Rulff zur *Monopoly-Runde* gehörte, setzte dem ganzen die Krone auf.

Falin war ein ebenso geübter Krisendiplomat wie Genscher. Doch im Augenblick hätte er gerne mit dem Botschafter in der Mongolei getauscht. Er mochte den westdeutschen Außenminister und litt nicht unter der, für so viele Russen typischen *Njemtskaja*-Phobie. Um so schwerer fiel es ihm, eine Erklärung zu finden. »*Danjet*, wir waren auf absolute Diskretion angewiesen ...«

»Habe ich die jemals verletzt?« schimpfte Genscher. »Jetzt ist nicht die Zeit für dummdreiste Ausreden!«

Der Russe schluckte. So war bisher noch kein deutscher Politiker mit ihm umgesprungen. »Es muß Ihnen doch klar sein, daß gerade die Behörden der BRD ein Hauptziel der

MfS- und KGB-Spionage waren. Das sind nun mal historische Gegebenheiten. Und unter diesen Spionen befinden sich mit Sicherheit V-Leute der *Organisazija*!«

»Aber Rulff hat, wie Sie sagen«, mischte sich Robert Meissner, der Koordinator des Auswärtigen Amtes, ein, »seine gesamten Agentennetze in der Bundesrepublik über die Klinge springen lassen. Das widerspricht sich doch!«

Falin schüttelte den Kopf. »Ursprünglich war das auch nicht beabsichtigt, sondern geschah ausschließlich aus unserer Notsituation heraus.« Der sowjetische Regierungsberater machte eine kleine Pause, sah in die Runde und mußte feststellen, daß seine Worte die deutschen Gesprächspartner nicht zu überzeugen vermochten. Also legte er die Karten komplett auf den Tisch: »Die Israelis verfügen nun mal unbestritten über den schlagkräftigsten Geheimdienst. Und uns wie auch dem Mossad war klar, daß das Team Lynn-Uljanow am ehesten geeignet ist, diese kitzelige Situation unter Kontrolle zu bringen. Lynn verfügt über ausgezeichnete Beziehungen zur Downing Street.«

»Und die Thatcher hat es natürlich auch nicht für nötig gehalten, uns zu informieren«, bemerkte Genscher gallig. »Solange es nicht ums Zahlen geht, sind wir vierzig Jahre nach Kriegsende noch immer die häßlichen Deutschen. Aber die Franzosen, da bin ich mir sicher, Valentin, werden euch, den Briten und den Amerikanern, Feuer unterm Hintern machen. Und um ehrlich zu sein, das hoffe ich auch!«

Falin wußte, daß Genscher recht behalten würde. Mitterrand, einer der Väter der europäischen Einigung, verstand bei separatistischen Alleingängen europäischer Regierungen keinen Spaß. Der Russe seufzte. »Hätten wir die Franzosen miteinbezogen, hätten wir auch das dortige Agentennetz verloren«, stellte er mit leisen Worten fest. »Aber was Ihre Regierung angeht, so war es auch der ausdrückliche Wunsch des Bankenkonsortiums, das Bundeskanzleramt herauszuhalten.«

Kanzlerberater Tauschke fiel die Zigarette aus der Hand, die ein schwarzes Loch in den Teppichboden brannte, bevor er sie wieder aufheben konnte. »Und Mannsfeld hat das mitgetragen?« fragte er ungläubig. Schließlich war der deutsche Spitzenbankier einer der Wirtschaftsberater des Kanzlers.

»Mannsfeld hatte es angeregt, meine Herren«, gestand Falin. »Offensichtlich hat er keine allzu gute Meinung vom Krisenmanagement im Bundeskanzleramt.«

Jetzt war's raus. Genscher fuhr sich erschöpft mit den Händen über sein schütteres Haar. So weit waren sie gekommen: Wirtschaftlich ging es der Bundesrepublik unter der Christlich-Liberalen Koalition so gut wie seit Jahrzehnten nicht mehr. Aber wenn es außenpolitisch brenzlig wurde, trauten ihnen nicht einmal die eigenen Bankiers zu, mit den Problemen fertig zu werden. Dabei fühlte sich der Außenminister noch nicht einmal persönlich gekränkt, denn er wußte, daß die Bedenken eher dem schwerfälligen und entscheidungsunwilligen Kanzleramt galten. Dennoch war dieser Zustand eine einzige Katastrophe. Einige Sekunden lang dachte Genscher an Alt-Bundeskanzler Helmut Schmidt, der nun Leitartikel für die ZEIT schrieb. Die beiden hatten sich beim Bruch der alten Koalition überworfen. Jetzt hätte der FDP-Minister alles dafür gegeben, daß der Hamburger auf dem Stuhl des Kanzlers säße.

»Tja, dann werde ich den Bundeskanzler mal in Kenntnis setzen!« bemerkte Tauschke pikiert.

Falin zuckte hilflos mit den Achseln. »Meine Herren, ich frage Sie, was sollten wir denn tun?«

Genscher beugte sich vor und winkte müde ab. »Jetzt ist weder die Zeit für larmoyante Sprüche«, das war an die Adresse des Russen gerichtet, »noch für verletzte Eitelkeiten!« Damit meinte er Tauschke. »Auch ich bin über die inkonsequente Haltung des Generalny enttäuscht. Sie, Valentin, wissen genau, wieviel Porzellan dadurch zerschlagen wurde! Wenn davon nur ein Wort an die Öffentlichkeit gerät, wird ein weltpolitischer Sturm losbrechen, dem eine ganze Reihe von Regierungen und Ministern zum Opfer fällt. Das ist Ihnen ja wohl allen klar, oder?«

»Sollen wir das vielleicht einfach schlucken?« fragte Tauschke und zündete sich die nächste Zigarette an. »Das ist doch ...«

Der Außenminister schnitt dem Kanzlerberater kurzerhand das Wort ab. »Wenn wir den gesamten Annäherungsprozeß zwischen Ost und West nicht gefährden wollen, ist jetzt Schadensbegrenzung angesagt!« Mit dem nächsten Satz wandte er sich an den jungen Meissner. »Sie begleiten Tauschke ins Kanzleramt. Und ich rate Ihnen, meine Herren, bringen Sie dem Kanzler die Sache so schonend bei, daß er sich nicht zu irgendwelchen unüberlegten Handlungen hinreißen läßt ...«

»Die Richtlinienkompetenz liegt ja wohl immer noch bei Dr. Kohl!« bemerkte Tauschke scharf. Er wollte an seiner Loyalität gegenüber dem Kanzler keinen Zweifel lassen. Aber Tauschke erntete nur ein verächtliches Lachen des Außenministers.

»Glauben Sie, Tauschke? Mannsfeld bezieht das offensichtlich nur noch auf die Sonntagsreden! Ich werde mit Herrn Falin nach Paris fliegen. Hoffentlich gelingt es uns, Fabius und Mitterrand einigermaßen zu beruhigen. Wir werden versuchen, sofort eine inoffizielle EG-Außenministerkonferenz unter Beteiligung der Amerikaner einzuberufen. Vermutlich wird Mitterrand ohnehin auf einem Blitzgipfel bestehen.«

Falin stöhnte. Der schmalgesichtige Russe sah endgültig seine Felle davonschwimmen. »Wenn bis heute mittag auch nur die Andeutung einer Information über unsere Operation an die *Organisazija* gelangt, war alles umsonst!« Er schüttelte resigniert den Kopf. »Wie denken Sie sich das eigentlich, Hans-Dietrich? Ich muß nach Ostberlin zurück!«

»Dann lassen Sie sich eine gute Ausrede einfallen!« antwortete Genscher mitleidlos. »Ihr habt lange genug Regie geführt und die Sache – zumindest politisch – gründlich in den Sand gesetzt. Jetzt sind wir an der Reihe. Und eines sage ich Ihnen, Valentin: Wenn euer Plan heute mittag scheitert, werden Sie froh sein, im Elysée-Palast zu sitzen und nicht im Palast der Republik.«

Falin widersprach nicht, obwohl er die Bemerkung geschmacklos fand.

13. JANUAR, LENINGRAD, 4.00 UHR:

Sergej Aladko saß hinter dem Steuer eines Moskwitschs mit staatlichen Zulassungsnummern des Leningrader KGB. Dies hatte den unschätzbaren Vorteil, daß der Wagen unterwegs nicht von den üblichen Straßenkontrollen der GAI überprüft wurde. Auf dem Beifahrerplatz saß seine Frau, Verena Aleksandrowna. Sie fuhren zurück nach Kalinin.

Die ganze Nacht hindurch hatten sie mit Hauptmann Petschenko die Leningrader Milizstationen abgeklappert. Der Verbindungsmann der *Monopoly-Runde* hatte dabei immer ein offizielles Schreiben von Sonderstaatsanwalt Granow vorgelegt. Eigentlich war Petschenko und Aladko von Anfang an klar gewesen, daß diese Mühen sinnlos waren. Sie trieben diesen Aufwand vor allem, um Verena zu beruhigen, die an den Grenzen ihrer psychischen Belastbarkeit angelangt war. Dabei konnte sie die beiden Männer nicht einmal in die Wachstuben begleiten, sondern mußte im Wagen warten. Die Steckbriefe von ihr und Boris kursierten nach wie vor in den sowjetischen Miliz- und KGB-Stationen. Und die falschen Papiere auf den Namen Irina Korolewskaja, Major im Leningrader KGB, konnten ihr keinen perfekten Schutz vor einem neugierigen Miliz-Kommissar bieten. Die Aladkos, aber auch die Offiziere der *Monopoly-Runde*, waren sicher, daß Tatjana entführt worden war. Tatjana war ein Faustpfand – und das entsprach der Handschrift der *Organisazija*. Die Leningrader Einrichtungen der *Monopoly-Runde* kümmerten sich indes auf andere Art um den Fall: Es gab nach Auskunft Aladkos einige *sichere Häuser* des KGB, von denen man annahm, daß sie von der *Organisazija* genutzt wurden. Die betroffenen Objekte wurden rund um die Uhr überwacht. Ohne Erfolg. Die kleine Tatjana war wie vom Erdboden verschluckt. Petschenko und ihr Vater hatten alle in Frage kommenden Adressen abgefahren. Der Hauptmann hatte sich in der Leningrader KGB-Zentrale absetzen lassen, bevor sich Sergej mit seiner Frau auf die Rückfahrt machte.

Etliche Kilometer saßen sie still nebeneinander. Sie hatten überhaupt kaum miteinander gesprochen. Nur ab und zu warf der eine dem anderen verstohlene Blicke zu.

»Tanja wird nichts passieren!« sagte Sergej. Verena sah ihm zum ersten Mal länger als einen Lidschlag in die Augen. »Ph!« schnaufte sie verächtlich, »als ob ich dir noch ein einziges Wort glauben könnte, Sergej Sergejewitsch. Deine Familie hat dich doch einen Dreck gekümmert!«

Aladko sah auf die Straße hinaus, suchte in dem schwachen Licht der verdreckten Scheinwerfer angestrengt nach den Fahrbahnmarkierungen. Seine Finger klammerten sich fester um das Lenkrad. »Ich ließ mich regelmäßig über Tatjana und dich informieren«, begann er schließlich zu erzählen. »Du wurdest auf meinen Wunsch hin von der Ersten Hauptverwaltung für deinen Vaswedtschiki-Einsatz ausgebildet und in die BRD geschickt. Ich wollte nicht, daß du hier bist, wenn es losgeht.«

»Und an Tanja hast du nicht gedacht?« warf Verena empört ein. »Unser unschuldiges kleines Mädchen ist wegen dir entführt worden!«

»Aber das war doch nicht abzusehen«, verteidigte sich Aladko. Vor ihnen tauchte einer der Kontrollposten an der M 10 auf, und er mußte mit dem Tempo auf zwanzig heruntergehen.

»Für mich war es auch nicht abzusehen, daß du von den Toten auferstehst. Lügen, Sergej, alles Lügen!«

Aladko antwortete nicht sofort. Sie passierten im Schrittempo die Kontrollstelle. Große Halogenscheinwerfer leuchteten ihnen entgegen. Der GAI-Posten winkte sie weiter, nachdem er die Art der Zulassungsnummer durch die dünne Schicht Schneematsch an der Wagenfront identifiziert hatte.

Sergej gab Gas. »Ja, alles Lügen«, murmelte er nachdenklich und fuhr eine Spur entschiedener fort: »Mit Lügen bin ich groß geworden, in der Familie eines ZK-Sekretärs, der dem Volk Kommunismus und Sparsamkeit predigte, während er selbst seinen Privilegien frönte.«

Verena seufzte in abgrundtiefer Verachtung. »Ich pfeife auf deine Lippenbekenntnisse!«

Aber Sergej ließ sich nicht von der Fortsetzung seiner Erklärung abhalten: »Auch ich hatte diese Privilegien. Jahrelang hab' ich im Handelsministerium mitangesehen, wie die Wirtschaft dieses Landes immer tiefer in die Krise rutschte.« Er holte Luft und blies sie durch die Nase wieder aus. »Um ehrlich zu sein, weiß ich noch nicht einmal, ob Gorbatschow mit seiner *Perestroika*-Politik in der Lage ist, unser Land vor der Katastrophe zu retten. Und damals – früher, als wir noch zusammen waren – war ich sogar noch skeptischer. Ich habe mich nie aufgedrängt, die *Organisazija* auszuspionieren. Es entwickelte sich durch puren Zufall. Ich wurde von einem ehemaligen ZK-Sekretär, der meinen Vater gut kannte und der im Rahmen der Umgestaltung seinen Posten verloren hatte, in die Existenz und die Ziele der *Organisazija* eingeweiht. Und je mehr ich über sie erfuhr, desto mehr wurde mir klar, daß sich hier eine ernste Gefahr für die bestehende Regierung zusammenbraute. Wie ich eben schon sagte, ich bin kein glühender Verehrer des Generalny. Er wird Fehler machen, wie jeder andere auch. Überhaupt fällt es mir schwer, mich noch für ein politisches Ziel zu engagieren. Nur eines wollte und will ich in jedem Fall verhindern – eine Phase des Neo-Stalinismus. Darum bin ich damals zu Chmys gegangen. So habe ich von der *Monopoly-Runde* erfahren. Und so bin ich zum V-Mann in der *Organisazija* geworden.«

»Und zum Lügner, der seine Familie, aber vor allem seine Tochter im Stich gelassen hat!« setzte Verena scharf hinzu. Dabei sah sie Sergej von der Seite an. Er war alt geworden. Und Verena konnte nichts mehr empfinden, was sie mit ihm verbunden hätte.

»Ja«, antwortete er unumwunden, »ich war durch einen dummen Umstand in eine wichtige Schlüsselfunktion der *Organisazija* geraten, und ich mußte mich klar entscheiden: Entweder mich für die Zukunft unseres Vaterlandes einzusetzen, das aber bedeutete, dich und Tatjana vollkommen aus meinem Umfeld herauszulösen, oder mich in meinen eigentlichen Beruf und mein Familienleben zurückzuziehen und wie Millionen anderer Sowjetbürger das Schicksal unseres Landes abzuwarten. Ich konnte einfach nicht tatenlos zusehen.«

»Eine sehr ehrbare Geschichte, Bürger Aladko. Und zu dieser Ehre gehörte auch, der eigenen Frau und unserer gemeinsamen Tochter vorzumachen, du wärest tot. Das ist es, was uns trennt: Ich bin vor allem am Schicksal von Tatjana interessiert, meinem Fleisch und Blut, das ich liebe und aufgezogen habe.«

»Und was ist mit diesem Uljanow?« fragte Sergej und sah Verena direkt an.

»Er hat mich gefickt!«

Aladko erwiderte nichts. Nach einer Weile drehte er das Autoradio an.

13. JANUAR, MOSKAU, 4.12 UHR:

Mittlerweile war die Elitetruppe der *Sektion Budjonny* weit in das Tunnelsystem unter dem Kreml vorgedrungen. Die Elektrotechniker hatten mit den Schlossern Hand in Hand gearbeitet. Zuerst wurden die Alarmanlagen von den Spezialisten außer Betrieb gesetzt, dann knackten sie die Panzertüren. Nach der dritten Tür hatte sich eine gewisse Routine entwickelt, da beim Bau der Bunkeranlagen immer der gleiche Typ mit den gleichen Metallegierungen und Verriegelungsmechanismen benutzt worden war. Boris hatte die Brigade in vier Gruppen aufgeteilt. Die erste sicherte den Tunnel zur Metro-Linie, über die sie notfalls auch Nachschub durch die Miliztruppen erhalten konnten, die zweite, die Boris selbst anführte, hatte unter dem Sitz der Sowjetregierung Position bezogen, die dritte arbeitete sich zu den Bunkertüren des Präsidiumsgebäudes des Obersten Rates der UdSSR vor, und der vierte Zug besetzte die Verbindungstunnel unter dem Stadtzentrum in Richtung Norden und Osten.

Boris und seine Männer hatten sich auf den Betonboden gesetzt und lehnten mit dem Rücken an der Wand. Ein Fernmeldetechniker des Zuges hatte die Telefonleitung der *Vertuska* zwischen Kongreßpalast und KGB-Hauptverwaltung angezapft. Sie verlief über ihren Köpfen direkt durch das Tunnelsystem. Von da an konnte jedes Wort zwischen dem Kreml und der KGB-Zentrale am Dscherschinski Platz, das über die Regierungsleitungen gesprochen wurde, von ihnen mitgehört werden.

Wegen der empfindlichen Rauchmelder, die das ganze Bunkersystem durchzogen, mußten sie auf Zigaretten verzichten. Die Kälte zog ihnen in die Knochen. Immer wieder standen sie auf und machten Gymnastik, um sich aufzuwärmen. Unter den KGB-Soldaten kamen Gespräche in Gang, angefangen bei der Kindererziehung bis hin zur politischen Entwicklung in der Sowjetunion, die hier unten von den Angehörigen der *Sektion Budjonny* nicht weniger kontrovers diskutiert wurde, als auf den Delegiertenversammlungen zur Wahl des Volksdeputiertenkongresses.

Ein wenig später zog einer der Soldaten, ein junger Kerl von vielleicht Ende Zwanzig, ein Manuskript unter seiner Uniformjacke hervor. Es war auf Luftpostpapier mit engem Zeilenabstand getippt – eine *Samisdat*-Schrift, in der Sowjetunion verbotene Literatur, die, heimlich weitergereicht, abgetippt oder mit der Hand abgeschrieben, an der Zensur vorbei unter die Leute gebracht wurde. In den Zeiten von *Glasnost* waren die Verbote selten geworden. Früher waren Solschenizyns Werke und Sacharows Aufsätze auf diese Weise verbreitet worden. Heutzutage plante ein sowjetischer Staatsverlag eine Auflage vom *Archipel GULag* und Sacharow, der Verteidiger der Menschenrechte, der zum Zankapfel zwischen Ost und West geworden war, würde bald als Abgeordneter in den Volksdeputiertenkongreß einziehen. Aber das Buch, dessen Abschrift der junge KGB-Soldat unter seiner kugelsicheren Weste hervorgezogen hatte, stand immer noch auf dem Index der staatlichen Zensur: Sergej Samjatins *»WIR«*. Der Junge las den Text seinen Kameraden vor. Er hatte ein gute, klare Stimme und verhaspelte sich nicht beim Lesen. Die Gespräche erstarben, und die Männer lauschten gebannt der Geschichte von D-503 und O-90.

Boris wurde über seinen Kopfhörer durch eine Funkmeldung David Lynns abgelenkt.

»Epsilon Eins für Zeta eins – kommen!«

»Stonelake on the line!« antwortete Boris sarkastisch.

»Laß die Toten ruhen, du alter Wichser!« spottete David und fuhr mit ernstem Ton fort: *»Die Operation Treibsand ist gelaufen. Sie sind auf dem Weg zu Delta eins.«*

»Weißt du, wie's gelaufen ist?«

»Wie bei MacLeary.«

MacLeary war ein IRA-Führer, der von David und Boris bei einem SAS-Einsatz in Wales hochgenommen worden war. Damals hatte man auch Gasgranaten eingesetzt und den vorübergehend gelähmten Terroristen einfach in einen Helikopter geschleppt. MacLearys Begleiter waren erschossen worden.

»Hast du was über den Bimbo herausbekommen, der mir vor meiner Haustür begegnet ist?« fragte Boris.

»Ich habe mit Michison telefoniert. Er wollte mir Bescheid geben. Bisher hat er sich nicht gemeldet. Ashton behauptet, sie hätten keinen Mann bei euch …«

»Alpha Vier für Epsilon und Zeta eins! Keine Klarnamen, verdammt noch mal. Sonst dreh ich euch die Leitung ab!« Das war wieder Major Chambers, der Einsatzleiter der Nachrichtentechnik vom GCHQ in London gewesen. Für den Sicherheitsoffizier kam es einem Alptraum gleich, daß David und Boris die Richtfunkstrecke wie ein Haustelefon benutzten, statt sich unter Verwendung der Schlüsselworte, auf das Wesentliche zu konzentrieren. Aber den beiden war nur zu gut bewußt, daß sie ohnehin einpacken konnten, wenn es der *Organisazija* gelang, sich in diese Leitung einzuklinken.

»Zeta zwei für Zeta eins und Epsilon!« meldete sich Generaloberst Jelisejew aus dem Lagezentrum der *Monopoly-Runde* in Kalinin zu Wort. *»Wir sind der Sache auch mal nachgegangen. Zur Zeit halten sich laut Anmelderegister vierundzwanzig farbige US-Bürger in Moskau auf. Wir lassen sie durch die Miliz überprüfen.«*

13. JANUAR, MOSKAU-WNUKOWO, 6.45 UHR:

Der Flughafenarbeiter Wenjamin Aleksinski war, wie jeden Morgen, mit dem Bus von zu Hause zum Flughafen Wnukowo-I gefahren. Dort stieg er in den Betriebs-Kleinbus und wurde mit anderen Arbeitskollegen zum Tor vier des Regierungsflughafens Wnukowo-II, dem Personaleingang seines Kollektivs, gebracht.

Aleksinski hatte die ganze Nacht kein Auge zu getan, obwohl ihn die finsteren Typen in seiner Wohnung gegen zwölf regelrecht ins Bett geschickt hatten. Zu seiner Verblüffung ließen sie ihn sogar allein zum Dienst gehen – mit dem Sprengsatz in seiner Arbeitstasche. Aber schon auf dem kurzen Fußweg von seiner Wohnung in der Godowikowa Ulica zur Metrostation Stscherbakowskaja hatte Aleksinski die aufmerksamen Blicke eines ganzen Rudels unauffälliger Männer gespürt, die in der Sowjetunion schon jedes Kind erkennen konnte. Zivile vom KGB. Und als er in Wnukowo-II eintraf, litt er schon so unter Verfolgungswahn, daß er jeden Fremden, der ihm begegnete, für einen Spitzel hielt.

Am Flughafen war der Teufel los. Das Areal wimmelte von Milizeinheiten des KGB und des Innenministeriums. Auf den Zufahrtstraßen wurden strenge Kontrollen durchgeführt. Aleksinskis Sprengsatz steckte in seiner Butterbrotdose, unter einem Blatt Pergamentpapier mit einer Kochwurststulle darüber. Zweimal mußte er seine Arbeitstasche aufmachen, einmal im Bus und einmal am Tor vier. Dem Arbeiter fiel dabei schier das Herz in die Hose. Die Milizionäre, die den Flughafen abriegelten, waren schwer bewaffnet. Und als Aleksinski auf dem Weg zu den Umkleideräumen auf das Flugfeld sah, wußte er Bescheid. Die Jakowlew-42 des Generalny stand vor Hangar-zwei und wurde startklar gemacht. Das war nicht ungewöhnlich. Ungewöhnlich waren nur die Sicherheitsmaßnahmen und die Schützenpanzer am Rande des Rollfelds.

Im Umkleideraum seiner Brigade herrschte wilde Aufregung. In der vergangenen Nacht waren alle Spinde von Sprengstoff-Suchtrupps des KGB aufgebrochen und durchsucht worden. Es fehlte zwar nichts und man sagte den

Arbeitern Schadenersatz für die Vorhängeschlösser zu, aber dennoch waren die Männer ziemlich erregt. Es ging nicht um die paar Rubel, sondern darum, daß man in ganz Moskau nicht ein einziges Vorhängeschloß kaufen konnte – *Defizitnyj tovar.*

Auch Aleksinskis Spindnachbar, Mark Nikolajewitsch, sprach ihn wütend an, während sie sich ihre Arbeitsmonturen anzogen: »Hast du schon Nachrichten gehört, Wanja?«

Aleksinski schüttelte mit dem Kopf. Er machte auf seine Kollegen einen fahrigen Eindruck und er sah blaß aus.

»Geht's dir nicht gut?«

»Doch, doch. Ich hab' nur ein bißchen wenig geschlafen letzte Nacht«, antwortete Aleksinski.

»Na ja«, schwatzte Mark weiter und stellte sich neben Aleksinskis offene Spindtür, »in den Sechs-Uhr-Nachrichten wurde gemeldet, daß sie letzte Nacht den Genossen Jelzin wegen Korruptionsverdacht festgenommen haben. Stell dir das vor – den Jelzin! Da ist in der Stadt doch bald die Hölle los!«

»Und? Wenn's stimmt!« erwiderte Aleksinski ungerührt. Er band sich die Schuhe zu, sehr langsam, weil er hoffte, Mark würde endlich gehen, damit er den Sprengsatz aus seiner Brotschachtel herausnehmen und in die Seitentasche seines Arbeitsanzuges stecken konnte.

»Und? Und!« rief der Kollege aufgebracht. »Es kommt noch dicker: Den Chefredakteur von *Orgonjok*, Pawel Murajew, haben sie letzte Nacht auch hochgenommen – wegen Verleumdung und übler Nachrede von Staatsbeamten. Die spinnen doch!«

»Aber vielleicht stimmt das doch auch?«

»Sag mal, spinnst du?« fragte Mark Nikolajewitsch verblüfft. »Obendrein ist auch noch das *Vaswedtschiki*-Konzert im Sportpalast verboten worden. Es gibt doch wohl keinen direkteren Weg, unsere Jugend auf die Barrikaden zu treiben!«

»Das Verbot wurde vom Stadtsowjet wegen Gefährdung der öffentlichen Ruhe und Ordnung ausgesprochen!« mischte sich ein älterer Arbeitskollege ein. »Ich finde das vollkommen richtig. Das war doch nicht mehr mitanzusehen, was da mit unseren Kindern gemacht wurde.« Er schüttelte verständnislos den Kopf. »Wie die Irren!«

»An der M5 bei Woskresensk sollen Panzereinheiten stehen«, bemerkte Anatolij, ein weiterer Arbeitskollege, der jetzt auch dazu kam.

»Na, vielleicht haut der Genosse Michail Sergejewitsch heute vormittag ja ab.« Er machte eine kleine Pause, in der er sich wohl nicht sicher war, ob er weiterreden sollte, bis er hinzusetzte: »Ins Exil.«

Der Brigadeführer Juri Fedaschin, ein breitschultriger, energischer Mann von Ende Fünzig betrat den Umkleideraum. Offenbar hatte er die letzten Worte mitgehört.

»Alles Quatsch!« sagte er. »Der Generalny fliegt nach Ostberlin. Da würde er wohl zuletzt ins Exil gehen. Und was die Panzer angeht – ein seit langem geplantes Manöver – das wurde auch im Radio gesagt, aber schon eine halbe Stunde früher.« Fedaschin winkte die Arbeiter zur Tür. »Na, los jetzt! Es ist schon nach sieben.«

Aleksinski wartete, bis er alleine war. Hastig packte er die Sprengladung in die seitliche Beintasche seines gefütterten Overalls. Sehr wohl war ihm nicht bei dem Gedanken, ein Kilo Plastiksprengstoff auf seinem linken Oberschenkel herumzutragen. Aber Jelzin, Murajew, die Panzer – das alles sprach für sich. Und damit waren auch seine letzten Zweifel verflogen, daß er tun mußte, was ihm die Typen in seiner Wohnung eingebläut hatten, wenn er seine Frau und seine Kinder lebend wiedersehen wollte.

13. JANUAR, BERLIN (OST UND WEST), 7.50 UHR:

Müller, Franke und Wagner, die jugendlichen Mitglieder der rechtsextremen Terrorgruppe *Vereinigte Front,* waren nicht mehr aus den Augen gelassen worden, seit sie das palästinenische Trainingscamp der IPLF im Irak verlassen hatten. Ein Mossad-Team hatte die Fahrt aus der Wüste bis zum Saddam-Airport in Bagdad verfolgt. Zwei Agenten war es sogar gelungen, noch zwei Plätze in der Lufthansa-Maschine nach Frankfurt zu buchen.

In Frankfurt am Main hatten dann Mitarbeiter der dortigen CIA-Mission die Überwachung der Kotsch-Gruppe übernommen. Die ganze Nacht über hatte es über die Satelliten-Richtfunk-Strecke regen Kontakt zwischen dem britischen, amerikanischen und dem israelischen Geheimdienst gegeben. Der *Memune* konnte der CIA und dem *Secret Service* eine Beteiligung an der Observation nicht verweigern. Dennoch konnten es die Dienststellenleiter der örtlichen Einheiten in Frankfurt und Westberlin nicht verstehen, daß sie die verhaßten und über Interpol gesuchten Rechtsextremisten nicht hochnehmen durften, sondern lediglich mit der Beobachtung beauftragt wurden, wann und wie die Neonazis in die DDR einreisten. Wagner, Müller und Franke hatten wie geplant im Airport-Hotel übernachtet und waren dann mit der Sechs-Uhr-Maschine der PanAm nach Berlin-Tegel geflogen. Mit ihren gefälschten österreichischen Pässen stießen sie weder in Frankfurt noch in Berlin auf Schwierigkeiten bei den deutschen Behörden. Gleichzeitig hängten sich *Secret Service* und CIA in einem gemischten Team an die Jungs dran. Die waren mit ihrem Gepäck im Flughafenbus zum Bahnhof Zoo gefahren, hatten ihre Reisetaschen in zwei Schließfächern deponiert und ein Taxi zum Lenné-Dreieck genommen.

Am Bahnhof Zoo veranlaßte Mark Ferryman, daß die Gepäckschließfächer »wegen Verdachts auf Drogenhandel britischer Militärangehöriger« durch die Militärpolizei geöffnet wurden. Daß es sich bei den MP-Streifen um Sprengstoff- und Waffenexperten handelte, ahnten nicht mal die umstehenden Bahnpolizisten der Reichsbahn.

Die Situation am Lenné-Dreieck war im Laufe der Nacht erheblich eskaliert. Vor etlichen Tagen, trotz der winterlichen Minustemperaturen, war das Gebiet hinter dem Potsdamer Platz, gegenüber des ehemaligen Hotels Esplanade von jungen Leuten aus der Kreuzberger Autonomen-Szene und radikalen Umweltschützern besetzt worden. Sie wollten, im Gegensatz zur konservativen Stadtregierung, das ökologische Kleinod in der Mitte Berlins erhalten. Und andere wollten einfach nur »Randale mit den Bullen«.

Bis zur Jahreswende hatte das auf westlicher Seite vor der Mauer gelegene und lediglich eingezäunte Gebiet zu Ostberlin gehört. Im Rahmen des zwischen der Regierung der DDR und des Westberliner Senats vereinbarten Gebietsaustauschs fiel das Brachland an den Westteil der Stadt. Duldeten die Ostberliner Behörden vor Silvester die Besetzung eher in einem Akt der Ratlosigkeit als der Toleranz, waren dem sonst um spektakuläre Polizeieinsätze nie verlegenen Westberliner Innensenator aus rein juristischen Gründen die Hände gebunden. Mit dem Glockenschlag auf den 1. Januar hatte sich das geändert. In den darauffolgenden Tagen lösten ein Ultimatum und eine Drohung die andere ab, es kam zu gewalttätigen Demonstrationen, und die friedlichen Besetzer zogen ein weiteres Mal enttäuscht ab. Nun hatte die aggressive Anarcho-Szene auf dem Gelände die Führung übernommen. Die Räumung des Geländes durch einen Großeinsatz der Polizei war abzusehen. Die ganze Nacht über war es heiß hergegangen am Lenné-Dreieck. Die Westberliner Polizei kämpfte sich Meter um Meter gegen die Demonstranten vor, die im wahrsten Sinne des Wortes mit dem Rücken an die Wand gedrückt wurden.

Der Taxifahrer, ein Philosophiestudent aus dem Schwarzwald, hatte den ganzen Weg über versucht, die drei jungen Männer in eine Diskussion über den Sinn von Gewalt zu verwickeln. Aber Müller, Wagner und Franke blieben stumm. Und irgendwann gab der pazifistische Taxifahrer auf. Aber er weigerte sich, die Strecke vom Reichstag über die Entlastungsstraße weiterzufahren. Er setzte die drei jungen Männer an der Straße des 17. Juni ab.

Zwei Fahrzeuge, beide mit Westberliner Zivilkennzeichen, waren dem Taxi gefolgt. In dem einen saßen die Briten, in dem anderen die Amerikaner. Daß sich die Kotsch-Gruppe ausgerechnet am Lenné-Dreieck absetzen ließ, im Brennpunkt einer Straßenschlacht, überraschte die Observationsteams des *Secret-Service* und der CIA gleichermaßen. Niemand von ihnen hatte damit gerechnet.

Müller, Wagner und Franke rannten die Entlastungsstraße hinunter und schlugen sich links in die Büsche. Dabei mußten sie die massiven Polizeiaufgebote rechts und links umgehen. Sie stießen gerade noch rechtzeitig auf das Gelände vor, bevor sich die Polizeikette endgültig schloß. Die Wasserwerfer der SEKs hielten bei drei Grad minus voll auf die Demonstranten. Und die Anarchos revanchierten sich mit Steinen und Molotow-Cocktails. Die drei drängelten sich durch die Menschenmenge unmittelbar bis zur Mauer vor. Hinter sich hörten sie die Bretter des provisorischen Hüttendorfes splittern, das auf dem von der Polizei zurückeroberten Gebiet von eilig herbeigeschafften Planierraupen plattgewalzt wurde. Franke suchte die farbige Markierung auf der Stahlbetonwand der Mauer. Und er fand sie schließlich. Müller sah nervös auf die Uhr. Drei Minuten vor acht. Der Polizeigürtel zog sich immer enger um die Demonstranten. In den vorderen Reihen wurden sie LKW-weise von speziellen Greifkommandos der Polizei »abgefischt«. Um Punkt acht entwickelten sich Aktivitäten auf der anderen Seite der Mauer. Angehörige der

Grenztruppen der DDR schoben Aluminiumleitern von Ost nach West über die Mauer, damit die Demonstranten nach hinten entweichen konnten. Die erste Leiter traf genau neben der von Franke gesuchten Markierung auf westliches Gebiet. Wagner, Müller und Franke waren die ersten, die über die Mauer kletterten. Und sie wurden, im Gegensatz zu den übrigen Demonstranten, auch nicht auf Mannschaftstransporter der NVA verfrachtet, sondern von einem Offizier der Grenztruppen zu einem Lada begleitet und direkt, ohne irgendeine Kontrolle, aus dem streng bewachten Grenzgebiet zu einer Altstoff-Sammelstelle in den Ostberliner Stadtteil Treptow gefahren – dem vereinbarten Treffpunkt mit Paul Kotsch.

Amerikaner und Briten waren der Gruppe bis zu den Polizeiketten gefolgt. Stanley Baron, der CIA-Missionschef in Westberlin, war von seinen Leuten per Funk zum Dienstwagen des Einsatzleiters der Westberliner Polizei gerufen worden. Der Amerikaner wurde Zeuge, wie die Ostberliner Grenzsoldaten die Leitern nach Auflösung der Demonstration wieder über die Mauer zurückzogen. »*Those fucking bastards!*« fluchte der Amerikaner.

Der Westberliner Polizeibeamte bezog diese Bemerkung auf die Grenzsoldaten und antwortete aufgebracht: »Irgendwann werden die Typen uns da drüben noch dankbar sein, wenn wir ihnen die Leiter halten!«

Baron schaute den Einsatzleiter skeptisch an. Was ist denn das für ein Traumtänzer? dachte er. Baron hatte nicht die Grepos gemeint, sondern die Hintermänner der *Organisazija* in Ostberlin, aber vor allem den Regisseur dieses Szenarios, der, davon war der CIA-Beamte überzeugt, sein Handwerk verdammt gut beherrschte.

Der Leiter der Hauptverwaltung Aufklärung, Generalmajor Martin Rulff, wußte über die *Monopoly-Runde*, daß Paul Kotsch mit einem gefälschten kubanischen Reisepaß auf den Namen Julio Fernandez-Vila in der Acht-Uhr-dreißig-Maschine der Interflug aus Prag auf dem Flughafen Berlin-Schönefeld eintreffen würde. Natürlich hatte der HVA-Chef Verbindungen zu der für Sicherung des Reiseverkehrs und Kontrolle der Touristik zuständigen Abteilung VI des Ministeriums für Staatssicherheit. Als gut konnte man sie nicht bezeichnen. In den letzten zehn Jahren hatte sich die Hauptverwaltung Aufklärung zu einem der offensivsten und erfolgreichsten Auslandsnachrichtendienste im Bereich der Militär- und Hochtechnologiespionage entwikkelt. Rulff hatte darin von Anfang an mit Generalmajor Chmys aus der Ersten Hauptverwaltung des KGB an einem Strang gezogen. Und das war mit den Repressalien, den rücksichtslosen Verfolgungen Oppositioneller und den stalinistischen Machtstrukturen des Inlandsbereiches des MfS nicht unter einen Hut zu bringen. Er wäre nie auf den Gedanken gekommen, die Abteilung VI mit der Observation von Kotsch zu beauftragen. Im Gegenteil, er konnte ja noch nicht mal ausschließen, daß zwischen der *Organisazija* und dem Ministerium für Staatssicherheit direkte Verbindungen existierten. Somit kamen auch weder sein Vorgesetzter, der Minister für Staatssicherheit Erich Mielke, noch der für Sicherheitsfragen zuständige ZK-Sekretär Egon Krenz für ein offenes Wort in Frage. Es waren Ignatschenkos Leute von der Karlshorster KGB-Residentur, die den Einreisebereich des Schönefelder Flughafens überwachten. Die Interflug-Maschine aus Prag war sowieso eine der letzten Landungen, die vor der Schließung des Ostberliner Flughafens und der Sperrung des Luftraums genehmigt wurde. Dadurch war die Ankunftsetage im Hauptgebäude besonders übersichtlich.

Die Russen waren fassungslos, als Kotsch nicht auftauchte. Über die Verbindungsleute der *Monopoly-Runde* in der Tschechoslowakei wußten sie, daß Kotsch in Prag unter dem Namen Fernandez-Vila in die Maschine gestiegen und abgeflogen war. Hier blieb er wie vom Erdboden verschluckt. Nach einer diskreten Überprüfung der Passagierliste bestand kein Zweifel daran, daß Kotsch im Einreisebereich von Schönefeld von einem Helfer der *Organisazija* an der Grenzkontrolle vorbeigeschleust worden war. Das war der Beweis: Angehörige der Grenztruppen oder des Stasi arbeiteten direkt mit der *Organisazija* zusammen.

Generalmajor Rulff machte die Nachricht von Kotschs Verschwinden sehr betroffen. Sein eigener Laden arbeitete gegen den Generalny. Und er konnte jetzt nichts mehr tun, als abzuwarten und zu hoffen, daß die Strategie der *Monopoly-Runde* und ihrer Helfer im Westen noch eine Spur dreister und gerissener war als die der *Organisazija*.

13. JANUAR, AL LASAF (IRAKISCHE WÜSTE), 10.00 UHR:

Der vierzehnjährige Faisal war fast nicht mehr bei Bewußtsein, als er die kleine Siedlung an der Oase erreichte. Er litt immer noch unter dem Schock des Angriffs auf das IPLF-Camp. Auf dem Fußmarsch durch die Wüste hatte er nach ein paar Kilometern die Orientierung verloren, war von der Piste abgekommen und hatte mehr als sechs Stunden für den Weg gebraucht. Ein kleiner Straßenköter entdeckte den Jungen zuerst. Faisal schwankte eine staubige Straße entlang. Die Augen konnte er kaum öffnen. Der Hund bellte den Eindringling an, die Läufe nach vorn gestemmt, das Rückenfell aufgestellt. Faisal hob nur etwas den Kopf, erkannte die Umrisse von Hütten und Häusern und den schwarzen kläffenden Hund. Im nächsten Augenblick fiel er um, dem erschrockenen Tier genau vor die Schnauze. Der Köter schnupperte erst vorsichtig an dem Fremden, schleckte ihm schließlich mit seiner rauhen rosa Zunge quer durchs Gesicht, und als sich der Junge immer noch nicht bewegte, fing er erneut an zu bellen. Es klang jetzt anders. Schließlich wurde Faisal von Bewohnern der Oase gefunden. Man trug ihn in eine der Hütten. Alte Frauen flößten ihm vorsichtig Wasser ein und behandelten seinen Sonnenstich mit kalten Umschlägen. Als er zu sich kam, flüsterte er heiser und aufgeregt den Frauen an seinem Bett auf arabisch zu, daß die Amerikaner in dem Camp der IPLF ein Massaker verübt hatten. In Al Lasaf gab es einen Polizeiposten. Und selbstverständlich ein Funkgerät. Eine Stunde später überflog ein Aufklärer der irakischen Luftwaffe das von Faisal bezeichnete Areal in der Wüste und fotografierte die Reste des illegalen, aber stillschweigend geduldeten Palästinenserlagers. Es gehörte zur Routine der großen Nachrichtendienste, daß der Funkverkehr im irakischen Krisengebiet abgehört wurde, das galt für die US-amerikanische *National Security Agency* ebenso wie für den militärischen Nachrichtendienst der UdSSR, den GRU.

13. JANUAR, MOSKAU, 9.15 UHR:

Die Kolonne der schwarzen SIL-Limousinen stoppte vor dem Haupteingang des ZK-Gebäudes. Als der Generalny aus dem Wagen stieg, wurde er auf den wenigen Metern zum Hauseingang von Sicherheitskräften der 9. KGB-Verwaltung abgeschirmt, was selbst bei dessen USA-Reise nicht der Fall gewesen war. Im Zentralkomitee herrschte Hochbetrieb. Auf der gestrigen Politbürositzung war endgültig beschlossen worden, daß Michail Sergejewitsch Gorbatschow mit einer Spitzendelegation aus Politbüro, ZK und Regierung zu dem geheimen Arbeitsbesuch nach Ostberlin reisen sollte. Die Mitglieder des Krisenstabes waren ein letztes Mal zusammengetroffen. Verteidigungsminister Schalajew hatte sich mit seiner Einsatzzentrale im Moskauer Militärbezirks-Kommando in der Kommissariatskij

Ulica eingerichtet und blieb mit Hilfe einer Standleitung der *Kremljovka* mit dem ZK in Verbindung. In der Öffentlichkeit war darüber nicht ein einziges Wort bekannt geworden, dafür sprachen die Medien über die Verhaftung von Pawel Murajew und Boris Jelzin um so ausführlicher. Auch das Verbot des *Vasewedtschiki*-Konzerts zeigte erste Wirkungen: Im Moskauer Stadtsowjet standen seit sechs Uhr die Telefone nicht mehr still. Gorbatschow stellte in seinem Arbeitszimmer mit seinen ersten beiden Sekretären Wailan Iwanowitsch und Pjotr Petrowitsch die Unterlagen für seine Reise zusammen. Sie gehörten zu den Vertrauten des Generalny, ebenso wie ein rundes Dutzend von ZK-Sektretären. Selbst sie wußten nicht, daß siebzig Meter unter der Erde Einheiten der *Sektion Budjonny* auf das Kommando zum Sturm des Kreml warteten. Die Situation war deutlich angespannt. Die führenden Köpfe der *Perestroika* sollten in die DDR reisen, um die SED und den senilen Honecker auf den politischen Kurs der UdSSR einzuschwören oder zumindest das andauernde Sperrfeuer aus dem Ostberliner Propaganda-Apparat zu unterbinden. An sich stellte die Reise ein ungeheures protokollarisches Zugeständnis dar: der Generalsekretär der KPdSU und die führenden Politiker der Sowjetunion machten sich auf den Weg in die Hauptstadt der DDR, anstatt die SED-Führung nach Moskau zu zitieren, wie es noch vor zwei Jahren selbstverständlich gewesen wäre. Sollte es jetzt, trotz der eingeleiteten Sicherheitsmaßnahmen der *Monopoly-Runde*, dennoch zu einem Zwischenfall während des Fluges kommen, würden mit dem Generalny die meisten führenden Reformer im ZK und im Politbüro den Tod finden. Wie sich dann die Konstellationen in Moskau entwikkeln würden, stand außer Frage: Den Hardlinern um Stanislaw Klimenko wären Türen und Tore des Kreml geöffnet.

Der Generalny und sein interner Beraterstab hatten sich

von Anfang an darauf festgelegt, den konservativen Flügel in die Verantwortung für die offiziellen Sicherheitsmaßnahmen einzubinden. Deshalb hatte man Klimenko den Vorsitz im «kleinen Krisenstab» übertragen. Zumindest dienstlich waren er und seine Leute dadurch zur Loyalität verpflichtet. Dennoch hatte das Arbeitsklima im ZK in den letzten Tagen einen unerträglichen Tiefpunkt erreicht. Jeder, der die Regierungspolitik des Generalny in der letzten Zeit zu kritisieren gewagt hatte, war nun in den Augen seiner Befürworter ein potentieller Attentäter. Ganze ZK-Abteilungen sprachen kein Wort mehr miteinander. Langjährige Freundschaften wurden auf eine harte Probe gestellt. Ein Gerücht jagte das andere. Der ganze ZK- und Politbüroapparat glich einem glühenden Wasserkessel, in dem es nicht kochen durfte.

Klimenko kam unangemeldet in Gorbatschows Arbeitszimmer und schimpfte ohne ein Wort des Grußes drauflos: »Michail Sergejewitsch! Wer, zum Teufel, hat die Verhaftung des Genossen Jelzin und von Pawel Murajew angeordnet?«

Wailan Iwanowitsch und Pjotr Petrowitsch ignorierten die Ankunft des Generalny-Stellvertreters und bündelten die Unterlagen, um sie in den schwarzen Aktenkoffern zu verstauen. »Guten Morgen, Stanislaw Pawlowitsch!« antwortete Gorbatschow mit unbewegter Miene und blieb hinter seinem Schreibtisch stehen. Er bot weder Klimenko einen Platz an, noch machte er selber Anstalten, sich zu setzen. Gorbatschow hatte keine Zeit. »Was also soll dieser dilettantische Unsinn?« wiederholte Klimenko gereizt. »Soll die ganze Stadt in Aufruhr gebracht werden – ausgerechnet jetzt, wo du Moskau verläßt?«

»Gegen den Chefredakteur der Zeitschrift *Orgonjok* läuft ein Ermittlungsverfahren wegen Verunglimpfung des Staates, Verleumdung und übler Nachrede. Soweit ich mich erinnern kann, hast du, mein lieber Stanislaw Pawlowitsch, der bei der Bezirksstaatsanwaltschaft Anzeige gegen Murajew erstattet …«

»Aber das heißt doch nicht, daß man ihn verhaften sollte!« fuhr der Funktionär dazwischen. »Wir können doch darauf warten, daß es Ärger gibt.«

Klimenkos Worte schienen den Generalny nicht zu beeindrucken. »Wir sind schließlich auf dem Weg, ein Rechtsstaat zu werden« antwortete er nüchtern. »Wenn der Genosse Staatsanwalt es für erforderlich hält, Murajew verhaften zu lassen, so wird er dafür seine Gründe haben.« Während er sprach, suchte er noch zwei Protokolle auf seinem Schreibtisch und drückte sie Wailan Iwanowitsch zum Einpacken in die Hand. »Die Zeiten, in denen sich die Partei in laufende Ermittlungs- oder Gerichtsverfahren einmischt, sind ein für allemal vorbei. Der erste Schritt unserer Justizreform bedeutet, daß jeder vom Gesetz gleich behandelt wird – ungeachtet dessen, ob es sich um einen Tagelöhner oder um einen so populären Journalisten wie Pawel Murajew handelt. Und wenn das die Menschen auf der Straße nicht einsehen, werden sie es eben lernen müssen. Oder hast du dem Genossen Murajew unrecht getan?«

Klimenko schüttelte barsch den Kopf. »Natürlich nicht. Aber ich will eine unnötige Eskalation vermeiden.«

»Willst du das wirklich?« fragte Gorbatschow in ungewohnt scharfer Form. »Du warst es doch, der diesen Schmähartikel in der *Sowjetskaja Rossija* lancierte – und ausgerechnet einen Tag vor meiner Ankunft in Ostberlin erscheint derselbe neostalinistische und bösartige Schund im *Neuen Deutschland!*«

Angesichts der Schärfe des Gesprächs zwischen dem Generalny und Klimenko ließen die Sekretäre die beiden allein. Klimenko setzte sich auf einen der gepolsterten Stühle vor Gorbatschows Schreibtisch. »Glaubst du wirklich im Ernst, daß ich einen terroristischen Anschlag gegen dich unterstützen würde, Michail Sergejewitsch?« fragte er in einem Tonfall, der zwischen Betroffenheit und Empörung changierte.

Gorbatschows Charme konnte in beißende Kälte umschlagen, wenn er unter starken Druck geriet oder wütend wurde. Er war immer noch hinter dem Schreibtisch stehengeblieben. »Nein«, antwortete er knapp, »aber ich könnte mir vorstellen, daß du unter bestimmten Umständen die falsche Entscheidung fällen würdest!«

Klimenko sprang in einer für sein Alter erstaunlichen Schnelligkeit vom Stuhl auf und brüllte Gorbatschow an: »Du bist mein politischer Gegner, Michail Sergejewitsch. Und das weißt du. Ich halte dich für verantwortungslos und glaube, du führst unser Vaterland in eine große wirtschaftliche und politische Krise.« Er holte Luft und setzte noch eine Spur energischer hinzu: »Aber ich bin kein Mörder!«

Der Generalny nickte wortlos. Stumm sah er seinen Widersacher an, Stanislaw Pawlowitsch Klimenko, seinen Gegner aus unzähligen Debatten im ZK und im Politbüro, den Wortführer des konservativen Flügels, der viel Zeit und Geschick aufwandte, immer wieder Koalitionen gegen seine Reformpolitik zu bilden.

»Ich möchte nochmals darauf hinweisen«, fügte Klimenko, jetzt wesentlich ruhiger, auf Gorbatschows Schweigen hinzu, »daß die Verhaftungen von Murajew und Jelzin innenpolitisch der pure Wahnsinn sind. Mit dem Verbot des Konzerts der *Vaswedtschiki* wird das alles zu erheblichen Demonstrationen führen, während du und deine politischen Freunde der SED-Führung in Berlin die *Perestroika* predigen wollen!«

»Ich habe dir meinen Standpunkt dargelegt. Das sind souveräne Entscheidungen der Staatsanwaltschaft und des Stadtsowjet. Und dabei bleibt es.« Mit dem Ende dieses Satzes wandte sich Gorbatschow seinen Unterlagen auf dem Schreibtisch zu. »Du entschuldigst, Genosse Stanislaw Pawlowitsch – ich habe zu tun. Wir können ja heute abend …«

»Du bist ohne jeden Skrupel, Genosse Gorbatschow!« zischte Klimenko und lief mit großen Schritten zur Tür, die er im nächsten Moment donnernd hinter sich zuwarf. Als Gorbatschow allein war, setzte er sich in seinen Schreibtischsessel und sah unvermittelt aus den Fenstern zur Serova. Der Himmel schimmerte in einem regenschwangeren Grau. Seine Gedanken schweiften ab. Er dachte an Raissa, seine Frau, die er innig liebte, mit der er seit vielen Jahren in einer glücklichen Ehe lebte und um die er von vielen Männern beneidet wurde. Er dachte an seine beiden Kinder, den Sohn und die Tocher, an die Schwiegertochter, den Schwiegersohn, an die Enkel. Was würde er seinen Enkeln hinterlassen? In diesen Augenblicken der Selbstzweifel fragte er sich immer wieder, was ihn dazu getrieben hatte, die glückliche Zeit und seinen guten Posten als Agrar-Ökonom in Sewastopol aufzugeben und mit seiner Langzeitstrategie in die Politik einzusteigen. Nach wenigen Sekunden hatte sich der Generalny gefangen. Er warf einen Blick auf seine Uhr. In einer Stunde fuhr der Konvoi zum Flughafen ab. Gorbatschow drückte auf die Taste der Gegensprechanlage und rief Pjotr und Wailan in sein Büro zurück. Äußerlich war dem Generalny nichts anzumerken. Lediglich seine Mundfalten waren eine Spur schärfer geworden.

Harry Maybach landete mit der Vormittagsmaschine der Lufthansa auf dem Flughafen Scheremetjewo II. Die ganze Nacht war er unterwegs gewesen, war von München zurück nach Köln gefahren, hatte seine Koffer gepackt, in der Redaktion seine Einreisepapiere geholt, war mit der ersten Frühmaschine von Köln-Bonn nach Frankfurt geflogen, um in die Maschine nach Moskau umzusteigen. Maybach nahm sich ein Taxi und ließ sich, ohne vorher zum Hotel zu fahren, direkt ins ARD-Studio am Kutozowskij Prospekt bringen. Große Teile des internationalen Pressekorps waren dort in den häßlichen Mietskasernen untergebracht. Der Eingang wurde von einem Milizionär bewacht, der aber jeden Ausländer wortlos passieren ließ.

Joachim Schupke, der Chef des Moskauer ARD-Studios, war ein Spezi von Maybach. Schupke gehörte zu den alten Hasen im »Ost-Geschäft«. Er war seit vielen Jahren in Moskau akkreditiert und kannte die verschiedenen Erscheinungsformen des Kommunismus besser als jeder andere westdeutsche Korrespondent. Er hatte die Entstehung der *Perestroika* vor Ort miterlebt, kannte Gott und die Welt in dieser Stadt. Schupke war zweifelsohne *der* Mann für Harry Maybach. Ein Problem lag nur darin, daß Schupke mit der Weitergabe von Informationen geizte, wenn er sie für seine eigenen Sendungen und Beiträge benutzen konnte.

Maybach fuhr mit dem prähistorisch anmutenden Fahrstuhl in den achten Stock hinauf und klingelte an der Studiotür. Das Türschild machte noch den besten Eindruck. Als ihm eine Sekretärin öffnete und ihn in Schupkes Arbeitszimmer begleitete, verblüfften Maybach die winzigen Ausmaße der Wohnung, die hier als Fernsehstudio herhalten mußten.

Schupke sah ziemlich fertig aus. Schlips und Kragen standen halb offen, das Hemd war zerknittert, er hatte Augen wie ein Albino-Hase. Offensichtlich hatte er die Nacht durchgesoffen. »Morgen, Harry!« nuschelte er, eine Gauloises zwischen den Lippen.

»Grüß dich, Achim!« antwortete Maybach und schüttelte ihm die Hand. »Ich bin wegen der Sache in München hier und diesem Ulja ...«

»Sag mal, Harry, hast du keine Ahnung, was hier los ist?« fragte der Korrespondent in seiner wachsweichen Aussprache und nahm der Sekretärin an der Tür den Becher Kaffee ab. »Willste auch einen?«

»Logo. Wovon soll ich 'ne Ahnung haben. Mensch, Achim, ich bin die ganze Nacht unterwegs gewesen und habe heute morgen im Flieger gepennt!«

»Pawel Murajew ist verhaftet worden – der Chefredakteur der progressiven Zeitschrift *Orgonjok*. Boris Jelzin wurde in der letzten Nacht ebenfalls festgenommnen.« Schupke nahm einen kräftigen Schluck Kaffee, und für einen kurzen Moment waren seine zahnlosen Kiefer zu sehen. »Das *Vaswedtschiki*-Konzert ist auch verboten worden.«

»Ist das ein Wunder?« erwiderte Maybach. »Uljanow steckt schließlich in einem Landhaus der CIA, irgendwo in Virginia.«

Schupke stöhnte. Harry war ein Mann aus Westdeutschland, dessen Naivität auf seiner ersten Moskaureise keine Grenzen gesetzt schienen. »Das Konzert ist nicht abgesagt, sondern verboten worden! Kapierst du?«

»Nee«, sagte Maybach und schnorrte sich eine der Marlboros, die irgend jemand auf dem Couchtisch liegen gelassen hatte. »Ich auch nicht«, seufzte Schupke. »Es gibt Gerüchte in der Stadt, daß es heute mittag zu ersten Demonstrationen kommen soll. Das alles ist vollkommen unverständlich. Gorbatschow hat sich zu den Verhaftungen geäußert und behauptet, das alles wären souveräne Entscheidungen der Staatsanwälte beziehungsweise des Stadtsowjets gewesen, in die er nicht reinzureden und sich nach rechtsstaatlichen Gesichtspunkten nicht einzumischen habe.«

Maybach sah seinen alten Kollegen fragend an. »Und was steckt dahinter?«

»Keine Ahnung. Gorbatschow hält sich offensichtlich zurück. Er geht seiner Regierungsarbeit nach, als wäre nichts gewesen. Vollkommen unverständlich.«

»Oder 'ne verdammt gute Show.«

Die Tür ging auf. Der Leiter des Aufnahmeteams blieb

im Flur stehen. »Na los, Achim, die Zeit!« Und in der nächsten Sekunde zog er die Tür wieder zu.

Schupke ging zu seinem Schreibtisch, öffnete die oberste Schublade, nahm sein Gebiß heraus und schob es in den Mund. »Tja, Harry, tut mir leid – ich muß weg! Wir drehen jetzt gleich ein Interview mit der Frau von Jelzin und dann noch 'ne kleine Reportage aus der *Orgonjok*-Redaktion ab. Check dich doch erst mal in dein Hotel ein, und wir telefonieren heute abend.« Schupke wartete nicht auf eine Antwort, sondern angelte nach seinem Jackett, warf es über die Schulter und verließ das Büro. Der Fernsehjournalist stieß beinahe mit seiner Sekretärin zusammen, die Maybach gerade eine Tasse Kaffee bringen wollte.

»Danke!« sagte Maybach und blieb, mit der Kaffeetasse in der Hand, allein in dem Arbeitszimmer zurück.

13. JANUAR, LUXEMBURG, 9.15 UHR:

Im großen Sitzungssaal der Vorstandsetage der Dresdner Bank von Luxemburg hatten sich die Vorstandsvorsitzenden der siebzehn größten europäischen Privatbanken versammelt. Auch Sam Sugarman war, als Vertreter des US-amerikanischen Privatkapitals, im Anschluß an seine Beratungen mit dem israelischen Geheimdienstchef Achituv nach Luxemburg gekommen. Diese Runde war das Ergebnis einer konzertierten Aktion des westlichen Kapitals. Es waren die Banken gewesen, die im Rahmen einer beispiellosen Geheimdiplomatie dem Hilfeersuchen der *Monopoly-Runde* und des israelischen Mossad entsprochen hatten. Sie hatten das Kapital und die nötigen Kontakte für die Rettungsaktion der Sowjetregierung zur Verfügung gestellt. Alexander von Mannsfeld und Sam Sugarman hatten auf westlicher Seite die Rolle der Vordenker und Organisatoren übernommen.

Die Bankmanager entsprachen schon lange nicht mehr der Vorstellung alter Klassenkämpfer von zigarrenrauchenden, dickbäuchigen und profitgierigen Kapitalisten. Sie glichen eher nüchternen, besonnenen Kapitänen, die die Riesentanker der Multis bis hin zu den Booten der Mittelständischen Industrie durch die Fahrwasser der internationalen Wirtschaft dirigierten. Die Macht und der Einfluß dieser Männer waren beträchtlich; emotionale oder parteipolitische Beweggründe ordneten sie den jeweiligen Sachzwängen unter. Addierte man die Bilanzsummen der Institute, die von ihnen geführt wurden, übertraf das Ergebnis den Jahreshaushalt der Europäischen Gemeinschaft. Die Vision des »Europäischen Hauses« hatte im Bankgeschäft längt konkrete Formen angenommen.

Daß die Ostblock-Staaten nicht nur die Freiheit, sondern auch das Know how der kapitalistischen Industrien wie die Luft zum Atmen brauchten, wurde weder von Moskau noch von den EG-Regierungen in Frage gestellt. Die Erkenntnis, daß man angesichts der massiven Umwelt- und Rohstoffprobleme längst eine viel intensivere Zusammenarbeit mit den RGW-Staaten erreichen mußte, war im Kreml und in den Vorstandsetagen der Banken viel eher begriffen worden als in den schwerfälligen westlichen Regierungsapparaten. In den Strategieabteilungen der Großbanken existierten geheime Computerhochrechnungen darüber, was der jahrzehntelange Raubbau und die Vergewaltigung der Natur volkswirtschaftlich kosteten. Diesen »Öko-Bilanzen« lagen nicht nur Herstellungskosten, Energieaufwand und Entsorgungs- beziehungsweise Recyclingkosten zugrunde, sondern auch der humanmedizinische Aufwand, der durch die zunehmende Umweltverschmutzung notwendig wurde. Das Zahlenmaterial glich einem Horrorszenario. Faktisch gesehen führte am »Umbau der Welt« keinen Weg vorbei, wenn sich große Teile des Globus in den nächsten dreißig Jahren nicht in eine trockene, verödete Wüste verwandeln sollten. Um das zu verhindern, müßten die bisherigen Rüstungsausgaben der Warschauer-Pakt- und NATO-Staaten überwiegend in die Entwicklung und Herstellung moderner Umwelttechnologien, neuer schadstoffärmerer Verkehrssysteme, die Erforschung ressourcenschonender Energien und Maßnahmen zur Eindämmung der globalen Bevölkerungsexplosion einfließen. In dieser nüchternen und harten Betrachtungsweise waren sich die westlichen Bankiers erstaunlicherweise mit der sowjetischen Führungsspitze viel einiger, als die Regierungen der EG-Staaten und die USA. Dort war man den einflußreichen Lobbys einzelner Industrien und der manchmal leider noch zu kurzsichtigen Gunst der Wähler verpflichtet. Eine Regierung in Westdeutschland mußte im Zeitalter des kollabierenden Individualverkehrs bei der Einführung eines allgemeinen Tempolimits immer noch mit Massendemonstrationen rechnen. Und so gesehen lag die Zukunft eher in der Mündigkeit der Bürger in Ost und West und in der Vernunft einzelner Industriezweige und Gewerkschaften. Die Konzepte für Joint-Venture-Unternehmen lagen längst in den Schubladen der Ministerien der UdSSR-Staaten und Vorstandsetagen der westlichen Industrien. Daß sie dort vor sich hin staubten, lag an der Trägheit der Systeme. Vorausschauenden Ökonomen und Wissenschaftlern war die Entwicklung zwischen Ost und West, die in der Presse als atemberaubend bezeichnet wurde, immer noch viel zu langsam. Dieses Mißtrauen hatte auch den Ausschlag gegeben, die Hilfsaktion für die Regierung Gorbatschow aus eigenen Mitteln zu finanzieren und soweit wie möglich unter Ausschluß der westlichen Regierungen und ihrer Nachrichtendienste zu operieren. Nichts hatten die Bankiers mehr gefürchtet, als daß das Engagement für Gorbatschow auf einem NATO-Gipfel zerredet werden könnte. Mit dieser Taktik hatten sich die Spitzenbankiers juristisch wie auch moralisch auf dünnes Eis begeben. Sie hatten reihenweise gegen die Gesetze ihrer Staaten verstoßen und die Loyalität gegenüber ihren Regierungen verletzt. Sollte die Operation fehlschlagen, waren die persönlichen Konsequenzen für jeden einzelnen von ihnen unübersehbar.

Und mittlerweile war genau das eingetreten, was Mannsfeld und Sugarman hatten verhindern wollen. In Brüssel traten die westlichen Regierungschefs aus Westeuropa, den USA und Kanada zu einem Blitzgipfel zusammen, bei dem ihnen der Gorbatschow-Berater Valentin Falin Rede und Antwort stehen mußte.

Unter diesen Vorzeichen hatten die Bankiers nichts mehr miteinander zu besprechen. Sie saßen bei schlichten Croissants und Kaffee, in einem Akt der Solidarität beieinander und konnten nichts weiter tun, als abzuwarten. Die Israelis hatten ihnen einen Empfänger für den Gamma-Kanal der Satelliten-Richtfunk-Strecke zur Verfügung gestellt. So konnten sie wenigstens mithören, inwieweit sich ihr berufliches Schicksal mit dem von Michail Sergejewitsch Gorbatschow verband.

13. JANUAR, BRÜSSEL, 9.15 Uhr:

Die belgischen Sicherheitsbehörden waren durch den Sitz des NATO-Hauptquartiers in Brüssel auf einen Blitzgipfel vorbereitet. Und so hatte François Mitterrand eingewilligt, das eilends organisierte Treffen der Regierungschefs und ihrer Außen- und Verteidigungsminister dort stattfinden zu lassen. Im Lauf des Morgens waren die Regierungsspitzen, von der Öffentlichkeit gänzlich unbemerkt, in Brüssel eingetroffen.

Die ganze Nacht über war Valentin Falin den bohrenden Fragen und wütenden Vorwürfen von Genscher und Mitterrand im Elysée-Palast ausgesetzt gewesen. Wer den französischen Staatspräsidenten näher kannte, wußte dessen cholerische Wutausbrüche zu fürchten. Mitterrand forderte Falin ultimativ auf, auch aus Frankreich die Agenten des Warschauer Paktes abzuziehen, was der Russe schon aus rein technischen Gründen ablehnen mußte. Falin bot allenfalls spätere Verhandlungen über dieses Thema an. Bis zum Schluß der Unterredung war Mitterand nicht bereit gewesen, den Affront gegen die kontinentaleuropäischen Regierungen hinzunehmen. In den frühen Morgenstunden klingelte er alle Regierungschefs der europäischen NATO-Staaten und Kanadas aus den Betten und zitierte sie nach Brüssel. Die Amerikaner klammerte der Franzose bewußt aus.

Die Konferenz im großen Sitzungssaal begann spannungsgeladen. Die Briten und der US-amerikanische NATO-Botschafter standen auf verlorenem Posten. Mitterrand bereitete es in seiner Eröffnungsrede keinerlei Mühe, seinen Zornausbruch zu wiederholen. Erst danach hatte Margaret Thatcher Gelegenheit, sich und ihre Regierung zu verteidigen. Sie kämpfte wie eine Löwin, obwohl sie von Genscher, Suarez, Andreotti, aber vor allem von Mitterrand immer wieder heftig angegriffen wurde. Der impulsive Franzose hatte nicht einmal Skrupel, die Mitgliedschaft Großbritanniens in der EG und im kontinentaleuropäischen Verteidigungsbündnis in Frage zu stellen. Das Wort »kontinentaleuropäisch«, eine Provokation für Briten und Amerikaner, gehörte an diesem Tag zu einer der meistbenutzten Vokabeln Mitterrands. Und zur Verblüffung der britischen Minister und des US-Botschafters machte keine der übrigen Regierungen den Versuch, die deftigen Worte des Franzosen abzuschwächen – nicht einmal der integrationsfreudige Bundeskanzler Kohl, in dessen Gesicht sich der Zorn über den britisch-amerikanischen Alleingang tief eingefressen hatte.

Der US-amerikanische NATO-Botschafter, General Ion

Clarke, selbst von den Entwicklungen überrumpelt, stammelte etwas von »zeitkritischen Entscheidungsnotständen«.

Erst Falin gelang es, die Situation wieder in den Griff zu bekommen. Sein Vortrag war brillant. Immer wieder verwies er geschickt auf die Beteiligung der europäischen Privatbanken und nahm so den zürnenden Franzosen und Deutschen die Luft aus den Segeln.

Die britische Regierungsspitze hatte dafür gesorgt, daß über den Kanal Alpha 5 alle wesentlichen Nachrichten über die Satelliten-Richtfunk-Strecke direkt in den Sitzungssaal eingespielt wurden. Als das Gerät auf dem Konferenztisch – man verzichtete auf jegliches Personal – piepte, zog die resolute Maggy ihrem Verteidigungsminister das Mikrophon weg und nahm es selbst in die Hand. *»Alpha five – over!«*

»Alpha eins für Alpha vier« – es war Nigel Packham aus London, einer der engsten Berater der Premierministerin – *»Ma'am persönlich?«*

»So ist es«, sagte sie trocken. Es entstand eine kleine Pause.

»Schlechte Nachrichten, Madam: Die Zielpersonen in Berlin sind unseren Leuten entkommen. Die gleiche Meldung erhielten wir von Zeta vier. Drüben ist er ihnen auch entwischt.«

»Danke, Nigel!« antwortete sie, ohne ihre Gefühle zu verraten. Aber manchen der beobachtungsgeübten Diplomaten fiel auf, daß sie ihren Berater beim Vornamen genannt und die Funkdisziplin vergessen hatte. Nach einem längeren Zögern wandte sich die resolute Frau an die Männerrunde. »*Well*, die Kotsch-Gruppe ist unseren Leuten in Westberlin entwischt. Und aus der KGB-Residentur in Karlshorst wurde gemeldet, den Russen sei das gleiche mit Paul Kotsch am Schönefelder Flughafen passiert …«

»Bon!« bemerkte Mitterrand mit beißendem Spott. »Daß

Sie sich überhaupt auf eine Operation eingelassen haben, bei der das Risiko besteht, daß westdeutsche Neonazis als Täter von Truppen der Nationalen Volksarmee festgenommen werden, ist außenpolitischer Irrsinn!« Im gleichen Atemzug wandte er sich an den deutschen Bundeskanzler: »Oder was sagen Sie dazu, Elmüt?«

Kohl sah ernst in die Runde. Der großgewachsene Pfälzer holte mit seinen Armen zu einer fragenden Geste aus. »Nun, aus der Sischt der Bundesregierung ist diese bedrohlische Endwiglung in Middeleuropa äußerst ernst zu nehmen …«

»*Nom de Dieu!* Ist Ihnen eigentlich klar, was es bedeutet, wenn die Kotsch-Gruppe in der DDR gefaßt und gleichzeitig von der *Organisazija* die Verletzung des östlichen Luftraums durch unsere Maschine bemerkt wird? Dann befinden wir uns im Vorstadium zu einem bewaffneten Konflikt!«

»*Ecco!*« mischte sich der italienische Ministerpräsident Giulio Andreotti ein, »da gibt es nur eine Antwort: Die amerikanischen und britischen Maschinen müssen am Boden bleiben.« Der Italiener seufzte. »Es tut mir leid, das sagen zu müssen, ich habe der Politik Gorbatschows immer große Sympathien entgegengebracht, aber für diesen erheblichen Vertrauensverlust ist die Führung der UdSSR auch verantwortlich. Sie muß selbst damit fertig werden!«

Die britische Premierministerin wirkte angespannt. General Clarke war als Vertreter der Amerikaner eine absolute Null. Margaret Thatcher hatte zwar niemals Hemmungen besessen, bei den EG-Vereinbarungen eifrig von ihrem Vetorecht Gebrauch zu machen. Aber sich mit den Amerikanern gegen die Stimmen aller übrigen NATO-Partner auf einen militärisch riskanten Einsatz hinter dem Eisernen Vorhang einzulassen, das wagte sie denn doch nicht. Außerdem hatte der dänische Premierminister Schlüter, der von dem Einsatz ebenso überrascht worden war, dabei noch ein winziges Wörtchen mitzureden, und das hieß: »*Ikke!*«

»Noch sind unsere Maschinen am Boden!« stellte die Engländerin bitter fest. »Was ist nun, Gentlemen? Risiko jetzt oder einen neuen Stalin in Moskau?«

Falin erhob sich von seinem Sitzplatz. Die ganze Zeit hatte er die Uhr über der Tür nicht aus den Augen gelassen. »Madam, meine sehr geehrten Herren Regierungschefs, werte Minister! Die Regierungsmaschine unseres Generalsekretärs wird in wenigen Minuten in Wnukowo II starten. Sollten Sie also, aus welchen Gründen auch immer, die Beteiligung der westeuropäischen Staaten an der Rettungsaktion für den Genossen Michail Sergejewitsch Gorbatschow absagen, muß dieser Start verhindert werden! Aber ich möchte Ihnen zu bedenken geben, daß gerade der Genosse Gorbatschow selbst bereit war, dieses erhebliche Risiko einzugehen, um der *Organisazija* ein für allemal das Handwerk zu legen. Monatelange Vorbereitungen, unser Vertrauensbeweis durch die Aufgabe ganzer Agentennetze sowie Millionen von Investitionen Ihrer Banken waren dann umsonst. Und als guter Kenner der Moskauer Kräfteverhältnisse möchte ich Ihnen einen Ausblick darauf geben, wie unser Land aussehen wird, wenn der Genosse Gorbatschow, Außenminister Schewardnadse, die Berater Jakowlew und noch viele andere namhafte Politiker der UdSSR einem Mordanschlag zum Opfer fallen.«

Die Politiker hörten dem sowjetischen Regierungsberater aufmerksam zu.

»Zuerst werden die politischen Kreise um Verteidigungsminister Schalajew Gromyko dazu nötigen, den Ausnahmezustand auszurufen. Damit ist das Faustrecht in Kraft gesetzt. Vermutlich wird Generalmajor Myschko oder der Leiter der Fünften Hauptverwaltung das KGB übernehmen. Das ist das Ende von *Glasnost*. Verhaftungswellen werden anrollen, um den politischen Gegner mundtot zu machen. Das Politbüro wird sich aus Falken und konservativen Hardlinern zusammensetzen. Und was die aktuelle Lage angeht, so können Sie sich darauf gefaßt machen, daß man die DDR anweisen wird, zumindest vorübergehend die Grenzen zur BRD zu schließen.«

»Wollen Sie uns Angst einjagen?« fragte Mitterrand bissig.

»*Njet!*« antwortete Falin ungerührt, aber im nächsten Moment wurde sein Ton um so leidenschaftlicher: »*Sie* entscheiden darüber, ob der Traum von einem europäischen Haus in neunzig Minuten beendet ist.« Dann sprach Falin den Franzosen persönlich an: »Monsieur le Président, ich bitte Sie, nein, ich flehe Sie an, siebenhundert Millionen sowjetischer Bürger nicht im Stich zu lassen, ich flehe Sie an im Namen meiner politischen Freunde, einschließlich des Generalny. *Sie* entscheiden jetzt und in dieser Minute über die Zukunft Europas und der Welt. Und ich bitte Sie«, dabei blickte er jetzt offen in die Runde, »und alle übrigen NATO-Staaten, helfen Sie uns!«

Falin war den Blicken der Minister, Präsidenten und Premierminister nicht ausgewichen. Er taktierte nicht mehr als gewiefter Diplomat um Redewendungen, sondern er sagte einfach nur die Wahrheit.

Es war still geworden. Offenbar schien keiner das erste Wort gegen Falin erheben zu wollen. Schließlich war es dann Mitterrand, der die Sache auf den Punkt brachte: »*Merde!*« seufzte er, »also gut, riskieren wir diesen Wahnsinn, und hoffen wir, daß wir mit heiler Haut davonkommen.«

Niemand widersprach.

13. JANUAR, MOSKAU, 11.25 UHR:

Als der Konvoi aus sieben ZIL-Staatskarossen, einem halben Dutzend Tschaikas und etlichen Wolgas des Personenschutzes unter Sirenengeheul und Blaulicht Wnukowo II erreichte, glich der Regierungsflughafen einer Festung kurz vor dem Großangriff feindlicher Truppen.

Auf den Dächern der Gebäude hatten Scharfschützen der *Sektion Budjonny* Stellung bezogen. An mehreren strategischen Punkten des Flugfeldes waren Schützenpanzer der Miliz aufgefahren. Entsprechend den Befehlen des Einsatzleiters, des stellvertretenden Kommandeurs der *Sektion Budjonny*, Oberstleutnant Badim, hatten die Besatzungen die Geschütze auf das Gebiet jenseits des hohen Maschendrahtzauns ausgerichtet. Der Sinn ihres Einsatzes war den Panzergrenadieren nicht erklärt worden, und unter den Soldaten herrschte Ratlosigkeit. Die Zufahrtsstraße zum Flughafen wurde von Einheiten der *Sektion Budjonny* abgeriegelt. Erstmals gehörten Panzerfäuste und eine Raketenbatterie, die am Rondell vor dem Hauptgebäude aufgestellt worden war, zu ihrer Ausrüstung.

In den letzten Stunden war jeder Quadratzentimeter der Jakowlew-42 von Sprengstoff-Suchtrupps der *Sektion Budjonny* kontrolliert worden. Selbst das Gepäck, das eine Stunde zuvor in einem Kleintransporter auf Wnukowo II eingetroffen war, wurde im Beisein eines ZK-Vertreters genauestens überprüft.

Die Cockpit-Besatzung der SU-1, der offiziellen Regierungsmaschine des Generalsekretärs der KPdSU, gehörte zu den erfahrensten Luftwaffenpiloten und -ingenieuren, die Generalleutnant Kornijenko im Militärbezirk Moskau hatte finden können. Die Crew ging die Checkliste durch. Die Lotarew-Turbinen kreischten unter einem letzten Belastungstest auf. Alle Systeme arbeiteten einwandfrei. Danach stellte der Pilot Vadim Gussew, ein zweiundvierzigjähriger Major, die Funkfeuerfrequenz für das automatische Flug-Kontroll-System ein. Fünftausend Meter über ihnen kreisten bereits drei Jagdmaschinen des Typs MiG-29, die Begleitstaffel der Jakowlew-42.

Der Konvoi der Regierungsfahrzeuge fuhr direkt auf das Flugfeld durch und stoppte wenige Meter entfernt vor der Gangway. Die Gorillas der Neunten KGB-Verwaltung sprangen aus ihren Autos und öffneten die Türen der Generalny-Limousine. Mit Gorbatschow stiegen Außenminister Schewardnadse und seine engsten Berater Jakowlew und Abrassimow aus. Unmittelbar vor der Treppe hatten Angehörige der *Sektion Budjonny* einen Tisch aufgebaut. Oberstleutnant Badim nahm Haltung an und begrüßte Gorbatschow, während sich seine Leute – mit entsicherten Schnellfeuergewehren in der Hand – nicht rührten und unablässig die Umgebung im Auge behielten.

»*Sdrastwujtje*, Genosse Generalsekretär!« sagte Badim. Die legere Art, wie er seine Hand von der Stirn sinken ließ und dem Generalny entgegenstreckte, machte deutlich, wie gut sie sich kannten.

»*Sdrastwujtje*, mein lieber Eduard Pawlowitsch!« erwiderte der Generalny freundlich und schüttelte dem Oberstleutnant die Hand. Für das, was ihm in den nächsten Stunden bevorstand, wirkte er erstaunlich gefaßt. »Schon was von Rybalkin gehört?«

»Die Vorbereitungen in Schönefeld laufen auf Hochtouren«, antwortete Badim. Im nächsten Moment wies er mit dem ausgestreckten Finger auf Gorbatschows Aktenkoffer. »Selbst gepackt?«

Die Frage verblüffte den Generalny. So etwas war er in seiner gesamten Parteilaufbahn noch nicht gefragt worden. »Nur zum Teil, einige Unterlagen wurden von Wailan Iwanowitsch und Pjotr Petrowitsch dazugelegt«, antwortete er ungeduldig, »die kennen Sie doch beide.«

»Nicht so gut, daß ich ihnen mein Leben anvertrauen

würde«, erwiderte der Oberstleutnant, nahm Gorbatschow den Koffer ab und legte ihn auf den Tisch. »Den werden Sie doch sicherlich die ganze Zeit bei sich tragen?«

»Machen Sie Witze? Da sind die Alarmcodes für die sowjetischen Raketenbasen drin!«

»Die Nummer?«

Gorbatschows Gesicht wurde ärgerlich. »Null-fünf-null-drei-fünf-drei!« sagte er widerwillig.

Oberstleutnant Badim mußte grinsen. Die Ziffern entsprachen dem Todestag Stalins. Er ließ die Verschlüsse aufschnappen, blätterte zwischen den geheimsten Dokumenten, legte sie neben den Koffer, nahm schließlich den versiegelten Umschlag mit den Einsatzcodes der sowjetischen Interkontinental-Raketen in die Hand und riß ihn kurzerhand auf.

»Haben Sie den Verstand verloren, Genosse Badim?« brüllte Gorbatschow. Auch Jakowlew mischte sich jetzt ein: »Genosse Oberstleutnant, jetzt gehen Sie zu weit!«

»Diesen Umschlag erhalten Sie täglich aus dem Verteidigungsministerium«, erwiderte der Einsatzleiter und setzte eindringlich hinzu: »Ausgerechnet aus dem Verteidigungsministerium!« Seine Anspielung war unmißverständlich. Verteidigungsminister Schalajews erbitterte Opposition gegen Gorbatschow im Politbüro war im ganzen Volk bekannt. Oberstleutnant Badim traute dem alten Marschall noch viel mehr zu. Nun protestierten auch weder Gorbatschow noch seine Begleiter, als Badim die roten Kunststoffkarten, in deren Hohlraum die Codes eingeschweißt waren, zu einem in der Nähe stehenden Barkas brachte und dort in einem mobilen Röntgengerät durchleuchten ließ. Nach wenigen Augenblicken kehrte er zu den wartenden Spitzenfunktionären zurück. »Offensichtlich ist wirklich nur Papier drin!« stellte er fest, aber schon schlug er eines der Täfelchen über die Tischkante und brach es auf.

»Jetzt reichts!« schimpfte der Generalny und wollte Badim persönlich die Codes aus der Hand nehmen. Aber Badim zog schnell den Papierstreifen aus der Plastikhülle. Der Streifen war leer – weiß – gänzlich unbeschriftet.

»Sehen Sie, verehrter Genosse Generalsekretär, das habe ich mir schon die ganze Zeit gedacht.«

Gorbatschow war vor Fassungslosigkeit wie erstarrt. »Wir müssen in die Stadt zurück, das ganze Unternehmen abbrechen.«

»Jetzt wird es wirklich zu gefährlich!« pflichtete ihm Schewardnadse bei. Die Situation geriet außer Kontrolle.

»Ist doch gar nicht notwendig!« bemerkte Badim gelassen und tastete das Futteral von Gorbatschows Aktenkoffer ab. »Jetzt wissen wir doch wieder etwas mehr.« Und fast im selben Augenblick hielt er nach einem kurzen Kratzen einen winzigen Punkt zwischen seinen Fingernägeln. »Kurzwellenwanze«, stellte der Einsatzleiter lakonisch fest, »kommt aus der Verwaltung Technik des KGB.«

Die Politiker kamen aus ihrer Bestürzung kaum heraus. Nicht nur, daß die *Organisazija* schon jetzt dem Generalny die Befehlsgewalt über die sowjetischen Atomraketen entzogen hatte, über den Sender hätten sie auch in Erfahrung bringen können, wo sich der Generalny befand. Das ganze Luft-Rettungs-Unternehmen wäre zwangsläufig gescheitert.

Badim klappte den Koffer zu und schob ihn Gorbatschow hin. »Ich danke Ihnen, verehrter Michail Sergejewitsch! Und nun Sie, Genosse Außenminister!«

Gorbatschow stieg mit unsicheren Schritten die Gangway hinauf. Ihn quälten die Selbstzweifel, und er spürte, wie Angst von ihm Besitz ergriff. Gerade die durfte er am wenigsten zeigen. Seine Show war wie immer gekonnt. Die Stewardeß an der Kabinentür lachte er schon wieder an.

Oberstleutnant Badim kontrollierte noch persönlich das Handgepäck von Schewardnadse und den beiden Generalny-Beratern. Dann übergab er das Kommando an drei seiner Offiziere, die den Troß der Mitarbeiter zügig durchsuchten. Mit einer Verspätung von zwanzig Minuten wurde schließlich die Maschine geschlossen und die Gangway weggeschleppt.

Wenjamin Janowitsch Aleksinski, der Flughafenarbeiter, dessen Familie von der *Organisazija* entführt worden war, stand in seinem orangefarbenen Arbeitsanzug, der Plastikschapka und den Ohrenschützern auf dem Kopf, direkt vor dem Bugrad der Regierungsmaschine. Er hörte nur wenig von dem Getöse auf dem Flugfeld, und dennoch war er es, der dem fliegenden Koloß am nächsten kam. Nicht nur die Geräusche klangen wie immer unwirklich, nein, auch das, was er tat, wie sein Körper funktionierte, erschien ihm fremd. Mit der rechten Hand hatte er den Druckknopf seiner Beintasche bereits geöffnet. Als er sich zu dem Stahlseil des Radkeils hinunterbeugte, glitt seine Hand in einer blitzschnellen Bewegung aus der Tasche, dann hielt er das kleine schwarze Kästchen zwischen den Fingern. Er entfernte den Schutzstreifen der Klebeflächen, und keine zwei Sekunden später heftete der Sprengsatz zwischen den Stahlstreben des Bugfahrwerks. Aleksinski zog den Blechkeil scheppernd zur Seite, lief einige Meter seitlich nach vorn und signalisierte dem Piloten per Winkzeichen, daß das Fahrwerk frei war. Während der Flughafenarbeiter von einem Bodenfahrzeug aufgenommen wurde, forderte der Pilot die Rollgenehmigung vom Kontrollturm an. Kurz darauf heulten die Turbinen auf, und die Jakowlew-42 mit der Flugnummer SU-1 rollte langsam zur Südspitze der Startbahn-I davon.

Vom Flughafengebäude aus konnte man beobachten, wie die Maschine in der Spitzkehre stehenblieb. Genaueres war nicht zu erkennen, drei Mannschafts-LKWs der *Sektion Budjonny* in der Nähe der Maschine versperrten das Sichtfeld.

Über Funk meldete Pilot Gussew, daß der Öldruck im linken Triebwerk erneut kontrolliert werden müsse. Fünf Minuten später meldete er sich klar zum Start.

Die Aeroflot-Maschine rollte durch die Kurve an den Anfang der Startbahn. Das Fauchen der Triebwerke war über das ganze Flughafengelände zu hören. Die Reifen der Fahrwerke zogen einen Wasserschleier von der feuchten Betonpiste hinter sich her. Mit zweihundertdreißig Stundenkilometern hob sich die Nase der Jakowlew in die Höhe, die Maschine hob ab, klappte die Fahrwerke ein und nahm in einer weitgezogenen Westkurve Kurs auf das Funkfeuer Bryansk, südlich des internationalen Luftkorridors II.

Die Nachricht vom Start wurde umgehend an Marschall Schalajew im offiziellen Einsatzstab des Militär-Bezirkskommandos weitergeleitet. Sie traf ebenso schnell im Lageraum der *Monopoly-Runde* ein. Und von dort ging sie über den Satelliten-Richtfunk an alle angeschlossenen Stationen in London, Bornholm bis nach Washington.

Auf Wnukowo II war es schlagartig still geworden. Kalter Wind blies über die Betonpisten und die blaßgrüngrauen Wiesen des Flughafengeländes. Der einzige vernehmbare Lärm stammte von den Dieselmotoren der drei Mannschafts-LKWs, die jetzt von der Südkehre der Startbahn quer über das Feld nach Norden auf drei Mil-Mi-8-Helikopter zufuhren.

Am Himmel über Moskau brauten sich dunkle Wolken zusammen. Die Außentemperatur betrug zwei Grad Celsius. Es begann zu regnen – ein unangenehmes Wetter, und für Demonstrationen ausgesprochen ungünstig.

13. JANUAR, OSTBERLIN, 11.00 UHR:

Der Wartburg-Kombi, der im Zweitaktersound den Hinterhof in der Treptower Bergau-Straße verließ, war mit fünf Personen voll besetzt. Auch der Kofferraum war bis zum Wagendach mit Gepäckstücken angefüllt. Die fünf, ein Ostberliner, der für die *Organisazija* arbeitete, und Paul Kotsch mit seiner Gruppe fuhren unter der Eisenbahnunterführung zur Köpenicker-Landstraße, links am Treptower Park hinunter und schließlich weiter in Richtung Berlin-Mitte. Kotsch stimmte das Horst-Wessel-Lied an, und seine jugendliche Gefolgschaft begann mitzusingen. Dem Fahrer, dessen Namen sie nicht einmal kannten, stieg die Schamesröte ins Gesicht, doch die *Vereinigte Front* ließ sich davon nicht beeindrucken.

»Soldaten!« rief Kotsch, nachdem sie das faschistische Kampflied beendet hatten, und sah in die aufgeregten Gesichter der jungen Männer. Verirrte, geblendete Kinder, im Schatten groß geworden und schon früh geformt von einem Mephisto der Nazi-Psychologie. Kotschs Saat war aufgegangen. Müller, Franke und Wagner brannten darauf, die Welt zu verändern. Sie glaubten an ein neues Großdeutsches Reich – nach dem Zusammenbruch des Ostblocks. »Soldaten!« wiederholte Kotsch pathetisch. »Jetzt ist es soweit: Uns ist die Ehre zugefallen, den Untergang des Abendlandes zu verhindern. Wir haben den ruhmreichen Kampfauftrag, die verlogene, heuchlerische und opportunistische Regierung des Iwan mit einem Schlag auszulöschen!« Kotsch blickte über die Schulter nach hinten. »Es liegt jetzt an uns, an dir, Franke, an dir, Wagner, an dir, Müller!« Bei diesen Worten sah er jedem einzelnen von ihnen direkt in die Augen – »und an mir, ob dieser Hurensohn von Gorbatschow sich noch weiter bei den westlichen Besatzern und den Bonner Lakaien des Großkapitals anbiedern kann. Zweiundvierzig Jahre nach dem Überfall auf das Deutsche Reich versucht der Russe zum letzten Schlag auszuholen, um Westeuropa endgültig zu okkupieren und mit seinem slawischen Bevölkerungszuwachs die germanische Rasse auszurotten. Ich frage euch, Soldaten, ich frage euch in Gedenken an unseren ruhmreichen Führer Adolf Hitler, wollt ihr das zulassen?«

»Nein!« Die Antwort im Chor klang wie ein Schlachtruf, und im nächsten Moment schallte es in dem kleinen Wartburg: »Sieg Heil! Sieg Heil! Sieg Heil!«

Der Fahrer war erleichtert, als wenigstens einer von ihnen am Alexanderplatz ausstieg. Müller war ordentlich in DDR-Konfektion gekleidet. Er trug einen blauen Wintermantel aus Kunstfaser, an seinem Arm hing eine Sporttasche der Marke Puma, ein Statussymbol beim einheitlichen Warenangebot des real existierenden Sozialismus. Die Farbe seines Sonnenbrandgesichts drängte einem die Vermutung auf, daß er die letzte Nacht in einem Mikrowellenherd verbracht hatte. Müller betrat den Fernsehturm und fuhr mit dem Lift hinauf zum Drehrestaurant. Langsam begann sich das Restaurant zu füllen. Müller mußte vor dem Eingang anstehen. Aber nach wenigen Minuten wurde er vom Oberkellner an Tisch fünf plaziert. Der Flughafen lag jetzt rechts hinter seinem Rücken. Um zwölf würde er für mehrere Minuten freie Sicht nach Schönefeld haben. An Müllers Tisch wurden nicht, wie sonst üblich, noch weitere Gäste plaziert. Er blieb allein. Die Kellner waren von der *Organisazija* bestochen worden.

13. JANUAR, BORNHOLM, 11.05 UHR:

David saß an seinem Platz vor dem Funkgerät mit Blick auf die großen Wandmonitore, auf denen der Flug der Double-Maschine verfolgt werden konnte. Einige der Offiziere standen bereits an den Fenstern und blickten erwartungsvoll auf das Rollfeld vor dem Hangar der Königlich Dänischen Luftwaffe, wo die Jakowlew-42, die vor wenigen Tagen noch zur Luftflotte der Ethiopian Airlines gehört hatte, für ihren letzten Flug bereitstand. Jetzt glich sie der SU-1 der Aeroflot wie ein Ei dem anderen. Der Gepäckraum war mit täuschend echtem Diplomatengepäck gefüllt, auf den Passagiersitzen der Kabine saßen, sauber angeschnallt, sechzig perfekt hergerichtete Leichen, gekleidet in gehobener Nomenklatura-Konfektion, und dazwischen, hinter den Wandverkleidungen sowie im Frachtraum, zwei Zentner sauber verdrahteten Plastiksprengstoffs israelischer Produktion, der absolut rückstandsfrei verbrannte.

Die israelische Luftwaffen-Crew, die die Jakowlew von Har Gerafon nach Bornholm geflogen hatte, verließ jetzt, nach Abschluß der letzten Systemtests, über die Gangway die Maschine.

Zwei Stunden lang war jedes Detail der Fernsteuerung ausgiebig geprüft worden. Obwohl der Start vom NATO-Flughafen in Bornholm erfolgte, wurde die Maschine aus dem RGG-Entwicklungszentrum in Ottobrunn gesteuert.

13. JANUAR, OTTOBRUNN, 11.05 UHR:

Die Crew bestand aus Dr. Glaubitz, einem der führenden Elektronikingenieure und Projektleiter für die Drohnen-Entwicklung bei Reuter-Görschler-Grimm, und den beiden US-Amerikanern Peter Loxton und William Redman. Der israelische Mossad hatte sich die beiden ehemaligen Air-Force-Piloten schon vor mehreren Monaten ausgesucht. Redman und Loxton hatten einer Spezialeinheit auf der Vandenberg Air-Base in Kalifornien angehört, in der US-Piloten auf den gängigsten Maschinen sowjetischer Bauart trainiert wurden, um im Falle einer Invasion erbeutete

Flugzeuge der Warschauer-Pakt-Staaten benutzen zu können. Die beiden hatten auch während ihres Dienstes eine Crew gebildet, und gemeinsam waren sie mit fünfundfünfzig Jahren in Pension gegangen. Die Israelis hatten sie wie reife Früchte von einem Baum gepflückt. Auf Reuter-Görschler-Grimm wiederum war man gekommen, weil der westdeutsche Rüstungskonzern über ein hervorragendes *Know-how* in der Flugzeugdrohnen-Entwicklung verfügte, wozu insbesondere die Fernsteuerung von Flugkörpern gehörte. Generalmajor Chmys' KGB-Hauptverwaltung hatte ihre Kundschafter schon vor Jahrzehnten in der RGG-Entwicklung plaziert. Die westdeutschen Rüstungsschmieden waren gegenüber den Israelis schon aus historischen Gründen besonders zuvorkommend. Nachdem der Tornado nun doch nach Saudi-Arabien geliefert wurde, standen die RGG-Manager besonders in der Pflicht der Israelis. Loxton und Redman waren vor Wochen auf dem streng abgeschirmten RGG-Entwicklungszentrum angereist und hatten täglich acht Stunden lang trainiert. Der Simulator befand sich in einer vom Werksgelände abseits gelegenen Halle. Der Hochleistungscomputer war nach den Steuerungsparametern der Jakowlew-42 programmiert worden. Auf die Fenstermonitore wurden den Piloten in *real time* die Fernsehbilder eingespielt, die von den zwei Kameras in der Double-Maschine aufgenommen wurden. Am Ende der Ausbildung beherrschten die Piloten jedes Flugmanöver einer Jakowlew-42.

Redman und Loxton saßen auf ihren Plätzen. Hochkonzentriert sahen sie auf die Displays, auf denen ihnen die Instrumentenwerte der Jakowlew angezeigt wurden. Hinter ihren Pilotensitzen arbeiteten zwei Navigationsspezialisten an den Terminals, die in wenigen Minuten direkt mit drei AWACS-Aufklärern der NATO zusammengeschaltet werden sollten. Die Systeme arbeiteten fehlerfrei. Die beiden Piloten sahen auf ihren Monitoren das Flugfeld der

Bornholmer Air-Base. Dort war es dunstig, ein paar hundert Meter weiter jagte ein *follow-me*-Fahrzeug auf sie zu. Über Sprechfunk waren sie mit dem Tower in Bornholm verbunden. Man gab der Jakowlew, die unter der NATO-Kennung einer britischen Militärmaschine angesprochen wurde, die letzten Wettermeldungen durch. Danach knackte es in der Verbindung, und sie hörten die kräftige Stimme von David Lynn:

»Epsilon eins für Epsilon fünf!«

»Epsilon fünf für Epsilon eins, kommen!« antwortete Redman.

»Wie sieht's aus, Jungs, seid ihr soweit?«

»Wir warten nur auf dein Ready, Engländer!« Die Piloten kannten Lynn nicht. Aber sein deftiger Cockney-Sound machte seine englische Herkunft unüberhörbar.

»Hold the line, please!« alberte David und äffte die Konservenansage der modernen Telefonanlagen nach.

13. JANUAR, BORNHOLM, 11.15 UHR:

David legte den Frequenzschalter an der Funkanlage um und ging auf den High-Level-Kanal, über den er jetzt alle Hauptstationen der Richtfunk-Verbindung synchron ansprechen konnte. *»Hello, Ladies and Gentlemen, wir wollen unser Baby jetzt zum Fliegen bringen«*, meldete er sich lakonisch über Funk, obwohl oder gerade weil er wußte, daß ihm die Regierungschefs der größten westlichen Industrienationen zuhörten. »Fangen wir ausnahmsweise mal umgekehrt an: Epsilon eins für Zeta zwei!«

»Zeta zwei für Epsilon eins: machst du Scherze, Engländer?« kam eine Frage als Antwort. Die Stimme mit dem russischen Akzent gehörte Generaloberst Jelisejew aus der Zentrale in Kalinin. *»Verplempere nicht unsere wertvolle Zeit! Wir sind bereit.«*

David ließ sich durch nichts aus der Ruhe bringen. *»Epsilon eins für Gamma eins!«*

»Gamma eins für Epsilon eins: Gamma eins bestätigt Okay. Over«, antwortete Chaim Koszak aus der Bunkeranlage in Har Gerafon. Manchmal war der alte Israeli, so empfand es zumindest David, die Personifizierung der Humorlosigkeit.

»Epsilon eins für Alpha eins!« fuhr er fort. Margaret Thatcher antwortete ihm höchstpersönlich: *»Do what you have to do, old boy!«*

Lynn grinste. Ihr Ton klang nasal und selbstüberzeugt, wie immer, aber er wußte, wie er das zu nehmen hatte. *»Epsilon eins für Beta eins! Jetzt liegt's an euch, big brothers!«*

»Beta eins für Epsilon eins: Wir bestätigen Take-off-Genehmigung.« Nüchtern und sachlich klang diese Stimme. Das ist also Woodward, dachte Lynn. Wie mochte es jetzt wohl im Weißen Haus zugehen? Lynn war sich sicher, daß dem frischgewählten Bush und dessen Beraterstab der Arsch auf Grundeis ging. Zuletzt drehte sich David mit seinem Rollstuhl zur Seite und sah den dänischen Verbindungsoffizier fragend an. In Kopenhagen lag das letzte Vetorecht gegen den Start.

Aber der dänische Offizier nickte ihm nur ernst zu. David griff wieder zum Funkgerät und schaltete sich auf den Epsilon-Fünf-Kanal nach Ottobrunn: *»Epsilon eins für Epsilon fünf: Einsatzbestätigung ist erfolgt. Ich schalte euch jetzt auf den Tower. Hals- und Beinbruch!«*

»Danke, Epsilon eins. Over!«

David zog sich den Kopfhörer vom Schädel. Über Lautsprecher hörte er mit, wie der Boden-Controller der Jakowlew die Rollgenehmigung erteilte. Fast alle Mitarbeiter des Einsatzstabs standen an den Fenstern und beobachteten, wie die sowjetische Maschine wie von Geisterhand gesteuert, ohne einen lebenden Menschen an Bord, langsam aus ihrer Parkposition herausrollte und den Taxiway zur Nordspitze der Startbahn hinunterfuhr. In der Spitzkehre erreichte die Maschine die offizielle Take-off-Genehmigung des Towers. Die Turbinen der Jakowlew-42 drehten voll auf. Fasziniert beobachteten die Anwesenden auf dem Flughafen den Start. Die einfachen Wachsoldaten, weil sie den Start einer Aeroflot-Maschine von diesem Militärflughafen als höchst ungewöhnlich empfanden, und die Fachleute, weil sie wußten, welch enormer technischer Aufwand dahinterstand.

In der Zwischenzeit waren drei AWACS-Aufklärer der NATO aufgestiegen, ein kanadischer in Lahr, der in zwölftausend Metern Flughöhe an der südlichen Grenze des DDR-Luftraums patrouillierte, ein amerikanischer aus Frankfurt, der den mitteldeutschen Bereich übernahm, und ein britischer, der über der Ostsee hart an der nördlichen Luftraumgrenze zur DDR und zu Polen entlangflog. Auf diese Art und Weise hatte man auch die *echte* SU-1 auf dem Radarschirm in Bornholm und konnte ihre genaue Position jederzeit exakt bestimmen. Die Doublemaschine flog einen parallelen Distanzkurs zum polnischen Luftraum nach Nordosten. Und gemäß den internationalen Luftverkehrsvorschriften meldete sich der Pilot aus Ottobrunn bei der schwedischen Flugkontrolle in Malmö als Diplomatenmaschine in Richtung Helsinki an.

Fast gleichzeitig hob auf einer sowjetischen Luftwaffenbasis in der Nähe von Gdansk eine Iljuschin Il-38 vom Boden ab. Der See-Aufklärer flog einen Elf-Uhr-Kurs in Richtung Double-Maschine.

Im Stabsraum nahmen die Mitarbeiter ihre Plätze ein. David ließ das Display an der Wand nicht aus den Augen. Jede Position der Maschinen, die echte SU-1, das Double und die Iljuschin Il-38, wurden durch eine andere Farbe auf der elektronischen Karte angezeigt. Bis zum *Transponder-Switching* blieben noch sechzehn Minuten. David zog sich den Kopfhörer wieder über und ging auf Kanal Zeta eins. *»Na, du alte Rothaut, wie sieht's bei euch aus?«*

»Es ist wie in alten Zeiten«, antwortete Boris. *»Wir warten, spielen Karten, lesen uns Geschichten vor, erzählen dumme Witze und frieren uns den Arsch ab!«*

Der Engländer lachte.

»Hast du was über den Bimbo rausgekriegt?« fragte Boris.

»Die Sache geht dir nicht aus dem Kopf?«

»Du kennst meine Ergebnisse beim Indianer-Auge!« erwiderte Boris. Indianer-Auge wurde der Beobachtungstest bei der SAS genannt, den jeder Angehörige eines Einsatzteams regelmäßig wiederholen mußte. Den Kandidaten wurden dabei in schneller Reihenfolge Dias mit Symbolen, Bildern und kleinen Details vorgeführt, von denen sie dreimal hintereinander im Abstand von fünf Minuten so viele Begriffe wie möglich nennen sollten. »John Stonelake« hatte dabei immer Bestergebnisse erzielt.

»Okay, okay!« entschuldigte sich David, weil er befürchtete, Boris könne glauben, daß er die Sache nicht ernst nahm. *»Ich werde Michison jetzt kräftig Dampf machen. Bis du an die frische Luft kommst, hast du das Ergebnis. Ende und over!«* David drehte sich zu dem dänischen Major um. »Ey, Thorensen, 'ne sichere Leitung nach Hereford!«

Der Däne war schockiert, daß er sich ausgerechnet in diesem Moment um eine simple Telefonverbindung kümmern sollte.

13. JANUAR, GRUDZIADZ (VOLKSREPUBLIK POLEN), 12.20 UHR:

In der Flugverkehrs-Leitzentrale bemerkten die Controller zuerst, was sich über der Mitte der Ostsee abspielte. Da wegen des Durchfluges der SU-1 sowieso ein breiter Korridor quer durch den polnischen Luftraum gesperrt war, spielte sich auf den Radarschirmen im Moment nicht sehr viel ab.

Die Lotsen waren es gewöhnt, daß ein sowjetischer Aufklärer in den schwedischen Luftraum eindrang und sich an irgendeine westliche Maschine dranklebte. Aber dieser hier hielt sich noch nicht mal an den Mindestabstand von fünfzehnhundert Fuß. Der polnische Schichtleiter ließ sich über eine feste Standleitung mit dem Bezirkskommando-Nord der militärischen Luftüberwachung verbinden. Aber der dortige sowjetische Offizier reagierte äußerst gelassen auf die Warnungen der polnischen *Spaks*.

Genau zur gleichen Zeit schoben sich die beiden Radarsignale übereinander. Wenn sie im nächsten Augenblick erloschen, hatte es geknallt. Die Funkabhöranlagen in Ost und West zeichneten im gleichen Moment die wütenden Flüche zweier Piloten auf, eines britischen und eines russischen. Es hatte nicht geknallt. Die Maschine mit der sowjetischen Transponderkennung ihres Aufklärers drehte nach Süden bei und kehrte auf polnisches Territorium zurück, während die vermeintliche Transitmaschine der *Royal Air Force* bei der Flugkontrolle Malmö aufgeregt protestierte und einen Kurs zur Umkehr nach Bornholm beantragte.

13. JANUAR, BORNHOLM, 11.25 UHR:

David lehnte sich in seinem Rollstuhl zurück und atmete tief durch. Die erste Hürde hatten sie genommen. Die Iljuschin drehte einen Schlenker durch den NATO-Luftraum der westlichen Ostsee, während die Double-Maschine, schon über polnischem Gebiet, direkt Kurs auf das Radiofunkfeuer Koron nahm. Der zweite Transponder-Switch stand in zwanzig Minuten bevor. Der Engländer griff wieder zu seiner Funkanlage: *»Epsilon eins an Epsilon fünf: Ihr seid ganz große Klasse, Jungs!«*

»We are only on the job, man!« antwortete Redman, der Simulator-Pilot in Ottobrunn in einem jovialen Tonfall, der an Redmans Selbsteinschätzung keinen Zweifel ließ.

David kontrollierte die Position der SU-1. Die sowjetische Regierungsmaschine hatte soeben das Funkfeuer Mragowo überflogen. Sie waren noch immer in der Zeit.

Major Thorensen kam mit einem Telefon in der Hand an Lynns Platz, steckte den Anschlußstecker in die nächstgelegene Dose und drückte ihm schweigend den Hörer in die Hand. Sechzig Sekunden später hatte David Lieutenant-Colonel Michison in der Leitung. »Ey, Michison! Warum lassen Sie mich hängen lassen?« schnauzte er den Koordinierungsoffizier an. Der SAS-Offizier am anderen Ende der Leitung zögerte. »Nun, Major, ich habe im Sekretariat von Lord Colbourne um eine Bestätigung ihres Security-Level gebeten. Aber dort liegt nichts vor, Sir!«

David stöhnte. *»Damned!«* Ihn überkam sein alter Zorn auf die neunköpfige Hydra der britischen Geheimdienstbürokratie. »Zum Teufel, Michison«, setzte David hinzu. »Hier geht's um Mord und Totschlag. Jetzt machen Sie endlich 's Maul auf!«

Der Lieutenant-Colonel blieb weiterhin verstockt. »Mein Gott, Lynn, Sie wissen doch ganz genau, daß ich die Klappe halten muß.« Er zögerte abermals, weil Lynns Ruhe verdächtig gefährlich klang.

»Sie wollen mir allen Ernstes die Namen der Leute verweigern, die ich selbst ausgebildet habe und von denen sich einer als Killer selbständig gemacht hat. Michison, alter Schwede, das ist doch wohl nicht Ihr Ernst?«

»In welchem Personenkreis suchen Sie denn?«

»Nicht bei den Palastwachen aus den Bananenrepubliken. Es muß eine Spitzenkraft aus der Branche sein. Vermutlich gehört er zur *Firma*.«

Zehn Jahre Zusammenarbeit in einem SAS-Regiment überwogen so manche Dienstvorschrift. »Da gab's nur eine bessere Adresse«, antwortete Michison gequält. »Kam von der Special Operation Divison der CIA. Er nahm an der Straßenkampf-Ausbildung vom Juli bis Oktober 1983 in Hereford teil. Sie und Uljanow hatten ihn im Team.«

»Der Name!« forderte Lynn ungeduldig.

»Auf ausdrücklichen Wunsch der Amerikaner wurde auch uns nur ein Deckname bekannt. Paul Field.«

»Paul Field!« wiederholte David, jetzt erinnerte er sich an den farbigen Amerikaner. »Ich danke Ihnen, Michison!«. Mit diesen Worten legte er auf. Der dänische Verbindungsoffizier sah Lynn neugierig an. Als der Brite unvermittelt mit der Faust auf die Tischplatte schlug, zuckte er erschrocken zusammen. »Diese Scheißer!« zischte Lynn. Field war ihm schon damals durch emotionslose Brutalität und hervorragende Schießergebnisse aufgefallen. Field war ein Mann für *nasse Angelegenheiten*, wie die Russen zu sagen pflegten. Lynn hatte schon damals in Hereford diesen Verdacht gehabt. Jetzt legte er seine Handflächen an die Räder seines Rollstuhls, rangierte kunstfertig aus seiner Ecke heraus und jagte auf Oberst Ashtons Arbeitsplatz zu.

Vor dem DIA-Oberst blieb David so plötzlich stehen, daß die Reifen seines Rollstuhls auf dem grauen Kunststoffboden quietschten. »Ashton, Sie haben mir Ihr Wort gegeben, daß die in Moskau keine Scheiße bauen!« fuhr er den amerikanischen Offizier an. Und im nächsten Moment stieß er einen Pfiff aus und winkte Kerby vom *Secret Service* hinzu. Als der nölige Geheimdienstbeamte ebenfalls vor ihm stand, legte er los: »Uljanow, ganz egal was Sie beide von ihm halten mögen, er riskiert gerade seinen Arsch für diese Aktion. Und die Amerikaner haben nichts Besseres zu tun, als ihm einen SOD-Killer auf den Hals zu hetzen!«

»Was soll das heißen?« fragte Oberst Ashton irritiert.

»Boris' Wohnung wurde, wie Sie wissen, gestern in die Luft gesprengt. Er beobachtete dabei in der Nähe seiner Haustür einen farbigen Ausländer, den er selbst in Hereford ausgebildet hat – in einem Straßenkampf-Training der SAS im dritten Quartal 1983. Sein Deckname lautete Paul Field. Er kam von der Special Operation Division.« Lynn sah den Amerikaner herausfordernd an: »Ihr Amis verscheißert uns, Ashton!«

Der DIA-Offizier sah Lynn sprachlos an.

»Woher haben Sie diese Informationen?« fragte Kerby verblüfft.

»Das spielt doch jetzt keine Rolle, Kerby!« erwiderte Lynn ungehalten. »Entweder wir halten uns an die Spielregeln – dann ist Uljanow jetzt einer von uns, oder wir tun es nicht – und dann ist jetzt endgültig Schluß für mich!«

Ashton war anzusehen, wie die Empörung in ihm hochstieg, Empörung über seinen eigenen Laden. Er stülpte sich den Kopfhörer über und funkte direkt den amerikanischen Krisenstab in Washington an: »Epsilon-drei für Beta eins, kommen!«

»Beta eins, kommen!« Die Stimme gehörte irgendeinem Funker im Stabsraum des Weißen Hauses.

»Geben Sie mir den Boß!« befahl Ashton brüsk. Nach ein paar Sekunden meldete sich Woodward, der designierte CIA-Direktor.

»Sir, uns liegen Hinweise vor, daß ein Beta-Mitarbeiter ohne Absprache auf dem Territorium von Zeta operiert!«

»Was?« lautete die verblüffte Antwort, und wenig später setzte der DDI selbstüberzeugt hinzu, *»Wir haben dort nicht einen einzigen aktiven Mitarbeiter …«*

David verlor die Geduld. Die Zeit lief ihnen gnadenlos davon. Kurzentschlossen nahm er Ashton das Mikro ab. »Hier ist David Lynn! Hören Sie zu, Mr. Woodward, ich kenne Sie nicht. Aber ich kenne Uljanow. Als gestern seine

Wohnung in die Luft flog, wurde in der Nähe ein SOD-Agent gesehen. Er war 1983 Gast-Trainee in der SAS und wurde von Uljanow persönlich ausgebildet. Sein Deckname lautete Paul Field.«

»Wie sollen wir das so schnell überprüfen ...«

»Sie haben eine Stunde Zeit, Woodward!« raunzte ihn Lynn an und drehte das Peitschenmikrophon zu Oberst Ashton zurück. Lynn achtete nicht auf den erregten Wortwechsel zwischen Ashton und Woodward, sondern fuhr zu seinem Platz. Die Double-Maschine hatte bereits das Funkfeuer Darlowa passiert. In knapp neun Minuten würde sie in den gesperrten Luftraum der Regierungsmaschine eindringen.

13. JANUAR, KALININ, 13.30 UHR:

Generaloberst Jelisejew hatte sich dem Risiko einer Verhaftung auf Anordnung des Verteidigungsministers entziehen müssen. Er war seit den frühen Morgenstunden untergetaucht. Spätestens kurz nach Dienstantritt war es klar gewesen, daß er zur Fahndung ausgeschrieben wurde. Er koordinierte gemeinsam mit dem alten Kunatschkin aus dem Kommandoraum der *Monopoly-Runde* die Operation von sowjetischer Seite. Der Stab in Kalinin stand total unter Streß, als ihn über Fernschreiber die Nachricht aus der irakischen KGB-Residentur zeitgleich mit der Ersten Hauptverwaltung erreichte, daß die israelische Luftwaffe in einem Blitzangriff ein palästinensisches IPLF-Camp in der irakischen Wüste bei Al Lassaf zerstört hatte. Jetzt war es offiziell bekannt. Wenn diese Meldung die *Organisazija* erreichte, wußten sie, daß ihnen die Israelis im Nacken saßen.

Kunatschkin überflog die Meldung und wandte sich an den Generaloberst. »Barynin wird sofort Myschko und Schalajew informieren.«

Jelisejew nickte, und ungerührt stellte er fest: »Es wird Zeit, den bissigen Hund an die Leine zu nehmen.« Gleich darauf erteilte er einem seiner Offiziere den Befehl, Granow mit Barynins Verhaftung zu beauftragen.

13. JANUAR, OSTBERLIN, 11.30 UHR:

Der D-Zug Berlin-Dresden fuhr in zwei Minuten ab. Kotsch, Wagner und Franke waren an verschiedenen Eingängen in den Hauptbahnhof gekommen und getrennt zum Bahnsteig drei gelaufen. Jeder von ihnen führte umfangreiches Gepäck mit sich. Wagner trug sogar eine großformatige Bildermappe unter dem Arm. Alle vier besaßen Platzkarten für das Abteil elf im Wagen achtzehn. Auch die übrigen Plätze waren reserviert, und die Fenster gingen nach links, genauso, wie es bestellt worden war. Die Mitglieder der *Vereinigten Front* nahmen nacheinander ihre Plätze ein. Kotsch verbarg sein Gesicht hinter der aktuellen Ausgabe des *Neuen Deutschland*. Sobald der Zug anfuhr, würden sie das Abteil mit einem mitgebrachten Vierkantschlüssel abschließen, die Vorhänge zuziehen und ihre Ausrüstung auspacken. Die Fahrkarten würden erst hinter Zossen kontrolliert werden. So war es vereinbart.

13. JANUAR, MOSKAU, 13.30 UHR:

Am Dscherschinski-Platz waren im Konferenzraum des KGB-Kollegiums die Hauptverwaltungsleiter, der Vorsitzende Tschebrakin, sein Stellvertreter und das ganze Kollegium versammelt. Alle nachrichtendienstlichen Informationen im Zusammenhang mit der Reise des Generalny liefen hier zusammen. Über eine Telefonstandleitung waren sie mit dem Militärstab unter Leitung von Verteidigungsminister Schalajew im Bezirkskommando und mit dem Krisenstab in der Büroetage des stellvertretenden Generalsekretärs Stanislaw Klimenko verbunden. Bisher verlief der Flug der Regierungsmaschine planmäßig.

Zweites Gesprächsthema war der Verlust der kompletten Agentennetze im kapitalistischen Ausland. Und jetzt stand Oberst Barynin selbst im Schußfeld. Die hochgestellten Genossen wurden von Barynins Sekretär gestört, der den Konferenzraum zögernd betrat, auf den Oberst zuging und ihm ein zusammengefaltetes Stück Papier reichte. Er verschwand sofort wieder, dennoch hatte die Geste Aufmerksamkeit erregt. Barynin überflog die handgeschriebenen kyrillischen Zeilen aus der Ersten Hauptverwaltung über die Bombardierung des IPLF-Camps und faltete den Zettel sofort wieder zusammen.

»Gibt's etwas Besonderes?« fragte Tschebrakin.

»Routineangelegenheit«, antwortete Barynin ruhig, »wenn Sie mich bitte fünf Minuten entschuldigen würden?« Der Oberst wartete das Nicken des KGB-Chefs kaum ab. Die Offiziere waren schon wieder mit den neuesten Lagemeldungen von Oberst Rybalikin aus Berlin-Schönefeld beschäftigt. Dort war die Lage im Moment noch ruhig.

Als Barynin über den Flur zum Fahrstuhl lief, dachte er angestrengt nach. Der Mossad hatte Abdul Nimet und seine Leute wenige Stunden nach der Abreise der Kotsch-Gruppe hochgehen lassen. Das konnte kein Zufall sein. Ebensowenig wie die Demonstrationen, die sich im Moment in der Moskauer Innenstadt bildeten. Außerhalb der Ringstraße zogen sich große Verbände der Milizeinheiten des Innenministeriums zusammen. Es kursierten Gerüchte, nach denen die Taxifahrer um zwei Uhr streiken wollten. Den Oberst beschlichen langsam Befürchtungen, daß alles in einem großen Zusammenhang gesehen werden mußte.

Erst wollte er Myschko über die *Vertuska* anrufen. Aber er fürchtete die Leitung ins ZK könnte von der Gegenseite abgehört werden. Barynin holte seinen Mantel und lief hinunter in den Hof zum Fahrdienst. Eine Minute später saß er im Fond einer Tschaika, die ihn die wenigen hundert Meter zum ZK-Gebäude fahren sollte.

Barynin ahnte nicht, daß er seit seiner Entlassung aus der Haft ständig von Granows zivilen Milizbeamten observiert wurde. Inzwischen hatte der Sonderstaatsanwalt ein mobiles Einsatzkommando der *Sektion Budjonny* in der Nähe des Dscherschinski Platzes stationieren lassen. Er selbst saß auf dem Beifahrersitz eines zivilen Lada, hörte über Funk die Anweisung aus der Zentrale in Kalinin, daß Barynin festgenommen werden sollte, und gab seine Anweisungen. Als die Tschaika des Oberst aus der Lubanka Ulica über den Dscherschinski Platz fuhr, fielen weder dem Fahrer noch Barynin die KGB-Wolgas auf, die ihnen folgten. Das änderte sich auf der Straße zum Novaja-Platz in wenigen Sekunden. Einer der grauen Wolgas schnitt der schwarzen Regierungstschaika den Weg ab, und fast gleichzeitig war der Wagen von allen Seiten umstellt. Türen flogen auf. Ein Hauptmann der *Sektion Budjonny* hielt Oberst Barynin eine entsicherte 38er Armee-Pistole an den Kopf.

»Hände über den Kopf und langsam aussteigen!« befahl er.

Barynin lachte verkrampft. »Wissen Sie, was Sie da tun, *Towarischtsch*?« Dennoch tat er, was ihm der Offizier befahl.

Es waren viele Menschen auf der Straße, die neugierig das Schauspiel verfolgten, wie ein hochrangiger KGB-Oberst von seinen eigenen Leuten verhaftet wurde. Der Hauptmann nahm Barynin die Armeepistole ab, legte ihm Handschellen an und ließ ihn abführen. Um den entsetzten Chauffeur kümmerten sich seine Leute.

»Ha, Sie natürlich!« stieß Barynin verächtlich aus, als ihn ein Sicherheitsbeamter in den Fond von Granows Lada drängte.

»Bürger Anatolij Dimitrijewitsch Barynin, ich verhafte Sie wegen Mordes an Generaloberst Chmys, des versuchten Mordes an Boris Uljanow, der Verschwörung gegen die UdSSR, Mitgliedschaft in einer kriminellen Vereinigung und wegen Hochverrats!« bemerkte Granow gelassen und musterte den KGB-Oberst mit kühlem Blick.

Der Lada fuhr an. Die Einsatzbrigade kümmerte sich um die Tschaika. Nach sechzig Sekunden war alles vorbei, und der Menschenauflauf begann sich aufzulösen.

Barynin lachte den Staatsanwalt breit an. »Na, Granow, immer noch nichts dazugelernt? Ich schätze, das wird Sie endgültig den Kopf kosten!«

»Nein, Barynin – diesmal haben Sie einen Fehler gemacht. Wir haben Kopien Ihres Telefonats mit der Prager *Mokryje-Dela*-Brigade gefunden. Die *Organisazija* übersah, daß in der Nacht vom neunten auf den zehnten Januar in der Abteilung Telefonüberwachung ein Computer getestet wurde. In dessen Speicher haben wir die Beweise gefunden. Hauptmann Bondarenko wurde bereits verhaftet. Sie selbst werden ins Untersuchungsgefängnis nach Leningrad gebracht. Dort wird Ihnen auch Myschko nicht mehr helfen können.«

Barynin zuckte mit den Achseln und sah auf die Uhr. In dreißig Minuten würde eine Epoche der Weltgeschichte zu Ende gehen. Und dann würde er Granow festnehmen.

Es schien, als könne der Staatsanwalt Gedanken lesen. »Machen Sie sich keine Illusionen, Barynin. Die Regierungsmaschine wird nicht in Schönefeld landen!«

»Das macht nichts!« bemerkte der Oberst selbstgefällig.

Granow wandte sich verblüfft nach hinten um. »Was soll das heißen?«

»Die SU-1 wird nirgendwo heil herunterkommen«, antwortete Barynin. »Ich habe den Sprengsatz persönlich in Auftrag gegeben, er zündet zeit- und luftdruckgesteuert.«

»Die Maschine war sauber!« widersprach Granow, der kreidebleich geworden war.

»Die Maschine schon, aber das Bodenpersonal nicht!« gab Barynin zurück, und lachte.

Verteidigungsminister Schalajew hatte sich mit dem Offiziersstab der *Organisazija* in den Stabsraum des Militärbezirkskommandos in der Komisariatskij-Gasse zurückgezogen. Das Gebäude wurde inzwischen von einer Eliteeinheit der Taman-Division gesichert. Sein Adjutant überbrachte ihm die Mitteilung, Sonderstaatsanwalt Granow habe ein Gespräch über sein Autotelefon geführt. Es existiere offensichtlich eine Widerstandsfront, zu der auch der untergetauchte Generaloberst Jelisejew gehöre. Granow habe Barynin abermals verhaftet und wisse von der Bombe.

Schalajew tobte. Aber sein Adjutant konnte ihn schnell wieder beruhigen. Durch die Benutzung des Autotelefons war es ihrer Fernmeldeaufklärungs-Einheit gelungen, die Koordinaten des Teilnehmers zu bestimmen. Das Widerstandsnest lag ein paar Kilometer nördlich von Kalinin.

Schalajew wandte sich nervös an den Kommandeur der Kantemir-Division: »General Pasachkow, schicken Sie Ihr Viertes und Fünftes Fallschirmspringer-Regiment dorthin. Punkt vierzehn Uhr sollen Ihre Soldaten den Stall besetzen.

13. JANUAR, AM HIMMEL ÜBER POLEN, 12.33 UHR:

Die echte SU-1 überflog in dreißigtausend Fuß Flughöhe das Radiofunkfeuer Drezdenko. Major Gussew, der Chefpilot, nahm über das Spezialfunkgerät den ersten Kontakt mit der Double-Maschine auf.

»Zeta drei für Epsilon fünf, kommen!« meldete sich der russische Pilot in recht gutem Englisch.

Hier ist Epsilon fünf. Gebt mir mal eure Radionavigation durch!«

»S-U-1 three three six, north orientation five two two zero point six.«

»Ich hab' euch auf dem Monitor. Die Staffel soll mehr Abstand halten. Flaps zu zwanzig Prozent und ein bißchen weniger Schub, wenn ich bitten darf!« kommandierte der Amerikaner aus Ottobrunn und fügte dann scherzend hinzu: *»Wir veranstalten hier doch kein Wettfliegen!«*

Gussew gab die Anweisung an die MiG-Staffel über den regulären Funk weiter und drosselte die Fluggeschwindigkeit der Jakowlew nach den Wünschen des Amerikaners.

»Okay, man! Jetzt bin ich direkt hinter dir. Entfernung tausend Fuß – Höhendistanz dreihundert Fuß. Ready for transponderswitching?«

Der Aeroflot-Pilot wischte sich mit einer schnellen Handbewegung die Schweißperlen von der Stirn. Obuchow, der Bordingenieur, behielt das Bordradar unablässig im Auge. Petrow, der Co-Pilot, war für den offiziellen Funksprechverkehr zuständig. Die militärische Luftraumkontrolle blieb ruhig. Sie war fest in der Hand des sowjetischen Luftwaffenkommandos, das zur *Monopoly-Runde* gehörte. Aber in der Flugverkehrszentrale in Warschau herrschte helle Aufregung. Petrow beruhigte die zivilen Fluglotsen.

»Ready, Epsilon fünf!« bestätigte Gussew schließlich nach Ottobrunn. Die Double-Maschine schob sich Meter um Meter an die Regierungsmaschine heran. Den Piloten in den begleitenden MiG-Abfangjägern blieb angesichts dieses extrem gewagten Flugmanövers schier der Atem stehen.

»Okay«, antwortete Redman. *»Distance in feet. Sixhundred – four – two – zero. Baby, ich könnte mit meinem Bugrad deine Antenne streicheln. Alitude distance twohun-*

dred feet – hundredfifty – hundred. Transponderswitching in seconds five-four-three-two-one-zero-go! Bye, bye. Have a nice trip, boys!«

Gussew hatte im Bruchteil einer Sekunde den Transponder-Code umgeschaltet. Die Regierungsmaschine sandte an die Radarkontrollen jetzt das Signal des Iljushin Il-20 Aufklärers, der in Wirklichkeit noch immer über der Ostsee kreiste, und die Double-Maschine setzte ihren Flug unter der Original-Kennung ferngesteuert in Richtung Schönefeld fort. *»The same to you!«* antwortete Gussew. Es knackte in seinem Kopfhörer, dann war die Verbindung abgebrochen. Die Regierungsmaschine drehte nach Norden ab und wechselte die Funkfrequenz zur Bodenkontrolle.

13. JANUAR, BORNHOLM, 11.40 UHR:

»Zeta zwei für Epsilon eins!« David hörte die Stimme von Generaloberst Jelisejew dem Lautsprecher seines Funkplatzes.

»Epsilon eins.«

»Wir haben ein ernsthaftes Problem. In der SU-1 befindet sich ein Sprengsatz.«

»Was?« schrie David ins Mikrophon. Damit hatte auch er nicht gerechnet. Im nächsten Moment holte ihn die Routine seines Jobs ein. *»Um was für einen Typus handelt es sich? Kommen wir dran?«*

»Es ist so«, Jelisejew kamen die Worte hörbar schwer über die Lippen, *»die Maschine ist leer. Abgesehen von der Besatzung.«*

»Zeta zwei, macht ihr Witze?« rief David ungeduldig.

»Die Regierungsdelegation ist an der Südspitze der Startbahn in Wnukowo in drei Mannschafts-LKWs umgestiegen und wenig später mit drei Helikoptern ausgeflogen

worden. Bitte haben Sie Verständnis, daß die Regierung der UdSSR nicht dieses Risiko eingehen konnte. Das Ergebnis sehen Sie ja selbst!«

Im nächsten Moment brach der Funkverkehr für einige Sekunden zusammen, weil Teilnehmerstationen gleichzeitig zu sprechen versuchten.

In Brüssel mußte Falin abermals sein ganzes diplomatisches Geschick in die Waagschale werfen, um die empörten Regierungschefs der NATO-Staaten zu beruhigen.

David war der erste, der an die Besatzung der Regierungsmaschine dachte. *»Bullshit – habt ihr mitgehört, Zeta drei!«*

»Da, da!« antwortete Major Gussew mit dünner Stimme. Die Jakowlew-42 war gerade im Begriff, die polnische Ostseeküste in Richtung offene See zu überfliegen.

»Könnt ihr aussteigen?« fragte David.

»Nicht ohne von den Tragflächen oder den Triebwerken erschlagen zu werden«, antwortete Gussew nüchtern.

»Zeta zwei für Epsilon eins! Halten Sie sich von der Maschine fern. Sie ist bereits im Zielradar der sowjetischen Marine. Dieses Risiko dürfen Sie nicht eingehen!«

»Alpha eins für Epsilon eins«, das war der Kanal aus Brüssel mit Nigel Packham an der Leitung. *»Wir halten uns da jetzt komplett raus. Der sowjetische Aufklärer kann auf Bornholm landen und auftanken. Mehr ist nicht mehr drin. Haben Sie verstanden, Lynn?«*

»Hab' ich«, antwortete David Lynn fassungslos und drehte sich achselzuckend in seinem Rollstuhl zu den anderen Offizieren um.

13. JANUAR, OSTBERLIN, 11.56 UHR:

Der D-Zug Berlin-Dresden war an Karlshorst und Adlershof vorbeigefahren. Wagner und Franke hatten das Abteil hergerichtet. Der Vorhang zum Flur war zugezogen. Davor stand ein großer Wandschirm aus auseinanderklappbaren Blechplatten, der die Rückstoßflamme der Stinger auffangen sollte. Kotsch hatte die Stinger aus seinem Koffer herausgenommen und auf dem Abschußstock eingeklinkt. Über das Funksprechgerät hörten sie die Stimme von Müller.

Er hatte eine kleine Knopfantenne an die Scheibe des Drehrestaurants im Ostberliner Fernsehturm geklebt. Im Ohr trug er einen kleinen Hörer, über den er den Funksprechverkehr zwischen der Regierungsmaschine und der Funkleitzentrale in Fürstenwalde abhören konnte. Die Maschine befand sich im direkten Landeanflug auf den Flughafen Schönefeld.

Kotsch legte sich den Abschußstock auf die Schulter und ging mit der Spitze durch das geöffnete Fenster. Der Zug fuhr am S-Bahnhof Schönefeld vorbei. Wagner bestimmte mit dem Kompaß die Richtung. Durch das Walkietalkie krächzte Müllers Stimme: *»Richtung zwei Uhr dreißig, Flughöhe tausend Meter, ich zähle neun-acht-sieben-sechs-fünf-vier-drei-zwei-eins-null ...«*

Der Feuerstrahl verbrannte Wagner am Arm und versengte Franke die Haare. Sie drängten sich ans Fenster und folgten mit den Augen der Flugbahn der Boden-Luft-Rakete am grauen Winterhimmel. Die Jakowlew war in dem Dunst nicht auszumachen. Aber der helle Lichtblitz war kilometerweit zu sehen.

13. JANUAR, OTTOBRUNN, 12.00 UHR:

Major Redman hatte die Jakowlew direkt im Landeanflug. Der Countdown für die Selbstzündung war schon gelaufen, als die Monitore plötzlich dunkel wurden und die Displays keine Werte ihrer Sender mehr anzeigten. Die Amerikaner zogen ihre Kopfhörer vom Schädel und streckten sich in ihren Pilotensitzen aus. Sie hatten ihren Job getan.

13. JANUAR, SCHÖNEFELD, 12.05 UHR:

Das Gelände vor der Landebahn glich einem Schlachtfeld: Flugzeugtrümmer, menschliche Gliedmaßen, zerfetzte Kleidung, Gepäck. Darüber stand der stickige Dunst brennenden Kerosins, das weite Teile der Umgebung in Flammen gesetzt hatte. Es dauerte eine Weile, bis sich die Flughafenfeuerwehr zu den Resten der Jakowlew-42 vorarbeiten konnte. Und manche der Feuerwehrmänner rissen sich zwischendurch die Maske ihrer Atemschutzgeräte vom Gesicht, weil sie sich beim Anblick der Leichen übergeben mußten.

In Schönefeld herrschte Großalarm. Oberst Rybalkin übernahm unter Hinweis auf die von General Tschekalin ausgestellte Vollmacht sofort die Leitung aller sowjetischen und ostdeutschen Sicherheitskräfte, die am Schönefelder Flughafen eingesetzt waren. Generalleutnant Bernhard Raschke, der Chef des *Dzierzynski*-Regiments vom Ministerium für Staatssicherheit, protestierte vergeblich. Das Oberkommando der Gruppe der Sowjetischen Streitkräfte in Deutschland berief sich auf die Generalklausel des Truppenstationierungsvertrages von 1957, die die GSSD »im Falle der Bedrohung der Sicherheit« berechtigte alle geeigneten Maßnahmen zu ergreifen, die das Oberkommando für nötig hielt. Dazu gehörte auch die Befehlshoheit über die Nationale Volksarmee, die Grenztruppen die DDR, der Volkspolizei, die Betriebskampfgruppen und die Kampfverbände des Ministeriums für Staatssicherheit.

Aus dem Moskauer Verteidigungsministerium traf ein Funkbefehl im Wünsdorfer Kommandostab ein, der die vorläufige Schließung sämtlicher Grenzübergänge zwischen der DDR und der BRD sowie Westberlin anordnete. Die Truppen an der Westgrenze der DDR wurden in Alarmbereitschaft versetzt, ebenso die 24. Taktische Luftflotte und die Gruppe West der Baltischen Rotbanner-Flotte.

Der Staatsrat der DDR und das ZK-Sekretariat der SED wurden direkt von Egon Krenz informiert, der die sowjetische Delegation hätte empfangen sollen. Minuten später war in den Standleitungen zwischen Ostberlin und Moskau der Teufel los.

Auf den Radarschirmen der Anflugkontrolle Schönefeld und der Flugverkehrskontrolle Fürstenwalde hatte man den kleinen Flugkörper kaum sehen können. Die Rakete war aus nördlicher Richtung im sechzig-Grad-Winkel auf die Regierungsmaschine abgeschossen worden.

Ein an der S-Bahnlinie stationierter Volkspolizist hatte durch Zufall beobachtet, wie die Rakete aus einem Abteilfenster des eben durchgefahrenen D-Zuges abgefeuert worden war. Er versuchte im heillosen Durcheinander der Funkfrequenzen Kontakt mit seinem Einsatzleiter aufzunehmen, was ihm erst nach mehreren Minuten gelang. Dem Vopo-Offizier war es aber unmöglich, den Kommandostab des *Dzierzynski*-Regiments über Funk oder telefonisch zu erreichen. Der Volkspolizist mußte sich in einen Streifenwagen setzen und persönlich zum Hauptgebäude des Schönefelder Flughafens fahren.

Erstaunlicherweise war schon ein Mil-Mi-8-Helikopter der NVA in der Luft, um dem D-Zug Berlin-Dresden zu folgen.

Kotsch und seine Leute hatten kaum Zeit, ihren Triumph zu genießen. Nur für einen kurzen Augenblick waren sie am geöffneten Zugfenster stehengeblieben, hatten vor Freude gejohlt und sich gegenseitig in die Arme geschlossen.

»Soldaten, es ist vollbracht!« rief Kotsch, »aber jetzt heißt es überleben! Wir sehen uns in Luanda!« Der Rechtsextremist hatte es eilig, aus dem Abteil zu kommen, und nahm keine Rücksicht auf seine Soldaten. Er schob sich zwischen der Blechplatte und Wagner zur Tür hindurch, öffnete mit dem Vierkantschlüssel das Abteil und sagte zum Abschied: »Räumt das Zeug beiseite – Hals und Beinbruch!«

Wagner hatte sich zuerst noch ein anderes Hemd und eine andere Jacke aus seinem Gepäck heraussuchen müssen. Seine Brandwunde brachte ihn an den Rand der Ohnmacht. Franke klappte den Stahlblechschirm zusammen und schob ihn mit dem Abschußstock der Stinger unter die Sitzbank. Erst danach hatten sie das Abteil verlassen und sich in verschiedenen Waggons neue Sitzplätze gesucht.

Kotsch stand ohne Gepäck an der Wagentür und wartete, daß der Zug nach ein paar Kilometern freier Strecke am Eisenbahnabzweig Blankenfelde sein Tempo auf dreißig Stundenkilometer verlangsamte. Das IPLF-Training hatte seinen alternden Körper sehr angestrengt, nun machte es sich bezahlt: Als sich die Waggons in der Linkskurve etwas zur Seite neigten, riß er die Tür auf und sprang mit Schwung aus dem Zug, über das schotterige Gleisbett hinweg auf den Aschenweg der Streckengänger. Kotsch rollte sich über die Schulter ab und blieb unverletzt auf der Seite liegen. Neben ihm ratterten die Achsen des Reichsbahnzuges über die Stahlschienen. Plötzlich war das Getöse vorbei. Kotsch richtete sich auf und hielt Ausschau nach dem hellblauen Lada, der ihn hier abholen sollte. Der Wagen war nicht zu entdecken, auch nicht in der weiteren Umgebung der abgeernteten Felder. Statt dessen wurde

Kotsch auf das Knattern eines Helikopters aufmerksam und sah im nächsten Augenblick die Mil-Mi-8 auf sich zujagen. Der NVA-Hubschrauber drehte und zog immer engere Kreise über dem Terroristen.

Kotsch riß die Walther P-38, die er von dem Verbindungsmann in Treptow erhalten hatte, aus dem Schulterhalfter und zielte auf die Cockpitkanzel des Kampfhubschraubers. Ihm selbst bot sich keine Deckung. Das kleine Stellwerkshäuschen lag zweihundert Meter entfernt. Der Helikopter-Pilot richtete die Maschine mit der Front auf Kotsch aus, und Sekundenbruchteile später bellte die Bordkanone auf. Die MG-Salve zog sich in einer Spur spritzenden Erdreiches hinter dem flüchtenden Neonazi her, bis dessen Körper von einem halben Dutzend 12,7-Millimeterprojektile durchschlagen wurde.

Kurz darauf landete der NVA-Helikopter neben den Gleisen. Der MfS-Offizier des *Dzierzynski*-Regiments, der Kotschs Leichnam zuerst erreichte, stellte die Walther P-38 sicher und tauschte das Magazin mit den drei verbliebenen Platzpatronen gegen zwei Schuß scharfe Munition.

Müller hatte nicht bemerkt, daß er vom Oberkellner des Fernsehturm-Restaurants beobachtet worden war, als er den Funkspruch an Kotsch weitergegeben hatte. Der Kellner war danach gleich zu einem der Tische gelaufen und hatte den Dauergast angesprochen: »Genosse Kaupert, da vorne an Tisch fünf sitzt ein merkwürdiger Gast.« Während dieser Worte ließ er Müller nicht aus den Augen.

Kaupert gehörte zum Ministerium für Staatssicherheit. Ein Spitzel im Straßendienst, wie sie in allen größeren Ostberliner Hotels, Restaurants und Cafés zu finden waren. »Wie meinen Sie das?« fragte Kaupert, schob seine halbvolle Tasse kalten Kaffees beiseite, an der er schon seit zwei Stunden trank, und musterte Müller. Kaupert war für jede Abwechslung dankbar.

»Na, ich weiß nicht«, tuschelte der Kellner, »der hat so'n merkwürdiges Ding mit Kabel an die Scheibe geklebt, und es sieht so aus, als hätte er ein Funkgerät bei sich.«

Der Genosse erhob sich von seinem Sitzplatz, raffte seine Blouson-Jacke und ging auf Müller zu, der gerade gehen wollte.

Der Stasi-Mann stellte sich so vor den Tisch, daß Müller sitzen bleiben mußte. »Ministerium für Staatssicherheit – zeigen Sie mal Ihren Personalausweis!«

Müller zuckte zusammen. Ihm hatte man keine Waffe gegeben. Und der Mittvierziger an der Tischkante besaß die Statur eines Kleiderschranks. Mit zitternden Händen faßte Müller in die Innentasche seiner Anzugjacke und hielt Kaupert seinen österreichischen Reisepaß hin.

Kaupert war erstaunt, daß sich der Gast als Ausländer entpuppte. Dem Äußeren nach hätte er ihn für einen Bürger der DDR gehalten. Der Stasi-Beamte warf einen Blick in Müllers falschen Paß und fuhr ihn kurz darauf ruppig an: »Stellen Sie mal Ihre Tasche auf den Tisch, und machen Sie sie auf!«

Spätestens jetzt wußte Müller, daß er in der Falle saß. Er sprang auf, schlug dem Stasi-Mann mit der Faust ins Gesicht und hechtete über den Tisch. Müllers Schlag hatte Kaupert zu Boden gehen lassen. Als er dem jungen Mann nachsetzen wollte, war der schon im Fahrstuhl verschwunden.

Kaupert griff zu seinem Handsprechfunkgerät unter seiner Windjacke und alarmierte seine Kollegen, die unten auf dem Alex Dienst schoben. Danach öffnete er selbst die Tasche des Verdächtigen. Ihm fiel ein Funkgerät in die Hände, dessen Bauart er nicht kannte. Als er den Powerknopf herunterdrückte, krächzte ihm der Funkverkehr der Flugkontrolle Fürstenwalde entgegen.

Müller tippte nervös mit den Schuhspitzen, bis der Express-Fahrstuhl endlich unten angekommen war. Als sich die Türen öffneten, drängelte er sich grob an den Touristen vorbei. Aber noch in der Eingangshalle wurde er von zwei kräftigen Herren in weitgeschnittenen Blousons und Turnschuhen festgenommen.

Der D-Zug hielt in Zossen. Franke und Wagner saßen an entgegengesetzten Enden des Reichsbahnzuges. Aber sie waren beide gleichermaßen überrascht, daß der Bahnsteig und das Nachbargleis von bewaffneten Soldaten mit scharfen Hunden besetzt waren. Keinem der Reisenden wurde es gestattet, den Zug zu verlassen. Personenkontrolle. Und mit einer erstaunlichen Zielsicherheit gelang es dem ostdeutschen *Dzierzynski*-Offizier, Wagner und Franke aus den dreihundert Fahrgästen herauszupicken.

Sie ließen sich widerstandslos festnehmen und wurden in einem Volvo mit zugezogenen Fondgardinen ins Untersuchungsgefängnis Hohenschönhausen gebracht, wo Müller schon das erste Verhör über sich ergehen ließ. Sehen konnten sie nicht mehr viel. Die Stasi-Beamten hörten unterwegs im Autoradio RIAS-2. Der Westberliner Sender meldete große Verkehrsstaus an den Transit-Übergängen Dreilinden und Staaken. Freitag mittag in Berlin – und die DDR machte die Grenzen zu. Ein altes Trauma wurde wieder zur Wirklichkeit.

13. JANUAR, BORNHOLM, 12.03 UHR:

Auf dem Luftwaffenstützpunkt war die Nachricht von der Explosion in Schönefeld fast gleichzeitig von der britischen AWACS, Epsilon-fünf in Ottobrunn und Zeta zwei aus Kalinin eingegangen. Der Tower der NATO-Basis gab an den Iljuschin-28-Aufklärer der sowjetischen Luftwaffe, der seit dem ersten *Transponder-switching* am Himmel kreiste, die letzten *Fina-approach*-Informationen. Man hatte die weitere Aktion abgebrochen, auf das letzte *Transponder-switching* wurde verzichtet, der Sowjet-Aufklärer aus Polen sollte in Bornholm landen und auftanken, während die Regierungsmaschine, nachdem man wußte, daß nur die Crew an Bord war, ihrem Schicksal überlassen wurde. Diese Entscheidung war in Kalinin und Brüssel einhellig getroffen worden. Aus der Sicht von Generaloberst Jelisejew und des alten Kunatschkin, war der Zweck der Operation, die Attrappe der Regierungsmaschine nach Schönefeld einzuschleusen, erfüllt und jedes weitere Risiko sinnlos. Und im NATO-Stab kam man zu dem Ergebnis, nach diesem eklatanten Täuschungsmanöver der Russen keinen weiteren Einsatz militärischer Mittel zuzulassen. Den sowjetischen Aufklärer wollte man schnell wieder loswerden. Gleichzeitig wurden die Jagd- und die Aufklärungsgeschwader der NATO in Westdeutschland, den Niederlanden und in Dänemark in Alarmbereitschaft versetzt. Aus dem Weißen Haus kam der Befehl, die Raketeneinheiten der US-Army in Deutschland ausrücken zu lassen.

Im Stabsraum der NATO-Basis kümmerten sich die wenigsten um den weiteren Flug der SU-1. Jetzt standen die Spekulationen über die militärische Entwicklung der nächsten Stunden im Vordergrund. Aus einer operativen Einsatzkoordinierung war Planung geworden.

David hatte sich wie eine Wildsau aufgeführt, nachdem ihm klar wurde, daß man die Piloten der Regierungsmaschine in den Tod fliegen ließ, anstatt jede Anstrengung zu unternehmen, sie zu retten. Wenn die sowjetische Regierungsdelegation in der Jakowlew gesessen hätte, wäre alles versucht worden. Der bärbeißige Engländer hatte über die Satelliten-Richtfunk-Strecke mit der Premierministerin und dem britischen Verteidigungsminister gestritten, ohne Erfolg. Zuletzt hatte er über den Rundkanal alle Zuhörer in Ost und West als Mörderbande beschimpft. Dann wurde ihm von Oliver Kerby das Mikrophon abgenommen.

David hatte sich entschuldigt, um nicht augenblicklich rauszufliegen. Aber Lord Colbourne entzog ihm jetzt endgültig die Operationsleitung. David blieb schweigend an seinem Arbeitsplatz sitzen. Das Funkgerät war abgeschaltet. Mit aufeinandergebissenen Zähnen verfolgte er den kleinen weißen Punkt auf dem Radarschirm. In seinen Augen gab es noch viele Möglichkeiten: Man könnte die Maschine auf die offene Ostsee lotsen und bei Minimalfluggeschwindigkeit die Crew mit ein oder zwei Sea-Stallion-Helikoptern herausseilen; und bisher gab es keinen Versuch, die Quelle in Moskau zu verifizieren, um etwas über die Position des Sprengsatzes oder dessen Bauart zu erfahren. Schließlich wäre es nicht die erste Bombe gewesen, der sie wenige Minuten vor der geplanten Detonation das Lebenslicht ausbliesen. Aber David war aus dem Spiel.

Über eines der anderen Funkgeräte hörte er im Hintergrund den Satelliten-Sprechfunkverkehr: *»Zeta zwei for Zeta drei«*, das war Major Gussew, der Pilot der Regierungsmaschine, *»SU-1, position report: north five-five-seven-three-point-two, east one-five-six-eight-point-three, indicated airspeed twohundredseventy knots, indicated altude fivethousend feet.«* Gussew machte eine kleine Pause und fügte dann hinzu: *»This was my last report – end and out!«*

Generaloberst Jelisejew wechselte noch einige Worte auf russisch mit der Crew.

Wenige Sekunden später knackte es in der Verbindung. Das Signal auf dem Radarschirm war erloschen.

David rieb sich mit den Händen das Gesicht. Er fühlte sich übermüdet und ausgelaugt, »ein Lakai des Großkapitals«, wie Boris gesagt hatte. Genauso empfand er es jetzt auch. Allen sicherheitspolitischen Erwägungen zum Trotz, David hatte seine Arbeitsenergie immer aus der Überzeugung gewonnen, Menschenleben zu retten. Träge rollte er zwischen den Controllerreihen an Kerby vorbei, der jetzt das Bornholmer Kommando leitete, zu Oberst Ashton.

»Wie sieht's aus, Ashton?« fragte David. »Was haben Sie über den SOD-Mann in Moskau herausbekommen?« Eigentlich hatte er diese Frage nur prinzipiell gestellt, weil er nicht mehr damit rechnete, von den Amis eine klare Auskunft zu erhalten.

Der DIA-Oberst sah den Briten verdutzt an, weil er es wagte, nach der Show von vorhin noch bei ihm aufzutauchen. »Dieser Mann gehört zu einer SOD-Einheit in Kalifornien und lebt in Los Angeles«, antwortete er schließlich, um eine weitere Auseinandersetzung mit dem rauhbeinigen Krüppel zu vermeiden.

»In L.A. zu wohnen heißt noch lange nicht, nicht in Moskau seinen Job zu machen!« erwiderte David. »Haben Sie mit ihm telefoniert?«

Ashton wurde ungehalten: »Geben Sie endlich Ruhe, Mister Lynn! Sie haben die Versicherung von Andrew Woodward erhalten, daß die CIA in Moskau nicht operativ vorgeht. Also mischen Sie sich nicht weiter in unsere Angelegenheiten. Haben Sie verstanden?«

David winkte müde ab und fuhr mit seinem Rollstuhl davon. Ein Sergeant hielt ihm die Tür nach draußen auf. Von ihm ließ sich David auch seine Lederjacke aus der Garderobe holen und in sie hineinhelfen. Vor dem Stabsgebäude nahmen die Wachen Haltung an, als David das Haus verließ. Die Russen haben das sehr schlau eingefädelt, dachte David, mit der Operation haben sie den Westen wie die *Organisazija* in Atem gehalten, um in Wirklichkeit ihre dritte Variante auszuspielen, von der man weder in Brüssel noch im Kommandostab der *Organisazija* wußte. Die Piloten der Regierungsmaschine, Boris und auch er selbst waren gutes »Menschenmaterial« gewesen und überflüssig, wenn sie ihren Job erledigt hatten. Wen von diesen ehrenwerten Politikern, die jetzt derart beschäftigt waren, ihren Laden in Ordnung zu bringen, kümmerte die Tatsache, daß irgendwo in Moskau ein geschulter Killer herumlief, der Boris abknallen sollte. Warum eigentlich? Blutzoll für die Amerikaner? Oder wollte man einen lästigen Mitwisser beseitigen? Dann war er selbst auch davon betroffen.

Der Iljuschin-28-Aufklärer kam mit fast leeren Tanks auf der Landebahn eins der NATO-Basis herunter. Als David verfolgte, wie die sowjetische Militärmaschine in einem Wasserschleier auf der Piste abbremste, kam er auf eine Idee.

13. JANUAR, KALININ, 14.08 UHR:

»Was ist denn nun, Stanislaw Konstantinowitsch, sollen wir den Einsatz hier unten abbrechen?« fragte Boris über den Satellitenrichtfunk im Kommandostab in Kalinin nach. Er hatte die ganze Zeit über mitgehört, und in seiner Stimme klang Konfusion ebenso durch wie sein Zorn.

»Zeta zwei für Zeta eins!« antwortete Generaloberst Jelisejew erregt. »Sie halten sich an die festgelegte Einsatzplanung! Der Verteidigungsrat wird vermutlich in den nächsten zwanzig Minuten zusammentreten. Zeta fünf meldet Hubschrauber-Verbände des 12. Infanterie-Regiments im Anflug auf das Kremlgelände. Warten Sie auf Ihren Einsatzbefehl, Boris Stepanowitsch!«

Jelisejew wurde von einem seiner Offiziere unterbrochen. Unten in den Schlafräumen hatten die *Gothics* den Aufstand geprobt, weil sie unbedingt mit ihm oder Kunatschkin sprechen wollten.

Der alte Kunatschkin fing die drei Computer-Punks auch schon an der Treppe zu dem Kommandostand ab. »Ihr habt wohl den Verstand verloren!« polterte Kunatschkin. »Macht, daß ihr wieder runterkommt!«

»Ey, Meista!« wehrte sich Kalle, »auch wenn ihr da echten Streß habt, wir ham …« Kalles Worte wurden von einem lauten Pfeifen und Sekundenbruchteile darauf von einer donnernden Explosion übertönt. Die erste Luft-Boden-Rakete war durch eines der Fenster der Maschinenhalle eingeschlagen und hatte den Fuhrpark in Brand gesetzt.

Unten kam Naleweiko zum Tor hereingerannt und schrie: »Draußen greifen Fallschirmjäger und Kampfhubschrauber der Kantemir-Division an!«

»Runter in den Kohlenbunker!« rief Jelisejew. Die *Gothics* wurden zur Seite gedrängt. Unten rannten bewaffnete Zivilisten durch die Halle, aus einem Fenster wurde mit einer Bazuka einer der Mil-Mi-24-Kampfhubschrauber abgeschossen. MG-Salven spritzten über das Mauerwerk. Tom, Kalle und Dirk beeilten sich, den anderen durch die dunklen Gänge nach unten in den Kohlenbunker zu folgen. Unterwegs begegneten sie weiteren Soldaten in Zivil. Aber die paar Mann hatten keine große Chance, das alte Kraftwerk lange zu halten.

Generaloberst Jelisejew griff zum Mikrophon der Satellitenfunkanlage. *»Zeta zwei an Zeta sechs: Schwerer Beschuß durch Kampfhubschrauber-Verbände und Fallschirmspringer-Truppen der Kantemir-Division.«*

»Zeta sechs für Zeta zwei, verstanden. Wir werden euch zwei Jäger rüberschicken!« antwortete Generalleutnant Kornijenko aus dem Luftwaffenbezirkskommando.

Jetzt erreichten die ersten Querschläger die Kommandokanzel. *»Zeta zwei für Zeta Fünf: Übernehmen Sie die Kommandoführung, wir müssen uns zurückziehen! Ende und aus.«*

Jelisejew griff nach dem Mobilfunkgerät im benachbarten Regal und rannte die Eisentreppe nach unten. Ihm lief einer ihrer Soldaten in die Arme. »Halt, Junge!« rief der Generaloberst »Gib mir mal so ein Ding!« Mit diesen

Worten nahm er ihm eine der Stab-Handgranaten aus dem Gürtel, riß den Zündring ab und warf das Geschoß nach oben auf den Boden der Kommandokanzel. Ein paar Sekunden später wurde die Funkanlage von der Explosion zerstört.

Noch waren die Kantemir-Truppen nicht bis zur Halle vorgestoßen. Jelisejew folgte den anderen in den Kohlenbunker. Aladko und Verena waren aus ihren Unterkünften geholt worden. Keiner der *Gothics* hatte mehr den Mund aufgemacht. Alle drei hatten die Hosen gestrichen voll und dachten selbst nicht mehr an ihren Home-made-Virus.

13. JANUAR, MOSKAU, 14.13 UHR:

Im Rechenzentrum des KGB in den Kellern der Hauptzentrale am Dscherschinski-Platz stand Oberst Anosow kurz vor einem Nervenzusammenbruch. Genau wie vor neunzehn Stunden ging die Performance der IBM-Anlage in die Knie. Er und sein Stab konnten nicht verhindern, daß der Großrechner abstürzte. Wenig später klingelten die Telefone Sturm. Über die Netzwerk-Gateways zu den Rechenzentren des GRU und zum Verteidigungsministerium hatte sich Kalles Computervirus über Netzverbindungen unaufhaltsam weiterverbreitet. Das Gehirn des russischen Bären stand still.

Seit Glockenschlag vierzehn Uhr drohte das *Kremljowka*- und *Vertuska*-Telefonnetz in der UdSSR zusammenzubrechen. Der stellvertretende Generalsekretär Klimenko verließ den Krisenstab im ZK-Gebäude, um gemeinsam mit Generalmajor Myschko zum Sitz des Obersten Sowjet im Kreml zu fahren. Seine Sekretäre alarmierten telefonisch die Mitglieder des Verteidigungsrats, des Präsidiums des Ministerrats, des Moskauer Politbüros und des Sekretariats des ZK. Annähernd die Hälfte der diesen Gremien angehörenden Genossen hatte in der Regierungsmaschine gesessen.

Der achtundsiebzigjährige Staatspräsident der UdSSR, Andrej Andrejewitsch Gromyko, stand am Fenster seines Amtsitzes im Präsidiumsgebäude des Obersten Rates der UdSSR und starrte mit abwesendem Blick auf das Kremlgelände. Der Beklemischew-Turm verschwand hinter einer Wolke aus Schneestaub, die durch die landenden Mil-Mi-8-Kampfhubschrauber der schnellen Eingreiftruppe des 12. Infanterieregiments aufgewirbelt worden war. Das Fensterglas beschlug durch das kurzatmige Schnaufen Gromykos. Mit Tränen in den Augen verfolgte er, wie Elitesoldaten in Kampfanzügen, Stahlhelmen, schußsicheren Westen und schwerbewaffnet das Kremlgelände besetzten. Erschrokkene Touristen wurden durch das Tor im Dreifaltigkeits-Turm auf die Maneznaja Ulica gedrängt. Gromyko erschütterte der Gedanke, am Ende seines langen politischen Leben nicht nur den Anfang, sondern auch die letzten Stunden der *Perestroika* mitzuerleben. Er hatte seine politische Laufbahn in der Stalin-Ära im sowjetischen Außenministerium begonnen, die Konferenzen von Jalta und Potsdam als junger Mann miterlebt, er war als Mister *Njet* in die Historie der UNO eingegangen und überdauerte als Außenminister die Generalsekretäre Chruschtschow, Breschnew, Andropow und Tschernienko. Gromyko, ein lebendes Geschichtsbuch fünfzigjähriger sowjetischer Außenpolitik, hatte sich nie sehr für die Entwicklung innerhalb der UdSSR intressiert. Aber damals, bei jener schicksalhaften Wahl Gorbatschows zum Generalsekretär des ZK, war es seine Stimme gewesen, die den Sewastopoler Agrarökonom an die Macht gebracht hatte. Der damalige Außenminister war kein direkter Anhänger Gorbatschows, das konnte man beim besten Willen nicht behaupten. Aber er war davon überzeugt gewesen, daß es zu einem einschneidendem Wandel in der Parteiführung kommen mußte. Und den hielt er unter der Führung von Gorbatschow eher für möglich als unter Klimenko. Daß er ein Jahr später selbst auf den Posten des Staatspräsidenten abgeschoben würde, hatte er damals nicht erwartet. Nun ist es also zu Erde, dachte Gromyko. Er wußte nicht, wer hinter dem Machtwechsel stand. An einen Anschlag neonazistischer Kräfte aus der BRD hatte er nicht eine Sekunde geglaubt. Für ihn spielte es keine Rolle, ob es sich bei den Drahtziehern um Klimenkos konserativen Flügel oder Schalajew und seine finsteren Falken handelte. Das Endergebnis war das gleiche. Man würde ihn bei der bevorstehenden Sitzung des Verteidigungsrats auffordern, den Ausnahmezustand auszurufen – und er würde das Dekret unterschreiben.

Zur gleichen Zeit koordinierte der Offiziersstab im Militärbezirks-kommando in der Komissariatskij Ulica die Besetzung der sowjetischen Hauptstadt. Marschall Schalajew warf einen Blick auf die Wanduhr an der Stirnseite des Stabsraums, in dem alle Funkmeldungen der Militäreinheiten zusammenliefen. »Genosse Jerofejew, es ist soweit. Ich fahre in den Kreml und bin im Verteidigungsrat zu erreichen. Sie übernehmen das Kommando!«

Der Chef des Generalstabs nickte dem Verteidigungsminister zu. »Ich halte Sie über die Kremljovka auf dem laufenden!« In der nächsten Sekunde wandte sich der General einem anderen Offizier zu.

Schalajew ließ sich im Vorzimmer von seinem Adjutanten den pelzgefütterten Militärmantel bringen. Gemeinsam liefen sie zum Haupteingang hinunter. Auf der Straße wartete die große ZIL-Limousine des Verteidigungsministers. KGB-Beamte des Begleitschutzes sprangen in ihre grauen Wolgas.

»Zum Verteidigungsrat!« sagte Schalajew, an den Chauffeur gewandt, der ihm den Wagenschlag öffnete.

»In den Kreml?« fragte der Fahrer ungläubig.

»Hören Sie schlecht, Marachow?« grunzte Schalajew und stieg mit seinem Begleiter in den Fond. Der Fahrer lief um das Wagenheck und verzog das Gesicht, in dem Wissen, nicht gesehen zu werden, zu einer feixenden Grimasse. Er setzte sich hinter das Steuer und fuhr in Richtung Moskwa-Ufer ab.

»Verehrte Genossen, wissen Sie nicht, was im Stadtzentrum los ist?« fragte er vorsichtig.

»Demonstrationen!« antwortete Schalajews Adjutant, ein Hauptmann aus Chabarowsk.

»Demonstrationen? Die ganze Stadt läuft über! Hunderttausende! Die Taxifahrer streiken und blockieren die Kreuzungen. Wir schaffen es höchstens bis zur Moskvoreckij-Brücke ...«

Schalajew sah mit einem leichten Grinsen auf die Frontscheibe des ZIL, auf die sich der eiskalte Prasselregen ergoß. »Fahren Sie!« ordnete er unbeirrt an.

Marachow sollte recht behalten. An der Kreuzung des Maurice-Thorez-Kais zur Moskwa-Brücke gegenüber dem Kreml ging nichts mehr. Der vorausfahrende Zivilwagen des Begleitschutzes bremste abrupt. Ein rundes Dutzend Taxen stand quer zur Fahrbahn. Autos, Taxen und die Oberleitungsbusse steckten im Stau. Nur Fußgänger konnten sich zwischen den Stoßstangen der Wolgas hindurchdrängeln und die Brücke passieren.

»Verdammt noch mal, kann denn da keiner für Ordnung sorgen?« brüllte Verteidigungsminister Schalajew und beugte sich zum Fahrer vor.

»Sehen Sie doch selbst, Genosse Marschall!« antwortete Marachow lakonisch. Trotz des Regens, der sich, als wäre es Frühling, wie aus Kübeln über die Stadt ergoß, hatte sich hinter der Brücke eine gigantische Menschenmenge vor der Basilius-Kathedrale gebildet, die mit jeder Sekunde größer zu werden schien. Tausende, Zehntausende, und jeder, der Zeuge dieser spontanen Versammlung war, wußte, daß es nach kurzer Zeit Hunderttausende sein würden.

Schalajew ließ sich in seinen Sitz zurückfallen und griff nach dem Hörer seiner *Kremljovka.* Kein Freizeichen. Völlig tot. Er tippte mit dem Finger auf die Gabel. Die Leitung blieb stumm. »Die Verbindung ist gestört!« bemerkte er aufgeregt zu seinem Adjutanten. Auch Hauptmann Piwnew versuchte jetzt vergeblich, das Telefon in Gang zu setzen. »Marachow«, sagte er, »geben Sie über Funk an die Genossen vom Begleitschutz durch, daß wir zum Bezirkskommando zurückkehren ...«

»Kommt überhaupt nicht in Frage!« fuhr Schalajew dazwischen. »Wir gehen zu Fuß!«

»Bitte, was?« Der Hauptmann erschrak. Sich freiwillig in diese Menschenmenge zu begeben, erschien ihm als glatter Selbstmord.

»Sie haben keinen Mumm in den Knochen, Piwnew!« stellte der alte Marschall abfällig fest. Und im nächsten Moment öffnete er schon die Wagentür.

Die KGB-Beamten, von der Situation überrumpelt, sprangen erst aus ihren Wolgas, als Schalajew schon ausgestiegen war. Als die Leute auf der Straße den Verteidigungsminister erkannten, dauerte es nur wenige Augenblicke, bis ihre Reaktion einsetzte: »Weg mit Schalajew!« skandierten die ersten von ihnen. »Jagt den Mörder unserer gefallenen Kinder zur Hölle!« Dem Begleitschutz gelang es nur mühsam, den Verteidigungsminister vor der aufgebrachten Menge abzuschirmen.

Schalajew war bleich geworden. Seit Jahren hatte er nicht mehr Moskauer Straßenpflaster betreten, sondern hatte nur von den Teppichen des ZK, des Kreml oder des Verteidigungsministeriums auf den Velours seiner Staatslimousine gewechselt, um sich zu seiner Wohnung oder auf seine Datscha fahren zu lassen. Das Volk hatte er nur in selektierten Abordnungen erlebt. Und das, was er hier sah, überstieg sein Fassungsvermögen. Stur, als wäre er auf Feindeinsatz, mit versteinertem Gesicht, drängte er sich weiter nach vorne in Richtung Roter Platz, durch die kochende Menge hindurch.

Wenige Schritte vor ihm starrte ihn ein kleinwüchsiger Rentner haßverzerrt an und brüllte: »Schmeißt den Halunken in die Moskwa! Ersäuft ihn wie einen räudigen Hund!«

Das war zuviel für den Gehorsam gewohnten Offizier. Außer sich vor Zorn stürzte sich Schalajew zwischen den KGB-Beamten hindurch und schnappte sich das schwächliche alte Männlein am Kragen. »Weißt du, was du da sagst, Väterchen?« schrie er ihn an und schüttelte ihn. »Unsere Armee, *wir* sind die Garanten des Friedens und des Sozialismus! Oder hast du das Grauen der Hitlerfaschisten vergessen, Alterchen?«

»Nein!« giftete der Alte mit seiner Greisenstimme zurück. »Und auch nicht meinen Enkel, der von dir in den Krieg geschickt wurde und jetzt irgendwo am Khyber-Paß verscharrt liegt!«

Schalajew ließ den Rentner los. »Ahnungslos seid ihr, dummer Pöbel!« rief er angewidert. Ein Pfeifkonzert gellte auf.

Von der Basilius-Kathedrale schallten die Parolen zu ihnen. »Gebt Jelzin und Murajew frei! *Perestroika* jetzt! Tod den Stalinisten!« Und dann setzte wieder ein ohrenbetäubendes Pfeifkonzert ein, das sich über die ganze Moskauer Innenstadt legte. Jetzt begriff es auch Schalajew – Hunderttausende. Aber er war nie der Mann gewesen, der aufgab. Mit ungebrochenem Willen drängelte er sich weiter nach vorn. Die Verhältnisse hatten sich verkehrt: Er hatte den Begleitschutz im Schlepp. Selbstbewußt wie er auftrat, wagte es niemand, den Marschall anzufassen. Aber manch einer bespuckte ihn. Die Rotze auf den roten Kragenspiegeln seines Uniformmantels steigerte nur seinen stillen Haß. Den Haß auf's eigene Volk.

Harry Maybach war vom ARD-Studio am Kutusow Prospekt zum Hotel Rosija gefahren, um sich einzuchecken und das Gepäck loszuwerden. Von seinem Zimmer aus hatte er vergeblich versucht, Pjotr Boldin in der Nachrichtenagentur TASS zu erreichen. Boldin war ein TASS-Korrespondent, den Maybach aus einigen ziemlich wüsten Besäufnissen in Westdeutschland kannte. Das Moskauer Telefonnetz schien vollkommen überlastet. Nachdem der deutsche Journalist geduscht hatte, lief er nun beim Trockenfrottieren durchs Zimmer, und zufällig blickte er aus dem Fenster. Wie hypnotisiert hielt er inne. Nichtendenwollende Menschenströme ergossen sich über die Moskwabrücken zum Roten Platz und in die Innenstadt. Es dauerte nur Minuten, bis Maybach in seine Kleider gesprungen war und selbst auf der Straße stand. Schlagartig wurde ihm bewußt, daß er hier eine historische Stunde der Sowjetunion erlebte, auch wenn er wieder einmal nicht die Zusammenhänge verstehen konnte. Stumm und überwältigt lief er über den Roten Platz, um den Kreml herum, durch den Alexandergarten bis in die Gercena Ulica – quer durch die siedende Stadt. Das Bild war überall das gleiche: Die großen Kreuzungen des Zentrums und der Zufahrtsstraßen waren durchgehend von den Fahrzeugen der staatlichen Taxigesellschaft abgeriegelt. LKW-Besatzungen, Omnibusfahrer und private Autobesitzer solidarisierten sich spontan mit den Taxis und halfen vor allem an den neuralgischen Punkten der großen Plätze und am Marx Prospekt mit ihren rollenden Barrikaden aus. Inzwischen war auch der Metro-Verkehr zusammengebrochen, die Stationen geschlossen. Die Zugänge zum Kreml, so konnte Maybach beobachten, wurden von bewaffneten Armee-Einheiten abgeriegelt. Es wimmelte von Truppen der Moskauer Miliz und des Innenministeriums. Aber im Gegensatz zu den Armeesoldaten waren die Männer unbewaffnet und hatten demonstrativ auf Schutzschilde und Helme verzichtet. Sie hielten sich deutlich aus der Demonstration heraus und beschränkten sich darauf, in Panik geratene Fußgänger aus dem Menschenstrom zu retten.

Als Maybach schließlich vollkommen durchnäßt in die Nähe des dunklen Granitbaus der Nachrichtenagentur TASS gelangte, wurde er unfreiwilliger Zeuge einer lebensbedrohlichen Auseinandersetzung. Das TASS-Gebäude war rundherum mit einer Kette von Milizionären des MWD umstellt. Aufsehen erregten aber nicht die Sicherungsgruppen, sondern drei Mil-Mi-8-Kampfhubschrauber, die mit einem infernalischen Getöse dicht über der Menschenmenge schwebten. Die Rotorblätter wirbelten den Regen im 90-Grad-Winkel über die Gercena Ulica. Die Leute auf der Straße, junge, alte, Menschen aus allen Schichten und Kreise reckten die geballten Fäuste und schrien gegen die Turbinen an. Immer wieder versuchten die Hubschrauber zu landen. Doch die Menschen wichen nicht zur Seite. Stöcke und Steine flogen, kamen der Rotormechanik gefährlich nahe. Die Soldaten an den geöffneten Helikoptertüren starrten mit hilflosen Gesichtern in die haßerfüllte Masse und klammerten sich an ihre Kalaschnikows.

»Verdammte Scheiße! Kann mir denn niemand erklären, was hier passiert?« rief Maybach in seiner Verzweiflung auf deutsch.

Eine alte Frau mit einem Hüftleiden, die eben noch ihren Stock wütend in der Luft geschwungen hatte, drehte sich zu Maybach um. »Das sähen Sie doch, Härr!« bemerkte sie in unverfälschtem ostelbischem Dialekt. »Die Armee ist gegen Volk! Sie wollen besätzen TASS-Agentur. Wir dagegen und Miliz mecht uns helfen, bittschön.«

»Ja, aber was geht denn hier überhaupt vor?«

»Meine Meinung, Härr – Schalajew, Klimenko und diese

Elemente mechten stürzen den Genossen Michail Sergejewitsch. Radio und Fernsehstationen werden von uns geschützt. Aber der Kreml ist von Soldaten besätzt. Nu, ist halt Revolution, bittschön. Nich wahr?«

Maybach glotzte staunend nach oben, unfähig ein Wort zu sagen, während die Alte wieder in den Sprechchor einstimmte. Durch die Kunststoffscheiben der Hubschrauberkanzel konnte man den Streit zwischen Pilot und Copilot verfolgen. Einer der Kampfhubschrauber drehte eine enge Kurve, kam den Menschen mit seinem Fahrgestell lebensgefährlich nahe. Einige Bürger wurden von dem Rotorsturm schlicht umgeblasen. Gleichzeitig zog sich die Mil-Mi-8 heftige Dellen durch Steinwürfe zu. Einer der Soldaten wurde ins Gesicht getroffen. Der Pilot ging wieder ein paar Meter höher. Die Besatzungen standen vor der Entscheidung, ihren Befehl auszuführen und ein Blutbad anzurichten, oder abzudrehen. Jeder dieser Menschen unten auf der Straße spürte das, ebenso die Soldaten der schnellen Eingreiftruppe vom 12. Infanterieregiment. Es war einer der Augenblicke, in denen Weltgeschichte nicht von einem Regierungsführer, sondern von einem Offizier mittleren Ranges entschieden wird. Der Zugführer gab den Befehl abzudrehen.

Johlend und jubelnd verfolgte die Menschenmenge auf der Gercena Ulica, wie die Kampfhubschrauber in den regenverhangenen Himmel aufstiegen und Richtung Westen davonflogen. Und manchen von ihnen liefen die Tränen übers Gesicht.

13. JANUAR, KRASNOGORSK (UdSSR), 13.25 UHR:

Generalleutnant Kornijenko saß mit den Offizieren des Luftwaffenbezirkskommandos im Einsatzraum des großen Stützpunktes in Krasnogorsk. Vier Abfangjäger-Geschwader, fünf Jagdbomber-Geschwader – zum Teil mit neuen MiG-29 und MiG-31 Maschinen ausgerüstet – und drei schwere Bomber-Staffeln standen unter seinem Kommando. Schalajews Befehle aus dem Militärkommando in Moskau waren ignoriert worden, ebenso seine Suspendierung durch den Luftwaffenchef General Belousow. Statt dessen stand Kornijenko über den Kanal Zeta sechs mit Generaloberst Jelisejew in Kalinin und mit Generaloberst Iotschenko im Moskauer Milizhauptquartier in Verbindung. Gerade eben hatte er eine Jagdbomber-Staffel nach Kalinin geschickt, um Jelisejew und die Genossen zu unterstützen. Ununterbrochen wurden dem Stab die genauen Positionen der anrückenden Kampfverbände der Kantemir-Division durchgegeben.

Wie es Kornijenko erwartet hatte, klingelte das Telefon seiner Direktleitung. »Genosse Kornijenko, hier spricht Chowlow von der Kantemir-Division!«

»Pjotr Filipowitsch, was kann ich für Sie tun?« fragte Kornijenko mit einem Anflug von Ironie in der Stimme. Er stellte die Mithöreinrichtung des Telefons laut, damit die anderen Offiziere das Gespräch verfolgen konnten.

»Unterlassen Sie den Spott. Ihnen wurde vom Verteidigungsministerium die Befehlsgewalt entzogen. Ich fordere Sie auf, das Kommando sofort an Oberst Selesnew abzugeben! Ansonsten habe ich den Befehl, Gewalt anzuwenden!« Cholow holte Luft und setzte hinzu: »Vermeiden Sie unnötiges Blutvergießen, Generalleutnant Kornijenko!«

Kornijenko, innerlich fast ohnmächtig vor Wut, grinste seine Offiziere an. Den GRU-Oberst Selesnew hatte man vorsorglich in eine Arrestzelle des Luftwaffenstützpunktes gesperrt.

»Ihre Raketenwerfereinheit steht siebzehn Kilometer nordöstlich von uns, verehrter Pjotr Filipowitsch, die motorisierten Schützeneinheiten sind im Süden etwas dichter dran. Aber Ihr Fallschirmspringerregiment wird nicht lebend über Krasnogorsk abspringen.« Es entstand eine Pause, dann setzte Kornijenko – und jetzt bitterernst – hinzu: »Sie haben einen Fehler gemacht! Planen Sie nie einen Putsch, wenn Sie nicht die Luftwaffe hinter sich wissen! Meine Maschinen sind alle in der Luft. Ihre Einheiten haben fünf Minuten Zeit, sich zurückzuziehen – ansonsten gebe ich den Befehl zum Angriff. Das gilt auch für die Taman-Division.«

»Sie Narr!« schrie Cholow und warf den Hörer auf die Gabel. Zwei Minuten später schlugen zwei Boden-Boden-Raketen auf dem Flugfeld des Luftwaffenstützpunktes ein. Fast gleichzeitig erreichte alle Einheiten der Kantemir-Division ein Funkspruch des Krasnogorsker Luftwaffenstützpunktes: »Genossen, Kameraden, beteiligt euch nicht an einem Verbrechen gegen die sowjetische Regierung und gegen das sowjetische Volk. Legt die Waffen nieder und unterstützt die *Perestroika*!«

Dem Stab der Kantemir-Division war es schleierhaft, wie die Luftwaffe in die Funkfrequenzen ihrer Division gekommen war. Unruhe brach aus, Dutzende von Offizieren fragten im Kommandostab nach, in manchen Regimentern weigerten sich ganze Züge, weiter in Richtung Krasnogorsk vorzurücken. General Cholows Entschluß war unumkehrbar. Er hatte sich für Schalajews Lager entschieden, und auch wenn er jetzt zweifeln mochte, gab es aus seiner Sicht keinen Weg zurück. Er gab das Feuer für die Raketetenbatterien und die Luftabwehrgeschütze frei. Karnijenko zuckte zusammen, als er die nächsten Raketeneinschläge hörte. Sekunden später wurde ihm der Abschuß einer MiG-31 gemeldet. Zwanzig Millionen Rubel, die sich in Luft auflösten und mit ihnen zwei Menschen. Zeit seiner Luftwaffen-Karriere war er darauf trainiert worden, in solch einer Situation kühl und souverän zu reagieren. Aber es waren immer nur Übungen gewesen – gegen den Feind und nicht gegen die eigenen Kameraden. »Kampfeinsatz für das 3. und 4. Jagdbomber-Geschwader. Beschuß aller Raketenstellungen, von denen Feuer gemeldet oder gesichtet wird!« befahl er mit trockener Stimme. Jetzt herrschte Bürgerkrieg.

Drei MiG-29-Staffeln flogen erst in entgegengesetzte Richtung, drehten eine enge 180-Grad-Wende und donnerten dann mit eingeschalteten Nachbrennern jenseits der Schallgeschwindigkeit auf insgesamt sechs der vierzehn Raketenbatterien der Kantemir-Division zu. Der Jagdbombereinsatz war nach vier Minuten und fünfzehn Sekunden beendet. Die Stellungen existierten nicht mehr.

Fünfzig Kilometer südlich drängten zwei MiG-29-Staffeln den Verband der Antow-26-Maschinen des 26. Fallschirmspringerregiments ab. Zwei Warnschüsse waren überzeugende Argumente für die Piloten der für den Luftkampf ungeeigneten Transportmaschinen.

13. JANUAR, KALININ, 13.28 UHR:

Major Osadtschi, der Waffen-System-Offizier an Bord des MiG-31-Jagdbombers, der das Kraftwerk in Kalinin als erster erreichte, hatte keinerlei Hemmungen, auf den Feuerknopf der Bordraketen zu drücken, als die Mil-Mi-8-Helikopter des 12. Infanterieregimentes in Reichweite seines Zielradars kamen. Vor fünf Jahren war Osadtschi auf dem besten Weg gewesen, Karriere im Offiziersstab des Moskauer Luftwaffenkommandos zu machen. Eine Denunzierung wegen eines lächerlichen Breschnew-Witzes hatte dem ein Ende bereitet. Auch Generalleutnant Kornijenko hatte daran nichts ändern und ihn nur auf den WSO-Sitz einer MiG-31 retten können. Die da, vor ihm, das waren Schalajews Leute, Denunzianten, Ratten, die die Wiedererstehung des Reichs des Bösen ankündigten.

Generaloberst Jelisejew hatte sich mit Kunatschkin, dem Stab und allen Zivilisten im Kohlenbunker verbarrikadiert. Den *Gothics* und den Leuten von der Akademie der Wissenschaften schlotterten einträchtig die Knie. Verena hatte sich mit ihrem Mann auf den Boden gesetzt und lehnte mit dem Rücken an der Wand. Der schwarze Kohlenstaub auf ihren Kleidern störte sie nicht mehr. Keiner von ihnen sprach ein Wort. Der alte Kunatschkin mußte Jelisejew gewaltsam davon abhalten, ihren Leuten oben zu Hilfe zu kommen. Jelisejew wurde hier gebraucht.

Die rasche Folge von Explosionen und das Bersten Hunderter von Fensterscheiben machte selbst unten im Kohlenbunker, einen infernalischen Lärm. Die darauffolgenden Detonationen bewiesen, daß es schwere Treffer bei den angreifenden Kampfhubschraubern gegeben hatte. Sekunden später hörte man die herandonnernden Jagdmaschinen. Das erschütternde Getöse wiederholte sich. Die Schüsse wurden auffallend weniger. Jelisejew war nicht mehr zu halten. »Laß mich!« schrie er Kunatschkin an und machte sich von dessen kräftiger Hand frei. Der Generaloberst öffnete die Stahltür und rannte mit gezogener Pistole den Gang und die Betontreppe hinauf. Im Scherbenmeer der ehemaligen Maschinenhalle stieß er auf die Leichen dreier seiner Leute. Vorne am Tor wurde noch vereinzelt geschossen. Im Flur lag die Leiche eines Offiziers des 12. Infanterieregiments. Sie waren also schon drinnen gewesen. Am Tor kam ihm Nalewaiko entgegengerannt. Sein Arm blutete. »Sie ziehen sich in den Wald zurück. Das waren Bomber aus Krasnogorsk. Draußen sieht's schlimm aus. Viele Verletzte und Tote.«

»Gehen Sie runter in den Bunker, und holen Sie den Stab hoch!« befahl Jelisejew und lief weiter. Er sah nur noch einige Soldaten in Richtung Wald davonhumpeln. Seine Leute hatten das Feuer eingestellt. Zweihundert Meter weiter loderte ein Flammenmeer: ausgebombte Kampfhubschrauberverbände, die am Boden den angreifenden MiGs hilflos ausgesetzt waren. Das Umfeld war übersät mit toten und verletzten Soldaten.

»O Gott!« stammelte der aufrechte Kommunist Jelisejew, als er das alles sah. Und dann fügte er ruppig zu dem Hauptmann neben sich hinzu: »Stehen Sie nicht so blöd rum, sondern kümmern Sie sich um die Verletzten!« Jelisejew rannte in den Bunker zurück, holte das mobile Richtfunkgerät nach oben und meldete sich: *»Hier ist Zeta zwei für Zeta fünf.«*

»Zeta fünf für Zeta zwei, kommen!« antwortete Generaloberst Iotschenko.

»Der Angriff des 12. Infanterieregiments wurde durch einen Tiefflug-Einsatz aus Krasnogorsk abgewehrt. Versprengte Truppen in einem Kiefernwald, Planquadrat L-17 auf der Karte 322. Hohe Anzahl von Verletzten und Toten. Anzahl noch unbekannt. Drei Verluste auf unserer Seite. Es könnte Probleme bei der Sicherung des Geländes geben.«

»Uns liegt eine Lagemeldung von Zeta sechs vor. Zwei Einsatzbereitschaften der MWD und eine Sanitätereinheit sind auf dem Weg zu euch.«

»Wie ist die Lage im Süden?«

»Die 4. Panzerdivision aus Dserschinsk rückt in zwei Gruppen Richtung Autobahnring vor.«

»Gegenmaßnahmen?« fragte Jelisejew nüchern und ließ die Sprechtaste los.

»Ab Sucharjewskaja Ulica ist die Stadt zu. Außerdem geben die Fernmelder gleich eine Nachricht an die Panzerbesatzungen durch.«

»Und der Kreml?«

»Unser Beobachtungsposten meldete soeben, daß Schalajew zu Fuß durch den Sparsskaja-Turm gekommen ist. Tschebrakin, Myschko und Klimenko sind bereits mit den übrigen Angehörigen des Verteidigungsrats im Regierungs-

gebäude eingetroffen. Die Sitzung wird in wenigen Minuten beginnen. Am Dscherschinski Platz ist das Rechenzentrum ausgefallen. Es wird gemeldet, daß auch andere Großrechner der Armee und des GRU ausgefallen sind.«

Schlagartig wurde Generalleutnant Jelisejew bewußt, weshalb ihn vorhin dieser deutsche Junge von den *Gothics* hatte sprechen wollen. Unwillkürlich mußte der Kommandeur der Luftabwehr lächeln. In ein paar Minuten würden sie wissen, ob auch die Steuerung von Atomraketen davon betroffen war. Kalle hatte ihnen ungewollt ein Geschenk gemacht. Jelisejew wandte sich direkt an Boris in den Bunkertunneln unter dem Kreml. *»Zeta zwei für Zeta eins – kommen!«*

13. JANUAR, MOSKAU, 13.28 UHR:

Boris hatte mitgehört. Er wußte, daß David aus dem Spiel war. Er wußte, daß der Generalny mit seiner Delegation nicht in der Regierungsmaschine gesessen hatte und eine Aeroflot-Besatzung sinnlos in den Tod geflogen war. Aber eigentlich wußte er nichts. Wo war der Generalny abgeblieben? Wie entwickelte sich die militärische Lage? Was geschah im Westen? Wo steckte Verena? Mit Bitternis und Zorn mußte er sich eingestehen, daß er zum wiederholten Mal getäuscht worden war. Was kam danach? Ein Killer der CIA? Enttäuschte Fans, die geglaubt hatten, er hätte sich an die Amerikaner verkauft? Und plötzlich wurde Boris von einem Gefühl überrascht, das er sich selbst nicht erklären konnte. In seinem Herzen nahm er Abschied von der Sowjetunion, von Moskau, von den *Vaswedtschiki*. Als er von Generalleutnant Jelisejew über Funk angesprochen wurde, griff er nach dem Hörer des Sprechfunkgeräts und bestätigte nüchtern: *»Zeta eins – für Zeta zwei.«*

»Wo stehen Sie?«

»An Punkt zwei, wie geplant. Uns trennen zwei Stahltüren bis zum nördlichen Kellereingang des Regierungsgebäudes – drei Minuten.«

»Ist der Rückweg zum Metro-Tunnel gesichert?«

»Fest in unserer Hand!« entgegnete Boris, obwohl er sich langsam fragte, warum sich Jelisejew und Jotschenko so eindringlich für ihren Fluchtweg interessierten.

»Halten Sie sich für den Einsatz bereit. Zeta zwei – für Zeta eins, Ende.«

»Ende.« Boris drehte sich zu seinem Zug um. »Es ist soweit, Jungs. Jetzt reißen wir ihnen den Arsch auf.« Er sagte das auf ungewöhnlich phlegmatische Art, fügte dann aber im Befehlston hinzu: »Fertig machen zum Einsatz!«

Die lethargische Stimmung unter den Elitesoldaten der *Sektion Budjonny* verschwand von einem Augenblick auf den anderen. Sie knöpften sich die Jacken zu und zogen die Riemen ihrer Helme und Uniformen an. Die Sicherungshebel der vollautomatischen AK-70 klickten im Chor. Nachdem die Angehörigen ihre dunkelgrauen kugelsicheren Gesichtsvisiere mit den schmalen Augenschlitzen heruntergezogen hatten, sahen sie aus wie futuristische Todesboten.

Im grünen Saal, in dem sonst donnerstags das Politbüro tagte, war jetzt der Verteidigungsrat zusammengetreten. Der entscheidende Flügel dieses Gremiums fehlte – Gorbatschow, Schewardnadse, Jakowlew und drei weitere Politbüromitglieder. Sie waren durch Stellvertreter ersetzt worden, mit denen sich der alte Klimenko dagegen absichern wollte, nicht von seinem Posten verdrängt zu werden.

Schalajew war der letzte, der den Sitzungssaal betrat. Er hatte einen dunkelroten Kopf. Seinem heftigen Atem und seinem Gesichtsausdruck nach mußte er da draußen durch die Hölle gegangen sein. Die Rufe der tobenden Menge waren bis hier zu hören.

Die Runde war komplett. Myschko und Schalajew konnten zum Angriff übergehen. Der alte Staatspräsident Gromyko, der publicitysüchtige Klimenko und der überforderte KGB-Vorsitzende Viktor Tschebrakin hatten ihnen nichts entgegenzusetzen. Und so war es auch Marschall Schalajew, der anfing: »Das lassen Sie jetzt sein, Genosse!« sagte er zu dem Protokollarbeamten, nahm ihm den Stenostift weg und beförderte ihn am Arm zur Tür. Und im Anschluß wandte er sich an die verblüffte Gruppe der alten Männer: »Jetzt reicht's, verehrter Genosse Gromyko! Wenn wir die Union retten wollen, müssen wir hart durchgreifen. Rufen Sie den Ausnahmezustand aus – sofort!«

Genau damit hatte Klimenko gerechnet. »*Minutschko!*« rief er aufgebracht. »Erwartest du, Genadij Petrowitsch, daß die politische und militärische Führung unter deiner Befehlsgewalt zusammengefaßt wird?«

Schalajew sah Klimenko direkt in die Augen. Nein, den Gefallen tat er dem alten Appaaratschik nicht, sich jetzt auf eine endlose Diskussion mit ihm einzulassen. Klimenko würden sie schon mit der Zeit auf Kurs trimmen. »Wie kommst du denn auf diese Idee?« fragte der Verteidigungsminister mit gespielter Verblüffung. »Selbstverständlich untersteht das Kommando der Militärregierung dem Verteidigungsrat, solange ein neues Politbüro und eine neue Regierung gebildet werden. Ich hatte nie Grund, an deiner Autorität und Kompetenz in der Führung der Partei zu zweifeln. Im Gegenteil, ich hoffe, wir können gerade jetzt voll und ganz auf dich zählen, Genosse Stanislaw Pawlowitsch!«

Klimenkos Gesicht erhellte sich deutlich. Noch immer war es ihm nicht möglich, zu durchschauen, was hier eigentlich vor sich ging. Aber die Aussicht auf die Kandidatur zum Generalsekretär der UdSSR ließ seinen skeptischen Widerstand gegen Schalajew in sich zusammen fallen wie einen leeren Kartoffelsack. Er war mit Schalajew in früheren Politbüro-Sitzungen oft gemeinsam in Opposition zu Gorbatschow gegangen. Und sie würden sich auch jetzt arrangieren.

»Aber es ist notwendig«, fuhr der Marschall fort, »jetzt einige klare und schnelle Entscheidungen zu treffen!«

»Als da wären?« fragte Gromyko niedergeschlagen, weil er ahnte, was er hören würde.

»Wie schon gesagt – Verhängung des Kriegsrechts. Militärische Besetzung Moskaus und Übernahme der Führung über die Miliz durch das Verteidigungsministerium. Die Leitung des KGB wird von Generalmajor Myschko übernommen ...«

»Was soll das heißen?« fuhr Tschebrakin erschrocken dazwischen. Der Marschall zögerte nicht einen Augenblick, dem KGB-Chef offen seine Meinung zu sagen: »Die Truppen des KGB stehen in ihren Kasernen in Alarmbereitschaft, ohne auf die Straße geschickt zu werden, während dort der Teufel los ist. Sie waren dienstlich mit der Verhinderung des Attentats befaßt und haben versagt!«

»Geben Sie's doch zu, Schalajew!« schrie Tschebrakin. »Sie stecken doch hinter dieser ganzen Sache! Sie putschen!«

Der Marschall hatte sich noch immer nicht auf seinen Platz gesetzt, sondern kam auf den großen Tisch zu und stellte sich Tschebrakin gegenüber. »Wir haben die Zügel angezogen, bevor der Karren endgültig im Abgrund gelandet wäre, mein Lieber! Glauben Sie vielleicht, als aufrechte Kommunisten sehen wir tatenlos zu, wie unsere Ideale und unsere Heimat verraten werden? Aber das ändert immer noch nichts an der Tatsache, daß Sie, verehrter Genosse, beruflich versagt haben. Sie wissen bis jetzt nicht, was in Ihrem eigenen Haus los ist. Dort arbeitet eine Abteilung gegen die andere. Der Genosse Myschko wird das im Gegensatz zu Ihnen wieder in Ordnung bringen!« Schalajew drehte sich zu Klimenko um und ergänzte in bedeutungsvollem Ton: »Dieses Entgegenkommen erwarte ich allerdings von dir, Stanislaw Petrowitsch.«

»Was schlagen Sie denn vor, Myschko, was ist in dieser Situation zu tun?« fragte Klimenko.

»Den Vorschlägen des Genossen Schalajew schließe ich mich an. Zuerst ist es erforderlich, die Truppen des Innenministeriums unter Kontrolle zu bringen. Über Rundfunk, Lautsprecher und Fernsehen sollte der Genosse Staatspräsident eine Ansprache halten, in der zu Ruhe und Ordnung aufgerufen und der Ausnahmezustand bekanntgegeben wird. Demonstrationen werden entschlossen aufgelöst. Nach Übernahme der Rundfunksender und Nachrichtenagenturen durch Zensurmitarbeiter des KGB wird der Tod des Genossen Michail Sergejewitsch Gorbatschow bekanntgegeben. Aus taktischen Gründen ist es erforderlich, Jelzin und diesen Murajew auf freien Fuß zu setzen. Das Konzert der *Vaswedtschiki* entfällt wegen Staatstrauer. Selbstverständlich müssen Sie sich, verehrter Genosse Klimenko, so schnell wie möglich über das Rote Telefon mit Washington in Verbindung setzen. Den Westen sollten wir nämlich im Moment nicht unnötig in Unruhe versetzen.«

13. JANUAR, BRÜSSEL, 13.28 UHR:

Die computergesteuerten Radaranlagen der sowjetischen Luftaufklärung und die Zielsteuerungs-Computer in den Interkontinentalraketen-Bunkern der UdSSR waren zusammengebrochen – wie alle übrigen Rechenzentren im Ostblock, die, über welchen absurden Umweg auch immer, mit dem KGB-Zentrum in Moskau vernetzt waren. Die westeuropäischen Regierungschefs und ihre höchsten Beratergremien erhielten diese Meldung aus zwei unabhängigen Quellen: aus dem direkten Funksprechverkehr zwischen den ZETA-Stationen in Moskau und vom NSA-Hauptquartier in Maryland/USA. So erleichtert man die momentane militärische Lähmung des Warschauer Paktes in Brüssel aufnahm – im *Emergency-room* des NATO-Hauptquartiers herrschte eine Ratlosigkeit bisher ungekannten Ausmaßes. Alle diese Politiker waren erfahrene Profis in ihrem Job. Sie waren es gewohnt, ihre Entscheidungen nach strengen Maßstäben der Rücksichtnahme auf Lobbys, Gewerkschaften, Wählerpotentiale und Legislaturperioden zu treffen. Die Priorität in ihren parlamentarischen Demokratien galt dem Machterhalt, unter dem Vorwand, nur so eine vernünftige Politik fortsetzen zu können. Erst in zweiter Linie wurden Grundsatzentscheidungen nach Kriterien der Vernunft gefällt, begrenzt durch den nächsten Wahltermin und die neuesten demoskopischen Daten. Alle diese Politiker waren machtbewußte Entertainer, deren Fans in Industrieverbänden und Gewerkschaften, in Justiz, Medien und Militär saßen. Reagan hatte in Hollywood gelernt.

Vor zwanzig Minuten hatten sie noch entschlossen Anweisungen erteilt. Jetzt schwiegen sie zumeist. Europa stand am Scheideweg zur Katastrophe. Es ging nicht um Mehrheiten. Es ging um die Zukunft. Margaret Thatcher hatte innerhalb einer Stunde zwei Kannen Tee getrunken, und auch jetzt klammerten sich die Finger beider Hände um ihre Porzellantasse.

»Um Westberlin zu besetzen, braucht man keine Computer, Mr. Falin!« sagte sie scharf zu dem Russen, der ohne Rücksicht auf protokollarische Kleinkrämerei weiterhin an der Sitzung teilnahm. »Die Stadt ist nach wie vor zu!« fuhr sie fort. »Wie lange sollen wir noch tatenlos zusehen?«

Auch Valentin Falin war von seiner gewohnten Selbstsicherheit verlassen worden. Durch seinen bisherigen Informationsvorsprung über die Vorgänge in Moskau hatte er diplomatisches Kapital schlagen können. Jetzt war er ebenso zum Zuschauen verurteilt wie die anderen Teilnehmer des Gipfeltreffens. Er sah die englische Premierministerin mit gesenktem Kopf an. »Ma'am«, sagte er, »ich bitte Sie, geben Sie uns noch dreißig Minuten!«

»Und dann?« erwiderte sie leise. »Laufen dann wieder die sowjetischen Computersysteme? Oder sollen wir dann der Berlin-Brigade den Auftrag geben, die Transitwege zu sichern?«

Helmut Kohl wirkte am ehrlichsten von allen. Der Pfälzer mit der hünenhaften Statur stützte seinen Kopf auf den Ellenbogen. »Mänsch, des is ja unerdräglisch«, murmelte er in seinem Dialekt. Alliierte Panzer, die sich den Weg von Westberlin nach Helmstedt freischossen – das wäre das Ende beider deutscher Staaten.

»Was werden Sie tun, wenn die halbe Stunde ohne Nachricht aus Moskau verstrichen ist, Valentin?« fragte Genscher.

»Das ist ganz einfach«, sagte der Russe. »Sollte ich bis dahin keine Mitteilung von Michail Sergejewitsch Gorbatschow erhalten haben, kann ich mich nicht mehr als legitimierten Sprecher der sowjetischen Regierung betrachten.« Diese Auskunft hatte ebenso bitter wie ehrlich geklungen.

»Valentin, Sie können selbstverständlich bei uns …« Genscher brach den Satz ab, als er sich dessen Bedeutung bewußt wurde.

»Danke, ich verstehe …« sagte der sonst so selbstsichere Falin auf deutsch; unvermittelt waren ihm die Tränen in die Augen gestiegen.

»Entschuldigen Sie, Valentin!« sagte der deutsche Außenminister verlegen. »Ich wollte Ihnen nicht zu nahe treten.«

13. JANUAR, LUBERCY (ÖSTL. VORORT VON MOSKAU), 13.28 UHR:

Hauptmann Maslowski fuhr als Zugführer im ersten T-74 des 25. Panzerregiments mit, der sich über die M5 dem Moskauer Autobahnring näherte. In dem Vierzig-Tonnen-Stahlkoloß herrschte eine gespannte Atmosphäre. Beim letzten Halt waren den Mannschaften auf Anordnung des Divisionskommandeurs die Transistorradios entzogen worden. Kurz darauf wurde der Befehl zur Abfahrt ins Moskauer Stadtzentrum erteilt. Weitere hundertzwanzig Kampfpanzer folgten, die mit dröhnenden und rußenden Dieselmotoren über die Hauptstraße donnerten, daß der Straßenasphalt unter ihren stählernen Ketten wegspritzte. Die übrigen Kameraden der 4. Panzerdivision kreisten mit den restlichen neunhundert Panzern Hauptstadt und Flughäfen ein. Maslowski hatte im Alter von achtzehn Jahren 1968 als junger Panzerschütze an der Besetzung von Prag teilgenommen. Seitdem war er als Soldat aktiv an der sowjetischen Militärpolitik beteiligt gewesen, von Prag über Afghanistan bis hin zu den Vorbereitungen für die Invasion in Polen im Jahre 1981. Er hatte es in den Jahren bis zum Rang eines Hauptmanns geschafft. Aber jetzt, mit jedem Kilometer, den sie sich der Innenstadt näherten, stiegen die verdrängten Bilder wieder in ihm hoch: weinende Menschen, fassungslose Gesichter, Wut, Haß, todesmutige junge Leute, die mit ihren eigenen Körpern Panzer zum Stehen bringen wollten. Und unvermittelt dachte Maslowski an seine Frau, die Kinder und an seine Rente, den Antrag auf die 3-Raum-Neubauwohnung. Seine Unentschlossenheit quälte ihn, Gedankenfetzen an Meuterei, Widerstand, Standgericht schossen ebenso durch seine Phantasie wie die Bilder von Diktatur und der Restauration der Nomenklatura. Hauptmann Maslowski blieb mit versteinerter Miene auf dem Notsitz des T-74-Panzers kleben und sagte nichts.

Schütze Alexander Jakowitsch Shushkow, der im Fahrerstand den Kampfpanzer steuerte, war achtzehn Jahre alt. Er hatte in einer Leningrader Werft Schweißer gelernt und wollte nicht zur Marine, sondern Panzerfahrer werden. Alexander Jakowitsch hatte sich nie mit mehr Politik beschäftigt, als das vom Komsomol gefordert wurde. Der *Perestroika* stand er mit gemischten Gefühlen gegenüber. Er fand es gut, daß er offen seine Meinung sagen durfte, ohne mit Repressalien des KGB rechnen zu müssen. Aber er stellte auch kritisch und manchmal verbittert fest, daß die Regale in den Läden noch leerer, der Wodka noch teurer und die ärztliche Versorgung noch schlechter geworden waren.

Shushkow erhielt seine Befehle über Kopfhörer von Hauptmann Maslowski oder direkt aus dem Kommandostab. Im Moment fegte er die Hauptstraße entlang über den Autobahnring hinweg in Richtung Wolgograd Prospekt. Die Autos auf den Straßen fuhren zum Teil in die Gräben, um der siebzig Stundenkilometer schnellen Horde aus Panzerstahl den Weg frei zu machen. Shushkow genoß das Gefühl, eine Kreuzung aus John Wayne und Capt'n Kirk von der Enterprise zu sein – diese Filme hatte er immer gern im sowjetischen Fernsehen gesehen. Die ganze Nacht hindurch hatte er mit Kameraden frisches afghanisches Haschisch geraucht. Der schmale Sehschlitz der Panzerkarosserie reduzierte Shushkows Sichtfeld auf Bildschirmgröße. Menschen, die im strömenden Regen am Straßenrand standen, rissen erschrocken ihre Augen auf. Schütze Shushkow empfand ein überwältigendes Gefühl der Macht. Die GAI-Posten an der letzten Kontrollstelle vor Moskau ergriffen sogar die Flucht. Als die gigantische Panzerkolonne durch Lubercy dröhnte, die ersten Unfälle auf den Straßen passierten und Bürger mit Tränen in den Augen an den Bordsteinkanten standen und ihnen die geballten Fäuste entgegenstreckten, verließ Shushkow die rauschhafte Überwältigung. Langsam wurde ihm bewußt, was man von ihm erwartete. Er sollte diesen Kampfpanzer gegen seine eigenen Landsleute steuern, auf Freunde, Kollegen, Geschwister, Eltern und Kinder. Keine imperialistischen Angriffstruppen aus dem Westen, die eigenen Mitbürger waren das Ziel. Shushkow dachte nicht weiter nach. Instinktiv faßte seine linke Hand nach dem Gleiskettenantrieb und stoppte die linke Kette. Der fast vierzig Tonnen schwere Stahlpanzer schlitterte unter ohrenbetäubendem Quietschen quer über die Fahrbahn. Der hinter ihm folgende Panzer konnte nicht schnell genug abbremsen und rammte die Heckseite des T-74. Weiter hinten kam es zu Dutzenden von Kollisionen.

Maslowski flog von seinem Sitz und schlug sich an der gegenüberliegenden Stahlwand die Stirn an. »Sind Sie wahnsinnig geworden, Shushkow?« schrie der Hauptmann und betastete mit den Fingern seinen blutenden Kopf.

»Wissen Sie, was Sie hier tun?« erwiderte der achtzehnjährige Panzerfahrer. »Sollen wir auf die eigenen Leute schießen?«

Sein Kamerad am Schützenturm starrte Shushkow verblüfft an und stimmte ihm ebenso plötzlich zu: »Genau, Alexander. Ich bin auch dabei!«

Der Hauptmann wußte, daß er sich jetzt in dieser Sekunde entscheiden mußte. Seine Hand zuckte, um nach seiner Armeepistole zu greifen. »Jungs!« sagte er dann, »dafür können sie uns erschießen lassen!«

»Dazu müssen sie erst einmal hier reinkommen«, antwortete der jugendliche Shushkow und setzte den T-74 rumpelnd quer auf die Straße.

Im selben Augenblick krächzten die Lautsprecher ihrer Kopfhörer: *»Genossen, Kameraden der 4. Panzerdivision! Hier sprechen eure Kameraden vom 1. Fernmelde-Bataillon des Bezirks Moskau. Wir fordern euch auf: Fahrt nicht in die Innenstadt! Stellt euch nicht gegen eure eigenen Lands-*

leute! Verteidigungsminister Schalajew hat eigenmächtig Truppen nach Moskau in Gang gesetzt. Ein Befehl des Politbüros und des Generalsekretärs Michail Sergejewitsch Gorbatschow existiert nicht! Beteiligt euch nicht an diesem illegalen Einsatz!«

Shushkow sah den Hauptmann eindringlich an. Maslowski griff nach dem Mikrophon des Funkgerätes und erwiderte dabei den Blick des jungen Soldaten. *»Hier ist Hauptmann Maslowski, Zugführer des 25. Panzerregiments. Unsere Position ist die M5 in Lubercy, drei Kilometer vor dem Autobahnring. Was können wir für euch tun?«*

Die Freude des Funkers von der anderen Seite war kaum zu überhören. *»Fahrt bis zum Autobahnring weiter und riegelt die Auffahrt ab, damit keine weiteren Panzergruppen zu den Flughäfen vordringen können!«*

Maslowski steckte den Kopf zur Turmluke heraus. Auch bei den anderen Panzern waren die Luken geöffnet, und die Besatzungen jubelten dem Hauptmann zu. Maslowski drückte wieder auf die Sprechtaste des Mikrophons. *»Ist gut, Genosse, wir sind dabei!«*

Im nächsten Moment meldete sich eine weitere Stimme über Funk: *»Hier ist Major Bykow vom 5. Panzerregiment. Unsere Position befindet sich an der Spitze der Gruppe Nord, auf der M7 kurz hinter der Raststätte. Wir schwärmen aus und werden ein Nachrücken verhindern …«*

»Was Sie da tun, ist Meuterei und wird mit dem Tod bestraft!« brüllte Generalmajor Aksenow, der Oberbefehlshaber der 4. Panzerdivision, aus dem Hauptquartier dazwischen.

»… hier ist das 28. Panzerbataillon – wir unterstützen euch ebenfalls!«

Shushkow legte den ersten Gang des T-74 ein und fuhr weiter Richtung Autobahnring. Hauptmann Maslowski blieb oben im Turm stehen und drückte das Mikro in die

Halterung zurück. Generalmajor Aksenow und Oberst Ruschnikow standen als Oberbefehlshaber der Gruppe Süd auf verlorenem Posten, das bewiesen die Funksprüche, die jetzt reihenweise von den Panzerbesatzungen eintrafen. Weder im Militärkommando in der Komissariatskij-Gasse noch im Stab der *Monopoly-Runde* hatte man mit dieser Eigendynamik in der Armee gerechnet. Die Besetzung der sowjetischen Hauptstadt durch die 4. Panzerdivision war damit schon am östlichen Autobahnring beendet.

In der Innenstadt blieb der Vormarsch der Taman-Division unter der Befehlsgewalt von General Doschdalew im Ansatz stecken. Das eigentliche Ziel, die kasernierten Miliztruppen des Innenministeriums noch in ihren Kasernen festzusetzen, mißlang, weil sie in den MWD-Unterkünften keinen einzigen Mann mehr vorfanden. Generaloberst Iotschenkos Truppen waren ausgerückt, bevor die Taman-Division das Stadtgebiet erreicht hatte. Armee und Miliz lieferten sich ein Katz-und-Maus-Spiel quer durch die von einer aufgebrachten Bevölkerung tobende Innenstadt. Immer mehr Soldaten liefen mit fliegenden Fahnen zu den Demonstranten über. Doschdalew wagte es nicht, den Feuerbefehl zu erteilen. Er, er persönlich, wollte nicht für einen Bürgerkrieg verantwortlich sein. Auf Moskaus Straßen fiel nicht ein einziger Schuß.

13. JANUAR, MOSKAU, 13.28 UHR:

Die vier Einsatzbrigaden der *Sektion Budjonny* unter Führung von Boris Uljanow waren fast am Ziel. Der Schlosser hielt den Schneidbrenner für die vorletzte Tür bereit. Hinter ihm standen zwei Scharfschützen, die ihm im Notfall Deckung geben sollten.

Boris hielt das Funkgerät ans Ohr. Die Antennenleitung war noch in Ordnung. Seltsamerweise wartete er auf das

Wort *»Go!«* und war über seine Teilnahmslosigkeit erschrocken, als er hörte:

»Zeta sechs für Zeta eins, kommen!«

»Zeta eins für Zeta sechs«, antwortete Boris auf Kornijenkos Ruf.

»Gehen Sie rein, Boris!«

»Ich bestätige«, antwortete er leidenschaftslos. *»Wir rücken bis zur Position null vor. Ende und aus!«* Irgendeinen frommen Wunsch des Generaloberst aus der Basis in Kalinin wollte er sich jetzt nicht anhören. *»Dawai!«* raunzte er seine Männer an.

Der Schweißer zündete die Gasflamme seines Schneidbrenners. Bis auf ihn und die beiden Scharfschützen drängten sich die Männer am Boden und an den Betonwänden, die Visiere heruntergezogen, mit entsicherten Schnellfeuergewehren. Nachdem sie Angeln und Schloß durchtrennt hatten, fiel ihnen die Stahltür entgegen. Die Schützen rückten in geduckter Haltung in den dunklen Kellergang des Regierungsgebäudes vor. Die letzte Tür zum Treppenhaus lag sechsunddreißig Meter entfernt. Im Schein der Grubenlampen rückte das Sprengkommando vor. Mit sicheren Handbewegungen und ohne ein Wort zu sprechen, befestigten sie den Plastiksprengstoff um den Rahmen der Feuerschutztür. Von draußen konnte man die Stimmen der Soldaten vom 12. Infanterieregiment hören, die dort Wache schoben. Sechzig Sekunden später zog sich das Sprengkommando wieder in den Gang zurück.

Die beiden Soldaten auf dem Flur hatten den Auftrag, den unteren Teil des Treppenhauses zu sichern. Die meisten Kameraden waren draußen und riegelten das Kremlgelände vor der tosenden Menschenmenge ab. Bis hierher waren die Sprechchöre zu hören. Sie waren Wehrpflichtige im zweiten Dienstjahr, ausgezeichnet und für diesen Einsatz ausgewählt, weil sie ihren Heldenmut in Afghanistan bewiesen hatten. Und beide hatten sie Angst.

Die Stahltür am Fuß des Treppenhauses flog mit einem großen Knall quer über die Treppe. Sekunden später sahen sich die beiden der schwerbewaffneten *Budjonny*-Brigade gegenüber. Erschrocken starrten sie die Männer in den schußsicheren Kampfanzügen an, hoben die Hände und ließen ihre Waffen auf den Marmorboden fallen. Lautlos wurden sie von drei Elitesoldaten an die Wand gedrängt. Boris gab Handzeichen. Die erste Brigade rückte aus den Bunkertunneln in die Eingangshalle vor. Sie schlichen von hinten an ihre Gegner heran, legten den Arm um ihren Hals, zogen sie von den Türen ins Gebäude hinein und schlugen sie dort bewußtlos. Eine Minute später waren die Eingänge des Regierungsgebäudes in der Hand der *Sektion Budjonny*, ohne daß ein Schuß gefallen wäre oder die Truppen auf dem Gelände etwas gemerkt hätten. Im Anschluß daran rückte die zweite Gruppe in die erste Etage vor. Boris folgte ihnen mit der 3. Brigade. Er empfand es als absurd, in Kampfstiefeln über die dicken Teppiche zu spurten, auf denen normalerweise die Abgeordneten des Obersten Sowjet in den Pausen defilierten. Die Gruppe zwei stieß auf vereinzelten Widerstand. Die Elitesoldaten der *Sektion Budjonny* waren zum Anti-Terror-Einsatz ausgebildete Männer und nicht nur Soldaten mit Nahkampfausbildung. Jedem von ihnen war bewußt, daß sie hier einen Militärputsch verhindern sollten. Sie hatten keinerlei Skrupel, ihre Kampfmesser zu gebrauchen. Die dritte Brigade stoppte auf den obersten Stufen an beiden Treppen. Vor ihnen lagen die Sekretariate der Regierung, links dahinter der Sitzungssaal. Von hinten mußten die Gruppen erst in die Büros eindringen, um die Angestellten in Schach zu halten. Dafür brauchten sie dreißig Mann. Für den Saal blieben fünfzehn.

Boris zog den Kopf zurück. Ein Regierungssekretär von Anfang Fünfzig eilte mit schnellen Schritten über den Flur zu der großen Holztür des Konferenzraums.

Andrej Gromyko, der alte Staatspräsident der UdSSR, hielt gerade den Füllfederhalter in der Hand, um die Verhängung des Ausnahmezustands zu unterzeichnen, als sein erster Sekretär Lew Tschuwachin in die Sitzung des Verteidigungsrates hereinplatzte. »Wir haben eben über eine offene Amtsleitung aus dem Militärkommando erfahren, daß alle großen Rechenzentren des KGB und der Armee zusammengebrochen sind«, berichtete Tschuwachin atemlos. »Das gilt auch für die computergesteuerten Telefonsysteme der *Vertuska* und der *Krelmjowka.*«

»Das ist doch nicht zu fassen!« polterte Marschall Schalajew los. Aber Myschko fiel ihm ins Wort: »Beordern Sie im Militärkommando eine Fernmelde-Einheit hierher, Genosse Tschuwachin!«

Der Sekretär hielt die Tür noch geöffnet. Boris und die vorderste Reihe seiner Leute konnten mithören. »Das geht nicht«, erwiderte Tschuwachin kleinlaut. »Die Leitung in die Komissariatskij Ulica ist zusammengebrochen. Wir kommen nicht mehr durch.«

»Piwnew!« brüllte Schalajew seinen Ordonnanzoffizier an, »stellen Sie sich unten einen Stoßtrupp zusammen und schlagen Sie sich selbst zum Militärkommando durch. Nötigenfalls benutzen Sie die Bunkertunnel. Die Lage darf uns nicht außer Kontrolle geraten!«

»Entschuldigen Sie, Genosse Verteidigungsminister«, mischte sich Tschuwachin vorsichtig ein. »Brigadegeneral Jerofejew ließ ausrichten, daß der Vorstoß der 4. Panzerdivision am östlichen Autobahnring zum Stehen gekommen ist. Die Taman-Division ist über das Stadtgebiet versprengt. Die schnelle Eingreiftruppe des 12. Infanterieregiments in Kalinin wurde aufgerieben. Man erwartet Ihre Instruktionen!«

Die Augen des Verteidigungsministers richteten sich instinktiv auf den Staatspräsidenten.

»So war das also vorbereitet!« stellte Gromyko bitter

fest. Er und Schalajew gehörten zur selben Generation und kannten einander seit drei Jahrzehnten. Der frühere Außenminister hatte spätestens seit der Kuba-Krise immer eine ausgesprochene Antipathie für die Militärs entwickelt. Aber jetzt stieg Abscheu in ihm hoch. »Wissen Sie, Gennadij Petrowitsch«, sagte er zu Schalajew. »Sie sind ein alter Scheißkerl!« Und am Ende seiner Worte zerriß er das Dekret.

»Gut«, stellte Schalajew feindselig fest. »Sie können es auch anders haben!«

Die Wachsoldaten in der Komissariatskij Ulica wurden von dem Hubschrauberverband der MWD-Truppen, der auf dem Maxim-Gorki-Ufer landete, vollkommen überrascht. Angesichts der zahlenmäßig eindeutigen Übermacht der Miliztruppen leisteten die Wachsoldaten keinen Widerstand und ließen sich entwaffnen. Zur Verblüffung der ersten Gefangenen stieg kurz darauf der Generalsekretär der KPdSU, Michail Sergejewitsch persönlich, aus einem der Mil-Mi-8-Helikopter. Er wurde von Generaloberst Naum Iotschenko, dem Oberbefehlshaber der Miliztruppen des Innenministeriums, begleitet. Der Generalny ging mit steinerner Miene durch den Eingang voraus, gefolgt von Jotschenko und bewaffneten Milizionären. Die ersten Offiziere, denen er begegnete, glaubten den Verstand zu verlieren. Gorbatschow ließ sich nicht aufhalten. Dreißig Sekunden später stieß er die Tür zum Stabsraum auf. Brigadegeneral Jerofejew stand über den Kartentisch gebeugt. Die militärische Lage des Warschauer Paktes war im Moment unberechenbar, in Moskau wurde sie brisant. Jerofejews Gesicht wirkte angespannt, aber als sein Blick die Tür streifte, sah er aus, als bliebe sein Herz stehen. »Das kann doch nicht sein!« stotterte er und starrte in das zornige Gesicht Gorbatschows. Die übrigen Offiziere schienen ebenso fassungslos.

»Doch, das kann sein!« rief der Generalny aus. »Die Zeiten, in denen Panzer den Lauf der Weltgeschichte bestimmen konnten, sind vorbei!« Dabei kam er näher und fügte hinzu: »Kraft meines Amtes als Oberbefehlshaber der sowjetischen Armee suspendiere ich Sie vom Dienst, Brigadegeneral Jerofejew. Sie stehen unter Arrest des MWD. Generaloberst Iotschenko wird vorübergehend die Befehlsgewalt im Militärkommando übernehmen!«

Noch bevor Jerofejew Worte des Widerspruchs finden konnte, wurde er von Milizsoldaten festgenommen und entwaffnet. Jotschenko baute sich selbstbewußt vor dem schweigenden Generalstab auf. »So, ihr Genossen Offiziere – jetzt werden wir diesen Spuk ganz schnell beenden!«

»Piwnew!« kommandierte Schalajew im Sitzungssaal des Kreml, »übermitteln Sie Brigadegeneral Jerofejew den mündlichen Befehl, das Kriegsrecht auszurufen! Vorrangiges militärisches Ziel sind ab sofort die Radiostationen und Fernsehsender!«

»Das schaffen Sie nicht!« bemerkte Staatspräsident Gromyko.

»Das werden wir sehen!« Schalajew wandte sich an Myschko. »Arkadij, Sie kümmern sich um das KGB! Wir brauchen endlich deren Truppen in der Stadt. Benutzen Sie den Tunnel zum Dscherschinski Platz.« Und zuletzt wandte sich der Verteidigungsminister an Klimenko: »Also, was ist nun, Stanislaw Pawlowitsch, auf welcher Seite stehst du?«

Klimenko hatte keine Gelegenheit zu antworten. Hauptmann Piwnew und Generalmajor Myschko waren zur Tür gegangen, um die Sitzung zu verlassen. Piwnew öffnete die schwere Holztür nur einen Spalt weit, als er schon am Uniformkragen gepackt und draußen auf den Flurboden geschleudert wurde. In der nächsten Sekunde standen sich Myschko und Boris gegenüber. Der Generalmajor konnte Boris wegen dessen Gesichtsschutzes nicht erkennen. Der

Faustschlag, der Myschko ebenso schnell wie unerwartet am Kinn traf, ließ ihn zurück in den Sitzungssaal fliegen. Schalajew fingerte an seiner ledernen Pistolentasche.

»Lassen Sie das sein!« brüllte Boris und richtete im gleichen Moment sein Schnellfeuergewehr auf den Verteidigungsminister. Die Männer der 3. Brigade rückten in den Sitzungssaal vor.

»Sieh an, der Genosse Uljanow. Von der USA-Reise zurückgekehrt!« stellte Myschko mit beißender Ironie fest, rieb sich das Kinn und kam wieder auf die Beine. Er hatte Boris' Stimme erkannt.

Boris zog den Gesichtsschutz nach oben. »Keine dummen Sprüche mehr, Arkadij!« rief er. »An die Wand! Alle! Hände über den Kopf.«

Der gesamte Verteidigungsrat, die inoffiziellen Teilnehmer eingeschlossen, hoben die Hände. Nacheinander stellten sie sich mit dem Gesicht an die holzgetäfelte Wand. Bei Klimenko und Gromyko hatte es den Anschein, als koste sie jeder ihrer Schritte Jahre ihres Lebens. Sogar Schalajew und Myschko ließen sich widerstandslos entwaffnen.

»Glaubst du, ihr kommt hier lebend heraus, Boris Stepanowitsch?« fragte Myschko zynisch.

»Es ist vorbei, Arkadij! Hast du das immer noch nicht begriffen?«

Myschko drehte sich herum, musterte Boris, der mit seinem Sturmgewehr vor ihm stand, und lachte. »Ja, zum Teufel, ich habe dich wirklich unterschätzt. Aber du solltest mich mittlerweile kennen. *Du*, Boris Stepanowitsch, du höchstpersönlich wirst mich zu einem Flugzeug begleiten, das mich aus der UdSSR herausbringt.« Er machte eine Pause und setzte süffisant hinzu: »Die Tochter der Aladkowa, die kleine Tatjana, befindet sich in der Gewalt meiner Leute. Komm, Boris, du kennst das Geschäft! Deine Leute sind den Aladkos gegenüber verpflichtet. Gegen Geiselnahme bist du ohne Chance.«

Auch später konnte Boris nicht erklären, weshalb er die Fassung verlor. Jahrelang war er darauf trainiert worden, in jeder noch so brutalen Situation die Nerven zu behalten. Aber jetzt stürzte er sich wie ein beuteschlagendes Tier auf den Generalmajor, warf ihn mit einem Jiu-Jitsu-Griff auf den Bauch und trat ihm mit dem Stiefel auf die Wirbelsäule, während sein rechtes Knie auf Myschkos Genick drückte. Boris hielt den Lauf seines Schnellfeuergewehrs direkt in Myschkos Kniekehle. »Wo wird sie festgehalten?« fragte er eindringlich und stach mit dem Gewehrlauf zu.

»Das wagst du nicht, Boris Stepanowitch!« erwiderte Myschko gepreßt.

»Genosse Uljanow, ich bitte Sie!« mischte sich Hauptmann Utkin von der 3. *Budjonny*-Brigade ein.

Myschko grinste. Und Boris drückte ab. Das Schreien des Generalmajors gellte durch den Saal. Boris ließ ihn los. Myschko umklammerte mit beiden Händen sein zerfetztes Knie, das Blut quoll zwischen seinen Fingern hindurch.

»Zeta fünf für Zeta eins!« krächzte es aus Boris' Sprechfunkgerät. Er trat einen Schritt zurück, griff nach dem Apparat und antwortete: *»Zeta eins, kommen!«*

»Hier spricht Michail Sergejewitsch Gorbatschow!« antwortete die Stimme. *»So spricht man sich wieder, mein lieber Boris Stepanowitsch.«*

Jetzt erkannte auch Boris die Stimme des Generalny. Er wußte, daß die Frequenz von allen Stationen mitgehört wurde, auch von Alpha und Delta in Brüssel und Bornholm. *»Wo stecken Sie, Gorbatschow?«* fragte Boris respektlos.

»Im Moskauer Militär-Bezirkskommando. Generaloberst Jotschenko hat den Oberbefehl übernommen. Die Truppen werden zurückgezogen. Wie sieht's bei euch aus?«

»Wir haben Punkt null eingenommen. Kampfverbände des 12. Infanterieregiments befinden sich noch draußen auf dem Gelände.«

»Die Truppen haben Befehl, sich in ihre Kasernen zurückzuziehen. In wenigen Minuten trifft für Sie Unterstützung vom MWD ein. Verletzte?«

»Myschko«, antwortete Boris emotionslos. »Knieschuß. Diese Dreckskerle sind sich noch nicht einmal für eine Kindesentführung zu schade. Die *Organisazjia* hat die kleine Tochter der Aladkos in ihrer Gewalt.« Boris ließ unvermittelt die Sprechtaste los und brüllte zwei seiner Soldaten an, die sich um Myschkos Schußwunde kümmern wollten. »Liegenlassen!«

»Zeta fünf für Zeta eins!« hörte man jetzt Jelisejews Stimme aus Kalinin. *»Wo wird das Mädchen festgehalten und von wem?«*

»Moment!« antwortete Boris, legte das Sprechfunkgerät auf den Tisch und kehrte noch einmal zu Myschko zurück. Ohne eine Spur von Erbarmen drückte er dem halb bewußtlosen Generalmajor, der auf dem besten Wege war zu verbluten, den Gewehrlauf auf das andere – unverletzte – Knie. »Also, Myschko, du hast gehört. Wo und von wem?«

»Du bist wahnsinnig, Boris«, ächzte Myschko mit schmerzverzerrtem Gesicht. »Nichts unterscheidet dich von einem Tier.«

»Wo und von wem?« wiederholte Boris.

»In der Datscha der Aladkos«, gestand Myschko mit aufeinandergepreßtem Kiefer. »Sie wird von einer Brigade der Verwaltung Sonderermittlungen festgehalten. Vier Genossen. Wenn sie bis halb drei keine anderweitige Anweisung erhalten, werden sie das Mädchen erschießen! Das willst du doch nicht, oder?«

Boris wandte sich ab und setzte sich über Funk wieder mit Jelisejew in Verbindung: »Es sind vier Offiziere der KGB-Verwaltung Sonderermittlungen. Sie sitzen in Aladkos Datscha, acht Kilometer nördlich von Chotkovo«, erklärte er.

Die Antwort aus Kalinin blieb für eine Weile aus. Offensichtlich diskutierte man die Lage. Schließlich meldete sich Generaloberst Jelisejew wieder: *»Boris Stepanowitsch, uns liegt eine Funkmeldung des kommandierenden Offiziers des 12. Infanterieregiments vor. Sie ziehen sich vom Kremlgelände zurück. Der Generalny wird mit seinem Stab in den Kreml kommen …«*

»Damned, was soll der Quatsch!« rief Boris dazwischen. *»Was wird mit der kleinen Tatjana?«*

»Boris …« Jelisejew suchte offensichtlich nach Worten, *»Kunatschkin ist gerade mit einer Handvoll Offiziere auf dem Weg zum Dscherschinski Platz. Aber im Moment haben wir keine Leute frei!«*

»Ich habe verstanden!« erwiderte Boris, »Zeta eins, Ende und aus.« Er stellte das Spezial-Sprechfunkgerät auf den polierten Ebenholz-Tisch und schaltete es ab. Wieder zwang er sich dazu, tief und regelmäßig zu atmen, um so seinen übermäßigen Zorn unter Kontrolle zu halten. Er spürte das Verlangen, seinen Zeigefinger am Abzug durchzuziehen und alle diese Myschkos und Schalajews, Tschebrakins und Klimenkos über den Haufen zu schießen. Statt dessen seufzte er, winkte einen der eingetroffenen Sanitäter der *Sektion Budjonny* heran und wies mit dem Kopf zu Myschko. Dann wandte er sich an einen seiner Offiziere, Leutnant Bogojawlenski: »Pjotr, lauf hinunter zu den Typen von der Armee, und sorge dafür, daß eine der Mil-Mi-8 zu unserer Verfügung steht!«

»Was hast du vor?« fragte der Leutnant erschrocken und starrte Boris an, als könne er dessen Worte nicht glauben.

»Na, du hast es doch selber gehört!« sagte Boris ungerührt. »Die Jungs haben den Schwanz eingezogen. Also können Sie uns auch mit einem ihrer Vögel aushelfen. Die werden dich schon nicht über den Haufen schießen!« Und als Leutnant Bogojawlenski noch immer keinen Ansatz machte, den Sitzungssaal zu verlassen, brüllte Boris mit dröhnender Stimme hinterher: »Jetzt zisch endlich ab, Mann!«

Bogojawlenski entfernte sich. Boris' Blick strich durch den Raum. Wie Sekunden-Kurzfilme liefen diese unglaublichen Bilder vor seinem inneren Auge ab: Er stand im Kampfanzug mit einem AK-70 in der Hand in den heiligen Hallen des Kreml, die höchsten Partei- und Militärführer mit erhobenen Händen an der Wand, unter den Porträts von Marx und Lenin. Vor einer Woche noch hätte er diese Vorstellung für undenkbar gehalten. »Du kümmerst dich um diesen Laden hier!« sagte er zu Hauptmann Utkin gewandt.

»Was planst du, Boris Stepanowitsch?« fragte der Sektionsoffizier, der selber noch immer seine Waffe auf die Gruppe der Politfunktionäre richtete.

»Ich stelle eine Brigade aus fünf Leuten zusammen und fliege nach Chotkovo«, erklärte Boris, hängte sich das Funkgerät über die Schulter und schickte sich an zu gehen.

»*Minutschko*, Genosse Uljanow!« rief Schalajew und drehte den Kopf von der Wand zu Boris herüber. »Kommen Sie her, ich möchte mit Ihnen sprechen!«

Boris ging die fünf Meter über den Teppich auf den Verteidigungsminister zu, wahrte aber dennoch eine Schrittlänge Sicherheitsabstand. »Nennen Sie mich nicht Genosse, Schalajew!« raunzte er ihn an.

Der Marschall drehte sich um. »Als Offizier bitte ich Sie darum, mir meine Dienstpistole zurückzugeben und mich in einem Büro allein zu lassen.« Er sagte das ohne eine Gefühlsregung in der Stimme, als sei seine Bitte um Selbstmord nichts weiter als eine von vielen Verhaltensregeln für Offiziere der Sowjetarmee.

Neugierig, fern von Schalajews Wertvorstellungen, suchte Boris in dessen Augen nach einem Funken von Emotion, Verzweiflung oder Wärme. Aber die Augen des Verteidigungsministers waren leer, wie ausgebrannt.

Schlichte biochemisch-optische Instrumente eines Größenwahnsinnigen.

»Ich denke gar nicht daran, Schalajew. Ich bin nur ein kleiner Soldat«, sagte Boris mit beißender Zynik, »genauso nichtsahnend wie Onkel Feliks, Julius Ortmann, Verena und Tatjana Aladko, Chmys, die Leute in München, die Wachsoldaten in Jerewan und die Toten in Kalinin und hier unten im Flur! Kleine Marionetten in eurem Spiel, denen nach Lust und Laune die Schnüre gekappt werden. Machen Sie das mit dem Generalny oder Jelisejew aus. Aber lassen Sie mich und meine Leute zufrieden, sonst kann es Ihnen passieren, daß Ihnen einer die Eier wegschießt.« Boris drehte sich um, lief zur Tür und ließ den Verteidigungsminister der UdSSR einfach stehen.

Inzwischen stand das Regierungsgebäude fest unter Kontrolle der *Sektion Budjonny* und der aus dem Tunnel nachrückenden Einheiten der Miliz. Boris suchte sich fünf Leute zusammen. Iwan, Dimitrij, Eduard, Safar und Valerij. Ihre aktuellen Dienstgrade kannte er nicht. Die fünf, alle zwischen dreißig und vierzig, waren – wie man in der *Sektion Budjonny* sagen würde – alle keine jungen Stiere mehr, aber Männer der ersten Stunde. Boris hatte mit ihnen mehrere Einsätze in Litauen und Usbekistan gefahren und wußte, daß er sich auf sie verlassen konnte. Im Erdgeschoß ließ er sich und die anderen mit Blendgranaten ausstatten, bevor sie das Regierungsgebäude durch den Hauptausgang verließen und zu dem einzigen Mil-Mi-8-Kampfhubschrauber hinüberliefen, der auf dem Platz vor dem Arsenal verblieben war.

Boris und seine Leute wurden von einem Armee-Oberst empfangen, der salutierte. »Oberst Kurotschkin, Kommandeur des 12. Infanterieregiments!«

»Oberst der Reserve Boris Uljanow!« entgegnete Boris und führte grüßend die Hand zur Stirn. »Sie müssen in die Gegend von Chotkovo fliegen!«

Kurotschkin war verblüfft. Eigentlich hatte er mit seiner Verhaftung gerechnet und nicht mit dem Auftrag eines Hubschrauberflugs. »Entschuldigen Sie, Genosse«, erwiderte er, »uns liegt der Befehl des Militär-Bezirkskommandos vor, uns sofort in unsere Kasernen zurückzuziehen und …«

»Im Moment bin ich hier der verantwortliche Einsatzleiter!« schnitt ihm Boris das Wort ab. Kurotschkin musterte den sagenumwobenen Uljanow, von dem man sich alles mögliche erzählte. »Wir haben von der Gegend sicher keine genauen Karten an Bord«, mutmaßte er, und der Pilot pflichtete ihm bei.

»Dann fliegen wir eben nach Sicht«, sagte Boris energisch und drängte eilig seine fünf Kameraden weiter zum Mil-Mi-8-Helikopter. »Also los!«

Sechzig Sekunden später erhob sich der Kampfhubschrauber der Sowjetarmee mit der Anti-Terror-Brigade an Bord vom Kremlgelände. Als die Maschine über dem Arsenal an Höhe gewann und über den Alexander-Garten in Richtung Gorkowo Ulica davonflog, sahen Boris und die übrigen Männer das ungeheure Ausmaß der Moskauer Demonstrationen. Die Plätze und Straßen waren schwarz von Menschen, viele Hunderttausende mußten es sein, und die ganze Innenstadt war nach wie vor durch querstehende Taxen, Omnibusse und LKWs abgeriegelt.

»Seht!« rief Boris gegen den Turbinenlärm an und beugte sich zu Oberst Kurotschkin hinüber, »mit denen da unten habt ihr nicht gerechnet. Und genau das war euer Fehler!«

Die alten Lautsprecheranlagen aus der Stalinzeit, die nach wie vor alle Straßen und Plätze Moskaus schmückten, waren seit vielen Jahren nicht mehr in Betrieb. Daß sie dennoch funktionierten, war der drei Monate langen Vorarbeit des 1. Fernmeldebataillons zu verdanken.

Harry Maybach war mittlerweile die Gercena Ulica zum Marx Prospekt heruntergeschoben worden. Um ihn herum schallten die Sprechchöre, die er, bis auf die Namen Murajew, Jelzin und Gorbatschow, nicht verstand. Und im Gegensatz zu sonst schien sich in dieser bewegten Stunde auch niemand für den Ausländer Zeit nehmen zu wollen. Überraschend schallte plötzlich die Stimme des Generalny aus Tausenden von Lautsprechern durch die Stadt, und Maybach, der wieder nichts verstand – fühlte sich an Orwells 1984 erinnert.

»Liebe Genossen, liebe Mitbürger!« begann Gorbatschow. *»Hier spricht Michail Sergejewitsch Gorbatschow. Weite Teile des Politbüros und ich wurden genauso wie ihr von der Verhaftung der Genossen Murajew und Jelzin überrascht. Ich habe sofort veranlaßt, daß die Genossen Murajew und Jelzin wieder auf freien Fuß gesetzt und die gegen sie erhobenen Vorwürfe erneut von unabhängigen Juristen geprüft werden.«* Man hörte ihn Luft holen. *»Liebe Landsleute! Kräfte von gestern haben in der Partei und in den Behörden voreilige Entscheidungen getroffen. Ihr habt die junge Demokratie in unserem Land bewahrt, und dafür danke ich euch!«*

Frenetischer Beifall toste durch die Innenstadt.

»Und ich verspreche euch, daß im Politbüro und in der Regierung die nötigen Entschlüsse gefällt werden, damit sich das nicht mehr wiederholen kann …«

Abermals jubelte die Menge. Zigtausende von Frauen und Männern, Opas, Babuschkas und Kindern.

»Ich werde persönlich ins Gefängnis fahren, um dort die Genossen Murajew und Jelzin abzuholen und mich zu entschuldigen!«

Jetzt gab es kein Halten mehr. Die Autos hupten. Bürger tanzten auf den regennassen Straßen.

»Aber jetzt, liebe Bürger Moskaus und Gäste aus der ganzen Sowjetunion, möchte ich euch herzlichst darum bit-

ten, die Straßen wieder freizugeben und die Demonstrationen zu beenden. Gerade jetzt brauchen wir wieder Ruhe und Ordnung, damit die Perestroika *nicht in Gefahr gerät. Ich danke euch, Bürger!«*

»Achtung, Achtung, und hier noch eine Durchsage des Moskauer Stadtsowjet« – die Stimme aus dem Lautsprecher war im Vergleich zu Gorbatschows beschwörender Aufforderung von krasser Nüchternheit – *»das Konzert der Rockgruppe* Vaswedtschiki *findet planmäßig um zwanzig Uhr im Sportpalast statt.«*

Jetzt waren es vor allem die vielen Jugendlichen auf der Straße, die begeistert johlten. Und zu Maybachs Überraschung geschah etwas, das im Westen selten vorkam. Die Menschen hörten auf die Durchsage: Die Taxis setzten sich in Bewegung und machten nach und nach die Kreuzungen frei. Die Demonstration löste sich langsam auf. Die Leute begannen nach Hause zu gehen oder an ihre Arbeitsplätze zurückzukehren.

»Das gibt's doch nicht«, murmelte Maybach und verfluchte sich, weil er weder einen Fotoapparat noch einen Kassettenrekorder bei sich trug. Künstlerpech.

»Gibt's schon«, erwiderte eine Russe von Mitte Vierzig ungefragt. »Man mecht' meinen, es währ Puutschversuuch gewäsen. Mag sein, 'ne wahr? Aber wissen tut man nix!« und mit dieser Einschätzung der Lage kam er einen Schritt näher und setzte leiser hinzu: »Mechte der Härr tauschen? Eins zu zehn. Schmuck? Ikonen?«

Die Mil-Mi-8 überflog gerade Puskino, als Boris das Handsprechfunkgerät in die Hand nahm – die einzige Verbindung zwischen ihm und der Einsatzzentrale in Kalinin. Boris drückte auf den Powerknopf des japanischen Geräts. *»Zeta eins für Zeta zwei, kommen!«*

»Zum Teufel, Uljanow, wo steckst du?« schrie Generaloberst Jelisejew aufgebracht.

»Jetzt mal halblang, Genosse!« erwiderte Boris. *»Ich bin mit fünf Mann in der Maschine von Oberst Kurotschkin vom 12. Infanterie-Regiment. Wir sind auf dem Weg nach Chotkowo.«*

Man hörte das Seufzen des Generaloberst. *»Mensch, Boris, überlassen Sie das doch Rybalkins Spezialisten. Das* Vaswedteschiki-*Konzert wurde offiziell angekündigt. Du mußt nach Moskau, Mann! Sonst gibt es dort ein Fiasko!«*

Boris lachte, während ihn Kurotschkin fragend musterte. *»Das ist das erste Mal, daß sich die Armee um ein Konzert der* Vaswedtschiki *sorgt. Aber wissen Sie was, Jelisejew, Sie und Ihre Sorgen können mich mal kreuzweise. Seit fünf Tagen scheucht ihr mich durch die Welt. Jetzt geht's nach meiner Nase!«*

Es entstand eine Pause von mehreren Sekunden. *»Wir schicken dir zwei MWD-Einheiten rüber. Granow macht sich von Leningrad ebenfalls auf den Weg«*, antwortete Generaloberst Jelisejew. Ganz offensichtlich wollte er einer Auseinandersetzung mit dem nervlich angegriffenen Boris Stepanowitsch vermeiden.

Dann meldete Boris sich wieder über Funk: *»Wer ist denn noch auf dem Kanal? Ist noch einer der Epsilon- oder Alphatypen dran? Na, nun meldet euch schon, ihr Sackärsche, ihr hört ja doch mit!«*

Oberst Kurotschkin, der langsam erfaßte, um was für eine Verbindung es sich handelte, wurde zunehmend unwohler. Aber er ließ seine Hand auf seinem Knie liegen und nicht zu seiner Pistolentasche wandern. Die Augen der fünf *Budjonny*-Brigadisten waren auf den Infanterie-Offizier gerichtet.

»Hier ist Epsilon eins, Oliver Kerby. Was wollen Sie, Uljanow?« antwortete es nach einer Weile aus dem Lautsprecher.

»Sie sind doch der Typ, der David kaltgestellt hat!« bemerkte Boris in perfektem Englisch.

»Mister Lynn wurde auf Anordnung des leitenden Krisenstabes suspendiert. Ist das alles, was Sie wissen wollten, Mr. Uljanow?«

»Was ist mit diesem Bimbo, der hier in Moskau herumläuft?«

»Sie sind doch nicht etwa Rassist, Mister?« bemerkte Kerby mit einem Spott in der Stimme, der kaum noch zu überbieten war.

»Nein, Sir!« erwiderte Boris mit einer unglaublichen Beherrschung. *»Ich möchte nur vermeiden, daß mir ein amerikanischer Killer der CIA, den ich auch noch selbst ausgebildet habe, das Hirn aus dem Schädel bläst. Um ehrlich zu sein, ich weiß auch nicht, wie ich zu der Ehre gekommen bin, die Amerikaner zu diesem Schritt zu bringen. Gehört es bei euch jetzt zu den Grundsätzen, die kleinen Fische, die sich für euch den Arsch aufreißen, im Anschluß an die Operation zu verheizen?«*

»Ich weiß nicht, wovon Sie sprechen, Mann!« antwortete Kerby.

Daß er log, wußte Boris. Daß der Engländer in der Bornholmer Luftwaffenbasis schon ein Funkbild von Simon Baker aus Hereford auf dem Schreibtisch liegen hatte, ahnte er nicht.

13. JANUAR, WASHINGTON D.C., 8.15 p.m.:

Die Direktleitungen der Telefone und Telefaxgeräte zwischen Kreml und Weißem Haus funktionierten wieder. Die ganze Crew, Reagan, Bush, Nuskiewicz, Woodward und der Stabschef Mike Gilman waren im *Oval Office* versammelt.

Seit einer Viertelstunde sprachen Reagan und Gorbatschow über das Rote Telefon miteinander. Die anderen hörten mit. Gorbatschow bedankte sich überschwenglich für die großzügige militärische Hilfsaktion und warb um Verständnis für die abgewandelte Planung der *Monopoly-Runde*:

»Ron, Sie sind doch selbst ein begabter Militärtaktiker«, sagte der Generalny. *»Das Risiko der Evakuierung nach Bornholm wäre viel zu groß gewesen. Unser strategischer Vorteil lag in der Überraschung unserer Gegner. Wir haben die Maschine noch auf dem Moskauer Flughafen verlassen …«*

»Sie haben uns zum Narren gehalten, Michael!« bemerkte Reagan zornig.

»So kraß möchte ich das nicht ausdrücken, verehrter Mr. President!« erwiderte Gorbatschow höflich. *»Wir haben gezwungenermaßen Ihre Militärs beschäftigt und dadurch im Zaum gehalten. Ach, was rede ich denn, mein lieber Ron? Es hat die ganze Krise über hervorragende Kontakte zwischen unseren beiden Staaten gegeben. Ich meine, wir können stolz darauf sein, den Frieden bewahrt zu haben.«*

Bush schielte gequält zur Decke. Er wartete nur noch darauf, daß die Russen in der Weltöffentlichkeit jetzt in Völkerfreundschafts-Duselei verfielen und die gebluffiten Nachrichtendienste im Westen noch lächerlicher machten. Aber Gorbatschow unterbrach seine Gedanken: *»Ich glaube, es ist im beiderseitigen Interesse der Machtblöcke, wenn wir über die Vorgänge Diskretion wahren.«*

Reagan schaute Bush und Gilman fragend an. Vize-Präsident und Stabschef nickten ihm zu. *»Das sehen wir auch so«*, antwortete Reagan. *»Hier ist noch nichts durchgesikkert, es liegt also an der TASS, wie die Story verkauft wird.«*

»Darum brauchen Sie sich keine Sorgen zu machen, Ron«, antwortete Gorbatschow versöhnlich.

Gilman hatte den diplomatische Schachzug Gorbatschows durchschaut. Diskretion als Angebot, um den Ruf der getäuschten NATO-Regierungen nicht zu gefährden und die internationale Wirtschaft nicht in Schieflage geraten zu lassen. Aber dadurch waren den Amerikanern auch die Hände gebunden.

»Damit wollen Sie die Sache auf sich beruhen lassen?« fragte Reagan in einer Mischung aus Erstaunen und Mißmut. Dieser Gorbatschow war ein Typ, den man früher gerne in einer Baseball-Mannschaft gehabt hätte, aber als *Captain* der gegnerischen Mannschaft verlor man schnell Sympathie für ihn.

»Auf den Wiener Abrüstungsverhandlungen wird Ihren Vertretern am nächsten Dienstag ein umfangreiches Memorandum über den Zwischenfall hier in Moskau und Ostberlin zugestellt. Darüber hinaus stehen wir Ihrer Regierung auf diplomatischem Wege jederzeit zur Verfügung. Aber denken Sie an die Diskretion, Ronald.« Gorbatschow machte eine kleine Pause und fuhr dann eine Tonlage tiefer fort: *»Mich belastet nur noch ein Problem: Ich habe eben die Meldung erhalten, daß Ihre CIA in Moskau einen Mann eingesetzt hat, der Uljanow liquidieren soll.«*

Der US-Präsident hielt die Muschel mit der Hand zu und wandte sich an Woodward: »Wer zum Teufel ist dieser Uljanow?«

»Wir sprachen im Cedar-Crest-Country-Club über ihn«, erklärte der alte Nuskiewicz hüstelnd.

»Was soll das heißen?« fuhr Woodward dazwischen.

»Das heißt, wir haben einen Mann in Moskau. Simon Baker, einen Vertragskiller der *Special Operation Division.«*

»Hören Sie, Ron?«

»Ja«, antwortete der Präsident und juckte sich an der Nase. Immer wenn er aufgeregt war, entstand an der Operationsnarbe ein unangenehmer Juckreiz.

»Wir wollen Uljanow aus der Sache heraushalten. Aber er ist ein prominenter Rockstar in der UdSSR. Wenn ihm auf spektakuläre Weise etwas zustoßen sollte«, der Generalny formulierte ausgesprochen vorsichtig, *»würde das erheblichen Staub aufwirbeln und zu unnötiger Legendenbil-*

dung führen.« Er wartete eine Weile auf Antwort und fügte dann fordernd hinzu: *»Was schlagen Sie vor, Ron?«*

»Wir ziehen den Mann zurück!« entschied Bush. Nuskiewicz, der alte DCI, schüttelte den Kopf. »Geht nicht, Baker arbeitet solo.«

»Dann schicken wir jemanden hinterher – Ashton soll sich in Bornholm darum kümmern!« schlug Woodward vor. Reagan sah in die Runde. Gilman, Bush und der junge Andrew waren einer Meinung. Peat stand allein da. Er gehörte genauso auf's Altenteil wie er selbst. Wenige Tage noch. Er freute sich darauf, nach Kalifornien zurückzukehren.

»Okay, Michael!« antwortete der US-Präsident dem sowjetischen Generalsekretär. *»Wir kümmern uns selbst darum, den Mann zurückzuholen!«* Einerseits ärgerte er sich über die Demütigung, persönlich einen Killereinsatz der CIA in Moskau zugeben zu müssen, andererseits rührte ihn die spontane Antwort des Russen.

»Ich danke Ihnen, Ronald. Ich danke Ihnen wirklich von Herzen. Dieser Uljanow – wissen Sie, ich kenne ihn. He is a good sport, *wie ihr Amerikaner sagen würdet. Und jetzt bitte ich Sie, mir vierundzwanzig Stunden Zeit zu geben. Sie werden von unserer Regierung auf dem laufenden gehalten.«*

»Sie wollen immer Zeit, Michael. Seit Jahren erzählen Sie mir das gleiche.« Aber Reagans Ton wurde unvermittelt verbindlicher: *»Was haben Sie denn jetzt vor?«*

Gorbatschow lachte. Er lachte tatsächlich. *»Na, ich muß jetzt ja auch Rücksicht auf die Opposition nehmen! Ich fahre zuerst ins Lefortjewo-Gefängnis, um meinen streitbaren Freund Boris Jelzin abzuholen. Ich hoffe nicht, daß er mir in den Rücken fällt. Danach geht es in die Politbüro-Sitzung. Einige Genossen werden uns verlassen …«*

»Namen!« flüsterte Woodward dem Präsidenten zu.

»Was geschieht mit Schalajew und Klimenko?« fragte Reagan unverblümt.

»Sie wollen Namen hören?« stellte Gorbatschow fest. *»Da sollten Sie sich mit Ihren Leuten von der CIA austauschen. Meine Berater tendieren im Moment dazu, Generaloberst Jelisejew zum Verteidigungsminister zu bestimmen, Sonderstaatsanwalt Granow ins Politbüro zu holen und den KGB-Vorsitzenden Viktor Tschebrakin durch den Ostberliner KGB-Residenten Generaloberst Jotschenko zu ersetzen. Ich glaube, Ihre Fachleute würden meinen Beratern zustimmen. In Armee und KGB wird es eine Vielzahl von Versetzungen und Pensionierungen geben. Stalins Zeiten sind endgültig vorbei. Keine Standgerichte, kein Gefängnis. Wir machen das sanfter, aber nicht weniger entschieden. Doch jetzt muß ich wirklich Schluß machen, Ron. Hier wird jetzt eine Fernsehansprache aufgezeichnet. Wie gesagt, ich halte Sie auf dem laufenden. Grüßen Sie George Bush von mir. Good bye!«*

»Bye!« erwiderte Reagan verblüfft. Gorbatschow hatte sogar im Englischen einen Umgangston, als rufe er vom Nachbarhaus an.

13. JANUAR, BORNHOLM, 14.35 UHR:

David Lynn hatte zugesehen, wie der Iljuschin-28-Aufklärer von Soldaten der Königlich Dänischen Luftwaffe aufgetankt wurde. Ganz offensichtlich sollte die Maschine in Kürze ihren Rückflug antreten. Hier oben wußte noch niemand von Lynns Suspendierung. Er winkte sich einen britischen Sergeant heran und befahl ihm, ihn mit einem der Landrover zur Gangway der sowjetischen Maschine zu fahren.

Der Unteroffizier reagierte etwas erstaunt, tat aber, was Lynn von ihm verlangte.

Im Tower wurde beobachtet, daß sich ein Fahrzeug der britischen Luftwaffe auf dem Flugfeld der sowjetischen

Maschine näherte. Die Meldung wurde in den Stabsraum weitergeleitet.

Der Sergeant stoppte direkt vor der Gangway. Oben, am Cockpit, war die Kabinentür verschlossen. Die Russen wollten offenbar jeden unnötigen Kontakt vermeiden. Lynn stieß mit dem Ellenbogen die Beifahrertür des Landrovers auf, steckte zwei Finger in den Mund und stieß einen gellenden Pfiff aus. Am Cockpitfenster sah man den Kopf eines Besatzungsmitglieds hervorschauen. Lynn winkte ihn zur Tür.

»Mein Gott, sind das schüchterne Arschgeigen!« bemerkte er zu dem Sergeant. Als das Bordfunkgerät des Rovers krächzte, kam Lynn dem Sergeant zuvor und stellte es kurzerhand ab.

»Aber, Sir!« protestierte der Unteroffizier. David sah auf das Namensschild der Uniform. »Schnauze, Hillroy!«

Nach einer Weile wurde die Kabinentür tatsächlich geöffnet. Ein Luftwaffenoffizier stand in der Tür. »Was wollen Sie?« fragte er in gebrochenem Englisch.

»Ich bin David Lynn, ich habe den Einsatz hier geleitet. Sie kennen mich unter Epsilon eins«, antwortete David. »Ich will mit eurem Capt'n sprechen! Kann ich an Bord kommen?«

Der Offizier zog sich in die Maschine zurück, erschien aber kurz darauf wieder an der Tür. »Bitte, kommen Sie an Bord, Mister Lynn!«

David drehte sich zu dem Sergeant um. »Hillroy, tragen Sie mich da rauf!«

»Zu den Russen ins Flugzeug?«

»Exakt. Zum Iwan.«

Sergeant Hillroy sprang aus dem Jeep und lief um das Heck herum. Er fühlte sich verdammt flau im Magen. Lynn war sozusagen ein lebender Mythos, und mit so jemandem legte man sich nicht gerne an. Vor allem nicht als kleiner Sergeant in der *Royal Air Force*. Aber mit rechten Dingen, dessen war sich Hillroy sicher, ging das hier nicht zu. Er öffnete die Tür und nahm den querschnittsgelähmten Ex-Offizier über die Schulter.

Die Russen waren sprachlos, als David von Hillroy die Gangway heraufgetragen wurde. Der Sergeant setzte David auf einem der Crew-Seats ab.

»Hillroy, holen Sie meinen Rollstuhl!« sagte Lynn und wandte sich dann an die sowjetische Besatzung: »Guten Tag, Gentlemen! Ich bin David Lynn.«

Ein vierzigjähriger Offizier trat einen Schritt vor und reichte David die Hand. »Major Kolodjaschnij vom Vierten Aufklärungsgeschwader in Gdansk.«

Lynn wurden noch der Copilot und der Flugingenieur vorgestellt.

»Gentlemen, Sie müssen mich auf dem kürzesten Weg nach Moskau bringen!« eröffnete er kurzerhand den Sowjets.

»Ist das Ihr Ernst?« fragte Kolodjaschnij.

Hillroy kehrte mit dem Rollstuhl in die Maschine zurück. »Stellen Sie ihn da hin!« sagte David und zeigte auf den Mittelgang des Aufklärers. »Sie können gehen, Sergeant. Danke.«

Hillroy nahm ansatzweise Haltung an und sah zu, daß er wieder NATO-Boden unter die Füße bekam. David wandte sich im gleichen Augenblick wieder dem sowjetischen Piloten zu. »Sie haben die Gespräche der Funkbrücke doch mitgehört?«

»Zum Teil«, antwortete Major Kolodjaschnij mißtrauisch.

»Es geht um Boris Uljanow«, erklärte David. »Die Amerikaner haben in Moskau einen Killer laufen. *Bullshit*, das wißt ihr doch!«

»Das haben wir gehört.«

»Na also«, stellte Lynn fest. »Denkt ihr, ich sehe einfach zu, wie man meinen alten Kumpel abknallt?«

Die Piloten schienen noch immer skeptisch.

»*Fuck off*, da draußen in der Ostsee liegen schon die Fetzen von drei Piloten. Sollen es noch mehr werden? Benutzt die Buschtrommel in eurem Cockpit!«

Die Crew tauschte sich auf russisch aus. Schließlich setzte sich Major Kolodjaschnij auf den Pilotensitz und funkte Zeta sechs in Krasnogorsk an. Der Pilot debattierte erst eine Weile mit Generaloberst Kornijenko, bis sich schließlich Generalmajor Jelisejew aus Kalinin über Zeta zwei einmischte. Er verlangte, Lynn selbst zu sprechen.

Der Pilot des Aufklärers reichte das Mikrophon des Spezial-Funkgerätes an Lynn weiter.

»Hier ist Generalmajor Jelisejew, Einsatzleiter in Kalinin. Lynn, was haben Sie denn vor?«

»Zum Scheißhaus noch mal,« fluchte der Engländer, *»das wissen Sie doch genau! In Moskau läuft ein Vertragskiller der CIA herum, und Boris steht da heute abend auf dem Präsentierteller. Der Junge kann doch nicht auf sich selber aufpassen. Und ich habe den Amerikaner gemeinsam mit Boris trainiert.«* David redete sich in Rage: *»Hören Sie, Sie Genosse – wenn Sie einen gefährlichen Gegner ausschalten wollen, engagieren Sie am besten dessen Lehrer. Now it's your turn!«*

»Was sagen Ihre Landsleute dazu?«

»Das weiß ich nicht«, gab David freimütig zu.

Die Antwort aus Kalinin verzögerte sich wieder. *»Okay, wenn Sie in Bornholm starten können, erhält der Pilot von der Flugkontrolle Warschau den Kurs nach Krasnogorsk. Dort werden Sie abgeholt. Ende und aus.«*

»Dieser Hurensohn!« fluchte Oliver Kerby an seinem Arbeitsplatz im Stabsraum des Luftwaffenstützpunkts. Zum wiederholten Mal brachte Lynn ihren Laden durcheinander. Kerby wollte gerade den Tower anweisen, die sowjetische Aufklärungsmaschine nicht starten zu lassen.

Oberst Ashton vom US-amerikanischen DIA kam außer Atem an Kerbys Platz gerannt und schmiß ihm ein Dossier auf den Tisch, das soeben aus Washington herübergefaxt worden war.

»Kerby«, sagte Ashton atemlos, »wir haben wirklich einen Mann in Moskau. Und ich soll mich darum kümmern, ihn kaltzustellen!«

Der Secret-Service-Beamte klappte das Dossier auf und überflog die Daten. Das Telefaxbild entsprach dem Funkbild aus Hereford: Simon Baker, alias Robby Pittsburgh, 39 Jahre alt, Hautfarbe schwarz. Reiste unter der Legende eines Sales-Managers des McDonald's-Konzerns mit dem Namen Robert Creek in Moskau ein und wohnt im Kosmos-Hotel am Mira Prospekt.

»Das Problem können wir lösen, Oberst Ashton!« stellte Kerby selbstzufrieden fest. »Lynn wird den Job übernehmen!«

Kerby holte sich das Okay von Lord Colbourne und fuhr dann gemeinsam mit Ashton auf's Flugfeld hinaus. Der amerikanische Geheimdienstoffizier und Kerby stiegen die Gangway hinauf. Oben wurden sie von der sowjetischen Besatzung höflich begrüßt. Man ließ die beiden ohne weiteres zu Lynn in die Kabine des Aufklärers steigen.

»Welche Ehre, die Herren Ashton und Kerby!« feixte David.

»Wenn Sie schon fliegen, Lynn, dann in unserem Auftrag!« stellte Kerby kühl fest und warf ihm die Akte Baker auf die tauben Oberschenkel.

»Wie kommt es zu dieser Sinneswandlung?« fragte David skeptisch.

»Das ist mir nicht bekannt, Mister Lynn. Ich habe nur die Aufgabe, den Auftrag der britischen Regierung, auf Bitten der US-Regierung, den amerikanischen SOD-Agenten Simon Baker unschädlich zu machen, an Sie zu übermitteln.«

»Gebt's doch zu, euch geht der Arsch auf Grundeis!« stellte David fest.

»Ein offenes Wort unter uns, Lynn«, erwiderte Kerby schneidend. »Ihre Sentimentalitäten gehen mir ungeheuer auf die Nerven. Solche Situationen wie vorhin meistert man nur mit einem kühlen Kopf, wo Auftrag Auftrag ist – auch wenn man nicht alle Zusammenhänge kennt. Das ist das Prinzip eines solch komplizierten Räderwerks, wie der nationalen Sicherheit ...«

»Bei Ihrer Maschine fallen mir zu viele Menschen durchs Getriebe, Kerby!« bemerkte Lynn herablassend und fügte selbstsicher hinzu: »Ich werde den Jungen da rausholen, und Sie geben mir Ihr Ehrenwort, daß er hier in Großbritannien unbehelligt leben und arbeiten kann!«

Der Secret-Service-Beamte stand mit gebeugtem Kopf in dem niedrigen, mit sowjetischer Elektronik vollgestopften Flugzeugrumpf vor diesem Krüppel und mußte auch noch mit sich handeln lassen. »Kommen Sie, Lynn«, spottete er, »Sie sind der rührselige Kamerad von diesem Uljanow. Ich weiß genau, daß Sie alles daransetzen werden, diesen Baker aus dem Verkehr zu ziehen!«

»Wo Sie recht haben, haben Sie recht, Sir«, bemerkte David, ohne sich im geringsten aus der Ruhe bringen zu lassen. »Aber Sie unterschätzen meine Phantasie! Was halten Sie von den Schlagzeilen, wenn zwei alte SAS-Kameraden, ein abgehalfterter sowjetischer Spion und ein britischer Rollstuhlfahrer einen amerikanischen Killer in die Redaktionsräume der *Moskau News* bringen?«

»Mr. Lynn!« unterbrach Oberst Ashton die Auseinandersetzung, »ich gebe Ihnen mein Wort als amerikanischer Offizier, daß die Vereinigten Staaten Mr. Uljanow Asyl gewähren.«

»Der Junge will nicht bis zu seinem Lebensende in Maryland fischen. Wenn er überhaupt weg will, will er nach London. Ist das denn so schwer zu kapieren?«

Ashton warf Kerby einen flehenden Blick zu.

»*Shit!*« stellte Kerby seufzend fest.

»Dieses Wort in Ihrem Mund?« alberte Lynn.

»Colbourne wird mich in die Poststelle versetzen!« schimpfte Kerby weiter.

»Das wird er nicht«, erwiderte Ashton, »dafür werden wir sorgen.«

Kerby ließ seinen Blick widerwillig über den amerikanischen Offizier und Lynn gleiten. »Na, okay! Holen Sie diesen Boris nach London. Sie haben mein Wort drauf!« Und klatschend gab er Lynn die Hand darauf.

David lächelte. Er hatte sich tatsächlich durchgesetzt.

»Guten Flug!« sagte Oberst Ashton, als sie sich abwandten, um die Maschine zu verlassen.

»Ich liefere portofrei US-Botschaft Moskau!« rief ihm David hinterher. »Über das Honorar müssen Sie sich mit Kerby einigen. Soweit ich weiß, stehe ich noch in Diensten der britischen Regierung.«

Aber der Brite schnaufte nur verächtlich. »Vielleicht entscheiden Sie sich ja auch, in Moskau zu bleiben!«

Zwei Minuten später rollte die Iljuschin-28 zur Runway. Nachdem der sowjetische Aufklärer in der Luft war, sah David die Akte durch und ließ sich sofort eine Verbindung mit Jelisejew schalten. Er gab die Personalien und die Beschreibung Bakers nach Kalinin durch. Und er bat den Generalmajor, Boris nicht von seiner Ankunft zu unterrichten. Danach wandte er sich direkt an die Crew der Maschine: »Na los, Leute. Jetzt macht eurer alten Nebelkrähe mal ein bißchen Dampf im Kessel!«

13. JANUAR, OSTBERLIN, 14.35 UHR:

Die sowjetische Delegation hatte nach einem dreißigminütigen Gespräch das Staatsratsgebäude wieder verlassen. Der KGB-Resident Ignatschenko, Sowjetbotschafter Abramow und der Oberkommandeur der Sowjetarmee in Deutschland, General Tschekalin, hatten die DDR-Regierung über die wahren Hintergründe der Ereignisse Moskau aufgeklärt. Zum Erstaunen des Staatsratsvorsitzenden und Generalsekretärs Erich Honecker war Michail Sergejewitsch Gorbatschow so quicklebendig wie immer. Die Grenzen zur BRD und die Transitwege waren auf Anordnung der Sowjets wieder geöffnet worden. Die Fahndung war beendet. Die Trümmer in Schönefeld wurden weggeräumt. Offiziell sprach man nun von einem Frachtflugzeug der Aeroflot, das Bruchlandung gemacht hatte. Aber alle Anspielungen der sowjetischen Delegation, daß die *Organisazija* gute Verbindungen in die DDR besessen haben mußte, hatte der Saarländer brüsk zurückgewiesen. Zu Honeckers Erstaunen waren die Sowjets von Generalmajor Rulff begleitet worden, und zu seinem Zorn mußte er feststellen, daß der Leiter der Hauptverwaltung Aufklärung von Anfang an mit Gorbatschows Vertrauten zusammengearbeitet hatte, ohne das ZK zu unterrichten. Rulff hielt er deswegen auch in seinem perönlichen Büro zurück, während Mielke und der Verteidigungsminister die Sowjets zum Ausgang begleiteten. Honecker war einen guten Kopf kleiner als Rulff. Er setzte sich mit verkniffenen Mundwinkeln hinter seinen Schreibtisch und brüllte los: »Sie haben sich des Hochverrats schuldig gemacht, Genosse Rulff!«

Der Geheimdienstchef reagierte wieder anders, als es der greise Parteichef erwartete. Rulff setzte sich ungezwungen auf das beigefarbene Plüschsofa gegenüber Honeckers Schreibtisch. »Schade, daß Sie das sagen«, stellte der Generalmajor nüchtern fest. »Ich hätte mir gewünscht, daß Sie mich beauftragen, eine Untersuchungskommission zu bilden, die feststellt, inwieweit Verbindungen zwischen Kräften in der NVA und dem Ministerium für Staatssicherheit und kriminellen Elementen in der UdSSR bestehen.«

»Ungeheure Verleumdungen unserer Staatsorgane!« widersprach Honecker aufgebracht.

»Was in den letzten Stunden in Moskau geschah, war vor allem den Leuten auf der Straße zu verdanken, den besonnenen Soldaten und den entschiedenen Kräften der *Perestroika*. Unterschätzen Sie nicht Ihr eigenes Volk, Genosse Generalsekretär!«

Honecker schlug mit der Faust auf den Tisch. Sein Gesicht war schmerzverzerrt. Seine Galle plagte ihn. »Zerbrechen Sie sich nicht meinen Kopf, Rulff! Ich erwarte bis Punkt achtzehn Uhr Ihr schriftliches Gesuch um Versetzung in den Ruhestand.«

Mehr hatte er nicht zu sagen.

13. JANUAR, CHOTKOVO (UdSSR), 15.35 UHR:

Boris hatte den Piloten in einem hohen Rundflug die Position der Datscha erklärt und ließ sich dann mit seiner fünfköpfigen Brigade auf einer Wiese hinter einem schmalen Kiefernwäldchen absetzen. »Sie gehen jetzt hoch und landen in genau zehn Minuten auf dem Acker an der Hausrückseite!« kommandierte Boris, bevor er als letzter die Maschine verließ. Er und die Brigade rannten mit gebeugten Oberkörpern in den Kiefernwald, während sich die Mil-Mi-8 wieder dröhnend in die Luft erhob und den Schnee zu einer dichten Staubwolke aufwirbelte. Während des Laufs erteilte Boris die Einsatzbefehle: »Ich übernehme mit Eduard die Vordertür. Wir machen auch den ersten Sturm. Iwan und Dimitrij gehen über die rechte Seite rein. Hinter dem Haus liegt eine Leiter. Ihr dringt durchs Schlafzimmerfenster im ersten Stock ins Haus. Safar und Valerij sichern die Außenseiten. Einsatzkommando ertönt auf Pfiff.«

Die fünf Brigadisten der Anti-Terror-Einheit näherten sich der Datscha der Aladkos. Unter ihren Füßen knackte kein Zweig. In dreißig Metern Entfernung entsicherten sie ihre automatischen Sturmgewehre und hängten die Blendgranaten offen an die Karabiner ihres Uniformgürtels. Boris rückte mit Eduard auf dem Bauch rutschend näher zum Haus vor. Der Kamin rauchte. Vor dem Gartentor stand ein Wolga. Außenposten hatten sie keine aufgestellt. Die Genossen von der Verwaltung Sonderermittlungen fühlten sich offensichtlich sicher. Die vier anderen schlichen rechts bis zum gegenüberliegenden Straßengraben weiter. Es machte Boris Freude, zuzusehen, wie seine alte Mannschaft lautlos und fast nicht sichtbar an die Arbeit ging. Die Taktik war einfach und genauso wirkungsvoll. Die Entführer einer Geisel besaßen nur dieses eine Pfand. Gefahr drohte nur bei Panik der Täter. Ihnen in ihrer Schrecksekunde zuvorzukommen, war das alte Rezept jeder gewaltsamen Geiselbefreiung.

Boris sah zur anderen Gruppe hinüber. Iwan und Dimitrij machten sich los und schlichen gebückt auf das Grundstück. Sekunden später standen sie dicht gegen die Flanke des Holzhauses gepreßt. In dem dunstigen Licht der einbrechenden Winterdämmerung hatte sogar Boris Schwierigkeiten, die beiden zu erkennen. Er wartete noch zwei Minuten, zog seine schußsichere Weste und die Kampfjacke zurecht und schlug dann Eduard auf den Arm. »*Dawai!*«

Sie sprangen aus dem Graben hoch, spurteten die wenigen Meter über die schmale Straße und ließen sich vor dem Gartentörchen wieder in den Schnee fallen. Boris stopfte aus dem Liegen heraus Schnee auf die rostigen Scharniere des Törchens und drückte es vorsichtig einen halben Meter weit auf. Er und George horchten. Nichts. In der nächsten

Sekunde standen sie direkt neben der schweren hölzernen Haustür. Boris lauschte aufmerksam nach dem Turbinengeräusch des Helikopters und griff dabei wie selbstverständlich nach seinem Kampfmesser im rechten Stiefel.

Sechzig Sekunden später jagte die Mil-Mi-8 im Tiefflug mit eingeschalteten Landescheinwerfern über den Acker auf die Rückseite des Hauses zu und blieb wenige Meter davor in der Luft schweben. Die Wirbel der Rotorblätter bliesen etliche Holzschindeln vom Dach. Fast gleichzeitig schallte der laute Pfiff von Boris ums Haus.

Es geschah genau das, womit Boris gerechnet hatte. Zwei der *Organisazija*-Leute rannten an die hinteren Fenster, um nachzusehen, was hinter dem Haus los war. Der Natschalnik stürzte mit einer Kalaschnikow in der Hand zur Tür und riß sie auf. Er kam keine fünfzig Zentimeter weiter. Die Klinge von Boris' gezücktem Kampfmesser rammte sich in seinen Bauch.

Auf der rechten Seite hatten Iwan und Dimitrij die Leiter an die Hauswand gestellt. Iwan hielt sich an der Dachgaube fest und sprang durch das Fenster. Im Schlafzimmer lag der vierte Mann und schlief sich offensichtlich für seine nächste Wache aus. Bevor er zu seiner Dienstpistole greifen konnte, traf ihn bereits ein Kopfschuß des *Budjonny*-Brigadisten.

Boris und Eduard hechteten in die Diele vor. Tatjana saß zu Tode erschrocken in der Küche. Allein. Hinten aus dem Wohnzimmer hörten sie, wie Glas splitterte. Die beiden *Organisazija*-Männer hielten offenbar die Mil-Mi-8 für den Angreifer und feuerten auf den Helikopter.

Eine ihrer Kugeln durchschlug das Kabinenfenster, hinter dem Oberst Kurotschkin saß. Der tödliche Schuß traf ihn in die Schläfe.

Eduard warf eine Blendgranate in die Stube der Datscha, sprang einen Meter vor und feuerte gezielt auf die beiden Entführer.

»Erster Stock, sicher!« schrie Iwan von oben. »Erdgeschoß, sicher!« bestätigte jetzt auch Eduard. Draußen kam der Kampfhubschrauber des 12. Infanterieregiments zu Boden. Die Turbinen jaulten auf und erstarben schließlich ganz.

Boris lag gemeinsam mit Tatjana auf dem Küchenboden. Sekunden vorher war er in die Küche gestürmt und hatte das zwölfjährige Mädchen zu Boden gerissen. Jetzt erhob er sich und half ihr auf die Beine. »Es ist vorbei, Tatjana. Der ganze Spuk ist vorbei.«

Das Mädchen musterte Boris in dem furchterregenden Kampfanzug. Sie war leichenblaß, bemerkte aber kühl: »Und das soll ich Ihnen glauben, *Towarischtsch?*«

Die Miliztruppen und der Hubschrauber aus Leningrad mit Sonderstaatsanwalt Granow an Bord trafen eine Viertelstunde später ein. Granow hatte veranlaßt, Verena und Sergej Aladko in Kalinin aufzusammeln. Als die Aladkos mit Granow ihr Haus betraten, war die Tür zum Wohnzimmer geschlossen. Boris hatte für die Mannschaft und sich Kaffee gekocht. Sie saßen alle gemeinsam am Tisch, auch Tatjana, die noch immer verstört an ihrem Kakao nippte.

Verena kam weinend in die Küche gerannt und schloß ihre Tochter in die Arme. Tatjana starrte ihren Vater an, den sie totgeglaubt hatte, und fing selbst an zu heulen. Schließlich nahmen sich Eltern und Kind in die Arme und schluchzten zu dritt. Die Brigade war gerührt. Vielleicht waren es wirklich nur diese Momente, die ihrem gefährlichen Beruf einen Sinn gaben. Boris wurde es der Sentimentalität zu viel. Er flüchtete aus der Küche, noch bevor Verena ein Wort an ihn richten konnte. Draußen lief er Sonderstaatsanwalt Granow in die Arme. Der Jurist sah Boris an. Vieles hätte er ihm jetzt gerne gesagt, aber er brachte nur ein trockenes, aber aufrichtiges »*Spasibo*!« über die Lippen.

Boris zuckte mit den Achseln. »Und jetzt?« Er fühlte sich, als sei er auf der falschen Party.

»Barynin redet. Aus Washington haben wir Nachricht erhalten, um wen es sich bei Ihrem Amerikaner handelt. Simon Baker – ein Killer der CIA. Der Sprengstoffanschlag in deiner Wohnung gehörte aber zum Repertoire der *Organisazija*. Die Amerikaner wollen Baker zurückziehen. Außerdem ist Rybalkin auf dem Weg nach Moskau. Er wird sich um deine Sicherheit kümmern.«

»Um *meine* Sicherheit?« fragte Boris verblüfft.

»Du wirst von einem Helikopter des MWD zum Sportpalast geflogen. Ich habe vorhin mit Jewgenij telefoniert. Die *Vaswedtschiki* sitzen dort wie auf Kohlen. Ich bitte dich, Boris, diesen Auftritt mußt du noch durchhalten. Hunderttausend Jugendliche bekommen wir nicht unter Kontrolle. Danach kannst du drei Tage schlafen.«

»Schlafen.« Boris grinste sarkastisch. Der MWD-Helikopter wartete schon. Duschen, Umziehen, Proben und dann das Konzert. Mitternacht war für ihn unvorstellbar weit entfernt.

13. JANUAR, MOSKAU, 16.00 UHR:

Die *Gothics* waren von Kalinin per Hubschrauber in die Moskauer Hauptzentrale des KGB am Dscherschinski Platz geflogen worden. Zwei Stockwerke unter der Erde, im Rechenzentrum des sowjetischen Nachrichtendienstes, ging es wesentlich komfortabler zu als in dem alten Heizkraftwerk in Kalinin. Tom, Kalle und Dirk fühlten sich aber keineswegs wohler als vorher. Generalmajor Jelisejew und den alten Kunatschkin verließ jeglicher Humor, als sie begriffen hatten, daß die jungen Westberliner den Lebensnerv des sowjetischen Sicherheits- und Militärapparates getroffen hatten. Die *Gothics* wurden zu den System-Operators gebracht. Unter den Augen der sowjetischen Fachleute mußte sich Kalle an eine VAX setzen und entwickelte unter Beratung von Tom und Dirk ein Anti-Virus-Programm, mit dessen Hilfe die sowjetischen Rechenzentren wieder hochgefahren werden konnten. Der KGB-Offizier in ihrer Nähe war bei weitem nicht so verbindlich wie die drei Informatiker in Kalinin, die auch hierhergekommen waren. Ab und zu gab es ungeduldige Schläge auf den Hinterkopf.

»Sagen Sie, Professor«, fragte Kalle Professor Michejew von der Akademie der Wissenschaften auf deutsch: »Wie groß ist die Chance, hier wieder die Fliege machen zu können?«

»Dazu müssen Sie erst unsere Anlagen in Ordnung bringen. Und Sie brauchen ein paar sehr überzeugende Argumente für meine Kollegen, daß Sie nicht *noch* einen Virus in das System eingeschleust haben«, antwortete Michejew gelassen. »Vorläufig werden Sie wohl unsere Gäste bleiben. Und ich kann nicht gerade sagen, daß ich unglücklich darüber bin.«

»Auf nach Wladiwostock!« seufzte Tom.

13. JANUAR, KRASNOGORSK (UdSSR), 16.45 UHR:

David Lynn wurde auf dem Flugfeld des Luftwaffenstützpunkts von Generaloberst Kornijenko, Sonderstaatsanwalt Granow und Oberst Rybalkin abgeholt. Der Copilot brachte den Rollstuhl aus der Maschine und klappte ihn unten auf, bevor Lynn von Major Kolodjaschnij heruntergetragen wurde. Während des Flugs war man ins Gespräch gekommen. Und sie hatten sich prächtig amüsiert.

»Mister Lynn, ich bin Oberst Rybalkin, Kommandeur der *Sektion Budjonny*! Es freut mich, Ihre Bekanntschaft zu machen.« Rybalkins Englisch klang sehr offiziell. Verlegen beugte er sich herunter, um David die Hand zu schütteln.

»Ja, ja, ich weiß, mit so einem Krüppel habt ihr nicht gerechnet!« bemerkte David sarkastisch.

Kornijenko und Rybalkin wußten nicht, wo sie vor Scham hinsehen sollten. Mit dem Humor der Engländer hatten die Russen manchmal ihre Schwierigkeiten. Granow gab sich keine Mühe, sein Grinsen zu verstecken. »Granow, Leiter der Sonderstaatsanwaltschaft Moskau. Ich bin froh, daß Sie gekommen sind, Mister Lynn.«

David reichte dem Staatsanwalt von sich aus die Hand. »Von Ihnen habe ich gehört, Granow. Nur Gutes.«

Generaloberst Kornijenko nahm Haltung an und stellte sich vor. »Sie sind also Zeta sechs!« stellte David anerkennend fest. »Auf Ihre Piloten können Sie sich wirklich etwas einbilden, Kornijenko.«

Über das Gesicht des sowjetischen Luftwaffengenerals huschte ein Lächeln.

»Bei euch ist es genauso, wie ich es mir vorgestellt habe, Genossen«, plauderte er weiter, während er in seinem Rollstuhl von Granow zu der bereitstehenden Tschaika-Limousine gefahren wurde. »Schneetreiben, düsterer Luftwaffenstützpunkt, russischer Winter, schwarze Limousinen. Ihr seid echt hart drauf, Boys!«

Als David mit Granow und Rybalkin im Wagen saß und in Richtung Moskau abfuhr, war seine heitere Geschwätzigkeit von einer Sekunde auf die andere verflogen. »Wie weit sind Sie?«

»Im Kosmos-Hotel wurde ein Zimmer auf den Namen Robert Creek belegt«, erklärte Rybalkin. »KGB-Beamte haben das Zimmer durchsucht. Im Hotel ist er seit heute morgen nicht mehr gesehen worden. Die Visa-Unterlagen ergaben, daß es sich wirklich um diesen Robby Pittsburgh handeln muß. Beim Handelsministerium ist kein McDonald's-Manager erschienen, wie ursprünglich erwartet.«

»Ich will jedes Haus, jeden Weg und jede Stelle sehen, die Boris heute abend passieren wird.«

»Im und vor dem Sportpalast werden verstärkt Milizeinheiten und *Budjonny*-Brigaden eingesetzt«, ergänzte Rybalkin.

»Seien Sie vorsichtig, wir wollen Baker kassieren und nicht verscheuchen«, bemerkte der Engländer. »Er wird keinesfalls aus dem Publikum schießen.«

»Wie kommen Sie darauf?« fragte Granow. »Pittsburgh weiß, daß er keine Chance hätte, zum Ausgang zu kommen. Sie müssen sich vor Augen halten, Pittsburgh ist ein Berufskiller, der von den Amerikanern zur SAS geschickt wurde, um zu lernen, wie man Leute seines Schlages bekämpft!«

13. JANUAR, MOSKAU, 20.30 UHR:

Die Vorgruppe der *Vaswedtschiki* begann mit einer halben Stunde Verspätung. Viele verstanden das Konzert offenbar als krönenden Abschluß der heutigen Demonstration. Hundertzwanzigtausend waren gekommen. Schon gegen halb acht mußte der Sportpalast wegen Überfüllung geschlossen werden. Jeder Besucher wurde von Sicherheitsbeamten mit Handdetektoren auf Schuß- und Stichwaffen kontrolliert. Um kurz nach acht traf die Regierungslimousine des Generalsekretärs am Sportpalast ein. Michail Sergejewitsch und seine Frau Raissa nahmen in der Ehrenloge Platz. Die Live-Übertragung im Fernsehen begann.

Boris hatte sich mit Uppers aus Jewgenijs Giftküche vollgeknallt. Anders hätte er noch nicht einmal die Proben durchgestanden. Er spürte deutlich, daß ihn die vergangenen Tage von Jewgenij, Aljoscha und Sascha getrennt hatten. Jeder merkte die Distanz, die Fremdheit, aber keiner mochte darüber sprechen.

In den ersten dreißig Sekunden seines Auftritts glaubte

Boris in seine alte Welt der Rock-Szene eintauchen zu können. Zigtausende von Watt flammten auf und hüllten die Bühne in blaues Licht, grelle Spots richteten sich auf die Musiker, von unten stieg weißer Rauch aus den Nebelmaschinen auf. Boris lief in seinem Lichtkegel an die Batterie der Keyboards und Klangcomputer. Er starrte gegen die blendenden Scheinwerfer in die Dunkelheit vor der Bühne, konnte die hundertzwanzigtausend Fans nur erahnen, aber er hörte sie. Streichhölzer flammten auf, vereinzelt Gasfeuerzeuge.

Und plötzlich hörte er es, rechts hinten. Pfiffe, Buhrufe. Höchstens ein paar hundert. Wortfetzen. »Boris, geh nach Hollywood!« Er gab Aljoscha das Handzeichen zum Start. Sie eröffneten mit *Dewuschka, Fräulein,* einem der größten Hits der *Vaswedtschiki.* Über der Bühne begann die *Slideshow* – Funk mit Volldampf.

Die Fernsehscheinwerfer schwenkten zu Gorbatschows Loge herüber und zurück zur Bühne. Boris achtete unentwegt auf die rechte hintere Ecke der Halle. Zu sehen waren nur die heftig schlingernden Taschenlampen der Milizen. Auf den nächsten acht Takten kam Jewgenijs großes Baß-Solo. Drei Takte vorher blieb der Strom weg. Die Hallenbeleuchtung ging an. Es folgte ein Lautsprecheraufruf des leitenden Miliz-Offiziers, Ruhe und Ordnung zu bewahren. Hinten war eine Schlägerei im Gange.

Die *Vaswedtschiki* liefen in die Garderobe zurück. »Scheiße!« brüllte Jewgenij außer sich vor Wut, und knallte die Garderobentür zu. »Du hast es kaputtgemacht, Boris! Die *Vaswedtschiki* existieren nicht mehr!« Der Bassist drehte sich mit zittrigen Händen einen Joint. Katja konnte es kaum erwarten, ihm das Ding aus der Hand zu nehmen.

»Warum hast du auch den Mist mit dem Video gemacht?« fragte Aljoscha kopfschüttelnd.

»Ich konnte doch nicht ahnen, daß unsere Fans solche Patrioten sind!«

»Jeder Russe ist ein Patriot, Boris!« setzte Sascha aggressiv hinzu.

Sie wurden nach einer Viertelstunde wieder auf die Bühne gerufen. Die Miliz hatte die randalierenden Jugendlichen festgenommen und in Mannschaftswagen abtransportiert. *Vaswedtschiki*-Konzert mit Polizeieinsatz. Spätestens hier wurde Boris klar, daß es das letzte Konzert war, das er mit seiner Gruppe gab. Sascha, Boris, Jewgenij und Aljoscha sprangen synchron auf die Bühne. Sie eröffneten erneut mit *Dewuschka*. Boris zog alle Register, als spiele er um sein Leben. Er versank in die Tastatur, im Sound und nahm Abschied von seinen Freunden, von den Klängen der Musik, vom Equipment, von den Fans, der Bühne. Und er fieberte dem Moment entgegen, an dem es endlich vorbei war. Rechts hinten ging es schon wieder mit Sprechchören los.

»Warum sind Sie so hartnäckig in Ihrer Behauptung, Pittsburgh wird es hier draußen versuchen, Mister Lynn?« fragte Granow und schob den in dicke Pelzdecken eingewickelten Engländer in dessen Rollstuhl über die Kieswege des Luschniki-Parks. Der Sportpalast lag hell erleuchtet fünfzig Meter vor ihnen. Auf der anderen Seite patrouillierte Oberst Rybalkin. In der ganzen Gegend wimmelte es von zivilen KGB-Beamten. Direkt vor dem Sportpalast harrten weitere drei- bis viertausend Fans aus, die sich den sowjetischen Hardrock vor der Tür bei klirrendem Frost anhörten.

»Ach, wissen Sie, Granow«, antwortete David, »in meinem Job hat man es ständig mit dem Tod zu tun. Dabei entwickelt man Sensibilität und Instinkte, über die man als aufgeklärter Mensch nicht gerne sprechen möchte. *Bullshit*, ich spüre einfach, daß Pittsburgh hier auftauchen wird!« David drehte den Kopf nach hinten und meinte etwas sarkastisch: »Das genügt Ihnen wahrscheinlich nicht.«

Granow lächelte. »Stimmt.«

»*Well*, für Sie also ein paar logische Argumente: Pittsburgh erhielt die Auflage, nicht vor Mitternacht zuzuschlagen. Andererseits gefährdet er sich durch jede weitere Stunde, die er sich auf sowjetischem Boden befindet. Außerdem weiß er nicht, wo sich Boris nach dem Konzert aufhalten wird, weil das Boris noch nicht einmal selbst wissen kann. Was liegt näher, als ihn hier abzupassen?«

»Und warum nicht drinnen, in den Garderoben, auf den Fluren?« erwiderte der Staatsanwalt. Davids Augen suchten systematisch die Umgebung ab. Unter der Decke hielt er eine entsicherte 38er Browning Automatik. Rybalkin hatte Lynn die Waffe auf dessen persönlichen Wunsch hin beschaffen lassen. »Für einen Mann wie Pittsburgh ist es lebenswichtig, schnell rein und genauso schnell wieder heraus zu kommen. Sehen Sie sich in diesem Park um! Büsche, Bäume, weitläufige Wiesen und freies Gelände, in das er nach dem Anschlag flüchten kann. Hier wird er es versuchen. Pittsburgh ist eine Katze und kein Maulwurf!«

Dem Sonderstaatsanwalt fiel es wirklich schwer, den Engländer zu verstehen. Aus seiner Sicht erschien es vernünftiger, Boris geschickt aus dem Sport-Palast herauszuschleusen und an einen unbekannten Ort zu bringen. So ein auffälliger Mann wie Pittsburgh hatte kaum eine Chance, der Großfahndung länger als zwei oder drei Tage zu entgehen, selbst wenn er sich in Moskau auskannte. Granow wurde es zunehmend kälter. Fröstelnd drehte er mit David seine Runden durch den Park. Der Engländer war wie hypnotisiert.

Der Lada war schon um sechs Uhr von Emilja auf dem großen Parkplatz nordöstlich des Sportpalastes geparkt worden. Sie selbst besuchte das Rockkonzert. Die fünfundvierzigjährige Russin fühlte sich pudelwohl. Dieser Creek, oder wie er sonst heißen mochte, hatte nicht zuviel versprochen. Er war ein vorzüglicher Liebhaber.

Robby lag mit einem schwarzen Jogginganzug bekleidet und in ein warmes Fell gehüllt im Kofferraum des Wagens. Er war ein Profi, der es ohne weiteres fertigbrachte, bei minus zehn Grad sechs Stunden in einem Kofferraum auszuharren. Das Heckler & Koch-Scharfschützengewehr lag neben ihm. Im Abstand von fünfzehn Minuten drückte Pittsburgh auf die Zifferblattbeleuchtung seiner Rolex.

Die *Vaswedtschiki* spielten gegen Mitternacht noch zwei Zugaben. Aber die aggressive Stimmung im Publikum und unter den Musikern hatte sich nicht ganz verloren. Dann war endgültig Schluß. Die vier rannten in ihre Garderobe. Sie waren bis auf die Haut durchgeschwitzt. Boris verlor bei solch einem Konzert zwischen einem und zwei Kilogramm Gewicht. Die Musiker griffen sich zuerst die *Borshomi*-Flaschen und löschten ihren Durst mit dem leicht schwefelhaltigen Mineralwasser. Anschließend zogen sie sich die nassen Kleider von den Leibern und gingen unter die Duschen neben der Garderobe.

»Genauso beschissen habe ich mir das vorgestellt!« schimpfte David. Die hundertzwanzigtausend Besucher strömten aus allen Türen des Sportpalasts nach draußen und liefen kreuz und quer durch den Luschniki-Park. Schiere Völkerwanderungen setzten sich zu den großen Busparkplätzen in Bewegung. Eine Übersicht war unmöglich.

»Lassen Sie uns runter zum Bühneneingang laufen!« schlug Granow vor, der selbst unruhig wurde, als er beobachtete, daß die Zivil-Beamten wie aufgeschreckte Hühner über die Wiesen liefen.

Pittsburgh hatte den Kofferraum von innen mit der Drahtschlaufe am Schloß geöffnet, als er hörte, daß sich der Parkplatz bevölkerte. Er war mit einem Satz aus dem Wagenheck gesprungen. Zwischen dem Menschengetümmel machte er in schnellem Tempo Kniebeugen und einige Dutzend Liegestütze, rannte auf der Stelle und schlug die Arme um seine Schultern. Besonderes Aufsehen erregte er nicht. Kalt war es vielen in Moskau. Und Spinner gab es auch in dieser Stadt genug. Zwei, drei Minuten später, länger brauchte der Amerikaner nicht, um seinen Kreislauf warm zukriegen, warf sich Pittsburgh die lange, schmale Tasche aus schwarzer Jute über die Schulter und lief los. Alles an ihm war schwarz: der Jogging-Anzug, die Sportschuhe, die Wollmütze, die Hautfarbe. Pittsburgh bewegte sich schnell, zügig von einem Punkt zum anderen, entgegen dem Besucherstrom. In der Dunkelheit war er de facto nicht zu sehen. Der SOD-Agent hatte längst bemerkt, daß der Park von Zivilbeamten wimmelte. Aber er störte sich nicht daran. Je zahlreicher sie auftraten, desto unaufmerksamer wurden sie – eine alte Erfahrung in seinem Metier.

Verena betrat die Garderobe der *Vaswedtschiki,* ohne vorher anzuklopfen. Die Musiker standen nackt vor den Spinden der Sportler und waren dabei, sich abzutrocknen. »Ey, Schwester! Findest du das nicht ein bißchen forsch?« schnauzte Jewgenij sie an.

»Zier dich nicht so! Denkst du, ich habe zum ersten Mal einen Pimmel gesehen?« erwiderte sie kaltschnäuzig und ging zu Boris hinüber. »Ich wollte mich bedanken, Boris«, sagte sie und sah ihn mit feuchten Augen an.

Boris wich ihrem Blick aus. Plötzlich war ihm ihre Anwesenheit peinlich. Er zuckte die Achseln. »War halt mein Job.« Dabei zog er sich seine Unterhose an. Rybalkin hatte ihm einige Sachen zum Anziehen gebracht. »Wie geht's jetzt bei dir weiter?« fragte er scheinbar beiläufig.

»Ach, Boris«, seufzte Verena, »ich brauche einfach etwas Zeit, um zu mir zu kommen.«

»Klar.«

Verena wurde unsicher. Sie wußte nicht, wie sie sich verhalten sollte. Alles in ihrem Leben stand kopf. Unvermittelt drückte sie Boris an sich, küßte ihn flüchtig auf die Lippen und sagte: »Ich laß von mir hören.« Mit diesen Worten verschwand sie aus der Garderobe. Worte, die sich in sein Gedächtnis einbrannten, wie soviel anderer unnützer Müll.

Boris zog sich fertig an. Bei Sascha stieg jetzt die Fete zum Abfeiern des Konzerts.

Rybalkin kam in die Garderobe. »Vitalij Pawlowitsch!« rief Boris mit gezwungener Heiterkeit. »Wie sieht's draußen aus?«

»Ruhig«, antwortete der Kommandeur der *Sektion Budjonny*. Das bedeutete gar nichts. »Der Generalny erwartet dich zu einem kurzen Gespräch in seiner Regierungslimousine hinter dem Bühneneingang.«

Boris nickte. »Ich komme in fünf Minuten.«

»Wir fahren schon mal«, rief ihm Sascha zu. Gorbatschow und diese Kreise waren nichts für Sascha, Jewgenij und Aljoscha. Sie wollten jetzt unter sich sein und in Ruhe eine Tüte durchziehen.

Pittsburgh lief in dem dichten Menschengedränge um den Sportpalast herum. Selbst in der Nähe seines ausgewählten Standortes flanierten noch Dutzende von Konzertbesuchern. Der Amerikaner zog sich unbemerkt mit einem Klimmzug am Stamm der Pappel nach oben. Eine Minute später hatte er, ohne ein Geräusch zu erzeugen, in einer Astgabel seine Schußposition gefunden. Zielentfernung fünfundsiebzig Meter. Eine schwarze ZIL-Limousine stand zur Hälfte im Schußfeld. Dem Aufgebot an Bodyguards nach zu urteilen, mußte es sich um ein hohes Tier handeln.

Pittsburgh zog das deutsche Präzisionsgewehr aus der schwarzen Tasche, justierte das Zielfernrohr, überprüfte den Sitz des Schalldämpfers und legte den Sicherungshebel um.

Granow stand mit David zwischen dem ZIL und dem Bühnenausgang des Sportpalasts. Gorbatschow winkte dem Engländer hinter den Panzerglasscheiben zu. David bemerkte es nicht. Unablässig streiften seine Augen die Umgebung mit der Systematik eines Radarschirms ab. Die Browning lag mittlerweile offen in seiner Hand.

Als Boris durch die Tür trat, war er überrascht, David zu sehen.

»Was machst du denn hier?« fragte er verwundert und erfreut. Er ging einige Schritte auf ihn und Granow zu. Aber David sah ihn nicht an. »*There*!« brüllte er unvermittelt. Pfeilschnell streckte er seine Hand mit der Browning aus und drückte ab. Boris hatte sich instinktiv auf den Bauch fallen lassen. Weiter hinten zwischen den Bäumen hörte man Zweige krachen und etwas zu Boden fallen.

Hysterische Schreie von Sicherheitsbeamten. »Was war denn das?« rief Granow aufgeregt. Er hatte in der Kürze der Zeit nicht realisieren können, was geschehen war.

»Das war Pittsburgh«, bemerkte David trocken. »Fahren Sie mich da hin!«

»*Damned!*« rief Boris, sprang wieder auf die Beine und lief neben Granow und David her. »Was soll diese Megascheiße?«

»Laß uns nachsehen«, erwiderte der Engländer.

Pittsburgh lag mit dem Rücken auf dem gefrorenen Wiesenboden. Das 38er Geschoß aus Davids Browning hatte ihm das Brustbein zertrümmert. Der Amerikaner röchelte nach Luft. Aber er erkannte noch seine ehemaligen Trainer aus Hereford. »Lynn *and* Stonelake«, hüstelte er, »*you are the very best.*«

»Robby«, stellte Lynn kühl fest, »du solltest bei deinen Einsätzen keine Rolex tragen. Die Brillanten reflektierten im Streulicht der Straßenlaternen.«

Der Amerikaner starrte David und dann seine Zehntausend-Dollar-Uhr an. Er konnte es nicht fassen. Jeder machte einen Fehler. Jeder. Er kicherte über seine tödliche Eitelkeit, und darüber starb er. Inzwischen riegelten Milizbeamte die Umgebung ab.

»So, das wär's!« stellte David zufrieden fest und wandte sich im nächsten Augenblick an Boris: »Ich bin gekommen, um mein Angebot zu erneuern. Du kannst in meine Firma einsteigen. Die britische Regierung verzichtet auf jegliche Strafverfolgung wegen damals. Vor zwei Stunden habe ich mit Kerby telefoniert. Die *Royal Air Force* schickt uns heute nacht eine BAc-125 nach Wnukowo-II.«

»Okay«, antwortete Boris. Er fügte dem nichts hinzu. Granow und Lynn waren gleichermaßen von der knappen Antwort verblüfft.

»Mußt du packen?« fragte David.

»Was denn? Ist ja nichts mehr da.«

Oberst Rybalkin drängelte sich zu ihnen durch. »Boris, der Generalny wartet auf dich!«

»Ich geh ja schon!« maulte Boris und lief über die Wiese zum Wagen zurück. Erwartete man, daß er sich nach einem Mordanschlag für seine Verspätung entschuldigte?

»So!« stellte der Engländer entschlossen fest, »um die Lieferung an die US-Botschaft muß ich mich doch wohl nicht selber kümmern, oder was meinen Sie, Rybalkin?«

Der sowjetische Anti-Terror-Offizier grinste seinen britischen Kollegen an. »Nein, David, das müssen Sie nicht!«

Boris wurde vom Chauffeur die Fondtür der ZIL-Limousine geöffnet. Er zog den Kopf ein und drang in die Welt der roten Samtpolster vor. Gorbatschow und seine Frau saßen auf der ausladenden Fondsitzbank. Boris begrüßte höflich den Generalny und dessen attraktive Gattin und nahm ihnen gegenüber Platz.

»Ist alles in Ordnung?« fragte Raissa Gorbatschow besorgt. »Alles bestens«, antwortete er.

»Wir möchten uns herzlich bei Ihnen bedanken, Boris Stepanowitsch«, erklärte der Generalsekretär feierlich. »Sie haben in Zeiten schwerer nationaler Not Ihre Pflicht erfüllt ...«

»Jetzt halten Sie doch keine Sonntagsrede, Michail Sergejewitsch!« erwiderte Boris ungeduldig. »Die letzten Tage waren ein Alptraum. Ich wollte nichts weiter als am Leben bleiben. Und das ist mir ja offensichtlich gelungen.«

Gorbatschows Stimme klang verständnisvoll. »Sie sind müde, Boris Stepanowitsch. Aber jetzt haben Sie's ja hinter sich.«

Boris lachte zynisch auf. »Ja, Michail Sergejewitsch, ich hab's hinter mir. Meine Wohnung ist ausgebrannt, die *Vaswedtschiki* haben heute abend ihr letztes Konzert gegeben. Mir gehören noch nicht einmal die Cordhosen über meinem Hintern.«

»Der materielle Schaden wird Ihnen selbstverständlich unbürokratisch ersetzt«, sagte der Generalny.

»Ich möchte die *vyezdnye* erhalten. Und zwar noch heute nacht.«

»Warum wollen Sie denn ausreisen?« fragte Gorbatschow bestürzt. »Sie werden in diesem Land gebraucht wie wenige andere, Boris Stepanowitsch.«

Boris schüttelte den Kopf. »Es gibt Leute, die den Job genauso gut machen. Man hat mich aus meinem Zivilleben herausgerissen – ich wurde die ganze Zeit als Punching-Ball für die westlichen Geheimdienste benutzt. Sie wußten das, Michail Sergejewitsch!«

»In meiner Position ist man manchmal gezwungen, schwere Entscheidungen zu treffen. Aber die Interessen des Staates sollten dabei immer im Vordergrund stehen.

Ansonsten wäre ich ein miserabler Generalsekretär, mein lieber Boris.«

Gorbatschow wich Boris' herausforderndem Blick nicht aus. »Aber ich habe keine Lust mehr!« stellte Boris mit Entschiedenheit fest.

»Gerade jetzt brauchen wir Offiziere wie Sie im KGB!« Der Generalny lachte ironisch. »Sie kennen unsere Lage besser als jeder andere.«

»Die Ausreise. Ich bitte nur um die Ausreise.«

»Ich werde Sie nicht zwingen, hierzubleiben. Aber glauben Sie mir, Boris, Sie haben zuviel russisches Blut in Ihren Adern, Ihr Herz wird Sie zurück nach Moskau führen.«

Boris winkte müde ab und öffnete die Wagentür. »Ach, Michail Sergejewitsch, was wissen Sie schon von der Seele eines Bastards?«

Epilog

DREI MONATE SPÄTER

Es war einer der seltenen sonnigen Märzvormittage in London. Boris stand in der Ankunftshalle des Terminal-1 von Heathrow und wartete vor den automatischen Türen aus Milchglas auf die verspätete Moskau-Maschine. In den Händen hielt er ein kurz gefaßtes Telegramm: *»Komme Montag, 10.40 Uhr, Heathrow. Gruß, Verena.«*

Als sie die Zollkontrolle passiert hatte, durch die automatische Tür in die Ankunftshalle kam und Boris erblickte, verschlug es ihr die Sprache. Dreckig und lädiert hatte sie ihn damals erlebt. Jetzt stand ein Gentleman vor ihr, in einem distinguierten Maßanzug aus Mailand.

Verena stellte ihren Koffer ab und schüttelte Boris die Hand. Trotz ihrer Unsicherheit entschied sie sich dann doch, ihm einen Kuß zu geben. Uljanow griente über ihre Verlegenheit, obwohl es ihm selbst nicht anders erging. Sie sah so schön aus wie ehedem.

»Wollen wir einen Kaffee trinken?« fragte er und stellte ihre Koffer auf einen Gepäckwagen.

»Gerne. Auf den westeuropäischen Kaffee habe ich mich seit Tagen gefreut.«

Sie liefen nebeneinander zur nächstgelegenen Cafeteria. »Dir scheint es recht gut zu gehen«, stellte Verena mit Genugtuung fest, »du hast auf meinen Brief nicht reagiert. Ich machte mir ein bißchen Sorgen.«

Boris schüttelte lächelnd den Kopf, zog eine Visitenkarte aus der Brusttasche seines Jacketts und reichte sie Verena. »Du sagtest damals, du brauchtest ein bißchen Zeit für dich. Bei mir war das genauso. Ich mußte erst einmal auf die Beine kommen.«

»*Allied Security Limited*«, las Verena laut von der Karte ab.

»Ich bin als Teilhaber in Davids Unternehmen eingestiegen. Der Laden läuft phantastisch. Ich hätte nie geglaubt, daß man mit der Angst reicher Leute soviel Geld verdienen kann!«

Vera lachte herzerfrischend, weil sie in seinen Worten schon wieder seinen boshaften Humor entdeckte.

Sie fanden einen Tisch mit Aussicht auf das Flugfeld, obwohl sie sich beide nicht dafür interessierten. Jetzt als sie sich gegenübersaßen, entstand wieder ein Moment der Peinlichkeit – erwachsene Menschen, die nicht wußten, wo sie mit ihren Händen bleiben sollten. Verena griff zu ihrer Reisetasche und überreichte Boris einen schmalen Geschenkkarton. »Das habe ich dir aus Moskau mitgebracht.«

Boris riß das Papier auf und schlug sich mit der Hand stöhnend gegen die Stirn. Die russische Ausgabe vom Monopoly-Spiel.

»Sehr amüsant!« raunzte er. Dann rief er nach dem Kellner und bestellte zwei Kaffee.

»Erzähl, was treibt dich nach London?« fragte er.

»Vor dir sitzt die neue Leiterin der Abteilung Mikroelektronik an der sowjetischen Handelsmission in London«, erzählte Verena und achtete dabei aufmerksam auf seine Reaktion. »Tatjana wird nachkommen und hier die Diplomatenkinderschule besuchen, sobald ich eine Wohnung gefunden habe.«

Der Kaffee wurde serviert. Boris war verwirrt. Zweitausend Kilometer waren die richtige Distanz zu einer Frau, die einem nicht mehr aus dem Kopf ging. Eine Stadt, selbst mit den Ausmaßen Londons, war dafür etwas zu klein.

»Dann ist da noch etwas«, fuhr Verena fort, warf ihren Kopf zurück, zögerte und kam wieder etwas näher an Boris heran: »Ich bin im dritten Monat schwanger.«

Boris wich ihren energischen Blicken aus, sah in die Kaffeetasse und verfolgte die Drehungen der kleinen braunen Schaumhäubchen unter den kreisenden Bewegungen seines Kaffeelöffels. Die Frage nach der Vaterschaft erübrigte sich. Boris sah auf ihre feinen, gepflegten Damenhände auf dem Tisch. Nein, er konnte sich nicht dagegen wehren. Es war wie in der Transportmaschine von Jerewan nach Moskau. Ganz instinktiv strich er mit seinen Fingern über die zarte Haut ihrer Handrücken. Erst jetzt trafen sich wieder ihre Augenpaare. Sie mußten beide lächeln. Und sie teilten ihre Verlegenheit ebenso wie ihre Neugierde, wie es mit ihnen weiterging.

Glossar:

AIRSOUTH
Allied Air Forces Southern Europe, Alliierte Luftstreitkräfte Südeuropa, Neapel/Italien

Air-traffic control centre
Flugverkehrskontrollzentrale

ALLO
Operationsabteilung in der NSA, verantwortlich für alle geographischen Bereiche außer der UdSSR

ARRS
Aerospase Rescue and Recovery Squadron, britische Elite-Luftlande-Einheiten

Avoska
(russisch = Vielleichtchen), Einkaufsnetz, das sowjetische Bürger für eventuelle Einkaufsmöglichkeiten oft mit sich tragen

BfV
Bundesamt für Verfassungs-schutz

BGS
Bundesgrenzschutz

BKA
Bundeskriminalamt

Blat
Beziehungen, gemeint sind besondere Verbindungen, um sich mit Mangelwaren oder bei Behörden mit Papieren zu versorgen – meistens über Bestechung

BMI
Bundesministerium des Innern

BND
Bundesnachrichtendienst

Chippi
Hippi

CIA
Central Intelligence Agency, US-amerikanischer Nachrichtendienst

COMUKAIR
Commander of United Kingdom Air Forces, Oberbefehlhaber der britischen Luftwaffe

CONSIDO
Sonderabteilung der NSA zur Weitergabe von Informationen an befreundete Dienste

Control area (ATC)
Kontrollbezirk im Flugverkehr

DCI
Director of Central Intelligence, oberster Dienstherr aller US-

Nachrichtendienste und gleichzeitig Direktor der CIA

DDCI
Deputy Director of Central Intelligence, Stellvertreter des DCI

DO
Directorate of Operations, Spionageabteilung der CIA

DDO
Deputy Director of Operations, Chep der Spionageabteilung der CIA

DGSE
französischer Auslandsnachrichtendienst

DIA
Defence Intelligence Agency, militärischer Nachrichtendienst der USA, untersteht dem Pentagon

Dnjeproopetrowsker-Clan
Funktionärskreis um den ehemaligen Generalsekretär Leonid Breschnew, die fast ausnahmslos aus dessen Provinz stammten

Druschba
Freundschaft, wird auch als drohendes Wort gegenüber Bürgern anderer sozialistischer Bruderländer verwendet

Dublonka
Pelzmantel, außen Wildleder, innen mit Pelz gefüttert

Final-approach procedure
Endanflugverfahren

GCHQ
Britischer Fernmelde-Nachrichtendienst

Generalny
Generalsekretär der KPdSU

GRU
Militärischer Nachrichtendienst der UdSSR

GSSD
Gruppe der sowjetischen Streitkräfte in Deutschland, seit 1989 nur noch »Gruppe West« genannt

HVA
Hauptverwaltung Aufklärung, Auslandsnachrichtendienst im ehemaligen Ministerium für Staatssicherheit der DDR

Headline
Fachbegriff aus dem Journalismus, Aufmacher, Schlagzeile auf der Titelseite, erste Meldung etc.

IFR
Instrument Flight rules, Abkürzung für Instrumentenflugregeln

Instanz
Umschreibung für das ZK der KPdSU

KGB
Komitet Gosudarstwennoy Besopasnosti, sowjetischer Geheimdienst

Kremljovka
internes Telefonnetz der sowjetischen Regierungsspitze

Limonaden-Mischa
Spitzname Gorbatschows wegen dessen Anti-Alkoholkampagne

Memune
Chef des israelischen Geheimdienstes Mossad

MfS
ehem. Ministerium für Staatssicherheit, Geheimdienst der DDR

Mokryje-Dela
nasse Angelegenheiten, Umschreibung innerhalb des KGB für Mord, blutige Angelegenheiten, etc.

Mossad
israelischer Geheimdienst

MWD
Miliztruppen des sowjetischen Innenministeriums

NADIS
Nachrichtendienstliches Informationssystem,
wird vom Bundesamt für Verfassungsschutz und der Polizei genutzt

Natschalnik
Vorgesetzter, Leiter einer Abteilung, Operation, etc.

Natschalstwo
Führung, im Allgemeinen Parteiführung, Regierung, etc.

NFIB
National Foreign Intelligence Board, Gremium aller Direktoren der US-amerikanischen Nachrichtendienste

Nomenklatura
Namensregister, Bezeichnung der sowjetischen Partei- und Regierungselite

NORAD
Nordamerikanisches Luftverteidigungskommando

NRO
National Reconnaissance Office, US-amerikanische Aufklärungsbehörde, zuständig für das Auffangen von fremden Satellitensignalen und anderen Signalen aus dem Luftraum

NSPG
National Security Planing Group, Spitzengremium der Reagan-Administration zu Fragen der nationalen Sicherheit

NSA
National Security Agency, US-amerikanischer Fernmelde-Nachrichtendienst

NVA
Nationale Volksarmee (DDR)

Oformlenie
Prozedur in der UdSSR, um eine Ausreisegenehmigung zu erhalten

Organisazija
Organisation

OSS
Office of Strategic Services, Vorläuferprganisation der CIA im Zweiten Weltkrieg

Pochlolobka
Eintopf aus Fleisch, Kartoffeln, Pilzen und Gemüsen

Pontschiki
in Schmalz gebackene Teigtaschen mit Füllung

Propiska
Wohngenehmigung

Schwejzar
Türsteher

SHAPE
Supreme Headquarters Allied Powers Europe, NATO-Oberkommando in Casteau/Belgien.

SICHERUNGSGRUPPE BONN
Abteilung des Bundeskriminalamtes

Spak
verächtliche Bezeichnung der Militärs für Zivilisten

Spezsektion
Sonderabteilung im 3. Stock des Kaufhauses ›GUM‹. Offizielle Bezeichnung: Sektion 100. Der Zutritt ist nur hohen Parteifunktionären und deren Familien gestattet. Importwaren höchster Qualität zu Billigpreisen und sowjetische Konsumgüter, die sonst nicht zu erhalten sind, z.B. Zobelpelze etc.

Starschij
Anführer einer Gruppe, ein *Starschij* untersteht wiederum einem *Natschalnik*

Stasi
Staatssicherheit, geläufige Bezeichnung des ehemaligen Ministeriums für Staatssicherheit in der DDR

TASS
Staatl. Nachrichtenagentur der UdSSR

Weißer TASS-Dienst
Nachrichten nur für leitende Redakteure, die nicht zur Veröffentlichung bestimmt sind

Roter TASS-Dienst
Streng geheime Nachrichten, nur für die Regierung bestimmt

Toptun
(russisch = Pflastertreter), zivile KGB-Wachen vor Hotels und Wohnhäusern der Nomenklatura etc.

Tscheka
erster sowjetischer Geheimdienst, 1917 unter der Leitung von Feliks Dziersinsky gegründet

Tschekist
allgemein übliche Bezeichnung für einen Angehörigen des sowjetischen Geheimdienstes

Tunejadec
Parasit, Arbeitsloser, Arbeitsscheuer

Vaswedtschik
Kundschafter, im KGB üblicher Sprachgebrauch für Spion

Vertuska
internes Telefonnetz des sowjetischen Regierungs- und Parteiapparates

vyezdnye
reisetauglich, oder auch jemand, der die Ausreisegenehmigung erhält

WSO
Waffen-System-Offizier